E 考据与东西文明互鉴研究

夏伯嘉教授七秩纪念文集

肖清和　彭睿　主编　　王皓　副主编

上海人民出版社

目　录

后五四思潮中的两种趋向（王汎森）/ 001
e 考据与文史研究的新机遇：以查索诗文用典为例（黄一农）/ 017
丛林宪法：霍姆斯的宪法权利观（苏基朗）/ 051
英国思想界对里斯本大地震（1755）的响应（陈正国）/ 066
白晋《周易》研究与清初易学（张西平）/ 121
欧洲望远镜究竟何时传入中国："番僧利玛窦有千里镜"说考实（汤开建）/ 164
从《论政学疏稿》的"道"浅谈王国维与基督教（陶飞亚）/ 195
略论明末的一项宗教文化实验方案（孙尚扬）/ 211
姗姗来迟的"西洋消息"：1709 年教皇致康熙信到达宫廷始末（韩琦）/ 233
寻找视觉遗产：19 世纪西方海事画与厦门湾景观（张先清）/ 249
卫匡国《中国历史》与何大化著作之关系初探（董少新）/ 263
"阳刚女"、"阴柔男"：16、17 世纪英格兰女性时尚与性别争议（林美香）/ 297
从经典到通俗：《天主降生言行纪略》及其清代改编本的流变（宋刚）/ 339
意大利文艺复兴对莎士比亚的意义（周施廷）/ 377
法图藏耶稣会士高一志（Alfonso Vagnoni）四份政治伦理抄本的初步研究（谢明光）/ 402

近代早期异域药用植物在英国的本土化（张缪斯）/ 420
钦天监与清初天主教徒群体（肖清和）/ 448
被遗忘的领导者：19 世纪 80 年代至 20 世纪 40 年代长江地区的中国回民商人（陈斌）/ 469
宋君荣书信集所见雍正朝耶稣会士的处境（刘相宜）/ 497
夏伯嘉：历史确定性的毕生寻觅（朱孝远）/ 513
历史研究问学录：记一次与夏伯嘉老师的聊天（郭建斌）/ 520

后五四思潮中的两种趋向*

王汎森（台湾“中央研究院”院士）

本文想讨论后五四思潮中的两种流派。后五四思想的面相非常多，绝对不限于我所将讨论的这两种，但是“客观理智”与“主观意志”，似乎又可以概括相当的时代面貌。而且这两者互相对立与纠缠，对后来的影响颇为深远，所以值得特别提出来讨论。在进入主题之前，我的设想是将五四发展的背景大致作一个简单的介绍。但五四是一个何等复杂的历史事件，所以任何介绍都免不了是挂一漏万的。

---

* 本文是2019年5月间在华中师范大学“章开沅讲座”及后续的座谈会上的发言，感谢周月峰、黄凡将它们整理成记录稿，本文即在此记录稿上修改扩充而成。本文曾以《“客观理智”与“主观意志”——后五四思潮中的两种趋向》为题收入《启蒙是连续的吗？》(香港城市大学出版社2020年版)。

（一）

“五四新文化运动”包括“新文化运动”和“五四运动”，一个在前一个在后，重点虽然有所不同（当时许多人并不知道五四有爱国运动以外的意义），但它们又是一个连续体。所以一般将它们合在一起，简称为“五四运动”。五四当然是受新文化运动激荡而起，而且五四运动最开始时活跃的学生中有很多是醉心于新文学运动的青年，顾颉刚在他的一篇文章提到了这一点。可是五四有一个不同的调子，即爱国主义，它的“外抚强权，内惩国贼”的声浪夹杂着新文化运动的种种解放的主张，慢慢取得压倒性作用。这个时候一两个月或一两年内整个思想就要变。综合前人的观察，可以将这一段历程大略分成四个阶段。因为，民国三、四年（1914、1915）间复古守旧之风回流，引起了许多共和国青年的不满，这与新文化运动有相当密切的关连。所以五四新文化运动最先是批评礼教（反礼教），接着是白话文学与思想改革，再则是学生涉入政治，最后是主义时代的来临。在这四个阶段中，我想着重讨论“后五四”时代中思潮的分裂。

讨论五四运动时，我觉得“世代”（generation）之间的问题与异同本身是个重要的问题。在新文化运动前后，身为老师辈的这代人慢慢地得到了一个共同性的看法，就是觉悟到文化、思想是解决黑暗的政治社会的一个根本的关键。

胡适出国留学是在1910年，从他跟当时朋友们的通信及日记中看得出来，他留学到第三年时，观念上开始出现一些变化。胡适原来是喜欢宋明理学的，而且排斥颜元、李塨的学问，这与他后来的发展刚好相反。当时的梅光迪喜欢颜、李，讨厌宋儒，后来的发展也正好相反。所以胡适自己一直在变，我看他跟当时一些朋友的笔记，他在留学第三年、第四年，开始转向“天下事无不可为”这样的想法，而且希望从“根本”下手——“造新因”。这些意识就开始摆脱他原来在晚清到民国初年那些要武力强大、军队强大，政府强大的想法。他认为要造新的因、远的因，从根本下手，从文学下手，由“下”——“国民”、“乡”，这些东西来下手，不要再一味寄望于英雄、伟人。辛亥革命成功以后，有个流行名词叫“革命伟人”，出了几种革命伟人言论集、书信集。那时“伟人”成为一个很流行的称呼，胡适认为不要再寄望这些上面的人，要从下面来，由下、由国民、由乡村社会，不要寄望于政治、军事，要寄望于文学、思想来“造新因”、“造远因”。尤其在民国四年（1915），他给他朋友的信中说：“国事乃是大事，岂能抄近路”，所以应该要从文化改造开始。我想这也使得他后来跟陈独秀慢慢趋同。

胡适与陈独秀都是新文化运动老师这一辈人，但他们两个在个性上是不同的，胡适是温和的，以欧美为理想的；陈独秀是激烈的，不惜跟天下人为敌的。胡适的《文学改良刍议》一寄到《新青年》，陈独秀接着写了《文学革命论》呼应。陈独秀这种决绝的主张，所引起的震荡与扩散作用不可小看。我之所以要特别提出这一点，是因为这个决绝的态度在当时显然有重大的刺激作用，吸引了不少青年。

在这里我要岔出去略谈一下“思想水位”的观念。从清末民初以来，“思想水位”已经节节上升，即使是与新文化运动诸君对立的林琴南，从他的文章及所译外文小说看来，他也是赞成变法改革的半新人物。刘师培在晚清的革命言论与无政府思想，更是异常激烈。只是林琴南或刘师培等人的文化态度，比较上还是主张新旧可以并存。但是当时能动人观瞻的，恰是“不塞不流，不行不止”这样一种全盘的、整体否定传统的态度。郑超麟的回忆录中说，他在福建看到《新青年》时，一开始痛恨陈独秀，这也是很多人开始接近五四新文化运动的第一个反应，但他对陈独秀“不塞不流，不止不行”这个口号印象特别深刻。他原来在福建受传统教育，本身也参加过科举考试，不过他居然逐渐信从陈独秀所讲的，没有把旧的扔掉新的进不来的想法。

胡适并没有这种决绝的态度。虽然陈独秀、胡适在态度方面有这样的不同，但是他们在对文化、道德或是伦理，所谓“远因”、“新因”这方面的认识，好像慢慢趋同。所以从当时新文化运动老师这一辈，也就是《新青年》最初的主导者们，慢慢开始更重视文化，认为思想问题是根本问题。政治不是靠政治来解决，政治是由思想文化来解决，这是个不一样的想法。

至于学生这一代，我觉得五四青年有一些特质，包括：民主与科学、个人解放、反对礼教、高调的理想主义，道德激情，提倡高尚纯洁的人格，对“未来”有无限光明的想象（用俞平伯的话说：“模糊地憧憬着光明，向往着民主而已”）。高尚纯洁的人格加上理想主义再往前走一步，就带有 Jay Winter 在 *Dreams of Peace and Freedom: Utopian Moments in the Twentieth Century* 一书中，所说的“微型乌托邦”的特质。Jay Winter 认为有两种 utopia，一种 major utopia，另一种是 minor utopia（微型乌托邦）。五四青年们，在理想主义上往前跨一步，往往带有 minor utopia 的味道，形成各种新村或者类似新村的组织，或是各种同道之间的结社。

五四青年强调输入西方新的学理，对各种学理往往没有太大的区辨，所以在当时，包括英、美、法，还有俄国的东西，对青年来讲他没办法分得太清楚，于是就不分区别地引进来。《新潮》的一卷一号中，傅斯年有一篇讲俄罗斯革命的文章《社会革命——俄国式的革命》，以至于后来在台湾编傅斯年全集时这篇就不敢收进去。当时这些都是输入新学理中的一环。这个时候好像有一种比较新的思维，认为每一种新的声音都有被试试的价值，在以前，这个要看合不合过去的传统。另外，五四理想青年的道德激情值得特别关注，尤其反映在当时的文学作品中，思想鼓吹没有细节，小说里面有新的东西、有细节，用郑超麟的话：“小说打开了一个世界”。在日用人生里面应该如何表现，种种细节与想象，有一些好的跟不好的社会评判标准。青年们认为梦想是好的、未来是好的，专门写现在的事情写得再好都不好。而且还有一点值得注意，五四青年的思想中有许多杂糅附会的地方，如果把它们讲得太清楚往往就不是事实了。在思想转型的时代，很多东西都是陌生的，这个时候硬要弄出一个东西，作为人生、政治、社会的图景，那么本身往往就带有杂糅附会的特质。

五四还有一个重要现象，就是在五四之后，很多中学生，城镇、小城市里面的中学生，办了很多刊物，这些刊物大大小小加起来约有四百多种，舆论就能下达到这个地方政治。有些地方的热心的分子，他们积极跟随北京等大城市的热潮。郑超麟的回忆录中就提到有一个公布栏上会不停地贴北京那些活跃的青年的文章和来信，取得一种联系。然后小县城的中学生跟着办刊物，舆论大为发展。胡适曾说这是一个新的现象，使得地方社会成为可以表达公共意见、传达新知识的点。在北伐时期，很明显的，在很多小地方，受五四新文化运动熏陶的年轻人跟当地的旧绅士起了根本的冲突。

（二）

正如怀特海在《过程与实在》中所说的，思想是一个有机体，它在历程中会不断地变化。五四的历程如此，后五四的变化更是如此。戴季陶曾经观察说，在五四之后有两条路，一条是“客观理智”，一条是“主观意志”。我相信戴氏所说的“客观理智”，主要是指五四所倡导的科学的、理智的、客观的、西方的、新文化的、批判传统的。后来在学术界则发展为以科学“整理国故”的运动。当然“整理国故”中也微微有“客观理智”和“主观意志”两种倾向之分，梁启超一面强调科学整理国故，一面又注意国故中主观的、意志的面向。这里所谓的“主观意志”，是笼统地指东方的、精神文化的、心性的、信仰的、直觉的、情感的、人格的、行动的。政治上的“主义”派也可以归入此派，因为当时崛起的各种“主义”派，基本上不只强调政治思想的抉择，而是“一种思想、一种信仰、一种力量”（孙中山），① 此下我将试着对此加以阐述。

首先是“客观理智”的。五四运动在政治与思想、学术上的影响至为重大。五四派在蔡元培、胡适，以及后来的傅斯年等人的领导之下，形成清楚的学术、文化主张，提倡民主，倡导科学（有时甚至是“科学主义”）、理性，提倡西方文化，批判中国传统，提倡“为学问而学问”，主张以科学整理国故等。由胡适所倡导的“整理国故运动”，形成一种认为清儒的治学方法是“科学”的主张，提倡一种解决学术“问题的”取向，以新史料的发现为主调，对于学问的题目与方法有一种个别的、质实的，甚至有时看来不免零碎的倾向。尤其经过 1923 年“科学与人生观论战”，科学派决绝地反对形上的、心性的，坚决主张客观的、理性的、实证的态度，认为人生观的部分也是在科学定律的管辖范围。他们比较看轻中国原来学问中心性的一路，尤其反对宋明理学的传统。又因为“为学问而学问”的主张，胡适甚至曾说清儒发现一个古字的价值与西人发现一颗恒星的价值是等同的，所以暗示了一种学问可以不问现实用处，即使看来“无用”的学问，它本身也有永恒的价值，这多少给人一种学问与现实可以脱离的倾向。

另外值得注意的是，五四之后的一连串论战，如“问题与主义”论

① 从戴季陶《日本论》之类的文字出发看来，对“主义”和领袖的信仰是属于“主观意志”的。

战、“科学与人生观”论战、“东西文化问题”论战等等。在这些论战中，比较占上风的多是属于新文化运动这一边，相当程度地深化了科学、客观、理智这一面的力量。事实上在 1949 年之前，这一派在思想、学术界占有主流的地位，过去讨论也比较多，所以此处不再赘述。上述种种发展，大致等于戴季陶所说的“客观理智”一脉。

至于在“主观意志”方面，首先要谈的便是“主义”派的崛起。从 1919 年到 1920 年，这一两年间政治、思想、文化的气候不停在变。我要举一本小说《倪焕之》为例，它的作者叶绍钧也是一位五四青年。倪焕之在追寻的过程中，经历过新文化那种强调个人的、思想的、自觉的、高尚纯洁的个体解放，然后慢慢地转变成探索社会的、组织的、劳工的。到了最后发现，我们原来做的事情太零碎。这样零零碎碎的理想好像要靠一个新的东西来落实，所以倪焕之在短短几年，由以新文化运动为主的然后变成五四的，然后又好像希望找到一个新的道路。由五四转向“主义”是一个复杂的问题，我个人曾从“生命存在”的角度加以解释（见《主义时代的来临》一文）。从《倪焕之》等书中，我们看到一种多角度的思维：一方面是对未来有无限光明的憧憬，对现实则是无限失望；另一方面又认为问题的存在是整体的，是全“社会”的。故以“社会”取代原先新文化运动零零星星的各种主张，转向一种“全盘的”、“主义”式的解决。这也就是《倪焕之》中所说的要靠“另一种非得有组织地干不可”的人，凭借思想、信仰、行动以及意志的力量，才能将上述零零碎碎的理想加以落实。形形色色的“主义化”的努力，以及各种“主义”的盛行，靠“另一种人”的“主观意志”在现实行动上的展现。至于后五四思想文化界，“主观意志”倾向的崛起也是非常明显的。

五四新文化运动是一阵狂风暴雨，四面八方的人都在盯着它看，思索着它的对错，不管是迎接或抗拒，试着与它对话，或是试着进行改造、挑战，它往往产生了五四领导者们未必料想得到的影响。譬如陈寅恪有

《“蓟丘之植，植于汶篁”之最简易解释》一文，为什么在《史记》这么庞大的内容中，他独独关注《乐毅传》中的这两句话？其实这是受了五四新文化运动的刺激而欲有所回应。当胡适在《新青年》上发表《文学改良刍议》，陈独秀接着刊出《文学革命论》加以呼应之后，钱玄同随即以大篇书信加以支持。为了响应胡适所说的古文“不合文法”的主张，遂在这封长信中举了“蓟丘之植，植于汶篁”为例，说明它是一个倒装句“不合文法”。所以，多年之后陈寅恪发表的这篇《“蓟丘之植，植于汶篁”之最简易解释》，也可以说是对当年《新青年》上那几篇文章的回应。

大变动之后，所谓“影响”往往有几种意思，一是接受，一是反对，一是既接受又反对，一是既反对又接受，① 即使要站回自己原来的位子，往往也要经过一番反思。正因为五四是一个改变历史气候的晴天霹雳，所以此后凡五四问的问题，凡五四主张的观点，对许多人而言，如果要对相关的问题有所思考，则不管赞成反对，都要先问一下自己到底是持什么态度？中国文化是不是如五四人物所贬斥的那样？西方文化包括些什么？西方文化是不是如五四人物所推崇的那样？五四那样讲婚姻问题，那么青年谈恋爱的时候，也要想一想要不要接受媒妁之言？又如在五四的爱国运动震撼之下，很多基督教团体在爱国主义的狂潮下不能不自问自答：西方来的宗教是不是与爱国主义相矛盾？边疆的少数民族可能会问在激进的爱国主义下，我们应如何自处？我们是应该更向中国贴近，还是要选择疏远？自问自答成为一道习题，许多人在自问自答的过程中重新定义自己，并决定走向。

为什么“反对”者也可能受到影响？有时是因反对而注意某些原先不曾注意的主题，有时是因反对，而认为相反的那边就是对的，或者是认为

① 因反对而形成的各种发展，如梁元生先生所讨论的“五四的逆流：国学南移与香江之国学兴起”即是一个显例。

“主旋律”所有的便是不好的，所以也不愿将其中某种质素包括进自己的内容中。譬如五四新文化运动之后的新儒家，就不太愿意讲考证，因为考证学被胡适他们拿去当作科学整理国故的东西，所以此后新儒家就不太标举考证学了。

随着五四运动中“客观理智”的风气在学术界铺天盖地而来，在学术、思想界中不管赞成或反对它者，往往也带有它的印记。这些流派各有自己的渊源，绝对不能化约为只是对五四的反响，但是它们直接或间接与五四有关。以下我要举例说明之，其中有些例子已经下及 1930 年，甚至 20 世纪 40 年代，而它们的共同特色之一便是张扬“主观意志”。

在“主观意志”派形塑的过程中，1923 年的“科学与人生观”论战显然有重要的影响。在这一场论战中，胡适、丁文江、吴稚晖等站在科学主义一边，认为普通的科学是可以统治驾驭人文、人生观的所有领域，这些本来认为是主观的部分，可是科学主义说人生观还是在科学的定义制约之下。这里面反对科学派的张君劢等人，很多都和宋明理学有关系，所以慢慢形成了两个阵营的大决战。几年前我慢慢地注意到了，其实丁文江在这一论战当中的很多主张可能深受皮尔森（Karl Pearson）的 *The Grammar of Science*（《科学的文法》）的影响，至少在意识上可能是如此。可是反对派认为人的内心、情感、意志、人生观、世界观、价值观是不受科学律则统治的，认为人的内心是一切价值的根源，不相信科学的方法能够解释一切。后来陈独秀写了一篇序，非常巧妙地说科学和人生观是可以合在一起的，如果按社会的唯物辩证法，这两个东西是可以合在一起的，辩证唯物主义的社会科学可以找出人生观、价值观与世界观的定律。这里面慢慢就形成两派，一派是科学主义派，一派是玄学派。在陈独秀他们主张思想联合阵线时，张君劢一度甚至倡导“唯心”主义联盟，计划在西山开成立会，并计划创设《理想》杂志。

一方说科学，另一方就说玄学，一方说西方文化全面胜过中国，另一方就说东方文化仍有不可磨灭的价值，所以就有“东西文化”论战；一方说要点滴改良，一方说要社会政治的全盘改良，所以就有“问题与主义”论战。这种截然相对的二分都和五四运动有关，如果不是五四运动，说不定科学与玄学之外还有第三者，说不定东方文化与西方文化不会被讲得那样截然相对。①

在后五四思潮中，首先应提到的是东方文化派。梁启超的《欧游心影录》当然是一个关键部分。梁启超在1918年底率领几个他的学生到欧洲去，访问当时欧洲的几个大思想家，他们访问倭铿（Rudolf Eucken）、柏格森（Henri Bergson）等，这些都是当时西方反对赤裸裸的、强烈的科学主义的思想家。在我感觉，梁启超在欧洲访问的人其实很多都是有选择的，他就没有访问主张非常强烈的科学主义的人。梁启超回来后所写的《欧游心影录》宣称经过一次世界大战以后，资本主义、物质主义、科学主义等欧洲文化已经破产了，而且他们寄望于东方文化。梁启超回到中国是在1920年3月，这些文章早已经陆续寄回来发表了，并且带起了一个东方文化的兴趣。这个影响正好和新文化运动是对立着，就是宣称东方文化有新的生机，新文化运动则认为东方文化已经结束了，是过去式了。

但对新文化运动的文化观加以系统反省批判的，是1921年梁漱溟的《东西文化及其哲学》，这是新文化运动之后具有里程碑意义的一本专著。这一本书把中国文化、西方文化、印度文化划分成三种“样法”，分别是在原地保持居中调和的、往前看的和往后看的。一切向欲望看齐，往前冲的是西方文化，梁漱溟认为这一文化已经要走到尽头了。可是很有意思，如果我们仔细读这本书，会发现它对于东方文化和西方文化的划分，几乎完全是照着陈独秀、李大钊的，这两位有几篇文章讲东方文化是什

① 五四之后，五四阵营内部也有分裂，就像问题和主义、实验主义和其他主义、文学艺术人生和社会政治，这些本来在五四新文化运动里面看起来是包含在一起的东西，在五四运动之后也有分裂之势。

么、西方文化是什么，梁漱溟完全是照着他们的分别。在今天来看就不一样，东方文化怎么一定是精神的呢？钱穆曾经讲中国文化最注重物质，怎么能说是精神呢？所以，梁漱溟一方面反对新文化运动，一方面也接受了很多新东西而不自知，包括他自己没有觉察到的东西文化之间的划分。他一再讲，关于这一点陈独秀和李大钊讲得非常好，就是因为他接受了这一点。而且他有一种观点，认为东方文化将来要包办全世界。胡适在批评他的《东西文化及其哲学》里面讲，哪有一种文化是包办全世界的？我认为这恰是梁漱溟受了当时新文化运动宣称西方文化全面胜过东方文化的反影响。他在书里讲，当西方文化走下坡而要走向东方文化的时候，就是中国文化在人类文明第二期中占主导地位的时候。但他也很客气地讲，第二期讲中庸调和、现在的文化在成为主流的时候，也要在某种程度上向西方学习。而将来是印度文化的天下。从这本书后半段，可以看出他深受当时流行的各种社会主义的挑战，认为资本主义这套生产体制、经济活动出现了问题，这个部分是五四运动以后慢慢产生的新的思想视野，很多人都看到这个部分，没办法绕过它，即使《东西文化及其哲学》也一样。

除了梁启超、梁漱溟之外，张君劢也是一位代表人物，他在科学与人生观论战中明火执仗主张玄学、宋明理学、强调自我、价值、意志、人生观，认为它们没有普遍的科学定律可言。张君劢在 1920 年后留欧时与倭铿合作写过一本德文小册子《中西人生观》(Rudolf Eucken und Carsun Chang: *Das Lebensproblem in China und in Europa*, Quelle und Meyer, 1922)。张君劢是最先使用英文 New Confucianism——“新儒家”的人，他是法学家、是民社党的创始人。他因为受五四的刺激，提出一个不同于五四的东西，就是宋明理学。他后来也有若干宋明理学的著作，但不是学理上最深刻的那一种。还有章士钊也在 1922 年提出“农国论”，他认为西方那套资本主义的经济体制及文化完全破产了，要恢复中国的农国，农业的道德价值，农业相关的传统文化。我个人认为，如果不是要与五四新文化运动相抗衡，他可能不会这样提。事实上，在20世纪光靠农业怎么生存？可章士钊就提出了一整套的农国论，而且还提出了一整套联合各种产业的思想。当时罗素、杜威到中国访问，有人问他当时中国的社会的问题怎么办？他们都提出要把中国各个行业的公所，组织、联合起来，章士钊也有这么一点想法，所以他提出“联业”的主张。

另外一个是20年代的新人文主义派，我主要讲的其实是学衡派。学衡派认为他们所提倡的是“新人文主义”，他们不满西方中产阶级产生的文化，彻底反对西方以人民、民治为主的文化思潮，而要以希腊思想而不是杜威这些人的庸俗思想作为模板来建造中国的新文化。柳诒徵形容他们是要在中国建造新的希腊。他们师承哈佛大学的白璧德（Irving Babbitt）教授，反对法国大革命以来庸俗化的趋势，反对中产阶级成为文化主流，倾向于士大夫文化精英所代表的思想。[①] 白璧德在哈佛大学，并不是最受欢迎的，他坚持实行一种古典的理想，那不是当时西方最流行的一种。可是有一批中国的留学生，包括俞大维、陈寅恪、吴宓、梅光迪却围绕在他旁边。

还有非常重要的是社会主义派，其实在1919年形形色色的社会主义就非常流行，包括辩证唯物主义在内，变成一个很大的挑战了。梁启超、张东荪等人都感受到社会主义的影响，而觉得一定要有所回应。梁启超常讲社会主义大概是我们这个时代不可脱逃的世界潮流，所以他既研究社会主义，在报纸上又千方百计说这个潮流千万不能让它进来。梁启超在给他朋友、儿女的书信里面很多在讨论这个潮流来了之后要怎么应对。他的著作里面也常常可以见到对应的痕迹，像《中国文化史》和后来几本书，多少都已经有这方面的成分。这个潮流后来成为很多后五四的思想流派的

① 这里面像梅光迪的文集里面和胡适的通信，可以看出他是对应着胡适的。所以胡适曾经说过，哪里有“学衡”，我只看到“学骂”。

调色盘里面的一个色彩。即使拒绝它、反对它，调色盘里面还是有这个颜色。

除了上述之外，“主观意志”派还包括后来的新儒家，乃至更晚在抗战时期的若干思想流派。“主观意志”这个笼统的派别显然也是针对五四新文化运动而来的。熊十力 1922 年到北大代替梁漱溟教书，梁漱溟一直在北大教“印度哲学概论”，有一年梁漱溟不能教了，就请欧阳竟无的一个学生熊十力来代课。后来梁漱溟曾表示，他一生做过的错误就是找熊十力来代课。熊十力乃至后来的新儒家的几位大师，基本上都对新文化运动有所反省，在这个反省中重新建立对中国文化内在的精神价值之类的肯定。熊十力先谈唯识论，后来慢慢从唯识论里面脱离出来，要用儒家的方式再来谈，尤其是宋明理学，他的阐述中有很多是针对科学主义而发的。熊十力在《十力语要》等书中，连篇累牍地批判五四及五四之后重考据、反心性的学风。譬如他常说：“人心不是矿石”，这个说法涵义甚广，此处不能具论。其中有一个意思是说人的内心不是一个可以被观察分析、有定律可循的客观之物，人是主观价值的源头，在良知背后有很深远的背景（参考刘述先《新儒家的开展》)。天命之谓性，这个“性”不是一个客观之物。用他的话说就是“性智”，而不是“量智”。用我能想到的一句话来说，就是人是“天命之谓性，率性之谓道”，人生下来的“性”或“良知”，不是一个普通的器物，其背后有很深远的背景。它作为主体发出来的东西是可以涵盖万物的。熊十力曾经告诉别人，除了王阳明、王心斋的书，其他统统不要读。他所肯定的主要还不是宋儒，而是王阳明和王阳明的后学。熊十力在 1949 年之后转向先秦六经，转向治国平天下。可是坦白说，他的《原儒》《论六经》里面武断之辞太多。他的学生徐复观在台湾看到他的《原儒》《论六经》时也有这种感觉。

另外就是 20 世纪 40 年代，贺麟提出的“新心学”。胡适曾经批评冯友兰的《中国哲学史》采用“正统主义”，意思就是说冯友兰写先秦到宋这一段，写成好像先秦以来的思想，包括隋唐五代的佛教和禅宗，最后是要汇集到理学的兴起，“千里来龙，在此结穴”。这不是新文化运动者所喜欢的一个路数。尤其冯友兰后来的《新理学》，用西方的新实在论的一种“潜势的理”解释朱熹的“天理”，朱熹的“天理”确实有“潜势”的味道在里面，而“潜势”、“天理”这些东西当然与五四所强调的“客观理智”有所出入。

贺麟提倡“新心学”，他是不满意冯友兰的，认为冯友兰讲的是空理，离现实的人生有距离，不能给人慰藉。五四新文化运动是一个大启蒙，可是很多人觉得，它与我的人生好像远了一点，所以出现了一些希望要讲意志、信念、价值、行动，或是希望思想、信念和行动合而为一的派别，贺麟的“新心学”就是其中之一。

贺麟的著作有一个特色，他往往吸收了五四新文化运动的东西，他的主张中很强调客观理智的学问的追求，可是另外一方面他还是带出另一个方面，即中国文化的精神价值。他早期是西方唯心论的重要代表人物，后期翻译黑格尔，这些当然不可能与对五四科学主义的批判没有关系。从贺麟关于哲学与人生的工作中我体悟到一个名词，就是在五四之后慢慢形成集结及中心的思想流派好像有一种“非人格化的倾向”，而他们想要“再人格化”。“人格化”的意思就是说内心的、理想的，精神的、意志的、价值的、行动的，这几种东西是要合而为一的，像威廉·詹姆斯（William James）讲的“纯粹经验”：当人们直接地经验到自己的意识状态时，不掺杂任何学理、偏见等。在这里没有主客之分，知识与其对象完全合一，客观的理智、主观的意念、价值的抉择与实践合而为一。冯友兰《中国哲学小史》中曾用它来解释道家哲学。日本哲学家西田几多郎《善的研究》，开宗明义便表示说他受“纯粹经验”观念的影响而写这本书，并认为“善”即是上述合一的状态。五四新文化运动以来，基本上认为对上述种种是要分开的，用胡适的话，学术是一回事，道德是一回事，信仰是一回事，可是有不少人认为应该要合而为一的。贺麟、谢幼伟等人好像集合成一个团体，他们在五四之后特别要谈这个东西。

当时他们开始刻意引介的西方的思想家也是另外一批，很多是新黑格尔主义者，尤其像英国的格林（T. H. Green, 1836—1882）、布拉德莱（Francis Herbert Bradley, 1846—1924）、贝克莱（George Berkeley, 1685—1753），他们都是唯心主义者，还有像美国的罗伊斯（Josiah Royce, 1855— ）、谢幼伟译过一本他的《忠的哲学》，Josiah Royce 在当时的美国非常有名，他认为有一种哲学就是把知识、信念、意志合而为一的，而最高表现就是“忠”，忠于一个事业、学术、人的时候，你是全部合而为一的道德纯洁的状态，不是分裂的。知识、道德、信仰，这些原来在五四青年看来是分裂的东西，在这个概念下是合而为一的，威廉·詹姆斯讲的“纯粹经验”也是这样的状态。还有他们所讨论的柏格森、怀特海、克罗齐。依照贺麟在《六大哲学家》中对后期怀海德的刻画：重“玄思”、重视“感觉”、重“直观”的探索，强调经验里面模糊的部分才是更基本的。重视“全”，而反对“分离”、“孤立”地分析事物，以及提倡有机哲学以批判机械论或机械唯物论。他又认为在表面的语言之后，思想和语言之间有个距离，语言没办法完全表达思想，很多东西背后都有一个潜在的连接才能真正了解。我觉得贺麟特别提出后期怀特海的思想，多少是针对当时所谓“科学方法”中考证的、唯证据的、唯科学的部分的批评。

到了抗战时期，包括战国策派，它所讲的是另一套东西。这是在客观理智、主观意志之外的一种新发展。但这一个发展之所以可以被放在后五四被了解，是因为他们在形成的过程中，有五四这一个对话或逆反的对象。新儒家谈的更多还是在思想上，这里面谈的很多还是情感、价值、意志、领袖、信仰、行动之类的。另外，五四之后西方变两个了，五四新文化运动的时候西方好像只有一个，后来变成还有一个俄国，以西方来反西方，以西方来修正西方，原来都是到民间去，到法兰西去，后来加一个到俄国去，所以它后来有很多新的变化。

最后我要强调，经过五四之后什么都不一样了，五四带来了一个新的天地，五四像原子核分裂般，它的强力爆裂，使得政治、思想、文化等各方面的地景产生了新的划分，而“客观理智”与“主观意志”便是其中一组，将来如果有机会，我希望能对这个主题做更进一步的阐述。

e考据与文史研究的新机遇：以查索诗文用典为例

黄一农（台湾清华大学历史研究所教授兼“中研院”院士）

一、前言

自笔者于十多年前在汉学界首揭“e考据”时代的到临以来，正反两面的看法并见，①而包含信息领域在内的跨学门学者，近年对大数据（Big Data；指数据库中或网络上所积累的巨量数据）或数字人文（Digital Humanities；指那些唯有借助数字科技方能进行的人文研究）的讨论更是方兴未艾。②惟因许多人将“e考据”片

① 黄一农：《明末至澳门募葡兵的姜云龙小考兼答熊熊先生对“e考据”的批评》，《中研院近代史研究所集刊》2008年第62期，第141—166页；张瑞龙：《e考据是“立体”史学而非“伪考据”》，《中国社会科学报》2013年9月23日；马建强：《计算历史学：大数据时代的历史研究》，《学术论坛》2015年第12期，第99—105页。

② 如见项洁、涂丰恩：《导论：什么是数位人文》，收于项洁编：《从保存到创造：开启数位人文研究》，台湾大学出版中心2011年版，第9—28页。

面理解成只不过是利用大数据以进行关键词检索，不知其要旨远超过此一技术面的层次。①

真正的 e 考据应是在大数据的从旁辅助下从事考据（考据虽非许多文史研究的终极目的，但却常是许多研究无可或缺的基础），而绝非仅仅依靠数字数据的检索！尤其，古籍数字化往往出现文字讹误，② 版本的选择也偶见未臻理想，故使用时仍须了解这些局限，尽量再回查原书，并做足甄别史料的功夫。又因材料不太可能全面数字化，传统的资料搜集方法也切不可偏废。

而爬梳史料的过程亦不应停留在平面式的盲搜，必须透过敏锐的问题意识与细致的逻辑推理，就相关之人物、地点、时间、官衔或史事等，进行迭代式（iterative）的检索，从搜寻过程获取新知识或新线索，再回到数字数据中继续搜寻，期能深化研究的结果，甚而创造出有力的间接证据。

一文史工作者在学术养成过程，尤其要有意识地在自己的脑海中建置一个分辨率愈来愈好以及涵盖面愈来愈广的“知识地图（knowledge map；泛指对知识的具体内容、呈现方式及其所在之处的掌握能力）”，并学习如何有效运用此一虚拟地图，以充分发挥 e 考据时的导航工作，此能力应是新世纪学者区隔彼此功力的关键之一。

质言之，e 考据是文史工作者在将传统的知识与研究方法作为基础的前提之下，辅以对大数据的充分运用，以尽可能耙梳材料并深化考据的一个现代手段。它理应被视为一种倾力融通数字与传统的研究态度，其目的

① 笔者在《清代避讳举例：e 考据的学术实践》（台湾清华大学出版社 2024 年版）一书中，即以十几个月时间深入避讳学领域，试探如何透过融合数字与传统的 e 考据之法，重新定义避讳学 2.0 该有的研究模式。

② 目前各数字数据库的设置者，多未提供适当机制与足够诱因，以整合广大使用者的力量来增进其内容的正确率。

是在e时代的环境与工具之下，希望能为文史学门创造更开阔的学术视野和更卓越的学术成果。

笔者先前虽在《两头蛇：明末清初的第一代天主教徒》（2005）、《二重奏：红学与清史的对话》（2014）、《红楼梦外：曹雪芹〈画册〉与〈废艺斋集稿〉新证》（2020）、《曹雪芹的家族印记》（2022）等书的研析过程中，充分享受到e考据所带来的能量与效力，然却少以个案具体析探此一新的研究方法，而学界也有愈来愈多的人看好大数据对文科的正面意义，但面对成功范式仍旧不多且欠缺足够代表性的现况，遂起意以此文细探自己十多年来在中外交流史与红学领域所碰到之两个精彩的小个案（古诗中“蜍志”与“吕袋”的用典），期盼能帮助一些有兴趣的文史工作者，具体管窥e考据较特出的思维与操作方法。

二、“蜍志”之用典

在治天主教入华史的过程中，笔者尝接触到明末知名天主教徒徐光启的一位奉教门生韩霖（字雨公），他以知兵闻世，且与入华的耶稣会士以及运送西洋大铳来华的葡萄牙军事顾问公沙的西劳（Gonçalo Teixeira Correa，？—1632）等往来密切。崇祯十七年（1644）正月，大学士李建泰自请提兵攻打李自成，并聘韩霖担任军前赞画，但韩霖后投降闯军，且在北京的大顺朝中出任礼政府从事（相当于明之礼部主事）一职。李自成兵败后，韩霖隐居老家山西绛州旁的稷山县，后与两子同遭乱兵所杀。[①]

① 黄一农：《两头蛇：明末清初的第一代天主教徒》，台湾清华大学出版社2005年版，第229—252页。

笔者在研究韩霖的生平事迹时，读到其里人孙锡龄为他所写的悼诗《追赠雨公韩夫子》(图 1)：

一时酬唱沸都城，谁氏阳秋是定评？
诗卷两牛悲溷劫，园池三径听蛙鸣。
侯芭负土坟初起，宋玉招魂赋未成。
怅望九原如可作，肯将蜍志羡余生？[①]

此七律首联的“一时酬唱沸都城”句，乃称颂韩霖在京时的交游广阔；而“谁氏阳秋是定评”句，则慨叹不知该从何种史观（“阳秋”即“春秋”，因避东晋简文帝之母郑太后阿春而改[②]），来评断韩霖游走鼎革期间不同政权的一生。

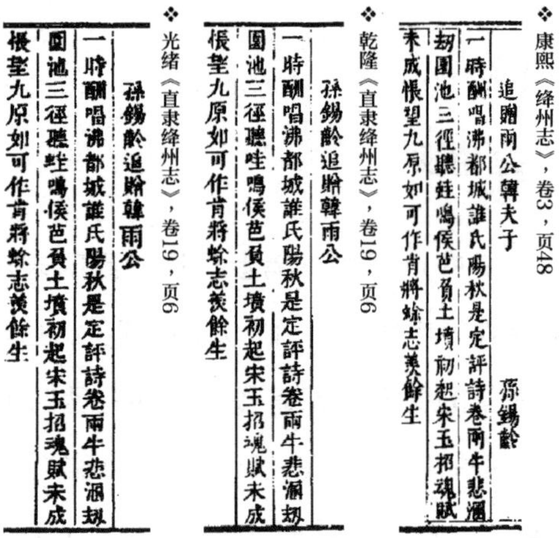

图 1 《绛州志》中的孙锡龄《追赠雨公韩夫子》诗

① 刘显第修，陶用曙纂：《绛州志》，国家图书馆出版社 2015 年版，《哈佛燕京图书馆藏稀见方志丛刊》景印康熙九年刊本，卷 3，第 48 页。

② 文献中有错以阿春为简文帝之后者。参见《晋书》，中华书局 1996 年版，其他正史同此点校本，卷 32，第 979 页；王楙：《野客丛书》，台湾商务印书馆，《景印文渊阁四库全书》本，卷 9，第 5 页。

至于颔联上句的“诗卷两牛悲溷劫”，应典出李白的《醉后赠王历阳》，诗中称誉其在历阳任官的友人王氏“书秃千兔毫，诗裁两牛腰”，言王氏写字磨秃了千枝兔毫笔，而诗作也厚达两牛腰那样粗。孙锡龄以“诗卷两牛”形容韩霖著述等身，并感叹这些作品遭到兵燹（所谓“溷劫”）而多亡佚。① 下句“园池三径听蛙鸣”中的“三径”，则用东汉·蒋诩之典，因其“舍中三径，唯羊仲、求仲从之游，皆挫廉逃名不出”，仅与同样避世的羊仲、求仲二人往还，② 陶渊明的《归去来辞》也以“三径就荒，松菊犹存”句表达隐居之情。至于“听蛙鸣”则喻崇尚自然、不乐世务，此或与南朝齐处士孔稚珪的故事相呼应，因其隐居处盛营山水，“门庭之内，草莱不剪，中有蛙鸣”，珪且称蛙鸣胜于鼓吹之声。③

颈联“侯芭负土坟初起”中的侯芭为西汉钜鹿人，其师扬雄过世后，他亲自负土安坟；④“宋玉招魂赋未成”的宋玉为战国楚人，精于辞赋、音律，有著名的《招魂》存世。⑤ 韩霖死后其妻无力下葬，孙锡龄遂捐办丧事，⑥“侯芭负土坟初起”即作者自述此一义举，但他另以“宋玉招魂赋未成”句表明自己当时还未来得及为韩霖写出招魂之赋。

至于尾联的“九原如可作”，则用的是晋平公之典，汉·刘向《新序》记晋平公过九原而叹曰：“嗟乎！此地之蕴吾良臣多矣，若使死者起也，

① 如薄少君尝为亡夫赋悼诗，其中有“长吉遗文遭溷劫”句，即是形容其夫的著作正如早逝之李贺（字长吉）一样，因乱世而失传。参见汪学金：《娄东诗派》，北京出版社，《四库未收书辑刊》景印嘉庆九年（1804）刊本，卷28，第3页。

② “挫廉逃名”谓挫毁棱角，逃离名声，意指隐居不出。参见萧统等编，李善等注：《六臣注文选》，《景印文渊阁四库全书》本，卷45，第34页。

③ 《南齐书》，卷48，第840页。

④ 欧阳询等：《艺文类聚》，《景印文渊阁四库全书》本，卷40，第21页。

⑤ 欧阳询等：《艺文类聚》，卷79，第20—21页。

⑥ 张成德修，李友洙、张我观纂：《直隶绛州志》，北京大学图书馆藏乾隆三十年（1756）刊本，卷11，第18页。

吾将谁与归乎?”[①] 故尾联此句(“作”,起也)意谓“若人能死后再生”。然末句“肯将蜍志羡余生”的含意,笔者初在尽力查阅各种工具书和网络内容后,均无从得知其确切意涵,故2005年出版《两头蛇:明末清初的第一代天主教徒》时,只能在一小注中勉强揣测其意为“不知他肯否效法蟾蜍在园池中安度余生?”[②]

拙著《两头蛇》的第一版在出书后,笔者即寄呈给一些师友请求教正。一日忽接余英时先生的亲笔覆信(图2),除对一后生晚辈的谬许与鼓励之外,并提及“蜍志”其实用的是《世说新语》中的故事,因晋人庾和有云:

廉颇、蔺相如虽千载上使人,懔懔恒如有生气;曹蜍、李志虽见在,厌厌如九泉下人。人皆如此,便可结绳而治,但恐狐狸貒貉啖尽。[③]

南朝刘孝标注曰:“言人皆如曹、李质鲁淳悫〔音“却”,指忠厚〕,则天下无奸民,可结绳致治。然才智无闻,功迹俱灭,身尽于狐狸,无擅世之名也。”在此,“蜍志”乃被拿来指曹蜍、李志辈的平庸之人,他们在面对清平社会时虽可做到结绳而治,但却因此欠缺进取,无法创造出独特出群的名声。孙锡龄在悼诗的末两句称韩霖如可复生,不知他肯否像“富贵宦达”的曹、李二人碌碌虚度一生?[④] 隐指避居稷山的韩霖当时似乎仍有所图,但他曾否在死前参预韩昭宣或李建泰(二人均与韩霖有亲朋关系)的反清行动,则或已不能考。[⑤]

① 刘向:《新序》,《景印文渊阁四库全书》本,卷4,第13页。
② 黄一农:《两头蛇:明末清初的第一代天主教徒》,台湾清华大学出版社2005年版,第251页。
③ 刘义庆撰,刘孝标注:《世说新语》,《景印文渊阁四库全书》本,卷中之下,第39页。
④ 张世南:《游宦纪闻》,《景印文渊阁四库全书》本,卷10,第8页。
⑤ 黄一农:《两头蛇:明末清初的第一代天主教徒》,台湾清华大学出版社2005年版,第249—251页。

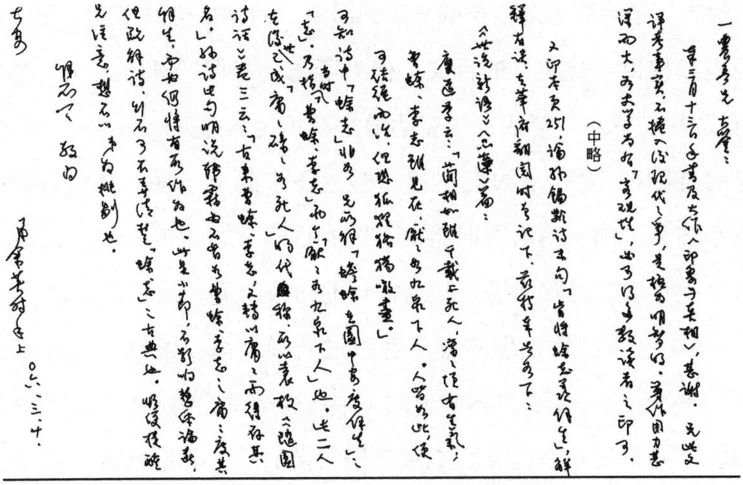

一农吾兄大鉴：

奉三月十三日手书及大作《印象与真相》，甚谢，兄此文详考事实，不卷入后现代之争，是极为明智的。尊作用力甚深而大，如史学尚有「客观性」，必可得多数读者之印可。

（中略）

又印本页251，论孙锡龄诗末句「肯将蜍志羡余生」，解释有误，在华府翻阅时曾记下，兹特奉告如下：

《世说新语》《品藻》篇：

庾道季云：「蔺相如虽千载上死人，懔懔恒有生气；曹蜍、李志虽见在，厌厌如九泉下人。人皆如此，便可结绳而治，但恐狐狸貉貒啖尽。」

可知诗中「蜍志」非如兄所解「蟾蜍在园中安度余生」之「志」，乃指当时曹蜍、李志」两个「厌厌如九泉下人」也。此二人在后世已成「庸庸碌碌如死人」的代称，所以袁枚《随园诗话》卷三云：「古来曹蜍、李志，又转以庸庸而得存其名。」孙诗此句明说韩霖必不肯如曹蜍、李志之庸庸度其余生，而如何将有所作为也。此是小节，不影响整体论断，但既解诗，则不可不弄清楚「蜍、志」之古典也。顺便提醒兄注意，想不以弟为挑剔也。

余不一一，敬问

大安

弟余英时　手上　〇六、三、十

图 2　余英时先生指正拙著中“蜍志”用典的信札

笔者顷接余先生信后颇惭自己的学力未逮，然传统知识的范畴过广，用典的内容也多属零碎，而学术的积累原本就需要长时间的努力，且难免挂一漏万，笔者于是开始思索透过大数据所进行研究的优势与局限。情理上，21 世纪的文史工作者因所受训练的方式与上一代截然不同，故除非因专业接近或另有其他学习机缘，恐不多人熟悉曹蜍和李志的故事，遑论能联想“蜍志”是将两人之名各取一字的组合，① 何况当时罕有工具书或搜索引擎能直接提供“蜍志”的释义。作为所谓 e 考据“开山之作”的《两头蛇》，在理解“蜍志”意涵一事就明显呈现不足。

笔者旋即在 2007 年发行的修订版改正了此一错误，并在书中对余先生的提示志谢。由于笔者同时将此书的勘误表以档案的方式上传台湾清华大学人文社会学院的服务器，故有很长的一段时间，从谷歌（Google）或百度（Baidu）等搜索引擎不难迅速透过此表掌握“蜍志”之典。又因笔者先前于许多讲演（部分内容被上网）中皆提及过此例，② 且在海峡两岸暨港澳地区多处开设 e 考据课程或举办研习营时，亦曾以此为个案研究，故有不少人浏览过此勘误表的网页，遂令该链结一度被置于搜寻“蜍志”之首位（图 3）。③

图 3　2016 年 9 月在谷歌网站所搜得的“蜍志”条目

随着过去几年大数据研究环境的快速进展，目前已有超过百亿字清

① 梅家玲：《〈世说新语〉名士言谈中的用典技巧》，《台大中文学报》1988 年第 2 期，第 341—376 页。

② 若以“蜍志”搜寻“谷歌”，即可习得“蜍志”之意，有些内容与笔者相关。

③ 由于此一勘误表所在的服务器连遭恶意攻击，网站的管理者遂在 2016 年 10 月移除相关网页的服务功能，故现已无法于网上搜得此表，但“蜍志”的知识已散见于网络世界的不少地方。

代以前的文献可全文检索，此与理想的研究环境虽仍有一段距离，但面对许多议题而言，往往已具统计意义或可操作性，笔者遂起意重探如何透过较有系统的方法，以掌握古代诗文中的用典问题。经耙梳几个大型数据库后，我们可以清楚发现曹蜍和李志的故事对古人而言应不陌生。如检“中国基本古籍库”及“中国方志库”，即可查得两百多个相关案例。而透过台北“中研院”的“汉籍全文资料库”，甚至可查得连朝鲜肃宗的大司宪宋相琦都曾于三十一年（1705）上疏时有“今日诸臣，志气厌厌，不免李志、曹蜍之讥”之语，① 可见朝鲜当时的领导阶层或知识界多熟悉此典。

然而，若一研究者不知“蜍志”乃指曹蜍和李志二人时，以“蜍志”为关键词在“中国基本古籍库”所检得之28例当中，却无任一例之内容可以协助我们深入掌握此用典（或因古人多以此为熟典，故未做进一步释义），甚至连原始出处的《世说新语》都未见诸搜寻结果，此因该书全文从不曾将“蜍”、“志”二字连用。换句话说，我们仅可从这28例的出现粗略推判古人应谙习相关故事。

在此情形下，或许我们应以稍微宽松的方式处理检索的关键词。故笔者尝试于“中国基本古籍库”中查“蜍 + 志”，依照该库的运作设计，只要文本连续二十字以内出现“蜍”及“志”二字即会被列出，② 此法共搜得212例，其中过半的113例均可见曹蜍和李志之名，且不乏清楚提及前引《世说新语》之故事者。

在逐一过览检索结果时，笔者读到了《佩文韵府》一书，赫然想起此为清代官修的一部专供查找文章典故和清词丽句出处的大型类书、韵书兼辞典，此书的编刻在历经七年的努力后，终于康熙五十一年（1712）刊

① 《肃宗大王实录》，首尔探求堂1984年版，《朝鲜王朝实录》本，卷41，第2页。

② 通常的e考据的过程只要搜寻较直接的关键词AB即有机会得到答案，但若面临瓶颈时，才要使用“A+B”的公式去寻找，如此所搜出的案例虽会大幅增加，但答案也较可能出现其中。

成，五十九年（1720）正月奉旨增补相关内容的《韵府拾遗》又完成，两书各106卷，共引录词藻典故约一百多万条。① 该书以单字统词语，每字的编排乃据南宋·刘渊“平水韵”的106韵分成平、上、去、入四声，每一声再按韵目依次排列，以便押韵对句。但因其卷帙过于浩繁，且翻查时必须熟悉古韵，再加上所收的词语全按该词的最后一字排列，故甚不便查找。但若能利用数字化的优势，以e考据之法善加搜索《佩文韵府》，理应能协助我们解决大多数用典的问题。

换句话说，当我们怀疑“肯将蜍志羡余生”句中的“蜍志”有待解的典故时，或可在“中国基本古籍库”的检索界面中先将书名限定为“佩文韵府”（或“韵府拾遗”），接着查“蜍志”，如无解时，再试搜“蜍＋志”。透过大数据所提供的新研究环境，我们立可在书中发现共五则与曹蜍或李志相关之内容（图4），分散在曹蜍、厌厌、嗽尽、李志、生气等词条，从而得以具体掌握“蜍志”背后的故事。

一位生活在现今大数据时代的人，很可能既不曾用过《佩文韵府》，也从未熟背《昭明文选》，但透过搜索引擎却能在数秒之内就获得答案。惟文史研究中的许多用典在目前环境下仍不必然可自网上一索即得，笔者在下文中将尝试透过数字与传统的融通，整理出一套有系统的方法以努力解决此类问题。

对一不熟悉古代音韵知识的人而言，欲从《佩文韵府》中查找内容就犹如大海捞针。但当我们仔细过览此书的呈现模式后，应不难发现该韵书乃将尾字相同之各种长度（两字、三字、四字、五字、六字等）的词语整理在一块，而胪列这些词语之前会先标举该字，紧接着以小字双行注此字的反切和解释，再以“韵藻”（原本见于元·阴幼遇《韵府群玉》和明·凌

① 曹红军：《曹寅与扬州诗局、扬州书局刻书活动考辨》，《南京师大学报（社科版）》2005年第6期，第151—157页；郑永晓：《〈佩文韵府〉的编纂与康熙朝后期的诗坛取向》，《文学遗产》2017年第3期，第129—141页。

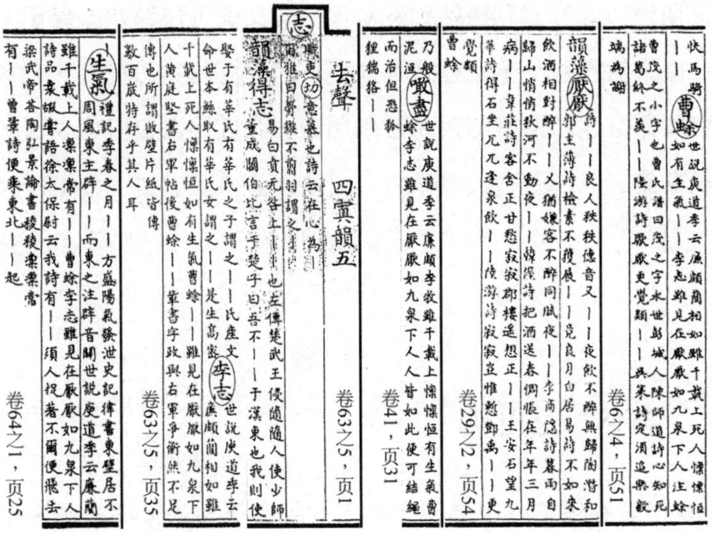
快馬騎||曹蜍世說庾道季云廉頗藺相如雖千載上死人懍懍恒
||如有生氣||李志雖見在厭厭如九泉下人注蜍
曹茂之小字也曹氏譜曰茂之字永世彭城人陳師道詩心知死
諸葛終不羨||陸游詩厭厭更覺顯||吳萊詩究酒追興歡
端爲嗤
卷6之4，页51

韻藻厭厭詩||良人秩秩德音又||夜飲不醉無歸陶潛和
郭主簿詩檢素不獲展||竟良月白居易詩不如來
飲酒相對醉||又猶嫌客不醉同賦夜||李商隱詩暮雨自
歸山悄悄秋河不動夜||韓偓詩把酒送春惆悵在年年三月
病||韋莊詩客舍正甘愁寂寂郡樓遥想正||王安石望九
華詩得石生兀兀逢泉飲||陸游詩寂寂豈惟懲鄧禹||更
覺顯
曹蜍
卷29之2，页54

乃般敗盡世說庾道季云廉頗李牧雖千載上懍懍恒有生氣曹
泥洹蜍李志雖見在厭厭如九泉下人人皆如此便可結繩
而治但恐狐
狸貒貉||
卷41，页31

去聲　四寘韻五
志職吏切意慕也詩云在心爲|
爾雅曰骨鏃不翦羽謂之|
韻藻得志易曰貴无咎上|||也左傳楚武王侵隨隨人使少師
董成鬬伯比言于楚子曰吾不||于漢東也我則使
卷63之5，页1

堅于有華氏有華氏之子謂之||氏産文李志世說庾道季云
命世本繇取有華氏女謂之||是生高密廉頗藺相如雖
千載上死人懍懍恒如有生氣曹蜍||雖見在厭厭如九泉下
人黄庭堅書右軍帖後曹蜍||輩書字政與右軍爭衡然不足
傳也所謂敗壁片紙皆傳
數百歲特存乎其人耳
卷63之5，页35

|生氣禮記季春之月||方盛陽氣發泄史記律書東壁居不
周風東主辟||而東之注辟音闢世說庾道季云廉藺
雖千載上人凜凜常有||曹蜍李志雖見在厭厭如九泉下人
詩品袁嘏嘗語徐太保尉云我詩有||須人捉著不爾便飛去
梁武帝荅陶弘景論書稜稜凜凜常
有||曾鞏詩便乘東北||起
卷64之1，页25

图 4 《佩文韵府》中与曹蜍或李志相关之内容

稚隆《五车韵瑞》)、“增”(不见于阴、凌二书的新增内容)、“对语”(指可以组对使用的词汇)或“摘句”(集尾字相同的前人诗句，但不标出处)四词，带出个别的词条(图 4)。

故当我们不解“肯将蜍志羡余生”句的意义时，除可于“中国基本古籍库”中查“蜍 + 志”外，亦可在《佩文韵府》中耙梳所有以“志”字结尾的词条。具体做法是在“中国基本古籍库”中将书名设成“佩文韵府”(或“韵府拾遗”)，次搜“志?? 切”(此因每个待查之字均会先注两字的反切，而在此数据库的设计中，一个问号代表空一字，两个问号即指“志”与“切”之间恰相隔两字，而该问号可为全角或半角)，即可搜得“志职吏切”，到达以“志”为尾字的词条区。接着逐一耙梳各词，应就有机会在“李志”条目中习得“蜍志”乃指曹蜍和李志的故事。如再检索“曹蜍”或“李志”，则又可在其他几个词条查到同一用典(图 4)。但如以传统方式进行查索时，即便使用者娴熟音韵，亦不容易做到既迅速且全面。

综前所述，除非遇到极特别的僻典，一文史工作者如能善用大数据环境下的《佩文韵府》及《韵府拾遗》(收入“中国基本古籍库”等数据库)，将有机会掌握清人所搜集的百余万条用典，此应足以应付绝大部分文史研究的相关需要。

三、“吕袋”之用典

2010年笔者起意以自己完全陌生的红学作为多年期的研究个案，尝试进一步探索e考据对文史领域所可能开创的新机遇，此因大量红友们虽在过去百年间持续以传统方式铺天盖地查找文献，但许多关键议题（如《红楼梦》作者的生平事迹等）却仍因材料不足而面临严重的瓶颈，中国艺术研究院的刘梦溪先生即曾总结曰：“在新材料发现之前，红学的困局难以改变。”且悲观地称“我认为百年红学正在走向衰落。”① 笔者因此期盼能透过大数据的环境及e考据的方法，耙梳出新史料并进行深度析究，以打开红学的新局面。

在改治红学之初，笔者接触到旗人宜泉（他应未冠上其汉姓张）撰写的《春柳堂诗稿》。该书出现《怀曹芹溪》《和曹雪芹〈西郊信步憩废寺〉原韵》《题芹溪居士》《伤芹溪居士》四首诗，且后两首的诗题小注直指芹溪居士“姓曹名霑，字梦阮，号芹溪居士，其人工诗善画”，“其人素性放达好饮，又善诗画，年未五旬而卒”，故有学者认为曹芹溪、曹雪芹、芹溪居士均指的是我们熟悉的《红楼梦》作者曹霑，亦即，此书应可对其生平与性格提供极可贵的材料。但反对者则质疑前述宜泉诗中的当事人只

① 刘梦溪：《红楼梦与百年中国》，中央编译出版社2005年版，第405页。

不过与红圈关心的曹雪芹同名同姓，《春柳堂诗稿》一书于是成为红学界的几大论争之一。①

虽然笔者先前已透过《春柳堂诗稿》中的一些蛛丝马迹，旁推宜泉与小说家曹雪芹的生活时空出现交集，但若要进一步印证两人有可能认识，就需尝试核实《春柳堂诗稿》中所提及的其他三十几个人名的生平事迹，尤其要追索他们当中有无与曹雪芹或其亲朋相识者。如可找出交叠的人脉网络，则两曹雪芹纯属同名同姓巧合的概率应极低，②遂可间接支持宜泉诗中的曹雪芹（或曹芹溪、芹溪居士）就是《红楼梦》的作者。

然因宜泉的友人大多是小人物（如希睿先生、李四兄、卜云庵、孔曾堂大兄、叶肯堂、张次石、段纯一、郭元度、恩三张秀、刘桂岩、郑恒斋、壁臻禅师、丁旭林先生、龙二府、穆县令、周鲁瞻等），且其在诗题上对亲友的称谓又常过简（如称仰山、李二甥婿、吴三兄、沈家四世兄、刘二弟、洪九兄、冷公、夏公先生、董先生、孟二先生、王公先生世兄、欧阳先生、景星四兄、萧三甥、田先生等），故可追索出事迹者甚少（目前仅龙二府、穆县令与周鲁瞻三人有些眉目）。

该诗稿的五言近体中共有两首题给“李四兄”的诗（图5），在正常情形下，要从“李四兄”之名指认出其人的机会应是微乎其微，因“李四”、“张三”本就是再普通不过的称谓，惟透过该诗中其他相关的讯息，我们

① 下文中的相关讨论，如未注明即请参见黄一农：《二重奏：红学与清史的对话》，台湾清华大学出版社2014年版，第351—404页。

② 有红迷相信美国心理学家Stanley Milgram所提出的六度分隔（Six Degrees of Separation）理论，认为所有人皆可以通过平均六层的熟人链和其他任何人联系起来，因此质疑笔者此一逻辑推论的基础。然该分隔理论的可信度现已迭遭质疑，有批评者就指称，倘若如此，那为何我们长期找不到911事件的主谋拉登（Osama bin Laden, 1957—2011），再加上古人的交游圈远不及现代多样和宽广，亦令人觉得此说的适用性有待商榷；参见Elizabeth DeVita-Raebu, “If Osama’s Only 6 Degrees Away, Why Can’t We Find Him?” Discover Magazine, 转引自https: //www.discovermagazine.com/the-sciences/if-osamas-only-6-degrees-away-why-cant-we-find-him。

或有机会考实出“李四兄”其人其事，让此一个案成为展露 e 考据效能的极佳范例。①

《春柳堂诗稿》五言近体第十四首的《题李四兄书舍壁》有云：

酒渴谁吞海，人間有谪仙。
一壶初脱帽，五斗渐惊筵。
吕袋休名注（其为引　见余剩之员故云②），
清书慧性传（谓其教翻设晓、畅译清文③）。
还应焚醉籍，从此惜残年（隶事工稳）。

首句出自宋人王禹偁与刘少逸的联句“一回酒渴思吞海，几度诗狂欲上天”，④次句谓其酒量比拟自许为“谪仙”的李白。⑤“脱帽”形容豪放或无所检束，此与“惊筵”或均出自唐代诗人杜甫的《饮中八仙歌》，因其中有“张旭三杯草圣传，脱帽露顶王公前，挥毫落纸如云烟。焦遂

① 下文主要之讨论乃根据笔者先前的研究结果，但部分论述已做了大幅增订，并为了具体呈现 e 考据的范式，又特别补充许多研究细节。后文中有关李方泰的讨论，如未加注即请参见黄一农：《二重奏：红学与清史的对话》，台湾清华大学出版社 2014 年版，第 389—394 页。

② “引见”两字在清代文献中有时会将“见”字抬头或将两字中间留空，此应是为了表达对皇帝的尊重（但并未硬性规定），因“引”字乃谓相关部门之首长带领当事人觐见的举动，而“见”字则指代皇帝，类似情形屡见于“中国基本古籍库”。

③ 或谓其能流畅地翻译满文，且在教人满、汉对译时，亦能引证设譬，使之通晓。“设譬”意指打比方，甲戌本《红楼梦》第五回在描写秦可卿内室陈设时，有两条侧批亦曾出现过此词，称“设譬调侃耳，若真以为然，则又被作者瞒过”、“一路设譬之文，迥非《石头记》大笔所肩，别有他属，余所不知”。

④ 张德夫修，皇甫汸纂：《长洲县志》，上海书店 2014 年版，《天一阁藏明代方志选刊续编》景印隆庆五年（1571）刊本，卷 14，第 2—3 页。

⑤ 查“酒 + 谪仙”，李白诗有“青莲居士谪仙人，酒肆藏名三十春”句。参见张玉书、陈廷敬等：《御定佩文韵府》，《景印文渊阁四库全书》本，卷 23 之 10，第 26 页。

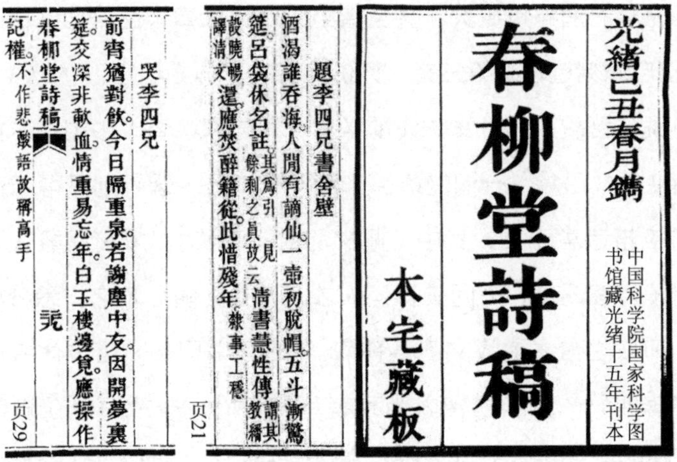

光緒己丑春月鐫

春柳堂詩稿

本宅藏板

中国科学院国家科学图书馆藏光绪十五年刊本

題李四兄書舍壁

酒渴誰吞海。人間有謫仙。一壺初脫帽。五斗漸驚筵。呂袋休名註。其為引見餘剩之員故云清書慧性傳。謂其教習繙譯清文還應焚醉籍。從此惜殘年。隸事工穩

頁21

哭李四兄

前宵猶對飲。今日隔重泉。若謝塵中友。因開夢裏筵。交深非歃血。情重易忘年。白玉樓邊覓。應操作記權。不作悲酸語故稱高手

春柳堂詩稿 完

頁29

图 5　宜泉《春柳堂诗稿》中与“李四兄”相关之诗

五斗方卓然，高谈雄辩惊四筵”句。[1]“休名”指美好的名声，“清书”即满文。

尾联之“焚醉籍”或典出宋人卫元规酒后忤丁仆射的故事，卫氏事后以书谢罪，中有“自兹囚酒星于天狱，焚醉籍于秦坑”句，[2]“惜残年”则是引自唐·韩愈《左迁至蓝关示侄孙湘》中的“欲为圣朝除弊事，肯将衰朽惜残年”句。[3]宜泉在此用“焚醉籍”和“惜残年”的典故，劝勉“李四兄”应该痛定思痛戒酒，并好好珍惜剩余的生命，以替圣明天子除弊兴利。由于宜泉本身亦嗜酒，如其所留下涉及酒事的诗即不下二十余首，[4]显

---

① 杜甫撰，钱谦益笺注：《杜工部集》，上海古籍出版社 2002 年版，《续修四库全书》景印康熙六年（1667）刊本，卷 1，第 17—19 页。

② 康熙中叶知上海县的朱万锦在其《饮中八仙》词中有“急到醒乡焚醉籍”句，但卫元规之故事在各文献中亦有将“焚醉籍”书作“焚醉日”、“焚醉月”或“焚醉目”者。参见毛应翔诠释：《张梦泽先生评选四六灿花》，海南出版社 2000 年版，《故宫珍本丛刊》景印明代刊本，卷 12，第 9 页；程千帆主编：《全清词 · 顺康卷》，中华书局 2002 年版，第 9 册，第 5425 页。

③ 彭定求等编：《御定全唐诗》，《景印文渊阁四库全书》本，卷 344，第 9—10 页。

④ 胡文彬：《酒香茶浓说红楼》，山西教育出版社 1998 年版，第 206—208 页。

示“李四兄”的酒瘾应更大，甚至曾经因此误大事。至于原注的“隶事工稳”，则出自编刻过程之第三者，评价此诗的用典颇恰当。①

但有关“吕袋”的意义，先前学界一直未解。查“中国基本古籍库”，未见任何使用“吕袋”一词的条目。若搜寻“吕＋袋”则可得152条，然不少条目应与诗意无关，其中《佩文韵府》有称：“宋史吕蒙正为相，夹袋中有册子。客谒见，必问其有何人才；客去，随即疏之，悉分门类。朝廷求贤，即取之囊中，故文武各称职。”（图6）因知“吕袋休名注”一句应誉指“李四兄”的才名曾入当政者耳目，而此一故事早在宋代的类书（如吕中《大事记讲义》、谢维新《事类备要》、祝穆《事文类聚》、佚名《锦绣万花谷别集》、佚名《翰苑新书集》等）中就已屡被收入。

为解“吕袋”之谜，我们亦可耙梳所有以“袋”字结尾的词，先于“中国基本古籍库”中将书名局限成“佩文韵府”，次搜“袋?? 切”，即可到达“袋〔通“帒”〕”字所在区域。接着逐一浏览，应可在“夹袋”条目中习得“吕袋”的故事源自北宋时期著名宰相吕蒙正。如再检索“夹袋”或“吕蒙正”，则又可在“夹袋中”和“夹袋册”两词条查到此典（图6）。

笔者曾于2015年1月接受“孔夫子网”的在线专访谈e考据，② 当时亦提及“吕袋休名注”之例，有网友因此留言指出：

> 此并非僻典，读书人对古书稍有涉猎，即可知出处。最为人熟悉的童蒙识字读物《龙文鞭影》即有“寇却例簿，吕置夹囊”的故事。宜泉改“囊”为“袋”，也只是为了更换平仄，但此典故明眼人一看便知。

① 《南史·王谌传》：“尚书令王俭尝集才学之士，总校虚实，类物隶之，谓之隶事。”（卷49，第1213页）。

② http://www.kongfz.com/zhuanti/huangyinong/.

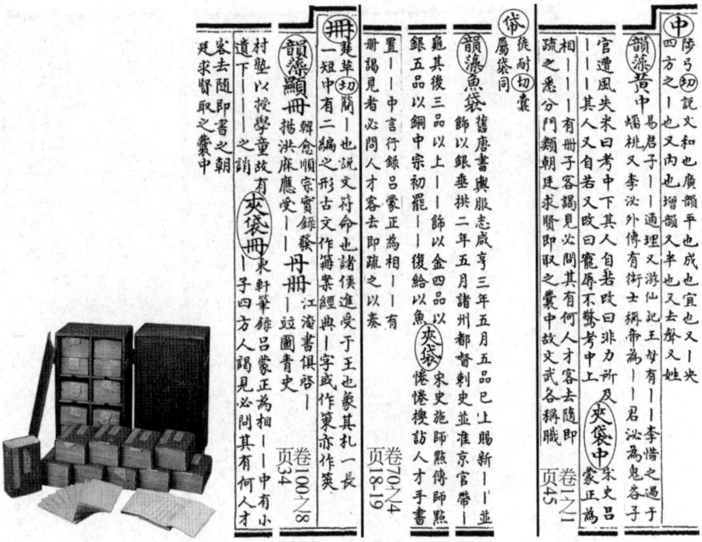

图 6 《佩文韵府》中与“吕袋”相关之内容 ①

其中提及的《龙文鞭影》是中国古代影响深远的童蒙读物（图 7），以四言韵文编成，初版共一千多句，收录从上古以迄明末清初的历史人物故事，若诗文创作之人需要用典，即可按照相应的韵部去寻求。② 此书是由杨臣诤（字古度，明亡后弃举子业 ③）于顺治十七年（1660）以萧良有（号汉冲，万历八年［1580］榜眼，官至国子监祭酒）之《蒙养故事》为蓝本，复益以唐李瀚的《名迹蒙求》以及明俞文彬的《续编名迹蒙求》，在大幅增订后，杨氏依友人之建议改名为“龙文鞭影”，取“龙文：良马，见鞭影则疾驰，不俟鞭策而后腾骧”之意。④ 笔者家藏之乾隆刊本另注明是由

① http://auction.artron.net/paimai-art5037651385/.

② 王光龙：《传统蒙书〈龙文鞭影〉初探》，《山西师大学报（社科版）》1991 年第 4 期，第 86—90 页。

③ 张楷纂修：《安庆府志》，台北成文出版社《中国方志丛书》景印康熙六十年（1721）刊本，卷 19，第 16 页。

④ 安徽通志馆编纂：《安徽通志稿》，《中国方志丛书》景印 1934 年铅印本，艺文考，子部五，第 4 页。

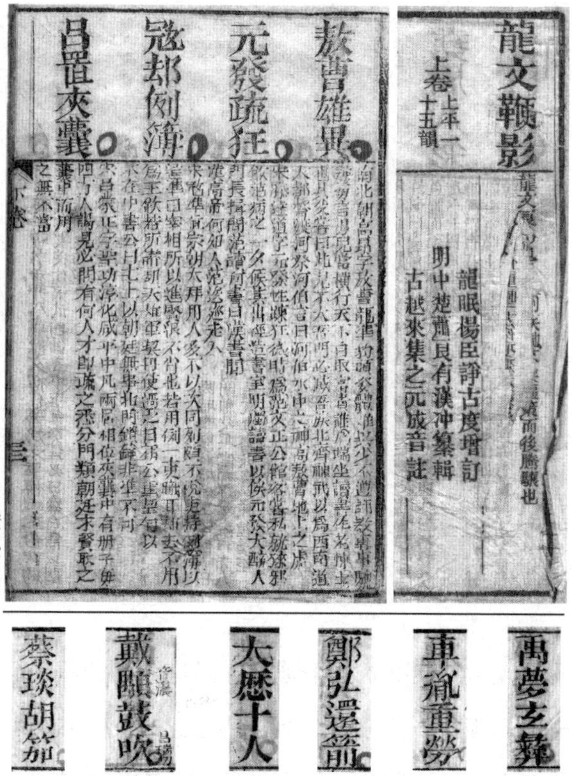

图 7 《龙文鞭影》中“吕置夹囊”之典故①

来集之（字元成，浙江萧山人，崇祯十三年［1640］进士）音注。②

虽然《龙文鞭影》原只是一本通俗蒙书，但因今人的知识地图与古人大不相同，对 21 世纪大部分的文史工作者而言，“吕袋”之典应该不会是“明眼人一看便知”，且单纯透过是否知晓此典，亦无从推判一人旧

① 笔者家藏本清楚避乾隆之前的清帝名讳，如“禹梦玄彝”的“玄”字缺末笔，“车胤重劳”的“胤”字作“䏍”，“郑弘还箭”的“弘”字缺末笔，“大曆十人”的“曆”字作“歴”，然“戴颙鼓吹”的“颙”字和“蔡琰胡笳”的“琰”字（嘉庆帝名颙琰），均未依官方之讳例改字，知应刻于乾隆间。

② 此书的早期刊本并不易见于各大图书馆，笔者遂因研究需要，自“孔夫子网”捡漏购得此本。参见朱之英等纂修：《怀宁县志》，《中国方志丛书》景印 1916 年重修铅印本，卷 14，第 30—31 页。

学功底之高下。熟读《龙文鞭影》虽有机会让我们掌握逾千句四言韵文及其背后的故事，但相对于《佩文韵府》中超过百万条的词藻典故（有意思的是《佩文韵府》并未收录“夹囊”一词），其规模就远远无法相提并论。①

综前所述，《题李四兄书舍壁》诗乃谓“李四兄”的酒量极大，颇似“谪仙”李白，他常于开饮未久就脱帽畅怀，接着更如同以嗜酒闻名的唐代诗人焦遂，每以长鲸海量和高谈雄辩震惊四座。其才名虽早就入当政者耳目，却不幸在引见后未获重用，只好凭借其精通满汉双语的能力出任教职。宜泉在好友李四兄的书舍中题壁时，因此期勉他能戒酒，并珍惜岁月积极用世。

至于《春柳堂诗稿》五言近体诗之《哭李四兄》有云：

前宵犹对饮，今日隔重泉。
若谢尘中友，因开梦里筵。
交深非歃血，情重易忘年。
白玉楼边觅，应操作记权。

从“交深非歃血，情重易忘年”句，知“李四兄”与较年轻的宜泉是忘年交，且在李氏死前不久，两人还曾一起对饮。又因朱熹诗《和林择之、黄云之句，兼简同游诸兄》中有“当念尘中友，心期邈相望”句，②表示宜泉视“李四兄”为尘世中之好友，而“白玉楼”乃代指死亡，此用李商隐

① 虽然活用大数据时代下的e考据之法，或可缩短传统学力积累的过程，但此事亦提醒我们，如有机会或时间，应设法让《龙文鞭影》变成自己知识地图的一部分，因这是大多数古人（尤其是清人）均拥有的传统国学知识。参见张志公：《传统语文教育初探》，上海教育出版社1962年版，第52—73页。

② 张玉书、陈廷敬等：《御定佩文韵府》，卷55之3，第40页。

《李贺小传》之典，称唐李贺昼见一绯衣人对他曰：“帝成白玉楼，立召君为记。天上差乐，不苦也。”告知天帝招其去为新建的白玉楼写文作赋，李贺旋卒。①

据此，《哭李四兄》全诗略称宜泉在“李四兄”死前不久还与其对饮，没想到他却骤逝。如今欲回请这位在尘世间交到的好友，就只能在梦里开筵相邀了。虽然彼此并不曾歃血为盟，但相处的浓情早已成为忘年之交。相信若到了天上的白玉楼边去找他，“李四兄”应正获天帝的青睐（相对于他在人间未获天子的重用），得到替此楼作记（此乃呼应绯衣人对李贺所言之“召君为记”）的权利。

从前述宜泉替“李四兄”所赋的二诗，我们可以得知“李四兄”较宜泉年长许多，他精通满汉文，但在初仕被引见时却未获重用，成为“余剩之员”，从此在仕途上抑郁不得志。由于引见乃指一般官员入仕选拔、升迁调补或降革处罚时，由相关部门之堂官将该员之职名缮写绿头牌带领觐见，并恭候皇帝简用的形式。综合“吕袋休名注”、“引见余剩之员”、“清书慧性传”、“教翻设晓、畅译清文”等描述，我们可以推判被指为灵心聪悟并拥有传授满文能力（宜泉所谓的“清书慧性传”，或属对朋友的过誉）的“李四兄”，最可能是因散馆的考试成绩不佳或引见的临场表现失常，而遭皇帝谕命“归进士原班铨选”的清书庶吉士，② 此人稍后或担任与翻译满汉文相关的教职（其掌握清书的能力相对于绝大多数的进士或民人文士而言，应仍属不错）。

由于《春柳堂诗稿》中并未提及“李四兄”的字号，且李为大姓，故情理上很不易核实其名，只能试从相关人物的文集着手。几经耙梳，笔者在王文治的《梦楼诗集》中发现一首怀李御的诗，诗题中称之为“李四琴

① 查“韵藻＋楼”，知以“楼”为尾字的词语见于卷26之7，再搜此卷中之“玉楼”即得。参见张玉书、陈廷敬等：《御定佩文韵府》，卷26之7，第39页。

② 王敬雅：《清代的清书庶吉士》，《史学月刊》2015年第4期，第37—43页。

夫”。然因李御似不曾学过清书，且他在乾隆二十七年（1762）秋试发榜之前，或自知答卷失常，遂与众师友不告而别；亦即，他从不曾获引见，故应非宜泉的友人“李四兄”。

查乾隆朝每科三百多名进士当中，通常考选四十至六十名左右为庶吉士，并由翰林院掌院学士指派五至十位“三十岁以下”或“年力少壮”者分习满文。正常情形下三年可散馆，引见时除少数表现不佳者被处罚留馆与次科一块学习外，成绩较好者分授编修或检讨，普通者则分发各部为僚属，或以知县即用，余则归进士原班铨选。这些散馆归班之庶吉士，或就是《诗稿》中所谓的“引见余剩之员”，每次皆仅数人，而从雍正朝至光绪朝，李姓者共只有雍正十一年（1733）癸丑科的李天秀与李修卿、乾隆十六年（1751）辛未科的李方泰以及四十五年（1780）庚子科的李铭。[①]其中又以李方泰最可能，此因李天秀与李修卿于乾隆元年（1736）及二年（1737）已分签掣得历城和高安知县，李铭也曾担任铜梁知县，[②]均与“李四兄”抑郁一生的际遇明显不符。

至于李方泰，字桐音，陕西安化（今甘肃庆阳）人，或作甘肃安定人。虽然《清实录》在记庶吉士散馆引见时，对获授编修和检讨的清书庶吉士常会指明，但对“归进士原班铨选”者，则未区别其为清书或汉书，故通常很难判断李方泰（时年三十一岁，或属所谓“年力少壮”者[③]）究竟是否被分派习学满文，只知他在翰林院待到二十二年（1757）五月才随同

① 朱汝珍：《词林辑略》，台北明文书局《清代传记丛刊》景印民国间铅印本，卷3—9。

② 秦国经主编：《中国第一历史档案馆藏清代官员履历档案全编》，华东师范大学出版社1997年版，第15册，第479及591页、第22册，第528页。

③ 乾隆十三年（1748）入选清书庶吉士的刘星炜，恰与李方泰同为三十一岁。参见《清高宗实录》，中华书局1986年版，其他朝亦同此本，卷315，第175页、卷389，第111页；蒋士铨：《资政大夫工部左侍郎圃三刘公墓志铭》，收入闵尔昌辑：《碑传集补》，台北大化书局《清朝碑传全集》本，卷3，第10—13页。

十九年（1754）甲戌科的庶吉士一块散馆，疑此乃丁忧所致，[①] 因若表现不佳被罚留馆，则《实录》应会记载。查李方泰散馆时应是由以协办大学士兼翰林院掌院的蒋溥带领引见，而此或即“吕袋休名注”所指涉之当政者（蒋溥协办大学士的身份应可与吕蒙正的宰相地位相比拟）。[②]

李方泰乾隆十六年辛未科的庶吉士同年们，至十七年（1752）十月九日即散馆，以因应三日之后即将入翰林院学习的十七年壬申恩科新庶吉士，亦即，辛未科庶吉士的学习时间前后不到十七个月，仅及通常之半，而壬申恩科亦赶在十九年甲戌科于闰四月选出之前即散馆。[③] 故李方泰想必于十七年十月散馆前即已丁忧，遂未能赶得及与辛未科同年一块散馆，且二十七个月服阕期满时（他若分习清书，则返里守丧期间应无从自修），又错过了壬申恩科的散馆，只好与甲戌科共同学习。

二十三年（1758）四月，三十八岁之李方泰获得候选知县的资格（图8）。惟因二十六年（1761）七月编纂完成的《庆阳府志》，[④] 有其小传曰

① 李方泰的情形或与其前辈窦克勤相近，窦氏于康熙二十七年（1688）登进士第，时年三十六岁，五月九日钦授翰林院清书庶吉士，开始学习满文。自二十八年（1689）二月起平均每一、两个月均有馆课，考题皆是翻译清书。由于他在十一月丁母忧后归里，故自三十一年（1692）正月起才又开始习清书，有时是学自已散馆为翰林院检讨的同年宋朝楠。三十三年（1694）三月十二日在畅春园接受御试，满文题目是翻译北宋邵雍《皇极经世书》中“不用金木水火土，而用水火土石”一段，窦克勤等十六名清书庶吉士被评为“满文粗通”，俱照例授翰林院编修、检讨。参见窦克勤：《寻乐堂日录》，学苑出版社2006年版，《历代日记丛钞》景印康熙六十一年（1722）刊本，卷5—11；《清圣祖实录》，卷150，第664页、卷162，第777页。

② 《清高宗实录》，卷498，第269页、卷566，第185页。从实录中的案例，可知乾隆朝的翰林院掌院通常是由大学士、协办大学士、尚书、侍郎或左都御史兼任。

③ 《清高宗实录》，卷424，第551页、卷424，第553页、卷462，第1001页、卷463，第1006页。

④ 此成书时间乃据赵本植在其纂修之《新修庆阳府志》的前序，其凡例亦称“是志于七月授梓，首尾相衔，八月前后各职官之铨授调补者，皆未及备载，书成后爰续附三页，次第叙入，并便后来之增注”。

“安化人，乾隆辛未科庶吉士，改江南宿松县知县，未赴任卒”，且王熙泰在二十三年二月已题授宿松知县，并于二十六年秋季仍在任，至该年的九月再改授张仁寿，知李方泰应最可能至二十六年七至九月间才补放宿松知县，① 但还未到任即过世。又因宜泉在《哭李四兄》中有“前宵犹对饮，今日隔重泉”句，知李方泰应是待选期间卒于北京。

通常“归进士原班铨选”的庶吉士要获得实缺，往往需排班多时，如乾隆十三年（1748）中进士的王恒，于十六年（1751）五月以庶吉士散馆归班，虽以知县用，但至二十一年（1756）十一月才掣得福建莆田知县缺（图8）；乾隆十七年（1752）新科庶吉士熊恩绂，于十九年（1754）闰四月散馆归班后，亦要到二十七年十月才掣得直隶新乐知县缺。② 有些进士遂会选择先争取出任为官学教习，此因经由该途径，三年期满后若表现优异，就可很快得到外放之实缺，且这段期间不仅有微薄的薪资，还可帮自己建立一些人脉。像乾隆二十二年（1757）进士汤登泗，在以咸安宫教习期满引见之后，即奉旨以知县用，二十六年（1761）十月就掣得山西垣曲县知县（图8）。

由于宜泉诗在“吕袋休名注”句后注记“李四兄”为“引见余剩之员”，接着才誉其“清书慧性传”，并注称他在传授清书时可以做到“教翻设晓、畅译清文”，从“传”、“教”等字的使用，判断“李四兄”于乾隆二十二年五月“归进士原班铨选”后，或选择以自己的满文优势考授教习。③

① 此据《（乾隆二十五年［1760］春）满汉缙绅全本》（中国国家图书馆藏同升阁刊本）、《（乾隆二十五年冬）满汉缙绅全本》（北京清华大学藏同升阁刊本）、《（乾隆二十六年秋）满汉缙绅全本》（北京清华大学藏同升阁刊本）。

② 秦国经主编：《中国第一历史档案馆藏清代官员履历档案全编》，第17册，第688页、第18册，第567—568页。

③ 至于二十三年四月二十九日李方泰的引见折中为何未记此一担任教职的经历，则或只是删略所致，类似情形亦可见于康熙五十四年（1715）的进士张景谦，他先授咸安宫教习，期满拣选知县，至雍正初年才掣得江南太和知县，而其履历引见（转下页）

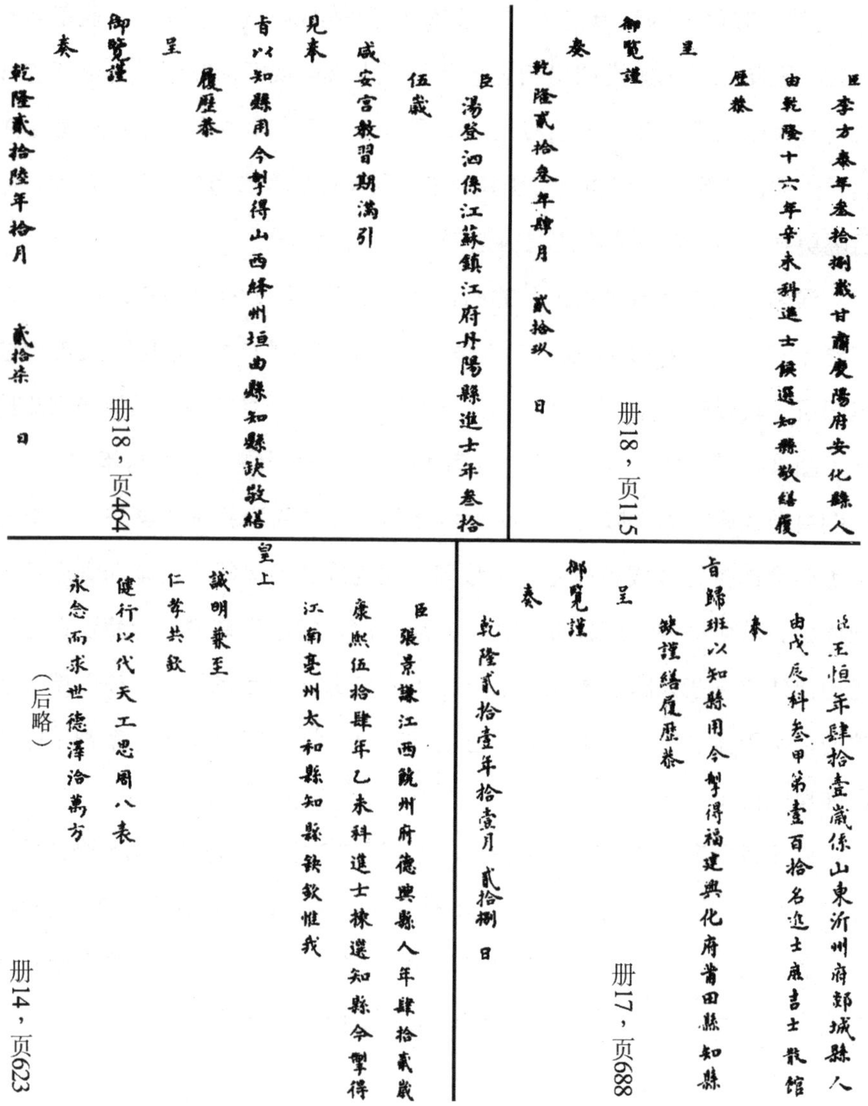

臣李方泰年叁拾捌歲甘肅慶陽府安化縣人
由乾隆十六年辛未科進士候選知縣敬繕履
歷恭
呈
御覽謹
奏
乾隆貳拾叁年肆月 貳拾玖日

册18，页115

臣湯登泗係江蘇鎮江府丹陽縣進士年叁拾
伍歲
咸安宮教習期滿引
見奉
旨以知縣用今掣得山西絳州垣曲縣知縣缺敬繕
履歷恭
呈
御覽謹
奏
乾隆貳拾陸年拾月 貳拾柒日

册18，页464

臣王恒年肆拾壹歲係山東沂州府郯城縣人
由戊辰科叁甲第壹百拾名進士庶吉士散館
奉
旨歸班以知縣用今掣得福建興化府莆田縣知縣
缺謹繕履歷恭
呈
御覽謹
奏
乾隆貳拾壹年拾壹月 貳拾捌日

册17，页688

臣張景謙江西饒州府德興縣人年肆拾貳歲
康熙伍拾肆年乙未科進士揀選知縣今掣得
江南亳州太和縣知縣缺欽惟我
皇上
誠明兼至
仁孝共欽
健行以代天工思周八表
永念而求世德澤洽萬方
（后略）

册14，页623

图 8 《清代官员履历档案全编》书影

（接上页）折中就不曾记他担任教习之经历。同样情形也发生在曾充补右翼宗学教习的徐尚忠身上，其引见折中亦未记他曾任该教职。参见沈良弼修，董凤笙纂：《德兴县志》，江苏古籍出版社 1996 年版，《中国地方志集成》景印 1919 年刊本，卷 8，第 12 页；秦国经主编：《中国第一历史档案馆藏清代官员履历档案全编》，第 14 册，第 623 页、第 18 册，第 180 页及 188 页。

查当时各官学教习的聘任资格，再考虑李方泰的条件，他应以考选两翼宗学最可能。[①] 此因宗学的清书教习自雍正三年（1725）起是选用“罢闲满官及进士、举贡、生员善翻译者”充补，三年期满后分别等第，一等者由宗人府引见，照例叙用，平等者留学再教习三年，方准录用，不称职者参处；乾隆二十一年（1756）且奏准将宗学汉教习的员额裁减九人，[②] 改为翻译教习。亦即，二十二年归班铨选的李方泰或会希望自己能出任宗学教习，因稍后即有机会获授为知县或地方教职（图 9）。尤其，宗学甫新增了九名翻译教习，应需才孔殷，想象中也比较容易考取，李方泰或是循此仕途成为“教翻设晓、畅译清文”的翻译教习，并于服务期满后补放宿松知县，却没想到还未及报到就猝逝。

巧合的是，曹雪芹或亦曾于乾隆十几年以善翻译生员（满洲翻译童生较文童易于考进生员）的身份获选为右翼宗学的清书教习，[③] 此因他从不曾获得举人以上的科名（名单可见于《钦定八旗通志》），故若他欲担任宗学

① 觉罗学是以满进士、举贡、生员善翻译者一人教习清书。咸安宫官学虽于雍正十二年（1734）设有三名翻译教习，但例由八旗翻译进士、举人中考取，又因八旗翻译科于乾隆十九年（1754）停止举行乡会试，符合条件者陆续就选，不敷考试，故二十二年（1757）起又奏准自各部院笔帖式内精通翻译者考取充补。景山官学的清书教习是从内府执事人及闲散人内选取老成可为师范者补授。八旗官学的教习通常令恩、拔、副、岁贡生考充，罕有进士出身者。参见张廷玉等：《钦定皇朝文献通考》，《景印文渊阁四库全书》本，卷 64，第 48 页；素尔讷等：《钦定学政全书》，《续修四库全书》景印乾隆三十九年（1774）刊本，卷 70—71。

② 右翼宗学于乾隆十年（1745）共设满汉教习九人，十一年（1746）改定宗学的学生额数为左翼七十人、右翼六十人。参见张廷玉等：《钦定皇朝文献通考》，卷 63，第 18 页。

③ 乾隆初年岁科应考的满洲翻译童生约在一千人上下，而取进之生员则在四、五十名至八、九十名不等，文童则每次约计八九百名应考，额进生员九十名。然自乾隆十三年五月起，因“翻译较之时艺似属稍易”，故议准将满洲翻译生员的名额减成六十名。参见铁保等：《钦定八旗通志》，台湾学生书局景印嘉庆四年（1799）刊本，卷 101，第 5—6 页；黄一农：《咸安宫官学、右翼宗学与曹雪芹》，《红楼梦研究辑刊》2016 年第 12 辑，第 1—26 页。

姓名	科名	生平事迹
闵文山	雍正十三年拔贡	先考取景山学教习，乾隆二年改右翼宗学教习，六年中举，翌年改补正黄旗觉罗学教习。①
凌大田	雍正七年举人	乾隆三年已任右翼宗学教习，十二年选临海教谕。②
徐尚忠	乾隆六年拔贡	充补右翼宗学教习，乾隆十二年署光泽县。③
黄克显	拔贡	任右翼宗学汉书教习，乾隆十一年十月以捐纳取得“候选知县捐本班双月先用”资格，并于十二年十二月分签掣得垫江县知县缺。④
庄廷玺	雍正十三年副榜	任左翼宗学教习，选含山教谕。⑤
李英	乾隆十年进士，且被选为庶吉士	乾隆十六年授检讨，补左翼宗学教习，寻乞休，主讲海州六安书院。⑥
卜邻	乾隆十五年贡生	考入右翼宗学为教习，乾隆二十一年虽中举，但应还留任。未几丧妻，遂扶榇南归。二十六年又赶往京师参加会试，于考前三日卒。⑦
徐培	乾隆九年举人	或于乾隆十九年左右考授右翼宗学汉书教习，二十二年授浙江太平知县。⑧

图 9　乾隆初期部分担任过两翼宗学教习者的生平

① 闵思端纂修：《吴兴闵氏宗谱》，上海图书馆藏道光十三年（1833）刊本，第 12 册，闵氏荐绅纪，第 30 页。

② 许瑶光等修，吴仰贤等纂：《嘉兴府志》，《中国方志丛书》景印光绪五年（1879）刊本，卷 53，第 48—49 页；恒仁：《月山诗集》，《四库未收书辑刊》景印乾隆间刊本，书首之墓志铭、卷 2，第 1 页。

③ 张鹏翥等修，熊松之等纂：《高安县志》，《中国方志丛书》景印同治十年（1872）刊本，卷 14，第 60 页；段梦日修，魏洪纂：《光泽县志》，北京图书馆出版社 2008 年版，《福建师范大学图书馆藏稀见方志丛刊》景印清代钞本，卷 12，第 37 页。

④ 当时亦有案例以捐输替代得担任三年教习才分发的规矩。参见秦国经主编：《中国第一历史档案馆藏清代官员履历档案全编》，第 16 册，第 471 页。

⑤ 由于乾隆十三年（1748）刊刻的《含山县志》未记其名，疑其选授含山教谕应在此后。参见王其淦、吴康寿修，汤成烈等纂：《武进阳湖县志》，凤凰出版社 2009 年版，《中国地方志集成》景印光绪五年（1879）刊本，卷 23，第 43 页。

⑥ 王其淦、吴康寿修，汤成烈等纂：《武进阳湖县志》，卷 23，第 38 页。

⑦ 黄一农：《二重奏：红学与清史的对话》，第 384—386 页。

⑧ 敦诚：《四松堂集》，文学古籍刊行社 1955 年版，景印嘉庆元年（1796）序刊本，卷 2，第 31 页；喻长霖纂：《台州府志》，《中国方志丛书》景印 1936 年铅印本，卷 13，第 12 页。

之汉书教习，不仅必须为贡生（指入国子监读书的生员），还得面临汉人士子的激烈竞争，而清书教习则相对比较好考。换句话说，曹雪芹与生活时空相重叠的李方泰很可能恰属北京教育圈的前后辈同行。

此外，与李方泰同时期在翰林院读书的乾隆十九年（1754）甲戌科清书庶吉士朱筠，也和曹雪芹同属一交游圈，且是蒋良骐之兄良翼的同年进士。朱筠之父文炳（乾隆二十九年［1764］卒）曾于康、雍之间任八旗官学教习，乃雪芹的教习同行前辈，朱筠之婿龚怡更是敦诚的知己，而朱筠之弟朱珪亦已先于乾隆十三年（1748）中进士，两兄弟且皆改清书庶吉士。①

事实上，我们在曹雪芹或敦敏、敦诚的交游网络中，屡可发现一些彼此间有千丝万缕关系（如透过同年、师生、馆师等）的进士家族，譬如陈浩—陈本忠 / 陈本敬、黄光岳—黄克显、朱文炳—朱筠 / 朱珪、龚廉—龚协 / 龚怡、蒋林—蒋良翼 / 蒋良骐、周於智 / 周於礼、闵焕元 / 闵鹗元等，其家或有人习学清书（如庶吉士中的蒋林、陈浩、朱珪、朱筠等），或在官学教书（如朱文炳、龚廉），或与旗人多所往还（图 10 及 11）。② 当然此圈中人并不一定均交往密切，但应至少互知且有一些相熟的共同亲友。③

宜泉与曹雪芹的人脉网络虽有些重叠，但由于宜泉与敦敏兄弟的诗文集中均未直接言及对方，知宜泉显然不是敦敏（1729—？）和敦诚（1734—1791）交游圈的核心分子。该圈之人包含瑚玐（1710—1772；敦诚父）、吉元（1727—1775；敦诚宗叔）、敏诚（1727—1770；敦诚宗兄）、永㥣（1729—1790；雪芹二表哥福秀之连襟）等宗室，明仁（？—1775；富察氏，其叔傅恒是福秀之连襟）等满人世族，黄克显（1712—

---

① 《清高宗实录》，卷 389，第 111 页。

② 黄一农：《二重奏：红学与清史的对话》，第 351—404 页；黄一农：《红楼梦外：曹雪芹〈画册〉与〈废艺斋集稿〉新证》，台湾清华大学出版社 2020 年版，第 166—179 页。

③ 黄一农：《曹雪芹现存诗画考论》，《红楼梦研究辑刊》2015 年第 11 辑，第 12—55 页。

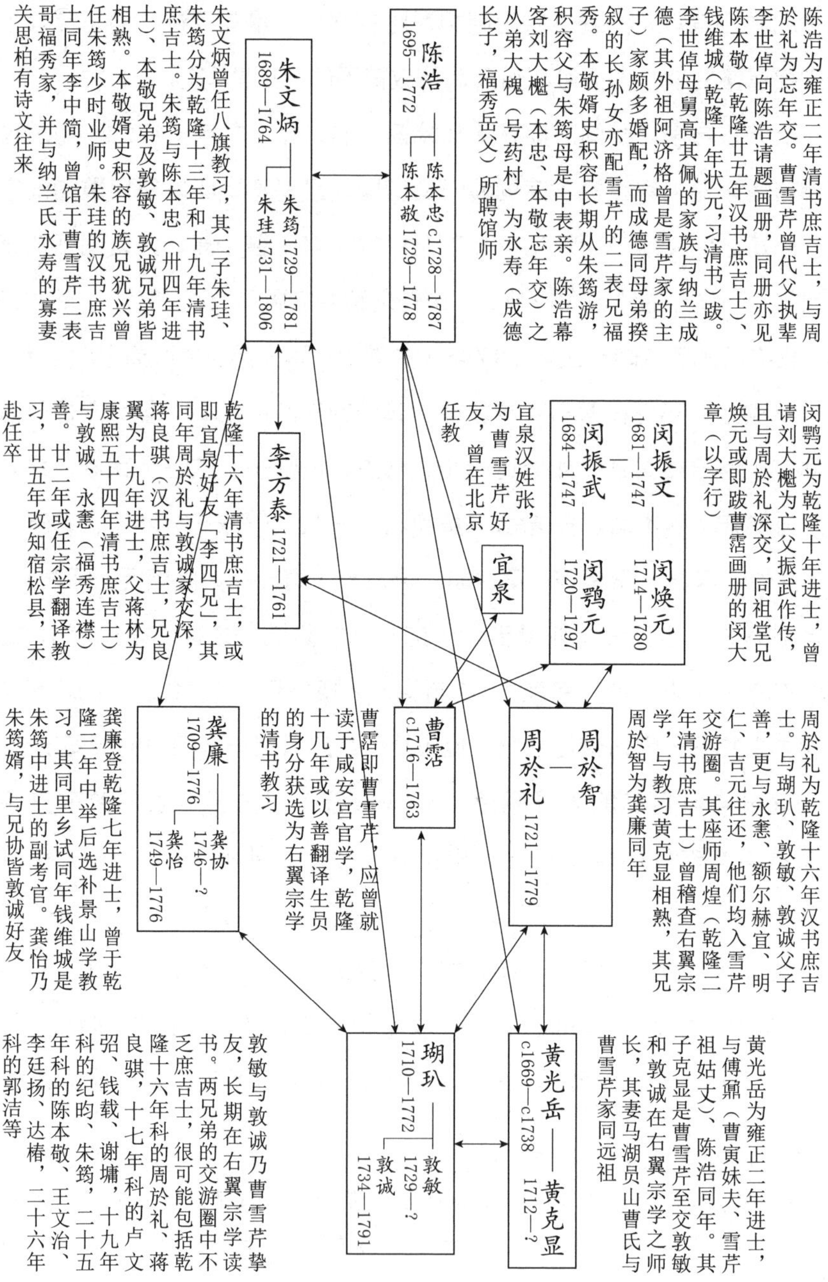

图 10　李方泰与曹雪芹泛交游圈中之庶吉士

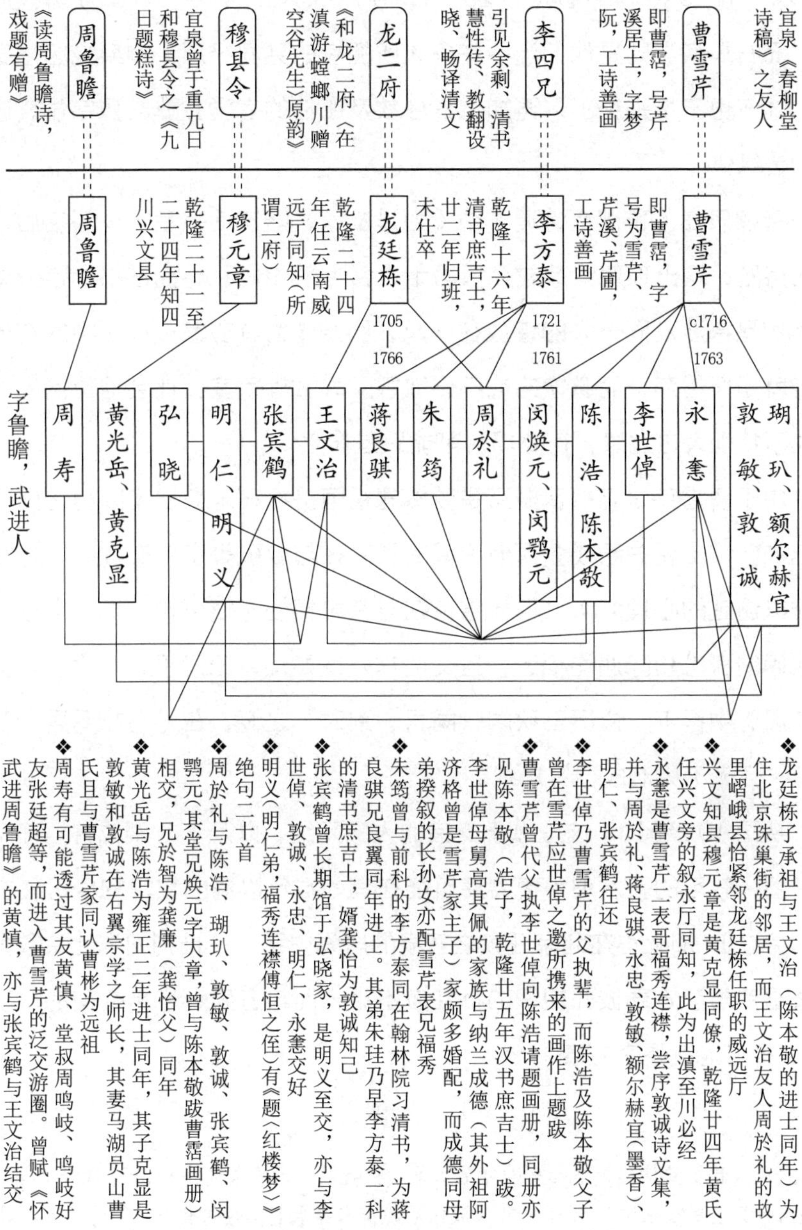

图 11　宜泉《春柳堂诗稿》中的人脉网络

?)、卜邻(1719—1761)、曹雪芹(c1716—1763)等教习，以及周於礼(1721—1779)、陈本敬(1729—1778)、朱筠(1729—1781)等汉族文士，而右翼宗学则是他们当中许多人所拥有的共同经历。宜泉或因出身较低，才气也不特别突出，再加上其任教及所住的官学并非右翼宗学，遂有些被边缘化。

查宜泉在《春柳堂诗稿》中《为过友家，陪饮诸宗室……》前后三首诗的诗题，均出现曹雪芹或芹溪居士之名(第46页)，而该书七言近体诗的体例是将涉及同一人的诗放在一起，因疑《为过友家……》中的友人极可能就是曹雪芹，而邀饮的或不出敦敏、敦诚等宗室，社会地位不高且年纪也不特别大之宜泉，在此场合可能只是作陪。

由于曹雪芹之高祖曹振彦是敦敏先祖阿济格在未被抄家除籍之前所隶的包衣，该主属关系或令孤傲不羁的雪芹在与敦敏等宗室交往时，始终有道难以逾越的心理鸿沟。但曹雪芹在与宜泉相处时很可能感觉较自在，此因他俩的身份和际遇均相近，且又同样好饮如痴，无怪乎，宜泉会在《怀曹芹溪》中留下“似历三秋阔，同君一别时”之慨，在《伤芹溪居士》中亦有“怀人不见泪成行”之戚。

从图10及图11这些纵横交错的人际网络，以及李方泰或曾担任两翼宗学翻译教习的新发现(曹雪芹可能在其前数年以清书教习的身份在右翼宗学待过)，加上也在北京任教之宜泉的居间关系，① 推判同属北京教育圈之曹雪芹与李方泰彼此相识的机会应不小，而与宜泉有忘年之交的“李四兄”，极可能就是李方泰。②

---

① 此从《春柳堂诗稿》中七言近体第八首《秋晚散馆后喜董先生见访》、第十二首《在馆遥阻叶肯堂到家枉访》、第十七首《散馆后晚窗客过未遇，戏题有寄》等诗题可以得知。

② 盼学界能共同努力访得庆阳李氏的族谱，若从其中发现李方泰恰是行四，则应可进一步增强此段之结论。笔者虽已与庆阳李氏其中一支的族人联系上，然因当地李氏的支派众多，且谱牒大多亡失于战乱，以致尚未觅得记有李方泰生平事迹的家谱。

四、e考据的反思

透过追索古诗中“蜍志”与“吕袋”两用典，笔者在前文尝试深入学习该如何融通传统治学方式与数字研究工具，进而摸清关键性数字数据（指拥有超过百万条词藻典故的《佩文韵府》）之结构，再透过从中掌握其特征，归纳出几种有效且快速的操作程序，以顺藤摸瓜迅速到达特定位置，进而尝试解决实际问题。此一遂行e考据的过程，并提醒我们应努力走出费时耗劲的盲搜，且学习该如何透过对各个数据库特质的掌握，以增强研究效率。当然，对个别的用典而言，掌握其故事出处的途径可能不只一法，[①] 但e考据与数字版《佩文韵府》的有机结合，应最有条件帮助我们求得大多数此类问题的正解。

而前文细探《题李四兄书舍壁》全诗的过程，更具体呈显了e考据的典范做法，也透过对“李四兄”其人其事的核实，展现了e考据在探索人际交游网络（如图10及图11中李方泰、曹雪芹的人脉关系）与社会运作方式（如清书庶吉士与宗学教习）的特殊威力，而其中有些部分显然是传统研究方法不容易做到的。笔者在先前也曾处理过其他不少难解个案，其中包含曹雪芹先祖诰敕之真伪判断、清人避道光帝旻宁御名之方式、“甲

① 如从“搜韵（http://sou-yun.com）”中可相当方便地查找古诗词的文句，而检索“蜍志”即可搜得三十六首出现“蜍”与“志”（两字无需相连，且含诗题在内）的诗词，其中黄遵宪、陈寅恪等人就均提到曹蜍与李志。此外，检索“吕袋”所查到的四首诗中，亦见唐寅的《吕蒙正雪景图》以“名字应留夹袋中”一句用此典。此网站最大的优点是共收录了一百多万首诗词，缺点则是无法立时掌握相关的故事及其出处，还得进行下一步的追索，惟此对研究者而言有时应已助益匪浅。

午八日”纪日法存在与否、清代房契中“间”的定义等等，[1]皆是倚赖 e 考据之法才有可能在短时间内耙梳出大量具体实例并加以突破的。

综前所论，e 考据的主要精神并非只着重在搜寻，而是帮助文史工作者直接且迅速地与大量原典对话，以从事深度学习，还得要懂得随时善用大数据的环境去充实自我，而非只是功利地进行点状的搜索。亦即，当觅得重要材料时，要时常提醒自己去浏览该文献的其他内容，以积累并扩展面状的知识，而这些知识往往不见得是用一般的关键词可以搜得的。

我们在从事 e 考据的过程中，也会发觉大数据时代所缺乏的常不是数据，而是对数据的敏感度、解析力与整合力。而当问题意识清晰时，跨领域的间接材料也常有机会形成新的论证。对文史工作者而言，e 考据与传统考据并非对立的两面，而应把 e 考据视为传统考据的升级版。两者最大的区别，就在于 e 考据具有较多的可操作性（operable），能在合理时间内进行先前较难施行的分析。而 e 考据最难的是提出经营模式（Business Model），也就是构思可行性较高之解决问题的逻辑论辩过程，接着才透过自己的知识地图（包含对各种数字数据之结构与特质的掌握），以适当的搜寻工具与方法，尝试从海量的数据中耙梳出表面上原本可能无关甚至无机的材料，并利用专业知识来进行类似考古学家复原古陶的工作。

e 考据在文史学界所正掀起的典范转移（Paradigm Shift），并不是要抛离传统，而是借助数字环境以丰富传统，甚至重新定义传统。[2]亦即，

① 黄一农：《二重奏：红学与清史的对话》，第 156—178、495—499 页；黄一农：《甲戌本〈石头记〉中“甲午八日”脂批新考》，《湖北大学学报（哲社版）》2017 年第 1 期，第 81—89 页；黄一农：《曹雪芹“蒜市口地方房十七间半”旧宅新探》，《红楼梦研究辑刊》2015 年第 10 辑，第 42—63 页。

② “卯君”的个案即为一极佳范例，此词源出苏轼对卯年出生之弟苏辙的称呼，但后人除用此意之外，更有将该词关连至苏轼和苏辙二人的兄弟之情和文化意义（希望当事人能向苏辙见贤思齐），以致用典时出现一些巧妙的变体（当事人不再局限于卯年生）。参见黄一农：《“e 考据”卮言：从曹雪芹叔祖曹荃的生辰谈起》，《清华学报》2020 年第 4 期，第 555—586 页。

当方法与态度正确时，e 考据可以是深化文史工作者学力的极有效方式之一。它虽有很好机会突破研究的瓶颈，但并无法让一个传统基础不够的人立即登堂入室，也无法提供解决问题的绝对保证，只不过 e 考据应仍是每位严肃的文史研究者愈来愈无法逃避的过程。

平心而论，当新世代的学者在积淀到足够的传统知识后，其以 e 考据之法所能解决的议题恐将出乎前人的想象。换句话说，即使迄今大数据所提供的学术环境与工具仍较理想有相当距离，但文史领域的学习曲线与方法，以及研究的深度与格局，正遭逢前所未见的机遇与挑战，而挑在我们肩膀上的担子也将较上一代人更重！

后记

我与夏院士相识近二十年，伯嘉虽仅大我一岁，然他成名颇早，且是我 2006 年获得“中研院”院士桂冠的推荐人之一，但先前我们少有互动。其实，我俩的生命足迹有极巧合的重叠，伯嘉于 1982—1984 年在哥伦比亚大学历史系任教，我则于 1979—1985 年在物理系攻读博士。接着，我到麻省大学天文系从事博士后研究，当我于 1987 年夏返台并改行转任新竹清华大学历史所副教授时，他则在那年至麻省大学的历史系任副教授，彼此刚好擦身错过，但两人的学术领域开始相近。我后来有很长一段时间的研究兴趣曾聚焦在十七八世纪天主教传华史，他则是 15 至 18 世纪欧洲史的权威，英文著作等身，并开始积极切入与在华耶稣会士相关的范畴。

伯嘉应该不知道，我在 2010 年决定脱离浸淫约二十年的天主教传华史，其背后原因之一跟他有关，因我不像他精通包含拉丁文在内的几种欧洲语文，在深刻反思后，感觉自己在无法直接掌握欧洲原始材料的情形下，要能大幅超越自我的机会不大，遂决定另辟蹊径，改借红学探索文科在大数据时代的新机遇。十二年来虽已在两岸共出版了 55 篇期刊论文以及 3 本专书，但此文则是我以个案具体揭举如何用 e 考据之法来治史的第一篇论文，惟因其原是以英文发表，[①] 有些论述往往意犹未尽，且两岸学界少有人过眼，现谨以此增订的中文版野人献曝，寿伯嘉兄七秩。

① Huang, Yi-Long & Zheng, Bingyu, "New Frontiers of Electronic Textual Research in the Humanities: Investigating Classical Allusions in Chinese Poetry through Digital Methods," *Journal of Chinese Literature and Culture*, 5.2 (2018), pp.411—437.

丛林宪法：霍姆斯的宪法权利观 *

苏基朗（澳门大学教授）

霍姆斯法官是美国20世纪法律现实主义领军人物之一，也是20世纪美国法律界受人征引最多和争议最大的人物之一。① 霍姆斯全名小奥利弗·温德尔·霍姆斯（Oliver Wendell Holmes Jr.）。他大学生时期参军，投入美国内战，为解放黑奴理想奋斗于前线，累受重伤，经历了惨酷的战争洗礼，由充满理想主义怀抱的哈佛大学精英，转化为信奉19世纪后期在西方学界流行起来的，从自然进化论出发，提倡弱肉强食的社会达尔文主义。这种由个人深刻痛苦经验造成的深入骨髓的丛林思想基调，对

---

* 本文节取自苏基朗、苏寿富美：《丛林宪法权利观——从霍姆斯到吴经熊的谱系学》，收苏基朗、于兴中、苏寿富美编：《霍姆斯与百年中西法学》，香港中文大学出版社2021年版，第143—172页。

① 有关霍姆斯的传记不胜枚举。例如Sheldon M. Novick, *Honorable Justice: The Life of Oliver Wendell Holmes* (Boston: Little, Brown and Company, 1989)。

他以后一生的法律思维产生了深远的影响，对我们解读他隐晦的言论有很大的帮助。

内战结束，霍姆斯1864年至1866年入读哈佛大学法学院。毕业后曾执业律师工作，也担任法律专业杂志编务；1881年出版其成名之作《普通法》（*The Common Law*）一书，作出震撼法律界的名言“法律的生命不是逻辑，而是经验”。旋在1882年获聘为哈佛法学院的韦尔德法学教授（Weld Professor of Law）。但不久他又接受了马萨诸塞州最高司法院的法官任命而辞去教席，并于1899年升任该法院的首席法官。其间出版影响深远的论文《法律之道》（“The Path of the Law”）。1902年再获罗斯福总统荐任并得到参议院通过，成为美国最高法院大法官，直至1932年以九十高龄退休。1930年2月亦曾短暂署理首席大法官。

西方研究霍姆斯的著作，可谓汗牛充栋。他在世时，已经有不少人编写有关他的出版物。近几十年来，研究霍姆斯的兴趣，随着世局变化以及新思潮的涌现，亦出现了新的一波潮流。大体而言，研究霍姆斯的英文著作，有四种重要的角度。第一种是从思想史的角度，探讨他在20世纪美国宪法史上的历史地位或影响。① 第二种是从自然科学的角度，推许霍姆斯为将科学自然主义理念应用到法学的先驱。② 第三种是站在二战后复兴的新自然法角度，批判霍姆斯割裂法律与道德的联系和对自然法的敌视与排斥。③ 最后一种角度是品德批判，针对霍姆斯的人品德行，揭露他性格

① Morton J. Horwitz, *The Transformation of American Law, 1870—1960: The Crisis of Legal Orthodoxy* (Oxford: Oxford University Press, 1992), pp.109—143. 他认为霍姆斯是美国历史上最重要和最具影响力的法学思想家。

② Brian Leiter, “Naturalized Jurisprudence and American Legal Realism Revisited,” *Law and Philosophy* 30.4 (July 2011): 499—516.

③ Lon Fuller, *The Morality of Law* (New Haven: Yale University Press, 1969), pp.106—118. 这个新自然法运动背景是认为法律现实主义的思路，不单不能抗拒纳粹主义和法西斯主义，甚至可以用来为其背书（第109页）。

行为的卑鄙无耻，伤风败俗；或为他的不顾伦理，独立异行，作出道德上的辩护。① 由于霍姆斯人格复杂多变，行文晦涩模糊，不同角度所见的霍姆斯，有如变色龙般无从捉摸，人言人殊，难以论定。②

本文旨在从文本分析和实证的进路，集中分析霍姆斯对自然法批判的晚年定论。③ 文本方面，集中他在 1918 年最后公开发表的一篇题为《自然法》的文章。目的首先是通过解读文本，展示霍姆斯反自然法的基调，正是丛林心态的社会达尔文主义，并且将之应用于法律，尤其是宪法权利观，这里称之为“丛林宪法权利观”，从而反映霍姆斯对近代西方天赋人权及自由主义民主宪政主流话语的颠覆性冲击。

霍姆斯的《自然法》原来是一篇演辞，最早发表于 1918 年冬季的《哈佛法律评论》，④ 是他一生最后正式发表的文章。其后收入 1921 年出版的晚年自选集《法律论文集》，⑤ 作为该书的压轴文章。他 1923 年告诉吴经熊，这篇文章与另一篇题为《理想与怀疑》(“Ideals and Doubts”)的文章，同是了解他法律思想的必读起点（starting points）。⑥ 对他来说，这篇文章可谓一辈子的压轴绝唱，代表他晚年法学思想的结晶。文分八段，以下分八节逐段分析，解读他的信息，并选译重要句

---

① Albert W. Alschuler, *Law Without Values: The Life, Work, and Legacy of Justice Holmes* (Chicago: University of Chicago Press, 2000).

② 关于评价霍姆斯的五花八门，可参考 Michael H. Hoffheimer, *Justice Holmes and the Natural Law* (New York: Garland Publishing, 1992), pp.3—26。

③ Hoffheimer, *Justice Holmes and the Natural* Law, pp.11—15.

④ Oliver Wendell Holmes, “Natural Law,” *Harvard Law Review* 32.1 (November 1918): 40—44. 文章系年 1918 年 8 月。

⑤ Oliver Wendell Holmes, “Natural Law,” in *Collected Legal Papers*, ed. Oliver Wendell Holmes (New York: Harcourt, Brace and Company, 1921［copyright 1920］), pp.310—316.

⑥ John C. H. Wu’s Letter to Holmes, June 2, 1923. “Wu to OWH Letters, 1921—1923,” seq.9—10, in *Oliver Wendell Holmes, Jr. Digital Suite* (Cambridge, MA: Harvard Law School Library).

子，[1] 作为分析的论据。为方便读者，我们在每节加上简单的分节标题，以示其段落要旨。原文一气呵成，不分节，亦无分节标题。

一、自然法论者均不可理喻

第一段主旨是讲自然法的人都不可理喻。他认为追求自然法的法学家，或追求终极真理的哲学家，都是因为他们渴求浮夸之辞（superlative）。这并非追求真理，毋宁是脱离现实的、自大狂式的自我满足。作为文章开场白，霍姆斯举了一个例子说：你告诉浪漫的骑士（the knight of romance），他的淑女（lady）很可爱而不夸赞她是出诸上帝之手的绝世佳人，他就会勃然大怒，而你就非得和他决斗不可。[2] 这个例子生动有趣，但亦相当古怪。它非真事，非寓言，亦非幽默，也欠缺理所当然的逻辑。什么是浪漫的骑士？所有浪漫骑士真的都会这样？论据不明，解释欠奉。这个例子与下引醉棍借酒自大的例子一样，都是霍姆斯的夸张修辞学（superlative rhetoric），藉以痛骂追求溢美之辞的自大狂冲动。他说：

人往往渴求浮夸之辞，乃至无力追求的恶棍唯有一头栽进醉乡来满足

① 这篇文章有明辉的翻译，见霍姆斯著，明辉译：《自然法》，收霍姆斯著，明辉译：《法律的生命在于经验：霍姆斯法学文集》，清华大学出版社 2007 年版，第 175—180 页。另可参考霍姆斯著，姚远译：《自然法》，收霍姆斯著，姚远译：《法学论文集》，商务印书馆 2020 年版，第 273—278 页。由于本文对原文重新解读，和前人译文并不一致，故此本文各段引文，均经本文著者重新翻译。引文注释征引相应原文，以供对比检视。

② Holmes, “Natural Law,” p.310.

一下。[1]

哲学家努力证成所谓终极的真理，法学家穷究放诸四海皆准的律则而自诩为自然法，都源于这种渴求。[2]

霍姆斯认为，法学家追求自然法的冲动，都属于同一种心理状态。由这种心态出发谈自然法，自然不可理喻。

二、权力决定什么是客观真理

第二段揭示霍姆斯认为大多数人深信不疑的，或者有理由相信未来多数人都会深信不移的，就是真理，并且就成为客观的真理。他说：

一民族（nation）称雄世上，其多数人所相信的，就是真理。[3]

我们检验真理之道，就是看现实中大多数人同不同意。想象中未来的大多数同意也行。[4]

不管我的智慧高低，我发现多数同胞都不可抗拒地同意的话，……我

---

① "There is in all men a demand for the superlative, so much so that the poor devil who has no other way of reaching it attains it by getting drunk." Holmes, "Natural Law," p.310.

② "This demand is at the bottom of the philosopher's effort to prove that truth is absolute and of the jurist's search for criteria of universal validity which he collects under the head of natural law." Holmes, "Natural Law," p.310.

③ "Truth was the majority vote of that nation that could lick all others." Holmes, "Natural Law," p.310.

④ "Our test of truth is a reference to either a present or an imagined future majority in favor of our view." Holmes, "Natural Law," p.310.

的所谓真理也就变成客观的真理。①

由于客观真理通过多数人肯定来成立，所以连客观真理也不会永恒不变，也不会是绝对的、终极的真理。这种霍姆斯式真理必然随波逐流，与时俱迁。它与理性和智慧无关，也不仅局限在同一民族或社群之内。若力之所逮，亦可以强迫其他弱势民族接受为客观真理。所以霍姆斯的多数人客观真理，不是指社会契约论式的多数人民主决定什么是客观真理。这个多数毋宁是一个权力游戏，由最有权力的多数，决定何谓客观真理。

三、个人相信的真理不能证明那就是绝对真理

第三段要旨是自己坚持某些事是真理，并不能证明那就是绝对、永恒以及放诸四海皆准的真理。他说：

坚持（真理）证明不了真理。②

我们曾经信以为真的很多事物，事实上都不是真理。③

人的经验往往塑造了他某些教条般的偏好。这点明白了，就可以了解其他人其实同样也有他们教条般的偏好。这就是怀疑主义。④

① “If … the truth may be defined as the system of my (intellectual) limitations, what gives it objectivity is the fact that I find my fellow man to a greater or less extent (never wholly) subject to the same *Can't Helps*.” Holmes, “Natural Law,” pp.310—311.

② “Certitude is not the test of certainty.” Holmes, “Natural Law,” p.311.

③ “We have been cock-sure of many things that were not so.” Holmes, “Natural Law,” p.311.

④ “But while one's experience thus makes certain preferences dogmatic for oneself, recognition of how they came to be so leaves one able to see that others … may be equally dogmatic about something else. And this again means skepticism.” Holmes, “Natural Law,” p.311.

根深柢固的偏好是不可理喻的……所以当对方的差异太大时，我们索性把他宰掉而不让他得逞。但这和承认他的信念跟我们的信念事实上同样有道理，并无任何矛盾可言。①

霍姆斯认为凭着坚持自己相信的就是真理，证明不了真理。因为我们坚信的事物，往往局限于个人的经验，并且由此而产生许多偏见。许多这类真理后来都证明是错误的。对这些真理的坚持，其实是执着、偏执、自以为是、教条主义。越是坚持，越是根深柢固而不可理喻。他觉得因为对真理偏执做成太大的歧见而又各不相让时，只有诉诸武力、暴力，务求清除异见、异己。最后剩下来的，就是所谓客观真理。输掉的，其实也自有其坚持的道理。了解到自己和别人各持己见，其实都不是终极真理，只是在流变不常的多数人权力世界里的一时现象，这样才可能避免不可理喻。这就是霍姆斯怀疑主义的真谛。当然这里霍姆斯也毫不怀疑地坚持他的命题：自然法学家坚持自然法和缺乏怀疑，使他们不可理喻。

四、自然法和普世人权皆非绝对真理

第四段具体谈到所谓自然法和普世的人权并非绝对真理，仅是一时一地的社会认为理所当然的法律制度，包括婚姻、财产、契约以及生命权等。世上其他地方的人，不一定把这些事物当成真理。他说：

① "Deep-seated preferences can not be argued about … and therefore, when differences are sufficiently far reaching, we try to kill the other man rather than let him have his way. But that is perfectly consistent with admitting that … his grounds are just as good as ours." Holmes, "Natural Law," p.312.

我觉得相信自然法的法学家，心智似乎不太成熟。他们竟将自己深信的东西，当成天下人都深信不疑的东西。①

有些制度或其雏型，仿佛〔任何〕要模仿我们的社会，或者我们认为文明的社会，都必得具备。例如持久的两性组合〔婚姻〕、持久的个人占有物〔产权〕、约束个人未来行为的规范〔契约〕以及对个人的保护。这〔最后一〕种保护可谓所有制度〔权利〕的根本。但……问题是，［所有这些所谓制度或者权利，］其实不外是所谓自然法〔理论〕认为应该如此而已。②

霍姆斯批评法学家把西方社会多数人接受的法律和权利，包括最重要的婚姻、产权、契约以及生命权，一概当成自然法，当成所有社会都接受的绝对真理，否则那些社会就不算是文明社会，这就是用坚持己见来证明自己的偏见就是终极真理。他认为这就不可理喻。

五、法律权利即为社会势力所决定的法律后果

第五段主旨是所有关于法律权利和义务，包括保障生命的权利，仅

① "The jurists who believe in natural law seem to me to be in that naïve state of mind that accepts what has been familiar and accepted by them and their neighbors as something that must be accepted by all men everywhere." Holmes, "Natural Law," p.312.

② "Some arrangements and the rudiments of familiar institutions seem to be necessary elements in any society that may spring from our own and that would seem to us to be civilized—some form of permanent association between the sexes—some residue of property individually owned—some mode of binding oneself to specified future conduct—at the bottom of all, some protection for the person. But … the question remains as to the *Ought* of natural law." Holmes, "Natural Law," p.312.

是对法律后果的推测而已。霍姆斯认为法律后果则取决于当下社会势力或权力，而非体现什么永恒不变或放诸四海皆准的先验（*a priori* or preexisting）权利和义务。虽然个人抱着争取权利的信念及期待时，总借自然法之口说是应该如此。霍姆斯批评这些所谓权利，实在出于偶然而非应然，甚至自私自利。这些个人坚持的权利，与有没有先验权利或义务，毫无关系。他说：

所有信念和期望，无疑都说自己建基于超越的根据，但这只意味着它们的基础，其实都是偶然的。①

于我来说，和他人相处必须做些什么，并不取决于什么先验的责任。毋宁是一套说法，告诉我要生存的话，就得做什么。②

但从法律而言，一种权利不外就是一种用来推测的根据——一种想象，念及若不顺从的话，就会被人以公共权力加以打压。③

这些法律权利的背后，当然充满要求者的斗志。但若说他们的斗志，就代表所谓先验的义务，或者先验的权利，于我而言，这真可谓风马牛不相及。连一头狗也会为它的骨头充满斗志。④

① "It is true that beliefs and wishes have a transcendental basis in the sense that their foundation is arbitrary." Holmes, "Natural Law," p.312.

② "I see no *a priori* duty to live with others and in that way, but simply a statement of what I must do if I wish to remain alive." Holmes, "Natural Law," p.313.

③ "But for legal purposes a right is only the hypostasis of a prophecy—the imagination of a substance supporting the fact that the public force will be brought to bear upon those who do things said to contravene it …." Holmes, "Natural Law," p.313.

④ "Behind these legal rights is the fighting will of the subject to maintain them, and the spread of his emotions to the general rules by which they are maintained; but that does not seem to me the same thing as the supposed *a priori* discernment of a duty or the assertion of a preexisting right. A dog will fight for his bone." Holmes, "Natural Law," pp.313—314.

霍姆斯在这里全面否定了法律权利的先验和超越根源。他认为西方法律的权利其实没有什么神圣基础。对他来说，自然法理论说人生而拥有或被赋予的自然权利，正是前述的那种自以为是，自诩为放诸四海皆准、不可理喻的信念。现实世界的法律权利，无非是社会最大的势力或公共权力赋予个人的利益，或要求个人必须履行的义务。人不顺从就有后果，会受到社会力量的惩罚，甚至无法生存。霍姆斯认为一个人充满斗志地坚持和争取他自认为天赋的权利，正是前述那种自以为是的信念作祟。这种斗志和一头狗充满斗志地坚持和争夺它的骨头，如出一辙。由此可知，从霍姆斯角度看，法律权利就是优胜劣败的丛林现实，左右法律结果的不外是弱肉强食的丛林规律。

六、连生命权亦须听“社会势力”而由命

第六段进一步强调连所谓先验权利中最根本的生命权，社会势力都可以随时褫夺，所以说自然法先验权利这回事，显然胡说八道。他说：

就算是所谓先验的权利中最基本的一种权利——人的生命权，都可以不眨眼地褫夺。不单战时如此，任何时候都一样，只要为了社会利益，或者社群中最主导的势力认为需要褫夺的话，便褫夺了。①

这种社会利益长线来说是否合乎人类的利益，谁也说不清。不管如

① “The most fundamental of the supposed preexisting rights—the right to life—is sacrificed without a scruple not only in war, but whenever the interest of society, that is, of the predominant power in the community, is thought to demand it.” Holmes, “Natural Law,” p.314.

何，对于与康德和黑格尔格格不入的人来说，利益就是利益，没有什么神圣可言。①〔译按：以下是霍姆斯津津乐道的例子，说明多数人经济利益凌驾个人生命权〕

我记得有一位好心肠的法官，他的法律意见，认为将仓库的一道防火闸关上以保护整仓货物，即使这样做会导致仓内一个人窒息而死，也是合情合理的行为。②

一个人怎样看这些先验权利的问题，很大程度上决定于他对宇宙的一般态度。……这又取决于早岁交游、个人脾性，再加上要求掌握绝对指标的一份执着。③

人对他们所追求的，总会深信不疑。虽然如此，我看不出任何一套哲学思想，应该煞有介事地告诉我们，我们应该追求的是什么。④

霍姆斯的法律权利在这里成为某种社会权力的体现。他没有在这里解释他所说的，作为法律权利来源的“公共权力”（the public force）、“社会利益”（the interest of society）或“社群中最主导的势力”（the predominant power in the community）是什么。这些力量如何生成、运作、演化、解读、演绎等问题，他没有解释。这些社会利益对社会有何

① “Whether that interest is the interest of mankind in the long run no one can tell, and as, in any event, to those who do not think with Kant and Hegel it is only an interest, the sanctity disappears.” Holmes, “Natural Law,” p.314.

② “I remember a very tender-hearted judge being of opinion that closing a hatch to stop a fire and the destruction of a cargo was justified even if it was known that doing so would stifle a man below.” Holmes, “Natural Law,” p.314.

③ “One’s attitude on these matters is closely connected with one’s general attitude toward the universe … determined largely by early associations and temperament, coupled with the desire to have an absolute guide.” Holmes, “Natural Law,” p.314.

④ “Men to a great extent believe what they want to—although I see in that no basis for a philosophy that tells us what we should want to want.” Holmes, “Natural Law”, p.314.

长线的好处，他倒是清楚："谁都说不清楚"。无意弄清楚这权力是什么，他的法律权力就等于赤裸裸的暴力，不必再谈正义、正当性、原则、道德、伦理等人类文明的共相遗产。在他口中，这种暴力运行而褫夺无辜者性命时，"眼都不必眨一眨"（without a scruple），而且他偏好的这个实例，还是出诸一位"好心肠的法官"（a very tender-hearted judge），难怪论者谓霍姆斯"身不由己"的法律价值（can't helps）就是唾弃道德价值（values），他的法律哲学就是弱肉强食的唯权力主义（power-focused philosophy）。① 简言之，就是本文所谓的丛林法学。

七、夸谈不可知的自然法或真理的人都不知所谓

第七段霍姆斯主张宇宙真理或自然法，乃不可知之事。他主要论证是作为宇宙的一小部分，我们是没法了解不可思议的宇宙总体（unimaginable whole）或宇宙真理（cosmic truth）的。不自量地夸谈宇宙真理，实质就是不知所谓。他说：

> 我看不到人们渴求浮夸之辞（superlative），有什么理性的根据——为了不能确认自己的真理等同于宇宙真理便誓不罢休吗？——这等于要求一个活在这个细小地球上的卑微生物，通晓穷尽那不可思议的〔宇宙〕整体〔的终极真理〕。②

① Alschuler, *Law Without Values*, pp.14—30.

② "I do not see any rational ground for demanding the superlative—for being dissatisfied unless we are assured that our truth is cosmic truth, …—that the ultimates of a little creature on this little earth are the last word of the unimaginable whole." Holmes, "Natural Law," pp.314—315.

真实的答案就是，部分不能吞下整体。我们的理念，不足让我们言思超乎认知能力以外的东西。①

如果我们相信自己由宇宙而来，不是宇宙由我们而来，我们就得承认，在高谈阔论什么是〔美其名为自然法而实质不外是〕禽兽之事的时候，自己真的不知所谓了。②

霍姆斯没有否定宇宙或终极真理的存在。他抱持的是不可知论。不可知的原因他认为是部分永不能认知整体，我们有限的理念，也不能道尽无穷的宇宙。所以他反复申辩，人由宇宙而来，若反过来说宇宙由人而来，就变成颠倒因果。

八、虽非真理但个人为其渴求而死命奋斗亦属无妨

第八段霍姆斯从上文对自然法理论的严厉批判，归结到人为了自己，仍然值得奋斗，甚至牺牲。他认为虽然我们不能完全明白宇宙或自然法，仍可努力争取我们所渴求的，例如生存、为所欲为的自由、凌驾于人的权威、自满自大等，为了这些东西，我们有时也奋斗争取，死而后已。我们

① "The real conclusion is that the part can not swallow the whole—that our categories are not, or may not be, adequate to formulate what we can not know." "Natural Law," p.315.

② "If we believe that we come out of the universe, not it out of us, we must admit that we do not know what we are talking about when we speak of brute matter." Holmes, "Natural Law," p.315. 按这里"brute matter"译作"禽兽之事"乃意译。"Brute matter"一般指物质的东西，相对于精神的东西。霍氏此句明是骂法学家谈自然法不知所谓，但不用自然法而称之为"brute matter"，属文字游戏，进一步贬低自然法一词的神圣和精神性原义。寓意是所谓自然法的神圣内容，其实只是自然界的物质世界而已。

珍惜的这一切，是非黑白如何，霍姆斯认为我们不必理会，留待不可知的宇宙作主可也。他说：

宇宙虽然超乎我们理解之外，这却与我们的行为无关。①

我们仍得战斗，……因为我们要活下去，……因为我们要为所欲为，要证明我们握有权力，要享受我们的权力。对于我们珍惜的这一切，到底有什么终极的价值审判，我们大可以留待那不可知的〔宇宙〕去作决定。②

如果我们认为自己并非宇宙之外的一位小神祇，而是宇宙之内的一粒小瘤，我们就可以把无限的宇宙置诸脑后。〔因为〕这已经赋予我们唯一而充分的〔人生〕意义。③

霍姆斯承认有时人还真想为他人做点事。人想做这样的事，那就去做。有没有哲学给他一个借口，他还是会做的。所以不是哲学（自然法理论或所谓宇宙真理）为人提供了动机。毋宁是哲学为人的动机制造了借口。让人觉得自己为要做的事赴汤蹈火，感觉良好，也不算个傻瓜。他说：

如果我们想象力够丰富，可以接受自己是集体不可分割的一分子，同时又可以将自己的利益扩阔到自己皮囊之外的话，为身外事而牺牲自己生命，也说得通的。这种动机……我们不难见到；怀抱着这等期盼和理想，

① "That the universe has in it more than we understand, … has no bearing upon our conduct." Holmes, "Natural Law," pp.315—316.

② "We still shall fight … because we want to live …, because we want to realize our spontaneity and prove our powers, for the joy of it, and we may leave to the unknown the supposed final valuation of that which in any event has value to us." Holmes, "Natural Law," p.316.

③ "If we think of our existence not as that of a little god outside, but as that of a ganglion within, we have the infinite behind us. It gives us our only but our adequate significance." Holmes, "Natural Law," p.316.

亦是人之常情。①

哲学没提供动机，只是告诉人们，他们做了心里想做的事，也不算傻瓜。哲学替我们打开了空想的欲望，让我们不惜为此粉身碎骨；展示了绞尽脑汁描绘出来的仙境；谱奏出不入尘世的天籁之音。②

霍姆斯这最后一段是修辞学的神来之笔，厉害之处是痛贬自然法学者之余，笔锋一转，借哲学之名来为他们找个台阶下，说哲学为这些法学家提供了无限空想的乌托邦，让他们以为自然法的虚妄，原来还可以用空话包装起来，以虚作实，但求自己心安理得便是。实则霍姆斯言下之意，说到底还是骂自然法的理论，不外自欺欺人。现实的法律权利，还得回到丛林里追求。

① "If our imagination is strong enough to accept the vision of ourselves as parts in severable from the rest, and to extend our final interest beyond the boundary of our skins, it justifies the sacrifice even of our lives for ends outside of ourselves. The motive … is the common wants and ideals that we find in man." Holmes, "Natural Law," p.316.

② "Philosophy does not furnish motives, but it shows men that they are not fools for doing what they already want to do. It opens to the forlorn hopes on which we throw ourselves away, the vista of the farthest stretch of human thought, the chords of a harmony that breathes from the unknown." Holmes, "Natural Law," p.316.

英国思想界对里斯本大地震（1755）的响应

陈正国（台湾“中央研究院”研究员）

前言

葡萄牙首都里斯本在1755年11月1日万圣节当日所发生的大地震，死伤惨重。当代欧美史家无人怀疑此一天灾对欧洲思想所造成的冲击。但似乎当代史家对此事件的影响之研究，颇详于当时的德语及法语地区，而略于英语世界。[①] 本文主要目的在于陈述、分析英国思想界对灾

---

① 以笔者目前所见，有关里斯本大地震最详尽的作品有 Ulrich Löffler, *Lissabon Fall-Europas Schrecken: Die Deutung des Erdbebens von Lissabon im Deutschesprachen Protestantismus des 18. Jahrhunderts*, (Berlin: Walter de Gruyter, 1999), Grégory Quenet, *Les Tremblements de Terre aux Xvii et Xviii Siècles* (Seyssel: Champ Vallon, 2005), Jean Paul Poirier, *Le Tremblement de Terre de Lisbonne*, (Paris: Odile Jacob, 2005), T. D. Kendrick, *The Lisbon Earthquake* (Philadelphia: J. B. Lippincott Company, 1955) 等。第一本德文著作虽列有某些当时英国对（转下页）

难的响应与思考。其次，本文希望能以（与德、法思想界）比较的观点，略论 18 世纪中叶英国的思想风貌。以下将会论证，在英格兰，智识界对此地震的响应，多半来自宗教人士。因此本文标题中的“思想界”一辞，既指具有标杆意义的思想家，也泛指一般智识阶层与作家。

里斯本大地震正好发生在欧洲启蒙运动的盛期。在法国，孟德斯鸠（Montesquieu, 1689—1755）、卢梭（Jean-Jacques Rousseau, 1712—1778）、伏尔泰（Voltaire, 1694—1778）、魁奈（François Quesnay, 1694—1774）、杜尔哥（Anne-Robert-Jacques Turgot, 1727—1781）等标杆型思想家或已经以文章传世，或刚崭露头角；《百科全书》正进入如火如荼的编撰与出版阶段。在德国，康德（Immanuel Kant, 1724—1804）也过了而立之年，正准备在思想界展翅翱翔。在英国，休谟（David Hume, 1711—1776）已完成他最重要的哲学著作，并已着手进行他著名的英格兰史写作。亚当·斯密（Adam Smith, 1723—1790）已担任格拉斯哥大学道德哲学教席，即将出版他的第一本著作，道德情操理论。科学实验

（接上页）此事件的讨论书目（p.657），但没有任何分析。第二及第三本法文著作虽不在书名上限定为法语世界的研究，但所论主要也都是法、德世界的反应。第四本英文著作主要则是处理葡萄牙社会，尤其是政府对该灾难的善后与处置。有关里斯本大地震的历史研究论文也多半集中于对德、法世界的思想冲击。据笔者所见，唯一一份花费比较多篇幅讨论英国（神学）思想对里斯本地震的反思者，是 Edgar Brightman 的 “The Lisbon Earthquake: A Study in Religious Valuation,” *American Journal of Theology* 23:4 (1919), pp.500—516, particularly 513—515. 但此文显然过于陈旧。最近数年开始有学者对英国的群众反应以及宗教人士对里斯本地震的响应进行论述。但据笔者比对，这些文章重复性高，而且尚不够全面。例如 Mathew Georgi, “The Lisbon earthquake and scientific knowledge in the British public sphere,” in Theodore E. D. & John Radner (eds.) *The Lisbon Earthquake of 1755: Representations and Reactions* (Oxford: Voltaire Foundation, 2005), pp.81—96. 以及 Robert G. Ingram, “The Trembling Earth and God’s Herld: earthquakes, religion and public life in Britain during the 175s,” in *The Lisbon Earthquake of 1755*, pp.97—115。笔者希望在此对英国思想界的响应，有一较完整的分析。中文世界对此一课题似乎尚无学术专文。本文正是想补此罅漏。

与传布正藉于俱乐部、社团等民间组织向外延展。从长期的思想史发展来看，1755 年的欧洲与英国，正处在一只脚踏进现代科学主义思维的景况里。然而，里斯本大地震却给了教会一次良机，得以再次复制、申论许多传统的神学意见与道德观。相对而言，英国标杆型思想家并未利用这时事的动能，帮助传播己身观点，而是选择以概化方式讨论灾难，以及灾难所衍伸的道德与神恩等议题。

从长期的发展来看，现代性的重大特征之一，就是欧洲人逐渐相信，人不该是命运与自然的奴隶。人与天灾的关系，也在 18 世纪后越来越失去存在意义的联结。客观化的灾难开始具有“历史性”意义。而在欧洲历史上最具“历史性”意义的地震，或许非“里斯本大地震”莫属。歌德自称，从他八岁接触到里斯本地震的历史之后便终生萦怀；并将此事件与（英法）“七年战争”、“法国大革命”、“拿破仑的时代”并列为“（改变）世界的事件”（Weltbegebenheiten）。① 里斯本是葡萄牙的首都、第一大城、最重要的商港以及贸易、文化中心。1755 年 11 月 1 日万圣节当天上午九点三十分，天气晴朗。整座城二十五万居民多数已早早聚集在教堂准备参加弥撒。突然间人们听到一阵巨响，教堂、屋舍随即剧烈摇晃了约三分钟。之后约莫有一分钟的静止。之后，剧晃再起，并持续三分钟才停止。约莫一分钟后，天地又摇晃了三分钟。此刻，许多屋舍、教堂已经无力支撑而倾倒。十一点钟左右，五至十公尺高的海啸扑向这座已摇摇欲坠的城市。此后零星的余震不时降临，祝融在城市各处肆虐达一周以上的时间。根据估计，有一万四千座房舍在此次地震中倒塌，约有五万人在此一事件中丧生。② 地震的摧毁能力与它所能创造的舆论喧哗能力成正比。如此重

① Robert H. Brown, “The ‘Demonic’ Earthquake: Goethe’s Myth of the Lisbon Earthquake and Fear of Modern Change,” *German Studies Review* 15:3 (1992); 475—491, pp.485—486.

② 本段描述系根据 Anonym, *An Account of the Late Dreadful Earthquake and Fire, which Destroyed the City of Lisbon, the Metropolis of Portugal. 2nd ed.* (London: reprinted （转下页）

大事件自然很快地传遍欧洲，并激起许多响应与讨论。然而，里斯本地震之所以具有强烈的历史意义，不惟独是因为它骇人听闻的杀伤力，更重要的是因为这事件正巧发生于欧洲思想，以及社会传播形式剧变的时代。这些条件因缘际会的出现，促使里斯本地震成为一面思想的巨大镜台，反照、折射出当时重要的新旧思想。

事实上，即使与 17、18 世纪欧洲境内其他地震相比，“里斯本大地震”并不是最惨烈的地震。1666 年的伦敦地震摧毁了一万三千两百座民房。1720 年的法国普罗旺斯地震摧毁了十万生灵。① 欧洲智识界并不陌生的 1682 年利马（Lima）大地震几乎摧毁了当地所有的房舍。②2010 年 1 月 12 日，海地发生芮氏七级的地震。根据官方统计，死亡人数高达二十三万人以上，计有五万五千户房屋倒塌，三百万人生活受到影响。地震在海地显然相当频繁。早在里斯本大地震之前的 1751 年，海地就已经发生过死伤惨重的地震。据当时一位法国作家的描述，地震地区仅有一座房舍幸存。尽管如此惨烈，却只有少数对殖民海地怀抱兴趣的作家投以关

（接上页）and sold by Green & Ruffell, 1756); Anonym, *An Account of the Earthquake which Destroyed the City of Lisbon, on the First of November, 1755; and the Appearance of the City Previous to that Calamity: illustrative of the Great Picture of the Earthquake at Lisbon*, Now Exhibiting at the Lyceum, Strand (printed by W. Glendinning, n.d.); Anonym. *A Genuine Letter to Mr. Joseph Fowks, from His Brother near Lisbon, Dated November 1755 in which is Given A Very Minute and Striking Description of the Late Earthquake*. (London: printed for M. Collyer, n.d.) 等记载综合而成。关于第一次主震的时间，有多种不同的记载。或说九点三十分，或说九点四十分，也有九点五十分之说。关于死亡人数则有三万、五万、六万、七万、十万等各种说法。根据今人推算，此一地震规模为芮氏 8.7 级。有关里斯本大地震原因的现代科学观点，请见 Marc-André Gutscher, “What Caused the Great Lisbon Earthquake?” *Science* 305:5688, pp.1247—1248.

① Gregory Quenet, *Les Trenblements de Terre aux Xvii et Xviii Siécles* (Seyssel: Champ Vallon, 2005), p.305.

② Gregory Quenet, *Les Trenblements de Terre aux Xvii et Xviii Siécles* (Seyssel: Champ Vallon, 2005), p.438.

注。相较于海地大地震，法国思想界对里斯本大地震的则予以高度关注与激切的回响。此间的差异，并非完全是欧洲与欧洲殖民地之间的认同差异使然。里斯本地震发生之刻，正值现代的传播、叙述等条件逐渐形成，使得相关的反省与讨论以更加快速、有效的方式，在智识圈中传开。环绕着灾难事件的不同意见，彼此激荡的情形更加显著，乃至于形成了论述的事件。尤有甚者，此刻欧洲人对于上帝 / 自然 / 灾难等等概念的理解与认知也出现了微妙的变化。相对激进、反传统或权威的言论逐渐浮出台面。在法国，百科全书的出版（1751—1772）具体呈现了上述两项思想与社会条件的变化。因为这些社会以及思想条件的因缘际会，“反思里斯本大地震”的各式言论，汇聚而成了一座现代思想的地标。里斯本地震发生后，除了见证者透过书信或读者投书方式向亲友或杂志读者的描述地震景象，尚有许多知识界人士发表评论与感想。但相较于法语世界有伏尔泰、卢梭等人，德语世界有康德等人针对里斯本大地震进行思考，英语世界却不见有标杆型思想家或目标型论述出现。

为何英国思想界与德、法有如此明显差异？诚如前述，灾害之所以能成为思想事件，不完全肇因于思想本身；它同时与社会条件息息相关。可是，思想事件之初轫，毕竟是由思想者所发动、创造。思想者的年纪、思维习惯、能力、关心的课题等等因素均在影响了思想事件的形成与形貌。之所以英国甚至整个英语知识界对里斯本大地震的反应与法、德语界颇为不同，正是因为此三文化圈的思想人物之特质大不相同。细审近几十年来欧洲思想与里斯本大地震的历史著作当可发现，近人讨论的主题多半环绕在康德、伏尔泰、卢梭等思想巨人身上。然而，英格兰在霍布斯（Thomas Hobbes）、洛克（John Locke）、牛顿（Isaac Newton）之后便未再出现具有国际声望的思想家。甚至以严格标准来说，牛顿的科学理论虽然影响 18 世纪思想界非常深远，但是他本人并不是神学、政治或社会思想家。英格兰有高度文明发展，却缺乏精彩的思想巨人；此一现象着实令研究18世纪，尤其是启蒙运动的史家相当困惑。已故历史学者波特（Roy Porter）因此提出一个观点，认为“英格兰启蒙”的实质或特色，不在思想的创造或高度，而在思想与知识的传播与讨论。换言之，不在思想家个人的表现，而在社会条件或结构。① 波特的观点或许可以进一步审议，但他的观察与本文所要讨论的现象不谋而合，可以相互佐证。

相较于大英帝国的中心英格兰，帝国边陲苏格兰与爱尔兰在18世纪50年代反倒出现几位影响比较深远的思想家。其中以苏格兰人休谟（David Hume，1711—1776）、亚当·斯密（Adam Smith，1723—1790）、亚当·弗格森（Adam Ferguson，1723—1816）以及爱尔兰人伯克（Edmund Burke，1729—1797）等人为代表。有趣的是，上述几位英语世界最重要的思想家，却也未曾对此一事件表示任何意见，甚至感慨。休谟是英国，甚至欧洲18世纪最重要的不可知论者。他认为神之存在，并非经验世界的真假议题—事实上我们无法透过经验判定神之存在是否为事实。宗教之基础，就是建立在信仰之上，不多也不少。他对宗教的批评在于宗教狂热者以亲身经历的表述方式，强调基督教信仰的真理性与普世价值。此外，休谟在1748年出版的*Enquiries Concerning Human Understanding*中驳斥了奇（神）迹观点。而他最完整、重要的宗教论述，*Dialogues Concerning Natural Religion*则是创作于1751—1755年之间，并且在18世纪60年代多次修改。令人好奇的是，法国的伏尔泰因着里斯本大地震而对于神恩或神的世界创造观点大加批评，但休谟对此则只字未提。伯克在1757年出版其成名作《吾人巍峨与美之观念的哲学探源》*A*

① Roy Porter, “Enlightenment in England,” in R. Porter & M. Teich (eds.) *Enlightenment in National Context* (Cambridge: Cambridge University Press, 1982), pp.14—28; Porter, *Enlightenment: Britain the Creation of the Modern World* (London: Penguin, 2000). 杨肃献：《英格兰有启蒙运动吗？》，《新史学》1998年9卷第4期，第1—37页。

Philosophical Enquiry into our Ideas of the Sublime and Beauty。按理说，大地震这样的自然灾难可以视为巍峨概念的证据或反例；但伯克似乎不曾明白提及此事件，或据此进行哲（美）学思辨。① 种种迹象显示，英国思想界在面对宗教议题时，即使是反对宗教教条主义如休谟者，也是采取温和的认识论态度。即使企求在“理性主义”高涨的时代为宗教的延续谋求可能性的思想家如亚当・弗格森，也尽量不直接讨论自然灾难与特殊神恩（particular providence）等神学概念，而是以概化的方式探讨神恩与恶的概念。

然而，缺乏标杆型思想家的介入，并不表示英国的舆论或智识阶层对里斯本大地震漠不关心。在英国，尤其是英格兰，直接对里斯本地震事件提出反思者大有人在。比较特别的是，他们多为神职人员或宗教人物，如宣教士与圣经学者。这些人对当时流行的自然神学、科学并不陌生。然而，他们却利用里斯本大地震事件，重新强调传统神学，突显上帝意志、个别神恩、原罪等概念。并且，藉由对此事件的诠释，他们在言谈中表露对政治结构的信心，以及对社会秩序、风俗的疑虑，希望儆醒英国读者注意个人道德，以取悦上帝。当然，在这样的灾难诠释下，他们也替政权背了书。同样值得注意的是，他们也借着评论此事件，再次复制了对天主教教会的不信任。总之，正如以下本文所将论证，英格兰舆论的道德教喻与政治意味浓厚，并且具有强烈的民族认同。这些现象或许与英格兰国教传统有关，但因为事发在英国启蒙运动的高峰期，此现象值得未来研究者注意。

① 不过，Mathew Georgi 却认为，对伯克而言，里斯本地震是个巍峨事件，因为地震释放“强大力量，产生惊恐以及破坏”。但是笔者在伯克书中并未能读出这样的地震美学，更遑论这么有指涉性的美学诠释。究其实，伯克在书中提及地震，目的在于讨论吾人对自然所兴起的愉悦（delight），与 Georgi 的衍义似大有出入。Edmund Burke, *A Philosophical Enquiry into our Ideas of the Sublime and Beauty* (Dublin: printed for Sarah Cotter, 1766), pp.64—65.

德、法思想界对里斯本大地震的反思

德语世界读者在地震爆发后不久便密切注意这个灾难的发展。《柏林新闻》(*Berlinische Nachrichten*)在11月11日便发布了地震的相关消息。这比起同属天主教国家、地理上更为紧邻葡萄牙的《法国周报》(*Gazette de France*)早了十一天，比一水之隔的伦敦杂志(*London Magazine*)早了十五天。① 当时在哲学界开始崭露头角的康德就非常关心里斯本大地震的讯息。② 除了尽力搜集相关报导，他还亲自观察了波希米亚地区的温泉涌泡，试图以某种因果关系，将温泉与地震做联结性的理解，希望将来可以从水泡或水浪的涌现，预知地震的来临。康德在1756年连续发表了三篇与此次大地震有关的论文。③ 康德说，根据简单的实验

① 18世纪信息的传播速度与今天的科技当然不可同日而语。灾区的信息更不易向外扩传。西班牙马德里要到11月4日才知道里斯本的灾难。凡尔赛宫的主人则要到11月17日才知情。法国周报(*Gazette de France*)则要到11月22日才正式披露这个灾情。见 Gregory Quenet, *Les Trenblements de Terre aux Xvii et Xviii Siécles* (Seyssel: Champ Vallon, 2005), p.343。

② 康德在1744年自Königberg大学毕业后曾长期担任私人家庭教师。1755年他回到母校担任兼任教授(Privatdozent)。

③ 关于康德的论著可参考，康德著，李秋零译:《地震的原因》,《地震中诸多值得注意的事件》,《地震的继续思考》,《康德著作全集》第一卷，中国人民大学出版社2005年版，第409—454页。德文本可参考 Immanuel Kant, “Von der Ursachen der Erderschüterungen bei Gelegenheit des Unglücks, welches die westlichen Länder von Europa gegen das Ende des vorigen Jahres betroffen hat”; “Geschichite und Naturbeschreibung der merkwürdigen Vorfälle des Erdbebens, welches an dem Ende des 1755sten Jahres einen grossen Teil der Erde erschüttert hat”; “Fortgesetzte Betrachtung der seit einiger Zeit wahrgenommenen Erderschütterungen”; in Wolfgang Breidert (ed.), *Die Erschüterung der Vollkommen Welt* (Darmstadt: Wiss. Buchges, 1994), pp.97—146.

就可以知道，铁屑与硫磺以水搅拌，就可以引起硝烟与震动，而这些物质都是土地里常见的物质。但康德真正关心的地震原因不是何种力量造成震动，而是从地球的系统或结构来论地震的根源。他认为最重要的原因是地球内有大穴洞（Höhlen）。而地穴又多半与河流平行。如果人类居住地多高山，而所建聚落建筑又与地穴平行，那地震灾难就不可想象。理解自然系统，是理解自身安全与上帝神意的不二法门。秘鲁人知道要将房子地基扎稳，屋顶以轻物质搭建。而普鲁士境内绝少地震的可能，表示了神恩的安排。① 根据现代学者的研究，在里斯本地震后，康德对于世界的理解有了一个"科学的转向"，明确地崇信经验与物质研究对于知识建构的重要。此一转向最终引导康德完成他对人类自由的伦理命题的建构。② 伦茨（Michaël Reinhold Lenz, 1751—1792）曾经在科尼斯堡大学（Königsberg）上过康德的课。他在 1769 年，十八岁的时候写了一首献

① "… so wird man leicht aus dem Angeführten abnehmen können, daß, da Preußen nicht allein ein Land ohne Gebirge ist, sondern augh als enie Fortsetzung eines fast durch und durch flachen Landes angesehen warden muß, man eine größere Veranlassung habe, sich von den Anstalten der Vorsehung der entgegengesetzten Hoffnung zu getrösten." Kant, "Von der Ursachen der Erderschüterungen bei Gelegenheit des Unglücks …," Wolfgang Breidert (ed.), *Die Erschüterung der Vollkommen Welt* (Darmstadt: Wiss. Buchges, 1994), p.103.

② 论者的意见认为，康德从这个灾难消息与研究经验发现，唯有与大自然的巨硕与深邃直接面对面，人类才可能获得真正的自由。而这个自由的意思是，人理解到无论他被放置在何种秩序或情境，他都必须为自己负责。见 Svend Erik Larsen, "The Lisbon earthquake and the scientific turn in Kant's philosophy," *European Review* 14:3 (2006); 359—367, p.364. 若然，那康德的自由观念与苏格兰启蒙的弗格森极为类似。请见，陈正国：《宗教与世俗的辩证——弗格森论历史与自由》，《中央研究院历史与研究所集刊》七十九本二分，第 187—233 页。可惜笔者未能从康德这三篇著作得到上述的结论。但至少我们可以确定，康德对里斯本大地震的理解方式是纯然的科学主义，他并不因里斯本大地震灾难而怀疑上帝的存在。I. Kant, *The One Possible Basis for a Demonstration of the Existence of God*, trans. Gordon Treash (New York: Abaris Book, 1979). 关于康德如何在里斯本灾难后重新思考上帝与自然的问题，可参考 Susan Neiman, *Evil in Modern Thought: an alternative history of philosophy* (New Jersey: Princeton University Press, 2002), pp.57—84.

给俄国凯瑟琳女皇二世的长诗，题为《地瘟》(*Die Landplagen*)。此诗共分六部，分别讲述人类所遭逢的大厄，诸如战争、饥荒、黑死病、火灾、水患等灾难。诗的最后一部，论的就是地震。伦茨对地震的描述，显然是根据人们对里斯本地震的报导而成。①

此一灾难也对当时德语世界的神学界产生了冲击。包括海恩（Johan Heyn, 1709—1746），默色（Friedrich Carl von Moser, 1723—1798）等等在内的神学理论家，以及班多（Joseph Anton von Bandel, ？—1771）与欧托（Johan Jacob Otho）等福音教派人士都曾对里斯本大地震对自然神学的意义提出过思考。② 其中登左（Johan Daniel Denso, 1708—1795）倾向以自然科学史来解释此一自然灾难。登左是当时物理神学（Physikotheologie，亦即英语世界的自然神学 natural religion）的代表人物之一。他评论道，正统基督教的神学并不能对此灾难中的人提出抚慰人心的解释。里斯本大地震对他而言不是世界末日的启示，而是自然现象的表现。对此现象进行了解，反而能增进未来的科学知识。③ 登左的神学意见其实与康德的经验主义或纯科学的态度不谋而合。总之，里斯本大地震对德语世界的科学态度有相当影响；甚至普鲁士国王腓特烈二世都对此提出个人的科学观点。他认为地球中心是一团火，而里斯本正好坐落在火团的上方。这是里斯本之所以如此强烈地震的原因。④ 相对于德语世界的状

① Jean-Paul Poirier, *Le Tremblement de terre de Lisbonne 1755* (Paris: Odile Jacob, 2005), p.145.

② *Lissabon Fall-Europas Schrecken: Die Deutung des Erdbebens von Lissabon im Deutschesprachen Protestantismus des 18. Jahrhunderts* (Berlin: Walter de Gruyter, 1999), pp.271—303.

③ Löffler, *Lissabon Fall-Europas Schrecken: Die Deutung des Erdbebens von Lissabon im Deutschesprachen Protestantismus des 18. Jahrhunderts* (Berlin: Walter de Gruyter, 1999), pp.267—271.

④ Jean-Paul Poirier, “The 1755 Lisbon Disaster, the earthquake that shook Europe,” *European Review* 14:2 (2006), 169—180; p.174.

况，在英国，接受自然神学的文人与思想家对此事件几乎全无发言；只有福音教派的牧师企图给予此一事件一个神学意义。

从对后世的思想而言，里斯本大地震对法国思想界所造成的冲击似乎较诸德语世界尤大。法语世界的反思对后世影响更深，部分原因在于法语世界的言说以许多不同的出版形式出现；包括了诗、小说、书信以及论册。法国社会对地震的记载与探讨由来已久，甚至对法国以外的地震，也多所关注。① 根据研究，1666 年至 1744 年间，巴黎科学院（L'Academie des Sciences de Paris）至少举行过 27 次有关地震的讨论。② 虽然在此一时期，与地震相关的科学、文学甚至政治议题的讨论逐渐浮现在公共领域中，可是对大多数人而言，传统的宗教教义与文本，仍然是人们藉以理解、再现地震的重要媒介。③ 从长久的时间脉络来看，法国或欧洲的地震文化自有发展的轨迹，而 1740 年至 1750 年期间则为地震文化转变的关键时期。④ 在此之前，人们对地震有比较多的人文反思，在此之后的地震论述越趋科学化或精准化。此外人们也开始讨论建筑结构与地震的关系；政府在震灾中的角色也越来越受到重视。⑤ 不过，即使以长时间的历史来看，1755 年的里斯本地震事件仍具有独特的历史意义。从 1755 年 11 月至 1756 年 12 月，巴黎科学院成员间论及地震的通讯就达九十二封之多。⑥ 里斯本的经验应该是直接促成人们更详细甚至精细到以“分钟”

① 从 17 世纪开始，耶稣会士就持续关心在中国的地震。19 世纪的天主教会百科全书，就有颇为详细的记录。De. M. L'abbe & De M. Le V Walsh (eds.), *Encyclopédie Catholique: Répetoire Universal et Raisonne* (Paris: Parent Desbarre, 1848). 其中提到 1699 年，中国某处地震，有四十万人死亡。1679 年 9 月北京地震造成三十万居民丧生。（p.131）

② Grégory Quenet, *Les Tremblements de Terre aux Xvii et Xviii Siècles* (Seyssel: Champ Vallon, 2005), p.207.

③ Grégory Quenet, *Les Tremblements de Terre aux Xvii et Xviii Siècles*, p.226.

④ Grégory Quenet, *Les Tremblements de Terre aux Xvii et Xviii Siècles*, pp.272—286.

⑤ Grégory Quenet, *Les Tremblements de Terre aux Xvii et Xviii Siècles*, pp.392—397.

⑥ Grégory Quenet, *Les Tremblements de Terre aux Xvii et Xviii Siècles*, p.358.

为单位描述地震的原因。但是里斯本大地震对法国智识界的最大影响，恐怕还不在对地震展开科学性的观察、记录以及提出解释理论，而在于造成 Bronislaw Baczko 等人所谓的“哲学地震”。①

造成法国哲学地震的人，正是欧陆当时极活跃也极富争议性的思想界要角：伏尔泰。伏尔泰本人相当推崇英国的智识发展。除了洛克、牛顿的思想，他也是诗人亚历山大·波普（Alexander Pope）的忠实读者。波普在 1733 年至 1734 年间发表了一时洛阳纸贵的诗论《人论》(*Essay on Man*)。《人论》所要传达的信念与莱布尼兹的《神政》(*Théodicée*)的核心命题一致，都认为神造世界时候的原则必然是善。整首长诗的意旨在于表示宇宙的和谐秩序出自全能、全智、慈悲上帝的计划。人的责任是谦卑：仰观自然的美好和谐，俯首行善，努力保存上帝所赐。波普认为，人类会遇到自然与人为之恶，如地震、暴君等等，但这些恶毕竟无损于上帝的慈悲。上帝所要保全的是全人类，而非个别的人。个别的恶，无损于普遍的善：

> 当地震吞噬，或者暴风雨肆虐
> 城镇成坟场，全人类便跌进深渊？
> “不”(答道)，“全能的第一因的运作
> 不在个别对象，而在一般律则。”
> ……
> 既然瘟疫或地震都毁弃不了天的设计
> 何能区区一个玻吉亚或一个卡特林？②

① Grégory Quenet, *Les Tremblements de Terre aux Xvii et Xviii Siècles*, p.305.

② Borgia 指 Rodrigo Borgia。出身于西班牙，其后成为教宗亚历山大六世（Pope Alexander VI）。传闻他的家族极为败德。亚历山大六世也常被史家认为是最无行的教宗。Catiline 指 Lucius Sergius Catilina（前 108— 前 62）是罗马政治人物。曾经密谋推翻罗马共和。西赛罗将他描写得极为不堪；甚至传言他主持以人为献祭的法事。

(When earthquakes swallow, or when tempests sweep
Towns to one grave, whole nations to the deep?
"No" (its reply'd) the first Almighty Cause
Acts not by partial, but by gen'ral laws;
……
If plagues or earthquakes break not Heav'n's design,
Why then a Borgia or a Catiline?)①

《人论》里的经典名句是“凡存在者，都**是**。(Whatever is, is RIGHT.)”这显然是对上帝的意志与计划表现出至高的信仰。② 既然伏尔泰对波普的《人论》如此倾心与熟悉，当里斯本大地震的消息传到他耳朵的时候，他必然想到了的《人论》里的诗句，而他的震撼与感慨也就不难想象。③

经过此次天灾，伏尔泰的思想有了重大的转变。他开始质疑莱布尼兹与波普的乐观主义。④ 同年十二月，伏尔泰发表诗论《诗说 1755 年里斯本灾难；或，检证“全是好的”公理》(POËME sur le DÉSASTRE DE LISBONNE: ou examen de cet axiome: tout est bien)。⑤ 诗中，伏尔泰批评人们以“神恩”来解释（掉）自然灾难的邪恶；并严肃提醒读者，神恩的乐观主义其实就是命定论。

① *The Poems of Alexander Pope*, ed. John Butt (London: Routlege, 1963), p.509.

② “Whatever is, is RIGHT.”或许也可以译为“凡是，均对”。此诗共分四部。写作时间从 1730 至 1732。此句经典名句出现在《第四部》。*The Poems of Alexander Pope*, ed. John Butt（London: Routledge, 1963），p.509. 引文中的黑体为原文字样。

③ 在 1756 年一年之内，伏尔泰至少在 78 封信函内提到里斯本大地震达。Grégory Quenet, *Les Tremblements de Terre aux Xvii et Xviii Siècles*, pp.395—396.

④ 乐观主义（Optimism）是 1737 年法国耶稣会的 Journal de Trévoux 上所创的一个字。他们批评莱布尼兹的“已经是最好的世界”[the best（optimum）world possible] 的说法。

⑤ “全是好的”(tout est bien）是当时法文翻译波普“凡存在者，都**是**”时的用法。

“神会忌妒，原罪的代价是死亡？”

何种罪，何种原罪，那些幼嫩的心能想得

倒在母亲的胸膛上，流血、支解？

已倾颓的里斯本曾经所犯的邪僻

可胜过现在沉浸在邪液中的伦敦、巴黎？

……

吾人过去只是凄苦的回忆，

现下是苦，除非明日清楚可知。

如果坟墓之夜摧毁思考者的存在，

有一天世界会变好，这是我们的愿望。

今天一切都好，这是幻想。①

(“Dieu s’est vengé, leur mort est le prix de leur crimes?”

Quel crime, quelle faute ont commis ces enfants

Sur le sein maternel écrasés et sanglants?

Lisbonne, qui n’est plus, eut-elle plus de vices

Que Londres, que paris, plongé dans les délices?

……

Le passé n’est pour nous qu’un triste souvenir;

Le présent est affreux, s’il n’est point d’avenir.

Si la nuit du tombeau détruit l’être qui pense,

---

① 当然，伏尔泰并不是第一位对波普的乐观主义提出质疑的人。1755年的欧洲世纪地震发生前不久，柏林科学院举办一场论文竞赛，主题正是要参加者讨论于莱布尼兹以及波普的神学观点。得奖者A. F. Reinhard的《比较波普与莱布尼兹论世界之完美，兼论乐观主义》(Le Système de Pope sur la perfection du monde comparé avec celui de M. de Leibnitz, avec un examen de l’Optimisme)，也不同意波普的观点。请参考Susan Neiman, *Evil in Modern Thought: an alternative history of philosophy* (New Jersey: Princeton University Press, 2002), pp.128—148。

Un jour tout sera bien, voilà notre espérance.

Tout est bien aujourd'hui, voilà l'illusion.)

伏尔泰对神恩的质疑，引来卢梭在 1756 年 8 月发表《卢梭致伏尔泰的一封信》的公开响应与批评。卢梭的基本神学立场与波普其实相当一致：神恩（providence）是普遍的，而里斯本地震中受难的人则是个别的。卢梭以新教神学所强调的个人意志或选择，认为这些受难者——他们之所以选择居住在里斯本受难的此处，而非幸免的彼处——是出于自愿的选择。然而上帝的设计并不干预人的自由选择。也因此，个人的受难与上帝之神恩无关。① 卢梭替波普的"凡存在者，都是"命题进一步修正。他认为，上帝真正的神恩是"对整体而言是好的，或者，对整体而言都是好的。"② 卢梭自己非常清楚，伏尔泰的论述主要的杀伤力不在对传统神学的摧毁，而在对信念、信仰的松动。卢梭于是提出一个只有逻辑却缺乏思辨性的结论：如果我们接受"上帝存在，祂必是完美的。若他是完美的，他必是智慧、强大、正义的。如果他有智慧与大能，他就是好的。如果他是正义而有大能的，我的灵魂必是不朽的。如果我的灵魂不朽，三十年的生命对我而言，则无足轻重，它或许对宇宙的保存是有必要的。"③ 对卢梭而言，正如对波普而言，人世间的苦难不是从里斯本地震才开始，也不会在 1755 年之后就结束。然而基督教信仰与灾难之间的辩证是，我们不可能真正知道上帝的心智。④1758 年，亦即卢梭的回应出版两年后，伏尔泰出

① J. - J. Rousseau, "Letter from J. - J. Rousseau to M. de Voltaire," in Victor Gourevitch (ed.) *The Discourses and other Early Political Writings* (Cambridge: Cambridge University Press, 1997), pp.232—246, p.234.

② "The whole is good or All is good for the whole." Rousseau, "Letter from J. J. Rousseau to M. de Voltaire," 240.

③ Rousseau, "Letter from J. J. Rousseau to M. de Voltaire," 242.

④ Rousseau, "Letter from J. J. Rousseau to M. de Voltaire," 240.

版了著名的小说《老实人》(*Candide*)；他以黑色幽默的笔法继续嘲弄莱布尼兹“已经是最好的世界”的观点。

正如Charles Taylor在一本近著中所言，强调神恩的自然神论对伏尔泰而言失之幼稚，因为它无法正视灾难，无法更深刻地注视人类的悲剧。① 相对于伏尔泰激烈而决绝的批评方式，在英格兰则上演一场对自然神学的保守对抗。许多英格兰宗教人士在评论里斯本大地震时，回归到旧约神学，强调造物者的意志、异象、警示、最终审判、启示等等，重新强调人与神之间造与被造的关系，原罪的悔悟与洁净的方法。

英格兰对里斯本大地震的反应

相较于里斯本地震对欧陆所造成的思想冲击，英语世界的启蒙思想家对此次重大灾难的反应显得相当平静。例如在北美，讨论的声音极为微小。相较于英国与法国，当时北美的科学社群尚属初轫。虽然“美洲哲学会”(American Philosophical Society)已在1746年创立，但活动相当少；直到1767年之后，该会才有定期的聚会讨论。“美国启蒙运动”的重要人物，富兰克林(Benjamin Franklin, 1706—1790)集印刷商、作家、发明家、科学家、外交家、政治家等许多身份于一身，同时也是美洲哲学会的创立者。他以风筝进行的光电实验是众所周知的历史故事。他发现，“光”与“电”其实是同一种东西。他的成功实验，为他赢得许多人的尊敬。在英语世界，他被称为“电之哲学家”。在德语世界，康德尊称

① Charles Taylor, *A Secular Age* (Cambridge, Mass.: The Belknap Press of Harvard University Press, 2007), p.318.

他为现代的普罗米修斯，因为他引天火到人间地面。① 可是这样一位重要的北美启蒙运动先驱以及当时北美最重要的科学家之一，却不曾对里斯本地震发表过任何正式意见。富兰克林曾经想过，地震或许与空气中的电流有关；可是，尽管有人鼓舞他进一步发表意见，他始终没有答应。② 至于一海之隔的殖民母国，英格兰与苏格兰，虽在科学创新与传播上有重大成就，但对地震的科学研究与论述也不多见。

一、地震的道德论述与反自然宗教论

英格兰对里斯本地震的反省与论述，有两大特色。第一，绝大多数评论意见出自教会人士。第二，绝大多数意见有明显的道德化、政治化倾向。18 世纪的城市文化标示着现代历史的重要特质，因此迩来学者常以城市文化，诸如商业、出版、交谊社群、阅读社会等等新现象来诠释公共空间或市民社会。但是对于 18 世纪的多数民众而言，教会及其建制，依旧是最重要的认识世界的管道。神父与牧师们亲身讲道后复以出版小册的方式传播他们的见解，双重的传播方式让他们的意见不只影响及信众，也进入了其他角落。甚至，它们本身就是公共领域的重要因素。英国 18 世纪的宣教士多半训练有素；除了修辞学，他们对新科学的发展也不陌生。许多英国宣教士、国教神父精确掌握里斯本大地震的事件特质，传达他们所希冀的宗教陶冶。例如 James How 就略显夸张地以听觉、视觉等

① Joyce Chaplin, *The First Scientific American: Benjamin Franklin and the Pursuit of Genius* (New York: Basic Books, 2006), p.136.

② Joyce Chaplin, *The First Scientific American: Benjamin Franklin and the Pursuit of Genius* (New York: Basic Books, 2006), p.138. 里斯本大地震过后十七天，美国马萨诸塞州也发生一起不小的地震。Winthrop 在受到此事件影响而提出地震解释时，就援引了富兰克林的电流概念。John Winthrop *Lecture on Earthquakes* (Boston, 1755)，但富兰克林本人对这些意见始终三缄其口，不表示赞同或反对。Dennis R. Dean, “Benjamin Franklin and Earthquakes,” *Annals of Science* 46 (1989); 481—495, pp.488—489.

感官上的刺激，铺陈一幅似乎是他亲身经历过的里斯本的世界末日景象："……垂死者的呻吟，目睹众多的死亡，想到下一秒自己就会被吞噬……想象……宇宙即将解体，世界将到尽头。"①How 甚至称里斯本地震为人类历史上最惨重的灾难。②生动的修辞是为了激起听众的情绪，以利道德教育的回响与进入。若说英格兰的宗教人士主宰了英格兰群众对里斯本大地震的态度，应该不是过度夸大结论。而事实上，在宗教人士的再现与评论下，世界末日不只是文学修辞，而只是尚未被实现的真理。

英格兰宗教界人士多半依循"原罪"说，强调灾难系出于上帝意旨，对人类，尤其是英国人所发出的警告。甚至从《创世纪》的原罪，连结到《启示录》的末日论。这些宗教布道的目的，固然在于强调道德纯度的重要，在自然神论昂扬的时代，他们的论点有抵制自然神论的作用。一位牛津神学院毕业的牧师说，"让我们从《圣经》与理性下结论吧，地震就是上帝审判的*奇异工作*（*strange Works*），是原罪的合理结果与惩罚"。③一如其他的灾难如大火与瘟疫等，地震是上帝意志的展现。这种观点在里斯

① "… looking up and saw the lofty Buildings reeling like drunken Man, tottering and tumbling down about them; heard the awful Cracks of the Beams dislocated and rent asunder by the Violence of the Confusion, and the prodigious Sound of the ponderous Weights falling on the Ground, the Groans of Dying, and perceived the Numbers of the Dead, expecting the next Moment to be swallowed up themselves, every Thing in the utmost Confusion, stand amazed at the wonderous [viz] Sight, and imagine, as many of them did, that the whole Frame of Nature was dissolving, and the World at an End ... ." James How, *A Sermon on Occasion of the Earthquake at Lisbon* … (London: printed for John Rivington, 1756), pp.4—5.

② How, p.21.

③ Charles Wesley, *A Sermon preached from Psalm xlvi. 8. Occasioned by the Earthquake on March 8 1750* (2nd. Edition; London, 1754), pp.5—6. 类似的意见见诸，Samuel Clark, *A Sermon preached at Daventry December 7, 1755 on occasion of the late Earthquake at Lisbon* (London, printed for James Buckland, 1756), p.12. John Milner, *Two Discourses delivered at Peckham in Surrey on the General Fast, February 6, 1756 occasioned by the late dreadful Earthquake at Lisbon* ... (London: James Buckland, 1756), pp.23—25。

本事件之前，就已经是英格兰宗教界的常见观点。1750 年 3 月，伦敦发生了有感地震，许多包括皇家学会的会员以及宗教界在内的人士都对此发表意见。[①] 由于此次地震并未造成明显的伤亡，于是宗教界很容易将此事件与上帝的“示警”联结在一起。卫斯里公会共同创立者，查理士·卫斯里（Charles Wesley）就曾对伦敦地震发表传统的神学观点：“神用地底的雷声向你的心灵说话。上帝的*声音已经传到这座城市—听这令牌，其及指派者*。他要求你必须注目他的权力与正义。*来，且看！* 新的缄封正在打开。是，*来，且看*神的工作。*他对人子（所做之事）是如此的可怕。*”[②]“缄封”是《启示录》里的灾难象征。卫斯里的末日异象论在伦敦地震时，是宗教人士普遍使用的修辞。例如 Roger Pickering 说道，只有信仰与信心可以让人在面对地震这样的灾难时表现出镇定，犹如等待上帝的最终意旨或审判。[③] 里斯本地震之后，天启或末世的言论再度出现。Peter Peckard 的再现可为代表。Peckard 相信，此尘世终究会毁灭。历史上所有辉煌过的民族、国家无一不在出现“警示性的灾难”（signal Calamity）之后，立刻消灭

---

① “Mr Henry Baker F. R. S. to Martin Folkes Esq: President of the Royal Society, concerning Earthquake Felt at London Feb. 8, 1749—1750,” *Philosophical Transactions* (1683—1775), Vol.46, pp.601—603; “The President's Account of the Earthquake at London, March 8,” *Philosophical Transactions (1683—1775)*, Vol.46, pp.613—615. 这些意见都完全是经验性的简短描述。

② Charles Wesley, *A Sermon preached from Psalm xlvi. 8 Occasioned by the Earthquake on March 8, 1750* (London, 1756), p.16.

③ “I adjure you, by the *Interest* of that *Gospel* you profess, by the *Credit* of that *Faith* on which you rest your Soul, that, with humble Hearts, but with *Christian Confidence*, in your respective Station on the Spot where Providence had placed you, ye wait the Will of God; *least* the Scoffers at the Power of Godliness *rejoice*, and the impious Deniers of a Providence triumph.” Roger Pickering, *An Address to Those who have either retired, or intended to leave the Town, under the imaginary Apprehension of the Approaching Shock of another Earthquake Being the Substance of a Sermon* ... (London: printed for W. Johnston, 1750), p.30.

或退化。里斯本是当时欧洲的商业与文化中心之一，正如伦敦或英格兰正成为欧洲最重要的商业与文化中心。Peckard 的神学式历史解读对其信众与读者而言，应该很有现实意义。① 里斯本大地震因为是发生在他处，末世论的声音自然稍不如伦敦地震时那般强大。但将里斯本事件理解成上帝“出言”警告的宗教见解，却有增无减。其实，将里斯本地震视为民族道德的警讯，是英国教会人士普遍的态度；而对深信原罪的英格兰不服从教派者（dissenters）而言，更是如此。② 对他们而言，宗教良心高于对王室的效忠，正如上帝的审判永远正义。他们的基督教意识形态让他们深信这灾难是上帝出手教训的异象。Joseph Baller 在其出版的布道辞直接加上一个主标题，名之曰“对被关心与向善的罪民所发出的神圣警告与训诫”。③

对这些宗教人士而言，原罪固然使得人类失去纯善的美德，但在商业社会逐渐扬势，国际战争与帝国冲突日益升高的时代，人类的道德危机犹如雪上加霜。里斯本作为当时欧洲的商业中心之一，其灾难似乎是上帝对人类堕落表达愤怒的绝佳的注脚。圣经中邪恶城市如索多玛（Sodom）与哥摩拉（Gomorrah）一再被提起，与里斯本，甚至伦敦相提并论。④Alensander Cruden（1699—1770）就直接说道：“我相信，你不能，你真不能在你得知朋友将被*吞噬*，或处于*极度艰难*时，你却在*奢侈与无度*中度日；不能在*游戏场所*，啜饮原罪的*上瘾淫欢*。”⑤ 另一位宣

---

① Peter Peckard, *A Dissertation on Revelations* (London: printed for W. Owen, 1756), p.49.

② Dr. Allen, *A Sermon Preached on the Fast-Day* ... (London: printed for A. Millar, 1756), p.30.

③ Joseph Baller, *Divine Alarms and Warnings to a sinful People considered and improved: A Sermon* ... (London: printed for Edward Dilly, 1756).

④ Dr. Allen, *A Sermon Preached on the Fast-Day* ... (London: printed for A. Millar, 1756), p.24.

⑤ Alexander Cruden, *An Address to the inhabitants of Great Britain, occasioned* （转下页）

教士，Thomas Edwards 的措辞明显地更具针对性，可以说就是直指曼德维尔（Bernard Mandeville）以及艾迪生（Joseph Addison）等人的自利论与文雅论述。Edwards 说，里斯本灾难的原因，就是世界道德的堕落。

在我们这个大倡精致与随和的时代，酒醉、淫乱的罪，被人们用轻微的语词诸如不谨、不慎所取代。而违法的权谋，被冠以时尚之名，称之为 Gallantry 与文雅。友爱变成只是空话。极少人再有服务他人之心，除非他人可以同样服务他。效法上帝的社会情爱，成了毫不慷慨的自利的受害者。公众之益变成个人之福的反命题。①

警示论是当时英格兰宗教舆论的普遍看法。警示论之所以能成立，原因在于基督教的上帝是全能、造物的绝对主权者，他给予人类律法，并可能随时惩处被造者。Tailer 从里斯本大地震的反思得出一个结论：一个民族的兴衰，完全操在上帝手中，是神意的产品。②Peckard 说得更为详白。他说：

（接上页）*by the Late Earthquake at Lisbon* … (London: printed for J. Buckland, 1755), p.27. Cruden 是圣经学者，自称 Alexander the Corrector。他同时出版另一份宗教宣传册子，主题虽非里斯本大地震，但宗旨相同。见 Alexander Cruden, *The Corrector's Earnest Address to the Inhabitants of Great-Britain* (London: sold by A. Dodd, 1756)。引文中的斜体字为原文字样。

① "The heinous Crimes of Drunkenness and Debauchery, in the great Delicacy and Good-Nature of the Times, are palliated by the soft Appellations of Indiscretion and Imprudence; and the carrying on of unlawful Intrigues, by the fashionable Names of Gallantry and Politeness. Friendship is degenerated into an empty Sound: Few, very few, will serve their Friends unless they can serve themselves: The God like Principle of social Love falls a Victim to an ungenerous Self-Interest, and the public Good is made subservient to Private Happiness." Thomas Edwards, *A Sermon preached in the Parish Church of St. Michael in Coventry, on February 6, 1756* (Coventry: printed by T. Luckman, 1756), p.14.

② "but these records are conveyed to posterity chiefly for the wise and awful lessons Divine Providence intended to hold out from their examples; particularly, that national（转下页）

不管说成是上帝意志在作工，或上帝特殊的安排，或［人类］德性的结果，是对邪恶的审判，不管是对一人而言是幸福，对其他关联者是毁灭，或说成是自然之因的合凑产生自然的结果，通通没有没么差别。因为所有的第二因，其始初本就是上帝的安排。所以，此世所发生的一切，在某个意义上，都是上帝的审判。①

Tailer 的神意主导论与 Peckard 的上帝审判说，代表了里斯本大地震之后，宗教道德家重新讲述特殊神意论的普遍风潮。Georgi 已经发现，宣教士们不再以自然哲学作为解释地震的唯一理据。② 本文以下将进一步讨论，这些神意论者即使并非针对自然神论而发，他们的论述也与自然神论大相径庭，并且对往后自然神论的发展产生影响。

18 世纪的科学与宗教曾经在“自然神论”上彼此找到平衡。③ 自然神论的典型例子，是牛顿的天体观：自然有其规律，规律背后表示有造物

（接上页）prosperity and happiness, and national desolations, were equally the effect of divine agency; and that when God determines to build and plant, to pluck up, pull down, and destroy, there is no standing against the force of heaven.” John Tailer, The inefficacy of the greatest national strength to secure from the divine judgment … A Sermon (London: printed for J. Buckland, 1756), p.5.

① “And it maketh no Difference, whether this be said to be by a Providential Interposition, by a particular Appointment of God, as a Reward to Virtue, and a Judgment upon Wickedness; or whether the Happiness to the one, and this Destruction annexed to the other, be said to come on by a Concurrence or natural Causes producing their natural Effects; because the operation of all secondary Causes is originally an Appointment of God. So that every thing that happeneth in this World, is, in some Sense, a Judgment of God.” William Peckard, *A Dissertation on Revelations*, p.49.

② Mathew Georgi, p.93.

③ Jonathan Israel, David Norton Kund Haakonssen (ed.), Enlightenment and Religion: Rational Dissent in Eighteenth-Century Britain (Cambridge: Cambridge University Press, 1996); S. J. Barnett, The Enlightenment and Religion: The Myth of Modernity (Manchester: Manchester University Press, 2003); David Norton, David Hume: Common-Sense Moralist, skeptical Metaphysician (New Jersey: Princeton University Press, 1982).

者存在。然而，正如同表匠完成钟表后离去，但钟表自己却有运行的规律，上帝在创造自然之后，也让地宇自行运行，而不加以干涉。以哲学术语来说，自然神论认为，观察人与自然的变化与原则，不需要考虑第一因（上帝），只需考虑第二因，诸如火、风、雷、雨等力量即可。用神学术语来说，自然神论认为，人只能掌握普遍神意（general providence），而不能理解特殊神意（particular providence）为何。然而，里斯本大地震动摇了自然井然有序，仁慈的上帝隐身让世人自由发展的世界观。欧洲人被迫正视自然的突然性破坏力，面对恶的出现。在此背景下，特殊神意论的回流，毋宁是极为正常的现象。William Nowell 在为里斯本大地震举行布道时，就明白地反对自然神论的常用譬喻道："你说，是谁让钟在十二点时敲响？难道不是制造它的工匠吗？"①Charles Moss 说，上帝要完成何事，并不会向人类表露；而"所有的宗教"也都同意："特殊神恩（a particular Providence）既出现在个人身上，也出现在公共国家之上。"②强调特殊神恩，就是承认奇迹的存在。Moss 在此时此刻为了强调奇迹与特殊神恩而将基督教与异教相提并论，是对启蒙宗教的反动。

同样地，对 Nowell 来说，上帝不彰显在自然秩序的维持，而是在自然秩序的破坏上；亦即在祂的意志上。Nowell 对信众说道，虽然我们不该将此地震看做是针对里斯本人民的惩罚，而是对人类的惩罚，但我们应该铭记在心的是，上帝统管一切。

> 我们因为［地震］的结果而震惊于其恐怖与惊讶。惊恐让我们对造成地

---

① "Who will you say makes the Clock strike at Twelve, but the Artist who composed it?" Nowell, p.8.

② "That a particular Providence attends both Individuals and public States, is a Point in which all Religions are agreed, whether Pagan, Jewish, or Christian." Charles Moss, *A Sermon* (London, J. Whiston & B. White, 1756), pp.12—13.

震之因兴起崇拜之情。上帝的伟大与力量，他愤怒的可怕，他不悦的恐怖，都一一呈现在我们眼前。我们见到了，他可以在天上或地上随意处置何事；自然完全在他手中，所有自然的成因都等待他的命令，去执行他的愤怒。①

如果自然神论是淡化了人与神的关系，加强了两者间那个中介角色—自然—分量，那里斯本大地震则让宗教人士重新强调人与神的关系—绝对的倾听与服从的关系。换言之，地震或灾难具有绝对的道德意义。前文已经说过，里斯本大地震引来对商业与英国人道德的批评。Webster 的里斯本诠释在本质上没有不同，只是有意识地用自然神论的语言，谈述他道德化的灾难观点。

我们这民族注定无法因着国家的*地理位置*，或自然*天候*而躲避掉上帝的*审判*。我们唯一的希望，就是成为*全能者的朋友*。……公共灾难的*第一*设计，是对*公共邪恶*进行*惩罚*，从而得到对上帝尊贵律法的公共承认……分辨出*堕落*的以及*谦卑*的、*有德性*的民族。②

① “We are struck with Horrour and Amaze at the Effect, which leads us to admire and reverence the Cause that produced it. The Greatness and Majesty of God, the Dread of his Anger, and the Terror of his Displeasure are set in array before us: we see He can do whatever pleaseth Him in Heaven and in Earth; that all Nature is at his Command, every Element ready waiting to obey his Orders, and execute his Vengeance.” William Nowell, *A Sermon* (Newcastle: printed for J. Richardson, 1755), p.14.

② “... we of this Nation can have no Security against the *Judgments* of God, either from the *Situation of our Country*, or the *Nature of our Climate*; but that our only Security must lie in making a *Friend* of the *Almighty*. … The *first* Design of *publick Calamity* is, the *Punishment* of *publick Vices*, and there by the publick Vindication of the Honour of God’s Laws … by making a Distinction between *wicked*, and pious and *virtuous* Nations.” W. Webster, *The Nature, Causes and Design of God’s Judgment: Set forth in a Sermon* ... (London: J. Brotherton, 1756), pp.16—17.

Pennington 说得更为露骨，他称那些以自然而不以《圣经》为理解神意的人士，那些将自然灾难完全归因到自然因素的人士为“犬儒”(scoffers)。Pennington 的抱怨很能代表当时正统教会人士与自然神论者之间的冲突。

> 或许有些完全不相信《圣经》经文，将所有这类事件归诸自然因素与几率的犬儒，会对你们*此刻*的虔诚态度加以嘲笑。他们会告诉你，*地震*只是自然因素的结果，*战争*是道德因素的结果；他们会说，自然因素产生自然结果，道德因素产生道德结果；他们会说，在这些［自然结果］*例子*上，你们的祷告不会有任何果效，不会改变事物的原因，不会阻止结果，因此无效而白费。但是，你们这些相信上帝话语的人，可以更有恩典地告诉他们，你们拥有上帝亲口的话语，不管是自然或道德因素，都在上帝权柄之下，都随祂的意思进行。①

另外，John Cradock 以几近学术讨论的口气在一份布道辞里论道，即使这世界表面上是由“第二因”所构成，井然有序，但其实它终究是上帝所造。因此，上帝不可能不会随时改变祂原先的设计，改变事物秩序的轨道:“所谓第二因，就是上帝手中的工具，目的在完成对祂而言是好的

① “Perhaps some Scoffers, who believe Nothing in Scripture, but ascribe all Things of this Kind to Nature, and Chance, may laugh at you for your Piety on *this Occasion*; and tell you that *Earthquakes* are the Effects of natural Causes; and *War* the Effects of moral Ones; that natural Causes must produce their Effects; and moral Causes will produce theirs; that in *these Cases* your Prayers avail nothing; they can neither alter Causes, or prevent Effects; and therefore are fruitless and vain. But you, who believe the Scriptures to be the Word of God, may with a much better Grace tell them, that you have God's Word for it, that both natural, and moral Causes act under him, and do his Pleasure.” John Pennington, *A Serious Call to Repentance A Sermon* ... (Cambridge: printed by J. Bentham, 1756), p.9.

事务。”①

总之，里斯本地震之后，英格兰宗教人士趁势进行了一波新教复兴。正统新教的基本教义如福音、末世、耶稣二次降临、特别神恩等等传道如雨后春笋，在英国，尤其是英格兰展开。②自然神论所要建构的宇宙自然图像，以及上帝的慈悲，如今已经被“恐惧”所取代：“对上帝恐惧是特别而难以估算的财富，它让我们远离其他所有的恐惧。”③一位作家在里斯本地震后不久，即匿名出版了《里斯本地震诗》。此诗与伏尔泰的《诗说》之间应该没有对话关系。即便如此，我们对于这两首诗在宗教态度上的巨大差异，却无法不特别注意。相较于伏尔泰对神恩的质疑，英格兰社会对上帝普遍怀着感恩的心，敬谢上帝未降灾于英国土地。这种虔诚心态不只出现在宗教人士身上，也同样出现在俗世作家身上。④《里斯本地震诗》可

① “For tho, in general, God conducts the great machine of the universe by uniform and stated laws; yet may he not, as he shall see occasion; and in fact Has he not sometimes made alterations in the course of these laws, to serve particular purposes of his wisdom or goodness? There can be no satisfactory reason assigned why events, which are apparently brought about by second causes, should not be ascribed to the immediate appointments of Providence: For what are second causes, but instruments in the hands of God to accomplish whatever seemeth good unto him.” John Cradock, *A Sermon preached in the Parish Church of St. Paul, Covent Garden on Friday, February 6, 1756 ...* (London: printed for S. Baker, 1756), pp.13—14.

② “Providence has already given us sufficient intimations, that even by the operation of natural causes, our houses, our towns, our cities, may be in an instant destroyed, by the trembling of that earth on which they stand. But, what if no such natural causes should subsist? Cannot that almighty being, who first formed the earth out of nothing, shake it, without their concurrence, at his pleasure, and, an any particular part of it whatever, cause it to become to its inhabitants a pit of destruction?” Charles Bulkley, *A Sermon preached at the Evening-Lecture ...on Sunday November 30, 1755* (London: printed for J. Payne, 1755), p.27.

③ Philip Bearcroft, *A Sermon ... (London: printed for Edward Owen, 1756)*, p.15.

④ “Let the Reflection then upon our Safety, and those invaluable Privileges, which through the divine Lenity and Forbearance are still continued to us, excite our warmest gratitude.” Samuel Clark, *A Sermon*, p.22.

以视为代表。此诗明显是首劝信诗，它写道：

无神论者再也无法自我欺瞒，
但为时已晚只能抖颤，
善人勇敢面对命运，
巨晃中兀自挺直不斋。①
(Atheists no longer can themselves deceive,
And now too late they tremble and believe.
But the good Man looks boldly on his Fate,
Alone unshaken in a shaking State.)

诗末，作者借用《圣经·启示录》中的异象，表示只有宗教信心才能在面对最后审判时带引信者进入永恒的国度。

当第六封缄印开启
圆形世界就随最后一次地震而夷
……
你们身穿白袍一字排列下跪
在座前叩首—然后是恩馈
你们将佩戴祂的天冠
最闪耀的珠宝在前排熠熠发光
(And when on opening of the Sixth great Seal,
With her last Earthquake this round World shall reel,
……

① Anonym, *Poem on the Earthquake at Lisbon* (London: printed for W. Owen, 1755), p.5.

In Garments white array'd shall bend the Knee,
And bow before the Throne—Then Charity,
Thou in his heav'nly Crown a Place shall bear,
And sparkle in the Front the brightest Jewel there.)①

虽然诗人所用形式不同，但他的语言、思想资源、对灾难的态度与反思与宗教人士的信念实无二辙。如果法国思想界在里斯本大地震之后，因着伏尔泰的《诗说》经历了一场哲学地震，英格兰显然是在同一事件后，普遍进行巩固信仰的工程。

二、灾难政治学与民族认同

英格兰智识阶层对里斯本地震的反应中，最值得注意的面向，应该是评论中所反映的民族认同与对天主教的敌视。英格兰民族在 16 世纪建立国教（Anglicanism）的过程，伴随了民族认同与对天主教教廷的仇视。在英格兰新教的论述里，天主教成了不自由、迷信、落后、专制的象征。里斯本大地震方便了英格兰信众重新点燃这个历史记忆。一位佚名作者在 1756 年发表了《对诸多火、水、土地的不寻常现象的物理性及道德性反思》。他认为自然界的奇特现象或灾难的秘密就藏在摩西的话语，也就是希伯来文里。他说，要真正了解地震的可怕现象，“只能从《圣经》，而且*只能*从圣经的*原始*语言着手”。作者相信，地震的物理成因是藏在“深渊”（Great Deep）里头的水与风，在深渊的缝隙或地基里，产生剧烈而规律的压缩。② 然而这位作者对里斯本地震的道德原因更感兴趣。他强调，“摩

① Anonym, *Poem on the Earthquake at Lisbon* (London: printed for W. Owen, 1755), p.11.

② Anomy, *Reflection Physical and Moral upon the Various and Numerous uncommon phenomena in the Air, Water, or Earth, which have happened from the Earthquake at Lima, to the present Time* (London, printed for A. Millar, 1756), p.55.

西告诉我”，上帝不准人崇拜偶像，但“天主教国家却有着亵渎的上帝神像以及处子圣女玛莉亚的诗篇与宫殿”①。在天主教国家中，海洋国家葡萄牙似乎罪加一等，因为他们把圣安东尼（St. Antonio）当作海神，祈求风浪平静。“此种行为与西伯利亚的野蛮民族欧斯提亚克人（Ostiacks）并无不同。”②这位作者接着说，“如果无知而未启蒙的可怜的欧斯提亚克人还情有可原，那有着*神启与知识*双重优势的人，就不该有任何借口。如果偶像崇拜在圣经中的定义是崇拜所有‘不是上帝’（Not God），希伯来文称为 Lo El，我们当可结论道，相较于大多数的*野蛮民族*，*葡萄牙人*无疑更是*崇拜偶像者*。”③里斯本灾难让英国社会再次集体地而公开地陈述对天主教信仰的不信任；与此同时，英国这个新教国家透过这次事件，也再次演示了国教的集体认同。

一份当年的宣传性论文，《伦敦教会人士写给浩劫余生的里斯本居民的一封信》，很露骨地借由此次地震挖苦葡萄牙人民。它说，尽管罗马教廷教导你们视新教徒为严酷而不仁慈的人，“但当我听到你们的灾厄时，*我有如死人一个*”④。此文严厉指责宗教裁判所的设置与残忍行径，并且认为“我相信你们当中应该很少人不了解，那些被你们可怕的宗教裁判所折

① Anomy, *Reflection Physical and Moral upon the Various and Numerous uncommon phenomena in the Air, Water, or Earth, which have happened from the Earthquake at Lima, to the present Time* (London, printed for A. Millar, 1756), p.51.

② Anomy, *Reflection Physical and Moral upon the Various and Numerous uncommon phenomena in the Air, Water, or Earth, which have happened from the Earthquake at Lima, to the present Time* (London, printed for A. Millar, 1756), p.51.

③ Anonym, *Reflection Physical and Moral upon the Various and Numerous uncommon phenomena in the Air, Water, or Earth, which have happened from the Earthquake at Lima, to the present Time*（London, printed for A. Millar, 1756）, p.52.

④ Anonym, *A Letter from a Clergyman at London to the Remaining Disconsolate Inhabitants of Lisbon* (London: printed for R. Griffiths, 1756), p.3.

磨致死的千千万万人的哀号，很可能招致上帝的报复降临在宗教裁判所的所在地。但这尚非全部。”① 这份宣传小册在一年内至少再版四次以上。由于反教宗、反天主教的情绪过于普遍，使得一些英国国教牧师必须出面劝导信众，强调既然大家都是基督徒，就应该有同理心与同情心。② 比较温和的牧师则借由里斯本地震当作自身的警告：“我们可以沉醉在感谢上天的情绪里却不必有骄傲的比较。我们之所以被放过，并不是因为我们比葡萄牙人好，而是因为我们可能比较好。他们的事例是我们的警告。我们一样都在上帝的手里。”③Thomas Gibbons 虽然鼓励英国人对葡萄牙人施予同情，但言谈间流露十足的新教优越感。

> 他们［葡萄牙人］当然值得我们的同情，……尽管他们陷于教廷的迷信，尽管他们的心智被教廷的残酷热烧着，……但他们依旧值得我们的同情。……让我们祈求上帝去启蒙他们的心智，给他们悔悟重生，让他们在最清澈的福音里，让他们有最得胜的力量。④

---

① Anonym, *A Letter from a Clergyman at London*, p.11. 同年，有位佚名人士出版一本书，专门批评罗马教廷，尤其是葡萄牙的宗教裁判制度。其中，作者提到一位被审判的 Chevalier d’Oliveira。他因为出版*伤痛的论说*（*Pathetic Discourse*）向国王陈述里斯本大地震而遭到宗教裁判所的审问。作者除了控诉宗教裁判所，很有意思地表示，他在葡萄牙不会像在都铎英格兰玛丽女王的时代一样，被国家以叛国罪起诉，而是以宗教异端起诉。Anonym, *Authentic Memoirs concerning the Portuguese Inquisition* ... (London: printed for W. Sandby, 1756), pp.178—187.

② “Nay, are they not *Christian*? Though unhappily fallen into many Errors; yet to they not acknowledge the *same* God, and are they not the Disciple of the *same* Jesus with ourselves?” Samuel Clark. *A Sermon Preached at Daventry, December 7, 1755, on occasion of the Late Earthquake at Lisbon, November 1, 1755* (London: printed for James Buckland, 1756), p.12.

③ John Milner, *In Discourses Delivered at Peckham in Surrey*, p.30.

④ “Surely they are Objects of our Pity, ... if they are immersed in *Popish* Superstition, if their Minds have been inflamed with *Popish* Cruelty, ... yet still let us not deny them our Compassions ... Let us beg of God to [e]nlighten their Minds, to give them （转下页）

虽然其他宗教人士不像上述那位佚名人士一样挑衅、幸灾乐祸，但他们在布道中所透露的民族认同却是一致的。James How 不认为里斯本地震是因为葡萄牙人有较诸其他国家更深的罪孽。① 他相信上帝总是一体同仁降灾与人；好人与恶人同受苦难。祂“复仇的箭”朝人群射去，不分贤与不肖，如此才能彰显上帝系宇宙的主权者。自然的灾难，目的是要人回归道德的纯洁，“富仁慈爱心，致力于所有的情操与助人之能”。② 值得注意的是，How 的警示论、道德净化论的目的却与他支持英国的宪政现状息息相关。他说，英国作为混合政权与新教国家，已是世上享有最稳定的政治社会与宗教自由的国家，因此

> 简言之，我们是否是个富足幸福的民族，端看我们自己。但我不得不这么说，不容否认的，虽然我们享有如此的优势与恩宠，我们却依旧是个愤懑、党同伐异、不知感恩、分裂的民族。因此，我们许多的幸福或被流失或被摧毁了。③

表面上看，从里斯本大地震转到对英国宪政的支持，似乎需要很好的想象力才能轻易完成联结。但这对国教者而言，似乎不那么难。首先，How 论证就如同绝大多数的宗教家或道德家一样，将个人修身视为社会安定的基

（接上页）Repentance unto Life, and let [them] in the Gospel in its clearest Purity, and most victorious Power among them.” Thomas Gibbons, *A Sermon ... on occasion of the tremendous Earthquake at Lisbon* (London: printed for J. Buckland, 1755), p.31.

① How, p.6.

② How, pp.11—15.

③ “In short we want nothing to make us a flourishing and a happy nation, and we are actually so in everything but ourselves; and it cannot be denied, what I am sorry to mention, that under the Advantages and Blessings we enjoy, we are, notwithstanding, a discontented, fractious, ungrateful, divided people, and that much of our Happiness is eclipsed and destroyed by it.” How, p.18.

础。再者，How 的布道是在 1756 年 2 月 6 日。英王乔治二世宣布这一天为斋戒日（Fast day），当日许多布道主题都与里斯本大地震有关。其中有些布道则提醒信众们，英国与法国的海外殖民战争（七年战争，Seven Years' War, 1756—1763）一触即发，因此应当凝聚英国人的认同与提倡无私的德性。Thomas Edwards 就在他的证道辞里对此二者做了清楚的联结与说明。Edwards 说，里斯本大地震之前不久，伦敦也发生过地震。此外，世界各处也不时传来地震的噩耗。

> 这些事件代表了神意降临的极度警告。确实，*这是我们当从睡梦中清醒的重要时刻*。除非*我们要含恨沉沦*，*与所有人一同丧命*。①

紧接着，Edwards 直接地说，另一个令我们不得不尽快悔悟的原因是英国即将与法国开战：“我们似乎到了与一强大民族开战的前夕。它不只强大，也善于权谋与背叛。”②

> 只有上帝才是所有胜利的授予者。因此，倘使没有祂神圣的祝福，我们无法击溃、对抗敌人邪佞的计谋。让我们*转向*祂，只有祂会为我们而战。全能者即将与我们同在；让我们成为虔诚的悔悟者，在祂身上获得终胜。③

---

① “These are very alarming Dispensation of Providence: *It is now*, truly! *high Time* for us *to awake out of sleep*, lest *Iniquity be our Ruin*, and *we all likewise perish*.” Thomas Edwards, p.21.

② “We seem to be upon the Eve of a War with a very powerful Nation: and not only powerful, but politic and treacherous too.” Thomas Edwards, p.21.

③ “As God alone, therefore, is *the Giver of all Victory*, as without the divine Blessing, we shall not be able to defeat and battle the perfidious Scheme of our Enemies, let us *turn* to Him, who alone fighteth for us; and, by becoming sincere Penitents, let us prevail upon the Almighty to be with us.” Thomas Edwards, p.21. Richard Terrick 在 1756 年 2 月 6 日于英国国会的一场布道会主题设定在为英法战争祷告，期勉国会议员以身作则，净化修身以求上帝的眷顾。但他很有意识地以灾难、原罪、神意等等为里斯本地（转下页）

Edwards 祈求民族的道德净化可以让上帝特别眷顾英国人。换言之，他是在祈求上帝的特别恩典或神恩。如果这样的神学意见为真，里斯本大地震其实就是上帝特别降祸、惩戒葡萄牙人。同样的，Pennington 也认为，回顾、反思里斯本大地震，只会让英国人更加体认到上帝对这民族的祝福。因为特别神恩的眷顾，英国拥有“好土地”、“好政府”“纯正的教会”。① 而且，“当别的民族遭受祂亲手造成的大灾难（*尤其是眼前这个*）的时候，英国人却生活在安稳之中。”② 其实，Pennington 以及其他类似的特殊神恩见解，已经浸浸然有上帝选民的意味。

总之，1756 年初，英格兰教会人士集体地，有意视地将里斯本大地震与即将爆发的英法战争做宗教上的连结，诉诸英国人的民族情感、道德焠炼、以求特殊神恩的眷顾。Moss 的一段话很能说明当时国教复兴的风潮。

可是，我们所遭遇的威胁信号，并不只有最近频繁、具毁灭性、警示性的大地剧烈抽搐。上帝的审判已经离我们更近了一点。战争之剑已经出

（接上页）震布道的通用语言。笔者认为，Terrick 应该是有意相互挪用这些语言。Richard Terrick, *A Sermon preached before the Honourable House of Commons at St. Margaret's Westminster on Friday, February 6, 1756* (London: printed for Jon Shuckburch, 1756).

① "Add to this, that we have many other Instances of God's Goodness to us (in which few Nations equal us, none excell us), which demand a grateful and suitable Return to him that gave them. We have a *good Land*, affording what is useful for the Support and Comfort of Lfe, *a good Government*, under which we have as great Liberty, as any Subjects can have consistent with a reasonable Submission to Authority; *a pure Church*, reformed from Idolatry and Superstition." John Pennington, *A Serious Call to Repentance A Sermon* (printed by J. Bentham, 1756), pp.13—14.

② "And in many Great Calamities (*especially in the present One*) when other Nations have suffered under the Severity of his Hand, we, through the same Goodness, are yet in Safety." Pennington, *A Serious Call to Repentance A Sermon* (printed by J. Bentham, 1756), pp.14—15.

鞘。血腥的旌旗已经扬现。神恩在我们面前摆上敌人，他们的工艺与国力在在值得戒慎。这是个具野心、有企图、权谋、阴险、强大的敌人。他们未了自己的欲想，而让欧洲颤动（tremble），而且不只一次准备的枷锁，想要加诸在他们所忌妒垂涎的岛上的自自由精神者身上。如果主站在我们这边，让我们在此次事件里免于痛苦，让我们对人所施加在我们身上的事，没有惧怕。①

法国是另一种形式的地震。正如同最近频仍出现的地震，法国时常令欧洲震荡。但是，正如地震是上帝，第一因所摆上的，战争也是上帝的目的。或许，正如英国始终没有受到地震的摧毁，在这场战争中，上帝的特殊神恩会再次眷顾英国。

虽然英格兰的公共读者最常接触到的地震解释依旧是传统神学观点；但这并不表示传统的解释格套一成不变。最明显的论述变化，是此时牧师们显然努力想与当时的科学语言相结合，创造出新的宗教语言，甚至形成对基督教的自然观的新解释系统。查理士·卫斯里的哥哥，亦即创立卫斯里公会的约翰·卫斯里（John Wesley）曾对里斯本大地震提出神学看法。正如同许多其他宗教人士，约翰·卫斯里反对将地震看作“完完全全的”自然现象。卫斯里相信，自然之所以有秩序，是因为背后有个更高的

① “But the violent Convulsion of the Earth, that have of late been so frequent, destructive, and alarming, are not the only angry and threatening Symptoms that attend us. The Judgments of God are yet nearer to us. The Sword of War is already unsheathed, and the bloody banner displayed. Providence raised us up an Enemy, at whose Arts and Power we have just Cause to be alarmed. One that is ambitious and aspiring, politic, insidious and powerful; that has made Europe tremble for her Liberties, and more than once prepared the Yoke, for the freeborn Spirits of his envied Island. ... If the Lord be on our Side, let us be in no Pain for the Event, nor fear what Man can do unto us.” Charles Moss, *A Sermon* (London, J. Whiston & B. White, 1756), pp.12—13.

智慧者（的意志）在控制。1756 年距离哈雷（Edmond Halley）预测哈雷彗星回到太阳系只剩两年。卫斯里于是表示，里斯本地震出现前所未有的巨浪，或许是哈雷越来越接近地球的结果。他续论道，如果上帝未把哈雷彗星导向地球以外的轨道，地球就会遭受撞击，成为火球。言下之意，我们应该相信上帝必然会避免让哈雷彗星撞上地球。此外，虽说英格兰舆论的宗教色彩浓厚，这却并非表示在英格兰完全找不到对里斯本大地震提出科学性观点的文本。出身剑桥的牧师密歇（John Michell）在 1760 年发表了《对地震成因的臆测与对地震现象的观察》一书。他曾经在皇家学会（the Royal Society）宣读多次他的理论。密歇对于世界其他地区，尤其是英国殖民地地区的地震知之甚详。例如他统计道，从 1746 年 10 月 28 日至 1747 年 2 月 24 日，利马（Lima）总共出现 451 次（有感）地震。他综合各地的地震现象，尤其是牙买加（Jamaica, 1692）、西西里岛（Sicily, 1693）、利马以及 1750 年的伦敦地震等现象，提出对于地震成因的猜测。① 他认为地底下藏有大量的火与水。水火交融后产生了巨量的水气；水气爆发后产生了地震。因为是水这种物质造成了地震，所以地震时地面的连续隆起才会呈现波浪状的形态。② 里斯本大地震也佐证了他的理论，因为有目击者记录了当时葡萄牙的海岸线出现了“烟与些许的火焰”；而地震时，人们也闻到了从海边漂来硫磺味与雾。③ 正因为是这个原因，我们会发现火山附近地区出现地震的频率比较高，而且再发生率

① John Michell, *Conjectures concerning the Cause and Observations upon the Phaenomena of Earthquakes* (London, 1760), p.13.

② John Michell, *Conjectures concerning the Cause, and Observations upon the Phaenomena, of Earthquakes* (London: 1760), pp.6—10. 文章内容后来也在英国皇家学会的 *Philosophical Transactions* 发表。

③ Michell, *Conjectures concerning the Cause, and Observations upon the Phaenomena, of Earthquakes*, p.13.

也相当“稳定”常见。① 密歇的观点大概是当时英国最被广泛讨论的地震科学解释了。只是密歇本人对后世的神学、科学、大众信仰的影响都相当有限。

苏格兰思想界对里斯本地震的响应

相较于英格兰社会，尤其是宗教团体对于里斯本大地震的关注，苏格兰社会对此次事件几乎没有任何公共评论；甚至连宗教界的布道会都甚少提及。② 苏格兰智识界在此一事件的讨论中几乎完全缺席，的确是值得推敲。1755 年前后正是苏格兰启蒙运动的高峰。18 世纪上半叶的经济成长较诸 17 世纪末成长了四倍有余。中产阶级与贵族在土地开发、土地改良、城市建设上有极为显著的进展。在此之前，第一代的新学术人物都已经发表了他们最重要的著作：例如代表史学的罗伯森（William Robertson, 1721—1790）与休谟（David Hume, 1711—1776），代表哲学界的哈奇生（Francis Hutcheson, 1694—1747）与休谟，代表法学界的坎姆子爵（Henry Home, 1696—1782）等等。斯密也已经在爱丁堡及格拉斯哥大学任教。他的法学课程讲义后来出版，证明这些课程对下一代的学术影响甚深。他在《国富论》里讲述的许多重要观念，例如劳力分工理论，已经见诸此时的法学讲义。1755 年，《爱丁堡评论》(*Edinburgh Review*) 发行。

---

① Michell, *Conjectures concerning the Cause, and Observations upon the Phaenomena, of Earthquakes*, pp.25—26. 在此之前 Thomas Lydyat 的 *Philosophical Disquisition, concerning the Origin of Fountains* 以及 Simon Patrick 等人都支持水气对于地壳运动的影响。(pp.6—7)

② 截至目前，笔者尚未找到任何一篇在苏格兰发表的证道词提及里斯本大地震。

虽然只维持了两年，但也足以证明苏格兰的智识界与出版文化将展开新气象。然而正值里斯本地震发生前后所刊行的《爱丁堡评论》似乎不曾有只字词组提及这次灾难。1771 年第一版的《大英百科全书》(*Encyclopaedia Britannica*）在苏格兰发行，但《大英百科全书》中的“里斯本”条，也未提及此次地震。① 相较于《大英百科全书》的不闻不问，1754 年到 1772 年出版的法国《百科全书》里的“里斯本”条，则花了三分之一的篇幅谈论此次大地震的始末与影响。② 此例似乎可以说明里斯本大地震对两国舆论与历史记忆的影响深浅有着极大的差异。

一、看不见的地震

苏格兰人当然并非对里斯本大地震无所知悉。这个欧洲的世纪地震发生时，年轻的苏格兰建筑家罗伯·亚当（Robert Adam, 1723—1792）正在罗马游历，并且师从法国建筑师克里梭（Charles-Louis Clérisseau）学习古典学派的建筑学。罗伯·亚当听到地震消息后，写信回家表示“里斯本地震的消息真是骇人听闻”。不过，他接着道，“这大概是上天为我所做的审判。”他立刻加入葡萄牙国王的征才活动，希望能成为重建里斯本城

① 如果《大英百科全书》标示当时苏格兰社会对于知识的掌握程度，那该启蒙社会对于地震的确所知有限。第一版的《大英百科全书》没有《火山》这个条目，但有《地震》这条目。该条目简单写下：“地震，在自然史里，是相当一大块土地的剧烈跳动（agitation）或摇晃（trembling），通常伴随着像闪电一般的可怕声响，有时会有火、水、风爆发出来。”它请读者继续参考“气体学”(Pneumatics)。以气体概念来解释地震是从亚里士多德以来的传统。此一传统在 18 世纪仍然广为科学家所接受。Jean Paul Poirier, *Le Tremblement de Terre de Lisbonne*（Paris: Odile Jacob, 2005），p.81.《大英百科全书》的“气体学”条目下说道：“气体学是处理空气的特质、重量、压力及空气升起的后果的科学。”但有趣的是，该条目并未谈论地震。

② 很显然地，法国百科全书之所以列入里斯本一条，是因为里斯本大地震。这也说明了百科全书的编辑希望知识可以呼应现实，随着社会与历史的发展而加入或改变知识的体貌。

市的建筑师。在另一封家书里，他意气风发地坦承他的雄心与期待："若能让一名亲王任命为全世界的最佳人选，固然是值得骄傲的理想，但想一想未来几年完成后的雄伟建筑以及收入，那就更令人踌躇满志……如果事情真的成功，我会被国王封为贵族以及足以与此头衔相匹配的财富，我将没有对手；几年后，我将住在气候宜人并有许多苏格兰同胞的地方，以人人钦羡的方式，头顶着各种头衔光环，回到英格兰。"① 他以古典主义的风格以及剧场的结构，替里斯本规划了重建的蓝图。最终，这位雄心勃勃的年轻人并没有得到国王的招募；他梦想的头衔与财富也一并落空。但是他在 1762 年回到英国后，立刻成为国王的御用建筑师，并且完成许多重要的建筑计划。② 罗伯·亚当显然过度乐观，但原因不只是因为他年少轻狂，也是因为他有所凭借才会如此跃跃欲试。在他前往罗马游历之前不久，离他故乡克卡地（Kirkcaldy）不远的爱丁堡就曾经有过一次难得的造镇经验。罗伯·亚当的灵感与信心的来源，应该与故乡的背景有关。随着苏格兰的经济在 18 世纪上半叶持续而稳定的发展，许多以"精英社"（Select Society）成员为核心的贵族与城市管理阶级如牧师、律师、教授等人希望改善爱丁堡城市的居住质量，以适合逐渐兴起的中产阶级的需

① 转引自 Angela Delaforce, "The Dream of a Young Architect: Robert Adam and a Project for the Rebuilding of Lisbon in 1755," in Angela Delaforce (ed.) *Portugal e o Reino Unido: A Aliança Revisitada* (Lisbon: Fundação Calouste Gulbenkian, 1995), 56—60, p.56。

② 罗伯·亚当在 18 世纪 80 年代，为爱丁堡设计许多建筑与地区发展图，成为现今这座城市风貌的重要打造者。除了在新城有他的作品，他也是现今市政厅以及爱丁堡大学法学院的设计者。此外他在伦敦、巴斯（Bath）也留下一些经典作品。相关历史可参考 A. J. Youngson, *The Making of Classical Edinburgh 1750—1840*(Edinburgh: Edinburgh University Press, 1966), pp.111—131。罗伯·亚当过世后被葬在伦敦西敏寺。抬棺者包括巴可鲁公爵（Duke of Buccleuch）、科芬伯爵（the Earl of Coventry）、罗德岱尔伯爵（the Earl of Lauderdale），史托蒙勋爵（Viscount Stormont），甘保子爵（Lord Frederick Campbell）等人。换言之，他年轻时冀望因建筑专业而誉宠荣身的壮志并未完全乌有。只是他的荣华不在异乡而在故国。

求。他们希望在旧城北边打造一个新城，以便与下层市民的日常生活圈有所区隔。1752年，艾略特（Gilbert Elliot, Lord Minto, 1693—1766）便以Select Society的名义发表了《爱丁堡居民、产业促进计划刍议补充》（*Supplement to the proposal for increasing the number of inhabitants, the trade and riches of the city of Edinburgh*），正式替这个欧洲第一起城市造镇计划鸣枪开跑。罗伯·亚当的哥哥约翰·亚当（John Adam, 1721—1792）、弟弟詹姆士·亚当（James Adam, 1732—1794）既都是建筑师，也都是精英社的成员。因此罗伯·亚当对这个计划应该知之甚详。爱丁堡新城计划背后的最大赞助者，同时也是启蒙时代对苏格兰社会最有影响力的人物是阿吉尔公爵（the 3rd Duke of Argyll）。而人在罗马的罗伯·亚当，则冀望阿吉尔公爵能替他向葡萄牙国王保荐。① 不过，罗伯·亚当的年轻之梦并没有实现。随着他个人应征失利，原已细如蚕丝的苏格兰启蒙与里斯本地震的关系，如今更添一抹遗憾。

对照启蒙思想家对地震事件所引发的科学与哲学思考，葡萄牙社会，尤其是执政者的反应显然非常务实。据说，虽然葡萄牙国王若泽一世大公（Dom José I）因为地震当日出城而免于灾厄，但他仍然受到了极度

① Angela Delaforce, “The Dream of a Young Architect: Robert Adam and a Project for the Rebuilding of Lisbon in 1755”，一般人对苏格兰启蒙运动的印象，就是它的思想里的市民社会性格或对市民社会概念的阐发。这种印象并不算错。可是一个思想的运动必然要有经济与制度的建构做基础，而这个基础常常与英国的贵族社会或统治条件分不开。关于苏格兰启蒙运动的社会基础以及物质资源，请参考 Roger Emerson, *Academic Patronage in the Scottish Enlightenment: Glasgow, Edinburgh, and St. Andrew's Universities* (Edinburgh University Press, 2008)；John M. Simpson, “Who steered the Gravy Train 1707—1766,” in N. Phillipson and R. Mitchison (eds.) *Scotland in the Age of Improvement* (Edinburgh: Edinburgh University Press, 1970), pp.47—72。单就阿吉尔公爵的事迹，亦可参考 Eric Cregeen, “The Changing Role of the House of Argyll,” in *Scotland in the Age of Improvement*, pp.5—23。

的惊吓，并且此后终生拒绝睡在石头建造的房子内。① 当时的首相彭博（Marqués de Pombal, 1699—1782）则在灾后立刻下令搬运尸体掩埋，并派遣军队进驻里斯本，将许多在灾难中趁火打劫的人一律处以绞刑。此外，他还设计了有十三道问题的问卷，询问地震时发生的时间、伤亡人数、异常现象、潮汐变化等等。② 值得一提的是，彭博后来取用了三位建筑师与都市计划人才，分别是葡萄牙境内的首席工程师麦亚（Manuel de Maia）、极具天分的中校马德（Karoly Mardel）以及才能出众的中尉桑多斯（Eugenio dos Santos）。Maia 当时已年届八十岁，擅长防御工事的建筑，也是 18 世纪西班牙矫饰主义在葡萄牙的代表人物。Mardel 六十岁。他在 1733 年从匈牙利移居葡国，代表了中欧的风格传统。Santos 当时才四十岁，代表了新时代与新品味。③ 彭博将建设方针定调为扩大主要街道；这使得原先的中世纪主城被换装成带有巴洛克风格的城市风貌。④ 综观罗伯·亚当一生的建筑设计，大抵属于线条较为阳刚且简易的新古典主义风格。或许他之所以未受青睐，是因为葡萄牙主事者不喜新古典主义。但是，如果罗伯·亚当代表了苏格兰社会的里斯本大地震的“经验”，这经验显然与葡萄牙社会自己的务实关怀相关。⑤ 这经验是苏格兰的，却也是

① Kenneth Maxwell, Lisbon 1875: The First “Modern” Disaster (but if modern, how is it so?), http://74.125.47.132/search?q=cache:b8eoIginyEwJ:www.clpic.ox.ac.uk/doc/5.doc+scotti, p.6.

② Kenneth Maxwell, Lisbon 1875: The First “Modern” Disaster (but if modern, how is it so?), http://74.125.47.132/search?q=cache:b8eoIginyEwJ:www.clpic.ox.ac.uk/doc/5.doc+scotti, p.7.

③ Jose-Augusto Franca, “La Lisbonne du Marquis de Pombal: ville des lumieres,” in X. Malverti (ed.) *Collection Villes et societes* (Paris: Picard editeur, 1997), pp.183—187; 184.

④ Jose-Augusto Franca, “La Lisbonne du Marquis de Pombal: ville des lumieres,” p.184.

⑤ 笔者认为，苏格兰启蒙运动虽然不乏新思想、思维的创新，可是它也可能比法国、德国启蒙更注重务实的建设。原因之一是该启蒙社会的精英非常强调模仿的重要。但这是个相当大的假设，需要专文处理才合适。

葡萄牙的。换言之，与英格兰、法国、德国的论述经验相同不同的是，我们几乎找不到“苏格兰的”里斯本地震论述。

1761 年，离罗伯・亚当铩羽而归已有五年之久。苏格兰社会对里斯本大地震的集体记忆原本就似有似无，如今只能更是薄如轻雾。不过，这薄雾却如同苏格兰冬天的云雾，终日抚罩在苏格兰的重要心灵里。罗伯・亚当本人在这一年整装从意大利返回英国。与此同时，他的童年玩伴，[①] 亚当・斯密突然在他的《道德情操论》里抛出一个令人不安的道德情境。斯密说：“让我们假设，伟大的中华及其广大的居民，在一夕之间被地震所吞没”，那我们会怎么做？[②] 这个问题虽然看似与里斯本大地震无直接关涉，但却较诸罗伯亚当对大地震的现实反应更能体现苏格兰启蒙对于灾难的反思。由于此段文字相当关键，笔者先行将整段文字节录如下，以利后续讨论。斯密说：

让我们假设，伟大的中华及其广大的居民，在一夕之间被某个地震所吞没。现在让我们想想，一个富有人道胸怀，却与那边的世界毫无瓜葛的欧洲居民，在得知如此令人耸然的灾难之后，会受到何种影响。我猜想，他首先会强烈表达他对这群不幸之人的哀伤，他会对人类生命的多舛、人类之意图与作为的浮妄做出忧伤的反思，毕竟那些作为在一瞬之间就化为烟尘。如果他是个投资客，他或许会思考这灾厄对欧洲商业，或全世界贸易的影响。当所有这些细致的哲思结束之后，当所有的人道情怀都适当地表述了之后，他终将继续追寻他的事业或快乐，再度拾起从前宁静、从容

① 斯密与罗伯・亚当的大哥约翰亚当是小学同班同学。这两家子的成员彼此都极为相善。Ernest C. Mossner & Ian S. Ross (eds.), *Correspondence of Adam Smith* (Indianapolis: Liberty Fund, 1987), p.125.

② 之所以说“突然”，是因为 1759 年初版的《道德情操论》并无此条意见。斯密是在 1761 年的再版里加入这项论述。

的休闲生活，仿佛那事件从未发生过。①

1976 年牛津大学出版的《道德情操论》里，编辑们在这一段文字加上一小段注释，认为此一地震的比喻“应当本自 1755 年的里斯本大地震”。②笔者同意编辑们的注解。可是编辑们来不及解释，为何斯密不直接以里斯本大地震为实例来分析、陈述他的道德原则？以“中国”取代“里斯本”显然是个修辞。此一修辞的目的为何？为何是中国，而非其他国家？

“为何是中国而非他国？”：因为对当时的英国与欧洲而言，中国是最重要的非欧洲文明；因此，话语若联结到想象的中国或中国的想象，就是联结到重要的国家与文明。如此，既能烘托灾难的严重性，也能对照出人类的被动情感是如何的羸弱。英国对中国贸易的需求从 18 世纪初伊始，有增无减。在逐渐取代西班牙与荷兰成为东亚的海上强权之后，英国对中国的兴趣更形增加。随着对印度内部的绥靖与征服，英属东印度公司对中国贸易的需求则更为孔急，因为英国长期对中国的贸易逆差，致使东印度公司白银短缺，而严重影响在印度的募兵。③随着贸易的“渴望”与日俱增，中国也逐渐在英国文学里成为在想象上十分很亲近、重要的国家。许多当时的英国文人写下了与中国文学、社会相关的作品。例如当时最重要的文学家之一，Horace Walpole 在 1757 年写了一篇小文名曰《在伦

① Smith, *Theory of Moral Sentiments* (1976), pp.136—137.

② Smith, *Theory of Moral Sentiments*（1976），p.136. 编辑者为哲学史名家 D. D. Raphael 以及 A. L. Macfie。牛津大学出版社在 1976 年出版了斯密全集。因为编辑群多由格拉斯哥大学的学者们所组成，因此又称为格拉斯哥版本。

③ 当然，这急迫性要到 18 世纪 50 年代后期，可开始显露，所以斯密在写作《道德情操论》时，中国在英国一般人的想象里只有重要性而尚未有急迫性或往后因为急迫性而迸发的敌对性情绪。北美独立之后，直接迫使英国必须比较强势地要求清廷准许英国与其治下的民间有自由贸易，以弥补北美市场的损失，种下往后两国敌对的远因。

敦的中国哲学家苏和写给北京朋友连知的一封信》。[①] 此文借由“中国智者”的眼光观察英国社会的风俗，等于是假借异文化视角提出对自身社会的批评。此种虚拟书信文类早已出现在孟德斯鸠的《波斯书简》(*Lettres Persanes*) 里。[②] 只是在 18 世纪上半叶的英国，“中国智者”凌驾了“波斯智者”成为文学家托言自况的虚拟身份。1760 年开始，爱尔兰出身的文学家 Oliver Goldsmith 在报刊《公共石板》(Public Ledger)，连载了想象式的中国书信。主人翁连知阿堂吉（Lien Chi Attangi）是位湖南出身的清朝官员与哲学家。他旅行到欧洲与英国并从英国发信给他的中国友人，点评他在英国的所见所闻。Goldsmith 以 Lien Chi Attangi 为名，当然是有意承 Horace Walople 之绪，让这类中国书简成为英国文学的传统。1761 年，三十一岁的“文学评论家”Thomas Percy 出版了两卷有关中国文字与戏剧小说的书籍，《与中国相关之杂文》。[③]Walpole, Goldsmith, Percy 等人都是当时伦敦文坛甚为活跃的作家。[④] 这些文学创作说明了，就在斯密写作《道德情操论》的时刻，在“中国”是个流行的概念。曾经在爱丁堡大学教授过修辞学的斯密，当然知道英国文学里的中国想象对公共读者

① Horace Walpole, *A Letter from Xo Ho, a Chinese Philosopher at London to his Friend Lien Chi at Peking* (London: printed for N. Middleton, 1757).

② 因为此文类的批判味道，孟德斯鸠于 1721 年很低调地在阿姆斯特丹出版此书。

③ Thomas Percy, *Miscellaneous Pieces relating to the Chinese* (2 vols.; London: printed for R. and J. Dodsley, 1761).

④ Horace Walpole 是当了英国数十年首相的右翼辉格党人 Robert Walpole 之子。他本人也被封为伯爵。《道德情操论》甫出版，休谟就从出版商处拿了几本新书给当时的达官贵族，其中一位就是 Horace Walpole。而 Goldsmith 与 Percy 后来都加入了伦敦当时著名的精英文人团体“俱乐部”(The Club)。此文人社群系由伦敦皇家艺术学院的首任院长 Jesoph Reynold 以及英国当时的文坛祭酒 Dr. Johnson 于 1764 年所发起，至 18 世纪 70 年代，成员也还只有二十几位。Goldsmith 与 Percy 是在 18 世纪 60 年代进入这个团体。Smith 是在 1777 年被提名进入这个团体。这团体的其他闻人还包括英国保守主义的理论奠基 Edmund Burke，出使中国的马戛尔尼等人。现今都柏林的三一学院正门有两座铜像，分别就是 Goldsmith 以及 Edmund Burke。

的影响。而在这样美珣的想象世界里，斯密的“想象中国灾难”反倒更能显示出戏剧张力。当然，在苏格兰启蒙里鼓吹中国文明最力的作家，仍是斯密的好友，哲学家休谟。早在 1760 年之前，休谟便在许多文论里强调中国文明的独特与成熟，并举之与西方文明作为对比。① 斯密的中国灾难与休谟的独特中国文明论就成了相互呼应、渗透的文本，衬托这个想象的地震对于人类文明所可能带来的重大破坏。对休谟而言，中国与希腊是两个不同文明的代表。苏格兰启蒙对于希腊文明情有独钟，尤其是对希腊戏剧表以极高的崇敬。当时文人甚至以“北方的雅典”来称呼爱丁堡。正是因为希腊文化的再度擅场，使得中国戏剧也受到欧洲文学界的青睐。例如“赵氏孤儿”的故事就被多次编写成悲剧。1755 年 8 月，也就是里斯本地震的前两个多月，巴黎首度上演了伏尔泰以程婴杵臼的故事所编写《中国孤儿》(*L'orphelin de la chine*) 戏剧，造成相当大的轰动。同年，斯密在甫创刊的《爱丁堡评论》上撰写一篇文学评论，大加赞赏伏尔泰的《中国孤儿》。② 前述 Percy 的《有关中国的杂文》里，也收有《赵氏孤儿》的英文剧本。对斯密的密友休谟而言，虽然中国无法在科学上与希腊文化相匹配，但她更像是个专门为文学家而建造的社会。尤其是 1776 年，斯密在他的经典著作《国富论》里表示，中国的生产力为世界之冠，故而其价格最低，技术最优；因此与中国的贸易对于英国最为有利。总之，在休谟—斯密的文学世界里，中国是当时同时孕育精致文化的强大经济帝国。在历史想象与文学想象里，斯密喻说中国地震，也等于是喻说希腊文明在一瞬间之间在眼前轰然倾颓。文学或寓言是以已知来引导对未知的感悟，如果希腊文明的消失是足以令欧洲人掩卷叹息的史页，斯密的中国地震当然同

① David Hume, “National Character” in David Hume, *Essays, Moral, Political, and Literary* (Indianapolis: Liberty Classics, 1987), p.204.

② Adam Smith, “Letter to the *Edinburgh Review*,” in Smith, *Essays on Philosophical Subjects* (Indianapolis: Liberty Fund, 1982), p.254.

样是令人惊心动魄的毁灭。①

斯密之所以选择以中国作为想象的对象，显然也与“地理距离”因素有关。欧洲人对未曾谋面素不相识的中国人的苦难，很难掬同情之泪，顶多只是对人类的困境做一般性的沉思与感慨：“可是，如果他未曾见过中国这些人，他倒是可以与亿万人类同胞的废墟一起安稳地鼾睡到天明。”反之，越是熟识，同情心（sympathy）则越强。葡萄牙虽然因为恪遵天主教而受到英国的讪笑排挤，但他毕竟是欧洲一基督教文明。例如有些宗教证道辞就特别强调葡萄牙作为基督教的一员，因此特别鼓励英国信众对于里斯本大地震要有足够的慈悯。一份当时的布道辞呼吁英国人将里斯本地震想象成伦敦大地震，借此来移情、感同身受：“想象［我们］这王国的首府夷为平地；其崇美的教堂、壮丽的建筑、无尽的财富都埋在堆砾之中……岂有任何心肠可以硬到只关怀自己，而对*同*一小区人的深刻苦难毫无人道与温柔的感受？”② 这份强调移情的证道辞，恰巧可以用为斯密选择中国作为灾难的发生地，下一个的脚注。强调移情者，必须将里斯本想

① 其实，中国在欧洲人的地震文献上原本就是常客。耶稣会教士记载了许多次发生在中国的地震。伏尔泰在耶稣会士所办的学校受教育，他因此对中国事物感到欣羡与好奇，其中还包括了地震。他在批判诗《诗论里斯本灾难》的并言里就以三场地震作为开场：里斯本大地震、利玛（Lima）大地震以及1699年的中国地震。斯密对伏尔泰的文字非常熟悉，多次撰文赞扬“中国孤儿”（除了《爱丁堡评论》，亦见于 Theory of Moral Sentiments, p.227）。可以想见斯密应该也读过伏尔泰的《诗论里斯本灾难》。

② And surely *so dreadful a Calamity* (the most dreadful to which human Nature is exposed) *cannot fail of affecting the Hearts of all Persons, who have any Sense of Religion or Humanity*. ... Imagine you have seen the Metropolis of *this* Kingdom leveled to the Ground, all its magnificent Churches, stately Edifices, and immense Treasures, buried in Ruins: ... Could any Breast be so contracted within itself, as not to admit some Feelings of Humanity and Tenderness, when the Members of the *same* Community with ourselves are suffering so deeply? —And what, shall we steel our Heart against the Exercise of this Sympathy, because Lisbon, and not London, is the seat of Desolation? S. Clark, *A Sermon preached at Daventry, December 7, 1755 on occasion of the late Earthquake at Lisbon* (London: printed for James Buckland, 1756), pp.18—19.

象成伦敦，而只有让里斯本消失，让中国出现，斯密才能达到让读者“离情”的效果。对英国社会而言，中国似近实远。她是文学家笔下的美好国度，是斯密笔下的生产大国，但她毕竟是非基督教国家，与英格兰不属于同一个社群。

对斯密而言，里斯本大地震的意义不在原因，而在于结果。但斯密选择以想象的中国地震而非他当时的里斯本大地震，显然是有意的修辞选择。地震在当时因为里斯本事件而成为欧洲集体记忆的鲜明部分。它代表自然灾难最鲜明、最恐惧的临在。中国却代表切实生活中最遥远、最模糊、最不具亲近也不具侵害性的对象。这两个概念的结合产生一个特殊的概念空间，让灾难意象既鲜明又一般。因此，中国的里斯本地震让灾难得以一般化了，而不再上帝的特殊神恩；也因此斯密得以讨论面对灾难的一般道德情境。以下将继续讨论，对灾难采取一般化的理解，也同样见于休谟与弗格森等其他思想家身上。

二、里斯本地震意义的一般化

在欧陆，里斯本大地震促成科学态度的昂扬，或造成神学意见的诘难。但是在苏格兰，有关地震科学的研究与里斯本地震似无直接关系。18世纪苏格兰地质学的重镇应该非哈藤（James Hutton, 1726—1797）莫属。哈藤的主要贡献在于提出地质演化的概念。换言之，土地或地质也有历史。可是哈藤的论证方法完全无涉历史事件。[①] 或许，比较精确的诠释应该是，苏格兰思想界习惯以一般化、哲学化的语言、方式分析事件的一般意义。就如同斯密在反思灾难所产生的道德困境时，有意识地避免列举真实的例子，其他许多苏格兰启蒙的标杆型人物也采取了同样的态度

① James Hutton, *Abstract of a Dissertation read at Royal Society of Edinburgh … Concerning the System of the Earth, its Duration and its Stability* (Edinburgh, 1790).

与论述风格，例如休谟、弗格森、布莱尔等思想家。里斯本地震作为新闻、历史课题，非他们所关心。此地震作为科学或物质的分析对象，非他们所长。里斯本地震作为神恩与灾难议题，则俱见于他们的哲学思考。休谟虽然曾对宗教发表重要的文献，却只字不提历史上的事件。从 1753 年起，苏格兰长老教会就陆续警告休谟，并对其宗教言论提出严厉批评。长老教会的宗教法院甚至在 1756 年安排了听证会，打算将休谟逐出教会。① 尽管如此，休谟依旧持续发表他对宗教与信仰的看法。1757 年，休谟出版了《宗教的自然史》(*Natural History of Religion*)。本书的写作期间在 1751 年到 1752 年间，因此，不可能对里斯本大地震有任何响应。与此同时，休谟着手进行《自然宗教对话录》(*Dialogues Concerning Natural Religion*) 的写作。事后证明，此书较诸其他同性质作品，影响更为深远。更重要的是，该书经历两次修订，分别是 1761 年以及 1776 年。② 按理说，里斯本地震所引起的宗教或神学论辩，休谟应该是再熟悉不过。更何况休谟同时与伏尔泰、卢梭都有私谊。③ 因此，休谟对里斯本所引发的宗教争论应该不只有文献上的了解，更有个人或第一手的亲切感。但是休谟完全回避这些相关人事。

无论是里斯本地震之前或之后，休谟始终以一般性的论证语言，提出他对信仰的心理分析。其实，休谟对宗教心理的分析与态度相当清楚且一致。休谟在《自然宗教对话录》采取了伏尔泰的立场，承认人类生命的

① E. C. Mossner, *The Life of David Hume* (Oxford: Oxford University Press, 1979), pp.336—355.

② 休谟生前即打算出版此书。但好友亚当·斯密劝他暂缓。休谟临终前托嘱斯密在他死后立刻出版；但斯密选择扣住文稿，迟到 1779 年才出版。这可以反映斯密对宗教议题的敏感与谨慎。参见 John Valdimir Price, “David Hume’s *Dialogues Concerning Natural Religion*: Composition and Publication,” in A. Wayne Colver and John V. Price (eds.) *David Hume on Religion* (Oxford: Oxford university Press, 1976), pp.105—128。

③ 后来因为细故，休谟与卢梭交恶。但休谟与伏尔泰则一直保有惺惺相惜的友谊。有关休谟与卢梭的过从，请参考 *Mossner, The Life of David Hume*, pp.507—532。

苦难。但他并非以苦难来质疑神恩，而是，正好相反，以苦难来解释宗教信仰的起源。对莱布尼兹以及波普这些自然神论者而言，上帝或神恩存在与世界整体的美与善是并存，或者是一体的两面。伏尔泰以里斯本的苦难来质诘这个宣称。休谟则找出这两组论点的矛盾共生—苦难引发了宗教信仰。换言之，宗教与信仰的基础在于感性而非理性。对休谟而言，自然神论者想以对自然的理性理解来彰显神恩，从出发点来说便是个错误。休谟对话录里借由 Philo 这个角色论道：既然上帝代表“正义、慈悲、怜悯、严正”（Justice, Benevolence, Mercy, and Rectitude），同时具有智慧与权柄，但人类却不幸福（Happiness），这就表示上帝不愿赐给人类幸福。所以自然神论者将上帝视为慈善，将神的世界计划或神恩视为终极而整体的善，是诡异且缺乏经验事实的前提假设。① 休谟甚至大胆地质疑道，与这些自然神论者的宣称正好相反，我们可以假设，人类的苦难（而非幸福）与上帝的存在是正相关的。②

现代史家多数同意，休谟的宗教论述主旨不在提倡无神论或否定上帝的存在；而毋宁是提醒信仰的本质在于情感而非理性。③ 然而有意思的是，

① “But not to insist upon these Topics, continu’d *Philo*, tho’ most obvious, certain, and important; I must use the Freedom to admonish you, *Cleanthes*［作者按：此为对话录中的三位主角之一，代表坚信自然神论的神学意见者。另一位主角为 Demea 代表］, that you have put this Controversy upon a most dangerous Issue, and are unawares introducing a total Scepticism into the most essential Articles of natural and revealed Theology. What! No Method of fixing a just Foundation for Religion, unless we allow the Happiness of human Life, and maintain a continu’d Existence even of this World, with all our present Pains, Infirmities, Vexations, and Follies, to be eligible and desirable! But this is contrary to every one’s Feeling and Experience. It is contrary to an Authority so establish’d as nothing can subvert.” A. W. Colver and J. V. Price (eds.) *David Hume on Religion*, p.229.

② A. W. Colver and J. V. Price (eds.) *David Hume on Religion*, p.230.

③ Genevieve Lloyd, *Providence Lost* (Cambridge, Mass.: Harvard University Press, 2008), p.258. 本书对《自然宗教对话录》也有简短却精彩的分析。请参考 Lloyd, *Providence Lost*, pp.265—274。

休谟的呈现方式较诸伏尔泰却更加温和理性而不煽情。他不像伏尔泰，利用具象的、新闻性的话题如里斯本大地震者，来帮助其言论的传布与渲染力。伏尔泰的里斯本论述带有强烈的宣传性与挑衅。这是伏尔泰有意为之的写作风格与策略。反之，休谟的《自然宗教对话录》完全以普遍的语言陈述他的宗教理解。尤其是书中以对话录的形式表现，让不同观点有交涉、互为主体的可能。反之，伏尔泰的诗论，完全以第一人称表达主观与强烈的情思。① 我们似可以确切地说，休谟所代表的苏格兰启蒙是更温和、更哲学化的思想创新。从另一个角度讲，诚如上述，在里斯本地震之后，正统新教的福音、末世、特别神恩等措词与宣道，铺天盖地而来，这对自始至终不只反对奇迹，甚至反对上帝作为真理的休谟来说，绝对不是发表任何相关意见的时刻。其实，《自然宗教对话录》的写作早在 18 世纪 50 年代就开始。休谟生前几次想要发表，都被亚当・斯密劝阻。休谟在著作中选择以概化、对话的方式呈现他的论证，目的应该是希望他的论著能传世，或历时久远一些。但自 18 世纪中叶以来的新教热情显然也影响了休谟与斯密这些温和思想家的言论与出版。

休谟的诤友亚当・弗格森（Adam Ferguson, 1723—1816）企图在后伏尔泰与后休谟时代，重建自然宗教的神学论点。在后休谟时代谈神恩，恐怕很难完全不去解释，何以终极慈善的上帝会施予这世界自然与人为的

① 关于休谟的宗教思想可参考 David Norton, *David Hume: Common-Sense Moralist, Skeptical Metaphysician* (New Jersey: Princeton University Press, 1982); 以及比较近期的 Terence Penelhum, “Hume’s Views on Religion: Intellectual and Cultural Influences,” in Elizabeth S. Radcliffe (ed.) *A Companion to Hume* (Oxford: Blackwell Publishing, 2008), pp.323—337; Martin bell, “Hume on the Nature and Existence of God,” in *A Companion to Hume*, pp.338—352; Michael Levine, “Hume on Miracle and Immortality,” in *A Companion to Hume*, pp.353—370。关于休谟的怀疑主义以及其怀疑主义与其写作策略及风格的关系，请见 Jerome Christensen, *Practicing Enlightenment: Hume and the Formation of a Literary Career* (Madison: University of Wisconsin Press, 1987)。

恶。弗格森在早年担任高地军团的随军牧师。1745年高地叛变欲迎接被罢黜的斯图亚特王朝的后裔回英国登基。弗格森本人拥护当时在位的汉诺威王室。他当时曾出版一份布道辞，辞中使用传统加尔文教派的语言，认为此军事叛变等于是民族灾难（calamity）。而民族灾难的成因，就是民族德性的堕落；因此，呼吁他的军中信众必须悔悟，改善自身道德。这样的宗教教谕其实与我们前面所见，英格兰宗教人士对里斯本地震的反应差别不大。但是，弗格森辞去军团牧师职位，最后到爱丁堡大学担任道德哲学教授后，其思考专注于如何以概化或哲学化的语言，回复一般神恩在智识上的地位与合法性。与休谟以及英格兰宗教人士不同的是，弗格森显然希望在自然神论的基础上理解神恩，并且回答社会或道德的现实问题。弗格森认为社会一如自然，有其规律。换言之，正如自然秩序为神意的表征，人类或社会的集体活动，同样是在上帝计划的框架内进行。① 个人拥有自由，历史则无。弗格森在早年的《气流学与道德哲学讲义》的手稿中，曾企图以死亡这种看似自然之恶的现象，来反证上帝的慈善与计划。他认为，死亡看似恶，其实正是透过个体的死亡，使得人类甚至宇宙的生命整体得到生生不息的延续。这证明了神恩的终极慈善意图。② 可是，弗格森最终似乎没能将这一思考作出通融的结论，于是按住不发。相反地，在他发表的文字中，他特别强调人类道德行为的恶，以及恶的神恩 / 慈善意义。他企图说明，上帝赐人以理性，因此得以反思人自身的恶以至于至善。

① Lisa Hill, *The Passionate Society: The Social Moral and Political Thought of Adam Ferguson* (Dorecht: Springer, 2006), chapters 3 & 4.

② "But in Nature every Species is preserved by Succession & the Death of one Generation is not less a part in the order of Nature than the Birth or Succession of Another. In this Manner all Nature is continually Perishing & continually reproduced. Jeng-Guo Chen, Providence and Progress: The Religious Dimension in Ferguson's Discussion of Civil Society," in E. Heath and V. Merolle (eds.) *Adam Ferguson: History, Progress and Human Nature* (London: Pickering and Chatto, 2008); 171—186, p.178.

> 经验了恶，会帮助［吾人］在未来做出更正确的选择。透过有效地教导人类何事当为，终至于规范他们只做当做之事，或者将人类放置在更有智慧或更快乐的行事轨道上。①

换言之，他以道德而非自然秩序的理路，强调自由意志的存在，以及人的责任；而对于自然的恶或灾难，他选择保持缄默。其实，在伏尔泰以及休谟的双重攻击下，在英格兰排山倒海的新教运动下，想要承续自然神论以及一般神恩的传统，讨论上帝的慈善与世界秩序的稳定，绝非易事。这无疑是里斯本大地震对英国思想界的重要冲击之一。

休谟论述策略与亚当·斯密借用中国地震的文学想象，甚至弗格森晚年对自然灾难的缄默，代表了苏格兰智识界的思维与论述文化。他们避免陷入有新闻性、历史性的争端，选择以普遍性，有时带有怀疑的语言，来表达他们对真理的看法与态度。许多当代思想史家同意苏格兰启蒙运动的温和性格。里斯本大地震的思想争论里，这个判断再次得到印证。② 从灾难事件所表露的一般意义，而不从事件的新闻性，不从神恩的特殊性，或《圣经》语言来解释灾难或地震，是苏格兰 18 世纪中叶的思想特征。休·布莱尔（Hugh Blair, 1718—1800）是苏格兰有名的布道家，同时也是爱丁堡大学的修辞学教授。他对于地震的态度颇能代表苏格兰启蒙思想

---

① "The experience of evil tends for the future to inculcate a better choice; and, by teaching mankind effectually what they ought not to do, limit them at last to what ought to be done, or put them in the train of a wiser or more happy conduct." Adam Ferguson, *Principles of Moral and Political Science* (2 vols.; Hildesheim: Georg Olms Verlag, 1995), i.234.

② Jonathan Israel, *A Revolution of the Mind: Radical Enlightenment and the origins of Modern Democracy* (Oxford: Oxford University Press, 2009); Gertrude Himmelfarb, *The Roads to Modernity: British, French and American Enlightenments* (New York: Knopf, 2004): Richard Sher, *Church and University in the Scottish Enlightenment: Moderate Literati of Edinburgh* (New Jersey: Princeton University Press, 1985).

对于“神意”“示警”“愤怒的上帝”“上帝正义”“天启”“末世”等正统神学概念的悬置，甚至存疑。布莱尔表示：

上帝有权力在众人之间制造宗教的印象。当闪电在天空中鸣窜，地震摇撼着大地，人们就会受到惊吓，准备崇拜某个看不见的力量。可是这种印象只是偶而出现而且相当短暂。受过良好教育的心灵之所以能够持续对崇高的存有者保持尊崇，是因为宇宙表现出无限的智慧。①

一如弗格森，布莱尔相信，认识基督教应该从自然秩序而不从异象，从一般神恩而不从特殊神恩着眼。至少，这是“受过良好教育的心灵”的宗教情操。里斯本大地震对布莱尔这样的宗教见解应该是很不利的事件。这既说明了为何这些著名的温和派长老教会人士会在里斯本大地震发生的时候，集体静默。

① “It is the power of God, which produces among the multitude of men any impression of religion. When the thunder roars in the heavens, or an earthquake shakes the ground, they are struck with awe, and disposed to worship an invisible power. But such impressions are occasional and transitory. The lasting reverence of a Supreme Being arises, in a well informed mind, from the display of that infinite wisdom which all the universe presents.” Blair, *Sermons* (1794), Vol.iv, p.442. 布莱尔相信飓风或地震倒是文学想象的绝佳譬喻。“When a Poet is describing an earthquake or a storm, or when he has brought into the midst of a battle, we can bear strong hyperboles without displeasure.” Hugh Blair, *Rhetoric* (Philadelphia, 1784), p.140.

结论

灾难其实有区域及文化的独特性格。里斯本大地震曾经在英格兰造成极大的公众回响，原因之一，无疑是因为伦敦曾在 1750 年发生地震。而此一事件之所以在苏格兰相对少人讨论，应该与苏格兰未有明显地震有关。其实，英国，尤其是英格兰最常见灾难之所以是飓风。英格兰是以海立国的国家，飓风对他们的伤害甚大，与他们的日常生活也必然有亲近的关系。此外，“风”这个概念联结了季节性变化与商业贸易的兴歇循环。莎士比亚的《暴风雨》(*Tempest*）里头的巨浪、殖民、食人等意象，戏剧性地表现出这个海洋贸易国家对于飓风的敬畏态度。1703 年，英格兰发生一起死伤惨重的飓风灾情。《鲁宾逊漂流记》的作者笛福对此发表了“灾难刹那”的超越意义。他说，即使是古代那些企图将自然裸露呈现在世人眼前，高举理性火炬的巨人，仍旧在一阵自然的飓风之后，停留在漆黑的窄道之中。“因此在自然里，哲学家的任务不是看透自然，不是到至高力量的旷野面前。……哲学家所不及之处，正是基督徒的起点。当这思索者将眼光投向穹苍，再见了，哲学家；[穹苍]毕竟超越哲学家所能作为的。”① 这次的飓风灾难后来成为英格兰的公共记忆的一部分。直到 1735 年，人们依然纪念着这次的集体创伤。曾经有位牧师就在布道辞里

① “Thus in Nature the Philosopher’s Business is not to look through nature, and come to the vast open Field of infinite Power: The Christian begins just where the Philosopher ends; and when the Enquirer turns his Eyes up to Heaven; Farewel[l] Philosopher; It is a Sign he can make nothing of it here.” Daniel Defoe, *The Storm, or A Collection of the most Remarkable Casualties and Disaster which happened in the Late Dreadful Tempest, both by Sea and Land* (London: printed for G. Sawbridge, 1704), p.6.

追思道：

> 正如同乔纳的例子，我们今日所纪念的飓风，以及其他千百个可惊可叹的神意降临，都应该会让我们的心里着念——离开上帝的道路或者对抗祂都是危险的。当祂愤怒的时候，谁能抵挡？
>
> ……
>
> 当数千个可怜的生命一下子被带离这个世界舞台，来到这位伟大法官面前受到可怕审判，大多数余生者都会时时刻刻害怕被祂传唤；当中有许多人因为祂的介入而得救，他们那被惊吓过后的心灵，就成为成就祂话语的器皿。①

英格兰社会追念自己的飓风灾难，震惊于 1750 年那场未造成伤亡的伦敦地震，都是可以解的社会集体心态。

不过，英格兰对灾难的选择记忆或许也与它自身的民族意识发展有关。1737 年，英格兰殖民地印度（孟加拉国）发生了造成三十万人死亡的地震。但英格兰社会却少有人讨论，这灾难也不曾成为英国的集体记忆。② 英格兰对孟加拉国地震的淡然，自然让我们联想到斯密的中国大地震以及他借此所要表达的"被动情感"。但也同时更强烈地反照出，在里斯本大地震之后的英格兰宗教与舆论的集体反应。他们在面对灾难时，反而更坚定新教信仰，更凝聚社群与民族的认同，更接受特殊神恩，甚至选民的观念。简言之，从灾难中他们强化人与神的特殊关系。虽然英格兰的特殊神意、上帝审判观，看似与伏尔泰对上帝正义的

---

① A. Gifford, *Sermon in Commemoration of the Great Storm, commonly called the High Wind, in the year 1703, Nov. 27 1734* (London: printed for Aaron Ward, 1734), pp.5, 17.

② Roger Bilham, *The 1737 Calcutta Earthquake and Cyclone Evaluated*, Bulletin of Seismology of American Society, 84:5 (1984), pp.1—10.

质问迥不相侔，它们其实都企图说出“灾难刹那”的超越意义。相对于此，苏格兰思想家继续选择以人与社会的角度，以一般化与理性宗教的思维面对里斯本大地震。换言之，他们似乎放弃了追寻“灾难”的超越意义。

白晋《周易》研究与清初易学

张西平（北京语言大学特聘教授，
北京外国语大学教授，《国际汉学》主编）

作为康熙帝近臣的白晋，他的《周易》研究本身就是在康熙帝直接安排下展开的。因此白晋的《周易》研究绝非是一个传教士个人兴趣之事，他的全部研究过程都和当时的中西文化交流历史紧密相关。[①] 同时，研读五经之首

① 韩琦：《白晋的〈易经〉研究和康熙时代的“西学中源说”》，《汉学研究》1998 年第 16 卷第 1 期；张西平：《〈易经〉研究：康熙和法国传教士白晋的文化对话》，《文化杂志》2005 年第 54 期，张西平：《中西文化的一次对话：清初传教士与〈易经〉研究》，《历史研究》2006 年第 3 期；张西平：《莱布尼茨和白晋关于二进制与〈易经〉的讨论》，《中国哲学史》2020 年第 6 期；张西平：《来华耶稣会士白晋〈易经〉研究的欧洲思想渊源》，《澳门理工学院学报》2021 年第 3 期；张西平：《法国来华耶稣会士白晋〈易经〉研究的原因》，《文化杂志》2022 年第 11 期；张西平：《白晋与西医东渐》，《国际汉学》2022 年第 3 期；张西平：《索隐派的代表人物白晋沉寂研究》，《甘肃社会科学》2022 年第 3 期；张西平：《白晋易学象数研究与康熙皇帝的互动》，《宗教学研究》2023 年第 2 期；陈欣雨：《白晋易学思想研究——以梵蒂冈图书馆见存中文易学资料为基础》，人民出版社 2017 年版。

《周易》，这对他汉学能力是一个巨大的挑战，由此，研读易学经典、与清代易学研究者互动成为他的必修课。白晋的知识来源，他的创造性的转换都是在广泛阅读了中国传统易学著作，特别是明清两代的易学著作背景下展开的，因此，将其放在清初易学发展的脉络中加以把握是十分重要的。

一、清初易学研究

明清鼎革，社会发生重大的变化，以顾炎武、黄宗羲、王夫之为代表的一批知识分子开始反思明亡清兴的原因，对晚明心学的空疏，禅学的兴盛与误国展开了深刻的反思。王夫之说："近世小人之窃儒者，不淫于鬼而淫于释，释者鬼之精者也。以良知为门庭，以无忌惮为蹊径，以堕廉耻损君亲为大公无我。故上鲜失德，下无权奸，而萍散波靡，不数月而奉宗社以贻人，较汉之亡为尤亟焉。小人无惮之儒，害风俗以陆沈天下，祸烈于蛇龙猛兽，而幸逸其诛。"① 在这种对陆王心学展开批评的同时，易学研究也发生了重大的变化。"易学中的两大流派即象数学派和义理学派，到明清之际，在批判心学思潮的影响下，各自出现了总结以前易学成果的代表人物。方以智父子对以前的象数之学作了一次总结。而王夫之则从义理学派角度对宋明以来的易学及其哲学进行了总结。两家的倾向不同，但在哲学上都是气本论的阐发者。"② 同时随着清政权的稳定，官方易学开始登场，并有了新的发展。

清能入关主政，一个重要的原因就是笼络汉族官僚与知识分子。这

① 王夫之著，舒士彦整理：《读通鉴论》上册，中华书局 1975 年版，第 116 页。
② 朱伯昆：《易学哲学史》第四卷，昆仑出版社 2006 年版，第 3 页。

样对汉族文化的学习成为清初的一项重要政策。清世祖时就有印制敕纂诸书，如《人臣儆心录》《资政要览》《内则衍义》《孝经衍义》《孝经注》《道德经注》等，康熙帝时更是大兴文教，编撰了《朱子全书》及《性理精义》等。这样，对易学著作的编撰也成为一项工作。顺治朝所编撰的《易经通注》、康熙朝所编撰的《日讲易经解义》和李光地编撰的《周易折中》成为清初时期官方易学的代表性著作。

《易经通注》的编撰者是大学士傅以渐、日讲官曹本荣，这本书是依清世祖敕令所撰。顺治帝亲自为该书写序。

《日讲易经解义》编撰于康熙十九年（1680），完成于康熙二十二年（1683），全书共18卷，作者有75人之多，这本书反映了康熙帝尊程朱理学的思想。该书卷首所附的《日讲易经解义进呈疏》中说康熙“体天德以行健，观人文而化成。四子六经，讨论原委，百家诸史，综贯古今。颁行历有成书。研究精于大《易》，盖明天道，察民故，已传四圣之心，而观会通，行典礼，乃冠五经之首，发挥自羲、文、周、孔，参稽于濂、洛、关、闽，旨则远而辞则文”。[1] 这指出了该书的编撰目的在于藉史以教，用易来明天理，通过易学教化民众，以人文化成而治天下。圣祖在序中表达了通过经学来治理国家的想法：

朕惟帝王道法，载在六经。而极天人、穷性命，开物前民、通变尽利，则其理莫详于《易》。《易》之为书，合四圣人立象、设卦、系辞焉，而广大悉备。自昔包牺、神农、黄帝、尧、舜王天下之道，咸取诸此。盖《诗》《书》之文，《礼》《乐》之具，《春秋》之行事，罔不于《易》会通焉。汉班固有言：“六艺具五常之道，而《易》为之原。”讵不信欤？朕

① 《日讲易经解义进呈疏》，牛钮、孙在丰等撰，张海艳点校：《日讲易经解义》，中央编译出版社2013年版，第2页。

夙兴夜寐，惟日孜孜勤求治理，思古帝王立政之要，必本经学。尝博综简编，玩索精蕴，至于大《易》，尤极研求。特命儒臣参考诸儒注疏传义，撰为《解义》一十八卷，日以进讲。反复卦爻之辞，深探作《易》之旨。大抵造化功用不外阴阳，而配诸人事则有贞邪淑慝之别。运数所由盛衰，风俗所由治乱，君子小人所由进退消长，鲜不于奇偶二画屈伸变易之间见之。若乃体诸躬行，措诸事业，有观民设教之方，有通德类情之用。恐惧修省以治身，思患豫防以维世，引而伸之，触类而长之，而治理备矣。于是刊刻成书，颁示天下。朕惟体乾四德以容保兆民，且期庶司百执事矢于野，涣群之公成拔茅允升之美，则泰交媲于明良，而大和溢于宇宙。庶称朕以经学为治法之意也夫。①

康熙帝作为一代帝王，所操心之事自然是国泰民安，因此，通过研读《周易》，触类旁通，学习治国理政之法是其根本目的。《日讲易经解义》②成书于 1683 年，正是白晋刚入华不久，所以，了解康熙帝编撰此书，对于我们理解康熙帝安排白晋研读《周易》是十分重要的。

清初官方易学的另一部代表性著作《周易折中》③由康熙帝御纂，李

① 《御制日讲易经解义序》，牛钮、孙在丰等撰，张海艳点校：《日讲易经解义》，第 1 页。

② 《四库总目提要》论及《日讲易经解义》曰："《易》为四圣所递传，则四圣之道法、治法具在于是。故其大旨在即阴阳往来、刚柔进退，明治乱之倚伏、君子小人之消长，以示人事之宜，于帝王之学，最为切要。儒者拘泥章句，株守一隅，非但占验禨祥，渐失其本，即推奇偶者言天而不言人，阐义理者言心而不言事，圣人立教，岂为是无用之空言乎？是编为讲幄敷陈，睿裁鉴定。其体例与宋以来奏进讲义大致略同，而于观象之中，深明经世之道。御制《序》文所谓'以经学为治法'者，实括是书之枢要，亦即括六十四卦三百八十四爻之枢要。信乎帝王之学，能见其大，非鲰生一知半解所能窥测高深也。"参见永瑢等撰：《四库全书总目》，上册，中华书局 1965 年版，第 34 页。

③ 《四库全书总目》论及《御纂周易折中》曰："自宋以来，惟说《易》者至伙，亦惟说《易》者多歧。门户交争，务求相胜，遂至各倚于一偏。故数者《易》之本，主数太过，使魏伯阳、陈抟之说窜而相杂，而《易》入于道家。理者《易》之蕴，（转下页）

光地总裁，共有五十人参与编写，在清代的《周易》研究中有着重要影响。这本书也对白晋的《周易》研究产生了重要的影响，故须专门加以研究。

二、《周易折中》的基本思想

《周易折中》是李光地奉康熙之命编纂的易学著作。该书“折中”程朱易学，并博采历代易学观点，参合商榷程朱之言。

1. 康熙与《周易折中》

这本书简称为《周易折中》，实际全称应是《御纂周易折中》，因为康熙帝在这本书的编撰过程中，并非只是挂个名，而是实际参与了这本书的编撰：

御制周易折中序

易学之广大悉备，秦汉而后无复得其精微矣！至有宋以来，司邵程张阐发其奥，唯朱子兼象数天理，违众而定之。五百余年无复同异，宋元

(接上页)主理太过，使王宗传、杨简之说溢而旁出，而《易》入于释氏。明永乐中官修《易经大全》，庞杂割裂，无所取裁，由群言淆乱，无圣人以折其中也。我圣祖仁皇帝道契羲文，心符周孔，几余典学，深见弥纶天地之源。诏大学士李光地采摭群言，恭呈乙览，以定着是编。冠以《图说》，殿以《启蒙》，未尝不用数而不以盛谈《河》《洛》，致晦玩占，观象之原。冠以程《传》，次以《本义》，未尝不主理而不以屏斥谶纬并废互体、变爻之用。其诸家训解，或不合于伊川、紫阳而实足发明《经》义者，皆兼收并采，不病异同。惟一切支离幻渺之说，咸斥不录，不使溷四圣之遗文。盖数百年分朋立异之见，至是而尽融；数千年画卦系辞之旨，乃至是而大彰矣。至于《经》《传》分编，一从古本，尤足正费直以来割裂缀附之失焉。”参见永瑢等撰:《四库全书总目》，上册，第34—35页。

明至于我朝。因先儒已开方之微旨，或有议论已，渐至启后人之疑。朕自弱龄留心经义，五十余年未尝少辍，但知诸书大全之驳杂，奈非专经之纯熟。深知大学士李光地素学有本，易理精详，特命修《周易折中》，上律河洛之本末，下及众儒之考定，与通经之不可易者，折中而取之，越二寒暑，甲夜披览，片字一画，斟酌无息，康熙五十四年春告成而传之天下后世，能以正学为事者，自有所见欤！①

康熙在序中确定了此书的编撰思想和原则“上律河洛之本末，下及众儒之考定，与通经之不可易者，折中而取之”，这就是要对易学史的研究做一次梳理和总结，而所以这样做的原因就是“朕自弱龄留心经义，五十余年未尝少辍，但知诸书大全之驳杂，奈非专经之纯熟。”说明康熙帝深知当时学界内部的派系争执，不满意经学节内部的杂乱，康熙帝是被称为“圣学高深，崇儒重道”②的君王，自己“五十余年未尝少辍”，深知经学对全国思想的指导性意义，他亲自做此事自有深远的政治考量，“能以正学为事者，自有所见欤！”

康熙帝不仅仅写了序言，还为该书写了《御制周易折中凡例》：

诸儒所论易书作述传授，以及易理之奥，易义之纲，学者读易之方，说者同异之概，皆后学所宜先知也。《大全》有纲领一篇，止存程朱之说。今案周子、张子、邵子，皆于易理精邃，虽无说经全书，而大义微言，往往独得。又历代诸儒叙述源流，讲论指趣，其说皆不可废，并以世次义类，叙为三篇，不独与程朱之言，互相发明，亦以见程朱之书，有源有委。合古今以为公，非夫师心立异者比也。③

① 李光地纂，刘大钧整理：《周易折中》，巴蜀书社2006年版，第22页。
② 赵尔巽等撰：《清史稿》，第2册，中华书局1976年版，第305页。
③ 李光地纂，刘大钧整理：《周易折中》，第32页。

这是指明了在编撰过程中要兼顾各家之长，因为易学史上“历代诸儒叙述源流，讲论指趣，其说皆不可废，”作为一部易学著作，要辨章学术，考镜源流，按照时代将前人之易学史编撰出来，让士人看到易学研究的源远流长。

此外，康熙帝除了详细记述此书编修的规范、内容取舍的根据、篇章结构之先后因由等等外，还亲自参加了编修写作，这更进一步说明了康熙帝绝不是一个挂名的“御纂者”，如《周易折凡例》第六条：

朱子之学，出自程子，然文义异同者甚多，诸经皆然，不独《易》也。况《易》则程以为圣人说理之书，而朱以为圣人卜筮之教，其指趣已自不同矣。然程子所说，皆修齐治平之道，平易精实，有补学者。朱子亦谓所作《本义》简略，以义理《程传》既备故也。今经传之说，先以《本义》为主，其与《程传》不合者，则稍为折中其异同之致。《传》《义》之外，历代诸儒各有所发明，足以佐《传》《义》所未及者，又参合而研核之，并为折中，以系于诸说之后。或前人之所未言，朕亦时出己意，参错其间，钻仰高坚，何敢自信！庶几体先贤虚公无我之意，求合乎此理殊涂同归之宗云。①

这里康熙帝已明确表达了他的思想在《程传》和《本义》之中，说明他绝非仅仅是说说而已，而是直接参与了《周易折中》的编撰。历史档案也说明了这一点，康熙帝对编撰此书的关心。

康熙五十三年（1714）折子：臣李光地谨奏：臣承修御纂《周易折中》，除纲领、启蒙外，前月已进过自《乾》至《履》十卦，今又缮完自

① 李光地纂，刘大钧整理：《周易折中》，第33页。

《泰》至《观》十卦，谨呈进，恭求皇上裁削……①

又臣李光地谨奏：十一月二十七日编修魏廷珍亲赍臣所呈进御纂《周易折中·系辞传》一册到，臣内奉旨：朕览《系辞》案，太多些文气，亦少泛，再传大学士看，该删者删，钦此。因《系辞》篇章繁奥，臣所拟案语果有冗泛之病，伏读御批，不胜愧恨，兹谨细加检阅，除上册中"仰以观天文"一条奉旨删去外，"范围天地之化"一条拟节去数语，另具一折写明。下册中共拟删节十一条，各加签贴本条之上，恭呈圣览，恐所删节未当，伏乞指示，发下再改，以成完书，臣不胜颙望是。②

又康熙五十四年（1715）折子：臣李光地谨奉本月二十一日魏廷珍等传来十七日奉旨：《易》经中应察应删者，签明发去，着收拾好，即速进来，朕还要看，钦此。

仰见皇上睿览之下，精详周到，一字一句，皆加圣心，至凡例中臣用"空言义理"四字，恭蒙御笔改正，觉臣光地一字之差，心病不小，感悟叹服，不能自已。所有发下应察明、应删去者，谨已钦遵整顿讫，相应封识仍由武英殿进呈。③

从这些档案我们可以看到，康熙帝实际地参与了书的具体编撰过程。④了解康熙帝主持和参与《周易折中》，对我们研究康熙帝就《周易》

① 中国第一历史档案馆编：《康熙朝汉文硃批奏折汇编》，第5册，档案出版社1985年版，第951—952页。

② 中国第一历史档案馆编：《康熙朝汉文硃批奏折汇编》，第5册，第952—953页。

③ 中国第一历史档案馆编：《康熙朝汉文硃批奏折汇编》，第6册，第120页。

④ 据杨燕研究，"第一个折子是《周易折中》一书部分完稿后，李光地呈康熙御览时所写，第二个折子与第一个时间相差很短，都在康熙五十三年年底，应为第一个折子之后，李光地对康熙观看了所进《周易折中》草稿后意见的回复。第三个折子写于康熙五十四年三月，是李光地对康熙帝修订《周易折中》意见的再次回应。从这几个折子来看，康熙帝在该书的编修中是实际参与，并最终把关的。他不仅仔细地阅读了该书的草稿，而且提出了大量的修改意见，甚至细致到一字一句的删节。由这些历史记载可以看到，《周易折中》一书题名为'御纂'，并非是官场虚情，康熙帝确实是实际的主编。"参阅杨燕：《李光地与〈周易折中〉之编修》，《东南学术》2011年第4期，第183页。

研究与白晋的互动是十分有价值的。

2. 李光地与《周易折中》

李光地（1642—1718），字晋卿，号厚庵，别号榕村，福建泉州人，是清初康熙朝重臣，曾协助平定“三藩之乱”、统一台湾。《清史稿 · 李光地传》记李光地，“时上潜心理学，旁阐六艺，御纂《朱子全书》，及《周易折中》《性理精义》诸书，皆命李光地校理，日召入便殿撁求探讨”。因为《周易折中》李光地虽是总裁，但此书实际是康熙安排组织的。由于康熙安排白晋读《易》和《周易折中》几乎在同一时间进行，这里所讨论的李光地与白晋关系，实际是研究白晋的象数易学与《周易折中》之间的关系。

作为康熙朝的重臣，他参与当时最为重要的官方文献典籍的整理。康熙三十三年（1694），李光地出任顺天学政。康熙四十四年（1705），官拜文渊阁大学士期间，他先后编撰了《朱子大全》《性理精议》《朱子语类四纂》《二程遗书纂》《朱子礼纂》《音韵阐微》《二程外书纂》等书。他自己撰写了《榕村全集》《榕村语录》《榕村讲授》《榕村续集》《榕村韵书》《榕村别集》《中庸章段》《中庸余论》《诗所》等。李光地有多部关与《周易》的著作，如《周易通论》四卷、[1]《周易观象大指》二卷、《周易观象》十二

① 《四库全书总目》：国朝李光地撰。光地字厚庵，安溪人。康熙庚戌进士。官至大学士。谥文贞。是书综论《易》理，各自为篇。一卷、二卷发明《上、下经》大旨。三卷、四卷则发明《系辞》《说卦》《序卦》《杂卦》之义。冠以《易本》《易教》二篇，次及卦爻、彖象、时位、德应、《河图》《洛书》以及占筮挂扐，正变环互，无不条析其意，而推明其所以然。在宋学中可谓融会贯通，卓然成一家之说。其论复、无妄、中孚、离四卦为圣贤之心学。亦皆以消息盈虚观天道而修人事，与《慈湖易传》以心言《易》者迥殊。光地作《大学古本说序》，称于《易》之卜筮灼然无疑。盖宗旨既明，则卮言不得而淆之矣。其学一传为杨名时，有《周易札记》二卷。再传为夏宗澜，有《易义随记》八卷、《易卦札记》二卷。虽递相祖述，而其宏深简括，则皆不及光地也。参见永瑢等撰：《四库全书总目》，上册，第38页。

卷[①]；编纂易学书籍有《御纂周易折中》《易义前选》等。同时，《榕村全集》中的经书部分，《榕村语录》《榕村语录续编》中的《周易》部分都蕴含着李光地的易学观点。

康熙帝在御制《周易折中》序中说，“深知大学士李光地素学有本，易理精详，特命修《周易折中》”，这表达了康熙帝对他的信任。有学者认为“《周易折中》虽题为御纂，但实际上是由李光地起草编成的”[②]。

《周易折中》有“案”语，“今天看来，此‘案’语估计大部分为李光地所加，或至少代表看他本人的学术思想，‘案’语中多有极富创见的精彩之笔，亦有沉浮，多年后的抒其胸臆之语。”[③] 学界研究已经证明，在李光地的《周易通论》《周易观象大指》《周易观象》著作中可以找到大量略加修改和变化出现在《周易折中》之中的文字。例如，关于《序卦》的解释，长期来人们视为经典而不可变动，而马王堆帛书《周易》的出版，

① 《四库全书总目》：国朝李光地撰。光地尝奉命纂修《周易折中》，请复用朱子古本。是编乃仍用注疏本，盖成书在前也。其《语录》及《榕村全集》所载，颇申明先天诸图，而是编则惟解《说卦传》“天地定位”一章，附举此义，然亦不竟其说。余皆发明《易》理，兼证以《易》象，而数则略焉。盖亦谓邵子之学为《易》外别传也。其解《系辞传》“知者观其彖辞，则思过半矣”二句，曰“彖辞所取，或有直用其爻义者，或有通时宜而爻义吉凶准以为决者。故以是观之，不中不远。惟其合始终以为质，故时物不能外”云云，《观象》之名盖取诸此。其解九四“重刚而不中”句，不以重字为衍文；解“履霜坚冰，阴始凝也”句，不从《魏志》作“初六履霜”；解“后得主而有常”句，不从《程传》增“利”字；解“盖言顺也”句，不以顺为慎，以及“比，吉也”句、“比之匪人”句、“同人曰”句、“小利有攸往，天文也”句、“震惊百里，惊远而惧迩也”句、“渐之进也”句、“上九鸿渐于陆”句、“与地之宜”句，皆不从《程传》《本义》脱误之说。惟据《汉律历志》移“天一地二”二十字从程《传》“能研诸侯之虑”句，“侯之”二字衍文，从《本义》耳（案光地谓诸为侯之合音，想以古经旁注字切而误增，不知反切始自孙炎，古经安得注字切，其说殊误。谨附订于此）。盖尊信古经，不敢窜乱，犹有汉儒笃守之遗。其大旨虽与程、朱二家颇有出入，而理足相明，有异同而无背触也。参见永瑢等撰：《四库全书总目》，上册，第38—39页。

② 杨国桢、李天乙主编：《李光地研究》，厦门大学出版社1993年版，第264页。

③ 李光地纂，刘大钧整理：《周易折中》，第9页。

使我们知道，在古代从八卦到六十四卦的排列顺序都是不一样的，今天我们所看到的卦序是当时人传授的，它只是古代各种文本的一种。“可李光地在三百多年前已看到‘卦之为序’，有其自身之规律，今本卦序只是孔子以自己对其义的理解来排列的。即‘卦之所以序者，必自有故，而孔子以义次之。’‘然须知若别为之序，则其理亦未尝不相’。故孔子所序之今本卦序，只是‘所谓举其一隅焉尔。’”李光地在按语中的这些的见解，得到刘大钧先生的高度评价，“吁！李光地此见，真不愧一代鸿儒之笔也！”①

3.《周易折中》的易学思想

《周易折中》卷前有三个纲领：第一，“作《易》传《易》源流”；第二，“易道精蕴经传义例”；第三，“读易之法及诸家醇疵”。“卷首所列《易》之‘义例’，分为‘时’、‘位’、‘德’、‘应’、‘比’及‘卦主’数端，亦可谓得卦义之本”②。进入正文后，在其正文的释经体例中，首先是在每条卦爻辞下依次著有朱熹和程颐的《本义》与《程传》的内容，接着是“集说”、“附录”、“案语”和“总论”等部分。其中“集说”和“附录”部分是引用历代诸家易说，“案语”和“总论”部分则是出自编修者们自己之手。

《周易折中》的编纂者们所引用的观点共出自二百一十八位历代易学家，其中汉代易学家十八位、晋代易学家三位，北魏、隋易学家三位，唐代易学家十一位，宋代易学家九十八位，金易学家二位，元朝易学家二十二位，明朝易学家六十一位。实际上这本书是历代易学研究的总汇。《四库总目提要》评价该书：“冠以《程传》次以《本义》，未尝不主理，

① 李光地纂，刘大钧整理：《周易折中》，第12页。
② 李光地纂，刘大钧整理：《周易折中》，第5页。

而不以屏斥谶纬并废互体、变爻之用。”①

当然，《周易折中》的易学思想仍是很清楚的，康熙帝在《凡例》中就说：

然弼所得者，乃老庄之理，不尽合于圣人之道，故自《程传》出而弼说又废。今案溺于象数，而支离无根者，固可弃矣。然《易》之为书，实根于象数而作，非它书专言义理者比也。但自焦赣、京房以来，穿凿太甚，故守理之儒者，遂鄙象数为不足言。至康节邵子，其学有传，所发明图卦蓍策，皆易学之本根，岂可例以象数目之哉？故朱子表章推重，与程子并称。《本义》之作，实参程邵两家以成书也。后之学者，言理义、言象数，但折中于朱子可矣。②

折中二程易和朱子易学是全书的核心，从易学上就是将“说理之书”和“卜筮之教”结合起来，将象数和义理结合起来。应看到象数之重要，这是《周易》之本。“大抵《易》之书，本为卜筮而作，故其辞必根子象数，而非圣人己意之所为。其所劝戒，亦以施诸筮得此卦此爻之人，而非反以戒夫卦爻者。”③又云：“《易》只是为卜筮而作，故《周礼》分明言太卜掌三《易》：《连山》《归藏》《周易》。古人于卜筮之官，立之凡数人。秦去古未远，故《周易》亦以卜筮得不焚。今人说《易》是卜筮之书，便以为辱累了《易》。见夫子说许多义理，便以为《易》只是说道理，殊不知其言吉凶悔吝皆有理，而其教人之意无不在也。”④所以，掌握了这个核心，便可以对《周易折中》做提纲挈领式的理解。

① 永瑢等撰：《四库全书总目》，上册，第35页。
② 李光地纂，刘大钧整理：《周易折中》，第23—33页。
③ 李光地纂，刘大钧整理：《周易折中》，第11页。
④ 李光地纂，刘大钧整理：《周易折中》，第11页。

三、白晋与李光地易学研究的互动

1. 白晋读李光地的奏折

在梵蒂冈图书馆的《易考》(Borg.Cin.317-4) 的文献中记载了康熙希望白晋与李光地互动、研讨《周易》一事:

王道化谨奏:初九日,恭接得上发下大学士李光地奏折一件,并原图一幅,说册一节,即与白晋看。据白晋看,捧读之下,称深服大学士李光地,精通《易》理,洞晓历法。我皇上贯彻古今,凡理数之学,尤加详密。今大学士如此博学,真圣君贤相也。白晋西土末儒,毫无所知,荷蒙圣恩柔远,得以日近天颜,又蒙圣君贤相,鉴照微衷。真欣跃难言,惟有叩首而已。因大学士奏折,无有问之处,故无庸回答。所有大学士奏折一件,原图一张,前解一节,一并缴上。外白晋释《易经》一节,图一张,呈览。据白晋称,今所进之此一节,与回复大学士者,大概多有相同。此节乃随所释《易经》应用之次序,前与大学士者,乃应其所问也。谨此。①

这份文献说明了康熙帝将李光地关于易学研究的"奏折一件,原图一张,前解一节"送给白晋阅读,并希望听听白晋的阅读后的意见。在文献中我们可以看到白晋对所看到的李光地的易学研究材料十分敬佩。从时间上来说,康熙帝主持《周易折中》始于康熙五十二年(1713)"越二寒暑而告成"成书于康熙五十四年(1715)。这期间正是康熙帝安排白晋研读

① 《易考》梵蒂冈图书馆藏本,馆藏编号 Borg.Cin.317-4。

《周易》的时候，1712 年 4 月 7 日白晋请康熙帝允许将傅圣泽和马若瑟调到北京来和他一起研读《周易》。

Borg.Cin.439 B(i)2：四月初九日李玉传旨与张常住据白晋奏说，江西有一个西洋人读过中国的书，可以帮助得我。尔传与众西洋人着带信去，将此人叫来。再白晋画图用汉字的地方着王道化帮他料理，遂得几张连图著和素报上带去。如白晋要钦天监的人或用那里的人俱王道化传给他。钦此。

Borg.Cin.439 A(i): 臣傅圣泽在江西叩聆圣旨。命臣进京协助臣白晋同草易经稿。臣白晋愧浅感激无尽。因前病甚弱不能陆路启程，抚院钦旨，即备船只，诸凡供应如陆路行，于六月二日。

这是两份十分重要的原始文献，从这两份献可以看出康熙对白晋易经研究的重视和关系，缺人，不到三个月御旨已经到了江西，傅圣泽即将启程；缺助手可以随时从钦天监借人来用；汉字不熟悉，直接让身边的太监王道化来帮助。可以说，康熙帝对白晋的《周易》研究可谓无微不至的关怀。

但白晋所读的“大学士奏折一件”内容是何？德国汉学家柯兰霓说“李光地 1712 年 8 月 12 日的一份呈文证明，他们也讨论过白晋对《易经》的见解。白晋在他的一篇反驳某个视察员对其理论批评的文章中，曾引用过李光地的这篇呈文。”① 柯兰霓教授提到这份文献，但未具体展开论述，笔者从罗马耶稣会档案馆找到李光地的这份奏折。这份文献在罗马耶稣会档案馆白晋的另一份信件中也有一份手抄件，附在白晋的书信中。

① 参阅［德］柯兰霓著，李岩译：《耶稣会士白晋生平与著作》，大象出版社 2009 年版，第 73 页。

李光地的这番奏折内容如下："康熙五十一年七月初九　李光地奏折。臣恭译图象九者，天数也，并四成十三为天皇之数。八者，地数也，并三成十一位地皇之数也。七者，人数也，并二成九为人皇之数，配合皆自然。由此观之，古所谓三皇者，即皇极之皇也。天皇云者，犹天之帝耳，地皇云者，犹言地之祗耳。人皇云者，则正谓继天地统万类之主。洪范所谓天下王者是也。其所著人数、岁数不过推元会以见三才，并立之原始表历数，以示皇极配天之无疆。古书多隐语，故神奇其说如此耳。岂真有兄弟，选与汤汤穆穆于羲、黄、尧舜之前者哉。我皇上既以三皇之号，尽归之理数悉统之义皇，足以破邃古之荒唐。启河洛之秘要，皇上之膺道统而衍心传者，于是在矣。臣所幸荷圣教略有开悟。"

《易经·系辞上》云："河出图，洛出书，圣人则之。"[①] 从宋代后图书学兴起，李光地在自己的易学研究中把河图洛书放到很高的位置。他说："万古之宝，河图、洛书、易经、洪范、大学、中庸、太极图说、西铭也。"[②] 这份文献就是在通过讨论图中天地之数来说三才之事。我们将李光地这份奏折，放到他的《周易》研究的整体之中，便可以更好地理解。他下面这段论述就是对三才的论述：

卦以道阴阳之变故日易，畴以叙三才之法故日范。圣人之取诸图也，所谓阳卦奇，阴卦偶者也，其取诸书也，所谓参天两地而倚数者也，何则？天数始于一地数始于二，奇偶立而阴阳之理明，故图之以一三七九、二四六八相为内外，互为终始也，是阴阳交易变易之道也。天数乘于三，地数乘于二，参两行而天地之义著，故书之以一三九七相乘于四正而左行，二四八六相乘于四隅而右行也。是天地顺逆之机枢维之位也，其为天

① 周振甫译注：《周易译注》，中华书局1991年版，第248—249页。

② 李光地著，陈祖武点校：《榕村语录　榕村续语录》，下册，中华书局1995年版，第552页。

地之数则一，而卦因之以明变化之情、趋时之用，畴因之以明成位之职、参赞之功。故其中数也，易见之则为太极盖宰阴阳而为化枢也，范见之则为皇极盖中天地而立入位也，太极皇极其为至理亦一，而易所主者，天德无声无臭，所谓太极本无极者，故其名不在八卦之内。范所主者，王道有典有则，所谓皇建共有极者，故其目列于九畴之中也，此二图同异之致圣人法则之源也。①

李光地通过图书学中天地之数，来说天地人三才的道理。“李光地当时奉康熙帝之命正在研究三皇即伏羲、神农和黄帝与河图、洛书之间的关系。李光地的研究看来也间接地为白晋的观点提供了佐证，因为他也认为，通过研究汉语古籍中的数字体系就可以破解其中的一些秘密。其实白晋和李光地可能相识已久，因为他们同为皇太子胤礽的师傅。”②

康熙帝让白晋读了李光地的材料，白晋并非只是口头上客气地说“深服大学士李光地，精通《易》理，洞晓历法。我皇上贯彻古今，凡理数之学，尤加详密。今大学士如此博学，真圣君贤相也。”③而是的确受到李光地关于三皇论述和天地人三才的观点的影响。他也说“中华先天后天三《易》，天皇地皇人皇，《连山》《归藏》《周易》是也”。④在他绘制的天尊地卑图中也引用“《纲鉴记》天皇氏一姓十三人，兄弟各一万八千岁，地皇氏一姓十一人，兄弟各一万八千岁。前之名儒考此数云：天皇十三人，地皇十一人之合数，唯为一万八百岁，或一万八十岁，而归于此图始终之数也。”⑤

① 李光地：《周易通论》，载李光地撰，陈祖武点校：《榕村全书》，第一册，福建人民出版社2013年版，第86—87页。

② ［德］柯兰霓著，李岩译：《耶稣会士白晋生平与著作》，第73页。

③ ［法］白晋：《易学外篇》，梵蒂冈图书馆藏本，馆藏编号Borg.Cin.317.8。

④ ［法］白晋：《易引原稿》，梵蒂冈图书馆藏本，馆藏编号Borg.Cin.317.6。

⑤ ［法］白晋：《天尊地卑图》，梵蒂冈图书馆藏本，馆藏编号Borg.Cin.361.c.f.bis.4。

通过康熙帝让白晋所看的李光地这份奏折，可以看出白晋和李光地在易学的理解上有相同之处。但关于《周易》历史的起源，易学史上历来说法不一。孔安国在《尚书·序》里说："伏羲、神农、黄帝之书，谓之《三坟》，言大道也。少昊、颛顼、高辛、唐、虞之书，谓之《五典》。"① 现在学术界所能看到的所谓《三坟》，为"一是天皇伏羲氏的《山坟》，二是人皇神农氏的《气坟》，三是地皇轩辕氏（即黄帝）的《形坟》。伏羲氏的《山坟》后来被夏人继承发展成为《连山》，神农氏的《气坟》被商人继承发展成为《归藏》，轩辕氏的《形坟》被周人继承发展成为《周易》。这三者虽然体系并不完全一样，但是六十四卦的框架是相似的。"②

李光地认为关于中国上古的三皇之说多延续前人之说，他说"今按：以三《易》为夏、殷、周者，据记有夏时《坤乾》之文也。谓为炎帝、黄帝、文王者，《连山》炎帝之号、《归藏》黄帝之号，而周，文王之国号也。郑康成断从后说，今始沿之可也。"③ 他自己也是延续郑康成之说。所以，在给康熙帝的奏折中，他说："古书多隐语，故神奇其说如此耳。岂真有兄弟，迭与沕沕穆穆于羲、黄、尧、舜之前者哉。"④ 所以，李光地对于上古三皇之说，只是按照古书记载而延续去说，对实际如何他认为有"神奇其说"。⑤ 而白晋和李光地之不同在于，他认为三皇之说为他提供了一个对中国上古史索隐的证据，从而将中国上古史与《圣经》旧约历史加以沟通。所以，白晋和李光地之间在易学研究上的互动仍保持着各自的特点。

① 孔安国传，孔颖达正义，黄怀信整理：《尚书正义》，上海古籍出版社 2007 年版，第 4 页。

② 冯静武：《李光地易学思想研究》，巴蜀书社 2015 年版，第 89—90 页。

③ 李光地：《周易通论》，李光地撰，陈祖武点校：《榕村全书》，第一册，第 7 页。

④ 《李光地奏疏》，耶稣会罗马档案馆藏，馆藏编号 Jap.Sin.IV 25.5。

⑤ 至今关于夏代的考古仍无确定之说法。

2. 白晋易学研究与《周易义例》

白晋给康熙自己的易学研究作品时说："所有大学士奏书一件，原图一张，前解一节，一并缴上外，白晋释《易经》一节，图一张，呈览。据白晋称今所进之此一节，与回复大学士者，大概多有相同。此节乃随所释《易经》应用之次序，与大学士者，乃应其所问也。"① 这说明，他的研究吸取了李光地的一些内容。白晋对李光地《周易折中》的吸收是多方面的，仅举两例：

第一，关于"河图""洛书"与"天尊地卑图"的关系。

"河图"这个提法最早出现在《尚书·顾命》，但指的一种玉器。最早将河图与《周易》的八卦联系起来的是晋人所作的"伪孔传"，内有"河图，八卦是也"。这句话是对孔子《论语·子罕》的"子曰：凤鸟不至，河不出图，吾已矣夫"的解释。最早提出"洛书"的是《周易·系辞上》"河出图，洛出书，圣人则之。"将"河图"和"洛书"从概念变成图像的是宋代的刘牧，他在《易数钩隐图》中第一次画出了"河图"和"洛书"，宋代大儒朱熹把黑白点阵"河图""洛书"放入他的《周易本义》一书中。由于朱熹的地位，从此"河图"和"洛书"获得了正宗的地位。关于河图和洛书当代中国学者李申讲得很明确，他说："黑白点阵《河图》《洛书》创自刘牧，由朱熹定型。目的是反对仰观俯察说，重新解释八卦的起源。其根据是《易传》的'天地之数'、《汉书·五行志》的'五行生成数'及《大戴礼记》的'明堂书数'或《乾凿度》的《九宫数》。"②

将"河图"和"洛书"与"天尊地卑图"相沟通是李光地和白晋共同的看法。李光地在《周易折中》中说："'河图'之数五十有五，'洛书'之数四十有五，合为一百。此天地之全数也。以一百之全数为斜界而中分

① 《易考》，梵蒂冈图书馆藏本，馆藏编号 Borg.Cin.317.4。

② 李申：《易图考》，北京大学出版社 2001 年版，第 195 页。

之，则自一至十者，积数五十有五；自一至九者，积数四千有五；二者相交，而成河、洛数之两三角形矣。凡积数自少而多，必以三角，而破百数之全方，以为三角，其形不离乎此二者。下诸图之根，实出于少此。”①

他又说：“‘河图’之数，自一至十；‘洛书’之数自一至九，象之已分者也。图则生数居内，成数居外；书则奇数居正，偶数散居偏，位之已变者也。如前图，破全方之百数，以为河洛二，数，叉就点数十位，中涵幂形之九层，以为河洛合一之数。则虽其象未分、其位未变，而阴阳相理、三极互根之道，已粲然默寓于其中矣。”②

白晋接受了李光地在这里提出的观点，将此图转换成“天尊地卑图”。白晋在研究《易经》时是认真读过朱熹的书的，在《易经诸家解说》中，他专门画下朱熹的“先天卦配河图之象图”和“先天卦配洛书之数图”③。他的基本观点是“天尊地卑图”是“河图”、“洛书”之本，换言之，“河图”、“洛书”源于“天尊地卑图”。

理由何在？白晋列出了以下几条理由：

其一，从《易经》中找根据。《周易·系辞上》曰：“天尊地卑，乾坤定矣。卑高以陈，贵贱位矣。动静有常，刚柔断矣。方以类聚，物以群分，吉凶生矣。在天成象，在地成形，变化见矣。”④白晋在文中引用了这段话，按照他自己所分的“先天未变”，“先天已变”，“后天不变”三易之说，他认为“天尊地卑图”应是“先天未变”大易数象图之源，而“河图”和“洛书”则为易数象图所派生，这样在逻辑上就确定了“河图”和“洛书”与“天尊地卑图”的关系。

其二，从二者之间数的相同性来证明。白晋在《易经总说稿》“释易卦

① 李光地编纂，刘大钧整理：《周易折中》，第 793 页。
② 李光地编纂，刘大钧整理：《周易折中》，第 793 页。
③ ［法］白晋：《易经诸家解说》，梵蒂冈图书馆藏本，馆藏编号 Borg.Cin.362.3。
④ 周振甫译注：《周易译注》，中华书局 1991 年版，第 230 页。

爻之数由天尊地卑图所衍而出”一节中论说，“《易》卦爻之数，有大成，有小成。其大成与小成之数，皆由河图所衍，而本于天尊地卑图之数也。其数所定之法，明见于《易上传》第九、第十章之文，云：‘天一，地二，天三，地四，天五，地六，天七，地八，天九，地十。天数五，地数五，五位相得而各有合。天数二十有五，地数三十，凡天地之数五十有五。此所以成变化而行鬼神也。’”① 朱熹在《周易正义》中明确画出“河图”与“洛书”。此图是由黑白圆点组成，白点表示奇数，代表阳，是“天数”；黑点表示偶数，代表阴，是“地数”。在“天地之数”中，其中奇数一，三，五，七，九为天数；偶数二，四，六，八，十为地数。

下图的“河图”就是以天地之数一至十，排列成了“一六居下，二七居上，三八居左，四九居右，五十居中”的方位；“洛书”也是由黑白圆点组成，同样是以白点表示奇数，代表阳，黑点表示偶数，代表阴。不同的是所取之数为一至九，并由此组成了“戴九履一，左三右七，二四为肩，六八为足，五居中央”的龟形方位。

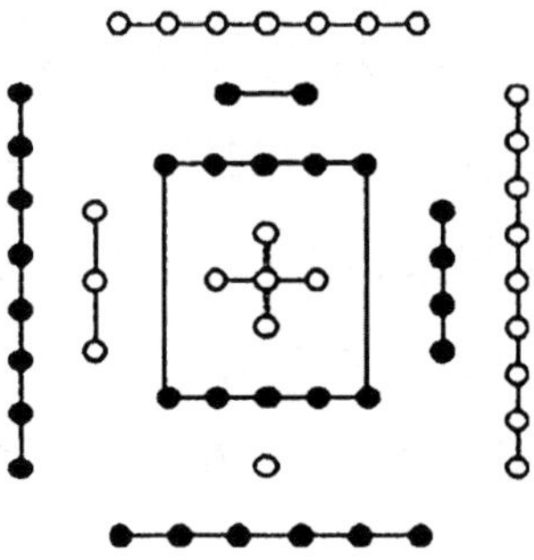
河图

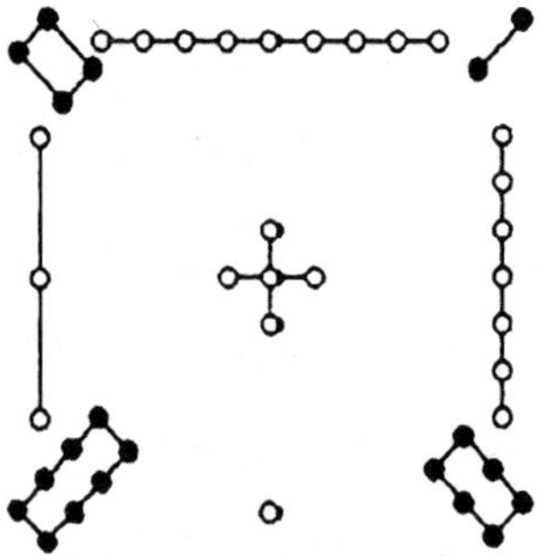
洛书

白晋所知的这两幅图，也正是李光地《周易折中》的图。同时，他将李光地的“河洛未分未变三角图”改变成了“天尊地卑图”。

① ［法］白晋：《易经总说》，梵蒂冈图书馆藏本，编号 Borg.Cin.317.3。

此图即是将天尊地卑之图层层相加相联而成

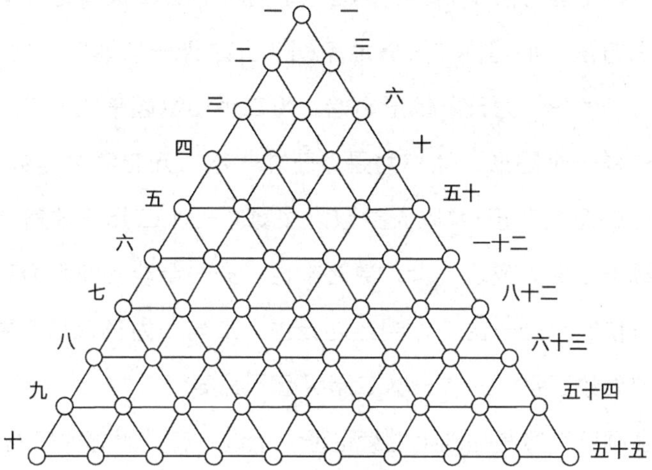

天尊地卑图

白晋认为“天尊地卑之图”在多方面和“河图”与“洛书”是一致的。他从数学上来论证，认为“天尊地卑图”所包含的诸地形立方诸天象其根源在于洛书方图。他说：“天尊地卑图中，凡微圆三极天象，与容方三角地形，各类之九，衍之至于五十五，乃天地相得合一之全数，则成天地大衍之图。其中之微圆五十五位，三极天象，合于天一至尊，超诸形象之上者，共五十六位也。将此图之容方五十五层，以始于一、终于十，五奇五耦，十位数自然之比例，次第分之为十层，则于此容方之积数，次第分见十个立方之例序。将此十个立方之积数并合之，则成三千二十五，即天数二十五、地数三十，共五十五自乘之方数。大衍之图，衍之至于无穷。凡立方积数，次第之序，莫不见于其中矣。”①

① ［法］白晋：《易学外篇》，梵蒂冈图书馆藏本，馆藏编号 Borg.Cin.317.8。

第二，白晋论证天尊地卑图方法受启于《周易折中》。李光地在谈到图形合洛书为象数之原时采取了由小到大的分析方法，逐步将洛书为象数之原的道理展开。他从“天圆图”、“地方图”开始，然后，引出四角、六角、八角等图像。

这样一种论证方法受到白晋的注意，他在论证“天尊地卑图”时也采用这种论证方法。他提出“天尊地卑图”上之天一与地二，共三个微圆。并其间容方三角形，为天象地形之始。将二者结合起来成为带三个微圆的三角形。这样一个图形，他称为是“三才一本二元自然之理数。”这个图形在象数上的意义在于：“以天象数之多寡，一本二元三才言之，其道固立于一而成于三矣。数之一者，数之本也，夫一至能始伸而穷其能，生如已之一。一位二，乃一生二，阴数之元也。二与一为三，乃二生三，阳数之元也。则天数万象，三才一本二元尽备于此矣。”①

白晋在画三个微圆基础上继续论证，他说，在“天尊地卑图”纸上一、二、三共有六微圆，在这个六微圆中有四个三角形，是天六地四共十，属于天地之全数。如果将六微圆图和四个三角形图合在一起，就成了“太极函三，三才已衍之图”。也就是始于一二衍于三。又内涵方之四，这样就是一个“浑合天动地静数与几何之情”，这样这个图是以天地方圆动静、阴阳乃数与几何各一本二元三才之图。用此可以解开天象、动静、阴阳指万变。

从以上白晋分析论证的方法和李光地的论证方法接近，由此看出二者之间的联系，也可以理解白晋给康熙帝所说的：“今所进之此一节，与回复大学士者，大概多有相同。此节乃随所释《易经》应用之次序，与大学士者，乃应其所问也。”②

在白晋的手稿中有许多处对《周易折中》的引用，或者是改写。例

① ［法］白晋：《易学外篇》，梵蒂冈图书馆藏本，馆藏编号 Borg.Cin.317.8。
② ［法］白晋：《易学外篇》，梵蒂冈图书馆藏本，馆藏编号 Borg.Cin.317.8。

如，白晋在 Borg.Cin.361-1 这份文献中对“天尊地卑图”、“河图”、“河图衍于六层周普四方复圆图”这三幅图做了解释，其内容基本来自李光地的文字。如关于“天尊地卑图”：

> 天尊地卑图乃先天未变自然之象，其数始于一，终于十，天数五，地数五，得始终自然之全。是知先天未变，始终自然之数，由是而生，是故，将此图天地十位数次第相乘，终所得者，即为先天未变始终之数也。纲鉴记天皇氏一姓十三人。兄弟各一万八千岁。地皇氏一姓十一人，兄弟各一万八千岁。前之名儒，考此数云：当作合前当作百，亦有云者，千当十。据此，天皇十三人，地皇十一人之合数。惟为一万八千岁或一万八十岁，而归于此图始终之数。①

白晋这个理解尽管是抄录了纲鉴中的话，但实际上直接回应了李光地在康熙五十一年（1712）七月初九日的奏折中所说的：“臣恭绎图像，九者天数也，并四成十三，为天皇之数；八者地数也，并三成十一，为地皇之数。”②

在谈到易学的象数图关系时，他说：“凡有数则有象，象不离乎数也，万象起于方圆，而测方圆者以三角，此勾股所以为算之宗也。圆者天象，方者地象，三角形者人象，何则？天之道如环无端，故其象圆也；地之道奠定有常，故其象方也。”③

白晋在《易经总说》一文中也说：“夫《易》之为经也，有理焉，有数焉，有象焉，有图焉。图不离象，象不离数，数不离理。理生数，数生象，象生图，图备而象显，象立而数著，数出而理明。是故凡欲知理者，莫若明数；欲明数者，莫若观象；欲观象者，莫若玩图。四者之中，惟理

① 梵蒂冈图书馆藏本，馆藏编号 Borg.Cin.361.1(c)。

② 《李光地奏疏》，罗马耶稣会档案馆藏，馆藏编号 Jap.Sin.IV 25.5。

③ 李光地纂，刘大钧整理：《周易折中》，第 797 页。

为要，盖《易》之所为《易》者，道也。其数象图，如筌如蹄；其道其理，如鱼如兔。得兔而忘蹄，得鱼而忘筌，得象而忘图，得数而忘象，得道而忘数。至矣！”①

由此可见二者之间在易经研究上的相互关系与影响。

在梵蒂冈图书馆的文献中有一份《周易义例》（Borg.Cin.361-2），这是一份对《周易折中》的部分的抄录，所抄写的内容如下：

义例：时，位，德，应、比，卦主。

这部分抄录与《周易折中》的《启蒙》原文略有不同，对文中的卦象的文字表达，大都改为不用卦象文字，直接用卦象来表示，这样在文字抄录上要简单一些，从而文字相对略少一些。

康熙帝在《凡例》中就说：“《启蒙》为朱子成书，与《本义》相表里。”②这样在《周易折中》中除了在正文中收有《本义》的内容外，在书的篇尾也附了朱熹的《启蒙》全书。对于朱熹这本书，《四库全书总目》写道：“盖《易》之为道，理、数并存，不可滞于一说。朱熹因《程传》专主明理，故专取邵雍之数以补其偏，非略脱义理，惟著此书以为数也。”③

收入《启蒙》是《周易折中》的重要特点。由于《启蒙》是朱子象数思想的集中表达，也是康熙帝和李光地编撰《周易折中》的重要内容，所以，《周易义例》也抄录这一部分，在抄录中除《洛书乘除十六法》部分的数字表达没有抄录外，其余内容和图式全部抄录，为简便文字，在叙述中凡可用卦象来代替卦名的，都只用卦象，而不再用卦名。

此文献没有署名，不知抄录者是谁？但从笔者对白晋《周易》研究手稿

① ［法］白晋：《易经总说》，梵蒂冈图书馆藏本，馆藏编号 Borg.Cin.317.3。
② 李光地纂，刘大均整理：《周易折中》，第 33 页。
③ 永瑢等撰：《四库全书总目》，上册，第 55 页。

分析来看，这份文献估计为白晋学习《周易折中》时，由中国文人帮助他抄写的，白晋肯定认真阅读了李光地的《周易折中》。我们可以从白晋的《周易》研究手稿中找到他和《周易折中》的关系，说明《启蒙》对其的影响。

《周易折中》中附有《启蒙》的“图形合‘洛书’为象法之原”。

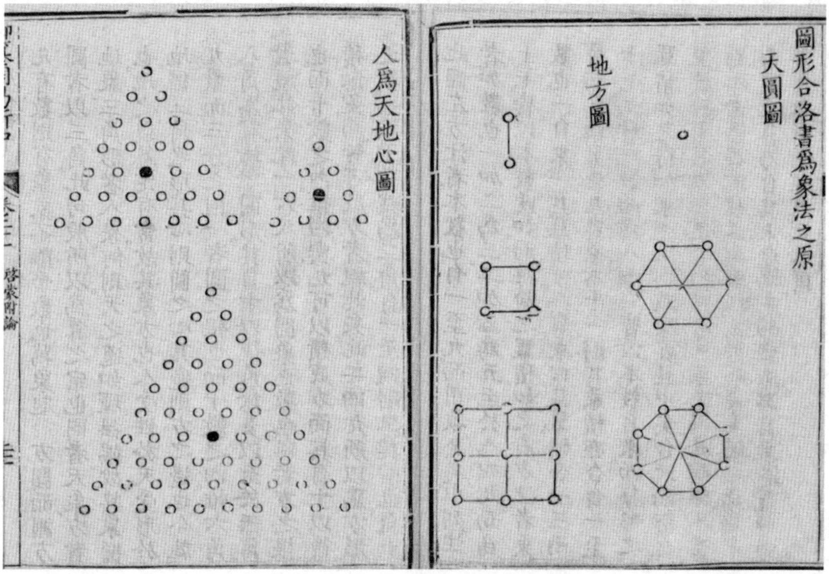

李光地　图形合洛书为象法之原
（李光地《周易折中》，清康熙五十四年［1715］刻本，哈佛燕京图书馆藏）

这幅图表示“洛书”是如何作为象法之原的，说明了“洛书”从一到九的演变过程所呈现出的象。从一个表示天的圆点，到表示地的方图，其中一、六、八为圆象之数，二、四、九为方形之数。

白晋受到这样的启发，在解释“天尊地卑图”的形成时，也采取了这样论证的方法。他在《易学外篇》中说：

数与象相比而论之，夫数者，乃一二三四等，如天气之精微，□而不连，多寡之类，微也，阳也，天也。故先师以列白黑微圆几层，三极之图记之如此。，类推衍之，至于无穷也。夫象者，乃如二三各自乘，二二为四，三三为九，成一连相结，奇偶正方几何之类。大也，广也，阴也，地也。故先师以与微圆间之虚，累几层相应实容，三角之图记之如此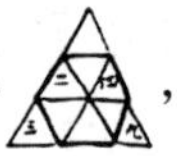，类推衍之，至于无穷也。方有角，圆无角有极，故前圆方二图，虽同三侧，而以三极三角别之。前三极之图，真如天也，乃天之广大，一周一环，圆也。再周天之阳气，一一之微，一感而动，亦各圆也。前三极之图亦然。乃其图之广大，径一围三，圆也。再其图之诸圈，亦各圆也。后三角之圆，真如地也。地之广厚，其形虽圆，因居中而静，乃有立方不动之情，故为方也。再地之广厚，其形之大，由诸微形而成。然此微形，一一无不有其平面，一置即静，皆同方也。后三角图亦然。乃其图之全，必由一定之数，自乘而为正方。再其图凡所容之微，皆为平面。凡形得其平，一置即静，故皆为方也。是知或以全言之，或以分言之。前三极之图，实如天尽圆也。归三角之图，实如地尽方也。于前圆三极、后方三角之二图，先师如是明别圆与方、天与地、阴与阳焉。将此二图相参，配合为一，则成浑奇偶阴阳、天地方圆数象，三级三角完全之一图，如此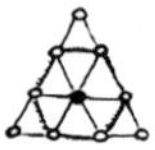。类推衍之，亦至于无穷也。前天圆三极、地方三角之二图，如是配合相参，真为《易》数象太极之本图。盖此图既由天圆三极、地方三角之二图，相参配合而成，则天地莫大之二象，明备于其内。再夫太极内，天圆微圈三极之图，虚其中一，余者即阳九，三极外包，内合于阴六微圈，如此。所谓天圆阴阳，调和相感，诸数象之二元。又地方微容三角之图，实其中，共有阳三自乘为九之方数。乃阳刚之元，内包含阴阳二三相乘之六，如此。乃阴之元。夫天圆阴阳调和，地方刚相荡，天地相感，是知《易》两仪四象，明备于此太极图焉。①

① ［法］白晋：《易学外篇 · 易引》，梵蒂冈图书馆藏本，馆藏编号 Borg.Cin.317.10。

这段话的论证方法和“图形合‘洛书’为象法之原”的方法使完全一样的，通过圆点以示天，通过三角以示地，前者表示圆，后者表示方，为此，一步步推演出太极图。

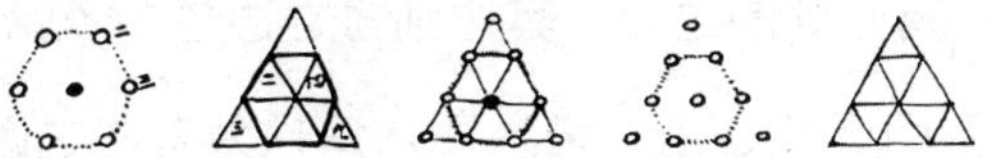

在白晋的象数研究中，“天尊地卑图”是其核心。作为一名西方的传教士，他既要保持原有之信仰，又要融合中国文化，走利玛窦的合儒路线。同时，白晋研究《周易》又是受康熙帝之委托，白晋如何协调好这两种文化，而且又要符合中国易学之传统，凸显出西方传教士在数学上的特点和优势，这是一件极为困难之事。但白晋按照自己的理解，他找到了这个切合点，这就是天尊地卑之图。而这样的图书之说，在《周易折中》所附的《启蒙》中表达得十分精彩。

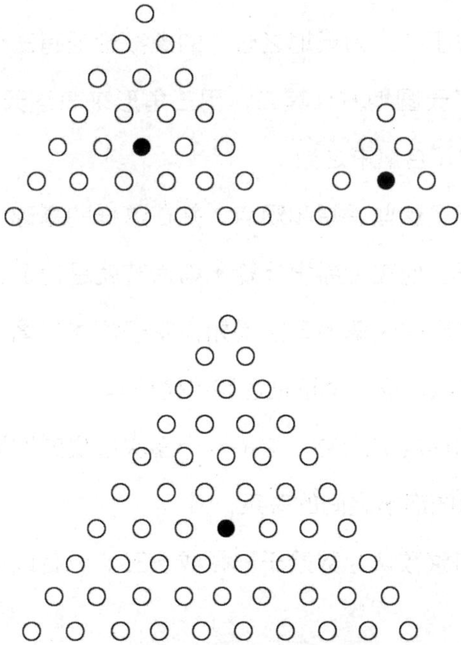

李光地《人为天地心图》

“凡有数则有象，象不离手数也，万象起于方圆。而测方圆者以三角，此勾股所以为算之宗也。圆者天象。方者地象，三角形者入象，何则？天之道如环无端，故其象圆也。地之道奠定有常，故其象方也。人受性于天，受形于地，犹三角之形，其心则圆之心，其边则方之边也。今就九数而三分之，则一者圆之根也。而十数之内，唯六角八角，为有法之圆形，其自十以后；角愈多以至于无角者视此矣，此一六八所以为圆象之数也。二者方之根也，而十数之内，唯四与九，可以积成方面，其自七以后，积愈多而皆可成方者视此矣，此二四九所以为方形之数也。以十数裁为三角，自一至四，则三其心也，自一至七，则五其心也，自一至十，则七其心也，所谓三角求心之法者如是，其自十以后，数愈多而皆可以求心者视此矣，此三五七所以为三角形之数也。‘洛书’之位，一六人居下，为天道之下济，二四九居上，为地道之上行，三五七居中，为人道之中处，其数其象，亦于图形乎有合矣。”①

这段论述中关于“人为天地之心”的象数论证有三个核心的观点：其一，这幅图体现了天圆地方；其二，用三角形来表达天圆地方是很好的；其三，图形的数字正合洛书之数。

白晋完全理解了这些思想和观点，并在这样的基础上展开了他的天尊地卑图的象数论证。他在《易学外篇》第六节就是论证先天易数象原本诸图，也就是将他提出的天尊地卑图是如何基于河洛二图，而又通乾坤三爻之总数来完成的加以论证，其论证思路完全一样。

首先，从图的形成史来说，这是一个递次连贯的发展过程，而这样的过程说明了它与河图洛书之间的关系。

他指出易学的象数认为数始于一，成于三。或者以天圆阴阳，其数多

① 李光地纂，刘大均整理：《周易折中》，第797页。

寡之精微言来论，或者以地方形象，其几何之广大来论，这几个方法都是一样的。由此，他画出一个《易》的天圆地方图，这个图微圆三层，微三角容三层，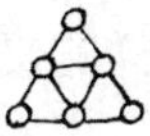。这可以称为数象之圆图。由此，在进一步扩展到微圆四层，微容三层之太极图，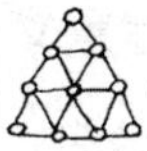。这个图就是古语所说的数始于一，终于十，亦如前以微圆之数衍之，“即成《易传》所云天一、地二、天三、地四、天五、地六、天七、地八、天九、地十，兼河洛之全数，图说之传，所存天尊地卑之图是也。”①

其次，如果从图的数量关系上，说明“天尊地卑图”与“河图”之间的数量关系。这样白晋就进入对天尊地卑图数量关系的分析。

白晋说：“盖天尊地卑之图，由黑白微圆相积而成。其十层乃河始于一，终于十，共五十五之积数。除下一层，余九层积数，即洛亦始于一，终于九，共四十五之积数。是知河洛二图之全数，合为天尊地卑一图自然之正，同由径一围三，天圆三极之式，同系天圆包于外之虚，而无地内之实。”②

如果来看“天尊地卑图”，会发现，它符合天地之图，从其十层的微圆来看，我们便知天圆是由十层，每一个天圆都是由三个微圆构成。以三极相罍的方式而成。从地方来看，它是由九层微三角容构成，这样，便知地方是由九层微三角容，各为方图而成。到此，可以看到，“天尊地卑一图，兼河洛浑天地，而为阴阳方圆诸数象之宗。”③这正是《易》云：河出图，洛出书，圣人则之。所以，白晋认为《易传》所说的圣人则河洛，其文即系《周易》，圣人以开后天而复先天之正；《易传》所说的河洛二图是先天易变，失其原正之象。“然此所立河洛合一之图，来自先天未变原吉

① ［法］白晋：《易学外篇 · 易引》，梵蒂冈图书馆藏本，馆藏编号 Borg.Cin.317.10。
② ［法］白晋：《易学外篇 · 易引》，梵蒂冈图书馆藏本，馆藏编号 Borg.Cin.317.10。
③ ［法］白晋：《易学外篇 · 易引》，梵蒂冈图书馆藏本，馆藏编号 Borg.Cin.317.10。

之正。故古之先师，特名为天尊地卑之图。”①

最后，来说明“天尊地卑图”的价值体现。正如《周易折中》所附的三角形图被视为“认为天地之心”一样，白晋也接着这样的义理思路，来论证“天尊地卑图”的象数所体现的伦理意义。

为何这幅“天尊地卑图”是天尊而地卑？他说：“先天平和元吉之时，尊者居上，卑者居下，天地定位，上下各得其当，天地神人无不顺上，格于帝心，此乃先天自然之正。”②

白晋这样解释“天尊地卑图”：

若以上下观之，夫图之上，一二三微圆，乃高高尊无二上，全能主阴主阳，主刚主柔，帝天一二三位，合同一体之象。居干大君大父至尊之位，其下至地十之黑圆，乃十方地人万灵良民之象。又下至天九之白圆，乃司九重天万神群臣之象。同居坤至卑之位，各安其分，甘属一三大君大父主宰之下。

若以内外中观之，图中之一微圆，即天地之中心，乃帝天主宰其中之象。如太阳普照，达内外，通厥神明。其图外围一九、二九、三九，相包微圆之三重，成天圆之干。当大天一周三环之星，而为皇天大帝，纯阳高高居上，统天复包之象。其图内一六、二六、三六，相包微圆之三重，成天圆之坤，即象下司六合鬼神之众，不自神，敬畏顺命。再其图微三角容，一九、二九、三九三层相抱之方，成地方之干，当大地几何之三大。乃后土之三彩，象一三刚健厚德之帝，无不健载之神容。中其微三角容之内，一六、二六、三六相包三层之容，成地方之坤，象六合烝民之三司，自不用，至柔顺命，合于帝心。③

① ［法］白晋：《易学外篇·易引》，梵蒂冈图书馆藏本，馆藏编号 Borg.Cin.317.10。
② ［法］白晋：《易学外篇·易引》，梵蒂冈图书馆藏本，馆藏编号 Borg.Cin.317.10。
③ ［法］白晋：《易学外篇·易引》，梵蒂冈图书馆藏本，馆藏编号 Borg.Cin.317.10。

这里《周易折中》中的人心换成了帝天大君大父之心，而且终如其神配，合之为一，而成先天三刚之正，天地乾坤，太和保合，神人可享不可颂，心乐无疆之美。“据天教经文秘奥之精微，弘仁义三主，超然亲爱善人，微特如仁君慈父之爱忠臣孝子，且如良夫之爱贞妇，二心合之为一。”① 天尊地卑图说之传，其深意原不外此。结论是很明显的。在这样的论证中，明眼人是看不出其内含着的西方因素的，因为，在《周易折中》的人心为天地之心图中也同样有着一种义理的表达，白晋只是将人心为天地之心变为帝为至尊之象，同时，人心变成了“三主”。不懂天主教神学的人无论如何不知此处的“弘仁义三主”就是“三位一体”的“圣父、圣子、圣灵”。白晋转换之巧妙，论述之隐蔽，绝非一般人能看出其奥妙。

所以，《周易折中》是白晋易学重要的思想之源，他熟读《周易折中》，然后将其运用到自己的易学研究中，形成自己的以天尊地卑图为其核心的象数理论。

四、白晋与明清易学研究

在梵蒂冈图书馆的文献中有诸多文献涉及《周易》研究，这些文献应是白晋、傅圣泽、马若瑟当年研读《周易》的基础性文献。从目前的研究来看，这些文献是被傅圣泽带回罗马的。② 从这些文献我们也可以窥见白

① ［法］白晋:《易学外篇·易引》，梵蒂冈图书馆藏本，馆藏编号 Borg.Cin.317.10。

② 学者魏若望曾论及，“比较急迫而又复杂的问题是书籍入关。巴黎皇家图书馆馆长让·保罗·比尼翁（Jean-Paul Bignon）曾请公司为图书馆搜求一些中文书籍。（转下页）

晋和他的团队与中国易学之间多方面的关系。

1.《易经诸家解说》(Borg.Cin.361-3)

这是一份白晋等人研读《周易》时的读书笔记，手抄本。全书抄录五位重要的易学研究家的著作。目前不知抄录者是谁，从字体来看，肯定是帮助白晋等人研读易学的中国文人。但确定抄录那些内容，则应该是白晋等人所定。这是一份稿抄本文献，是研究白晋等索隐派与清代易学的重要文献。通过对这份文献的研究，我们可以窥见白晋等人研究易学的知识来源。

《易经诸家解说》所抄录的第一本书为《读易述》。

这本书是明万历年潘士藻所著。潘士藻，字去华，号雪松，万历十一年（1583）进士，官至尚宝司少卿，授温州进管，历官御史。该书《四库全书》又名《洗心斋读易述》，十七卷，焦竑为其写序。《四库全书总目》云："其书上下经十卷，系辞至杂卦七卷。每条皆先发己意，而采缀诸儒之说于后，前有焦竑序。"①

白晋等人从书中抄录了两页文字。略择录几条：圣人作，万物睹。圣人者三才之宗主，万物之天地，所谓出乎于类者。故统乎万物万类睹圣人，即利见大人。其唯圣人乎。知进退存凶，而后先其正也者，唯圣人

（接上页）当时在广州的德·拉布雷特舍·利图（M. de la Bretesche Litoust）船长派一中国商人赴南京按比尼翁所列书单购书。这些书共有七箱，由'加拉泰'号运载并于傅圣泽抵达路易港之前送到比尼翁处。当仍在广州的傅圣泽看到那名中国商人没有购全比尼翁所需书籍时，又开列一份要续购的书单。由于他的十一只箱子装有几千册中文书籍，傅圣泽寻求比尼翁的帮助以求通过海关。"参阅魏若望著、吴莉苇译：《耶稣会士傅圣泽神甫传：索隐派思想在中国与欧洲》，大象出版社 2006 年版，第 236 页。这里魏若望只是讲了傅圣泽受法国国家图书馆的委托在中国购买中文书籍一事，实际上傅圣泽自己也带回了一大批中文书籍，包括《周易》研究的各类书籍。

① 永瑢等撰：《四库全书总目》，上册，第 131 页。

乎。圣人一身浑是造化。

《易经诸家解说》所抄录的第二本书为《易原》。

该书刻于顺治年间,《四库全书》入经部易类存目。提要写道,"国朝赵振芳撰。振芳,字香山,山阴人。是书列《古本图书》《古本易经》为首卷,列诸图与说为次卷。其《古本周易》,集诸家旧本而考其异同,于章句文字颇有厘订。惟所载图、说自《河》《洛》蓍法、五行、卦气而外,并及天行地势之类,则不免曼衍支离。夫《易》为象数之总,推而衍之,三才万物无不贯通。故任举一端,皆能巧合,然于圣人立象设教之旨则究为旁义也。"①

白晋等人从书中抄录两页文字。略择录几条:

故其数一,一者万之始,一者偶之君。

太极之妙暨乎无穷,万物无所不禀,则谓之命。万物无所不本,则谓之性。万物无所不主,则谓之天。万物无所不通,则谓之理。

天地间唯一无对,惟中无对。

《易经诸家解说》所抄录的第三本书是《周易集解》。②

---

① 永瑢等撰:《四库全书总目》,上册,第74页。

② 《周易集解》,《四库全书总目》提要如下:"唐李鼎祚撰。鼎祚《唐书》无传,始末未详。惟据《序》末结衔,知其官为秘书省著作郎。据袁桷《清容居士集》载'资州有鼎祚读书台'知为资州人耳。朱睦㮮《序》称为秘阁学士,不知何据也。其时代亦不可考。《旧唐书·经籍志》称录'开元盛时四部诸书'而不载是编,知为天宝以后人矣。其书《新唐书·艺文志》作十七卷,晁公武《读书志》曰:'今所有止十卷而始末皆全,无所亡失。'岂后人并之耶?《经义考》引李焘之言,则曰:'鼎祚《自序》止云十卷,无亡失也。'朱睦㮮《序》作于嘉靖丁巳,亦云《自序》称十卷,与焘说同。今所行毛晋汲古阁本乃作一十七卷,《序》中亦称王氏《略例》附于卷末,凡成一十八卷。与诸家所说截然不同,殊滋疑窦。今考《序》中称'至如卦爻彖象,理涉重玄,经注《文言》,书之不尽,别撰《索隐》,错综根萌,音义两存,详之明矣'(转下页)

《周易集解》乃唐朝李鼎祚所撰，书名或题作《李氏周易集解》《李氏易传》。“此书博采汉魏至唐初三十九家易说，重在采择象数学说，以注释经传义蕴，旨在‘刊辅嗣之野文，补康成之逸象’”。[①] 白晋等抄录的《易解》是李鼎祚的作品。白晋等人从书中抄录两页文字。略择录几条：九家易曰：乾为言；帝出乎震，圣人也；先儒以乾至离为上经，天道也。咸至未济为下经，人道也；虞翻曰：死而复生称苏。

《易经诸家解说》所抄录的第四本书是《古易汇编》。[②] 该书乃明李本

(接上页)云云，则《集解》本十卷，附《略例》一卷为十一卷，尚别有《索隐》六卷，共成十七卷。《唐志》所载盖并《索隐》《略例》数之，实非舛误。至宋而《索隐》散佚，刊本又削去《略例》，仅存《集解》十卷，故与《唐志》不符。至毛氏刊本，始析十卷为十七卷，以合《唐志》之文。又改《序》中一十卷为一十八卷，以合附录《略例》一卷之数，故又与朱睦㮮《序》不符。盖自宋以来，均未究《序》中‘别撰《索隐》’一语，故疑者误疑，改者误改。即辨其本止十卷者，亦不能解《唐志》称十七卷之故，致愈说愈讹耳。今详为考正，以袪将来之疑。至十卷之本，今既未见，则姑仍以毛本著录。盖篇帙分合，无关宏旨，固不必一一追改也。其书仍用王弼本，惟以《序卦传》散缀六十四卦之首，盖用《毛诗》分冠《小序》之例。所采凡子夏、孟喜、焦赣、京房、马融、荀爽、郑玄、刘表、何晏、宋衷、虞翻、陆绩、干宝、王肃、王弼、姚信、王廙、张璠、向秀、王凯冲、侯果、蜀才、翟元、韩康伯、刘巘、何妥、崔憬、沈驎士、卢氏（案卢氏《周易注》《隋志》已佚其名）、崔观、伏曼容、孔颖达（案以上三十二家，朱睦㮮序所考）、姚规、朱仰之、蔡景君（案以上三家，朱彝尊《经义考》所补考）等三十五家之说。《自序》谓‘刊辅嗣之野文，补康成之逸象’。盖王学既盛，汉《易》遂亡，千百年后学者，得考见画卦之本旨者，惟赖此书之存耳。是真可宝之古笈也。”参见永瑢等撰：《四库全书总目》，上册，第3—4页。

① 李鼎祚：《周易集解·序》，九州出版社2003年版，第25页。

② 《古易汇编》，《四库全书总目》曰：“明李本固撰。本固字维宁，临清州人。万历壬辰进士。官至太仆寺少卿。案《易》自费直以《十翼》解《经》而郑康成以《彖传》连《经》文，于是十二篇之序始紊，如今《乾卦》是也。至王弼，又自《坤卦》以下每卦每爻取传辞连缀经文之下，并取《文言》入《乾卦》《坤卦》之中，即今注疏本是也。后王洙、吕大防、周燔、吴仁杰辈，递有考核，而晁说之、吕祖谦所定为善。故朱子《本义》参用二家。至吴澄，又谓《系辞》内‘居室’七条、‘佑助’一条、‘何思’十一条，实《文言》之文，由王弼既取《乾》《坤》《文言》入《乾卦》《坤卦》，其无可附者，后人并入系辞内，而孔疏复曲为之说。复古《易》者但取《乾》(转下页)

固[①]所撰，共十七卷，收入《四库全书存目丛书》。书名《古易汇编》为《周易古本全书汇编》的简称。其书分为三集，一曰《意辞》，二曰《象数》，三曰《变占》。白晋等人从书中抄录的文字，略择录几条：

言必忠信，行必笃敬，然后可以取信于神明。无尤于四海也。

学者之求教者，如叩神明而不渎。

一始万始，而生而成，天之发育，皆总于乾元。故曰乃统天。

天为万物之祖，王为万邦之宗。

大人造也，造者天之为之圣事也。

邵子曰：一者之为道，道为天极。

《易经诸家解说》抄录的第五本书是《周易口义》。[②]

（接上页）《坤》《文言》别为一卷，而散入《系辞》者未之改也。故其作《易纂言》，取此诸条入《文言》。是书篇第悉依朱子本，而《文言》则用澄本，故曰'古易'。然朱子本于古有据，吴澄说自昔未闻，以杜撰之说目为古本，于义殊为乖刺也。其书分为三集，一曰《意辞》，二曰《象数》，三曰《变占》。《意辞》之目凡八，曰《古易》，附见书前。曰《辞会》，即《经》《传》十二卷。自第十三卷以下另为一编，有胡国鉴《序》。曰《明意》，曰《释名》，曰《详易》，曰《玩辞》，曰《误异》，曰《易派》。《象数》之目亦八，曰《图书象》，曰《图书数》，曰《总论》，曰《画象》，曰《三易》，曰《广象》，曰《观象》，曰《衍数》。《变占》之目凡十，曰《蓍变》，曰《之变》，曰《反对》，曰《变例》，曰《辨成》，曰《观变》，曰《不卜》，曰《玩占》，曰《卜筮》，曰《断法》。"参见永瑢等撰：《四库全书总目》，上册，第 60 页。

① 李本固，字维宁，临清州人。明万历壬辰（1592）年进士，后任河南归德知府，官至太仆寺少卿，著有《周易古本全书汇编》十七卷。

② 《四库全书总目》云："宋倪天隐述其师胡瑗之说。瑗字翼之，泰州如皋人。用范仲淹荐，由布衣拜校书郎。历太常博士，致仕归。事迹具《宋史·儒林传》。天隐始末未详。叶祖洽作《陈襄行状》，称'襄有二妹，一适进士倪天隐'，殆即其人。董弅《严陵集》载其《桐庐县令题名碑记》一篇，意其尝官睦州也。其说《易》以义理为宗。邵伯温《闻见前录》记程子《与谢湜书》，言读《易》当先观王弼、胡瑗、王安石三家。三原刘绍攽《周易详说》曰：'朱子谓程子之学源于周子，然考之（转下页）

该书是胡瑗所著，[①] 是其以易学阐明儒理的代表著作，颇为程子、朱子所推崇。白晋等人从书中抄录两页文字。略择录几条：

伊川曰：知微者理也，知著者象也。体用一元，显微无间。

夫圣人无所不能，智无所不周。怀道德、持仁义，以革天下奖。

天之所以生圣人者，必将有益于天下，而兴天下之利，除天下之害，举天下之教化，行天下之大道也。

因篇幅所限，笔者无法更多择录《易学诸家解说》的内容，但仅仅从以上简单的介绍，可以看出两点：

第一，白晋等人所抄录的五本书均为传统易学研究的重要著作，也是在易学史有着重要影响的著作。这说明白晋等人对易学史的熟悉。白晋等人在研读《周易》的过程中大量吸取了明清两代士人研读易学研究成果，

（接上页）《易传》，无一语及太极。’于《观》卦辞云：‘予闻之胡翼之先生，居上为天下之表仪。’于《大畜》上九云‘予闻之胡先生曰，天之衢亨，误加何字。’于九三云：‘安定胡公移其文曰“壮于頄，有凶。独行遇雨若濡，有愠。君子，无咎。”’于《渐》上九云：‘安定胡公以陆为逵。考《伊川年谱》：“皇祐中游太学，海陵胡翼之先生方主教道，得先生文试，大惊，即延见，处以学职。”意其时必从而受业焉。世知其从事濂溪，不知其讲《易》多本于翼之也。’其说为前人所未及。今核以程《传》，良然。《朱子语类》亦称‘胡安定《易》分晓正当’。则是书在宋时，固以义理说《易》之宗已。王得臣《麈史》曰：‘安定胡翼之，皇祐、至和间国子直讲，朝廷命主太学。时千余士日讲《易》，是书殆即是时所说。’《宋志》载瑗《易解》十卷，《周易口义》十卷。朱彝尊《经义考》引李振裕之说云：‘瑗讲授之余，欲著述而未逮，其门人倪天隐述之。以非其师手著，故名曰《口义》。后世或称《口义》，或称《易解》，实无二书也。’其说虽古无明文，然考晁公武《读书志》有云：‘胡安定《易传》盖门人倪天隐所纂，非其自著。故《序》首称先生曰。’其说与《口义》合。又列于《易传》条下，亦不另出《口义》一条。然则《易解》《口义》为一书明矣，《宋志》盖误分为二也。”参见永瑢等撰：《四库全书总目》，上册，第 5 页。

① 胡瑗，字翼之，世称安定先生，泰州海陵（今江苏南通如皋）人，为“宋初三先生”之一，被认为是理学先声。

他们的不少论述就是直接对明清士人易学研究的转述。

第二，白晋等人所抄录的这些文字，有着自己的选择原则。他们立足于中西融合，力图在易学史的著作中寻找与西方思想大致相同的思想和论述。一个欧洲人学习《周易》的内心世界可以从这份抄录文献窥见一些痕迹。这从上文的择录就可以看到。

2. 梵蒂冈图书馆所藏其他易学研究著作

在梵蒂冈图书馆还藏有一批被傅圣泽带回罗马的中文易学研究著作，这些著作无疑也是白晋等易学研究的资料和思想的来源。这些易学著作目录如下：

（1）《易经辩疑》（Borg.Cin.750），江都张问达（1554—1625）编撰[①]，康熙十九年（1680）镌。

（2）《梅轩重订大易经大全》（Borg.Cin.78），翰林校正原版，康熙二十六年（1687）镌。

（3）《洗心斋读易述》（Borg.Cin.84），明万历年潘士藻著，序言为万历三十四年（1606）琅琊焦竑书。[②]

① 张问达，字德允，泾阳人。万历十一年（1583）进士。《四库全书》存目有《易经辨疑》七卷。

② 《四库全书总目》云："明潘士藻撰。士藻字去华，号雪松，婺源人。万历癸未进士。官至尚宝司少卿。事迹附见《明史·李沂传》。其书《上、下经》十卷，《系辞》至《杂卦》七卷，每条皆先发己意，而采缀诸儒之说于后。前有焦竑《序》，称主理莫备于房审权，主象莫备于李鼎祚，士藻裒而择之。则所据旧说，惟采《周易义海》《周易集解》二书。然大旨多主于义理，故取《义海》者较多，《集解》所载如虞翻、干宝诸家涉于象数者，率置不录。盖以房书为主，而李书辅之也。案《义海》一百卷久佚，今所存者乃李衡《撮要》十五卷，非其旧本。竑《序》云云，岂万历中旧本犹存耶？然《宋志》已不著录，陈振孙《书录解题》亦云：'仅见四卷。'其一百卷者未见，士藻安得而见之，竑殆夸饰之词。然衡所编者其源本出于房氏，即谓之房氏书亦可也。"参见永瑢等撰：《四库全书总目》，上册，第31页。

（4）《易经详解》（Borg.Cin.87），吕晚村先生（1629—1683）汇纂。[1]

（5）《监本易经》（Borg.Cin.91），[2] 康熙三十九年（1700）新镌。

（6）《易附录纂注》（Borg.Cin.90），元胡一桂（1247—？）著[3]，康熙十六年（1677）纳兰性德（1655—1685）序。

（7）《林次崖先生易经存疑原本》（Borg.Cin.115）[4]，康熙十七年

① 吕晚村为吕留良，字庄生，号晚村，别号耻斋老人、吕医山人、东海夫子、南阳布衣，浙江崇德人，是明末清初的思想家和著名学者，又是诗人和出版家。一生著述甚丰，计有《吕晚村先生文集》八卷，《续集》四卷，附录《行略》一卷，《东庄吟稿》七卷，《惭书》一卷。他评点的时文集有《大题观略》《小题观略》《程墨观略》《东皋续编》等十余种，汇集其时文评语的有《天盖楼四书语录》等三种。后人刻印他的遗稿有《晚村先生家训》四卷。除此之外，见于《四库全书禁书总目》的还有《易经详解》《诗经详解》《吕氏医贯评》等五六种。

② “监本易经”为历代国子监刻印的书本。始于五代后唐，是中国封建社会的最高学府和教育管理机构。历代国子监都刻了不少书，成为官方刻书的主要部门。

③ 《四库全书总目》云：“《易本义附录纂疏》十五卷。元胡一桂撰。一桂字庭芳，号双湖，婺源人，景定甲子领乡荐，试礼部不第，退而教授乡里以终，事迹具《元史·儒学传》。是编以朱子《本义》为宗，取文集语录之及于《易》者附之，是为附录。取诸儒《易》说合于《本义》者纂之。谓之纂疏。其去取别裁，惟以朱子为断，《元史》称其受易源流出于朱子，殆以启蒙翼传及是书欤。陈栎称一桂此书，于杨万里《易传》无半字及之。今检其所引，栎说信然。盖宋末元初讲学者门户最严，而新安诸儒于授受源流辨别尤甚。万里《易传》虽远宗程子，而早工吟咏，与范成大、陆游齐名，不甚以讲学为事。故虽尝荐朱子拒韩侂胄，而庆元党禁独不列名。一桂盖以词人摈之，未必尽以其书也。”参见永瑢等撰：《四库全书总目》，上册，第22页。

④ 《四库全书总目》云：“《易经存疑》十二卷。明林希元撰。希元字茂贞、号次崖，福建同安人，正德丁丑进士，官至广东提学佥事，见自序及王慎中序。《泉州府志》称官至大理寺丞，误也。《明史·儒林传》附载《蔡清传》中。是书用注疏本。其解经一以朱子《本义》为主，多引用蔡清《蒙引》，故杨时乔《易古今文》谓其继《蒙引》而作，微有异同。其曰存疑者，洪朝选《序》谓其存朱子之疑以羽翼程朱之传义也。自序谓今必下视程朱，则吾之说焉能有易于彼，无已则上宗郑、贾，郑、贾之说其可施于今乎？盖其书本为科举之学，故主于祧汉而尊宋，然研究义理，持论谨严，比古经师则不足，要犹愈于剽窃庸肤为时文弋获之术者。盖正嘉以前儒者犹近笃实也。原刻漫漶，此本为乾隆壬戌其裔孙廷玠所刻旧有王慎中洪朝选二序，载朱彝尊《经义考》，廷玠删之，所言皆无大发明，今亦不复补录焉。”参见永瑢等撰：《四库全书总目》，上册，第29页。

（1678）重镌。

（8）《周易玩辞困学记》（Borg.Cin.245）[1]，康熙八年（1669），海宁张次仲（1589—1676）著。

（9）《卜筮正宗》（Borg.Cin.254）[2]，王洪绪（1669—1749）辑，康熙四十八年（1709）。

（10）《读易记》（稿抄本）（Borg.Cin.357.9c），天教学人周志（教名雅克伯，生卒年不详）述，康熙十七年（1678）。

（11）《古香斋鉴赏袖珍周易》（Borg.Cin.510），蒙图奇（Antonio Montucci, 1762—1829）旧藏。

（12）《增定纂序易经说约集注》（Raccolta Generale Oriente.III.251），蔡九霞（生卒年不详）、归薪传（生卒年不详）、高尔达（生卒年不详）合编。

以上是藏在梵蒂冈图书馆的各类《周易》及其研究的版本，以上 12 种文献除《古香斋鉴赏袖珍周易》是意大利汉学家蒙图奇的旧藏外，其余应该都是由傅圣泽带回的文本，因为，绝大多数版本为康熙年间所刻印。除这些刻本外，稿抄本只有由天教学人周雅谷于康熙十七（1678）年所写的《读易记》。从版本的价值来看，这批有关《周易》的书籍既有被收入

① 《四库全书提要》云："张次仲撰，次仲，字元岵。海宁人。是书前有自序，谓赋性颛愚不敢侈谈象数，又雅不信谶纬之说，惟于语言文字间求其谛当有益身心者，辄便疏录、岁久成帙，经二十余年，凡六七易稿而后成。持论最为笃实，于乾卦遵用王弼本，以便解诂，而仍列郑康成本于简端。前集诸儒之论及己论数十条为读易大意。其所辩论如谓八卦因重之法，自十六三十二以至六十四，卦变某卦自某卦而来，皆夫子之所不言，'河图'、'洛书'之外，别无他图。后人依托夫子之言而支离曼衍。又谓一卦六爻如主伯亚旅，无此以为君子，彼以为小人，反背错杂之理。盖扫除轇轕之说、独以义理为宗者，虽尽废诸家义例，未免开臆断之门。然其尽废诸图则实有刬削榛芜之力，且大旨切于人事，于学者较为有裨，视绘画连篇，徒类算经弈谱，而易理转置不讲者胜之远矣。"参见永瑢等撰：《四库全书总目》，上册，第 33—34 页。

② 王洪绪，名维德，又字林洪，谵然，别号林屋山人，又号洞庭山人，定定子。

《四库全书》的本子，如张次仲的《周易玩辞困学记》，林希元的《易经存疑》、胡一桂的《易附录纂注》，也有民间刻印或者流传很广的《周易》本，例康熙二十六年（1687）出版的翰林校正原版《梅轩重订大易经大全》和康熙三十九年（1700）刻印的《监本易经》。

从易学研究的内容而言，这批文献既有以阐发朱子易学为主，侧重象数研究的著作，例如林希元的《易经存疑》，其解经完全以朱子《本义》为主；元朝胡一桂所著，康熙丁巳年（1677）间由纳兰成德重刻的《易本义附录纂疏》以朱熹《本义》为宗，对历史上诸儒易学研究则是凡是合于《本义》者收之，凡是与朱子《本义》不或相悍之说，则半字不录。吕晚存所汇纂的《易经详解》，也是将易学中的理与象数两种路向分得很清楚，所谓"凡天下辩理道，阐绝学，而有一不合于朱子者，则不惜辞而辟之耳"，[①] 康熙己丑年（1709）王洪诸所辑的《卜筮正宗》，则是卜筮的重要著作。反之，以义理为宗的书在这批文献中也有，例如张次仲的《周易玩辞困学记》遵用王弼本，回归义理，义阐发易学思想为宗，对于象数研究则一笔扫之，严加批评。

由傅圣泽带至罗马的这批易学书籍和文献，大体反映了康熙年间在中国出版的易学研究的不同易学研究流派的著作。这批著作和文献虽然由傅圣泽带回罗马，但在北京时肯定也是白晋所阅读之书。这样，我们从这个书目大体能看到白晋等人在从事索隐派的易学研究时与清代易学研究之间的关系，也可以梳理出其易学研究的一些知识来源。认真研究这批文献与白晋等人的易学研究之间的关系，将是今后深入展开以白晋为代表的索隐派易学的一个重要方向，也是开拓清代易学研究的一个重要领域。

---

① 吕留良：《答吴晴岩书》，载徐正主编：《吕留良诗文集》，浙江古籍出版社 2009 年版，第 206 页。

此外，特别引起笔者关注的是白晋等人在这批文献的部分著作的眉批和阅读笔记，通过这些阅读眉批可以加深我们对索隐派易学的研究。例如《易经辩疑》两页有以下论述：

按本意乾卦六爻皆以圣人明之，是乾一圣人也，天生圣人已为天下万世人道做榜样。易系乾卦正指出，天下万世圣人榜样以教人。乾元亨利贞五字，千圣不能外，六爻潜见惕跃飞亢，见一圣人可为也。

白晋等人在读到这段话后写下眉批："上天主宰悯普世尽迷大道，获罪深重，坏其灵性。特降生一大圣，天道全称，立教神化为天下万世人道，作榜样。无论智愚，咸信从而救其灵性，得免永罪。此大圣也，乃天人合一之圣，继天立极之圣，天地始终唯一无二之圣，此大圣也。果谁足以当之耶。"①

对照这两段话，我们便可以看出文化之间的转换，白晋等人如何从中国易学著作中获得灵感的。"折中"灵感的获得并非无中生有，而是在中国传统易学的解释中本身也包含着早期先人们的圣人崇拜的痕迹。

对传统易学著作的阅读和眉批还包含大量的中文和外文的眉批，这批眉批文献的归属尚不能全完归于白晋，所以，笔者这里不能作为重点展开。只是略举一两个例子，说明白晋等人与清代易学之间的深入复杂的文化关系。从这两个例子可以看到对索隐派的翻译研究尚未真正展开，只有对照传教士们的易学学习本，才能摸清他们文化转换的思路，才能真正理解融合两种文化之难，才能理解他们艰辛的努力何以以失败而告终。

白晋的《周易》研究是清初中国易学研究的一个重要内容，白晋的

① ［法］白晋：《易经辩疑》，梵蒂冈图书馆藏本，馆藏编号 Borg.Cin.75。

易学研究写下近三十万字的中文手稿，这在中西文化交流史上是绝无仅有的。白晋所以能够写下这些手稿，重要的原因是他与中国传统易学的互动，特别是与清初易学研究的互动。他不仅仅阅读中国传统易学的书籍，而且直接和清初易学大家李光地有着直接的接触，《周易折中》成为他手边的必读之书，他所抄录的《周易义例》《易学诸家说》和藏在梵蒂冈图书馆的多种传统易学研究著作就是他研读这本书的重要证明。白晋在研究中充分吸收了清初易学研究的成果，在易学研究的方向把握上走了一条和《周易折中》相同的“折中之路”，他对易学研究史上的象数派和义理派都作了充分的吸收。在他论证的方法上受到编入《周易折中》中的朱熹《启蒙》影响，用《启蒙》的象数的逻辑思路构建了他的天尊地卑图的思路。

白晋易学研究的手稿应该成为清代易学研究的一个重要组成部分，因为长期以来白晋的易学研究手稿藏在梵蒂冈图书馆，学界所知甚少。随着《白晋文集》的整理出版，这些手稿必将成为清代易学研究的一个新的领域。①

结论

本文将白晋的易学研究放入清代的易学研究之中，从中我们可以清楚地看到他和清代易学家之间的思想与学术的互动。最为典型的是白晋和李光地在易经研究上相互影响，两人的互动又是由康熙帝所推动的。从这里我们看到早期来华传教士汉学的双重品格，一方面，他们是欧洲早期汉学的源头，从而必然具有西方汉学的一般性特点，即从自身的文化来

① 由张西平、全慧主编的《白晋文集》将陆续在商务印书馆出版。

理解和解释中国文化，这种跨文化研究的解释具有文化间互读的合理性；另一方面，这些传教士用中文写作，直接参与到清代的学术研究中，成为明清两代中华学术的自然组成部分。正像利玛窦的《几何原本》被收入《四库全书》一样，白晋的易学研究文献同样成为清代易学研究的重要文献。

欧洲望远镜究竟何时传入中国：“番僧利玛窦有千里镜”说考实

汤开建（澳门科技大学讲座教授）

关于欧洲望远镜制造技术在中国明清时期的传播，已有不少论著发表，但因以往研究对中西文献档案的搜集有遗漏，导致研究者对望远镜传华问题出现分歧。特别是大部分学者以 1609 年伽利略（G. Galilei, 1564—1642）创制天文望远镜来否认明人郑仲夔“番僧利玛窦有千里镜”之说，进而成为利玛窦研究乃至中国科技史上长期存在的误区。本文拟在全面收集中文文献的基础上，利用同时代的葡文、日文文献，特别是最新发现的利玛窦《开成纪要》等一批新资料，考证明代利玛窦（M. Ricci, 1552—1610）不仅带望远镜入华，而且还能制造望远镜，希望在对中国科技史纠错的同时，也能对利玛窦研究有一个推动。

一、不能用伽利略发明天文望远镜来否认“利玛窦有千里镜”

在明代文献中，明确记录利玛窦带望远镜来华的是郑仲夔。他在《玉麈新谭·耳新》称：

番僧利玛窦有千里镜，能烛见千里之外，如在目前。以视天上星体，皆极大；以视月，其大不可纪；以视天河，则众星簇聚，不复如常时所见。又能照数百步蝇头字，朗朗可诵。玛窦死，其徒某道人挟以游南州，好事者皆得见之。①

1942年，方豪在重庆《益世报》发表文章，否认了郑仲夔这一记录。其理由是：

然玛窦卒于万历三十八年（1610），一年前，伽利略始在物尼斯制成第一架望远镜，玛窦决不能及身而见也。盖尔时国人极崇拜利玛窦，故凡闻一异说，见一奇器，必以为玛窦所创。《耳新》仅一例也。②

1969年，《方豪六十自定稿》出版，收录了《伽利略与科学传入我国之关系》一文，再次重申了上述观点。当然，在此之前，耶稣会士阳玛诺（E.

① 郑仲夔：《玉麈新谭·耳新·宝遗》，上海古籍出版社2002年版，《续修四库全书》影印本，子部，第1268册，第510页。
② 方豪：《伽利略与科学传入我国之关系》，《方豪六十自定稿》，台北学生书局1969年版，上册，第68页。

D. Junior, 1574—1659）于 1615 年在中国出版《天问略》一书时，曾介绍了伽利略发明望远镜一事，并称“待此器（望远镜）至中国之日，而后详言其妙用也”①，也认为在 1615 年之前，伽利略的天文望远镜还没有进入中国。因此，余三乐在他的关于望远镜的专著中也持与方豪相同的意见：

> 因为当 1608 年荷兰眼镜商人向政府申请专利的时候，利玛窦已经在中国生活了 26 年，离开欧洲也已经 30 年了。虽然他即使在中国也有可能从通信中、从后来来华的同伴中得知他来华以后欧洲发生的事情，也可能间接地得到来自欧洲的书籍和自鸣钟，但是，他却不太可能知道望远镜，更不可能得到望远镜。因为这时离他 1610 年 5 月去世，仅仅只有一年多的时间了。②

不能否认，方豪、余三乐的说法具有他的科学逻辑和道理，但是必须指出的是，郑仲夔的《耳新》一书并没有称利玛窦所携带的千里镜是伽利略制造的天文望远镜，而望远镜的制造又并非自伽利略始。所以，上述批评不足以否定郑仲夔的说法。

科学史家江晓原是支持利玛窦携带望远镜进入中国之说的重要学者，认为尽管在当时的耶稣会中文著作中，不管是 1615 年阳玛诺的《天问略》、1626 年汤若望（J. A. S. v. Bell, 1592—1666）的《远镜说》，还是 1634 年由汤若望等士人编纂的《崇祯历书·五纬历指》，都是将望远镜的发明权归于伽利略③，但在望远镜发明权中，学术界提到最早的望远镜发明

① ［葡］阳玛诺：《天问略》，收入李之藻《天学初函》，台北学生书局 1978 年版，第 5 册，第 2718 页。

② 余三乐：《望远镜与西风东渐》，社会科学与文献出版社 2013 年版，第 42—43 页。

③ 江晓原：《关于望远镜的一条史料》，《天文西学东渐集》，上海书店出版社 2001 年版，第 356 页。

者则是英国人迦斯空，如晚清学者王韬（1828—1897）与传教士伟烈亚力（A. Wylie, 1815—1887）合译《西国天学源流》一书就谈到16世纪的望远镜：

伽利略未生时，英国人迦斯空已用望远镜于象限仪。迦斯空死后二十余年，无人知用者，而法兰西有某者造之，夸为创事，且造分厘二器，亦无传，而伽利略复为之，冠远镜诸器。①

意大利人玻尔塔（G. B. D. Porta, 1532—1602）1589年出版的《自然的魔术》书中称：

用一块凸透镜，近旁的东西显得特别大，却更模糊。如果你知道如何将它们配置在一起，你既可以看到近旁的东西，又可以看到远处的东西，并且在两种情况下，看到的东西都是大而清楚的。我说的就是托勒密透镜，或就叫眼镜，利用这种透镜，托勒密看到60英里外进犯的敌船。②

英国人伦纳德·迪格斯（L. Diggses, 1515—1559）也是16世纪望远镜的发明者，他的儿子托马斯·迪格斯（T. Diggses, 1546—1595）留下了一份详细的望远镜使用说明，并在1571年为其父的著作《经纬万能测角仪》所作的序言称："望远镜发明者的荣誉是属于父亲伦纳德·迪格斯的。"③《望远镜的历史》一书中还写道：

① 黄钟骏：《畴人传四编·西洋》，上海古籍出版社2002年版，《续修四库全书》影印本，第516册，第676页。

② ［英］李约瑟、鲁桂珍：《江苏两位光学艺师》，王锦光：《中国光学史》，湖南教育出版社1986年版，第190页。玻尔塔《自然的魔术》第一版出版时间为1558年。

③ H.C. King, *The History of the Telescope*, (New York: Dover Publications, Inc., 1955), pp.29—30；王锦光：《中国光学史》，第189页。

波尔塔在1586年致信枢机主教埃斯泰宣称，他的《自然的魔术》中已经明确说明自己能制造“眼镜（occhiali）”，通过它也可以看见数里之外的人。①

研究中国科技史的英国学者李约瑟（N. J. T. M. Needham, 1900—1995）则称：

可以肯定的是，在1550到1610年至少有六个人摆弄过双透镜的组合，使用了双凸透镜和双凹透镜，并获得了令人惊讶的远处物体放大的效果。某一种设想一传播开来，就许多人几乎同时付诸实践，这种现象，如望远镜的发明，在现代以前几乎是不可能的。②

稍后，1612年11月2日，作为时常与中国耶稣会士通信的意大利耶稣会神父鲁比诺（G. A. Rubino, 1578—1643）曾在信中写道：

一些人从意大利写信告诉我，一种眼镜被制造出来，可以看清楚15—20里外的东西。③

贝克曼（I. Beckman, 1588—1637）在1634年提到：

约翰逊（Z. Jansen, 1585—1632）于1604年在荷兰制造了第一架望远

① H.C. King, *The History of the Telescope*, foreword vii.

② ［英］李约瑟、鲁桂珍：《江苏两位光学艺师》，王锦光：《中国光学史》，第192页。

③ Luis Saraiva, Catherine Jami edi., “The Jesuits, the Padroado and East Asian Science (1552—1773)”, *World Scientific*, 2008, p.118.

镜，他所依据的原型是1590年在意大利制成的。[①]

以上多种西方文献均可以说明，在16世纪后半叶及17世纪初叶，已有人发明了用双透镜组合的望远工具，并运用到实践中来。这种望远工具已经具有将远处物体放大的效果，并且能看到六十英里外进犯的敌船。这种望远工具就被称为“望远镜”，中国人则称之为“千里镜”。也就是说，在伽利略发明创制天文望远镜之前，具有望远功能的千里镜早已在世间出现。

虽然按照教科书的说法，望远镜是在1608年，由荷兰米德尔堡的眼镜商利伯希（Hans Lippershey, 1570—1619）发明，后由当时的著名学者开普勒（J. Kepler, 1571—1630）加以改进，并设计了几种新的望远镜，特别是用两块凸镜片的天文望远镜。[②]1609年，伽利略又制造了一架能放大九倍的望远镜，开始了对天空的观察，创造了真正意义上的天文望远镜。[③]

《畴人传四编》卷九称：伽利略，万历三十七年（1609）至威尼斯，适刻白尔论火星之书初出，偶与人谈论，忽悟远镜之根，时闻荷兰人造器能测远，因思仿此作测天之器，遂以精思造成之。既成，自言视物大一千倍，近三十余倍。

伽利略也称，他是听到荷兰人造望远镜之后才造的这架天文望远镜。但是，伽利略所发明制作的天文望远镜距望远镜的最早问世接近有半个世纪，在这一时间段里，望远镜已经被人们付诸于各种实践活动。然而，耶

① ［英］李约瑟、鲁桂珍：《江苏两位光学艺师》，王锦光：《中国光学史》，第191页。
② ［英］斯蒂芬·F. 梅森：《自然科学史》，上海译文出版社1980年版，周煦良等译，第191—192页。
③ ［英］米歇尔·霍金斯：《剑桥插图天文学史》，山东画报出版社2003年版，江晓原等译，第114页。

稣会传教士为了其科学传教的需要，在介绍望远镜发明和创制的时候，一般都只提到伽利略，而不提及其他。所以，人们都是以伽利略发明天文望远镜的时间来界定望远镜始传中国的时间，这就带来了人们对望远镜传华问题认识的误差。

二、16 世纪中叶望远镜发明以后就开始向日本和中国传播

自 16 世纪中叶望远镜发明以后，望远镜就开始向东方传播。据后奈良时代（1497—1557）的日本文献《大内义隆记》称：

都督在世之时，石见国太田郡发现银山。外国闻日本发现宝山，便有无数唐土、天竺、高丽等国船只渡来。天竺人所赠送的各种物品中，有昼夜长短分毫不差的司掌十二时之物，能发出钟声及未装十三根琴弦却能发出五调子十调子，能使老花眼看得清楚的镜子及能清楚看清远方的镜子共有两面献上。①

这里所指的“天竺人”应指来自印度果阿的葡萄牙人或者是传教士，“能清楚看清远方的镜子”即指望远镜。19 世纪日本教会学者山本秀煌的《日本基督教史》称：从印度来的外国人给山口的领主大内义隆献上了“葡印总督的信函及洋琴、时钟、远眼镜及装裱美丽的书籍”②。法国学者雅

① ［日］塙保己一：《群书类从·合战部·大内义隆记》，东京经济杂志社 1894 年版，第 491 页。

② ［日］山本秀煌：《日本基督教史·足利末叶的基督教》，东京新生堂 1925 年版，第 72 页。

克·布洛斯称，沙勿略（F. Xavier, 1506—1552）于1549年抵达日本山口时，“向日本的大名奉送一座钟，一些望远镜，一架斯频耐琴”①。明治时期日本文献《增订工艺志料》解释望远镜传日时亦称：

后奈良天皇之治世，有天竺人来到周防国山口馆，因向周防国主大内义隆献上眼镜及望远镜，而获赞赏。由此，本邦之人始知眼镜及望远镜之存在。②

由上可以反映出，在后奈良时代，西班牙传教士沙勿略抵达日本时，就将望远镜带入了日本。又据《南蛮寺兴废记》载：

异国人到达江州安土城下后，令其至妙法寺休息三日。九月三日，召入城中，谒见信长。伴天连身穿神父之服，如毛毡般，裾短袖长，于左前扣合，与其体相甚，如蝙蝠展翅。贱声如鸽鸣，所言不明。最有失体统之事，乃怀抱名香，于御殿熏之。对信长行礼，两臑指尖向前伸出，再两手交叉于胸前，仰头。诚为不可思议之礼式。所献之物七种：可远观七十五里的望远镜，可观芥子如鸡蛋的放大镜，猛虎皮五十张，毛毡约五町四方，铁炮伽罗百斤，八迭蚊帐，一寸八分的香筥，内装四十二粒紫金制数珠。③

此事又见于《长崎实录大成》：

天正二年甲戌，大君织田信长命老臣菅谷九右卫门长赖，召伴天连

① ［法］雅克·布洛斯：《从西方发现中国到国际汉学的缘起》，张西平：《欧美汉学研究的历史与现状》，大象出版社2006年版，第16页。

② ［日］黑川真赖：《增补订正工艺志料·玉器》，东京有邻堂翻刻宫内省博物馆藏1888年版，第41—42页。

③ ［日］雪窗宗崔：《南蛮寺兴废记》，东京日本国会图书馆藏1868年版，第2—3页。

乌而革莫。乌而革莫献鸟铳十、远近镜、盈缩帐各一，猩绯罽、药物等种种珍玩。信长亲问航海之由，乌而革莫曰：无他。天主之道，寰宇最上之教，愿传之贵邦。信长馆之城外，饩禀至盛。①

非常清楚，这里的“远近镜”应该就是望远镜。这一次献望远镜的时间是天正二年（1574）。又据日本明治时代学者荻原裕好问的《显承述略》记载：

天正二年甲戌，参议织田信长命菅谷长赖，召拔的廉教会法长曰：拔的廉法徒曰维曼长赖，乃矫将军教旨，致之京师龙造寺。隆信遣人护送，信长要诸途使至安土。被服奇伟，形若蝙蝠张翅，献绯绒、火器、望远镜诸珍。②

据此可知，天正二年（1574）时，欧洲传教士向日本大名织田信长（1534—1582）进献了望远镜。

根据上述多种日本早期文献说明，16 世纪中叶望远镜在欧洲发明以后，传教士很快就将其传到了日本。既然 16 世纪中叶望远镜发明后不久就传到了日本，那么澳门与日本处在同一条航线上，大多数传教士是经澳门进入中国，那么这一时期是否有望远镜传进中国呢？我们根据下面的两条材料也可以看出大约在望远镜传进日本的同时，这一西洋奇器也传进了中国内地。刊刻于明万历三十一年（1603）的范泓的《典籍便览》一书中记载：

① ［日］川北温山：《长崎丛书·原城纪事·前编》“天教之害”（长崎：1926），第 1 卷，第 43 页。
② ［日］荻原裕好问：《显承述略续集·教匪述略》，日本国立国会图书馆藏 1896 年版，第 4 页。

千里镜：有估客货一镜，须千金。王文正公曰：镜有何异？客曰：能照千里。公曰：吾面不臻样子大，乌用照千里哉。遂却之。①

从这条材料可以看出，千里镜在万历三十一年之前已经进入中国内地，并有商人出售，且售价千金。还有，清人沈季友编纂的《槜李诗系》收录有赵世显《题任氏贞节卷》诗：

自苦冰霜操，那知岁月深。尘埋千里镜，肠断五弦琴。亹亹丸熊意，凄凄化石心。共姜嗟已矣，揽卷一沾襟。②

赵世显，“字仁甫，福建人，万历初嘉善学训。”③这一条资料告诉我们，万历初年在浙江嘉善县担任教谕的赵世显在他悼念任氏的贞节情操时，提到了“千里镜”，而且这个“千里镜”在诗中与“五弦琴”相对应，可知此千里镜即应是望远镜，亦可证在万历初年有望远镜已经传入浙江地区。值得注意的是，这两条望远镜传入中国内地时间与利玛窦来华的时间大约都在同一时期，因此，万历九年（1581）来华的利玛窦完全有可能将望远镜带进中国。这里有必要说明的是，上述所说的望远镜都是指普通望远镜，而不是指伽利略发明的天文望远镜。所以，以1609年伽利略发明天文望远镜为标准来判断利玛窦是否带望远镜来华的观点是完全不可取的。

① 范泓：《典籍便览》卷8，《物类部》下，四库全书存目丛书影印明万历三十一年（1603）范涞刻本，子部第174册，第800页。

② 沈季友编：《槜李诗系》卷40，赵世显《题任氏贞节卷》，《四库提要著录丛书》，集部，第211册，第742页。

③ 沈季友编：《槜李诗系》卷40，赵世显《题任氏贞节卷》，《四库提要著录丛书》，集部，第211册，第742页。

三、郑仲夔所记“利玛窦有千里镜”当为信史

否认“利玛窦有千里镜”的学者均将郑仲夔的记录当作坊间异说、民间传奇，属小说家类，不可征信。因此，接下来就有必要介绍郑仲夔其人及《玉麈新谭》其书。

郑仲夔，字胄师，又字龙如，江西信州人，生卒年不详，从他著作年份来看，应该是与利玛窦同时代人。郑仲夔虽然终身未仕，但学术名望很高，他的朋友杨观吉称他“胄师名如轰雷闪电，不可得而掩”[①]。据《玉麈新谭·清言》之曹征庸序，该序作于“万历丁巳”，即万历四十五年（1617）。《清言》一书在当时深受学界称许，有“《清言》之核，期以示的于千古”之称[②]。而完成《清言》的时间是1617年，距利玛窦去世的时间仅七年。而郑仲夔又是江西人，在他生活的年代，有可能在江西见过利玛窦，或者至少听说过利玛窦的传闻。而《玉麈新谭·耳新》一书则完成于崇祯甲戌年（1634），是一部被郑仲夔自誉为信史的史学著作。

据《耳新》郑仲夔自序称：

余少贱，耽奇南北东西之所经，同人法侣之所述，与夫星轺使者、商贩老成之错陈，非一耳涉之而成新，殊不忍其流遯而湮没也。随闻而随笔之，书成行世且久，而并取详加订焉，以是为可以质今而准后也。庶几，窃比于子骏之义，以待夫他日之为孟坚、元美者，岂曰小说云乎哉。

崇祯甲戌秋日信州郑仲夔胄师父题

① 郑仲夔：《玉麈新谭·耳新·序》，第460页。

② 郑仲夔：《玉麈新谭·清言·序》，第338页。

从郑仲夔的自序可以看出以下几点：

（一）自序完成的时间是崇祯甲戌年（1634），但写序时此书已“书成行世且久”，说明《耳新》写作的时间可能就在万历、天启之间，不然，很难说“行世且久”。而且，他还明确说《耳新》中所记录的事情是他年轻时候听到的事情，所以，他所记录的“番僧利玛窦有千里镜”有可能是利玛窦在世时或利玛窦刚逝世时的记录。

（二）该书所记录的事实都是他亲自“随闻而随笔之”，即他当时听到的事情就在当时记录下了；而且在书成之后“并取详加订焉”，说明他对其所记录的事情极为认真，每一件事情都进行了考订。

（三）郑仲夔在序中自比汉朝刘歆（字子骏，约前50—23），班固修《汉书》多取材于刘歆之书，故希望自己也成为班固（字孟坚，32—92）、王世贞（字符美，1526—1590）一样的良史。他还称，他撰修《耳新》一书，希望能成为传世的信史，并“可以质今而准后也”。

鉴于以上三点，如果后人没有足够的证据，是不可以将这么一部优秀的史学著作中所记录的历史事实轻易加以否认的。

我们再对郑仲夔《玉麈新谭·耳新》所记录利玛窦传入望远镜之史文进行讨论。其中，郑氏所使用的“番僧”一词需认真考辨：

“番僧”是华人对早期入华西方传教士的一个普遍称呼，因为他们本身就将自己称之为“西僧”①或“天竺僧”②，中国人及传教士都将西士视之为外国的和尚。虽然1594年年底，在范礼安（A. Valignano，1539—1606）的指令下开始易服改名，传教士不再是僧人、和尚的形象，而是以

① 刘后清主修：《刘氏族谱·艺文·利玛传》，刘氏族谱编纂委员会民国甲寅本翻刻本2009年版，第145页称：“利玛窦者，西域高僧也，别号西泰。”故中国人多称早期入华传教士为“西僧”。

② 罗明坚在1584年撰写的天主教著作《新编西竺国圣教实录》署名为“天竺国僧”，故中国人称早期入华传教士为“天竺僧”。

读书人或儒士的身份出现。据《利玛窦信函》记录：

我们已经考虑放弃中国人藐视的和尚（bonzos）的名称，并采用巡查使神父允准的文人（letrados）的称谓，我们留须并蓄发至耳，穿上文人互相拜访时所穿的特别服装，而不再是过去的和尚打扮。①

虽然利玛窦离开韶州以后就已经改变了过去和尚、僧人的形象，且以儒士、文人相称，但是，人们并没有按照他们形象的改变而改变对他们的称呼。《耶稣会与天主教进入中国史》称：

至于称呼问题，虽然我们自己家里人和许多朋友都用我们的新称谓来称呼我们，可要在广东全省推广这种称谓是极为困难的，因为中国人无论是世俗的，还是信教的，都以"僧"来称呼所有离俗出家之人。同样，他们也以此称谓称呼所有澳门的教士。②

所以，当利玛窦等人于1595年来到南昌以后，当地人仍称他们为"番僧"。例如，在南昌曾与利玛窦有所交往的江西铅山人费元禄即称：

番僧璃玛窦，状貌魁岸奇伟，自天主国航海入广东韶州，历居吴越、豫章，年可五十余，后蓄发，通中国语，所习经典法物及天主像极精致。③

① 《利玛窦信函》，第217—218页，转自宋黎明：《神父的新装——利玛窦在中国（1582—1610）》，南京大学出版社2011年版，第100页。

② ［意］利玛窦：《耶稣会与天主教进入中国史》，商务印书馆2014年版，文铮译，第186页。

③ 费元禄：《甲秀园集·番僧璃玛窦》，北京出版社1997年版，《四库禁毁书丛刊》影印本，集部第62册，第663页。

又如，与利玛窦有着深刻交往的江西著名学者章潢亦将利玛窦称为僧人：

前十余载，传闻有番僧航海入中国者，盘诘身中，止怀昊天图像一幅，画天为九瓣。①

遍检明代中文资料，称利玛窦为“番僧”者只有三人，一是章潢；二是费元禄；第三个就是郑仲夔。有趣的是，此三人均为江西人，这反映出，利玛窦到南昌以后，江西人普遍以“番僧”之名称呼利玛窦。而郑仲夔不仅在《玉麈新谭·耳新》一书中称利玛窦为“番僧”，在他的另一本书中，《玉麈新谭·隽区》仍将利玛窦称之为“番僧”：

世人漫结交，遂不问声气之合与不合，辄自命相知。试绎相知之义，谈何容易。番僧利玛窦以友为第二我，此深于相知之解者也。②

值得注意的是，此处提到的“利玛窦以友为第二我”指的就是利玛窦的著作《交友论》，而《交友论》就是利玛窦到南昌后于 1595 年出版的第一部著作。“番僧”一词是南昌时期当地人对利玛窦的习惯称呼，而《交友论》也是于 1595 年在南昌出版的利玛窦著作，以此推估，“番僧”应该是明万历时期江西南昌人对利玛窦的一个普遍称呼。故郑仲夔所见或所闻“利玛窦有千里镜”之说仍采用了将万历时期江西南昌人对利玛窦的称呼为“番僧”，亦可证郑仲夔所记录“利玛窦有千里镜”之史文应是产生在当时的历史语境之中。

① 章潢：《图书编·九天说符》，日本国会图书馆藏万历四十一年（1613）刻本 1613 年版，第 49 页。

② 郑仲夔：《玉麈新谭·隽区·语隽》，第 538 页。

前引郑仲夔《玉麈新谭·耳新》称："玛窦死，其徒某道人挟以游南州，好事者皆得见之。"这里至少又有三个名词需要进行考证：

（一）"其徒"。中文文献多将利玛窦以后入华的传教士称之为"利玛窦之徒"，如明人陈龙正称利玛窦："未几病卒。其徒众，仅能传习其器算，而颖慧莫之逮也。"① 谈迁亦称："利玛窦航西海二年达广南，今其徒不绝，抑皆自欧逻巴而至者乎？"② 据此可以看出，所谓"其徒"，就是指继利玛窦以后入华的西方传教士。

（二）"道人"。明代人对当时传教士的一种称呼。例如，冯时可即称利玛窦为"外国道人"③，陈龙正亦称利玛窦为"利道人"④。"其徒某道人"，意为继利玛窦入华以后的传教士某人。据此可知，这个"道人"并非一般中文书上所指的中国的道士⑤，而是指当时西方来华天主教传教会的修道之人。

（三）"南州"。虽然南方地区广义之称为南州，甚至河南的南阳、福建的漳泉及蜀中之地也有"南州"之称，但通常人们所说的南州均是指古豫章郡即南昌。东汉时期的名士徐稺，又称徐孺子，为豫章郡人，曾屡次被朝廷及地方征召，终未出仕，世称"南州高士"，故后人多以豫章（南昌）为南州。例如，明人曹学佺《石仓诗稿·豫章稿》"故汉豫章守陈公

---

① 陈龙正：《几亭外书·随处学问·天主教》，上海古籍出版社 2002 年版，《续修四库全书》影印本，子部第 1133 册，第 265 页。

② 谈迁：《国榷》，中华书局 1988 年校点本，第 5020—5021 页。

③ 冯时可：《篷窗续录》，陶宗仪等编《说郛三种》，上海古籍出版社 1988 年影印本，第 9 册，第 810 页。

④ 陈龙正：《几亭外书·随处学问·天主教》，上海古籍出版社 2002 年版，《续修四库全书》影印本，子部第 1133 册，第 265 页。

⑤ 江晓原：《关于望远镜的一条史料》称，"就地点与人物而言，郑氏所记也不完全是无稽之谈。据考证，利氏在华交游人物中确实有一位道士，姓王，他于 1599 年在南京与利氏往来"（《天文西学东渐集》，第 156 页），将此处的"道人"理解为道士。

蕃”一诗称：“南州徐孺子，乡里未知贤。一朝郡太守，下车请门前。”“苏公圃”一诗称：“西蜀苏公圃，南州孺子祠。盈盈两湖水，明月照相思。”南州为明代豫章郡的代指词，在明代的文献中间比比皆是，郑仲夔乃江西人，所记事多为在江西所见所闻之事，故此处的“南州”，指的应该就是豫章郡即南昌。

那么，1610年利玛窦去世后，“挟（千里镜）以游南州”的究竟是哪一位传教士呢？据何大化《远方亚洲》记载：

> 由于利玛窦神父的离世，传教团团长一职由龙华民神父接任。龙华民神父于韶州掌管整个中国境内第二大的留居点多年。之后收到要求，让他出发前往京城，这里需要龙华民神父的辅助。费奇观（Gaspar Ferreira）神父成为韶州留居点的管理神父，由最近和林斐理（Feleciano daSilva）、金尼阁一同进入中国的阳玛诺陪同。在两人的陪同下，龙华民神父乘船来到南雄，并从这里下船前往江西的省会南昌。龙华民神父在这里停留了八日，依照自己的命令处理当地传教点的事务。①

龙华民（N. Longobardi, 1559—1654）在1611年离开韶州赴北京时，曾在南昌停留了八天时间，而郑仲夔在南昌见到的携带望远镜的“某道人”正是龙华民。在南昌，龙华民不仅向人们展示他所携带的望远镜，而且还将“利玛窦有千里镜”的信息告诉了郑仲夔，所以郑仲夔记下了“番僧利玛窦有千里镜”之说。

① António de Gouvea, *Asia Extrema: Primeira parte-Livros II a VI* (Lisboa: Fundacão Oriente, 2001), 263.

四、郑仲夔《耳新》一书所记录“利玛窦有千里镜”并非一家之言

在汉文文献中，利玛窦带望远镜入华并非孤证，这可以从多种明末清初的文献记载获得旁证。陆应扬《广舆记》卷一称：

西洋利玛窦航海九万里入中国，神宗命给廪赐第，堂建第左。所制有简平仪，本名范天图，为测验根本。沙漏用以候时候钟，应时自击。龙尾车，下水可用以上。千里镜，可视小为大，视远若近，皆极工巧。①

陆应扬为明万历时人，与利玛窦同时，在他的记录中也认为利玛窦携带有望远镜。刘侗《帝京景物略·西城内·天主堂》也称：

远镜，状如尺许竹笋，抽而出，出五尺许，节节玻璃，眼光过此，则视小大，视远近。候钟，应时自击有节。②

刘侗生于万历二十一年（1593），卒于崇祯十一年（1638），他在利玛窦曾住过的北京天主堂看见过利玛窦带来的望远镜。还有，生于崇祯二年（1629）、死于康熙四十一年（1702）的日本江户初期学者中村惕斋也称：

① 陆应扬撰，蔡方炳增补：《广舆记》卷1，《四库全书存目丛书》史部173册影印清康熙刻本，齐鲁书社1996年版，第26页。

② 刘侗：《帝京景物略》卷4《西城内·天主堂》，北京古籍出版社1982年版，第153页。

吾闻利夷甚慧敏，且识文字，著作颇多，其所携来天地球图、测量诸器、远镜、自鸣钟之类，皆今世所利用也。①

连明末清初时的日本人也知道利玛窦带来望远镜。自称“花村看行侍者”的明朝遗民所著《谈往·西洋来宾》亦称：

大西洋十字架教主，利马窦也。万历三十年，由广东东吞率其徒庞迪峨、龙化民等五六人至五羊城，转入八闽，递上金陵。自言来自大西洋国，路远十万，泛海九年。海水崇卑，有上升于天、下及于渊之高下，亦如地之低昂。初出千里镜、自鸣钟，举重算法诸事件，较大明国贤愚万倍。②

《谈往》一书记录的主要是明朝末年的事情，该书称利玛窦来中国时“初出千里镜”，可证他的记录并非抄自郑仲夔，而自有所源。明末清初浙江萧山人单隆周也有记录：“利玛窦，番僧，有千里镜。”③单隆周将“利玛窦有千里镜”之事载入了清初一本姓氏学的书籍，可见这一事实在民间流传之广。明末清初王夫之《思问录·外篇》亦称：

玛窦身处大地之中，目力亦与人同，乃倚一远镜之技，死算大地为九万里。④

① ［日］中村惕斋：《天文考要·九重天》，东京早稻田图书馆藏仲近义享保五年（1720）写本，第7页。

② 花村看行侍者：《谈往》下卷《西洋来宾》，《续修四库全书》影印清抄本第442册，第516页。

③ 单隆周：《希姓补·去声》，清康熙三十七年（1698）张集序刊刻本，第4页。

④ 王夫之：《思问录·外篇》，中华书局2009年版，第66页。

王夫之（1619—1692）是明末清初著名史学家，更提出利玛窦利用望远镜观察天文大地，与郑氏“利玛窦有千里镜”之说相互印证。

综上所述，关于利玛窦携望远镜进入中国的种种说法，印证郑仲夔“番僧利玛窦有千里镜”这一说法的真实性。故此可知，在历史文献和历史证据中，“利玛窦有千里镜”之说并非一家之言，亦可证明郑仲夔《耳新》一书所记录“利玛窦有千里镜”当为信史。

五、利玛窦生前不仅有望远镜而且他还能制造望远镜

在否认利玛窦带望远镜入中国的诸说中，宋黎明也曾进行过一番考证，其称：

> 《明史》等官方著述则提到他携带到中国或者进贡给皇帝的“方物”，但望远镜无迹可寻。在信函以及晚年回忆录中，利玛窦对于自己携带到中国的物品如数家珍，但也从未提到望远镜。利玛窦同时代的耶稣会士从来没有让利玛窦与望远镜发生联系。相反，阳玛诺在1615年出版的《天问略》中明确说：“待此器至中国之日，而后详言妙用也。”这意味着1615年之前中国并不存在望远镜。①

宋黎明所说的利玛窦在用西文撰写的“信函以及晚年回忆录没有提到望远镜”是事实，但是，在署名为“泰西利玛窦”撰写的中文著作《理法器撮要》中，却三次提到望远镜。其文称：

① 宋黎明：《神父的新装——利玛窦在中国（1582—1610）》，第232—233页。

天体：天体浑圆，包乎地外，周旋无端。其形浑浑，元气充塞，围注地心，而地乃得悬空而不偏队。西士航海，以远镜望之，则见天体棱层凹凸，坚而且轻……

七曜形体大小：日轮大于地球一百六十倍八之三。尝以远镜测，见其出没时，体不甚圆，形如卵，边如锯齿，其面有浮游黑点，大小不一。……

火星大于地半倍。水星小于地二万一千九百五十一倍。此二星之形体，远镜中望之，亦只此样，别无所见。①

这不仅说明利玛窦有望远镜，而且可以证明利玛窦曾用望远镜观察天体。

《理法器撮要》凡三卷，是一本介绍欧洲宇宙论和天体测量方法的一部提要性著作，既未收入李之藻所编的《天学初函》，也未载入费赖之、徐宗泽、方豪、荣振华等中西学者所著录的利玛窦有关书目，目前仅见一抄本，题作“明泰西利玛窦传”，末附署名“求自楼主人”的一则短跋。考“求自楼主人”，当为清乾隆年间官刑部郎中的蒋楫。蒋楫，字济川，号方槎，江苏苏州人，乾隆六年（1741）捐修长洲县学，乾隆十四年（1749）捐建吴县御道。乾隆时，蒋楫购得明朝大学士申时行（1535—1614）的旧宅建“环秀山庄”，并在庄内建“求自楼”，遂号“求自楼主人”。他在后跋中称，乾隆“戊寅（1758）初夏，借得汲古阁毛氏抄本，因令胥抄录一通”②。“汲古阁毛氏抄本”应该指的是明末时期的抄本，因为毛氏藏书入清以后陆续散出。毛晋死后，其子毛扆言：“先君藏书，自经分析，二十年之内，散为云烟。”③可见，蒋楫所借的毛氏抄本应为明末

① ［意］利玛窦：《理法器撮要》，朱维铮编：《利玛窦中文著译集》，复旦大学出版社2001年版，第726—731页。

② 朱维铮编：《利玛窦中文著译集》，第691页。

③ 毛扆：《中吴纪闻跋》，毛晋：《汲古阁书跋》，上海古典文学出版社1958年版，潘景郑校订，第130页。

抄本，但朱维铮教授在公开这一著作时，并没有公布此抄本的来源。然而，根据抄本显示的内容来看，此书应不是利玛窦的原作。现今有学者称此书为伪书，并称《理法器撮要》卷二全部内容均抄自梅文鼎（1633—1721）的相关著作，故作为一个整体，此抄本明显完成于梅文鼎之后。① 此二文都是采用科学史比对的办法得出的结论，虽然很有说服力，但根据《理法器撮要》书后附有“求自楼主人自识”称：

右书三卷，图注精详，诠诂明确，约而不泛，简而能明，洵天文数学家不易得之宝也。戊寅初夏，借得汲古阁毛氏抄本，因令胥钞录一通，虽字迹绘工远逊毛本，然大意不失，尚可见庐山面目，爰书数语藏之箧衍。求自楼主人识。②

蒋楫明确说他是“借得汲古阁毛氏抄本”而抄录的，而且还比较了蒋楫抄本与毛氏抄本的不同，因此，这个抄本的作者是毛晋或者汲古阁内的文士；梅文鼎是康熙以后才从事天文学、数学研究的，卒于顺治十六年（1659）的毛晋不可能抄录梅文鼎之书。所以，此抄本应是明末时毛晋或者是毛晋雇用的学者根据利玛窦和其他明末学者关于天文学和天体测量方法方面的著作要点汇编改写而成，故称之为“撮要”。特别是上文有三段文字提到“以远镜望之”“以远镜测”“远镜中望之”，遍查明末清初有关远镜的记录，无任何著作载录文字与上述三段文字相同或者近似，因此，这些文字应该就是来自利玛窦的著述，所以我赞同朱维铮对此书所作的判

① 许洁、石云里：《抄本〈理法器撮要〉作者献疑》，《或问》2006年第11期，第15—24页；董杰：《〈理法器撮要〉的作伪意图及其价值探析》，《古籍整理研究学刊》2013年第5期，第9—11页。

② 朱维铮编：《利玛窦中文著译集》，第802页。

断："我们难以否认这部抄本中包含着利玛窦的未刊稿。"[①]书中有关远镜的三处记录，很可能就来自利玛窦的未刊稿。而在明朝末年时，确实有人记录利玛窦使用望远镜观星。生于天启元年（1621）的明末贡生顾景星称：

利玛窦云：小星光聚所成，清秋晦朔，无云气。时以玻璨望远镜觇之，见细星如沙，犹水之有泡易日中，见沫是也。[②]

这里明确记录了利玛窦使用玻璃望远镜观察秋夜的星象，与《理法器撮要》记载利玛窦用望远镜观察星象之史实相互印证。

无独有偶，除了《理法器撮要》一书中记录了利玛窦使用望远镜的数据外，最近又有宁波大学历史系教授龚缨晏在浙江省图书馆发现《开成纪要》抄本，该书署名为"太西利玛窦传，松江徐光启校"。该抄本以条目的形式，介绍了众多技术及工艺，全书共有条目六十多条。在这部署名为"太西利玛窦传"的《开成纪要》一书中，有专门对望远镜的介绍，详细介绍了其制作方法及过程，包括"材料""体制""造模""造镜""造筒"等。这是一部极为重要的由利玛窦和徐光启合作完成的关于工艺方面专门的科学著作。从书中的文字和内容看，应该属于初步完成的文稿，尚未经过考订审核，所以一直是以未刊抄本的形式保存下来。[③]下面转录有关望远镜制造工艺的全部文字如下：

① 朱维铮编：《利玛窦中文著译集》，第694页。

② 顾景星：《黄公说字·水部》，齐鲁书社1996年版，《四库全书存目丛书》影印本，经部第201册，第382页。

③ 龚缨晏：《徐光启未刊笔记〈开成纪要〉初考》，《复旦学报》2017年第4期，第53—60页。

远镜

一材料，须透明真玻璃厚及一分者，方可作前镜，若薄，即不能大。为其体要凸出故也。玻璃照面大镜破者可用用水晶则工力信，无能伤眼。

一体制，前镜要凸出，则所视物，大于本体。远则其大无尽，远者前镜去目稍远也。故以后镜收之，后镜要洼下，其所视物形，小于本体，前后相合。又，二镜相去如法，则远体成近，小体成大矣。

一造模，铜板如洼镜，径七寸上下。其深中规，规之半径，即远镜筒之长，为前后二镜相去之度。先作半径尺，取圜分作两曲背尺，又作铜金与曲背尺相合，以旋模，令曲背尺相合，乃已。此曲背尺，留取常用试模。恐磨久模损，则不准也。其洼镜之模尝凸起，则用薄镜铜板窝作釜形，大不过一寸五分，亦如前作中规内向曲尺，将模窝讫，以曲尺范之，仍上旋床锉之，令与尺合。再用有凹砂石磨光，其二磨之比例，则大模之半径，与小模之半径，若二十与一也。

一造镜，先作前镜，将玻璃剪圆，以木长二三寸许，圆与镜等，以糖胶胶定，手持木向铜盘磨之，磨用宝砂碾店有之用细者，和水磨之，候与镜盘将次合式不必尽合，合则料太薄矣，即易宝砂浆即前宝砂磨下水飞出至细者也，或于碾店取水瓦出用，又磨至光滑无纹路，乃已。但光而不亮，次又用羊肝石，研极细飞极浆水磨之。候见亮光，乃已形如昏镜。次用宝药苏州吴赵芳碾宝石沉家有卖，每两三分五厘，托碾匠买之，将来水飞，取具极细者，再磨至极亮，乃已。宝药须多磨，不宜用手，须用镜带木胶上旋轴，用牛皮，外面蘸宝药少许不宜多用旋之，令照见丝发、远物一一极分明，乃已。其后镜，将小模胶上旋轴，玻璃不必与前镜等大。次将黄蜡倾化，粘玻璃一面，令着指以镜抵模，用宝砂水旋之令深，不令玻璃穿为度，次如前用宝砂浆、羊肝石浆磨至微明，即取去模，将镜胶上旋轴，亦用牛皮剪圆，用角蘸细宝药水磨如前，极亮而止。后镜只作一面洼，不宜作两面。其前镜若作二面凸，则比一面者，近三分之一。若用前镜二作眼镜，则凸之多少。以人年酌量之，年愈老，径愈短。

凡眼镜欲中高，则玻璃体薄者，不能如法，法作二面凸酌量为之，令合目乃已。若近视眼镜，则作洼体，但与前镜大小不同，须半径稍长，洼稍浅，用水晶，乃可作二面，玻璃无此厚体，但可作一面耳。

一造筒，或用铜皮，或用铁皮，以锡焊，或用布表，浆用白芨面，内外用绫作面，以便抽拔，筒之数，或二或三以上，同前后镜相去之度，酌量为之。①

如此详细记录用玻璃制造望远镜的工艺流程和制造方法，是中国科学史著作首次出现。1615 年出版阳玛诺的《天问略》，虽然介绍了伽利略发明望远镜，但并没有记录望远镜制造的方法。② 汤若望《远镜说》虽然记录了望远镜的制造，但利玛窦《开成纪要》记录的文字与汤若望完全不同。汤若望称：

一镜，造法曰：用玻璃制一似平非平之圆镜，曰筒口镜，即前所谓中高镜，所谓前镜也。制一小洼镜，曰靠眼镜，即前所谓中洼镜，所谓后镜也。须察二镜之力若何相合，若何长短，若何比例，若何苟既知其力矣，知其合矣，长短宜而比例审矣，方能聚一物像，虽远而小者，形形色色，不失本来也。一筒，镜止于两，筒不止于两，筒筒相套，欲长欲短，可伸可缩。③

① ［意］利玛窦：《开成纪要》，浙江省图书馆藏清咸丰七年（1857）韩应陛抄并校跋本，徐光启校，第 8 页。此抄本由龚缨晏教授提供，在此致以衷心感谢。

② ［葡］阳玛诺：《天问略》，收入李之藻《天学初函》第 5 册，第 2633—2718 页。

③ ［德］汤若望：《远镜说》，中华书局，《丛书集成》初编 1985 年影印本，第 26—27 页。

比较《远镜说》与《开成纪要》两书关于制造望远镜的记载，可以清楚地知道《开成纪要》并非来自汤若望，这应该是利玛窦从西方科学著作中又结合自己拥有望远镜的实体而写出的关于望远镜制造方法和工艺流程的文字。因为其合作者是徐光启，故亦可断这应该是早于阳玛诺和汤若望而成为中国科学史著作中首次对望远镜制造的介绍。

利玛窦能制造望远镜，明末人孙承泽在他的《春明梦余录·寺庙》中早已指出：

西洋利玛窦自欧罗巴航海九万里入中国，崇奉天主，所画天主乃一小儿妇人抱之，曰“天母”。其手臂耳鼻皆隆起，俨然如生人，所印书册，皆以白红一面反复印之，字皆傍行，其书装法如宋板式，外以漆革护之，外用金银屈戍钩络，所制有简平仪、龙尾车、沙漏、远镜、候钟、天琴之属。①

孙承泽生于万历二十一年（1593），《春明梦余录》是一部主要记录明代北京地方历史的著作。在这部书中，孙承泽明确称利玛窦“制望远镜”。这是明人第一个称利玛窦能制造望远镜的人，表明利玛窦不仅将望远镜带进中国，而且他还能制造望远镜。这还可以从生于明天启三年（1623），卒于康熙五十二年（1713）的毛奇龄所著《西河集·西教入中国录》获得证明：

利玛窦于明万历间由广东入中国，渐入留都，高论惊人，且出其制自鸣钟、千里镜诸品示人，则大惊，号为西儒，留都礼部遂咨送北京。②

① 孙承泽：《春明梦余录》卷66《寺庙》，北京古籍出版社1992年标点本，第1280页。
② 毛奇龄：《西河集》卷118《西教入中国录》，文津阁四库全书集部第441册，商务印书馆2005年版，第177页。

毛奇龄是明末清初著名史学家，所记录的历史事实大都经过认真考订，在其著作中更进一步提出利玛窦在南京时出示了自制的望远镜。也就是说，利玛窦到南京时，就能制造望远镜了。还有生于天启六年（1626），卒于康熙三十八年（1699）的吴肃公在《明语林·巧艺》中亦有相似记载：

西洋人利玛窦，精历象、推算、勾股、圭测之术。规玻璃为眼镜烛远者，见数百里外物。①

这里称“规玻璃为眼镜烛远者，见数百里外物”，很明显就是利玛窦制造的望远镜。所以，在很多明末人的认识中，利玛窦确确实实能制造望远镜。然而，从《开成纪要》记录的望远镜细致的工艺流程和制造方法来看，其制造方法都十分简单，工艺流程也并不复杂，制作材料也没有什么特殊讲究，主要是玻璃的磨制。所以，该书所记录的制造“远镜”的工艺，绝不可能是伽利略1609年后伽利略所创制的天文望远镜，而只是用于航海或军事上作为测远工具的普通望远镜。从利玛窦所著《开成纪要》的记录可以得知，在利玛窦身边不仅拥有望远镜，而且利玛窦极为熟悉如何制造望远镜。这与明代文献中关于利玛窦带望远镜传华的记录完全吻合，也与郑仲夔称“番僧利玛窦有千里镜”、孙承泽则称“所制有远镜”的记录完全吻合。利玛窦《开成纪要》中关于望远镜制造方法的记录，进一步印证了明代文献记录利玛窦不仅将望远镜带入中国，而且还将制造望远镜的技术和方法传入中国。

这里需要说明的是，《开成纪要》一书所记载的内容不一定全是利玛窦所传，有一部分很可能是徐光启自己所作，但其中关于望远镜的制造方法应来自利玛窦。明末清初造镜专家诸升《〈镜史〉小引》称孙云球：

① 吴肃公：《明语林》卷10《巧艺》，《四库存目丛书》影印清光绪刻宣统印《碧琳琅馆丛书》本，子部，第245册，第72页。

壬子（1672）春，得利玛窦、汤道未造镜几何心法一书，来游武林，访余镜学。时余为笔墨酬应之烦，日不暇给。雨窗促膝，略一指示，孙生妙领神会，举一贯诸，曾无疑义。越数载，余因崇沙刘提台之召，再过吴门，孙生出《镜史》及所制示余，造法驯巧，并臻绝顶。中秋月夜，相对讨论，亹亹不倦，予亦罄厥肘后以述。今制诸镜，迨无出其右矣。且谦抑韬晦，本于性生，五车二酉，莫竟其藏。迨与人相接，如良贾深居，务匿瑶彩。即造镜一艺，独得利、汤几何之秘，启发则举一知三，而加功又人一己百。然稍闻有擅此技者，必虚衷请教，一若其反胜己者。语云：盛德若虚，大智若愚。愈足征其谦抑韬晦之美，送养竭尽之诚矣。造镜家，余亦阅历数子，得其形似者十有六七，会其神理者十无二三，拈花微笑，惟孙生一人，即起利、汤而证之，恐不易吾言。钱塘诸升日如氏题于孙生安素斋之斗室。①

诸升明确称，孙云球在康熙十一年（1672）时得到过利玛窦的《造镜几何心法》一书，并两次提到孙云球的望远镜制造技术得之于利玛窦与汤若望的"几何之秘"。这可以说明，利玛窦确实有关于如何制造望远镜的文章传世，利玛窦制造望远镜的名声在明朝末年已经传开。另外，康熙时人郑相如亦称：

至万历间，西人利玛窦入京，有《西镜录》《同文算指》诸书流传中国，纯以笔用，但其写法横列如珠盘，位自左而右。②

① 诸升："《镜史》小引"，孙云球《镜史》，上海图书馆藏康熙二十年（1681）刻本，转自孙承晟：《明清之际西方光学知识在中国的传播及其影响：孙云球〈镜史〉研究》，《自然科学史研究》2007年第3期，第363—376页。

② 郑相如：《泾川文载·中西算法考》，哈佛大学燕京图书馆藏道光十四年（1834）刊本，第8页。

这里提到的利玛窦《西镜录》应该与利玛窦的《造镜几何心法》是同一内容的书，而《开成纪要》中利玛窦所记录的制造望远镜的方法和内容与诸升、郑相如的说法相互印证，反过来又可以证明《开成纪要》应该就是利玛窦、徐光启两人合作完成的未刊稿。《开成纪要》的发现，应该引起从事利玛窦研究的东西方学者深刻反思。利玛窦在中国生活了近三十年，他到底留下了多少西文著作和中文著作，至今都无法予以准确估计，所以断不可以以为，利玛窦本人没有记录下来的东西，就否定它们的存在。

关于利玛窦能制造望远镜的史实，还可以从与他同时代传教士望远镜制造得到证明。万历四十一年（1613），南京太仆寺少卿李之藻《上西洋历法疏》称：

> 迩年台谏失职，推算日月交食，时刻亏分，往往差谬，交食既差，定朔定气，由是皆舛。伏见大西洋国归化陪臣庞迪我、龙华民、熊三拔、阳玛诺等诸人，慕义远来，读书谈道，俱以颖异之资，洞知历算之学，携有彼国书籍极多。久渐声教，晓习华音。……观其所制窥天窥日之器，种种精绝。①

从上引奏章可以看出，李之藻在1613年就知道当时的庞迪我、龙华民等传教士能够制造“窥天窥日之器”。又，万历四十四年五月（1616年6月），南京礼部侍郎沈㴶给明廷上了一份著名的奏章——《参远夷疏》，其中也提到：

① 谷应泰：《明史纪事本末·修明历法》，中华书局1977年版，第1223、1225页。此疏又见于陈子龙辑：《明经世文编·李我存集·疏·请译西洋历法等书疏》，中华书局1962年影印本，第5321—5323页，但《明经世文编》未注明上疏时间，故采《明史纪事本末》。

> 说者又谓治历，明时之法，久失其传；台监推算，渐至差忒。而彼夷所制窥天窥日之器，颇称精好。以故万历叁拾玖年曾经该部具题，欲将平素究心历理之人与同彼夷开局翻译。①

这里所谓“彼夷所制”，是指这些传教士所制；所谓“窥天窥日之器”，指的应该就是望远镜。明人揭暄亦称汤道未、庞迪我造有“测日月食永仪、窥天远镜。”② 揭暄甚至将望远镜直接称为“窥天镜”。③ 如徐光启《新法算书・新法表异》亦称：“所制远镜，更为窥天要具，用之能详日食分秒，能观太白有上下弦。”清人戴大昌亦云：“望远镜，亦名窥筩，盖用以验日食、月食之时刻分秒。”④ 可知，当时能够“窥天窥日”的科学器械应该指的就是望远镜。既然在 1613 年的李之藻、1616 年的沈㴶奏章中都明确提到了西洋人制造的望远镜，而且在万历三十九年（1611）礼部已经提出让这些传教士参加修订历法⑤，于是，为了进京修订历法，传教士们加紧制造这些修历的必备科学仪器——“窥天窥日”的望远镜。这也可以说明，在 1611 年之前，不仅望远镜已经被传教士带进了中国，而且为了参加明朝宫廷修历的需要，以利玛窦为首的来华欧洲传教士都已经掌握了制造普通望远镜的技术而加紧赶制望远镜。这也应是当时耶稣会中国传教团最重要的传教策略之一。

① 沈㴶：《南宫署牍》卷 3《参远夷疏》，日本内阁文库藏明万历庚申（1620）刻本，第 44—45 页。

② 揭暄：《璇玑遗述》卷 5《节度定纪》之《历象》，《续修四库全书》影印乾隆三十年（1765）刻本，第 1033 册，第 583 页。

③ 揭暄：《璇玑遗述》卷 4《月自转征》，《续修四库全书》影印乾隆三十年（1765）刻本，第 1033 册，第 556 页。

④ 戴大昌：《补余堂四书问答・天之高也节》，上海古籍出版社 2002 年版，《续修四库全书》影印本，第 169 册，第 512—514 页。

⑤ 韩琦、吴旻校注：《熙朝崇正集・礼部荐西儒修历疏》，中华书局 2006 年版，第 25 页。

综上所述，明人郑仲夔“番僧利玛窦有千里镜”之说，记录的就是历史的真实。利玛窦生前不仅将望远镜带入中国，而且还向徐光启传授过制造望远镜的方法；他还翻译介绍过制造望远镜工艺方法的文章，但未刊行。所以说，在明代的中西科学文化技术交流史中，利玛窦当是第一位将望远镜制造技术传入中国的欧洲人。他与他同时代的欧洲传教士不仅将望远镜带进了中国，而且在耶稣会中国传教团传教政策的指引下，为了明朝宫廷修历的需要，还制作了一批望远镜，而这些望远镜在明代社会已经得到广泛传播。

六、是谁将望远镜带给利玛窦的?

证明了利玛窦确实是最早将望远镜带入中国的欧洲人。但还有一个问题尚未解决，因为各种意大利文和拉丁文数据都证明利玛窦进入中国时，所携带的西洋物品并没有望远镜，那么利玛窦身边的望远镜，究竟是谁带给他的?

最近，又仔细阅读了日本内阁文库收藏的万历四十六年（1618）刊本《南宫署牍》明确有这样的记载：

先十年前，有利玛窦、庞迪我、郭居静、罗儒望等，已分住南京等处。利玛窦要得进京贡献，寄书澳中，到王丰肃处，索取方物进献。是丰肃携自鸣钟、玻璃镜等物前来。比时利玛窦先已进京，随将方物等件寄进京贡献讫。①

① 沈潅：《南宫署牍》卷 3 吴尔成《会审王丰肃、谢务禄二犯一案》，日本内阁文库藏明万历庚申（1620）刻本，第 13—14 页。

此处“玻璃镜”当即千里镜，亦为望远镜。这就十分清楚地告诉我们，利玛窦进北京以后，还希望给万历皇帝进献欧洲方物，故寄信到澳门王丰肃（Alfonso Vagnoni）处。王丰肃是1604年抵达澳门，1605年被派往南京。他应该是1604年在澳门收到利玛窦的信以后，而携带自鸣钟、玻璃镜（望远镜）等物到了南京。但他到南京以后，利玛窦已经进入北京，他即将望远镜等欧洲物品寄进北京，准备交利玛窦贡献给万历皇帝。这一段史料的发现和利用，可以清楚地告诉我们，利玛窦带进北京的望远镜并非利玛窦从欧洲携带而来，而是王丰肃从澳门给利玛窦转寄进京。这一问题解决后，就为我提出的“番僧利玛窦有千里镜”之说，提供了更为确凿的材料。因此，我认为中国科技史上否认利玛窦带望远镜入中国的观点，是完全错误的。此案至此，可以定案矣。

从《论政学疏稿》的“道”浅谈王国维与基督教*

陶飞亚（上海大学历史系教授）

罗志田教授 2018 年 3 月 14 日在上海师范大学光启读书会第十期“重审现代中国之‘道’”的演讲中引用王国维 1924 年初上溥仪的《论政学疏稿》一段话。① 这段话原文是：

臣窃观自三代至于近世，道出于一而已。泰西通商以后，西学西政之书输入中国，于是修身齐家治国平天下之道乃出于二。光绪中叶，新说渐胜，逮辛亥之变，而中国之政治学术几全为新学所统一矣。②

王国维奏折中提示两点，一点是说这个“道”是“修身齐

① 罗志田：《由器变道：补论近代中国的“天变”》，《探索与争鸣》2018 年第 8 期，第 123 页。

② 王国维：《论政学疏稿》，见谢维扬、房鑫亮主编：《王国维全集》第 14 卷，浙江教育出版社 2009 年版，第 212 页。

家治国平天下之道”，是包括了影响到个人修身、管理家庭到治理国家乃至天下的一个玄妙又强大的东西。另一点这个新的“道”与近代通商以后西学西政之书的输入中国有关，是西方来的道。在讨论中，对这个“道”究竟是什么，与会诸位教授都说是很难说得清楚的，说清楚了就不是那个“道可道，非常道”的“道”了。

笔者对王国维了解不多。不过，由于“道”是讨论中的关键词，因为做一点基督教研究，当时在会上就联想到还有一个被称之为“道”的东西：和合本《新约圣经》中《约翰福音》说，“太初有道，……道成了肉身”。① 这个“道”狭义讲就是“上帝”，也是上帝独生子耶稣，泛指就是基督教了。王国维的《论政学疏稿》旨在分析当时政局走向、劝说溥仪多多学习知识涵养圣德，同时驳斥当时报纸上有人要把溥仪撵出紫禁城的流言。基督教没有也不太可能被包括在王国维上面表述的西来之“道”（西学西政）的议程里。不过，受罗教授这个“道”的演讲和沪上学者们讨论的启发，想到另外两个跟“道”有点关系的问题：第一、基督教在中国文化语境中是怎么样使用“道”的名称来表述自己的？第二、王国维是怎样看待在中国文化语境中自称为“道”基督教的？也算是上次参加读书会后的偏离主旨的一点浅见，抛砖引玉，请大家赐教。

一

在基督教传入中国的历史中，在汉语文献中最早用到“道”字的，是

① 《圣经·中英对照》，中国基督教三自爱国运动委员会、中国基督教协会2012年版，第157页。

唐朝的“大秦景教流行中国碑”。景教就是被当时天主教看成是异端的聂斯脱里教派（Nestorianism）。聂斯脱里是东罗马帝国君士坦丁堡主教，主张基督有神、人“二性二位”，在东罗马被视为异端，被绝罚出主流教会后，继续向东方传播。唐贞观九年（635），传教士阿罗本（Alopen Abraham）将聂斯脱里传入中国，后来取名为“景教”。《大秦景教流行中国碑》记载了该教在唐代的流传情况。此碑于唐建中二年（781）2月4日由波斯教士伊斯（Yazdhozid）树立于陕西今周至县大秦寺的院中。碑文由波斯传教士景净撰写，朝议郎前行台州司参军吕秀岩书并题额。全文共1780个汉字和数十个叙利亚文字。这篇碑文开头描写了这个教派的宗教礼仪后，接着就说这个教是“真常之道，妙而难名；功用昭彰，强称景教。惟道非圣不弘，圣非道不大；道圣符契，天下文明。”意思这个教是妙得不得了，效果也明显，所以称之为“景教”。景教就是“道”，而且还是“圣”道，“道圣符契”可以致天下文明。

细读这段碑文，其修辞风格模仿老子《道德经》的痕迹很明显。唐代李家天下的皇帝们都要和姓李的老子攀亲带故。当时景教传教士来华已经一个半世纪了，他们显然明白两个李姓的关系非同一般，所以不仅在修辞风格，更重要的是借用道教术语来把景教过渡到中华文化中来。碑文除了详述了阿罗本怎么到长安，如何受到唐太宗的重视和礼遇。皇帝除了派出宰相房玄龄主持接待外，还亲自“翻经书殿，问道禁闱。深知正真，特令传授”。在贞观十二年（638）秋七月下诏：“道无常名，圣无常体。随方设教，密济群生……详其教旨，玄妙无为；观其元宗，生成立要；词无繁说，理有忘筌；济物利人，宜行天下。”无论是传教士或者皇家把景教称为“道”孰先孰后，这个说法得到皇帝的肯定是没有问题的。值得一提还有“宗周德丧，青驾西升；巨唐道光，景风东扇”，表明在这篇碑文中已经提出了所谓景教是老子带到西方的，因为仰慕唐朝盛世，又传回来了的“道”这个说法。研究者都认为碑文虽系波斯传教士撰写，但他的中文功底极其深厚。但岂止仅仅是中文根底，而是对中国人文化心理有深刻的理解。这是否是西学源于中学最早的出处有待考证，但是这样的理解中，景教是你们中国人自己的“道”，与中国人自己的文化与宗教的再认同就没有问题了。

尽管如此，景教还是太弱小，还是没有在中国文化里扎根下来。唐会昌二年（842）开场的唐武宗的“灭佛”没有灭掉佛教，却使景教归于消失，那块碑也被当时的信徒埋入地下，直到晚明天启五年（1625）才被发掘出来。元蒙时期罗马天主教和景教再度来中国，很快随着元朝被推翻再度退出中原。这个用也里可温来称呼天主教的时期，除了教堂被称为“道院”外，没有发现更多的用“道”字或概念来指代这个宗教。

到了天主教在明末清初第三次传入中国时，用“道”表称天主教的做法开始在中国大行其道。以利玛窦为代表的耶稣会士进入中国后，看到的中国已经是高度发达的“他者”的文明，要在这个文明中传播作为外来宗教的天主教，不改变自己以适应中国文化传统看来是不行的。要借助和选择中国士庶皆知的词汇解读天主教义，于是这个词义丰富但谁也不容易说清楚的“道”字在涉及天主教的汉语文献中流行起来。由于利玛窦来华在先，景教碑出土在后，前者也用“道”字言“教”可能并非借鉴自景教，而是“道”这个中国文化关键字强大的表现力。

利玛窦经常用“道”称呼“教”。万历二十八年（1600）利玛窦在给皇帝的表文中就说：“臣自幼慕道。”[①]1605年程大约等人出版的画册《程氏墨苑》“缁黄（僧道）”类中有利玛窦在1594年后赠送的4幅圣经故事西洋画。为了帮助中国人理解图画的内容，其中前三幅还有利玛窦撰写的解释性短文。第一幅是《信而步海，疑而即沉》，取材《马太福音》第

① 萧静山：《天主教传行中国考》，见辅仁大学天主教史料研究中心编：《中国天主教史籍汇编》，台北辅仁大学出版社2003年版，第83页。

十四章中“耶稣履海”以及《约翰福音》二十一章中“耶稣在提比哩亚海边显现”的故事。说的是门徒们与耶稣在海上遇到风浪，当门徒们笃信天主时，他们在海上行走如履平地，一旦生疑马上落水的不同结果。利玛窦的文字中说，“笃信**道**之人，踵弱水如圣石，其复疑，水复本性焉。……”① 第二幅图《二徒闻实，即舍虚空》。内容取自《路加福音》第二十四章讲耶稣复活后在前往马忤斯途中遇到门徒，教诲他们为信仰吃苦必能进入天国，“二徒既悟，终身为**道**寻楚辛，如俗人逐珍贝矣。夫其楚辛久已息，而其爱苦之功常享于天国也。”②

耶稣会士用“道”指代天主教的不止是利玛窦。1579 年来中国的意大利耶稣会传教士罗明坚在《中国诗集》的《天主生旦》诗说耶稣是“不要国家不要金，空虚是帝岂人警。特将正道来传授，教汝人心悟即明。”③1610 年来华的耶稣会士艾儒略在《四字经文》用“万物真原”、“道之大原”来指天主教。④ 这显然是用董仲舒的“道之大原出于天，天不变，道亦不变”来指代天主教了。耶稣会士汤若望在《劝崇祯奉教疏》中说自己到中国是来“阐扬大道，普救群生”。“总之天主正道，……王者用以治国，则俗朴风醇，人心和协。”⑤ 在这里天主教已经被说成是“正道”“大道”了。实际上，明清间耶稣会士的译著中用“道”来表达天主教、表达圣经的道理已经非常普遍了。不仅如此，传教士还不停地用中国古典文化中“道”的逻辑来解释圣经。如耶稣会士阳玛诺 1642 年出版《圣经直解》的“自序”中说：“凡受造物，莫不各有当然之道焉……。今

① 利玛窦：《利玛窦中文著译集》，朱维铮主编，复旦大学出版社 2001 年版，第 251 页。

② 利玛窦：《利玛窦中文著译集》，第 256 页。

③ Albert Chan, “Michele Ruggieri, S.J. (1543—1607) and His Chinese Poems,” *Monumenta Serica* 41(1993): 129—167.

④ Albert Chan, “Michele Ruggieri, S.J. (1543—1607) and His Chinese Poems,” 278.

⑤ 萧静山：《天主教传行中国考》，第 116 页。

夫天自东徂西，昼夜密运，从初造以至今兹罔或息，斯非其道乎?”从天道开始，推衍出“四行之道”，“草木之道”，“鸟兽之道”，然后是“人之道”。最后论证天主教是“正道惟一”。① 这个论述在方法上有点类似庄子的“道在屎溺”比喻道的无处不在。可见他们对中国文化的借用已经到了非常纯熟的地步了。

比起西方人来，晚明清初的入教知识分子在中国文化语境中论证天主教就是“道”要更熟门熟路了。徐光启在《正道题纲》中说:“正道宽宏，智德难穷。湛深悠远，万物真宗。……贤君试凭一览，感乾坤有始末，正道本无穷。古今暨将来，万汇总涵容。”② 朱宗元等还更进一步，为要在中国文化的谱系中找到天主教的合法性，有了“道原”、“道统”和“道学”的说法。道原说法的借用前面已经讲过。道统则是沿用从孟子到朱熹的“道统”说。他们撰写了“道学家传”，自认已经确证“圣教”之“道统”也是自古至今一以贯之的。③ 传教士也尽力论证天主教与古儒属于一个道统“盖尧舜周孔之道，修身治国平天下，莫非大正其心术，然后能之。今圣贤超性真理，首先正心，以本事天主，并救自己之灵魂。欲救自己之灵魂，须识认乎真主，尊奉其教诫，方能育成之”。④

封建时代皇帝的金口玉言还是最重要的。明末的宫廷里皇后和公主这些女眷入教的已经为数不少。崇祯十一年（1633）因汤若望修历和铸炮之功，崇祯帝赐匾额“钦褒天学”命天主堂悬挂，表明了对天主教的欣赏。⑤ 崇祯只是肯定了天主带来的学问，没有说这是一种“道”。十多年之后，

① 徐宗泽:《明清间耶稣会士译著提要》，上海书店出版社 2006 年版，第 19—20 页。
② 徐宗泽:《明清间耶稣会士译著提要》，上海书店出版社 2006 年版，第 420 页。
③ 胡璜:《道学家传》，见钟鸣旦、杜鼎克编:《徐家汇藏书楼明清天主教文献》，第三册，台北方济出版社 1996 年版，第 1207 页。
④ 胡璜:《道学家传》，第 1214 页。
⑤ 萧静山:《天主教传行中国考》，第 114 页。

入主中原的满族青年皇帝轻轻地跨过了这道坎。顺治帝亲政次年（1652）即御制钦崇天道匾额，由礼部尚书与孔子六十六代孙衍圣公亲送至天主堂悬挂。① 康熙的圣诗《泪满襟》中有“妙道玄玄何处寻”之说。皇帝都这么说了，当时人说的就更多了。清初李祖白的长诗有“大道”一说，自号“墨井道人”吴历有“道友”之说。② 这多少反映了当时中国天主教徒对这种表述的认同和欣赏。

但是对一种异族宗教有称赞必有反弹。传教士开头的借助中国哲学的褒义字“道”来为天主教定性，激怒了一批反教知识分子。明末崇祯时期已经有钦天监官员上疏“诋毁若望所讲之天主教道，大悖尧舜周孔之道。”③ 沈㴶《参远夷疏》用“左道乱政”“左道惑众”否定天主教的合法性。④ 黄贞则以儒学对比天主教指责后者“似道非道而害道，似儒非儒而害儒。”还猛烈抨击了天主教借用孔子“人能弘道，非道能弘人”来解释人神关系。⑤ 清初杨光先掀起历狱大案的理由之一是“邪说惑众”。⑥

清初天主教遭遇的两次反教冲突最后是一胜一负。一胜是天主教在“西学”，主要是科学技术方面的功劳帮了“道学”的忙。例如康熙弛禁天主教的谕旨中称赞了他们科学技术和外交的贡献后又说“各省居住之西洋人，并无为恶乱行之处，又并非左道惑众”。⑦ 把“左道”的帽子给摘了去。一负是众所周知的“礼仪之争”。在这以后天主教渐渐地戴上了“邪教”

① 萧静山：《天主教传行中国考》，第 160 页。

② 沈玮：《从山水诗到天学诗——吴历诗歌研究》，首都师范大学硕士学位论文，2007 年，第 1、17 页。

③ 萧静山：《天主教传行中国考》，第 113 页。

④ 夏瑰琦编：《圣朝破邪集》（基督教与中国文化史料丛刊 1），香港建道神学院 1996 年版，第 58—59 页。

⑤ 夏瑰琦编：《圣朝破邪集》，第 154 页。

⑥ 萧静山：《天主教传行中国考》，第 165 页。

⑦ 萧静山：《天主教传行中国考》，第 184—185 页。

的帽子。康熙1720年宣布禁教，不过，即使在禁教后康熙还允许传教士“自行修道”但不准传教。① 到1724年，雍正将康熙《上谕十六条》阐发为《圣谕广训》，宣布“西洋教宗天主，亦属不经，因其人通晓历数，故国家用之，尔等不可不知也。夫左道惑众，律所不宥”。② 到嘉庆朝中叶以后，嘉庆在谕旨中则直接把天主教称为“邪教”了。③

这个标签直到鸦片战争之后才被列强撕掉。1846年清廷正式对天主教弛禁。④1860年第二次鸦片战争之后，在条约中基督教被称为“道”，或者“为善之道”。⑤ 清政府接受这个表述还要花半个多世纪。19世纪60年代尤其在官方内部文书中还是认为“天主教原非正道。”⑥ 这种说法在义和团事件时达到高潮，事后才有真正的变化。庚子事变到1922年非基督教运动爆发之间的20年被传教士认为是基督教在中国传播的黄金时期。在这一时期的基督教各种文字中，“道”或者各种与“道”的组合词语，已经变得极其普遍了。除了从前的“正道”“大道”等，从汉语基督教文献数据库中可以查到的含有“道”的双字结构有40多种。基督教中人显然对用中国文化中“道”字来定性基督宗教是十分认同的。“道”、“传道”、“宣道”、“布道”等已经成为基督宗教的常用词了。用“道”字来表述基督教，就像用《圣经》来表述Bible(福音书)一样，反映了传教士感受到

① 萧静山：《天主教传行中国考》。

② 鱼返善雄编：《汉文华语康熙皇帝圣谕广训》，见沈云龙编：《近代中国史料丛刊续编》第七辑，台北文海出版社1974年版，第119页。

③ 中国第一历史档案馆编：《清中前期西洋天主教在华活动档案史料》第一册，中华书局2003年版，第185页。

④ 中国第一历史档案馆，福建师范大学历史系编：《清末教案》第一册，中华书局1996年版，第17页。

⑤ 《中英天津条约》，王铁崖编：《中外旧约章汇编》第一册，生活·读书·新知三联书店1957年版，第97页。

⑥ 张贵永等编：《清季教务教案档》第一辑（二），台北“中央研究院”近代史研究所1974年版，第1070—1071页。

在中国这样有高度发达文化传统的国家来传播基督教，必须要适应中国文字的传统表达。但这还只是基督教在名称方面与中国文化的“形似”，而不是“神似”。仅有这些外表的适应还是无法打动大多数中国人的，尤其是打动那些在四书五经中成长起来的读书人去信奉这个道了。

二

回到本文开头提到王国维那段话。王写的是上溥仪的论国家政治与学术大事的《论政学疏稿》，没有必要非提基督教这个“道”的。但 1900 年到 1920 年初期，正所谓基督教在中国传播的“黄金时期”，新旧读书人还是有可能接触和议论这个“道”的。①

那么，王国维有没有可能接触基督教呢？从《王国维年谱长编》看，王国维 1877 年出身于“弃儒业商”家庭，其父“于贸易之暇，颇攻治书画篆刻及诗赋文辞”，著有《游月录》《娱庐诗集》及《日记》等书。这样经济文化背景的家庭当时往往是不屑于与教会人士打交道的。1880 年王国维 7 岁起从邻近的私塾先生潘绶昌接受中国传统教育。1887 年 11 岁从父亲读书，“诗文时艺、皆能成颂”。后又从邑人陈寿田读书。1892 年 7 月入州学。1893 年肄业于杭州崇文书院，此后“两应乡举不售”。甲午战后“始知世有所谓新学者”。1897 年再应乡试不中，读《时务报》“倾向新学、于是弃帖括而不为，绝举业而不就”。1898 年 2 月进入上海《时务报》馆任书记，成为其一生事业的开端。1898 年 12 月王国维应罗振玉之邀，担任东文学社庶务，可以免费在这里学习日语。从此王国维“乃得专力于

① 杨天宏：《基督教与近代中国》，四川人民出版社 1994 年版，第 48—121 页。

学，”接触“以东文授诸科学，”跟日本学者田岗代、藤田丰八等学英文与哲学，并开始陆续发表关于叔本华和康德的研究。显然，王国维的经历中没有与传教士有过交往，也没有进过教会学校，他的知识结构中并没有接触过基督教的影响。

那么，他的文字中是如何议论基督教的呢？这要从王国维对宗教的看法说起。众所周知王国维从没有写过专门谈宗教的文章，但他在讨论哲学或者别的问题时捎带谈及宗教的，包括基督教在内。

1904 年 4 月，王国维撰《论性》，他在文章中说“善恶相对立是经验上的事实，政治和道德，宗教和哲学都是由这种对立而起。宗教都具有二神教色彩，即多神教，其神也不外分为两种，一种是爱而祀的善神，一种是畏而祀的恶神”。他论及“夫所谓神者，非吾人善性之与象乎？所谓魔鬼，非吾人恶性之小影乎？他如犹太、基督二教之堕落之说，佛教及基督教之忏悔之说，皆示善恶二性之争斗。盖人性苟善，则堕落之说为妄；既恶矣，又安知堕落之为恶乎？善则无事于忏悔，恶而知所以忏悔，则其善端之存在，又不可诬也。”① 他对宗教的讨论只是为他论证中国传统人性论找例子。他对宗教神学的理性主义解构，其认识水平是高于同时代的许多传统知识人的，但也表明了宗教在他这里并无神圣可言，而只是显示了“善”、“恶”的存在与对立的普遍性及其也是宗教的基本问题而已。

1904 年 7 月，王国维撰《红楼梦评论》，在文章中他还是从叔本华论述的宗教具有解脱人生痛苦的功能来看待包括基督教在内的各种宗教的。他说：“世界之大宗教，如印度之婆罗门教及佛教，希伯来之基督教，皆以解脱为唯一之宗旨。哲学家如古代希腊之柏拉图、近世德意志之叔本华，其最高之理想亦存于解脱。”但深受儒家的宗教不可知论影响的王国

① 王国维：《论性》，见谢维扬、房鑫亮主编：《王国维全集》第 1 卷，浙江教育出版社 2007 年版，第 16 页。

维，对宗教的解脱作用存有明显的怀疑。他说佛教云“若不尽度众生，誓不成佛”是“欲之而不能”的。他把基督教和佛教放在一起比较：“试问释迦示寂以后，基督尸十字架以来，人类及万物之欲生奚若？其苦痛又奚若？吾知其不异于昔也。然则，所谓持万物而归之上帝者，其尚有所待欤？抑徒沾沾自喜之说而不能见诸实事者欤？果如后说，则释迦、基督自身之解脱与否，亦尚在不可知之数也”①。王国维从现实社会历史的经验中，怀疑到佛祖和耶稣自身是否得到解脱，这与佛教的“信则灵”和基督教的“因信称义”和“信则得救”的基本教条完全是背道而驰了。在信仰层次上，宗教不得入王国维的法眼是毫无疑义了。

不仅如此，王国维1905年3月撰《论近年之学术界》，从域外宗教思想输入中国的时机及与中国思想交流和调适的角度，提出了中国思想界有“能动”和“受动”的不同时期，而外来思想与中国思想有“相化”问题。② 在这个逻辑里，他把基督教排除在中国思想界可以接受的内容之外了。他认为“外界之势力之影响于学术”是非常巨大的，但有一个时机问题。先秦时期“周之衰，文王、周公势力之瓦解也，国民之智力成熟于内，政治之纷乱乘之于外，上无统一之制度，下迫于社会之要求，于是诸子九流各创其学说，于道德、政治、文学上，灿然放万丈之光焰。此为中国思想之能动时代。自汉以后，天下太平，武帝复以孔子之说统一之。其时新遭秦火，儒家唯以抱残守缺为事，其为诸子之学者，亦但守其师说，无创作之思想，学界稍稍停滞矣。佛教之东适，值吾国思想凋敝之后，当此之时，学者见之，如饥者之得食，渴者之得饮，担簦访道者，接武于葱岭之道；翻经译论者，云集于南北之都，自六朝至于唐室，而佛陀之教极千古之盛矣。此为吾国思想受动之时代。然当是时，吾国固有之思想与印

① 王国维：《红楼梦评论》，见谢维扬、房鑫亮主编：《王国维全集》第1卷，第74页。

② 袁英光、刘寅生编著：《王国维年谱长编（1877—1927）》，天津人民出版社1996年版，第34页。

度之思想互相并行而不相化合，至宋儒出而一调和之，此又由受动之时代出而稍带能动之性质者也。”① 王国维通过“受动”时代和“相化合”解释了佛教入华恰逢其时，宋儒调和佛教与中华文化，又进入中国思想界稍带“能动”的时代。

但基督教就不一样了，从时机上看，王国维认为“自宋以后以至本朝，思想之停滞略同于两汉，至今日而第二之佛教又见告矣，西洋之思想是也。”但在这个“西洋之思想”中，他说：“今置宗教之方面勿论，但论西洋之学术。”在这个王国维的西洋学术史梳理中，他认为“至明末，而数学与历学，与基督教俱入中国，遂为国家所采用。然此等学术，皆形下之学，与我国思想上无丝毫之关系也”，科学与宗教都被他排除了出去。王国维还认为以严复翻译带进来的西方思想是“英吉利之功利论及进化论之哲学耳，其兴味之所存，不存于纯粹哲学，而存于哲学之各分科，如经济、社会等学，其所最好者也。故严氏之学风，非哲学的，而宁科学的也。此其所以不能感功吾国之思想界者也”。经日本介绍进来的“自然主义之根本思想，……由学术之方面观之，谓之无价值可也”。在晚清以来西学思想中，王国维特别批评了谭嗣同的《仁学》，认为“□氏以元统天之说，大有泛神论之臭味、其崇拜孔子也颇模仿基督教，其以预言者自居，又居然抱穆罕默德之野心者也。其震人耳目之处。在脱数千年思想之束缚，而易之以西洋已失势力之迷信，此其学问上之事业，不得不与其政治上之企图同归于失败者也。”他还指出“□氏之说则出于上海教会中所译之治心免病法，其形而上学之以太说，半唯物论、半神秘论也。人之读此书者，其兴味不在此等幼稚之形而上学，而在其政治上之意见。□氏此书之目的，亦在此而不在彼，因与南海□氏同也。”② 他也看出了谭嗣同对

① 王国维：《论近年之学术界》，见谢维扬、房鑫亮主编：《王国维全集》第 1 卷，第 121 页。

② 王国维：《论近年之学术界》，第 122—123 页。

教会译著借题发挥的政治目的。

王国维还认为比较佛教与西学传入的时代不同，“盖佛教之入中国，帝王奉之，士夫敬之，蚩蚩之氓膜拜而顶礼之；且唐宋以前，孔子之一尊未定，道统之说未起，学者尚未有入主出奴之见也，故其学易盛，其说易行。”但到了当下这个时代与佛学传入之时已经大不相同了：“今则大学分科，不列哲学，士夫谈论，动诋异端，国家以政治上之骚动，而疑西洋之思想皆酿乱之麹糵；小民以宗教上之嫌忌，而视欧美之学术皆两约之悬谈。且非常之说，黎民之所惧；难知之道，下士之所笑。此苏格拉底之所以仰药，婆鲁诺（布鲁诺）之所以焚身，斯披诺若（斯宾诺莎）之所以破门，汗德（康德）之所以解职也。其在本国且如此，况乎在风俗文物殊异之国哉！则西洋之思想之不能骤输入我中国，亦自然之势也。况中国之民，固实际的而非理论的，即令一时输入，非与我中国固有之思想相化，决不能保其势力。”王国维还比较说，过去盛极一时的佛教经典已经“束于高阁，两宋之说犹习于学官，前事之不忘，来者可知矣。”①言下之意是从外来的佛教与本土儒学彼衰此盛的历史经验来看，西学和西教在中国的未来也是一样的。

1906年撰《去毒》一文，刊于《教育世界》杂志，本文内容是论鸦片烟之根本治疗法及将来教育上应注意的问题，认为“禁鸦片之根本之道，除修明政治，大兴教育以养成国民之知识及道德外，尤不可不于国民之感情加之意焉！其道安在？则宗教与美术二者是。……兹二者，尤我国今日所最缺乏亦其所最需要者也”。②这里他对宗教有肯定其功能的一面。③王国维说“有宗教家者，教之以上帝之存在，灵魂之不灭，使知暗黑局

① 王国维：《论近年之学术界》，第124—125页。

② 王国维：《静安文集续编》，见袁英光、刘寅生编著：《王国维年谱长编（1877—1927）》，第43页。

③ 王国维：《静安文集续编》。

促之生活之外，尚有光明永久之生活。”他认为国民吸食鸦片的原因在于“无希望，无慰藉。一言以蔽之：其原因存于感情上而已。”而“感情上之疾病，非以感情治之不可。”因此“去毒”的办法除了政治教育外，在感情上的治疗就要依靠“宗教与美术二者是”。但是二者治疗的对象不同，“前者适于下流社会，后者适于上等社会；前者所以鼓国民之希望，后者所以供国民之慰藉。”“美术者，上流社会之宗教”、“宗教者，下流社会之美术。”王国维在这里都在实用理性传统的视野中，来看待艺术和宗教的。但宗教是更等而下之的。王国维的周孔之道理性主义的世界观使他无法接纳东方和西方宗教信仰，但从功能主义出发“苟有本期教主度世之本意，而能造国民之希望与慰藉者，则其贡献于国民之功绩，虽吾侪之不信教宗教者，亦固宜尸祝而社稷之者也。”①

王国维著作中不多的论及宗教文字中，点到基督教算是不少的了。但他只承认宗教对劝化道德有一定意义，而且只限于下流社会。因此，基督教显然是不能被包括在他心目中的西方之“道”的范畴中了。彭玉平说言王国维在中国宗教史上的缺席是可以理解的，这不仅因为他不是一个虔诚的宗教徒，而且他对宗教的了解也停留在一个较为浅近的阶段。②这当然是有道理的。实际上，从孔子的“未能事人，焉能事鬼？”“未知生，焉知死？”“子不语怪、力、乱、神”开始，传统中国社会的知识分子在宗教观上大部分是不可知论者。进一步是否可以说，王国维在吸收西方哲学思想的基础上，显然已经有了无神论的宗教观。而且相比佛教来说，王国维对基督教的了解可能更少了。这可能和他的研究进路与早期几位日本哲学家影响也有关系。后来王国维与伯希和有过交往，1919 年他接触敦煌李氏史籍后曾说到“景教经两种不识，但说教理抑兼有事实，此诚世界宝笈，

① 王国维：《去毒篇》，见谢维扬、房鑫亮主编：《王国维全集》第 14 卷，第 65 页。

② 彭玉平：《王国维哲学、宗教观念与“人生诗学”》，《武汉大学学报（人文社科版）》2011 年第 64 卷第 2 期，第 69 页。

不能以书籍论矣”[①]，显示了对景教的兴趣，但仅此而已。

三

再看王国维《论政学疏》的关键句“臣窃观自三代至于近世，道出于一而已。泰西通商以后，西学西政之书输入中国，于是修身齐家治国平天下之道乃出于二。”王国维这里也承认了“道”是可以从一个“道”变成两个“道”的。但此道非彼道，不同的道的本质和内容是不同的。属于西方文化的基督教从唐朝入华以来，就一直用“道”来称呼自己，来包装自己，但在中国读书人中，自明末以来尽管有一批儒教读书人皈依了这个道，但是反对者和持不可知论者更是大有人在。借用王国维的话语来说，咸同以来基督教入华之时，中国思想界已经处于“受动”到“能动”时代之间了。在“道出于二”的时代，王国维选择和固守的还是两千年传承下来的“周孔之道。”在他看来这个“道”是和他选择的逊清朝廷相依为命的。而“道不同不相为谋，”在王国维的西来之“道”的负面清单上可能有基督教在列的。从另一方面来说，基督教自称为“道”从唐代开始到王国维时代已经有一千三百来年了，但在王国维笔下基督教与中国文化的“相化”根本没有提及。看来，基督教在十三个世纪中殚精竭虑找到的“道”、“圣”这类中国文化中高大上的褒义词来给自己进行中国化的外包装，还是没有能进入王国维这样知识分子的内心世界，因为在王国维看来，上层社会的精神需求是可以用美术来得到满足的。

不过，尽管在“道”层面，王国维认为基督教只能对下层社会的民众

① 袁英光、刘寅生编著：《王国维年谱长编（1877—1927）》，第286页。

发生作用。但在“器”的层面，王国维并没有排斥基督教带来的教育机会和西学东渐带来的职业机会。1915 年王国维在致罗振玉的信中谈到如果他自己回海宁老家的话“则以大儿（潜明）入（基督教）青年会寄宿舍，年费二百余元。”①1917 年王国维在日记中谈到王潜明“考青年会学校”，因未能考入第四级而仍然就读于育才公学。②1919 年王潜明考取海关职员，王国维“非常高兴”，称“其一生幸福较我辈为多矣。”③1921 年王国维二儿子报考邮局。④1921 年王国维家书中对其外甥“远威拟入（美国南浸信会创办的）沪江大学”，非常期待。⑤1922 年王国维四子贞明报考沪江大学中学二年级。⑥ 对自己的外甥在海关求职也非常赞成。看来在他那里“道”和“器”还是可以分别对待的。实际上，像王国维这样许多浸润在传统文化中安身立命的知识人在谋划子女生计上的务实态度或许是另一个值得研究的问题了。

① 袁英光、刘寅生编著：《王国维年谱长编（1877—1927）》，第 192 页。
② 袁英光、刘寅生编著：《王国维年谱长编（1877—1927）》，第 196 页。
③ 袁英光、刘寅生编著：《王国维年谱长编（1877—1927）》，第 287—288 页。
④ 袁英光、刘寅生编著：《王国维年谱长编（1877—1927）》，第 317 页。
⑤ 王国维：《观堂家书编年》，稿本，第 47 页。转引自袁英光、刘寅生：《王国维年谱长编（1877—1927）》，第 328 页。
⑥ 王国维：《观堂家书编年》，第 335 页。

略论明末的一项宗教文化实验方案

孙尚扬（北京大学哲学系教授）

谓17世纪是一个天才辈出、群星璀璨的世纪，绝非溢美之词。牛顿、笛卡尔、帕斯卡尔、伽利略、培根、洛克、霍布斯、太阳王路易十四、彼得大帝、康熙大帝……仅这一串还可延伸很长的名单就足以让这个世纪在人类文明史上显得卓尔不群。因此，相当长一段时间以来，17世纪在社会史、科技史、思想史、现代性和全球化等多个维度中的重要意义被不无理由地凸显出来。这是因为，“从大约17世纪起，欧洲开始在思想意识、军事力量、航海技术和经济发展等方面超过了世界其他地区。欧洲命运的这种惊人转变促使它把新的制度传播到全球各地，并且引发了我们称之为‘现代性’的一种新现象，这正是当今全球化时代的逻辑起点”。[①] 此说对当时的欧洲文明的中心性与优势多有夸张之处，

① 罗宾·科恩、保罗·肯尼迪：《全球社会学》，文军等译，社会科学出版社2001年版，第61页。

因为据中国学者李伯重等人的研究，当时的世界贸易以及白银作为硬通货在全球贸易中的流通，都离不开中国人的积极参与，所谓明清闭关说是难以成立的。① 但是，“在 17 世纪，中西之间的相互认识已经开始明显朝着有利于西方的方向倾斜，欧洲在与中国的交往中，不仅掌握了主动权，而且在知识领域也开始占据领先地位，西方有关中国的知识正在迅速地增长”。② 因此，将 17 世纪的欧洲之变迁界定为现代性与全球化的起点，大抵还是广为学人接受的。当然，也有学者认定，仅就经济命运而言，欧洲核心区域与世界其他一些地方（显然主要是东亚，但或许还有其他地方）的核心区之间的大分流是在 18 世纪相当晚的时候才出现的，③ 这是另外一个略为不同的论题，兹不深究。

17 世纪的一个重要的思想史事件是英国哲学家培根（1561—1626）开始探求“普世科学”，它可以用一些简单的公式、数目字，解释自然世界中的一切。④ 在《新工具》一书中，培根提出将试验法引入到对自然和世界的理解之中。培根意识到，试验可能并非总是一帆风顺的，当试验“成为多少有些散漫的探求，而非有规律的运行体系时”，“要审慎地建议三点改进”。⑤ 其一，我们必须“回归首要的原则与箴言”，根据我们的实践对它们进行评判，并“根据需要对它们加以改进”。其二，我们必须根据这

① 参李伯重：《火枪与账簿：早期经济全球化时代的中国与东亚世界》，生活·读书·新知三联书店 2017 年版，第 57 页。

② 欧阳哲生：《古代北京与西方文明》，北京大学出版社 2018 年版，第 164 页。

③ 彭慕兰：《大分流：欧洲、中国及现代世界经济的形成》，江苏人民出版社 2010 年版，第 2 页。

④ 弗里德里希·希尔：《欧洲思想史》，赵复三译，香港中文大学出版社 1998 年版，第 461 页。

⑤ Francis Bacon, “The Great Instauration (1620),” preface, reprinted in id., *The New Organon and Related Writings*, ed. Fulton H Anderson (1960), 3—30, at 11.

些原则，评判“试验给我们的感受”，以确定在哪些方面“试验应当被调整”。其三，我们必须将“我们的试验”与同行科学家的工作进行比较，但在比较中发现“更好的技术”时，必须“修正我们的试验”，甚至补正首要原则。①培根声称，尽管他提供的那些指南主要用于修正已被查明出错了的科学试验，它们同样可以用于修正法律与政治试验，②即可以用于社会文化、政治生活等多个公共领域。相应地，培根还提出，以真正的归纳法来形成概念和原理，以排除和肃清围困人类心灵的四类假象：族类的假象、洞穴的假象、市场的假象和剧场的假象。③培根对实验法和归纳法的推崇和倡导，意味着近代实证科学精神开始崭露头角。当然，有论者指出，培根本人实际上并非科学内行，他所做的实验都具有游戏探索性质。比如，他的人生终结于这样的实验：剖开母鸡之腹，塞进雪花，看看是否可以由此延缓母鸡腐烂的进程，他本人因此而受寒病死。培根可谓竭力倡导实验，死于实验，④为科学实证精神的发展献出了自己的生命。

人类早期文明史上，曾出现这样的现象，即在公元前 800 年至公元前 200 年的精神过程中，三个地区（希腊 / 巴勒斯坦、印度和中国）同时出现了思想与人性的飞跃，此即文明的轴心时期。⑤到了公元 17 世纪，人类思想与文明的演化似乎也出现了不问西东的家族相似性。学者冯天瑜一以贯之地坚持其明清之际中国出现了早期启蒙思想的学术观点，冯氏近来

① Francis Bacon, “The New Organon (1620),” Aphorisms Book One, 70, 82, 103—104, reprinted in Bacon, *The New Organon and Related Writings*, 31—268, at 67—69, 79—80, and 97—98.

② 以上参小约翰·威特：《宗教与美国宪政经验》，宋华琳译，上海三联书店 2011 年版，第 4 页。

③ 培根：《新工具》，许宝骙译，商务印书馆 1984 年版，第 18—19 页。

④ 弗里德里希·希尔：《欧洲思想史》，赵复三译，香港中文大学出版社 1998 年版，第 461 页。

⑤ 卡尔·亚斯贝斯：《历史的起源与目标》，魏楚雄、俞新天译，华夏出版社 1989 年版，第 7—14 页。

又以徐光启、顾炎武、王夫之和黄宗羲这四位明清之际的学术四杰为例，说明当时的中国文化确实发生了近代性转向。①

被冯文列在四杰之首的徐光启（1562—1633）将是本文的重要研究对象之一，不过，本文关注的是他在宗教文化领域提出的试验方案，主要探讨的问题是：他和耶稣会士一道提出的试验方案的原则是什么？目的何在？这个方案的命运——寂寂无闻甚至被拒斥——预示着什么？

在进入正式考察与研讨之前，有必要简介一下前揭小约翰·威特的研究成果。他认为，在美国早期（17—18世纪）关于宗教自由的颇具近代性的试验中，有四种见解提供了驱动力，它们是清教、福音派、启蒙运动及共和主义。而在这些诸多的见解中，美国的开国之父们归纳出了有关宗教自由的六项普遍原则：即良心自由、宗教实践的自由、宗教多元主义、宗教平等、政府与教会分离、（政府）不得确立宗教。② 我们将在比较中，关照明末的尚属前近代性宗教实验方案的历史意义及其局限性。

一、宗教文化试验方案提出的背景

宗教“试验之法”是徐光启于1616年在《辩学疏稿》中明确提出的，③ 几乎同时，在北京的耶稣会士庞迪我、熊三拔也在护教《具揭》中提出了类似的抗争性建议。他们所辩所护的乃是明末由天主教耶稣会输入

① 冯天瑜：《明清之际中国文化的近代转向》，《武汉大学学报》2018年第71卷第4期，第90—96页。

② 参前揭小约翰·威特：《宗教与美国宪政经验》，第84页。

③ 徐光启：《辩学疏稿》，见吴相湘主编：《天主教东传文献续编》（一），台北学生书局1986年版，第29页。

中国的“天学”，即包括天主教在内的欧洲文化。他们同时护教辩学的原因则在于，南京礼部侍郎沈潅纠集南北两京的反教士大夫在万历四十四年（1616）先后上疏朝廷，罗列传教士的种种“罪行”，攻击耶稣会士，主张驱逐之，史称“南京教案”。关于这次教案的来龙去脉及其前因后果，学人多有探究，可资参考。① 本文首先关注的是，这些反教的士大夫究竟对传教士以及中国教徒提出了哪些指控，这些指控是无的放矢，还是依法鸣鼓而攻之？这些指控为什么会激起传教士与中国教徒的提出一种宗教文化试验方案？

众所周知，利玛窦（Matteo Ricci, 1552—1610）是明末来华耶稣会士中核心人物，他在长时间对中国社会的敏锐观察中，在切身的传教实践中，逐渐摸索和形成了自觉“适应”中国社会文化的传教策略，这种“适应”是他自己明确提出的，② 而非出自朝廷之命。这种适应策略的具体内容包括：走上层路线，合儒斥佛；采用哑式传教法，即以中文著作传教；以科学为辅助工具进行传教；将中国源远流长的敬孔祭祖解释为非宗教性的维系社会秩序的伦理习俗，容忍中国天主教徒参与敬孔祭祖仪式。③ 最后一条尤其重要，因为据晚近学者的研究，“中国社会的统一性源于共同的礼仪”，而这些礼仪中最重要的就是“祭祖”，这是在16世纪20年代出现的礼仪革命中最受重视的内容——其实质内容是从礼不下庶人变革为

① 至少可参张铠：《庞迪我与中国》，大象出版社2009年版，第285—335页；黄一农：《两头蛇：明末清初的第一代天主教徒》，上海古籍出版社2015年版，第117—122页；肖清和：《“天会”与“吾党”：明末清初天主教徒群体研究》，中华书局2015年版，第87—98页；Dudink的未刊博士论文（荷兰莱顿大学），*Chiristianity in Late Ming China: Five Studies*。

② 利玛窦曾在他那部著名的《基督教远征中国史》中使用了“适应”一词，他谈到各个宗教团体必须“依基督教的方式修正和适应”，参柯毅霖：《晚明基督论》，王志成、思竹、汪建达译，四川人民出版社1999年版，第44页。

③ 以上参孙尚扬：《明末天主教与儒学的互动》，宗教文化出版社2013年版，第4—24页。

庶民亦可祭祖（祭祀三代祖先）。[①] 早前，韦伯曾指出，“由皇帝与官吏来主持的官方祭奠和由家长来主持的祖先祭祀，被儒教预设为既有俗世秩序的构成要素。”[②] 可见，利玛窦至少很早就深知祭祖敬孔是中国社会—文化—政治秩序的支柱，也是华夏民族认同与凝聚力的核心资源，从未起意冒犯甚或颠覆之。他的具有人文主义精神的温和传教策略甚至被清初的康熙皇帝谕命为“利玛窦规矩”，[③] 康熙要求所有在华传教士都必须严格遵守之。

由于利玛窦规矩在传教实践中具有灵活性与可信性，利玛窦于 1610 年在京去世前，耶稣会在华的传教活动颇有成效。在士大夫中，一时出现了“公卿以下……咸与晋接”的友善氛围（《明史・意大里亚传》），甚至出现了徐光启、李之藻等著名士大夫皈依天主教的现象。但利玛窦晚年却犯了一个不小错误：经过多方考虑与权衡，他没有选择较能贯彻他的传教策略且在北京的西班牙传教士庞迪我为自己的继任人——耶稣会中国传教团会长，而是选择了传教方略比较激进的意大利籍、且远在广东韶州的龙华民作为自己的接班人。[④] 由于龙华民传教心火甚旺，主张在大街小巷向愚夫愚妇公开传教，他在韶州不断遭遇官司。在利玛窦去世两年后，即 1612 年才得以脱身到北京接替利玛窦的位置。但他的传教方略在北京显然行不通，于是决计亲赴南京推行自己的传教方略。从反教文献中，我们可以见出龙华民传教方略在南京引发的效应。晏文辉曰：在南京的“（王）丰肃数年以前，深居简出入，寡交游，未足启人之疑，民

① 科大卫：《明清社会和礼仪》，曾宪冠译，北京师范大学出版社 2017 年版，第 3—10 页。

② 韦伯：《韦伯作品集》V《中国的宗教・宗教与世界》，康乐、简惠美译，广西师范大学出版社 2004 年版，第 236 页。

③ 见北平故宫博物院编：《康熙与罗马使节关系文书影印本》，1932 年，第 17 页。

④ 张错对利玛窦在庞迪我与龙华民之间的艰难选择做了较详细的考察，其中亦多有心理分析。见前揭《庞迪我与中国》，第 169—191 页。

与之相忘，即士大夫亦与之相忘。迩来则有大谬不然者：私置花园于孝陵卫，广集徒众于洪武冈。大瞻礼，小瞻礼，以房、虚、星、昴日为会约。洒圣水，擦圣油，以剪字贴户门为记号。迫人尽去家堂之神，令人惟悬天主之像。假周济为招来，入其教者，即与以银。记年庚为恐吓，背其盟者，云置之死。对士大夫谈，则言天性；对徒辈论，则言神术。道路为之喧传，士绅为之疑虑。祖宗根本之地，教化自出之区，而可令若辈久居乎？”① 从这段控告中，可以见出，在贯彻利玛窦规矩时，传教士王丰肃在南京可谓低调宣教，而当他转而推行龙华民的激进传教方略后，则积极深入民间宣教，且令信徒“尽去家堂之神”，只能悬挂天主像，并高调地按期进行宗教实践，以致“道路为之喧传，士绅为之疑虑”。可见，在贯彻龙华民的传教方略之后，在南京出现的强组织、有规模的天主教的宗教实践是引发教案的重要原因之一。当然，卷入党争（东林党多乐于与传教士交游亲善）、人际交恶（天主教徒杨廷筠曾与同年沈淮进行耶儒之辩并因此结下梁子）②、遭到天主教攻击的佛僧与佞佛者进行的反扑，沈漼的个人政治野心，中国传统文化中的排异机制的激活，③ 等等，皆是引发教案的要因。

我们现在将转向关注沈漼在三次上疏的过程中，对天主教提出的主要指控。第一，沈漼指控传教士入华无勘合（关文），有违大明“越渡关津之律”和“盘诘奸细之律”。④ 当然，作为南京礼部侍郎，沈漼意识到

① 《破邪集》，收入《大藏经补编》（28 册），台北华宇出版社 1986 年版，第 229 页。南京礼部郎中徐如柯在《乾坤正气集》（卷 290）《处西人王丰肃议》中亦有类似的描述。

② 钟鸣旦：《杨廷筠：明末天主教儒者》，社会科学文献出版社 2002 年版，第 110 页。

③ 邹振环：《明末南京教案在中国教案史研究中的“范式”意义》，《学术月刊》2008 年第 40 卷 5 月号，第 122 页。

④ 《破邪集》，收入《大藏经补编》（28 册），台北华宇出版社 1986 年版，第 220 页。据大明律，“凡无文引私度关津者，杖八十。若关不由门，津不由渡，（转下页）

自己的职掌主要是“严邪正之禁”，并引用了《大明律》礼律中的“禁止师巫邪术”律条，视天主教为师巫邪术，要求“抑邪崇正”。[①] 我们知道，韦伯按照现代宗教学的分类法，认定中国的“天人合一”与宇宙创成说，将世界转变成一个巫术的乐园，而且正统与异端对于巫术、泛灵论的观念都采取容忍的态度。[②] 而沈潅却按照传统中的华夷文野之别的标准将来自另一文明体系的宗教文化称为“邪”恶的“师巫小术”。[③] 这两种高下之判自然充满了价值色彩与时代错位，但不失为比较研究的有趣资源。第二，缺乏近代地理知识的沈潅指控在南北两京的耶稣会士庞迪我、熊三拔、王丰肃和阳马诺自称其国为大西洋，这是与大明“以两大之辞相

(接上页)而越度者，杖九十。若越度缘边关塞者，杖一百，徒三年。因而出外境者，绞守把之人，知而故纵者，同罪。失于盘诘者，各减三等，罪止杖一百。军兵又减一等，并罪坐直日者。(余条准此。)若有文引冒名度关津者，杖八十。家人相冒者，罪坐家长。守把之人知情与同罪，不知者不坐。”见明刘惟谦撰《大明律30卷》，北京爱如生数字化技术研究中心研制中国基本古籍库收录日本景明洪武刊本，第49页(本文引用爱如生中心研制数据库标注页数均为电子显示页，下同)。“凡缘边关塞及腹里地面，但有境内奸细走透消息于外人及境外奸细入境内探听事情者，盘获到官，须要鞫问接引、起谋之人，得实皆斩。经过去处守把之人，知而故纵及隐匿不首者，并与犯人同罪，失于盘诘者，杖一百，军兵杖九十。”同上书，第50页。对此，庞迪我在《具揭》中辩护道：利玛窦、庞迪我等人从广东到北京一路都得到各地官员乃至朝廷官员的允准与帮助，他甚至具体开列这些名公钜卿的姓氏与官职，皆历历可鉴，并指出玛窦到北京后“固辞荣爵，受廪大官，于时礼部尚书冯研究学术，罄知玛窦等奉事天主事实，屡欲奏闻表章。”(《徐家汇藏书楼明清天主教文献》(一)，以下简称《徐家汇藏书》(一)，台北方济出版社，1996年，第71—75页。)这种辩护可谓绵里藏针，警示沈潅不要得罪亲善传教士的官僚群体甚至皇帝本人。

① “凡师巫假降邪神，书符咒水，扶鸾祷圣，自号端公、太保师婆，及妄称弥勒佛、白莲社、明尊教、白云宗等会，一应左道乱正之术，或隐藏图像，烧香集众，夜聚晓散，佯修善事，煽惑人民，为首者绞，为从者各杖一百，流三千里。”前揭刘惟谦撰《大明律30卷》，第39页。

② 韦伯：《韦伯作品集》V《中国的宗教·宗教与世界》，康乐、简惠美译，广西师范大学出版社2004年版，第277、273页。

③ 前揭《破邪集》，第220页。

抗”；[1]更以天主“驾轶天子之上，是愚民眩惑”，甚至“士君子亦有信向之者”[2]——这里的士君子显然暗指徐光启和李之藻等士大夫天主教徒，徐光启、李之藻自然对此非常敏感，[3]因为这不仅关乎他们个人的政治命运，更关乎他们认为较中学更先进的西学在中国的前景，甚至关乎明帝国本身的运势。第三，沈淮指控传教士在历局中参与修历，其法不仅“妖妄怪诞”，其人还试图“举尧舜以来中国相传纲维统纪之最大者，而欲变乱之”。这是对中国大统历——纲维统纪之最大者的颠覆。[4]第四，沈淮指控传教士传扬尊奉天主可以升天堂免地狱并“诳惑小民祖宗不必祭祀”。如前所述，祭祖是明代礼仪改革后士大夫最关心的本土礼仪之一。因此，沈淮控告王丰肃等西人“率天下而无父子，”实乃“儒术之大贼。”[5]第五，

① 对此，庞迪我和熊三拔及时地在《具揭》中批驳道：“大西洋者，对小西洋而言，海有大小，非国大小，舆地图可按也。间称泰西，或太西，犹言极西耳，以自别于回回之西域也。又见中国郡邑，亦有系以大字者，并无妨碍，辇毂之下，邑有大兴，郡有大名，其余大同、大足、泰安、泰和等，乃至附近小国，亦不闻禁称大食、大琉球等，是以不识忌讳耳。若偶称迪我辈为大西国人，此或道路之言，何能知之！”《徐家汇藏书》(一)，第76—77页。这种反驳至少符合当时中国人尚不熟悉的西方形式逻辑。

② 前揭《破邪集》，第221页。对此，庞迪我在《具揭》中的变化是：“天主者，造天地万物之主。西国所事之天主，即中国所奉之天，即中国所祀之昊天上帝也……中国称上帝为天，犹称帝王为朝廷，亦无不可，特因此中文字圆活，称旋转者曰天，称主宰者亦曰天，可以意会，西国行文，务须分别，必称天主云耳，故天也，上帝也，天主也，一也。若云驾轶其上，则是谓天主为昊天上帝之主乎？人虽至愚，当知无物能驾轶于上帝之上者。”前揭《徐家汇藏书》(一)，第78—79页。这里使用的仍然是合儒的适应策略。

③ 徐光启曾坦承：“南京礼部参西洋陪臣庞迪我等，内言其说浸淫，即士君子亦有信向之者……信向之者，臣也。”见前揭《辩学疏稿》，第21页。

④ 见前揭《破邪集》，第221—222页。鉴于当时西洋历法的明显先进性，庞迪我在《具揭》中的辩护就不复述了。

⑤《破邪集》，第222页。针对这一指控，庞迪我以“祭义不同”进行辩护。其言曰：“以报以祈，惟天主可以当之。俗有祭祀而祈福免祸于祖宗者，此为以天主之权之能，加于人类，故不可也，典制礼文，原无此等。若所谓荐其时食，事死如生，或如西国陈设品物，为祖宗施贫，以祈冥福于天主，何为不可乎？至乃依从佛法，（转下页）

沈漼指控传教士“赀财源源而来”（赀源中外皆有），以之诱惑愚民入教，有倾覆华夏社稷之图谋，“凡有忠君爱国之志者”，皆不得不警惕于此。① 需要说明的是，“爱国”这个概念在明末反教文献中很少见，沈漼使用这一概念是否表明当时中国已经出现了类似于欧洲的近代民族国家观念？这一点值得注意。

以上是沈漼在万历四十四年五月所上《参远夷疏》中对传教士的主要指控，但万历皇帝未与理会，沈疏留中未发。八月与十二月，沈漼再上两疏，指控王丰肃在南京盘诘勾连，定期聚会，起盖无梁殿，在孝陵卫附近置花园一所（据庞迪我《奏疏》，花园实为传教士用来自给的菜地，在距孝陵卫甚远的朝阳门外②），两京之间的教徒传递信息神速，为国家隐

（接上页）焚烧金钱楮币，谓此伪物，可以贿嘱阴司，矫诬灭理，长恶沮善，此又断乎不可，且亦非旧典礼文也。居恒为人讲解义理，使其裁择，勿作罪愆，曷尝禁人享奠乎？教中十诫，尊事天主而下，首重君亲，不孝不弟，罪恶甚大，地狱之苦甚深，翻译经书一一可按。此释道二氏妒嫉之言，流传诬证耳，世岂有教人不孝不弟之教哉？”见前揭《具揭》，《徐家汇藏书》（一），第82—84页。这里意思很明显，庞迪我坚持教徒只能向天主祈报（祭），但允许他们“事死如事生”般地祭祖，以祈冥福于天主。这应该算是耶儒礼仪交织融汇的结果之一，也是天主教礼仪中国化的尝试性成果。

① 《破邪集》，第222页。庞迪我的辩护是，他本人在京师“蒙主上圣恩，大官之膳，幸足支给，无事须财，却亦不能共给施舍。”耶稣会的“其他同志，或时阙乏，未免斤卖器物，举债质当，以给衣食，”匮乏时，常“并日而食”，根本无证据表明传教士有能力“买人入道”，更无“图谋之意”。在说明传教士的宗教活动资金来源时，庞迪我还说教中“自有本等支给”，多由“无欺”之欧洲商人来华后依法“寄橐附致”。见前揭《具揭》，《徐家汇藏书》（一），第84—87页。这与徐光启在《辩学疏稿》中否定传教士接受“夷商接济”、只“取给于捐施”的说法相似，见前揭《天主教东传文献续编》（一），第31页。庞徐二人之疏稿多有雷同。这引发一个问题：二人同时在京，写作时是否曾彼此通气？这个问题值得探究，张错明确认定，“《具揭》著者深受徐光启《辩学章疏》的影响”，然未审其据何在，见前揭《庞迪我与中国》，第329页。另外，关于传教活动经费来源问题，“会审钟鸣礼一案”中有更具体的记录：“其银自西洋国送入澳中，澳中商人转送罗儒望，罗儒望转送到此，岁岁不绝。”见前揭《破邪集》，第237页。

② 见前揭《具揭》，《徐家汇藏书》（一），第138页。

忧，[1]云云。八月第二疏又留中未发。在十二月所上第三疏中，沈潅参奏远夷广行异教，勾连窥伺，蓄谋叵测。两京重地，当永清奸邪。[2]沈潅最终达到了驱逐部分传教士的目的，"二十八日，奉圣旨：这奏内远夷王丰肃等，立教惑众，蓄谋叵测，尔部移咨南京礼部行文，各该衙门速差员役递送广东抚按，督令西归，以静地方。其庞迪峨等，去岁尔等公言晓知历法，请与各官推演七政，且皆系向化来京，亦令归还本国。"[3]这里值得注意的是，"圣旨"虽看似严厉，但对庞迪我等人向化来京且晓知历法却是持委婉肯定态度的，看来万历皇帝也有不得已之处。

南京教案对天主教在明末的传播自然是一大打击，但较之清初严苛的康熙禁教令，南京教案的后果尚称不上在华天主教之覆灭性灾难：驱逐了几位传教士，依照大明律处理了南京的十余位教徒。士大夫教徒徐光启、李之藻、杨廷筠利用自己的社会网络与实力保护了一批传教士。当然，徐光启的《辩学疏稿》[4]与庞迪我的《奏疏》应该也发挥了一些作用，他们几乎同时提出的宗教文化试验方案可能影响了朝廷与精英阶层中的部分人士。[5]

二、宗教试验方案提出的核心原则：正统性

南京教案中最紧张的首先当然是传教士，因此，身在京师的耶稣会士

① 《破邪集》，第 223—224 页。

② 《破邪集》，第 224—226 页。

③ 《破邪集》，第 231 页。

④ 万历皇帝对徐疏的朱批是"知道了"，态度虽模棱两可，却也未加褒贬。参《庞迪我与中国》，第 317 页。

⑤ 甚至内侍的言说也可能影响了万历皇帝未采取极端的禁教措施，徐光启曰："皇上……近日又问近侍云：西方贤者如何有许多议论？内侍答言，在这里一向闻得他好，主上甚明白也。"见王重民辑校：《徐光启集》，上海古籍出版社 1984 年版，第 492 页。

庞迪我敏感地意识到沈漼的参奏之严重性，不得不为传教士在华的活动进行辩护。而晚明士大夫天主教徒之首徐光启对此态势之焦虑也不遑多让，他本因厌烦政争而称病在天津屯田，但得知与自己“平昔称通家还往”①的沈漼疏弹西学西教后，素怀会通中西以求超胜西方这一鸿鹄之志的徐光启，很快以身体渐康复，于七月三日“复原职”，仍任翰林院检讨。②徐光启同月急上《辩学疏稿》(亦称《辩学章疏》)，如前所述，庞迪我的《具揭》与徐光启的《辩学疏稿》多有相似之处，都是为天主教教义、天主教徒的行为、西洋历法与其他科技、耶稣会的经济来源之正当性等进行辩诬，前贤时人对这些内容多有考察与分析。为免重复，本节将集中归纳和分析徐、庞二人所提出的宗教文化试验方案。

需要说明的是，徐庞二人应该可以说是站在当时中国科学最前沿的，庞迪我是西学西教的传播主体之一，他除了撰写《天主实义续篇》《具揭》以及更为著名的《七克》等传教护教著述外，还精通舆地和天文历法，曾为万历皇帝绘制地图，③更在历局直接参与修历工作。而徐光启更被公认为晚明中国科学第一人，也是虔诚的天主教徒之一。徐庞二人提出的宗教文化试验方案既包括今人所说的科学维度，也包括宗教、政治和文化等面向，而驱动他们提出宗教文化试验方案的动力可能主要是，伴随着当时全球化潮流梯波航浪而来的西士对在华传播天主教的热望，还有徐光启等士大夫较为健全开放的文化心态。本文的重点研析对象是他们的试验方案中宗教文化向度。兹据对相关文献的研究，将徐庞二人提出的宗教文化试验方案之原则分梳为核心原则与次要原则。

① 《徐光启集》，第492页。

② 梁家勉：《徐光启年谱》，上海古籍出版社1981年版，第113页。

③ 费赖之：《在华耶稣会士列传及书目》，冯承均译，中华书局1995年版，第76页。关于庞迪我绘制地图一事，还可参看他本人为此而呈上的奏疏，见《职方外纪校释》(艾儒略著，谢方校释)，中华书局1996年版，第17—19页。

这项宗教文化试验方案提出的核心原则是，针对反教者的指控，坚持天主教合儒的正统性，并提出辩正邪是非的方法。众所周知，对异端与邪教的压制与防范是传统中国社会与政治生活中的一个重要部分，大一统的专制统治之维系对此颇具依赖性。可以说，古代中国社会中的政教关系的主流是普遍王权下的对宗教的控制。控制既可以表现为消极的排斥、摧毁，也可以表现为积极的收编与利用，还可以表现为冷漠、中性的容忍。这是因为，前近代的中国政府充分意识到，超自然的观念和相应的宗教实践既有利于政府获得民众对其权力和制度的接受，也有可能会被其他组织（如独立的教士团体或叛乱者）用来发展一种具有竞争性的权力中心。因此，传统政府总是千方百计地对超自然的力量进行控制，垄断宗教仪式和对宗教事务的解释，对宗教组织和神职人员施加行政性的控制，预防和镇压异端性的宗教运动。①

当沈漼指控天主教为邪教时，徐、庞二人自然意识到问题的严峻性，不得不就此竭力为天主教的合儒正统性进行辩护。在《辩学疏稿》中，徐光启除了以自己与西士切身的交往学习经历，充满溢美之词地说明“诸陪臣”（传教士）不仅“踪迹行事，一无可疑，实皆圣贤之徒”外，更言之凿凿地论明言：“**其道甚正**，其守甚严，其学甚博，其识甚精，其心甚真，其见甚定。”他们“皆务修身以事天主”，之所以远来中国，是因为他们听说“中国圣贤之教，亦皆修身事天，理相符合，是以辛苦艰难，履危蹈险，来相印证。”接着，徐光启概述了天主教的宗旨（昭事上帝）、终极关切（保救生灵）、工夫（忠孝慈爱）、进修（忏悔涤除）、赏罚（作恶者下地狱，行善者上天堂）。徐光启想论证的是，西来“天学”可以“补益

① C. K. Yang, *Religion in Chinese Society: A Study of Contemporary Social Function of Religion and some of their Historical Factors*, The Regents of the University of California, 1961, p.180.

王化”。[①] 而庞迪我在《具揭》中同样进行呼应性的论证：中国的天即天主，亦即古经中的上帝。传教士们远来中国就是为了“论定”上帝至上这一信仰“与儒家相合，共向一尊（指上帝——引者注）”。[②] 除了论证天主教的合儒正当性（合法性），还须“避邪”（避开被张贴在天主教身上的邪教这一标签）。为此，庞迪我长篇大论地发挥了其逻辑论证的才能（整个《具揭》加上现代标点有近13000字）。首先，庞迪我以负的方法界定了邪教的根本特征：“凡异端邪教，荧惑耳目者，能隐不能显，能近不能远，能暂不能久，能诱人乐从之于顺境，不能化人乐从之于逆境，能使人行一二微善，不能使人行全善。上下数千年，历考万国，无不皆然。”换言之，邪教不能使人无条件地全然为善。其次，他指出，邪教能荧惑人于一事一时，但“从古以来，曾有广播妖术邪道于世者？明理之人肯实心究论，加意查核，即其邪志邪意，恶言恶行，无不燦然明白。”也就是说，邪教不可能长久传播。其三，天主教传播广远，源远流长，经典丰富，与邪教完全相反。其言曰：“天主之教，……所至感化百千余国，数万余里，延及于此，不为不远；经籍充栋，微言大义，详说明辨，不为不显。西土诸国，长幼男女及至尊显富贵聪明特达之人，为纯心钦崇一天主，守其教戒，不妄礼魔像……是能化人乐从之于逆境者，他教无有也。”[③] 其意思是，邪教不可能传播广远。接着，庞迪我也概述了天主教的主要教义（与徐光启的概述有同有异），以此来证明天主教是真教而非邪教。稍后，另一士大夫天主教徒杨廷筠撰刻了《鸮鸾不并鸣说》等护教著作，证明天主教不是白莲教、无为教等。

但诚如杨庆堃所指出的那样，在儒教传统里，传统中国政府对异端的拒斥与逼迫并不是以纯粹的哲学与宗教考虑为基础的，而是以实际的

① 见前揭《辩学疏稿》，第22—23页。

② 见前揭《具揭》，第78—80页。

③ 以上引文见前揭《具揭》，第115—120页。

政治利益为基础的。[1]韦伯甚至认为，中国士大夫之排斥异端主要是为了保持自身食俸禄阶层的地位不受异端之侵害。[2]当徐光启论证天学可以补益王化，左右儒术时，当庞迪我论证天主教可以“护国福民”时，[3]他们何尝不是在证明天学不会伤害王化、儒教的担纲者即士大夫的政治经济利益？

此外，诚如许理和曾指出过的那样，在传统中国，在评价宗教的基础或标准中，行为的正统性（正行，orthopraxy）要高于教义的正统性（正信，orthodoxy），[4]前者主要指的是礼仪等宗教实践。因此，前述庞迪我对于祭义的解释实际上是很迎合这一中国传统的。庞迪我还曾明确指出，天主教徒“每日晨兴，祭告天主，诵经作礼，一为皇上，二为此方官长，三为父母，四为亲戚，五为众民，祷祈福佑。”[5]这更是在为天主教信徒的宗教实践的正统性向中国的统治阶层进行效忠式表白。

那么，如何检验“天学”的正统性呢？徐光启提出了以下三种试验之法。第一，“尽召疏中有名陪臣，使至京师，乃择内外臣僚数人，同译西来经传。凡事天爱人之说，格物穷理之论，治国平天下之术，下及历算、医药、农田、水利等兴利除害之事，一一成书，钦命廷臣共定其是非。果系判常拂经，邪术左道，即行斥逐，臣甘受附同欺罔之罪”。[6]这一试验之法实际上是一项庞大的翻译介绍西学的项目意向书，也是保护传教士（陪

---

① C. K. Yang, *Religion in Chinese Society: A Study of Contemporary Social Functions of Religion and some of Their Historical Factors*, p.194.

② 参前揭《韦伯作品集》V《中国的宗教·宗教与世界》，第 280 页。

③ 前揭《具揭》，第 120 页。

④ Erik Zürcher, Aleni in Fujian, 1630—1640: The Medium and the Message, in Tiziana Lippiello and Roman Malek eds., *"Scholar from the West"*, the Fondazionta Civiltà Bresciana, Brescia and the Monumenta Serica Institute, Sankt Augustin, 1997, p.612.

⑤ 前揭《具揭》，第 107—108 页。

⑥ 前揭《辩学疏稿》，第 29—30 页。

臣）的“妙法”，同时也表达了徐光启护卫符合儒教正统的“天学”的坚定意志：如果翻译完成后，证明天学真的是判常拂经的邪术左道，他不仅主张斥逐传教士，还甘愿“受附同欺罔之罪”。当然，值得注意的是，徐光启的倡议中辨别正邪的主体还是儒教正统的担纲者——内外臣僚数人。第二，“诸陪臣之言与儒家相合，与释老相左，僧道之流咸同愤嫉，是以谤害中伤，风闻流播，必须定其是非。乞命诸陪臣与有名僧道，互相辩驳，推堪穷尽，务求归一。仍令儒学之臣，共论定之。如言无可采，理屈词穷，即行斥逐，臣与受其罪。”这既是检验天主教合儒之正统性的试验之法，也是处理晚明儒释道耶关系的一种试验之法。徐光启相信，儒耶相合，但天主教与佛教和道教格格不入——利玛窦就曾在《天主实义》中批判过释老①——因此，僧道之流播弄是非，陷害天主教，必须确定其间的是非。而定是非的方法则是相互辩驳，这也可以说是一种宗教对话，但它至少不是一种互益模式的对话，而更像一种排他模式或置换模式的对话。②徐光启与利玛窦、庞迪我等传教士接触密切，对他们在学习“辩学”——这是明末来华传教士对 rhetoric 的译法，窃以为这种译法强于将其理解为修辞学的现代译法——中练就的辩才一定充满了信心。利玛窦在南京与名僧三淮大师辩论，并大获全胜的故事，③徐光启或许有所耳闻。这也许正是徐光启倡导以宗教辩论定是非、决高下的信心之源。当然，在徐光启的辩驳提议中，判定辩论胜败与是非的裁判还是不容侵犯的儒学之臣。第三，徐光启充分意识到，上述两种试验之法很难付诸实施，因此，他不得不退而求其次：“译书若难就绪，僧道或无其人，即令诸陪臣将教中大意，诚

① 朱维铮主编：《利玛窦中文著译集》，复旦大学出版社 2001 年版，第 48—57 页。

② 保罗·尼特：《宗教对话模式》，王志成译，中国人民大学出版社 2004 年版，第 141—142 页。

③《利玛窦中国札记》，何高济、王遵仲、李申译，中华书局 1983 年版，第 365—368 页。

劝规条与其事迹功效，略述一书，并已经翻译书籍三十余卷，原来本文经典一十余部，一并进呈御览。如其踳驳背理，不足劝善戒恶，易俗移风，即行斥逐，臣与受其罪。”①这显然是建议懒政的万历皇帝通过阅读有关天主教的书籍，亲力亲为，以最高统治者的身份来判定天学的正邪。这一建议包含着对中华帝国晚期的普遍王权的绝对认同，但也不能说没有难为天子的意图。

从南京教案的最终结果来看，徐光启提出的上述三项原则事实上都很难付诸实施。倒是他提出的三种处置之法显得更为可行，而这三种处置之法实质上就是社会学所说的社会控制。其一，在经济方面，于“关津严查”传教士的资金来源，供多于需者一律退回；其二，以甘结保举之法（实际上就是连坐），控制传教士与信徒之行为与宗教生活；其三，命地方官细察纠举传教士与信徒之行为，掌控信徒人数，并对其进行奖善惩恶。②徐光启提出的这些对天主教实施控制的方法，完全符合传统中国长期贯彻的政主教从原则。

庞迪我对徐光启提出的宗教实验方案的呼应是多方面的，上文已有涉及，这里需要补充的是，他建议朝廷以天主教传行后的功效来验证其正邪。“天主圣教，若行中国，其明效显功，当盛于西土。他方夷虏，今作寇钞者，皆可化而为善，请姑试之，或可随时取验。诸家以教法相轧，设谋耸害者，请姑并试之，是非得失，亦易见也。譬如有药于此，不知是毒是良，神农氏舌尝而后知之，今若有以相试，则亦舌尝之类耳。试而果稍见其毒，唾弃之，屏逐之，未晚矣。”③我们可以将这种试验方案称作功能试验法，它强调的仍然是教化功能，这种试验之法对实用理性较为发达的

① 前揭《辩学疏稿》，第 30—31 页。
② 前揭《辩学疏稿》，第 31—34 页。
③ 前揭《具揭》，第 123 页。

传统中国人来说，[1]也许会产生一定的吸引力。

三、次要原则：儒教支配下的容纳与平等

我们知道，在儒教定于一尊之后，“任何不同于儒教这一国家正统的宗教信仰与活动都会被视作异端。因此，任何不建基于儒教经典的伦理性宗教信仰，任何未被列入祀典的对神灵的崇拜，都可以被贴上异端这一标签”。[2]而一旦被贴上异端乃至邪教的标签，就意味着该教会遭受无情的打击与逼迫。但是，在严密的政府控制之下，各种寺庙道观及其他所谓淫祀却遍布古代中国。这或许是由于儒教在功能上存在着一定的缺陷。诚如韦伯所指出的那样，“中国官方的国家祭奠，就像其他地方一样，都只是为了共同体的利益而举行；而祖先祭祀则是为了氏族的利益。此二者都与个体的利益本身无关”。[3]例如，一位寡妇的独子不争气甚或夭折，其内心的痛楚与现实生活中所面临的各种苦难，是很难通过进入夫家祠堂，参加祭祖之类的儒教实践而得到减缓与消解的，因为祠堂一般不会摆放无嗣早夭的男子的牌位。这样，那位寡妇便很有可能会在佛道教或其他民间信仰中寻求慰藉。正是这些非常私人性的或个体化的宗教诉求为儒教正统之外的其他宗教的兴起与存续甚至发展，保留了一定的空间。时至明末，中国已经形成儒释道及其他民间信仰多元共存的宗教格局，也出现了三一教这样

① 关于中国文化中的实用理性或实践理性，参李泽厚：《中国古代思想史论》，人民出版社1986年版，第303—306页。

② C. K. Yang, *Religion in Chinese Society: A Study of Contemporary Social Functions of Religion and some of Their Historical Factors*, p.192.

③ 前揭《韦伯作品集》V《中国的宗教·宗教与世界》，第245页。

由士大夫（林兆恩）创发的新兴民间宗教。当然，儒教在这一架构中处于绝对支配性的地位。

尽管徐光启站在耶儒相合的立场上批驳过道教和佛教，但是，他却希望朝廷像容纳佛道伊等宗教一样容纳天主教。其言曰："臣闻繇余西戎之旧臣，佐秦兴霸；金日磾西域之世子，为汉名卿，苟利于国，远近何论焉？又见梵刹琳宫，遍布海内；番僧喇嘛，时至中国；即如回回一教，并无传译经典可为证据，累朝以来，包荒容纳，礼拜之寺，所在有之。高皇帝命翰林臣李翀、吴伯宗与回回大师马沙亦黑、马哈麻等翻译历法，至称为乾方先圣之书。此见先朝圣意，深愿化民成俗，是以褒表搜扬，不遗远外。而释道诸家，道术未纯，教法未备，二百五十年来犹未能仰称皇朝表章之盛心。若以崇奉佛老者崇奉上主，以容纳僧道者容纳诸陪臣，则兴化致理，必出唐虞三代上矣。"① 这是以历史成例来说明容纳异人异教，尤其是来自泰西的异人异教之正当性。徐光启还对这种容纳的可能前景充满信心：如果朝廷吸收他本人的建议，对传教士"特赐表章，目今暂与僧徒道士一体容留，使辅宣劝化，窃意数年之后，人心世道，必暂次改观。乃至一德同风，翕然丕变，法立而必行，令出而不犯，中外皆勿欺之臣，比屋成可封之俗，圣躬延无疆之遐福，国祚永万世之太平矣！"② 这种对天主教的社会政治功能的过高期许，或者说这种来自天主教徒徐光启对其功效的承诺，看似冒险之举，但其中同样包含着这样一种试验精神：吁请最高统治者试一试容留天主教传教士，其教若能传行，则风俗佳美，国祚无虞矣。这些期许与承诺经得起历史检验吗？南京教案后，尽管驱逐了三位传教士，之后又有福建地区的反教风潮，但天主教在 1616 年后，总体上还是得到了相对自由的传播的，可这并未挽救明末的颓势，教案后不到三十

① 前揭《辩学疏稿》，第 26—27 页。
② 《辩学疏稿》，第 28—29 页。

年，帝国大厦即告崩解。看来，以功能论证宗教存在与发展的正当性，委实不具备确定性。

庞迪我则要求天主教在中国能得到与佛教道教等宗教一样的平等待遇。他的吁请始于对有关左道乱政与师巫小术的律条的质疑："有小术左道，不有正术大道乎？有佯修煽惑，不有真修化诲乎？"这种质疑明显具有辩驳性，庞氏想证明的是，天主教是真修正道。他还针对大明律质疑道："律法所禁，不知是教即禁，抑因其有罪可指，无理可论，而后禁之也？是教即禁，儒释道亦教矣。儒言当理，释道之言，似理非理，通行不禁。即所禁者，必有罪而无理者也。天主之教，开辟至今，亿万圣贤，因之成圣，生天受福，数十百国，因之致理，久安长治，因此流传万方，愿我同类为人者，偕之大道，所化之人，所至之国，成圣致理，亦犹是也。"① 在庞迪我的演绎中，透露出这样的质疑性推理：大明律并非有教必禁，必是禁止那些有罪而且无理的宗教。在肯定儒教合理因而是正道的前提下，庞迪我断定佛道"似理非理"，对这种貌似合理实则无理的宗教，朝廷尚且能容许它们"通行不禁"，对能"成圣致理"的天主教当然应该容许其平等"通行"。这是在接纳儒教正统支配下，主张容许天主教与佛道教一样平等传播（"通行"）。

结语

17 世纪被视作早期现代性的开端，而所谓现代性即"理性、领土、扩张、革新、应用科学、国家、公民权、官僚组织和其他许多因素的大融

① 以上引语具见前揭《具揭》，第 87—88 页。

合”。[1] 以此为参照，应该可以说，在徐光启与传教士对理性与应用科学的倡导和推广中，包含着些许早期现代性的因素。

但是，在徐光启与庞迪我提倡的宗教文化试验方案中，传统观念仍然占据主导地位。首先，他们竭力论证天主教在耶儒相合的基础上具有传行的正当性与合法性，论证耶儒相合就是论证天主教具有附身于儒教的正统性。较徐光启稍晚的洛克（1632—1704）曾指出：正统性“不过是人们相互争夺统治他人的权力和最高权威的标记罢了”。以正统相标榜，却缺乏仁爱、温顺与友善，就不是真正的宗教。[2] 我们在此无意争辩辨别宗教真假之标准问题，只是想指出，当天主教附和中国本土的正统时，尽管它可能找到了一种本土化的生存与发展方略，却也应该意识到，一旦它所标榜的“正信”与“正行”中被发现有与儒教正统事实上不相合的地方，它可能会面临着巨大的变迁压力甚至是灭顶之灾。在清初的礼仪之争中，天主教的“超儒”色彩较充分暴露出来，导致了康熙禁教，这是最有说服力的例证。

其次，徐光启与庞迪我阐发的宗教文化试验方案的传统性还表现在，虽然他们对宗教平等与宽容的吁请看似具有一定的思想演化意义，但这种吁请实质内容还是儒教正统支配下诸教平等以及对诸教的容留，是以对政主教从这一传统政教关系屈服为前提的“他者”（欧洲）的宗教的存留之策。我们知道，稍晚于徐光启的洛克还主张将宗教信仰当作私人事务与公共事务区分开来，论证了政教分离、宗教自由和良心自由等原则的正当性。[3] 这些原则现已被一些充分现代化了的国家奉为圭臬。而徐光启虽然是一位虔诚的天主教徒，对终极性的宗教问题有其个人的属灵需求，但他

① 罗宾·科恩、保罗·肯尼迪：《全球社会学》，文军等译，社会科学出版社2001年版，第65页。

② 洛克：《论宗教宽容》，吴云贵译，商务印书馆1996年版，第1页。

③ 洛克：《论宗教宽容》，第5、15、24、42等页。

没有对满足个人属灵需要的各种方式的正当性的声索（claim），即没有对个体权利的意识、表达和主张。当然，这与他接受的信仰是耶儒相合基础之上的天主教有关。当新教借助于其与资本主义精神具有亲和力的伦理，为资本主义以及早期现代化的发展提供着精神—伦理动能时，天主教要到20世纪中叶的梵蒂冈第二次大公会议之后，才开始面对现代化这一事实，反省天主教与现代化之间的关系。指望17世纪在天主教大本营（欧洲）之外的中华帝国接受天主教信仰的徐光启能孤明先发地突破儒教支配原则，阐发一种基于自然权利这一观念基础之上的宗教平等与宽容等具有早期现代性的观念，无疑是苛责古人。不过，这也正好说明了，徐光启和庞迪我提出的宗教文化试验方案与早期现代性中的公民与权利等关键观念之间，还是有一定距离的。

然而，就是这样一份并不具备突破性的宗教文化试验方案，仍然遭到了朝廷的并不激烈的否定或拒斥：万历皇帝下旨驱逐了数位天主教传教士，南京教案就此了结。

此后，虽然在较长一段时间（明末清初）之内，天主教得到了事实上的容纳，但并未得到与儒教正统之外的佛道教及众多民间信仰一样的平等待遇，反教浪潮此起彼伏，天主教在华的命运也显得跌宕起伏。这预示着，传统的政教关系框架——政主教从、儒教支配这一原则，还将会以其在路径依赖中形成的惯性，在相当长且难以预测的一段时间内，运转自如。任何试图突破这一框架的尝试，都必须考虑尝试者自身的力量乃至命运。

姗姗来迟的“西洋消息”：1709年教皇致康熙信到达宫廷始末

韩琦（香港理工大学教授）

“礼仪之争”是中国天主教史乃至中外关系史上的大事，其中康熙时代最为关键，教廷在此期间曾两度派遣特使多罗（Carlo Tommaso Maillard de Tournon, 1668—1710）和嘉乐（Carlo Ambroise Mezzabarba, 1685—1741）来华，觐见康熙皇帝，其目的就是为了平息争论，禁止祭祖、祭孔，并希望天主教能在康熙皇帝的庇护和支持下日益发展。教皇对多罗来华期望尤大，但多罗出使不仅没有达到目的，反而使矛盾激化，最后被带往澳门关押，1710年病故于囚所。

这一事件无疑也造成了清朝与罗马教廷的外交危机。双方事实上都为缓解矛盾作出了努力，康熙曾两次派遣耶稣会士作为使节，试图与教廷沟通，并屡次询问“西洋消息”。教皇格勒门德十一世（Clement XI）也在1709年3月2日致信康熙，请求厚待多罗，本文试图根据中西文献，分析教皇信到达康熙手中的经过，再现历史真实，从而对“礼仪之争”背景的复杂性有更深入的认识。

一、多罗使命失败及康熙遣使罗马

1700 至 1702 年前后，“礼仪之争”再次成为欧洲教会争论的焦点，也在中国引起了很大反弹，[①] 这是多罗出使的最直接原因。来华前，他被教皇任命为宗主教（Patriarch of Antioch），作为派往东印度和中国的全权特使。[②]1705 年 4 月到达广东，凡是多罗所经之处，督抚重臣皆“迎飨护送，时其安处，厚其廪饩”，12 月 4 日抵京，受到康熙皇帝空前热情的接待，“戴病京都，肩舆入内，赐坐赐宴，亲垂顾问，命医疗病，命官宿候，汤泉浴疾，频频问慰，畅春灯火，新阁款宾，锡乳酪而示分甘之爱，奏御乐以表同庆之欢，日常大官给俸，时或内厨颁馐，种种殊恩，旷古且

① 参见韩琦：《奉教天文学家与“礼仪之争”（1700—1702）》，《相遇与对话：明末清初中西文化交流国际学术研讨会文集》，宗教文化出版社 2003 年版，第 381—399 页，根据罗马耶稣会档案馆所藏档案，详细讨论了奉教天文学家、钦天监耶稣会士与“礼仪之争”的关系。

② 关于多罗来华背景的研究，参见 A. S. Rosso, *Apostolic Legations to China of the Eighteenth Century*. South Pasadena: P. D. & Ione Perkins, 1948. F. A. Rouleau, “Maillard de Tournon, Papal Legate at the Court of Peking. The First Imperial Audience (31 December 1705)”. *Archivum Historicum Societatis Jesu*, Rome, 31 (1962), 264—323. D. E. Mungello ed., *The Chinese Rites Controversy: Its History and Meaning*. Nettetal: Steyler Verlag, 1994. John W. Witek, *Controversial ideas in China and in Europe: A biography of J.-F. Foucquet, S. J. (1665—1741)*. Rome, 1982. António Vasconcelos de Saldanha, *De Kangxi para o Papa, pela Via de Portugal*. Institvto Portvgvês do Oriente, 2002, vols.1—3。罗光：《教廷与中国使节史》，台中光启出版社 1961 年版。

未有以待亲臣勋臣者，”[①]礼遇之高，可见一斑，康熙的“格外隆恩”，跃然纸上。

然而康熙对多罗的热情却昙花一现。多罗来华，其目的是禁止祭孔、祭祖的礼仪，但起初他隐瞒来华的真实使命，只是说感谢康熙对传教士的“柔远重恩”，[②]含糊其词，掩盖实情。当多罗公开来华使命之后，康熙大怒，命直郡王胤禔负责与传教士交涉。1706年12月，康熙发布谕旨，要求在华传教士来京领“票”，以获取传教与居住的资格，同时准备派遣耶稣会士赴教廷斡旋。1706年8月多罗已经离开北京，沿运河坐船南下。当多罗听到上述消息时，已到达南京，对此他采取了强硬的回应措施，于1707年1月25日发布了“南京敕令”（Regula），要求所有在华的传教士严禁中国礼仪，[③]这一决定使康熙更加震怒。

从1706年12月到1707年3月，多罗在南京停留了约3个月，然后赴广州，准备在那里等待法国或英国的贸易船只，返回欧洲。但是他刚到广州，就接到上谕，受命不得登船返航，而要他到澳门暂住。1707年6月30日，多罗及其随员在官员们的护送下，到达远东天主教的堡垒澳门。至此，多罗实际上处在澳门的葡萄牙人和清政府的双重监视之下，失去了人身自由，囚禁长达三年，直至1710年6月因病死于囚所。

多罗来华，在中国产生了很大的反响，不仅引起宫廷的关注，甚至还波及众多天主教徒。[④]虽然康熙对多罗的所作所为十分不满，但仍试

① 罗马梵蒂冈教廷图书馆 Borg. Cin. 316(7)，参见韩琦、吴旻：《“礼仪之争”中教徒的不同声音》，《暨南史学》（二），暨南大学出版社2003年版，第455—463页。

② 下面所引1709年3月2日教皇信中则称“代观天主教中之事”。

③ 参见 Edward J. Malatesta, “A Fatal Clash of Wills: The Condemnation of the Chinese Rites by the Papal Legate Carlo Tommaso Maillard de Tournon”, in D. E. Mungello ed., *The Chinese Rites Controversy.* Nettetal: Steyler Verlag, 1994, pp.211—245。

④ 关于多罗来华及其反响，参见《康熙朝满文朱批奏折全译》（中国社会科学出版社1996年版）和《康熙罗马使节关系文书》（北平故宫博物院，1932年）。此外，欧洲档案馆还保存有不少原始中文资料，尚待整理研究。

图与罗马教廷沟通。1706 年 10 月 1 日，派遣葡萄牙耶稣会士龙安国（Antonio de Barros, 1664—1708）和法国耶稣会士薄贤士（Antoine de Beauvollier, 1657—1708）作为使节到罗马。他们于 10 月 27 日（九月初十）离开北京，① 次年夏，到达巴西，在那里曾写信给耶稣会士总会长 Michelangelo Tamburini（1648—1730），解释到罗马之目的，以及准备火速赴罗马的计划。由于经费短缺，他们必须再筹经费，以达目的地。后来他们分别坐船从巴西出发，1708 年 1 月，在快到葡萄牙沿岸之时，两艘船都因遭风暴而沉没。

由于久未接到回音，1708 年康熙又派另外两名耶稣会士艾若瑟（Francesco Giuseppe Provana, 1662—1720）和陆若瑟（José Ramon Arxo, 1663—1711）前往欧洲。陆若瑟，1684 年到达广州，② 先在山西，后在湖广传教，曾和法国耶稣会士刘应（Claude de Visdelou, 1656—1737）在多罗面前辩论礼仪，使刘应无言以对，③ 也许是这一原因，他被选作康熙的使节之一出使罗马。艾若瑟和陆若瑟携带 69 份文件（其中的 50 份已由龙安国带往罗马，此次另加了 19 份）。艾若瑟还带了山西绛州人樊守义一同前往罗马。④1709 年 2 月，艾若瑟到达罗马，交给教皇上述文件。遣使之后，康熙心情急迫，屡屡询问“西洋消息”。现举数例：

康熙四十六年九月十八日（1707 年 10 月 13 日），康熙“询问西洋人，有何消息。”⑤ 四十八年五月二十日（1709 年 6 月 27 日），康熙又命

① 《康熙朝满文朱批奏折全译》，中国社会科学出版社 1996 年版，第 462 页。

② Joseph Dehergne, *Répertoire des Jésuites de Chine de 1552 à 1800*, Roma, Paris, 1973, p.16.

③ ［法］费赖之著，冯承钧译：《在华耶稣会士列传及书目》（上），中华书局 1995 年版，第 416—417 页。

④ 关于樊守义，参见鲁利（Paul Rule）：《路易·范守易和澳门》，《文化杂志》1994 年，第 226—231 页。

⑤ 《康熙朝满文朱批奏折全译》，中国社会科学出版社 1996 年版，第 544 页。

内务府官员李国屏："尔若得西洋消息，着即报来。"[①] 七月初三日（1709 年 8 月 8 日），又问"有西洋消息么?"[②] 五十年六月二十二日（1711 年 8 月 6 日），武英殿监造和素奏折也提到康熙询问西洋消息，苏霖等人告以"尚未得西洋消息。"[③] 七月二十日（1711 年 9 月 2 日），和素奏折：因康熙问及西洋消息，于是问苏霖（José Suarez, 1656—1736）、纪理安（Kilian Stumpf, 1655—1720）："按去年、前年惯例，本月便得消息，今年为何迄今未得消息?"苏霖、纪理安回答道："澳门商人每年冬往小西洋、嘎拉巴、吕宋等地船只，若售完其货，又得顺风，则当年便回。此来者从容。倘若商人又在别处停留交易，无风在彼住一年，明年返回，则此来者算早。前年前往贸易之人等，去年皆回，无在彼居住者，故今年来者比先年迟。"看了这个奏折，康熙称"现在西洋人所言，前后不相符，尔等理当防备。"[④] 可见对西洋人已不信任。

1712 到 1713 年间，康熙也一直在询问西洋消息。如康熙五十一年（1712）二月十六日，广东巡抚满丕贡进葡萄酒，在奏折后康熙批道"目今已值西洋船抵广东之际，倘到，速问。"[⑤] 据康熙五十一年六月二十一日（1712 年 7 月 24 日）和素奏折，康熙也打听西洋消息。[⑥] 又据七月初十日（1712 年 8 月 11 日）和素、李国屏奏折，广东、广西总督赵弘灿家人告知西洋船到澳门，和素等转告苏霖、纪理安等，苏霖等答称"去年，一只船从葡萄牙起程，到嘎拉把后，因风不顺，今年五月始抵澳门，艾若瑟仍在教化王处，教化王在等多罗之讯。"看了这个奏折之后，康熙说"观

① 《康熙朝满文朱批奏折全译》，第 621 页。
② 《康熙朝满文朱批奏折全译》，第 633 页。
③ 《康熙朝满文朱批奏折全译》，第 735—736 页。
④ 《康熙朝满文朱批奏折全译》，第 741 页。
⑤ 《康熙朝满文朱批奏折全译》，第 768 页。
⑥ 《康熙朝满文朱批奏折全译》，第 798 页。

此可知，伊等已得讯隐匿矣。”① 直至五十二年六月初五日（1713 年 7 月 26 日），康熙仍在询问：“广东得西洋之讯乎？”②

此外，西文著作也记载了康熙向在宫廷服务的遣使会传教士德理格（Teodorico Pedrini, 1671—1746）询问西洋消息之事：

> 1713 年 11 月 10 日（康熙五十二年九月二十三日），德理格将新作好的管风琴献给皇帝，得到许多赞扬。皇上甚至召他进宫，向他表示祝贺。在对他说了很长时间的和蔼可亲的话之后，皇上让他和其他的官员一起告退。……德理格刚刚跨出宫门之际，皇上又叫住了他。有一位官员也想和德理格一起留下来，但是皇上未允，于是德理格就单独和皇上在一起。皇上以一种非常和蔼的态度和他谈话，低声地询问他有没有什么新消息。……他的回答大体内容是：关于（西洋）消息的事我很遗憾，因为今年我们不可能收到任何消息了。澳门人把我们联络人都关到监狱里去了。欧洲的船来到澳门，没有人去发收消息、信件和津贴。求皇上保护我们，以皇上的名义下令让他们恢复自由，让他们继续为我们做事，并且住到广州去吧！……皇上和颜悦色仔细地听着；然后又问是不是有人在阻碍收信。德理格回答说假如在澳门船到之时没有人去收信，又怎么能收到信呢？最后德理格请他维护他们；皇上面容和善，点头示意，回答说他会办的，然后让德理格告退。③

德理格是 1710 年元月二日从欧洲经由马尼拉到达澳门，同时到达的还有传信部（Propaganda Fide）派遣的其他五位传教士，他们是马国贤（Matteo Ripa, 1682—1745）、山遥瞻（Guillaume Fabre Bonjour, 1669/

① 《康熙朝满文朱批奏折全译》，第 804 页。

② 《康熙朝满文朱批奏折全译》，第 868 页。

③ *La Congrégation de la Mission en Chine*, Paris, 1911, Tome I, pp.179—181.

1670—1714, O.S.A.)、庞克修(Giuseppe Ceru)、任掌晨(Gennaro Amodei)和潘如(Domenico Perroni)。① 之后，因擅长音乐，德理格在宫廷服务，曾一度受到皇三子和康熙皇帝的重用，所以康熙向他询问有关情况。上述史实均反映了康熙在遣使欧洲之后，心情急迫，试图通过各种渠道打听“西洋消息”，但是一直没有得到明确的答复。

二、教皇致康熙书抵达宫廷及翻译的经过

与此同时，在欧洲当教皇格勒门德十一世从在华传教士的来信及返欧传教士的报告中得知多罗被囚之后，为使多罗早日摆脱囹圄，返回罗马，于 1709 年 3 月 2 日给康熙皇帝写了一封信，请求康熙善待多罗。这封信相当重要，体现了教皇为解决外交危机所作的努力。当时有传教士认为：“这封信也许永远也不会到达皇上的手里；就算是皇上收到了信，我们也不知道翻译成中文的信是怎样的。”② 但事实上，尽管此信屡经波折，最终还是到了康熙手中，1997 年初，我们在罗马传信部档案馆找到了此信的中文译本，全文如下：

格勒门德第十一教化王谨奉中华并东西塞外大皇帝之表曰：天主降厥天聪之明，予厥圣衷之安，为大皇帝之功，此我之所深愿也。大皇帝秉广王之权，具异常之德，明哲至圣，不但遍及西洋诸国，而周天下之人，无一不知也。余先曾将信任之臣，姓多罗名加禄者，原任伊洋地俄吉亚大主

① 参见 A. S. Rosso, *Apostolic Legations to China of the Eighteenth Century*. South Pasadena: P. D. & Ione Perkins, 1948, pp.183—184。

② 巴黎外方传教会档案 AME 470A, pp.277—285。

教，[1] 今为罗玛府圣教公会家尔地那尔[2] 之职，特差伊往中华，第一代为感谢诸传教之士屡沾大皇帝柔远重恩；第二亦代观天主教中之事。随后得知多罗幸至大皇帝御前，亲受格外隆恩，彼时余心从来未有如此之忻愉者。及后又闻多罗不幸有失仁爱之泽，大皇帝疑惑多罗果真是余所差信任之臣否，而干大皇帝明恕之机，似获不谨之罪，此时吾心从来无有如此之忧闷者。然我之忧闷，虽然恒苦于心，但为默想，明知多罗原毫无获罪于大皇帝之心意，思至于此，足以略慰中心之忧虑也。向者多罗所寄之书，不止一次盛称目见大皇帝非常之至德，详录屡屡身受洪仁之锡，而内云：今虽写书，亦不能备述大皇帝之恩德。想多罗寄我之书感恩如此，则多罗获罪之故，甚实难解。闻之大皇帝憎恶多罗，因论系天主教几端传于教中诸士者，有碍于中国之风俗。但彼所传者，非一己之私心，乃教化王本来之意，所传者与伊无干。想多罗原思我天主教普世之史书俱详记大皇帝，永不可忘圣恩，且幸数年前蒙准天主教行于中华，而中华之人入教者，凡事规矩，宜合于天主教行，彼时多罗不得不想，大皇帝已准行教，则亦准绝不合于天主教之风俗，是以多罗始传伊教中之言也。又未久有传教之士自中国至罗玛府，[3] 报大皇帝之万安，并带中国风俗之辞论。余因报大皇帝之万安，着至于前，相待甚厚，再待愈厚，俟后细观所带辞论之时，更可详明之也。今不得不先暂说，吾原不敢诽谤中国名邦所有敬先祖敬先师之风俗，以报厥生教之本者，然而托赖大皇帝公义神明之德，敢求旧日所准在中国入天主教者，凡行敬先之礼，必皆合于天主教之清规，严为禁止，不可以敬至尊无对、造天地真主之礼，而敬凡如人类受造者也。再敢求大皇帝传命多罗，如先随意游行，复归于大皇帝洪仁之内。余因大皇帝先待

---

① 即 Patriarch of Antioch。

② 即 Cardinal，枢机主教。

③ 当指艾若瑟等人，1709 年 2 月抵罗马，参见罗光《教廷与中国使节史》，第 145 页。

多罗甚重，是以由大主教之位，又升伊至家尔地那尔之职，乃教化王之后第一之尊位也，然因选彼以代我住中华名邦大国，是以举之于我后第一尊位，以尽天主付我教化王爱人之任，又不得不仰求大皇帝保存天主教，并天主教中之事之人，平行于中国，盖此辈人之本分，不但应明见于所讲之道理，更应明见于所行之事，始不负大皇帝之德爱。盖圣教之终始，俱宜小心，谨慎和睦，众毫不得罪于人，蹈至顺无逆之路，丹心存敬，凡秉于天主之权者，由帝王至于官员之众，所命无伤于天主之戒，无有不遵奉者也。余实切望传教之众士，悉甘心以合于天主之戒，及我所嘱之训，皆守己分，不越规矩，又求保存之泽，倘有不明大皇帝之慈仁者，妄生议论，求为勿致阻格，俾得守分修道，而成己事。或者大皇帝有新禁之令，还望大皇帝洪慈柔远之德，宽其禁约，复使之安居。今托大皇帝异常之德，伏望大皇帝准行已上所求诸事，心欲仰报万一，唯求幸知大皇帝或有喜悦所能之事，余必尽心竭力图维，虽相隔东西二海之远，断不致有负报答圣恩之意。天主降厥平安，予厥圣荣，以永大皇帝之躬，此乃余之深愿也。此表所发之处，系罗玛府圣伯多罗天主大殿渔人之印封。① 天主降生以后一千七百零九年马尔西约月初二日。②

那么康熙究竟是何时收到这封西洋来信的呢？我们在巴黎外方传教会（Missions Etrangères de Paris）的档案里找到这样一份中文材料：

巡抚满宪牌，本年九月二十二日，据该司呈称，据广州府申，据香山

① 圣伯多罗天主大殿即罗马圣彼得大教堂。“渔人之印封”即 Fishman’s seal，因圣彼得是渔人出身。

② “马尔西约月”即 3 月。此信罗马传信部档案馆藏，Indie Orientali 1712—1714 (Vol.12), Fol.482。罗光《教廷与中国使节史》（146 页）也提到教皇的这封信。此外，梵蒂冈教廷图书馆也藏有教皇信中译本，承蒙 Michele Fatica 教授以复印件相赠，特致谢意。

县据住居澳门西洋人罗若德呈称：四十九年七月内，有西洋唤咭喇船董德略，带有教化王奏书一封，留在德处。今年有德理格、马国贤自北京寄书到广东，称说皇上问西洋的书信；又有抚院大老爷到澳讯问西洋书信，不敢隐瞒，故此将奏书献上。据此，除原书上御览外，合就饬行，修牌仰司，将罗若德交与澳门头目，在澳门候旨，仍具遵由报查。康熙五十一年九月二十九日。①

当时的广东巡抚满丕，是满洲正黄旗人，他提到的带信人董德略，则是比利时方济各会会士 Franciscus Drion (1674—1713)。② 由于多罗已经去世，董德略带来的这些信件由传信部管理澳门事务的意大利神父罗若德（Joseph Ignatius Cordero，1665—1740）收取，③ 但他当时没有将此事报告康熙。直到康熙五十一年九月，即 1712 年 10 月间罗若德才把这封信交给广东巡抚满丕。满丕在康熙五十一年九月二十四日（1712 年 10 月 23 日）的满文奏折中已更为详细提及此事，称：

今年九月二十日，住澳门之西洋人罗若德呈文香山县称：四十九年七月，西洋船抵澳门时，西洋人董德柳带来教化王此文书给多罗后，命具奏万岁主子，业曾遣往。彼时多罗已病亡，因无具奏之人，将此文书留给我离去。此文书做何处理之处，我亦曾咨文询问教化王，今已二年，仍无回音。今年五月，在京城之德里格、马国贤等函告：万岁主子曾问及西洋文书等语。适才巡抚抵澳门时，既又询问西洋文书，岂敢把持不交出？请转

① 巴黎外方传教会档案 AME 430, fol.707。

② 据 G. Mensaert et al., *Sinica Franciscana*, Roma, 1961, Vol.6, p.289，注 116. 董德略 1704 年 9 月 1 日从欧洲出发，被派往中国，1710 年到达澳门。但随后便前往越南（Tonkin），1713 年在那里去世。

③ 罗光《教廷与中国使节史》未考出此人的汉名。

告。等语。奴才即将此文书出示住省城堂之西洋人庞可秀等人认看，俱称是教化王之文书。文书既已封牢，奴才岂敢私自开启，特遣家人盛二赍捧敬谨奏览。查得罗若德系多罗手下之人，原既住澳门，仍交付澳门之西洋头目卫里多等人。为此缮折，恭奏以闻。①

满丕的奏折已大体讲明信的来历。从上述奏折可知，教皇信于康熙四十九年七月，即 1710 年 8 月前后到达澳门，② 而多罗此时刚刚去世，并未见到此信。③ 由于康熙对“西洋消息”非常重视，经常向传教士询问，同时命令满丕向他随时报告有关消息，因此满丕得到这封教皇信之后，立刻派人将信送至京城。1712 年 11 月 29 日，这封信终于辗转到了康熙皇帝手中。

信到达的时候，由于精通满汉双语的耶稣会士巴多明（Dominique Parrenin, 1665—1741）一时不在，而另一位耶稣会士，曾经为康熙上过数学课的白晋（Joachim Bouvet, 1656—1730）当时正在畅春园，康熙立刻召见他和马国贤、德理格翻译此信，耶稣会士傅圣泽（Jean-François Foucquet, 1665—1741）和奥古斯定会士山遥瞻陪同觐见。④ 马国贤的日记里对翻译的过程有相当详尽的记载：

1712 年 11 月 29 日。……皇上收到信之后，把白晋神父、德理格和

---

① 《康熙朝满文朱批奏折全译》，中国社会科学出版社 1996 年版，第 823—824 页。董德柳应为董德略，庞可秀应为庞克修。

② 据 John W. Witek, *Controversial ideas in China and in Europe: A biography of J.-F. Foucquet, S. J. (1665—1741)*, Rome, 1982 一书，此信在多罗死后一个月到达澳门，而多罗死于 1710 年 6 月。

③ 当时与此信一并带来的，还有其他从欧洲来的信，都是给多罗的。

④ John W. Witek, *Controversial ideas in China and in Europe: A biography of J.-F. Foucquet, S. J. (1665—1741)*, p.221.

我叫到了宫里。当我们陛见时，官员们以一种郑重的口气对我们说：你们看看这是否是教皇的信？我们看了信，一致同意说这是圣座的敕谕。皇上又问道：这封信是写给谁的？给我的还是给多罗的（指多罗枢机）？我们看了地址，说是写给陛下的。皇上以一种非常恰当的方式询问我们，教皇通常以这种方式写信给谁。我们三人回答说：给尊贵的人。……他把打开的信递给白晋神父，让我们三个给他翻译，我们很准确地作了翻译。……

在翻译教皇的敕谕之前，皇上带着一种震慑人的郑重和严肃；我们开始翻译之后，他极为仔细地听着每一句话。在他听到教皇对他的赞扬，对他皇位表示的崇高敬意，对他友好接待多罗枢机的感谢以及对他恩宠传教士的感激之时，我观察到他的脸上有非常喜悦的神情。当教皇随后谈到对礼仪的禁止之时，皇上表现出更大的关注，他重复了两遍：那么说教皇禁行了礼仪？——是的，我们回答说，他确实禁行了礼仪。——那么到底他禁行了哪些礼仪？皇上问道，看下去，看下去。——在这份敕谕里，我们回答说，教皇没有讲他禁行了哪些礼仪。——他在后面会讲到的，皇上说，继续，看下去。我们于是继续翻译敕谕，当看到教皇没有给出细节之后，他说：那么事情还是像过去一样？德理格回答说多罗枢机在他的“南京敕令”里已经解释了哪些礼仪是教皇所禁行的。——这个敕令是发布给谁的？皇上问。——给我们其他的传教士的，白晋和德理格回答说。然后对话就纠缠到很多细节当中。①

康熙在听到这封信的口译之后，仍要求白晋在数天之内呈上书面译文。

① *La Congrégation de la Mission en Chine*, Paris, 1911, Tome I, pp.175—178. 参见 Matteo Ripa, *Giornale (1705—1724)*. Introduzione, testo critico e note di Michele Fatica, Napoli: Istituto Universitario Orientale, Vol.1 (1705—1711), 1991, Vol.2 (1711—1716), 1996, Vol.2, pp.92—100。

几天之后，白晋偕傅圣泽把信译好之后交给康熙。① 由于在打开信时，白晋和德理格、马国贤的意见不一，因此请康熙写了一个上谕。② 但由于多罗前后说法不一等原因，因此康熙要等待从欧洲来的新消息，再下谕旨：

康熙五十一年十一月十九日上谕：广东巡抚满丕奏折，为西洋人有信带至广东广州府事，有西洋密封一封，彼时即命白晋、德里格、马国贤在御前翻译，方知与多罗的书。马国贤、德里格云：在多罗的人都囚禁炮台，甚是受苦。朕又问及情由，白晋说近日闻得他本处，恐其有讹言，故有此禁。等语。朕览与多罗之书，事总未完结，无庸发旨，等再来书，自然才定。朕又将多罗的事偶尔提起，多罗之言前后参差，因而难信，故有先旨。今虽为西洋人照旧看顾，总不断孰是孰非，还等再奏，西洋书交赵昌等收讫。③

马国贤是由传信部派到中国的，因服从教皇有关礼仪的决定，而与耶稣会士的态度相左，也与康熙的看法相悖。虽然康熙曾一度对他表示不满，④ 但他身为皇帝宠爱的画师，仍一直被留在御前。他不仅自己在宫廷里站稳了脚跟，而且利用他的特殊身份帮助其他传教士。当时因不领票，许多传教士被放逐到澳门。1716 年，庞克修因拒绝领票，并散发多罗和教皇有关禁止祭孔、祭祖的文件而冒犯了皇帝，在将被放逐之时，马国贤利用他和康熙的关系，请求让庞克修待在广州，康熙看在马国贤的面子上批

① John W. Witek, *Controversial ideas in China and in Europe: A biography of J.-F. Foucquet, S. J. (1665—1741)*, p.223.

② 关于此事，见龚当信的信，载 H. Cordier, *Revue de l'Extrême-Orient*, III (1887), pp.46—47。

③ 罗马传信部档案编号 Indie Orientali 1712—1714 (Vol.12)。此件又藏罗马耶稣会档案馆 Jap. Sin.186，同页有纪理安手迹。

④ 参见《康熙与罗马使节关系文书》(北平故宫博物院，1932 年）及方豪《中国天主教史人物传》(中)“马国贤”(中华书局 1988 年版，第 343—348 页)。

准了这一要求：

康熙五十五年十月初四（1716年11月17日），赵昌、张常住请旨，马国贤跪求奏称皇上大恩，教庞克修在广东料理衣服。等语。具奏，奉旨：庞克修不曾领票，又私传告示，理宜逐回，但马国贤为他恳求，可传与马国贤，着他严禁庞克修，不可生事，留在广东罢。钦此。①

从上面所引中西史料可以看出，马国贤和德理格在“礼仪之争”中起到了康熙和教皇之间重要的中介作用。②1714年12月9日，他们还代表康熙给教皇Clement XI写信，③请求教皇选派一些天文学、数学、音乐、绘画、医学和外科的人到中国为宫廷服务。④

三、余论

18世纪初，坐船从葡萄牙里斯本出发到澳门，即使不在中途停靠，大约也要经历八个月的时间，而从澳门到北京，邮递还要一个多月的时间，如果再考虑季风的影响，即使是在最顺利的情况下，往返罗马和北京两地至少也得两年多时间。空间的遥隔无疑延缓了教廷和清廷之间的沟通，加

① 巴黎外方传教会档案馆，AME 431 (1715—1724)。

② 教皇信中译本之所以保存在罗马传信部档案馆，应该就是马国贤寄回的。

③ 见上引A. S. Rosso, *Apostolic Legations to China*, pp.298—301；亦见《康熙与罗马使节关系文书》，北平故宫博物院，1932年。

④ 参见韩琦：《从中西文献看马国贤在宫廷的活动》，in *Matteo Ripa e il Collegio dei Cinesi* (Atti del Colloquio Internazionale, Napoli, 11—12 febbraio 1997), eds. Michele Fatica and Francesco D'Arelli (Napoli, 1999), pp.71—82。

之其他因素，使交流更为复杂。

从上面的分析可以看出，教皇信到达康熙手中的经过相当曲折。教皇信写于1709年3月2日，由董德略乘英国船带到澳门（1710年8月间），但直至1712年10月23日才到达巡抚满丕手中，同年11月29日送达宫廷。因此，康熙见到教皇这封信时，已是近4年之后的事。在这一事件中，各方面的矛盾暴露无遗。

虽然耶稣会士早已知道教皇决意禁止祭祖、祭孔，但在派遣的使节没有返回之前，还心存幻想，希望教皇能够改变主意，因此在这段时间内，总是设法隐瞒“西洋消息”，免得康熙知道事情的真相，从而作出不利于天主教在中国传播的决定。但最后，教皇方面的消息还是通过传信部传教士之手到达宫廷。即使在这样的情况下，康熙皇帝除了两次派遣特使之外，还于1716年印刷“红票”（Red Manifesto），“红票”附有满文、汉文、拉丁文三种文字，全文如下：

武英殿等处监修书官伊都立、王道化、赵昌等字寄与自西洋来的众人，我等谨遵旨，于康熙四十五年已曾差西洋人龙安国、薄贤士，四十七年差西洋人艾若瑟、陆若瑟奉旨往西洋去了，至今数年不但没有信来，所以难辨真假，又有乱来之信，因此与鄂罗斯的人又带信去，想是到去了，必竟我等差去人回时，事情都明白之后方可信得，若是我等差去之人不回，无真凭据，虽有甚么书信，总信不得，因此唯恐书信不通，写此字，兼上西洋字刊刻，用广东巡抚院印，书不封缄，凡来的众西洋人多发与带去。康熙五十五年九月十七日。①

① 法国国家图书馆东方手稿部藏，藏书号Courant 1335，见Monique Cohen & Nathalie Monnet eds., *Impressions de Chine*. Paris, 1992, pp.118—119。除巴黎以外，罗马、英国和美国也藏有多份红票。

教皇信到了之后，康熙还是对它的真实性半信半疑，这可从所颁“红票”得到印证。康熙皇帝的本意想和教廷沟通，对“西洋消息”一直翘首以待。然而教皇和康熙的这次外交往来，最后以失败而告终。教皇所写的这封信，也未达到预期的目的。

教皇信到达澳门之后的两年内，信被掌握在澳门传信部的传教士之手，迟迟没有交出，此事不仅与澳门当局、香山县、广州知府、广东巡抚有关，还和耶稣会士、传信部传教士相涉，因素十分复杂。对于期间澳门所发生的一切，将是我们下一阶段研究的重点。

寻找视觉遗产：19 世纪西方海事画与厦门湾景观

张先清（厦门大学教授）

海事绘画（maritime painting）是伴随着大航海以来在西方日渐兴起的一种新的绘画艺术形式。所谓海事画，顾名思义是指以海洋及人类航海活动为主题的绘画种类。由于 15 世纪以降西方航海活动常常与殖民扩张与异域想象联系在一起，因此，早期海事画带有鲜明的殖民视角和“他者”色彩。19 世纪中期，鸦片战争爆发后，厦门成为清政府对外开放的通商口岸。这一时期，西方涌现了一批关于厦门与鼓浪屿的海事画。仔细审视这批海事画及其在近年来地方城市遗产构造中的角色，我们可以深入探讨近代厦门湾的海洋社会文化与视觉遗产的当代呈现等议题。

一、大航海与海事画

尽管在西方艺术史上，海洋一直是一个重要的主题。但直到进入大航海阶段，海事画才最终作为一种专门的视觉艺术形式大量出现。海事绘画，通常围绕着海洋、船舶与人类航海活动等主题，具有典型的海洋视觉艺术特征。海事画的兴起，离不开风景画的影响。15 世纪，帕蒂尼尔（Joachim Patinir）等艺术家开启了荷兰的“世界景观”传统，注重从高远视角呈现全景，结合古典绘画方式，将广阔的水域纳入艺术构图。随着风景画发展为一种独特的流派，海洋元素越来越成为绘画的主题。新教改革对传统的宗教艺术带来了一定的限制，同时也催生了世俗艺术的发展。风景艺术和世俗形式的历史绘画，都成为新兴的海洋艺术的一部分。此时期荷兰画家创作了“葡萄牙卡拉克在岩石海岸附近”（约 1540 年）这一被视为是已知最早的纯海洋绘画，也标志着海事绘画的出现。

早期欧洲海事画一度关注的是作为“自我”的欧洲，侧重歌颂欧洲人的航海与英雄主义。类似彼得·勃鲁盖尔（Pieter Bruegel）等画家，创作了许多海洋主题的风景画以及描绘重大历史事件的作品。尤其是随着欧洲各国之间的海战从 16 世纪后期开始频繁爆发，描绘海战的作品需求不断增加，海战也成为早期欧洲海事画的一个流行主题。例如，1588 年英国人摧毁了西班牙无敌舰队，这一海战就被欧洲艺术家广泛描绘。直到 20 世纪，海战作品仍然是海事绘画的主要内容，并朝着历史绘画的方向发展。

大航海以后，航海活动将欧洲与“异域”联系在一起，海事画的一个关注焦点逐渐转向描绘“他者”。大航海时代，欧洲包括葡萄牙、西班牙、荷兰、英国及法国等主要航海国家，先后发起了向欧洲之外世界的探索与殖民扩张活动。15、16 世纪，达·伽马（Vasco da Gama, 1460—1524）、麦哲伦（Fernando de Magallanes, 1480—1521）等航海家开辟了印度、大西洋新航线，这也标志着世界主要航线形成。随着海上通道的陆续打通，欧洲各个主要航海国家掀起了一场规模浩大的殖民与商贸活动，推动各个大陆成为一个相互关联的全球体系。

大航海的背后是所谓的“地理大发现”时代，这也意味着此前所不熟悉的亚洲、非洲、美洲及大洋洲世界，逐渐向欧洲人敞开。经由殖民探险与商业贸易，有关欧洲之外各种人群及其社会文化习俗知识传回欧洲，引发了欧洲社会对于外部世界的广泛关注。海事画成为一种日渐流行的呈现各类大航海活动与族群文化接触的视觉文化生产方式。

这一时期欧洲各国的海事画，普遍存在着一个鲜明的主题，就是都注重描绘“他者”，从而延续了文艺复兴时期的异文化书写传统。其中，遥远的东方是此时期西方海事画十分重要的内容，这种海事画的创作与内容呈现，与早期人类学的民族志观察一样，不失为照相术发明之前的一种跨文化记录方式，由此也成为欧洲风靡一时的“想象异域”的艺术品类。

借助西方国家的航海竞争，早期海事画在商业出版上也曾大获成功。由于大航海时代西方通过航海与殖民扩张，攫取了大量的土地与财富，促成了欧洲的繁荣，并推动欧洲成为早期世界体系的核心，因此社会上普遍洋溢着关注海洋与航海活动的热情，海事画一度成为一种广受欢迎的大众艺术品，由此也带动了海事画艺术品市场的发展。一些国家甚至发起关于海事画创作竞赛活动。例如，18 世纪中叶以后，随着英国这一新兴殖民帝国跃升为海上霸主，急切需要在艺术上宣示其海洋扩张与霸权位置，展示帝国非凡的航海贸易成就，海事画就成为一种能直接或间接地表现英帝国的超级海洋权力的独特艺术形式。为此，英国伦敦艺术协会甚至在 1762 年首次发起了原创海事绘画赛事。该海事绘画大赛在 1764 年正式在伦敦举行，参赛者不限年龄，其作品被匿名编号，向公众开放展览并评选出优胜者。此后，这一赛事陆续举办了多届。这些都刺激了西方海事绘画的发展。①

二、海事画中的厦门湾

随着西方势力进入亚洲，亚洲景观也成为西方海事画表达的内容。西方很早就出现了关于厦门与鼓浪屿的海事画。荷兰东印度公司从 17 世纪起就进入厦门湾活动，当时一些随船成员撰写了其关于厦门湾海洋生活的观察记录，引起了欧洲社会的兴趣，随之荷兰画家创作了一些描绘荷兰人在厦门湾活动的海事画，但这一时期有关厦门湾的海事画数量并不多，其影响也比较有限。

19 世纪以后，以英国为主的艺术家，集中创作了一批有关厦门湾的海事画作品。尤其是 1841 年，随着第一次鸦片战争爆发，英军从海上侵略厦门。围绕着这次厦门战役特殊事件，为了迎合西方对于“征服”大清帝国的想象，一批英国画家开始集中创作以厦门湾为主题的海事画。其中，理查德・巴勒・克劳福德（Richard Borough Crawford）、托马斯・阿洛姆（Thomas Allom）等人的画作，具有一定的代表性。

理查德・巴勒・克劳福德是英国皇家海军的一名职业军官，他于 1814 年加入海军，1826 年获得中尉军衔，1842 年获得中校军衔。1846 年退役。与此同时，理查德・巴勒・克劳福德也是一位画家，他在随同英

① James Taylor, “Sea pieces and scandal: the Society of Arts’encouragement of maritime art, 1764—1770”, in “*RSA Journal*”, Vol.144, No.5473 (1996), pp.32—34.

国皇家海军对外作战过程中，绘制了一些写实画作。他所创作的一幅反映第一次鸦片战争期间英军侵略厦门的海战水彩画，成为当时英国流传颇广的海事画作品（见图 1）。

图 1　*The Capture of Amoy*: National Maritime Museum, Greenwich, London

第一次鸦片战争期间，厦门是英军试图侵占的主要城市之一。在英军首领郭富（Hugh Gough）的指挥下，1841 年 8 月 26 日下午一时半，停泊在厦门海面上的英舰发动了进攻。以威里士厘号（Wellesley）和伯兰汉号（Blenheim）为首的英军战舰驶抵靠近石壁炮台四百码处下锚定泊，向炮台展开猛烈的炮击。其余战舰卑拉底士号（Pylades）、哥伦拜恩号（Columbine）、巡洋舰号（Cruiser）和阿尔吉林号（Algerine）则沿着炮台外侧继续航行到厦门南岸的最前端，与沿线厦门守军炮台进行炮战。上述理查德·巴勒·克劳福德关于厦门湾的绘画，描绘的就是此次英舰炮轰厦门著名的石壁炮台的战争场景。

如果仔细观察，我们可以发现这幅海事画面由三个板块构成，第一部分是位于远景的英国海军战舰，根据画面所标注的文字，从左到右依次是：复仇女神号、威里士厘号、伯兰汉号和卑拉底士号。第二部分则是描绘了厦门湾的场景，在画面中出现了一块“带有铭文的大石头”，此处

“大石头”应该指的是原厦门港地理标志之一的“打石字”。这是一块立于海边的巨石，上有摩崖石刻，记载明代天启年间明朝水师击败荷兰人入侵的事迹，因此，当地俗称“天启石”。

此外，画面中心右侧也突出了英舰“正在攻击巨型花岗岩炮台”。这里所谓的巨型花岗岩炮台，就是第一次鸦片战争期间厦门城的标志性防御工事——著名的石壁炮台。该炮台是鸦片战争时期清帝国的三大炮台之一，其他两处是虎门炮台和镇江炮台。炮台原址位于厦门湾南岸，处于厦港白石头至沙坡尾一带，距离现在的胡里山炮台约两公里左右。石壁炮台的建造者是时任闽浙总督颜伯焘，1840 年，他从云南巡抚任上调任闽浙总督，接替此前被道光帝革职的邓廷桢。1841 年 3 月赴任之后，颜伯焘积极整顿厦门防务，鉴于此前在厦门岛南岸所建设的炮墩是用沙袋堆成的临时性工事，并不坚固，因此他向清廷请求拨付巨额银两，沿厦门湾南岸建造了一道坚固的海防工事。整个炮台长约 1.6 公里，高 3.3 米，厚 2.6 米，每隔 1.6 米留 1 个炮洞，共安设大炮 100 门，因全用花岗岩建成，所以称为石壁炮台。①

石壁炮台曾经引起英国人的广泛关注。参加此次侵略战争的英军战舰“复仇女神号”（Nemesis）指挥官霍尔（W. H. Hall）和伯纳德（W. D. Bernard）在 1844 年编辑了《复仇女神号航行作战纪事》（*Narrative of the Voyages and Services of the Nemesis from 1840 to 1843*）一书，在书中记载了石壁炮台被毁前的情况：

在横跨大湾口的几乎所有小岛上都建有许多炮台和野外工事；在厦门岛上，也建有一连串的排炮和野外工事，控制着通往该城的人口。其中最

① 关于石壁炮台及其景观，请参张先清：《炮舰与口岸：十九世纪“复仇女神号”叙事中的厦门景观》，《鼓浪屿研究》（第十六辑），社会科学文献出版社 2022 年版。

主要的是一个长长的石头炮台，它是用花岗岩精心建造而成，表面用泥土覆盖，沿着海岸几乎一直延伸到城郊，旨在控制通往厦门港的通道。炮台装备着整整长达一英里长的一排大炮，炮眼上覆盖着大块的石板，上面堆满了泥土作为掩护，所架设的大炮不少于96门。炮台的背面则是一系列陡峭的岩石高地，中国人在这些高地的一侧建造了一道坚固的石墙，作为炮台的侧翼防御。①

由于石壁炮台是此次英军攻击的主要防御工事，因此，这幅画刻意突出了该炮台的雄伟与坚固。在画家笔下，炮台高倨海面，一排排大炮在城墙上依次排开。因为是花岗岩砌造而成，呈现白色。前面有一排沙滩，转角处还建有敌楼。炮台前则是正在朝清军阵地开火的英军舰队。而值得注意的是，画家刻意在这幅画的前景添加了一艘正在打鱼的厦门本地渔船，船上的两位渔夫降下桅杆，镇定自若地观看这场中英之间发生在厦门湾的大战。显然，画家将厦门湾渔民纳入海战绘画中，绝不仅仅是一种简单的艺术处理，而是试图向西方社会传达这场冲突中隐含的清帝国民众的态度，尽管我们知道，由于19世纪清帝国民众的国家意识尚未强化，在面对西方殖民侵略时，不少地方出现民众冷漠围观的情况，但画家显然有意夸大了这种国与民的对立，从而达到宣传西方及其所谓“征服战争”的效果，而这也是当时西方殖民绘画中常见的一种手法。

在这幅画的下方有一行字，其文字内容写的是：这是一张关于1841年8月26日，在海军中将威廉帕克爵士和陆军中将郭富爵士的领导下，由女王陛下的联合部队，占领中国沿海城市厦门的绘画；由殿下最忠实和忠诚的仆人理查德·巴勒·克劳福德中尉，获准谦卑地献给阿尔伯特亲王殿下。

① W. D. Bernard, *Narrative of the Voyages and Services of the Nemesis from 1840 to 1843*, 参见福建师范大学历史系福建地方史研究室编：《鸦片战争在闽台史料选编》，福建人民出版社1982年版，第170页。

理查德・巴勒・克劳福德完成这幅水彩画后，就被当时英国的一位水彩画雕版师亨利・A. 帕普里尔（Henry A. Papprill, 1816—1896）制成雕版，由位于伦敦的阿克曼（Ackermann & Co.）公司在 1842 年 9 月 1 日印刷出版。

亨利・A・帕普里尔是一位居住在伦敦的著名水彩画雕版师，以擅长雕刻航海景观而闻名。1840 年，他开始从事雕版职业，为詹姆斯・波拉德（James Pollard）创作了一系列体育雕版画，由阿克曼公司出版。随后，他又为画家乔治・亨利・拉波特（George Henry Laporte）创作了不少赛车雕版画。1846 年，帕普里尔搬到纽约，为美国出版商创作了纽约等城市的城市景观雕版画，直到 1851 年返回伦敦。帕普里尔一生中创作了大量英国船只的雕版画。

阿克曼则是英国著名的出版商和印刷商，由鲁道夫・阿克曼（Rudolph Ackermann，1764—1834）创立。阿克曼出生于德国，并于 18 世纪 80 年代来到英国。他开创了英国的平版印刷术，并发展成为精美彩色书籍、装饰印刷品和杂志的领先出版商。阿克曼是英国艺术家和设计师的主要赞助人，以艺术出版闻名。理查德・巴勒・克劳福德关于厦门湾的这幅海事绘画，经由亨利・A. 帕普里尔制成雕版出版后，借助阿克曼公司的影响，很快在英国社会流传开来，成为颇为畅销的商业版画。有意思的是，同时期市面上出版发售的理查德・巴勒・克劳福德关于英军侵略厦门湾的海事画，或许有不同的版本，因为还有一幅标注为克劳福德所绘制、并由帕普里尔制成雕版印刷的上述题材绘画作品中，我们可以看到尽管画面内容大体相同，但前景的渔船则大为不同。

除了理查德・巴勒・克劳福德之外，另一位值得一提的以厦门湾为主题，创作海事画的画家是托马斯・阿洛姆（Thomas Allom, 1804—1872）。他是一位英国东方学家和画家，创作了不少描绘清代中国的绘画作品。

1804 年，托马斯・阿洛姆出生于伦敦，他最先接受的是建筑师训练，成为英国皇家建筑师协会的创始成员。在成为建筑师后，托马斯・阿洛姆负责肯辛顿（Kensington）周边地区以及其他伦敦项目的开发。他还参与著名的国会大厦的建筑设计，并因为完成了众多地形学作品而闻名。维多利亚时代的英国，为了因应城市扩展建设，需要绘制许多地形图画册，这些图册很多是根据艺术家素描或者现场完成的水彩画进行雕版制作完成。托马斯・阿洛姆由于具有建筑制图背景，因此成为颇受这一市场欢迎的新型专业地形艺术家之一，也得到包括费塞尔（Fisher Son Co.）等伦敦著名出版商的青睐，他在英格兰、苏格兰和法国广泛旅行，为插图收集材料，有时也将历史事件添加到遗址和风景视图中，以增加人们的兴趣，并在 1829 到 1836 年间出版了好几本铜版画册。①

为了写生的需要，托马斯・阿洛姆曾经远赴土耳其考察，这是他人生中难忘的一次亚洲游历。他从未到过中国，但这并不影响他对这一遥远的东方国度的思考与研究。他在广泛搜集 17 世纪以来来华画家如荷兰人尼霍夫、英国人威廉・亚历山大、钱纳利、法国人波絮埃等人的画作基础上，以过人的天赋加以再创作，形成了具有自己风格的关于中华帝国的水彩画系列作品。在 1842 到 1843 年间，他陆续完成了《大清帝国的风景、建筑与风俗》（*China: in a series of views*）《中华帝国图景》（*The Chinese empire illustrated*）等多本关于中国的铜版画册书籍。这些书籍由费塞尔等出版商推出发行后，迅速成为英国乃至整个西方最知名的图画本中国历史教科书，并不断再版。

在托马斯・阿洛姆所创作的关于清代中国的绘画中，也有一些是描绘厦门湾的作品。例如，现存一幅创作于 1843 年的名为“从外锚地看厦门”的画作，画面由城市、炮台与海湾渔船等几部分组成。除了远山炮台及山

① Ralph Hyde, “Thomas Allom”, *Print Quarterly*, Vol.16, No.4 (1999), p.400.

脚下的城市建筑群之外，占据了画面主体部分的是遍布于港湾的数量众多的中国式帆船与当地渔船。在画面前景位置，一艘大商船正将一条小舢板的几位乘客接到船上，旁边的一艘渔船上，渔民在专心捕鱼，另一艘带篷的舢板，载着数位乘客，船工在海面上摇橹行走。这幅画清晰地呈现了 19 世纪厦门湾的水上生活场景。（见图 2）①

图 2　Amoy, from the outer anchorage: National Maritime Museum, Greenwich, London

此外，托马斯·阿洛姆还绘有一幅名为“从鼓浪屿看厦门”的作品。这幅画构图很巧妙，整幅画由三部分组成，第一部分是远景，描绘的是厦门岛内的连绵起伏的五老峰。第二部分则是位于画面中间的厦门湾，港湾内帆樯林立，停泊着数不清的大小船只。第三部分则是近景，展现的是鼓

① Thomas Allom, *The Chinese empire illustrated: being a series of views from original sketches, displaying the scenery, architecture, social habits, & c., of that ancient and exclusive nation*, Fisher & Son Co., 1858, p.132.

浪屿岛上居民的日常生活，一户当地人携带着家人坐在路边小山上休憩游玩，路上行走的是两位行人，一位挑着担子，一位推着独轮货车，从穿衣打扮来看，显然他们是岛上商行的雇工，正将茶叶等货物运往前方的港口。（见图 3）

图 3　Amoy, from Ko-long-Soo: Thomas Allom, *China Illustrated*, 1843

第三幅托马斯·阿洛姆创作的画作名为“厦门城”（见图 4）。从画面上看，厦门湾位于五老峰前，不少船舶停泊在港湾内。画面的近景是几处当地坟墓，一些当地人正在墓前祭扫。从画面构图判断，此幅画画家试图展现的是厦门当地人的墓葬与祭祀习俗。这也许是托马斯·阿洛姆特意在画的主标题下注明采用墓地视角的一个原因。尽管画家没有说明这些墓地的具体所在位置，但从画面方位分析，应该是位于鼓浪屿上的墓园。早期鼓浪屿不少家族就地修建墓地，因此，岛上分布着很多坟茔，形成一种特殊景观，也很容易引起来华西方人的注意。

图 4　City of Amoy from the Tombs, Thomas Allom, *China Illustrated*, 1843

托马斯·阿洛姆还创作了一些关于厦门口岸的画作，这些作品大多收录到上述他所编绘的上述书籍中，或者以单幅版画的方式由费塞尔等出版商出版，成为当时欧洲人了解厦门湾的主要视觉材料。

19 世纪欧洲出现了一批有关厦门湾的海事绘画，无疑与同时代的中西关系紧密联系。英国在成为海上霸主之后，凭借着工业革命的优势及发达的造船业，加紧了对外殖民扩张行动。为了打开中国的大门，不惜发动了鸦片战争。作为东南沿海地区重要的港口城市，厦门是英国第一次鸦片战争期间试图侵占的目标。在英军的炮舰攻击下，厦门成为继广州之后被英军攻占的另一个南方重镇，由此也在英国及欧洲社会产生了重要影响。为了体现英国海军的海上“征服”事迹及迎合英国国内对东方“异域”世界的关注热情，包括理查德·巴勒·克劳福德、托马斯·阿洛姆在内的上述画家也将目光投射到厦门湾，由此也在西方开启了一个围绕厦门湾的近代“口岸绘画”时代。

三、重组厦门湾的视觉遗产

近代英国关于厦门湾所创作的海事画，除了展示英帝国的殖民航行与战争掠夺这些带有显著的军事“征服”色彩内容之外，也展现了厦门湾的本土海洋社会文化，例如帆樯林立的厦门港，鼓浪屿周边的海面状况，驾驶着中式渔船捕鱼的厦鼓渔民，等等，由此也呈现了一种独特的西方人视角下的厦门与鼓浪屿海洋景观。在上述海事画中，地景、人物与“异域”文化，充盈着画面，从而也给我们提供了一种解读 19 世纪厦门与鼓浪屿海洋文化的弥足珍贵之视觉图像。

值得注意的是，这些 19 世纪关于厦门湾的西方海事画，在当代经历了一个特殊的时空转译。随着近年来鼓浪屿申报成功世界遗产与厦门城市遗产热的兴起，厦门城市进入一个重新定义的时代，尽管儒家主义景观曾经是地处边陲的厦门融入国家的象征之一，但 19 世纪的“口岸”城市历史，逐渐使得世界主义和多元性成为厦门城市及其遗产的一个醒目标识。作为近代西方世界和中国相遇的一个地方，“口岸”历史在定义厦门“国际性”城市遗产中扮演了重要角色，于是，重新寻找 19 世纪的西方绘画视觉遗产成为当代厦门城市遗产构造的一项内容。

如前所述，理查德·巴勒·克劳福德（Richard Borough Crawford）、托马斯·阿洛姆（Thomas Allom）等人创作的大量海事画，其主要的销售市场是面向欧洲社会，在这些作品问世后的相当长时间内，被“绘制”的厦门湾人并不知晓有这批海事画存在。直到近年来，在申报“鼓浪屿”世界遗产及厦门国家历史文化名城过程中，政府与民间兴起了一股再造历史的热潮。作为“口岸”城市的特殊性，鼓浪屿与厦门曾经被世界所记录与描绘，人们广泛搜集有关近现代时期厦门与鼓浪屿的各类艺术作品、影像与中外语言文献资料，甚至出现“紫日”这样的专门收藏家，他们逡巡在各个拍卖网站上，不惜高价“采集”厦门与鼓浪屿的历史物件，正是在这场遗产运动下，这批流散在世界各地的 19 世纪西方海事画重新回到绘画的主体——厦门湾，并在地方城市遗产再造过程中被赋予新的表述意义。我们知道，绘画从来不是孤立的行为，任何具有时代感的画作，其被“观看”的过程，都离不开地方历史与艺术、遗产等多个解读脉络，这批海事画在当代厦门遗产再造运动中，其画中所体现的“口岸空间”，成为塑造类似厦门这类“口岸”的历史记忆及各类景观节点的重要资料，尤其是海事画中呈现的厦门港、海洋与茶叶、船货交易、中西族群形象，被视为诸如海上丝绸之路遗产的文化符号，被广泛引用与展览，或许这是当初克劳福德与阿洛姆等画家们在创作这些海事画时无法预料到的结果。

结论

从学术研究与大众传播角度，当前有关厦门与鼓浪屿的海事绘画还没有得到系统的搜集、整理与研究。从现有的资料来看，近代西方关于厦门和鼓浪屿的海事画分布在世界各地，其数量与种类尚未得到清晰的认识。更重要的是，这批海事画，作为一种早期视觉文化之间的跨文化互动产物，不仅展现了前现代时期厦门与鼓浪屿的多样化的海洋世界，而且其本身就是作为世界遗产地的鼓浪屿与厦门城值得重视与珍藏的一类视觉遗产。人们在收藏、展示与观看这批海事画时，我们也应注意到画作所经历的时空过程的意义转变。

卫匡国《中国历史》与何大化著作之关系初探*

董少新（复旦大学文史研究院教授）

一、问题的提出

中国历史的古老性、延续性以及中国历史记载的丰富性，经明清时期来华传教士的翻译、介绍而在欧洲引发了长期的、激烈的讨论，影响了欧洲的启蒙运动[①]，甚至对欧洲人的世界观产生了重要影响[②]。也正因为如此，20世

* 本文为国家社科基金冷门绝学专项复旦大学东亚海域史研究创新团队“16—17世纪西人东来与多语种原始文献视阈下东亚海域剧变研究”（项目号：22VJXT006）阶段性成果。

① 关于中国历史（尤其是上古史）在启蒙时代欧洲的影响，参见法国学者维吉尔·毕诺：《中国对法国哲学思想形成的影响》，耿昇译，商务印书馆2013年版，第211—320页；吴莉苇：《当诺亚方舟遭遇伏羲神农：启蒙时代欧洲的中国上古史争论》，中国人民大学出版社2005年版。

② 钟鸣旦先生写道：“中国曾对欧洲人的世界观产生极大的影响，（传教士翻译介绍中国史及其在欧洲的影响）这段历史就是经典范例。”参见钟鸣旦：《耶稣会士的中国史与纪年著作及其（转下页）

纪 90 年代以来中史西传及其在欧洲的影响问题受到学界不少关注。

以往学界对中史西传的研究，主要侧重于传教士的中国史著作在欧洲的影响以及这些著作所使用的中文史料[①]，但传教士的中国史著作之间的关系讨论得较少。研究传教士中国史著作之间的关系，有助于我们观察传教士中国史书写的发展脉络和承续，也有助于我们理解传教士中国史观的演变。吴莉苇曾在其著作《当诺亚方舟遭遇伏羲神农》第四章第一节《耶稣会士作品间的关系》[②]中，讨论了卫匡国（Martino Martini, 1614—1661）《中国历史的第一个世代——远东地区，即大中华帝国的历史事件，自人类初创，至基督诞生》[③]（以下简称《中国史》）、柏应理（Philippe Couplet, 1622—1693）《中国历朝年表绪论暨中国王朝纪年纲要》[④]（以下简称《中国历史年表》）和杜赫德（Jean-Baptiste Du Halde, 1674—1743）《中

（接上页）所参考的中国文献》，郑彬彬、黄健译，载耿幼壮、杨慧林主编：《世界汉学》第 11 卷，中国人民大学出版社 2013 年版，第 55 页。

① 除了吴莉苇、钟鸣旦的研究，意大利学者陆商隐（Luisa M. Paternicò）对卫匡国《中国史》的史源也做了深入的探讨，参见 Luisa M. Paternicò, “La scelta delle fonti per la compilazione della Sinicae Historiae Decase Prima,” in Martino Martini, *Opera Omnia, Vol.IV, Sinicae Historiae Decas Prima*, eds. Federico Masini & Luisa M. Paternicò, Trento: Università degli Studi di Trento, 2010, Vol.1, pp.XV—XXXIX。感谢意大利特伦托卫匡国研究中心赐赠这部意大利文版《卫匡国全集》卷四《中国历史》(两册)。本文在引用这部书（包括其中马西尼《序言》、陆商隐的这篇论文以及卫匡国的正文）时，译文均参考了瞿姗姗的中译本，即卫匡国：《中国历史：从中华文明的起源至公元元年》，马西尼、陆商隐注释，瞿姗姗译，陶磊、张刚峰、苏国怡审校，浙江大学出版社 2024 年版。感谢浙江大学历史系杨雨蕾教授惠赐该书中译本之译稿！

② 吴莉苇：《当诺亚方舟遭遇伏羲神农：启蒙时代欧洲的中国上古史争论》，第 95—103 页。

③ Martino Martini, *Sinicae Historiae Decas Prima: Res à gentis origine ad Christum natum in exrema Asia, sive Magno Sinarum Imperio gestas complexa*, Munich, 1658. 吴莉苇将此书名译为《中国上古史》，不够准确。

④ Philippe Couplet, *Prologomena ad Annales Sinicos, necnon Synopsim Chronologicam Monarchiæ Sinicæ*, 1666.

华帝国全志》[①] 三者之间的关系，但她没有关注到另一部比卫匡国《中国史》还早数年完成的重要著作，即何大化（António de Gouveia, 1592—1677）的《分为六个时期的中华君主国》[②]（以下简称《中国分期史》），更没有关注到何大化完成于 1644 年的《极远的亚洲——信仰传入其中，耶稣会的神父们在那里传播天主之律》[③]（以下简称《远方亚洲》）中的中国史内容。

学界在讨论传教士中国史著作的时候，基本上都认为卫匡国首开欧洲人书写中国历史的先河，其《中国史》是原创的，是欧洲人所撰写的第一部中国历史著作。[④] 钟鸣旦先生虽然知道何大化《中国分期史》的存在，但在分述 17 世纪传教士中国史著作时，仍将卫匡国《中国史》置于首位，而将何大化的著作排在其后，且对何著的介绍甚简[⑤]。我们认为，从传教士中国史著作之间的关系角度而言，何大化的中国史著作可能对后来传教士的中国史书写产生了更为重要的影响。那么，卫匡国的《中国史》是否参

---

① Jean-Baptiste Du Halde, *Description géographique, historique, chronologique, politique et physique de l'Empire de la Chine et de la Tartarie chinoise*, 1736.

② António de Gouveia, *Monarchia da China em Seis Idades*, 1654.

③ António de Gouveia, *Asia Extrema: entra nella a Fé, promulga-se a Ley de Deus pelos padres da Companhia de Jesus*, Anno de 1644.

④ 例如：Luisa M. Paternicò, "The Manuscript of the *Sinicae Historiae Decas Prima* in the Vatican Library," in Luisa M. Paternicò, Claudia von Collani, and Riccardo Scartezzini (eds.), *Martino Martini, Man of Dialogue*, Università degli Studi di Trento, 2016, p.286；吴莉苇：《当诺亚方舟遭遇伏羲神农：启蒙时代欧洲的中国上古史争论》，第 95、97 页；D. E. Mungello, *Curious Land: Jesuit Accommodation and the Origins of Sinology*, Honolulu: University of Hawaii Press, 1989, p.125. 马西尼在卫匡国《中国史》意大利文译本《导读》中说："卫匡国的确史无前例地查阅了中国史书，并在史书所载史料基础上用西方语言编撰了一部讲述中国历史的著作。"参见 Federico Masini, "Introduzione," in Federico Masini and Luisa Paternicò (eds.), *Martino Martini S. J. Opera Omnia, Vol.IV, Sinicae Historiae Decas Prima*, Tomo Primo, p.VII。

⑤ 钟鸣旦：《耶稣会士的中国史与纪年著作及其所参考的中国文献》，第 63—65 页。

考了何大化的《远方亚洲》和《中国分期史》呢?

在阅读卫匡国的著作以及学界对卫匡国及其著述的相关研究成果过程中，我不由地产生一个疑问：卫匡国何以能在为期不长的返欧期间完成并出版那么多著作？卫匡国1643年来华，时年29岁。1650年耶稣会中国副省会长阳玛诺（Manuel Diaz，1574—1659）命卫匡国以司库（procurador）的身份返回欧洲，就中国礼仪问题代表耶稣会向教廷申诉。1651年3月①或冬天②，卫匡国从福建安海出发，经马尼拉、巴达维亚后乘荷兰船返回欧洲，于1653年抵达挪威，随后至汉堡、阿姆斯特丹、安特卫普、布鲁塞尔、鲁汶、罗马等地，除了处理与中国传教相关事务，也忙于出版一系列著作，其中至少包括《中国文法》③、《鞑靼战纪》(安特卫普，1654)、《中国基督徒数量和质量简报》(罗马，1654)④、《中国地图新志》(阿姆斯特丹，1655)和《中国史》(慕尼黑，1658)等⑤。这些著作的出版和流传，使卫匡国在欧洲名声大噪，并成为17世纪中叶中学西传

① 白佐良：《卫匡国生平及其著作》，见张西平、马西尼（Federico Masini）、斯卡尔德志尼（Riccardo Scartezzini）主编：《把中国介绍给世界——卫匡国研究》，华东师范大学出版社2012年版，第22页。

② Mario Cams, Displacing China: The Martini-Blaeu *Novus Atlas Sinensis* and the Late Renaissance Shift in Representations of East Asia, in *Renaissance Quarterly* 73 (2020), p.970. 如果卫匡国是1651年冬季才乘船前往马尼拉的，那么他在福建逗留的时间长达一年多。这对我们推测他在此期间与何大化之间的关系很重要，详下文。

③ 据意大利学者白佐良（Giuliano Bertuccioli）和陆商隐的研究，此书的撰写开始于1652年卫匡国在马尼拉和巴达维亚停留期间，抵达欧洲后该书曾被多位欧洲学者所阅读，但在卫匡国逗留欧洲期间并未出版。参见白佐良：《卫匡国的〈中国文法〉》，见《把中国介绍给世界——卫匡国研究》，第244—257页。Luisa M. Paternicò, “Martino Martini and the First Grammar of Mandarin Chinese Ever Written and Published,” 载《汉学研究》2011年第29卷第3期，第229—266页。

④ Martino Martini, *Brevis Relata de Numero et Qualitate Christianorum apud Sinas*, Rome, 1654.

⑤ 此外还包括其编译的《中国传教史（1610—1625）》，见下文。

的标志性人物。

卫匡国在《中国史·致读者》中说，他在华期间致力于学习中文、用中文写作，因为他以为不会再回欧洲了，所以希望用中文写作“使中国人受益”；但接到上级返回欧洲的命令时，便开始用西文写这些书，“以使欧洲人受益”。[①] 这说明卫匡国的这些书，是从 1650 年接到命令时才开始着手准备和撰写的，至这些书中的大部分完成和出版不过三四年时间，这期间卫匡国穿行于中国、东南亚和欧洲各地，即便年富力强、精力无限，其写作速度仍令人感到意外，尤其是《中国史》《中国地图新志》这类需要参考大量中文文献的著作，即使卫匡国的中文水平再高，也很难在短短数年中完成。因此我怀疑，卫匡国的这些书除了使用他随身携带的中文书籍资料外，也参考、利用了一些其他来华耶稣会士的相关西文著作或文稿。如果真是如此，则其写作和出版速度之快、数量之大也就比较好理解了。

德国学者柯兰霓（Claudia von Collani）曾敏锐地提出过这一问题，认为卫匡国参考了其他耶稣会士的成果，但没有指出具体参考了哪些耶稣会士的什么著作。针对柯兰霓的这一看法，意大利学者陆商隐撰写专文研究卫匡国《中国史》的史源问题，得出结论认为：“卫匡国《中国史》是首部用西方文字撰写的中国历史。卫匡国参考的文献均为出自权威史学家的汉语文献，文献经过慎重选择，未受到宗教背景的影响”；“作者不可能参考这些文献的译本，因为当时尚未有译本出现，也不可能参考其他传教士的作品，因为这些作品过于短小，或不够系统，或不是真正意义上的历史著作。他凭借的应当只有自己的语言能力和来自陪他一同回到欧洲的那位皈依的中国教徒 Domincus Siquin 的帮助”；“卫匡国对参考文献的引用是忠实的，……卫匡国用和谐的文字对这些参考文献进行了综述，文笔流

① Martino Martini, “Al Lettore”, in Federico Masini and Luisa Paternicò (eds.), *Martino Martini S. J. Opera Omnia, Vol.IV, Sinicae Historiae Decas Prima*, Tomo Primo, p.50.

畅，语言优雅，体现出专业严谨的史学家文风。”① 陆商隐应该没见过何大化的《中国分期史》，否则不会做出其他耶稣会士的作品“过于短小，或不够系统，或不是真正意义上的历史著作”的断语。

卫匡国本人在其著作中没说参考过其他耶稣会士的著作，他在《中国史・致读者》中说该书内容取自中国史书，精心编写。② 回到欧洲后，卫匡国不遗余力地推动自己的多部著作的出版，希望这些著作能够给他带来名利，这不仅可以从他为出版而四处活动看出，他暗中贬低卜弥格（Michael Boym, 1612—1659）著作并阻止其出版的行径，也使他通过出版有关中国的著作名利双收的动机显露无遗。卜弥格和卫匡国几乎同时从中国启程返欧，二人先后回到欧洲后，都想出版自己有关中国地图的著作，卫匡国十分担心卜弥格地图的出版会影响自己地图的出版和销量，因此在 1654 年 2 月 21 日回复他的老师基歇尔（Athanasius Kircher, 1602—1680）的一封信中说，他怀疑卜弥格地图的品质，并请求基歇尔推迟出版卜弥格著作的决定。正是卫匡国的一系列运作导致卜弥格的中国地图未获出版。③ 鉴于卫匡国的这一品行④，如果他参考了其他来华传教士

① Luisa M. Paternicò, “La scelta delle fonti per la compilazione della Sinicae Historiae Decase Prima,” in Martino Martini, *Opera Omnia, Vol.IV, Sinicae Historiae Decas Prima*, eds. Federico Masini & Luisa M. Paternicò, Trento: Università degli Studi di Trento, 2010, Vol.1, pp.XVII, XXIX—XXX.

② Martino Martini, “Al Lettore,” p.48.

③ Noël Golvers, “Michael Boym and Martino Martini: A Contrastive Portrait of Two China Missionaries and Mapmakers,” in *Monumenta Serica* 59 (2011), pp.261—263.

④ 卫匡国品性善变、好强，这从他剃发易服、对汤若望（J. Adam Schall von Bell, 1592—1666）的态度等行为上都可以看出，而当时在华耶稣会士对此已有微词，例如当傅汎际（Francisco Furtado, 1589—1653）得知卫匡国将为汤若望辩护时便说：“早知如此，他将不会被派遣回欧洲，”且建议耶稣会总长不要让卫匡国再返回中国了。参见 Claudia von Collani, “Two Astronomers: Martino Martini and Johann Adam Schall von Bell,” in Luisa M. Paternicò, Claudia von Collani, and Riccardo Scartezzini (eds.), *Martino Martini, Man of Dialogue*, p.78。

的成果，也会有意隐而不说，以免损害到自己的著作可能带来的名利，这是完全有可能的。

全面论证卫匡国的这些著作与其他耶稣会士著作的关系，不是本文能够完成的。本文仅聚焦于卫匡国的《中国史》，尝试从书籍流通史和文本对比两个方面，初步探讨卫匡国《中国史》与何大化《远方亚洲》《中国分期史》之间的关系。

二、书籍流通史角度的探讨

就目前能看到的资料而言，最早阐述中国历史的欧洲人是西班牙奥斯定会士拉达（Martin de Rada, 1533—1578）。拉达于 1575 年出使福建，并据此经历写了两份报告，其中第一份报告《记大明的中国事情》的第六节题为《大明国的古史及其演变》，依据他在福建获得的中国编年史书，用两页半（中译本）的篇幅叙述了从盘古开天至伏羲（Vitey）的“传说时代”和伏羲至明朝的“信史时代”，说伏羲是中国的第一位“皇帝”，统治了 100 年，从伏羲至秦朝灭亡一共为 2297 年。[①] 门多萨《大中华帝国史》（1585）吸收了拉达报告的内容，但涉及中国史的部分被析为两节，分别为第二卷第五章《他们对世界起源和人类诞生的传说》和第三卷第一章《这个国家有多少国王，及其名字》。[②] 门多萨这部分所依据的材料应该不止拉达的报告，因为部分内容并不见于该报告，而且门多萨也有可能

---

① 拉达：《记大明的中国事情》，见博克舍（C. R. Boxer）编注：《十六世纪中国南部行纪》，何高济译，中华书局 1990 年版，第 197—200 页。何译本将 Vitey 译为“黄帝”，本人认为应该是“伏羲”。

② 门多萨：《中华大帝国史》，何高济译，中华书局 1998 年版，第 49—54、69—75 页。

依据《圣经・创世记》添加了比附和想象的内容[①]。但门多萨的这部书在欧洲影响很大，按照博克舍的说法，“也许可以不夸张地说门多萨的书在17世纪初被大多数受过良好教育的欧洲人读过。”[②]则那个时代准备来华传教的耶稣会士如利玛窦（Matteo Ricci, 1552—1610）、金尼阁（Nicolas Trigault, 1577—1628）、曾德昭（Alvaro Semedo, 1586—1658)、何大化等人，应该都读过这部书。

罗明坚（Michele Ruggieri, 1543—1607）、利玛窦等第一批来华耶稣会士似乎尚未有意识地关注并向欧洲介绍中国历史，首位关注并书写中国历史的耶稣会士可能是金尼阁[③]。他在1620年重返中国内地后，计划撰写一部四卷本的中国史著作，且已经完成了第一卷（从人类起源开始），并开始写第二卷（至公元2世纪）。金尼阁在写于1627年的一封信中说这将是一部宏大的著作，在欧洲会受到欢迎并令欧洲读者满意。金尼阁希望能在完成全书后，由新的耶稣会中国传教区司库带回欧洲。[④]但金尼阁于1628年在杭州去世，其著作完成到何种程度、是否有遗稿留传下来、是否曾被寄回欧洲，我们目前一概不知，因此也无法讨论其与拉达的报告以及此后传教士的中国史著作的关系。

---

① 吴莉苇：《当诺亚方舟遭遇伏羲神农：启蒙时代欧洲的中国上古史争论》，第408页。

② 博克舍：《十六世纪中国南部行纪・导言》，第1页。

③ 梅谦立先生认为，第一位描述中国史的是葡萄牙耶稣会士陆若汉（João Rodrigues, 1561?—1633），他在日本传教期间著有《日本大文典》(*Arte de la lingoa de Iapam*, 长崎，1604）一书，其中有一章《中国的编年及其他重要的事情》(235r—236r)，参见梅谦立：《如何解读中国上古史：柏应理〈中华帝制历史年表〉》，载《澳门理工学报》2017年第4期，第158页和第164页的注释6。陆若汉此书本人尚未读到，不过从篇幅上来看，其有关中国历史的部分可能如拉达报告一样极为简略。

④ 参见 Cristina Costa Gomes, “Writing on Chinese History: António de Gouveia and *The Monarchia da China* (1654),” in *Orientis Aura: Macau Perspectives in Religious Studies* (No.3, 2018), pp.27—28。

第二位述及中国历史的来华耶稣会士是曾德昭，他在《大中国志》（1642）第二十二章《中国的皇帝和皇后及太监》简单提及尧舜禹，说“帝尧是他们史书上开始可信的时代，即使根据最有利的计算，从开天辟地起到诺亚，他们也使他早于洪水 12 年；不过，尽管有关这位帝王及其后的帝王，在历史上时代上计算有误，而可以肯定的是，所述的史实，和他们的世系是相吻合的。”① 曾德昭所述的中国历史，内容过于简短，因此这部分内容无论在欧洲还是在来华传教士之间，都没有引发讨论。该书完成于曾德昭作为耶稣会中国传教区司库返回欧洲的途中，1640 年他回到欧洲后，可能出版过葡文本，但目前所能见到的最早版本为 1642 年的西班牙文版。该书在欧洲出版后，其引起的反响仅次于利玛窦、金尼阁的《基督教远征中国史》，不久便被翻译成意大利文（1643）、法文（1645、1667）、英文（1655）等出版。包括何大化在内的很多来华传教士读过《基督教远征中国史》和《大中国志》，何大化在《中国分期史・致读者》中对这两部书给予了高度评价，他写道：“有关中国的已出著作中，最受赞扬的是我们的传教士金尼阁神父和曾德昭神父的著作。两位神父都曾担任过赴罗马的司库。”② 何大化所说的金尼阁的著作，并不是指前文提到的金尼阁所撰写的中国历史著作，而是金尼阁编译的利玛窦的《基督教远征中国史》。何大化应该不知道更没见过金尼阁的中国史著作，因此他在《中国分期史・致读者》中才会说“直到现在也没有一位（西方的）历史学家执笔写一部中国史著作”③。何大化深受利玛窦、金尼阁和曾德昭的书

① 曾德昭：《大中国志》，何高济译，李申校，上海古籍出版社 1998 年版，第 128—129 页。

② António de Gouveia, *Monarchia da China dividida por Seis idades*, Biblioteca Nacional（马德里国家图书馆）, MS 2949, fl. 1v. 感谢台湾清华大学历史所李毓中先生赠送该抄本的影印本。

③ António de Gouveia, *Monarchia da China dividida por Seis idades*, fl. 1.

的影响，其《远方亚洲》的结构和模式与前两者一致，均是先介绍中国，再叙述天主教在华传播的历史。

何大化《远方亚洲》(1644)第一卷第一章共20节，除了讲述中国的地理、文官制度、科举、工艺、礼仪、风俗和教派等之外，尤其引起我们注意的是，其中有六节讲述中国历史，分别为第一节《中华帝国的起源、悠久的历史及名称》、第四节《四千年来中国的王朝和皇帝》、第五节《五帝时代》、第六节《第一个王朝——夏朝及其诸王》、第七节《第二个王朝——商朝及其诸王》、第八节《第三个王朝——周朝及其诸王》。可以说何大化《远方亚洲》是现存来华耶稣会士所撰写的第一部真正包含中国历史的著作。遗憾的是，以往学界在研究中史西传时，均忽略了这本书。卫匡国在完成《中国史》之前是否见过何大化的这本书呢？我们可以从现存的几份何大化《远方亚洲》手稿来尝试回答这个问题。

《远方亚洲》完成于1644年，同年4月10日何大化将该书的一个原抄本寄回葡萄牙，作为献给葡王若昂四世的礼物，但该原抄本至今尚未被发现，加拿大多伦多大学 Thomas Fisher 善本图书馆藏有《远方亚洲》第一卷，且是用中国纸张写成的，该本是否为何大化寄回葡国的原抄本的一部分，则有待进一步研究。但卫匡国见到这一抄本的可能性不大。

1663—1666年，何大化将自己保存的《远方亚洲》另一原抄本寄给时在澳门的耶稣会中国副省会长利玛弟（Mathias de Maya, 1616—1667），并嘱咐其将该本好好保存，因为“整个中国都没有另一个抄本或纲要了”。该原抄本在澳门一直保留至18世纪中叶，后与其他耶稣会档案一道辗转被运至马德里，现保存在马德里王家历史学院图书馆，而18世纪抄写于澳门的一个抄本现在保存于里斯本阿儒达图书馆。[1] 从时间上看，

① 本段内容参见董少新：《葡萄牙耶稣会士何大化在中国》，社会科学文献出版社/澳门特别行政区政府文化局2017年版，第178—183页。

何大化将该原抄本寄给利玛弟时卫匡国已在杭州去世，如果卫匡国见过何大化《远方亚洲》的手稿，那么也应该是在他 1651 年启程返欧之前，那时何大化手上保留着该书手稿。

罗马耶稣会档案馆（ARSI）保存有一份《远方亚洲》抄本（ARSI, Jap.-Sin. 129），葡萄牙学者 Araújo 将其与其他抄本对比后，认为这部抄本不是何大化本人的笔迹，而是出自多人之手。① 我们暂时尚不清楚该抄本是如何进入罗马耶稣会档案馆的，也不知抄写者是哪些人，其抄写所据的是哪个原本或抄本，抄写的目的是什么。不过我们在此或许可以提出一个假设：这个抄本可能与卫匡国有关，或许是卫匡国及其身边的人 ② 抄写自何大化《远方亚洲》的原抄本，甚至是卫匡国从中国携带的一个抄本。这一推测虽然暂时没有直接证据，但有间接证据，那就是罗马耶稣会档案馆保存的编号为 Jap.-Sin. 107 的一份拉丁文手稿。

该手稿题名为 *Progressus et incrementum Fidei ac Christianæ Religionis apud Sinas. Seu prosecutio Annalium Sinensium Societatis Jesu Rev. Patris Nicolai Trigautij A morte R. P. Matthei Riccij ad nostra usque tempora, concinnata, maxime ex commentarijs R. P. Antonij de Govea eiusdem Societatis Jesu*. 可能是由于该手稿的书脊写着“Trigault/Gouvea, Hist. Miss. Sinen. 1610—1625”（意为：“金尼阁 / 何大化：《中国传教史，1610—1625》”），所以有学者在谈及这部手稿时，误认为该书是金尼阁和何大化合写的一部中国传教史著作 ③，或认为是此书是何大化

① Horácio P. Araújo, “Introdução Geral,” in Antonio de Gouvea, *Asia Extrema, Primeira Parte*, Edição, introdução e notas de Horácio P. Araújo, Lisboa: Fundação Oriente, 1995, p.112.

② 卫匡国返欧时，从福建带了一位教名 Domenico Siquin 的中国青年，担任秘书和翻译。在欧洲期间，卫匡国向他人介绍 Siquin 时，甚至说他是中国朝廷的官员（参见白佐良《卫匡国生平及其著作》，第 22 页）。无论此人是否参与了这份手稿的抄录工作，他对卫匡国诸书的出版应该发挥了很大的作用。

③ 钟鸣旦：《耶稣会士的中国史与纪年著作及其所参考的中国文献》，第 65 页。

在金尼阁的未完稿基础上添加了一些评注而成①。但是该书拉丁文标题的准确意思是："基督教信仰在中国的发展与增长，亦作耶稣会神父金尼阁所写中国编年史的续篇。（此书涵盖）自耶稣会神父利玛窦去世至今（的历史），主要根据会友何大化神父的著作汇编而成"②。显然，该书并非金尼阁所作，而是某位耶稣会士根据何大化的著作改编而成，由于叙述的时间范围从利玛窦去世（1610）至1625年，因此被视为利玛窦、金尼阁《基督教远征中国史》的续篇。其所依据的"会友何大化的著作"是哪部呢？从现在能够找到的何大化著作来看，只能是《远方亚洲》。该书除了第一卷讲述中国概况外，主体部分讲述耶稣会士在华传教史，其中自利玛窦去世（1610）至该书完成之时（1644）的部分可谓是利玛窦著作的续篇。某位耶稣会士获得了何大化这部葡文书稿后，将其翻译成拉丁文，并加以修订而成罗马耶稣会档案馆所藏的这部"中国传教史续篇"。至于两书的时段差异，可能是由于这位耶稣会士的时间匆忙，未能完成编译全本。

据比利时鲁汶大学中国天主教史家高华士（Noël Golvers）推测，这部"续篇"的"作者"可能是卫匡国。③虽然高华士没有提供任何证据，但是在《鞑靼战纪》的最后卫匡国写道："至于天主教目前的情况，……我将把这些情节在另一部书里详述。这部书将是金尼阁《中国传教史》的续篇，从1610年它终止的日期一直叙述到今天。"④卫匡国提到的这部续

① Cristina Costa Gomes & João Teles e Cunha, "O *corpus* epistolary de António de Gouveia," in Arnaldo do Espírito Santo, Cristina Costa Gomes, Enrique Rodrigues-Moura (eds.), *Res Sinicae, Pessoas, papéis e intercâmbios culturais entre a Europa e a China (1600—1800)*, University of Bamberg Press, 2022, p.115, note 7.

② 感谢澳大利亚悉尼大学柯修文（Daniel Canaris）先生帮忙翻译该拉丁文书名。

③ Noël Golvers, "Larea di Canton-Macao (1655—1671): le attività scientifiche ed editoriali dei gesuiti 'in esilio', con particolare attenzione per il ruolo di Prospero Intorcetta," in *Intorecettiana*, Anno IV-N. 8 Luglio-Dicembre 2022, p.33, note 44.

④ 卫匡国：《鞑靼战纪》，何高济译，中华书局2008年版，第398页。

篇，应该就是罗马耶稣会档案馆保存的这部书稿。卫匡国返回欧洲时，应该携带了何大化《远方亚洲》的手稿，返回欧洲途中或抵达欧洲后，将其翻译成拉丁文，只是因为传教相关事务繁重且同时处理多部书稿，这部传教史的编译只完成了一部分。卫匡国在回复其老师基歇尔的信中说，希望卜弥格把精力投入把何大化的葡文历史著作手稿翻译成拉丁文的工作中，卫匡国本想自己翻译该书的，但由于时间不够而不得不放弃。① 信中提到的何大化的葡文历史著作应该就是《远方亚洲》，而卫匡国的信表明，他手头上有这本书，且想把其翻译成拉丁文，但没时间做此事。卜弥格并未接受卫匡国的这个建议，卫匡国后来自己翻译了一部分（即“《中国传教史，1610—1625》”），但未能出版。尽管如此，该“续篇”的形成过程也与利玛窦的《基督教远征中国史》相似：耶稣会中国传教区司库金尼阁在返欧期间将利玛窦的中国传教史著作从意大利文翻译成拉丁文；而同样是司库的卫匡国在返欧期间将何大化的中国传教史著作从葡萄牙文翻译成拉丁文。所不同的是，前者在欧洲出版并引起巨大反响，而后者则未能出版；至于利玛窦和何大化著作的原稿，则都是在20世纪以后才被现代学者校注出版。利玛窦《基督教远征中国史》与金尼阁的编译本，和何大化《远方亚洲》与卫匡国的编译本，都是来华耶稣会士著作间密切关系的一类典型代表。

何大化于1643年奉耶稣会中国副省南部会长艾儒略（Giulio Aleni, 1582—1649）之命从武昌抵达福州，从此至1677年去世，除了康熙历狱期间与其他传教士一同被软禁于广州（1666—1671）外，均在福州传教，并担任耶稣会福州住院院长。②1645年8月，卫匡国奉艾儒略之命到达福建延平，管理耶稣会延平住院，并效力于隆武朝，至1646年7、8

① 参见 Noël Golvers, “Michael Boym and Martino Martini: A Contrastive Portrait of Two China Missionaries and Mapmakers,” p.262。

② 董少新：《葡萄牙耶稣会士何大化在中国》，第74页。

月间，卫匡国受隆武帝派遣至浙江瑞安，其间被清军抓获，易服剃发，后前往兰溪、杭州，并于 1650 年任杭州住院院长。同年 3 月，卫匡国受阳玛诺之命到北京，但只逗留到 4 月底，便回到杭州。随后，卫匡国被任命为司库，来到福建，准备从这里启程返回欧洲。① 这样看来，卫匡国在返回欧洲前，与何大化在两个时段可能有交集，即 1645 年 8 月至 1646 年 8 月卫匡国在延平期间，和 1650 年下半年至 1651 年 3 月（或冬天）在福建准备启程返欧期间。由于在接到返欧命令之前，卫匡国并未有以西文写作、向欧洲介绍中国的计划，因此在第一个时段中即使卫匡国见到过何大化，可能也不会向何大化索要其手稿抄本。而在第二个时间段中，由于卫匡国在福建逗留数月（也可能是一年多），我们推测他理应与福州住院院长何大化见过面、有过交往。如果卫匡国是直接从何大化那里获得其《远方亚洲》书稿抄本的，那么只能是在这个时段。而且，卫匡国很可能不只获得《远方亚洲》的抄本，还获得了何大化《中国分期史》的部分内容，尽管当时后者尚未完成。

何大化《中国分期史》于 1654 年完成于福州，但他早在进入中国内地之时（1634）便开始学习和阅读中国编年史，以为撰写中国史著作做准备，他在《中国分期史·致读者》中写道：

> 我在中国内地已经 20 年了，到过六个省。尽管进入中国较晚，然而我得到天主的恩典，持续学习阅读中国的编年史，就像阅读葡萄牙的编年史一样。我能轻松地用我们的文字翻译这些编年史。当然不是翻译全部，因为所有编年史的数量数不胜数，全部翻译将是极为艰巨的工作，而是选择性地摘录翻译，保留历史上那些必要的、值得一书的事，确保本书中的

① 白佐良：《卫匡国生平及其著作》，见《把中国介绍给世界——卫匡国研究》，第 17—21 页。

信息完整、准确，并对那些可能令人生厌的内容加以修饰润色。这部经辛勤努力而成的著作是对宽容和善的读者的回报，本书为读者们提供了令您喜欢而不生厌的内容，讲述了超过4500年的历史，而除了《圣经》之外，再没有比这更悠久的历史和纪年了。①

葡国学者Cristina Costa Gomes认为，卫匡国的《中国史》和何大化的《中国分期史》的撰写“可能都开始于1640年代”，何大化是在他完成《远方亚洲》后开始《中国分期史》的撰写的，而卫匡国可能在他1650年启程返欧之前已完成了《中国史》。② 这一推测是不正确的，因为如前所述，卫匡国是在1650年接到赴欧命令之后才开始想用西文写书的；而何大化则是在进入中国内地之时已有撰写中国史著作的打算，并为此开始研读和摘译中国的编年史著作。何大化开始准备和撰写《中国分期史》要比卫匡国早得多，至卫匡国准备返欧时，何大化的《中国分期史》应该已经完成了一部分，甚至完成了大部分。这是我们推测卫匡国可能见过何大化《中国分期史》部分内容的前提。

何大化《中国分期史》现存有两份抄本，分别藏于西班牙耶稣会托雷多教省档案馆（以下简称“抄本一”）③ 和马德里国家图书馆（以下简称“抄本二”）④。两份抄本均为日本学者浅见雅一所发现并做了研究⑤，浅见雅

---

① António de Gouveia, *Monarchia da China dividida por Seis idades*, fl. 1r.

② Cristina Costa Gomes, “Writing on Chinese History: António de Gouveia and *The Monarchia da China* (1654),” pp.28—29.

③ Archivum Provinciae Toletanae Societatis Iesu, M-96 (227).

④ Biblioteca Nacional, Madrid, MS. 2949.

⑤ 浅见雅一:《アントニオ・デ・ゴヴェアの中国史研究について》，见《史学》（Vol.68, No.3/4, 1999.5），第1—27页。感谢浙江工商大学王侃良先生帮忙查找此文。遗憾的是，本人日文水平尚不足以阅读此文，因此本文在写作过程中未能全面吸收利用浅见雅一的这一成果。

一的论文发表后，一直没有学者跟进，直到2018年才有Cristina Costa发表英文论文《中国史的书写：何大化及其〈中国分期史〉》。她认为，抄本一有何大化的亲笔签名，是《中国分期史》原稿，而抄本二是18世纪的抄本。她根据高华士的研究进一步考证出，抄本一是柏应理于1684年返回欧洲时带回的。[①]Cristina Costa引用了柏应理1689年5月写于马德里的一封重要信件，信中说：

> 关于何大化神父的著作（应该是献给Aveiro大公的），我知道在中国它们被提交检视了，而在广州软禁期间，《中国分期史》的确是被在用餐时朗读的，闵明我神父（Fernández de Navarrete, 1618—1686）在场，他转写了其中一些段落，并将其收入到他的著作的第一卷中。[②]

柏应理信中的这段话说明，至17世纪60年代，何大化的《中国分期史》在当时在华的各修会传教士中间已广为人知，且其内容被与何大化多有矛盾和争论的闵明我所引用[③]。可能就是在广州期间，何大化将《中国分期史》的一个抄本交给了柏应理，且后来被柏应理带回欧洲。而卫匡国《中

① Cristina Costa Gomes, "Writing on Chinese History: António de Gouveia and *The Monarchia da China* (1654)," pp.30—31. 该文所引用的高华士两部著作为：Noël Golvers, *Portuguese Books and their readers in the Jesuit Mission of China (17th—18th centuries)*, Lisbon: Centro Científico e Cultural de Macau, 2011; Noël Golvers, *Libraries of Western Learning for China: Circulation of Western books between Europe and China in the Jesuit Mission (ca. 1650—ca. 1750)*, Leuven: Fernand Verbiest Institute, 2013.

② Philippe Couplet, Madrid, 24/11/1689, ARSI, Jap.-Sin. 164, fl. 196. 引自Cristina Costa Gomes, "Writing on Chinese History: António de Gouveia and *The Monarchia da China* (1654)," p.31。

③ 关于闵明我《君主制中国的历史、政治、伦理及宗教论集》中对何大化《中国分期史》的引用，参见张宝宝：《多明我会士闵明我的中国认知及影响》，复旦大学博士学位论文，2022年，第69—76页。

国史》出版于1658年，按常理来说，当时在华的传教士也都知道甚至读过。如果何大化读过卫匡国的《中国史》，看到其与自己的《中国分期史》多有相同之处，按照何大化的性格，应该会有所评论，但遗憾的是，我们目前尚未发现何大化本人对卫匡国该书的看法。现存于西班牙的两个《中国分期史》抄本，其出现晚于卫匡国去世，显然卫匡国都没有看过。要想从书籍、文献流通的角度论证卫匡国《中国史》与何书之间的关联性，需要另找其他直接或间接的证据。

卫匡国返欧后出版的著作，无论是《中国史》《中国地图新志》还是《鞑靼战纪》《中国文法》，都需要大量的参考资料。学界对卫匡国《中国史》和《中国地图新志》的史源做过很多探讨，但探讨的方向主要集中在卫匡国所使用的中文资料上。卫匡国在《中国地图新志》中说："我在接到返回欧洲的指示时才开始着手写作。随身携带的50多部中文书籍（plusquam quinquaginta libris Sinicis）陪伴我挺过了折磨人的晕船症状，熬过了无聊的漫漫航程。"①但卫匡国并没有给出这批书的清单。陆商隐认为《中国史》主要参考了《书经》《史记》《汉书》《资治通鉴纲目》《资治通鉴前编》《通鉴续编》以及其他儒家经典和编年史著作②；白佐良以意大利文译注《中国地图新志》时认为，卫匡国主要以《广舆记》为参考，此外还参考了《广舆图》《广舆考》《皇明职方地图》《图书编》等中国文献③，近年来的一些新研究认为，卫匡国可能还参考了中国部分省的地方志、曹君仪《天下九边分野人迹路程全图》、利玛窦《坤舆万国全图》等。④卫匡国

① Martino Martini, *Novas Atlas Sinensis*, Amsterdam, 1655, p.147. 译文参考了杨雨蕾：《卫匡国〈中国新地图集〉考论》，载《文献》2011年第6期，第146页。

② Luisa M. Paternicò, "The Manuscript of the *Sinicae Historiae Decas Prima* in the Vatican Library," p.288.

③ 马西尼：《〈卫匡国全集〉第三卷引言》，见《把中国介绍给世界——卫匡国研究》，第264页。

④ 杨雨蕾：《卫匡国〈中国新地图集〉考论》，第153页。

从福建出发至欧洲，数年中到过很多地方，如此大量的中国书籍是否始终随身携带、途中是否有散逸，都是尚不清楚的问题。现存欧洲的中国古籍中，目前仅藏于梵蒂冈图书馆的陆应阳《广舆记》被证明是卫匡国带回欧洲并使用过的，因为上面有卫匡国的笔迹，① 其他中国书籍都是学界通过文本对比推测得出的。至于卫匡国《中国史》可能参考的中国史籍，目前在欧洲没有发现任何踪迹。有学者推测卫匡国为了写《中国史》的第二部和第三部，而将他带至欧洲的中国史籍又带回了中国②，但我认为这种可能性不大，毕竟中国史籍在他回到中国后不难再获得。那么有没有另一种可能，即卫匡国著作中的大部分内容并非直接源自中国书籍，而是源自何大化的《中国分期史》呢？我们认为这种可能性不能排除。以上从书籍流通史上的考察尚不能完全证明这一点，因此接下来我们尝试从文本对比的角度对此做进一步的探讨。

三、文本对比

钟鸣旦在描述何大化《中国分期史》时写道："在某种程度上，它和卫匡国的著作很相似，但涵盖的时间更长。作者可能参考了不同的资料，但可以肯定，某部'纲鉴'史书是其基础，因为许多用来鉴别卫匡国参考文献的细节，也恰好出现在何大化的作品之中。"③ 可见钟鸣旦已经发现了

① Luisa M. Paternicò, "The Manuscript of the *Sinicae Historiae Decas Prima* in the Vatican Library," p.290.

② Luisa M. Paternicò, "La scelta delle fonti per la compilazione della Sinicae Historiae Decase Prima," pp.XVII—XVIII.

③ 钟鸣旦：《耶稣会士的中国史与纪年著作及其所参考的中国文献》，第 65 页。

卫匡国《中国史》与何大化《中国分期史》在内容上的相似性，但他认为这种相似性很可能是因为两者都以某部中国纲鉴类史书为基础，而没有向两者之间可能存在关联的这个方向上思考。

卫匡国《中国史》涵盖自上古至汉哀帝，而何大化《中国分期史》则自上古叙述至清代，卫书的时段完全包含于何书之中，且与何大化《远方亚洲》中的中国历史部分在时段上也有较大的重合。如前所述，卫匡国手头上有何大化《远方亚洲》，接下来我们首先将卫匡国《中国史》与《远方亚洲》做文本对比，进一步确证卫匡国在撰写《中国史》时参考过《远方亚洲》。限于篇幅，本文无法做全面的对比，而只能选取部分内容以及不同角度加以对比。

前文提及的梵蒂冈图书馆藏《广舆记》，是一个非常有趣的本子，不仅有卫匡国的笔迹，而且部分书页（尤其是其中的地图）被修补过，据陆商隐的研究，修补所用的纸片来自卫匡国手写的《中国史》草稿，与出版的《中国史》比较，最大的不同是中国专有名词的拼写方式：草稿用的是基于葡萄牙语发音的罗马化系统（Romanization system），而出版本使用的是拉丁化（Latinized）系统。例如草稿中的“贞定”写为 Chim Tím，而出版本中写作 Chintingus。陆商隐根据意大利学者莱尼（Emanuele Raini）对卫匡国的转写系统的研究认为，这些纸片所源自的手稿写于 1654 年之前。[①] 但我们不禁要问，卫匡国最初写《中国史》时，为何用葡语发音来转写中国专有名词？卫匡国是葡萄牙保教权下的耶稣会士，需要从里斯本出发前往东方。1639 年 1 月至 1639 年 5 月日，他在葡萄牙埃武拉（Evora）和里斯本候船东迈，第一次航行失败后，于 1639 年秋再次回到里斯本，直到 1640 年 3 月终于起航并于 9 月抵达果阿 [②]。这样算来，他

① Luisa M. Paternicò, “The Manuscript of the *Sinicae Historiae Decas Prima* in the Vatican Library,” pp.293—295.

② 白佐良：《卫匡国生平及其著作》，第 12—13 页。

在葡萄牙的时间总计也不到一年，其葡文水平未必娴熟。葡萄牙语是当时耶稣会在东方的主要传教语言，传教士之间的往还书信多以葡文书写，这可能是该卫匡国《中国史》手稿中国专有名词以葡萄牙语音转写的原因，但也有另一种可能性，即卫匡国参考了何大化的著作，直接照搬了何著中的中国专用名词转写形式。在《中国史》出版时，大部分专有名词的转写都拉丁文化了，葡语发音的痕迹也就大都消失了。

我在进行文本对比时，无意间发现了一个专有名词转写的例子，可以证明卫匡国参考过何大化的著作。何大化《远方亚洲》写道："在禹统治的时代，一个叫仪狄（Y Lieu）的人发明了一种酒，非常甘醇甜美。"① 此内容在卫匡国《中国史》中是这样写的："也是在那个时候，仪狄（ILIEUS）发明了著名的米酒。"② "仪狄"的转写应该是 Y Di 或 Y Ti 之类的，但不知什么原因何大化转写为 Y Lieu（发音有点像"仪留"），这本是一个错误，但该错误同样出现在卫匡国的书中，如果二人都是参考中文文献，则同犯这样的错误是不可能的，最可能的解释就是卫匡国书中 ILIEUS 的这一转写来自何大化的 Y Lieu。

《远方亚洲》(*Asia Extrema*③）这个书名是何大化有意取的，他在《致读者》中写道："这部史书有一个漂亮的名字，我将它称为《远方亚洲》，以使好奇的读者一看到新颖雅致的书名页，就会预见其中所蕴含的珍贵内容，并满怀欢喜地打开它。"④ 在第一章中何大化用更长的文字对此做了进一步解释：

① Antonio de Gouvea, *Asia Extrema*, Primeira Parte, Livro I, Edição, introdução e notas de Horácio P. Araújo, Fundação Oriente, 1995, p.220.

② Martino Martini, *Opera Omnia* Volume IV, *Sinicae Historicae Decas Prima*, Università degli Studi di Trento, 2010, p.133.

③ 直译为"极遥远的亚洲"。

④ Antonio de Gouvea, *Asia Extrema*, Primeira Parte, Livro I, p.186.

> 将中国称为“远方亚洲”，我现在给出首要理由。显然，在这个大洲上超过一百多个的王国中，中国不仅是最主要的，而且地处太阳升起的最东方，在太阳光线的怀抱之中，从亚洲的最后一道光线一直到美洲的第一道光线。因为，尽管在太阳升起的东方，海中还有一些岛屿，陆地上还有其他的王国，一直到 Anyen 国，但这些国家要么在过去和现在都向中国皇帝纳贡，与中国构成一个君主制的共同体，要么太小了，……中国人知道自己是极遥远的、距离日出最近的亚洲人，因为所有其他王国，无论是印度的还是欧洲的，他们都称之为西方（Sí fam），且根据距离中国的远近，称印度为小西洋，意即小的或者近的西方的海；称欧洲为大西洋，意即大的远西的海，就像是说只有中国人是东方人，是辽阔亚洲的代表。①

以“远方亚洲”来称呼中国，很可能是何大化的发明，以此为书名的主要目的在于吸引读者，其实并不准确。有意思的是，这一用法被卫匡国所采纳，其《中国史》的完整书名（*Sinicae Historiae Decas Prima: Res à gentis origine ad Christum natum in extrema Asia, sive Magno Sinarum Imperio gestas complexa*）中将“远方亚洲”与“大中华帝国”等同，他在《中国史·致读者》一开头也说：“读者朋友，下面我将向你简明扼要地以编年顺序介绍极远亚洲（Asia estrema）的历史，更确切地说是伟大的中华帝国（grande Impero Cinese）的历史，这一历史尚不为欧洲所知。”② 在该书正文中，卫匡国也用过这一说法，例如第一章中卫匡国写道：“我相信我所叙述的亚洲极远地区（estrema parte dell’Asia）早在大洪水之前便已有人居住。”③ 用“远方亚洲”指称中国，更见于《中国地图

① Antonio de Gouvea, *Asia Extrema*, Primeira Parte, Livro I, p.199.

② Martino Martini, “Al Lettore”, in Federico Masini and Luisa Paternicò (eds.), *Martino Martini S. J. Opera Omnia, Vol.IV, Sinicae Historiae Decas Prima*, Tomo Primo, p.47.

③ Martino Martini, *Opera Omnia, Vol.IV, Sinicae Historiae Decas Prima*, Tomo Primo, p.64.

新志》，卫匡国在该书《写给读者的前言》中，对“远方亚洲”的重要性、名称内涵、边界、气候带、物产等方面做了详细阐述，① 其内容范围大体与《远方亚洲》第一卷相当。②

《远方亚洲》中有关中国历史的部分比较简略，何大化称其是先提供给读者的开胃菜，更多内容“留待以后”。③ 例如“周朝”的部分，何大化仅简要写了武王、成王、昭王、厉王、宣王、幽王、灵王、烈王和赧王的事迹，而卫匡国《中国史》则讲述了从武王至赧王的 30 多位周朝君主的事迹。也就是说，卫匡国《中国史》中的很多内容不见于何大化《远方亚洲》，但是《远方亚洲》中有关中国历史的内容，基本上都可以在《中国史》中找到，只不过互有详略。以他们对伏羲的叙述为例，两人均将伏羲视为中国历史上的首位皇帝（Hoam Ti, Emperador）。关于伏羲的诞生，何大化写道：“据说其母怀孕之时，被一道彩虹缠绕，因此他也被称为太昊，意思是‘光辉’。”④ 卫匡国是这样写的：“有一天，他的母亲在陕西省蓝田的湖边散步，一不小心踩到了沙地上一个巨大的人类脚印。就在那一瞬，彩虹环绕其身，她便怀上了身孕，在陕西省境内生下了伏羲。”⑤ 关于伏羲发明文字，何大化写道：“他创造了象形文字和中国文字，这是一项丰功伟绩，因为是象形文字，且超过六万个，可见是一项英雄般的创举。”⑥ 相应地，卫匡国写道：“这位皇帝创造了汉字来替代结绳记事，但汉字使用起来比结绳更复杂，需要认识每个字的形状、发音、用法、含

① Martino Martini, *Novas Atlas Sinensis*, pp.1—18.

② 卫匡国《中国地图新志·写给读者的前言》与何大化《远方亚洲》第一卷之间的关系是一个值得进一步比对、研究的问题，本文暂不讨论。

③ Antonio de Gouvea, *Asia Extrema*, Primeira Parte, Livro I, p.234.

④ Antonio de Gouvea, *Asia Extrema*, Primeira Parte, Livro I, p.212. 至于何大化参考的中文资料，以及何大化叙述内容的正确与否，本文不做讨论。

⑤ Martino Martini, *Opera Omnia, Vol.IV, Sinicae Historiae Decas Prima*, Tomo Primo, p.65.

⑥ Antonio de Gouvea, *Asia Extrema*, Primeira Parte, Livro I, p.212.

义、组合和书写方式。伏羲创造的字与现在中国人使用的汉字不同，更像是埃及的象形文字，从字形便能猜测出含义。”卫匡国随后举出山、日、龙、王、鸟、鸡六字为例，并画出其象形符号①，这是何大化书中所没有的。关于伏羲画八卦，何大化写道：“在他那个时代，有一条河生有一种龙和一种龟，其背上长着的鳞片和龟甲蕴含着奥义，伏羲就用龙鳞和龟甲来预测祸福。直到今天，仍有一些盲人和流浪汉走街串巷，为他人算命祈福，而他们自己却无法摆脱瞎眼和贫穷的厄运。”②卫匡国则写道：“第一次将前文提到过的六十四卦教给百姓的也是他。据他所说，他在湖中跃起的一条龙的后背上看到了这些卦象。他很可能在这件事上撒了谎，目的是通过神迹让所有人相信他想象出的符号，就如同许多立法者将自己的法律说成神的旨意一样。”③卫匡国没有提到龟，但和何大化一样，通过评论文字来质疑这一“迷信”。关于伏羲发明乐器，何大化写道：“伏羲发明了两种非常著名的乐器：一个叫琴（Kîn），另一个叫瑟（Sé）。琴有 27 根生丝做的弦，瑟有 36 根弦。这两项发明是为了使灵魂得到安宁，并使人们与灵魂合二为一。他们用手弹奏，如弹提琴一样。其声音非常刺耳，但是中国人日夜弹奏，非常愉悦和喜欢。”④卫匡国的叙述更为简略：“为了修身养性和放松身心，他发明了一种 36 弦的乐器。当时的人们认为音乐非常重要，没有了声音的和谐就无法和谐地生活。”⑤关于伏羲禁止同姓婚配，何大化写道：“这位帝王命令人们婚配要按照规范，而在此之前婚姻关系十分混乱。他授予人们姓氏并规定了婚礼的仪式规范，命令任何人都不能与同姓氏的人结婚，这一规定至今仍保留着，违反这一规定的人即犯了大

① Martino Martini, *Opera Omnia, Vol.IV, Sinicae Historiae Decas Prima*, Tomo Primo, pp.20, 66—67.

② Antonio de Gouvea, *Asia Extrema*, Primeira Parte, Livro I, p.212.

③ Martino Martini, *Opera Omnia, Vol.IV, Sinicae Historiae Decas Prima*, Tomo Primo, p.66.

④ Antonio de Gouvea, *Asia Extrema*, Primeira Parte, Livro I, p.213.

⑤ Martino Martini, *Opera Omnia, Vol.IV, Sinicae Historiae Decas Prima*, Tomo Primo, p.68.

罪，将受到严惩。”①卫匡国的叙述是这样的：“直到那个时候，中国的男性和女性还保持着相同的行为举止方式，穿着相同式样的衣服，没有任何法律规范他们之间的关系，他们随意结合，和野兽无异。为了终结这一混乱的状态，伏羲确定了男女服饰的区别，确立了婚姻制度，并规定在建立家族关系时禁止与同姓女子结婚，直到今日人们仍然恪守着这一法律。”②值得注意的是，何大化说伏羲“授予人们姓氏”，目前尚未找到此说法的中文文献依据，很可能是对中国文献中伏羲“正姓氏、通媒妁”的误解③，但卫匡国也说伏羲在位期间“还为家族取姓氏”④。从何、卫对伏羲的叙述对比来看，二人所叙述的所有要点都是一样的，只不过文字表述、评论文字、详略和各要点的叙述次序有所差异。如果二人都是各自参考中国史料，这种相似程度是很难出现的。

以上证据已可充分证明卫匡国《中国史》参考了何大化的《远方亚洲》，虽然例证还有一些，但不必赘述。接下来我们考察一下《中国史》与何大化《中国分期史》可能存在的关系。由于在前节中从书籍流通史的角度我们没有找到卫匡国参考了《中国分期史》的直接证据，因此文本对比显得更为重要。《远方亚洲》中有关中国历史的内容很多也出现在《中国分期史》中，为了论证卫匡国《中国史》参考了《中国分期史》，我们选取的对比内容是《远方亚洲》中所没有的。

陆商隐认为，卫匡国《中国史》采用了李维（Titus Livius, 59 BC—17 AD）《罗马史》的结构，以10卷（libri）叙述历史事件，并认为《中国

① Antonio de Gouvea, *Asia Extrema*, Primeira Parte, Livro I, p.213.

② Martino Martini, *Opera Omnia, Vol.IV, Sinicae Historiae Decas Prima*, Tomo Primo, pp.67—68.

③ 此一说法在明代纲鉴类史书中常见，如袁黄：《古本历史大方纲鉴补》卷一，第8页。见《四库禁毁书丛刊》（北京出版社1997年版）史部第67册影印北京大学图书馆藏明万历三十八年（1610）双峰堂余氏刻本，第126页。

④ Martino Martini, *Opera Omnia, Vol.IV, Sinicae Historiae Decas Prima*, Tomo Primo, p.66.

史》是这一类型（欧洲人书写中国史）的首部。① 事实上并非如此，因为何大化《中国分期史》也是 10 卷（parte），每卷包含 3 章至 16 章不等。不论何大化《中国分期史》是不是此类型的首部著作，其比卫匡国《中国史》早是可以肯定的。

卫匡国《中国史》如其题目所显示的，是第一部（*Decas Prima*），叙述的是中国历史的第一个时期，从上古一直到汉朝结束。在《致读者》中，卫匡国写道："如果读者认可我的劳动，我将从中汲取力量，继续编写从耶稣基督诞生直到今时今日的历史，另两部《十卷》也不会让读者等待太久。" ② 这部著作在欧洲受到了广泛关注和认可，但卫匡国并未完成后续的写作，其原因可能主要是没有时间，此外我们也可以推测：如果其第一部是参考了何大化的未刊著作（《远方亚洲》和部分《中国分期史》的早期手稿），而从魏晋直到明清的这段历史内容他手头上没有何大化的相应手稿做参考（卫匡国离开中国时何大化尚未完成这部分），需要完全以中国文献为基础，难度陡增，耗时更多，导致其无法完成。

何大化的《中国分期史》把从上古至明清的中国历史分为六个时期，前三卷每卷讲述一个时期，分别为第一时期上古至夏、第二时期商和第三时期周，第四、五两卷讲述第四个时期秦汉，其中第四卷主要讲秦和西汉，第五卷讲东汉。对照而言，何书的前四卷所涵盖的时段与卫匡国《中国史》一致。根据我非常粗略的估算，马德里国家图书馆藏《中国分期史》抄本前四卷为 66 叶（132 页），每页 37 行 550 词左右，卫匡国《中国史》共计 362 页，每页 37 行 370 词左右，卫书的篇幅是何书前四卷的约 1.8 倍。《中国分期史》正文每一段落的页边空白处大都标有旁注，用几个词概括该段内容的要点，《中国史》也同样采用了这一形式，不过这

① Luisa M. Paternicò, "The Manuscript of the *Sinicae Historiae Decas Prima* in the Vatican Library," pp.286—287.

② Martino Martini, *Opera Omnia, Vol.IV, Sinicae Historiae Decas Prima*, Tomo Primo, p.49.

应该是当时欧洲书籍的常见形式[①]，《鞑靼战纪》《中国地图新志》都有，因此不能作为何、卫著作关联性的证据。

何大化《中国分期史》和卫匡国《中国史》都将伏羲定为中国的首位帝王，将伏羲开始统治之年定为可靠的中国历史的开端，且都认为这一年为公元前 2952 年。中国诸多史籍之间的记载不一致，尤其是上古时期，很多年份是不连续的，即使仅统计帝王的数量，不同人推算也会得出不同的数字。如果二人都是使用多种中国文献推算的，那么他们得出同一结果的概率是极低的。

何大化在书中对公元前 2952 年这个年份的设定做了详细的解释，他写道：

本书页边空白处所写的年代，无论是自中国首位帝王算起的年代还是从大洪水算起的年代的，都无法连续逐年标记，因为可能同一页中便包含多位帝王的内容，该页空白处标的年份便是对这些帝王统治时期的一个标示。我们将自大洪水开始的纪年与自中国首位帝王开始的纪年相协调，它们之间总是相差 150 年。大洪水 150 年是我们设定的中国元年，这一年首位帝王伏羲开始其统治。

应该不会有人质疑我们在本书中给出的年代，因为如果根据（圣经）武加大拉丁译本（Vulgata Latina），我们给出的年代早（于大洪水）了，而根据《罗马殉道圣人录》（*Martirologio Romano*）和所有希腊人所遵循的七十子译本（70 Interpertes），则晚于大洪水了。从大洪水至今的中国历史我们计算为 4554 年[②]，则从大洪水至中国历史的开端有 150 年的空间，这便不会损害我们的信仰了，我们的信仰只承认在大洪水中有 8 人活

① 也是明清时期纲鉴类史书的常用形式，只不过纲鉴类史书的这类注释放在页眉。

② 何大化在下文中又说“中国有长达 4596 年的悠久历史”，这个不一致的原因待考。

下来。①

何大化在后文中继续解释道：

为了计算中华君主国的年代，我们需要设定一个时间点，因为如果要建高楼就必须首先打下基础。但是由于中国有长达4596年的悠久历史，年数、时期、世代和王朝都非常多，不仅给出一个确切的起始年份很难，而且在道义上（moralmente）也是不可能的②：我们将起始年设定得与大洪水年代非常近，这维护了我们的信仰，也有足够的时间长度让我们阐述如此漫长的年代。③这个起始年为大洪水后的第150年，也即世界上的居民散居后的第17年。由于中国位于亚洲内部，而其居民是闪（Sem）的子孙，闪获得了这片世界上如此高贵的土地。在我们设定的这一起始年，伏羲被立为中国第一个帝王，登上了君主宝座，这一年即大洪水后的第150年，也即基督降生前的2952年。④

传教士要依据中文资料撰写中国史，首先面临的问题就是将中国的纪年法换算成西元纪年法，但这么做会遇到两个实际困难：首先，中国各史书的纪年不一致，尤其是上古史的部分更是存在纪年空缺或模糊的情况，因此按照不同记载和标准计算结果会不同；其次，如果按照中国史书推算的中国历史过于久远，超出了《圣经》所记载的人类历史年代，就需要将中国史书中的纪年加以调整，以使其符合《圣经》纪年。这就是何大化首

① António de Gouveia, *Monarchia da China em Seis Idades*, fl. 2r.

② 意指与天主教信仰相符合。

③ 意思是如果把起始年设定得太晚（距离大洪水太久），那么从起始年往后的时段容不下中国史书上记载的那些众多的、漫长的年份。

④ António de Gouveia, *Monarchia da China em Seis Idades*, fl. 12r.

先需要确定一个中国历史起始年份的原因。盘古、天皇、地皇、人皇的时代太过久远，与《圣经·创世记》不符，中国史书的记载也模糊不清，因此何大化虽然对他们都有叙述，但只将其视为中国史书中记载的传说。从伏羲、神农、黄帝至五帝时代，何大化认为中国史书的记载基本可信，因此选择将伏羲开始统治之年视为中国历史的开端。那么这一年到底是西历哪一年呢？何大化肯定根据中国史书做了大致的推算，但公元前 2952 年的这个年份却是他综合各种因素设定的！他给出的理由，一是这一年份在大洪水发生之后的 150 年，也是诺亚及其后裔散居于世界各地之后的第 17 年，这便起码确保不会与《圣经》七十子译本发生冲突；二是这个年份至明朝灭亡的 1644 年，共计 4596 年，这么长的时间足以把中国史书记载的伏羲至明朝的全部历史容纳进去，过短就会出现容纳不下的问题。

何大化《中国分期史》正文部分，根据所述内容的时段，在每页上方两侧分别标注该时期距离大洪水多少年和距离伏羲元年多少年（两个数字始终相差 150 年）。卫匡国《中国史》也采用了类似的年代标注形式，只不过他是在每一节开头的一侧标注第几轮甲子（从黄帝开始）和公元年份。关键的问题是，卫匡国是怎么推算出伏羲开始统治之年为公元前 2952 年的？卫匡国写道：

在说到伏羲时代的时候，我没有采用六十年一周期的干支纪年，而是以耶稣基督降生元年向前倒推来纪年；但到了从干支纪年法开始被人们使用的朝代开始①，我便使用这一中国传统纪年法来标志日期。结果显示，伏羲生活的年代至少先于耶稣诞生三千年，与我在中国史书中所读到的相吻合。②

① 从黄帝开始，卫匡国用干支纪年。

② Martino Martini, *Opera Omnia, Vol.IV, Sinicae Historiae Decas Prima*, Tomo Primo, p.54.

看来，卫匡国可能根据中国史书的记载用西历和干支纪年分别做过推算，但如前所述，其得出与何大化一样的公元前 2952 年这一数字实在令人惊奇。卫匡国在此处只说伏羲生活的年代至少在公元前 3000 年，但在正式叙述第一位帝王伏羲的那一节中，卫匡国直接引入了公元前 2952 这一年代，他写道："正如之前提到，伏羲于公元前 2952 年在其出生的省份开始自己的统治。"① 此处"正如之前提到"不知何指，因为在此前的文字中卫匡国并没有提到这一数字，也没有明确说到这一数字是如何得来的。这个数字代表的年份由于跟《圣经》武加大译本有冲突而在欧洲引发了很大争议和反响，对于这么重要的年份，卫匡国却没有给出充分的解释，不合情理。通过文本对比分析我们认为，这个数字是何大化最早设定的，卫匡国沿用了何大化的这一推定结果。柏应理《中国历史年表》沿用了这一数字年份，学界一般认为他是参考了卫匡国《中国史》，但也有可能柏应理直接参考了《中国分期史》，因为如前所述 1666 到 1671 年在华传教士被软禁于广州期间，《中国分期史》在用餐时被朗读，且柏应理自己也读过该书。② 从这一点上来看，何大化《中国分期史》对后来传教士（包括卫匡国）中国史书写的影响可能被大大低估了。

何大化在《中国分期史》中认为中国人是诺亚的后裔，中国先民知道福音，并做了详细的阐述，是具有原创性的观点。卫匡国在《中国史》中也持同样的观点，但只做了简略的阐述。他的这些观点应该也源自何大化，本文暂不展开讨论。何大化在《远方亚洲》中仅选择了夏、商、周各数位帝王进行叙述，但在《中国分期史》中，则按照时间顺序叙述了中国

① Martino Martini, *Opera Omnia, Vol.IV, Sinicae Historiae Decas Prima*, Tomo Primo, p.65.

② 梅谦立：《如何解读中国上古史：柏应理〈中华帝制历史年表〉》，第 158 页。柏应理《中国历史年表》与何大化《中国分期史》之间的关系，值得从文本对比的角度进一步研究。

各朝代的全部“220 位合法帝王”①，当然，其中有详有略，重要帝王占据数页的篇幅，而一些不重要的帝王则一笔带过。卫匡国《中国分期史》在编撰形式上使各朝帝系更为明显，每节讲述一位帝王，即使不重要的帝王也占一节，但也只有一两句话。就详略的尺度而言，两书基本上是一致的。下面我们从《中国分期史》中选择西周第三位帝王康王的内容，将其与卫匡国《中国史》相应内容做比较。何大化是这么写的：

康王是成王之子，登上王位之时，帝国已呈繁荣富强之势。所有诸侯来朝，意思是来承认、祝贺他。康王颁手谕的形式来颁给他们圣谕和命令，他们都精心保存这些手谕。手谕集合成书，被称为《康诰》（*Cám Cáo*），意思是来自康王的谕旨。康王十二年，任命智者毕公为太师（Coláo）。康王命太保召公（princepe Cháo Cûm）掌管陕西（Xén Sî）以西的各王国（Reynos）。他在那里的统治非常好，不久就使各大臣团结一致，和睦相处。召公颁布了一份伟大的谕令：“我个人不劳作，一切都让百姓干，这不是文王、武王父子的目的。”与此谕令相一致的是，召公（他是武王之弟）亲自前往其统治之地宣谕，所到之处人们无不赞誉他，前来慰问他。在为人民分配土地时，他亲自现身于农人和乡民中间，非常努力，并睡于一棵棠（Xâm）树②下，这是一种樟树（canfora）。在养蚕（bichos da seda）和修剪桑树（就像我们修剪葡萄树）以使桑树长出新嫩叶子的季节，在耕田和播种的季节，康王就给予不同监狱中的囚犯以自由，命他们帮助劳作，服务公共事业；过了这样的季节后，犯人返回监狱，一个人也没少，尽管其中有人是死刑犯。几年后，太保召公去世了，乡民们怀念他的善政，思念这样一位太保，便将召公曾睡在下面过夜的那

① António de Gouveia, *Monarchia da China em Seis Idades*, fl. 1v.

② 这是著名的“甘棠遗爱”的故事，抄本的抄写者应该是将 Tâm（棠）错抄为 Xâm 了。

棵棠树保护起来，方便农人前来纪念。人们创作了关于这棵树的歌谣[①]，这首歌谣被传唱了很多个世纪。康王统治的26年中，整个中华君主国都很祥和。康王去世后，王位传给了昭王。[②]

我尚未对何大化《中国分期史》的史源做过全面的研究，但这段引文应该出自袁黄（1533—1606）《纲鉴补》。现将该书卷二“康王”部分的内容征引如下：

康王（注：名钊，成王之子〇按谥法温柔好乐曰康）。【纪】癸亥元年初，王即位，诸侯来朝，王作《康诰》以告之，由是诸侯率服。【纪】十二年，命毕公保厘成周。（注：出书《康诰》，毕公保安之也，厘理之也。）【纪】初，召公治西方，甚得民和。有司请召民，召公曰：“不劳一身，而劳百姓，非吾先君文王之志也。”乃巡行乡邑，听断于陇阡陌亩之间，庐于棠树之下，以蚕桑耕种之时，乃弛狱出居民，使得返业，自侯伯至庶人，无失职者。及召公卒，人思其政，怀棠树，不忍伐，作甘棠之诗，歌咏之。[③]

两相对比可见，何大化对康王的叙述可以说是逐字逐句作了翻译自袁黄的这段内容，只不过略加了部分解释的文字，如“他是武王之弟”，“这是一种樟树”，“就像我们修剪葡萄树”等，当然也对某些语句作了发挥，如“这首歌谣传唱了很多个世纪”等。因此，在没有找到更加符合的中国

① 即《诗经·国风·召南》之《甘棠》。

② António de Gouveia, *Monarchia da China em Seis Idades*, fl. 34—34v.

③ 袁黄：《古本历史大方纲鉴补》卷二，第15页。见《四库禁毁书丛刊》史部第67册，第152页。我原本引用的是钟惺《鼎锓钟伯敬订正资治纲鉴正史大全》，张宝宝博士提醒我袁黄的文本与何大化的文本更为接近，感谢！

史书之前，我们基本可以断定何书的这一段源自袁黄的《纲鉴补》。

接下来我们看看卫匡国对康王的叙述：

第三位帝王——康王（在位 26 年）

康从父亲那里继承了王位，维持了国家的彻底和平，整整二十二年没有发生任何诸侯武装叛乱和人民起义。人民生活安定愉悦，尽管没有奢侈的享受，但也简简单单，平衡有序。皇帝因此受到上至贵族、下至平民的所有人的爱戴，并因爱好和平而被称为康，意为平静安宁。他非常喜欢音乐。

他经常说："君主登上皇位的目的不是为了损人利己，而是为所有子民谋福祉，这样，君主也将得到幸福。"国泰民安的环境让他得以心无旁骛地投入农业生产。他命大臣召公（CHAOCUNGUS）丈量田地并进行分割，确保每个农民都能得到一块面积相同的田地，田地均有明显边界或用道路分开，避免引起争吵。最后，他亲自前往各省考察，亲手示范最新的耕种方法。召公曾在一棵柳树下为农民们解决纷争，之后这棵柳树便被严禁砍伐。召公的功绩给后人留下了永不消逝的记忆，也在诗歌中广为流传。皇帝鼓励发展养蚕业，还教授人们耕地和播种的更有效的方法。他命人释放囚犯，前提是这些重获自由的人必须全身心投入田间劳作。在这种方式下，田地的耕种井然有序，国内生活物资丰富，财富充足。那段时期国运昌隆，和平没有像惯常一样带来懒惰的风气，反而促使人们加倍辛勤地劳作。①

在卫匡国文本所提及的要点中，"二十二年未出现诸侯叛乱"这一点没出现在何书和袁书中，不知是卫匡国的发挥还是他参考了其他书；而国人称王为"康"、康王喜欢音乐这两点则是卫匡国对"按谥法温柔好乐曰

① Martino Martini, *Opera Omnia, Vol.IV, Sinicae Historiae Decas Prima*, Tomo Primo, pp.292—293.

康”的误读，卫匡国可能不懂中国的“谥法”，但由于何书中未包含这一句，因此卫匡国可能也参考过袁书或其他提及此谥号缘由的书。而卫匡国该段文字的其他要点大致都包含在何和袁书之中。我怀疑卫匡国引用的康王“经常说”的话，就是何大化引用的召公的话。卫匡国所说的康王投入农业生产中、视察各省、命召公丈量并分配土地等，其实都是从何大化文本中“甘棠遗爱”故事中改编而来，但改编得有些混乱而失去了原意，“甘棠”也变成了“柳树”。卫匡国所说的“皇帝鼓励发展养蚕业”、教授人们耕种方法、释放囚犯劳作等内容，应该也都是源自何大化所述召公的功绩而有所改编，但错误地将这些事迹张冠李戴到康王头上了。鉴于卫匡国的这段话中错误多有，与中国史籍记载矛盾重重，我们有理由推测他虽可能看过袁黄的书，但更可能是根据何大化《中国分期史》的早期稿本编辑而成。在将卫书与何书作文本对比时，会发现很多内容都与康王例子相似，因此我认为卫匡国在写《中国史》的时候，何大化《中国分期史》是其重要参考。何大化的书稿大大方便了卫匡国的中国史书写。如果他手上没有何书的部分早期稿本，《中国史》很可能就不会问世。

结语

本文从书籍流通史和文本对比两个角度，讨论了卫匡国《中国史》与何大化《远方亚洲》和《中国分期史》之间的关系。我们认为，卫匡国回欧洲时携带了何大化的《远方亚洲》，甚至已将其中一部分编译成拉丁文；他可能也携带了《中国分期史》部分早期书稿；卫匡国在撰写《中国史》时参考了《远方亚洲》，很可能也参考了《中国分期史》。

以往学界研究中史西传问题时，认为卫匡国具有开创性的贡献，但通过本研究可知，这一功劳簿上更应该有何大化的名字。在西方人书写中国史这一问题上，何大化更具有开创性，只可惜他的书均未出版，其在欧洲的影响要远逊于卫书。但从传教士中国史著作的关系角度而言，何大化的书有着更大的影响，卫匡国《中国史》、柏应理《中国历史年表》和闵明我《君主制中国的历史、政治、伦理及宗教论集》都参考和引用过他的书。至于卫匡国对何大化的书参考到了何种程度，本文未做全面对比、评估，我们将这一问题留待以后。

卫匡国多次声称《中国史》依据的是中国史籍，却只字不提何大化的书，我认为主要原因是为了提升自己的知名度，怕欧洲读者知道何大化的书从而影响自己的书的地位。尽管 17 世纪尚未形成严格的现代版权观念，但大量参考他人著述而绝口不提，也会被视为不道德的剽窃行为。从卫匡国不提何大化、诋毁卜弥格中国地图并阻挠其出版、在汤若望问题上对阳玛诺和傅汎际的背叛、对清朝立场的迅速转变等事情上看，卫匡国是一个善于投机钻营之人，人品似有问题。卫匡国通过一系列的著作出版在“把中国介绍给世界”方面作出了突出贡献，但是我们也要指出，如果卜弥格的地图不是因为卫匡国的运作而未获出版，卜弥格也会在中国地理、地图西传方面拥有更大的声誉；如果何大化的两部著作有机会出版，在中史西传方面他的贡献也不会被卫匡国完全遮蔽。

“阳刚女”、“阴柔男”：16、17世纪英格兰女性时尚与性别争议*

林美香（台湾大学历史系教授）

一、前言

伦敦出生的作家哈理森（William Harrison, 1534—1593）在1577年的作品中，提到当时英格兰妇女混搭男装的风潮，她们喜欢上身穿着“大布列夹衣”（doublets），胸前垂挂着各类缀饰，袖子还满布缺口和切缝（jags and cuts），露出里面衬衫不同的颜色；下半身则穿着宽大的加撑衬裙（farthingales），配上各色丝绸所制的长袜。①

* 本文原载于《台大文史哲学报》2018年第89期，第151—206页，经大幅删减及修改。

① 大布列夹衣是欧洲14世纪以来男子所穿的紧身上衣，正面以纽扣连结。16世纪中叶以后流行在大布列夹衣上开切缝，露出不同颜色的内衬，增加变化。哈理森对英格兰社会文化的记载收录于霍林斯德（Raphael Holinshed, c. 1525—c. 1580）编纂的《英格兰、苏格兰和爱尔兰编年史》（*Chronicles of England, Scotland, and Ireland*, 1577, 1587）第一册。现代版本见：William Harrison, *The*（转下页）

哈理森说："她们的身体因此变得奇形怪状，毫无可取之处"；他还遇到"一些这样打扮的妓女，我无法分辨她们是男人或是女人"。面对此浮华世代，他只能感叹："现在女人变成了男人，而男人转成了怪物。"① 除了哈理森之外，此风气也受到同时代其他文人的批判，但混搭男装的风潮却一路延续到 17 世纪，并在 1620 年引发了一场文学论战。

这场论战始于 1620 年 2 月 9 日所出版的《阳刚女，或男人婆》(*Hic Mulier: Or the Man-Woman*, 1620，以下称《阳刚女》)，十余天之后，《阴柔男，或女人汉》(*Haec Vir: Or the Womaish-Man*, 1620，以下称《阴柔男》) 一文，以对战的姿态问世。② 这两篇作品均以论册（pamphlets）形式发表，作者皆匿名；它们都在响应当时备受争议的"男装女性"(man-clothed women）问题，也同时将服饰问题引入性别议题的辩论中。本文的主题即在讨论这场因服饰问题引发的性别论战，从中了解 16、17 世纪服饰与性别之间的关系，特别是男性文人在面对女性大胆的穿着时，所感受到的焦虑与冲击，以及他们以何种论述试图"矫正"这股风潮？本文将以当时响应此社会现象的文献与图像，探讨这些作品如何描述并诠释这类男装女性的行为和样貌。我们将可从中发现"服饰"与"性别"彼此定义的关系，服饰秩序的建构其实就是性别秩序的维护；论者也通过这样的过程，试图挽回传统上下分明的男女关系。这场论战过去已受到不少学者的关注，③ 但现有相关研究存在两个问题，值得反省。

（接上页）*Description of England*, ed. Georges Edelen (Washington and New York: The Folger Shakespeare Library and Dover Publications, 1994), 147。

① Harrison, *The Description of England*, p.147.

② 《阳刚女，或男人婆》在伦敦出版公会注册的日期是 1620 年 2 月 9 日，《阴柔男，或女人汉》注册的日期则是 1620 年 2 月 20 日，仅相距 11 日，而且这两篇作品由同一位出版商（John Trundle）出版。

③ 相关研究多为文学研究者的作品，见 Linda Woodbridge, *Women and the English Renaissance: Literature and the Nature of Womankind, 1540—1620* (Urbana and（转下页）

第一，是字词上的问题，这场争议多被学者称为“变装争议”（transvestite controversy），也以“变装”形容当时女性混搭男装的现象，英文所使用的是 transvestism 或 cross-dressing 两字。这两个字都是 20 世纪才出现的字词，根据《牛津英文字典》（*Oxford English Dictionary*）其义相同，皆指穿上异性的服装。然而，此两词内含相当大的模糊性，它们可以指完全的变装，掩盖原有性别，在外貌举止与生活方式上极力趋近于另一性别；也可以指部分改换男装，非为隐藏真实性别而变装。此外，变装的动机和形式有非常多元的面貌，有的是为了短期的节庆、乐趣、冒险，或表现时尚与性感；有的是为了长期的性别认同或改换身份。① 在学界最早使用 transvestism 一词者，是德国犹太裔性学专家赫希菲尔德（Magnus Hirschfeld，1868—1935），他的《变装者：变装的性爱趋力》②，在 1910 年出版，搜集了当时 17 个完全变装的案例（其中只有一

（接上页）Chicago: University of Illinois Press, 1986), pp.139—151; Sandra Clark, “Hic Mulier, Haec Vir and the Controversy Over Masculine Women,” *Studies in Philology* 82 (1985): 157—183; Valerie Lucas, “*Hic Mulier: The Female Transvestitie in Early Modern England,*” *Renaissance and Reformation* 24.1 (1988): 65—84; Mary Beth Rose, “Sexual Disguise and Social Mobility in Jacobean City Comedy,” in *The Expense of Spirit: Love and Sexuality in English Renaissance Drama* (Ithaca and London: Cornell University Press, 1988), pp.64—92; Constance Jordan, *Renaissance Feminism: Literary Texts and Political Models* (Ithaca and London: Cornell University Press, 1990), pp.301—307; Mark Breitenberg, “Inscriptions of Difference: Crossing, Androgyny and the Anatomicla Imperative,” in *Anxious Masculinity in Early Modern England* (New York: Cambridge University Press, 1996), pp.150—174。

① 相关研究与讨论，可见 Jonathan Dollimore, *Sexual Dissidence: Augustine to Wilde, Freud to Foucault* (Oxford: Clarendon Press, 1991); Vern L. Bullough and Boonie Bullough, *Cross Dressing, Sex and Gender* (Philadelphia: University of Pennsylvania Press, 1993)。

② 原书为：*Die Transvestiten: Eine Untersuchung über den erotischen Verkleidungstrieb mit anfangreichem casuistischen und historischen Material* (Leipzig: Max Spohr, 1910)。英译本见 Magnus Hirschfeld, *Transvestites: The Erotic Drive to Cross Dress*, trans. Michael A. Lombardi-Nash (Buffalo, N. Y.: Prometheus Books, 1991)。赫希菲尔德所创的 transvestism 一词源自拉丁文，*trans* 指对反；*vestis* 是服装，见 *Transvestites*, p.124。

名是女性)。这些人主要是因情欲需求与个人性别认同，而穿上异性的服装，但他们未必是同性恋，且很少维持长期的变装。这部作品使性学研究者注意到“跨性别”现象，但主要的焦点放在男性变装者身上。史学界在20世纪80年代也渐渐注意到变装的历史议题，并且将研究对象转及女性以及非情欲的面向，不过仍以完全变装者为主，如戴可和范·德·波尔(Rudolf M. Dekker and Lotte C. van de Pol)所写的《近代早期欧洲女性变装的传统》(1989)，以及哈特奇克斯(Valerie R. Hotchkiss)所著《衣服创造男人：欧洲中古女性的变装》(1996)，这两书所处理的都是为掩盖性别而变装的女性，她们为了工作、理想、爱情或避难(如逃避婚姻或刑罚)而改换男装，借此改变性别身份。① 文学界有关变装的研究，则集中于探讨文学作品中的变装(多为女扮男装)，以及英格兰戏台上男扮女装的演出方式，也仍以完全的变装为主。②

学界的研究传统，让克兰(Diana Crane)认为cross-dressing是指完全的变装，所以她另创“另类风格”(the alternative style)一词，指称19世纪英美女性上半身混搭男装的现象。③ 除她以外，绝大多数研究

① Rudolf Dekker and Lotte van de Pol, *The Tradition of Female Transvestism in Early Modern Europe* (Basingstoke: Macmillan, 1989); Valerie R. Hotchkiss, *Clothes Make the Man: Female Cross Dressing* (New York and London: Garland, 1996).

② Michael Shapiro, *Gender in Play on the Shakespearean Stage: Boy Heroines and Female Pages* (Ann Arbor: The University of Michigan Press, 1996); Stephen Orgel, *Impersonations: The Performance of Gender in Shakespeare's England* (Cambridge: Cambridge University Press, 1996); Jean D. Howard, “Crossdressing, the Theatre, and Gender Struggle in Early Modern England,” *Shakespeare Quarterly* 39.4 (1988): 418—440. 在近代早期欧洲，英格兰是唯一允许男演员变装反串女角的地区，参见Stephen Orgel, “Nobody's Perfect: Or Why Did the English Stage Take Boys for Women?” in *Displacing Homophobia: Gay Male Perspectives in Literature and Culture*, eds. Ronald R. Butters, John M. Clum and Michael Moon (Durham, NC: Duke University Press, 1989), pp.7—29。

③ Diana Crane, “Women's Clothing Behavior as Nonverbal Resistance: Symbolic Boundaries, Alternative Dress, and Public Space,” in *Fashion and Its Social Agendas:* (转下页)

者并不区分完全变装与部分混搭的差别，但本文主张在字词上应区隔这两种不同的情形，因为它们发生的原因、效果，及所引发的社会反应都不相同。若将服饰当做语言，“完全变装”与“部分混搭”是两种不同的话语，传达着不同的声音；后者所诉说的比前者更暧昧、更难理解。若要以现代的英文词语准确描绘后者，最适当的字词应该是 mix and match，它指的是在服装上混合多元而互补的元素。若要回到近代早期，16 世纪英文中的 mingle-mangle 一词，也常被时人用以描绘混杂与失序的现象，也有服装混搭之意，指混杂不同阶级、性别或国族的服饰，此词的含意虽然负面，却更能反映当时社会对女性混搭男装的观感。考虑到用词的准确，本文以下皆以“混搭”一词，描述 16、17 世纪英格兰女性受人注目的服装现象。

第二个问题是关于这场论战的出版品，同时也与字词有关。1620 年参与论战的作品，并非只有上文曾提过的《阳刚女》和《阴柔男》两篇作品，但研究者通常只关注这两者。事实上，它们出版后不久，又有《酒囊：或阳刚女的辩解》(*Muld Sacke: Or the Apologie of Hic Mulier: To the Later Declamation against Her*, 1620，以下简称《酒囊》）一文加入战场，它和前两篇一样，作者匿名并以论册形式出版，篇幅不长。① 同年还有另一部作品以论文（essay）形式写成，作者为奥斯汀（William Austin, c. 1587—1634），书名为《女人：论女子受造之卓越性》(*Haec Homo, wherein the Excellency of the Creation of Woman Is Described*, 以下简称《女人》)。此篇论文迟至 1637 年作者死后才出版（1638 年、

（接上页）*Class, Gender and Identity in Clothing* (Chicago: The University of Chicago Press, 2000), pp.99—131.

① 《酒囊：或阳刚女的辩解》之注册日期不详，但确定于同年出版。见 Susan Gushee O'Malley ed. *"Custome is an Idiot" Jacobean Pamphlet Literature on Women* (Urbana and Chicago: University of Illinois Press, 2004), p.259。

1639 年再版），但写于 1620 年，可能是为了响应最早那两篇论册而作。

以上四部作品是同一时期、同一社会问题下的产物，而且它们的标题彼此呼应，应视为一整体。首先是《阳刚女》的作者，以拉丁文阳性指示代名词 *hic*，配上阴性词“女人”（*mulier*），构成了“阳刚女”（*hic mulier*）一词，用来称呼混搭男装的女性。① 新名词的出现，反映了时尚现象的普及，也为后来的论战推波助澜。《阴柔男》的作者继以相仿的手法，创造了另一个词语，他将拉丁文阴性指示代名词 *haec*，放在阳性词“男人”（*vir*）之前，而有了“阴柔男”（*haec vir*）的称呼。第三篇作品《酒囊》的作者，找了一位伦敦下层阶级有名的人物柯丁顿（John Cottington, c. 1604—c. 1659），用他的外号“酒囊”当标题，并指出他女性化的打扮就是“阴柔男”形象的代表。② 到了第四篇作品，又回到前两篇作品的旧手法，创造了一个新词：“女人”（*haec homo*），将拉丁文阳性词“人”（*homo*），加上阴性指示代名词 *haec*，以此强调女子也是“人”，与男人同等，甚至更卓越。

总结而言，以上这几篇作品都在性别错置的称号上做文章，善用“阳刚女”、“阴柔男”此等引人注意的别称。因此，我们若将这场论战称为“阳刚女 / 阴柔男争议”（*hic mulier/haec vir controversy*）更为合适，因为“变装争议”一词，并不能准确表达此时期女性混搭男装的现象，也无

① 此词并非《阳刚女》作者的原创，最早使用此词的人，可能是著名的教士亚当斯（Thomas Adams, 1583—1652），他在 1615 年的讲道文指出，只要女性继续借用男人的形貌和服装，*hic mulier* 就会成为一个可被接受的拉丁文 Thomas Adams, *Mystical Bedlam, Or the World of Mad-Men* (London: George Purslowe, 1615), $H1_v$。

② 柯丁顿是当时伦敦城里著名的酒鬼，他本来是个打扫烟囱的工人，后来堕落为小偷、盗贼。其事迹记载于 James Caulfield, *Portraits, Memoirs, and Characters of Remarkable Persons from the Reign of Edward the Third to the Revolution, Collected from the Most Authentic Accounts Extant* (London: Printed for J. Caulfield and Isaac Herbert, 1794—1795), Vol.2, pp.150—160。

法显现出此次论战中各个作品之间的共通性。本文以下将以“混搭”及“阳刚女／阴柔男争议”，取代过去学界模糊而不准确的用词；同时，扩大有关1620年论战讨论的范围，因为在这场性别与服饰论战中，不能只谈《阳刚女》与《阴柔男》这两篇最有名的文献，而必须同时观照上述四部作品的论述，才能完整理解男装女性在当时所引发的热议与省思。本文将指出，尽管混搭男装的女性，不是为了隐匿真实性别，也不是为了改变性别认同而换装，但她们打破男女由传统服装所形塑的外貌与特质，对官方和男性文人带来极大的焦虑。这种焦虑与不安，使人们重新思考服饰与性别的关系，也顺此强化旧有的性别秩序。他们因此在理论上强调：服饰必须彰显性别关系、性别必须决定服装的选择；而且男女服装的差异，不但是合理的社会习俗，也是天定的自然秩序。

二、混搭男装的女人

16、17世纪的英格兰，随着混搭男装的风潮从宫廷蔓延到城市、从贵族扩散到中间阶级，这个现象也越来越成为社会议论的焦点。① 在本节及下节中，本文将以16世纪70年代至17世纪20年代响应此社会现象

① 英格兰女性混搭男装的风潮，是从伊丽莎白女王及其宫廷开始，也延续至詹姆士一世及查理一世的宫廷，但当时女王或王后并未受到直接的指责。一般而言，宫廷贵族女性的混搭时尚，多被视为可接受的现象，见 Susan Vincent, *Dressing the Elite: Clothes in Early Modern England* (Oxford: Berg, 2003), pp.175—176, p.180。换言之，1620年之前，文人的批判主要针对一般女性而发，这些非贵族女性对宫廷时尚的模仿，被视为性别与阶级双重的僭越。下文将提到詹姆士国王对混搭之风的指责，也是针对宫廷以外的市民阶级及下层女性，但1620年的“阳刚女／阴柔男争议”，则稍有不同，详见第三节。

的各类文本，讨论男装女性的外貌和行为，在当时如何被时人所诠释与批判，并指出此时代主要从道德与秩序的角度，面对性别及服饰相关的社会问题。首先，我们可以在加斯科因（George Gascoigne, 1542?—1577）1576 年的讽刺诗中，了解这些男装女性穿搭的配备，以及她们大致的样貌。加斯科因直接以“怪物”（monsters）称呼那些穿戴男性服饰的女性，又以嘲讽的语气说：

> 她们是什么？女人吗？怎么穿着男人的衣裳？
> 穿着荷兰的大布列夹衣，配上有切口的背心？
> 戴着西班牙的饰扣、法国来的皱褶领，
> 还有插上羽翎的立帽，招摇着〔她们的〕浮夸。
> 她们甚至真的可以去召唤男人。①

加斯科因所列出的大布列夹衣、背心、皱褶领和插上羽翎的立帽，是 16 世纪英格兰中上阶级男性上半身的基本穿着，也是此时期女性混搭男装时所用的主要配备。在引文的描述中，这类女性不仅挪用男装，而且这些配件都来自异国，包括荷兰的大布列夹衣、西班牙的饰扣和法国的皱褶领，所以在穿戴男装之外，又多了引入外国奢华的罪名。这段文字中也可发现男装女性的特点：第一，她们的混搭只限于上半身，从头部到腰部；第二，加斯科因批评她们所戴的立帽，其上插着羽翎“招摇着〔她们的〕浮夸”，还可主动向男人求爱，显示当时女性采用男性服饰，在视觉上所达成的效果不是遮掩了真实性别，而是炫耀女性时尚，甚至借此引诱男人。这样的炫耀与勾引不再传达女性传统贞静、羞怯的特质，而在展示大胆、昂扬的男性化特质。

① George Gascoigne, *The Steele Glas. A Satyre Compiled by George Gascoigne Esquire* (London: Printed for Richard Smith, 1576), $I1_v$.

到了16世纪80年代，除了本文第一节所提到的哈理森之外，史塔普（Philip Stubbes, c. 1555—c. 1610）在《剖析世风之败坏》(*The Anatomie of Abuses*, 1583）中，也批评女子使用大布列夹衣和背心。他说：

女人像男人一样，也用上大布列夹衣和背心，在胸部间用纽扣扣起，肩侧有肩翼、贴边和肩章（wings, weltes and pinions），各方面看来都跟男人的服装一样。虽然这是种只适合男人穿的服装，她们却毫不羞赧地穿上。如果可以，她们也想改变自己的性别，穿上男人的〔性别〕(put on the kind of man)，就好像她们穿上分配给男人的衣服一样。我想她们真是要变成男人了，就像现在，她们从虔诚贞静的女子，堕落到穿着邪淫放荡的服装，那种服装是只给男人用的。①

对史塔普而言，大布列夹衣本身并无罪恶，但它是男性专属的服装，亦由此承载了男性的地位与特质，若此男性专属的服饰符号被女人所误用，大布列夹衣在女人身上即成为“邪淫放荡的服装”。他把混搭男装的女人称为“阴阳人”(Hermaphroditi)，或者也“可叫做双重的怪物(Monsters of both kindes)，半男、半女”。②

进入17世纪，“半男、半女”似乎更多，也继续受到男性文人严厉的批评，如派洛特（Henry Parrot, 1608—1626）和尼柯尔斯（Richard Niccols, 1584—1616）的短诗中，都提到混搭男装的女性，在腰带以上“就是个男人的形貌”(the shape of very man appeare)。③尼柯尔斯还一一点出这些女性所用的装饰，他说：

① Philip Stubbes, *The Anatomie of Abuses*, ed. Margaret Jane Kidnie (Arizona: Arizona Center for Medieval and Renaissance Studies, 2002), p.118.

② Stubbes, *The Anatomie of Abuses*, p.118.

③ Henry Parrot, *The Mous-trap* (London: for F. Burton, 1606), $C1_r$.

我从帽子和头发判断，这头是男人的，
从它所穿的班德领和大布列夹衣来看，
这身体应该是个男人的，它还需要什么呢？
如果它还有个阴囊袋，就真的是个男的。①

论册作家瑞曲（Barnabe Rich, c. 1540—1617）在其《女士们的镜子》（*My Ladies Looking Glasse*, 1616）中，也提到类似的对象：“她们的帽子、她们的羽翎、她们的班德领”，都使人无从分辨男女。② 瑞曲在此作品及另一部《爱尔兰的骚动，或英格兰的喧闹》（*The Irish Hubbub, or the English Hue and Crie*, 1618）中，又多提了“黄浆班德领”（yellow starched bands），说它是至为可笑的虚华。③

尼柯尔斯和瑞曲的描述，都显现了17世纪女性混搭的新元素：“帽子”和“羽翎”，指的是此时期男性流行戴的宽檐立帽及其装饰；“头发”指的是有些女人将头发剪短如男子一般，改变了固有以来女性与长发的连结。“班德领”，如上节所言，是新的宽展型领片；“黄浆班德领”，是以番红花汁液为染料为班德领上浆，不过番红花原料多来自爱尔兰、西班牙、法国等地，在许多新教徒眼中，被视为天主教国度的产物、魔鬼的化身，也是异国摧毁英格兰民族的伎俩，它可使“女人男性化、男人女性化”

① Richard Niccols, *The Furies: With Vertues Encomium. Or the Images of Honour* (London: Printed by William Stansby, 1614), $A6_v$. 在这部作品写作的年代，阴囊袋已经不是男性流行的饰品，但在语言上，阴囊袋仍是男性的象征。

② Barnabe Rich, *My Ladies Looking Glasse, wherein may be Discerned a Wise Man from Foole* (London: Printed for Thomas Adams, 1616), p.21.

③ Rich, *My Ladies Looking Glasse*, p.21; Barnabe Rich, *The Irish Hubbub, or the English Hue and Crie, Briefely Pursuing the Base Consditions, and Most Notorious Offences of This Vile, Vain and Wicked Age* (London: Printed for John Marriot, 1618), p.13.

（masculinizing women and effeminating men）[1]。因此，瑞曲在《女士们的镜子》一书中，就特别告诫男女都不该使用黄浆班德领。[2]

瑞曲在《女士们的镜子》中，不仅谈到女性穿男装的现象，也指出同时代男性亦有女性化的趋势，许多年轻男子“非要穿得像妓女，否则就觉得自己没跟上潮流”；而女人不仅穿着男装，连一切行为举止也变得像男人一样“凶恶”（ruffian）。于是男与女之间，看不出有什么差别，就如“公马的马蹄铁和母马的马蹄铁”，没有明显的不同。[3]同时代另一位文人帕克斯（William Parkes, fl. 1612），也提到男女两方都在模仿与借用对方的穿着：一方面是女人用男性化的配件和服装，“变身为男人”（transformed into men）；另一方面，男性也以“放荡、女性化又无耻的模仿，变身为女人”（transformed into women），此两者都是“不能满足于他们自身的地位和景况”。[4]

虽然瑞曲和帕克斯同时批判男女双方的行为，但整体而言，他们和其他多数评论者都把焦点放在女性身上，在言词上对女性的批判也较严厉。男装女性被认为大胆、无耻，打乱了传统服饰与性别建构的关系，也混淆既定的性别形象，如亚弗瑞尔（William Averell, d. 1605）说：她们“虽然在性别上是女的，服装上看起来却是男的，……她们造出〔男女〕性别的样貌，事实上却两者都不是。”[5]瑞曲也道：穿戴男装的女性如同“最丑

① Ann Rosalind Jones and Peter Stallybrass, “Yellow Starch: Fabrications of the Jacobean Court,” in *Renaissance Clothing and the Material of Memory* (Cambridge: Cambridge University Press, 2000), pp.59—85. 另可参见 Ann Rosalind Jones and Peter Stallybrass, “‘Rugges of London and the Diuell’s Band’: Irish Mantles and Yellow Starch as Hybrid London Fashion,” in *Material London*, pp.128—149。

② Rich, *My Ladies Looking Glasse*, p.21.

③ Rich, *My Ladies Looking Glasse*, p.21.

④ William Parkes, *The Curtaine-Drawer of the World* (London: Leonard Becket, 1612), $E3_r$.

⑤ William Averell, *A Meruailous Combat of Contrarieties Malignantlie Striuing in the Members of Mans Bodie* (London: Printed for Thomas Hacket, 1588), $B1_v$.

陋、最令人憎恨的怪物”(most deformed and loathsome monsters)。①来自教会的声音亦是如此，1619年2月约克大主教威廉斯(John Williams, Archbishop of York, 1582—1650)在国王座前讲道时，提及女性穿男装的怪象：这些“半男半女”的怪物，“极像个男人地站立着，招摇着羽翎来蔑视这个世界，而且还佩着短剑。”②由此段文字看来，男装女性在17世纪，又多了一些配件，以短剑或小刀为装饰，但这些武器过去通常只有男性携带，也与男性阳刚、勇武的特质相联系。

至1620年初，各种来自民间与教会的批评声浪，促使统治者采取更积极的行动，以抑制女性混搭男装的风气。1620年1月24日，詹姆士国王要求伦敦主教金恩(John King, d. 1621)召集伦敦地区各级教士，敦促他们在讲道中要“猛烈而严厉地抨击女性的厚颜无耻，她们穿戴着宽檐立帽、尖形的大布列夹衣；她们把头发削短，而且还带着短剑或小刀，或其他配饰……这世界真是乱了秩序。”③到了2月中旬，教会讲坛上延续着国王的命令，指责“女性的大胆和放肆(insolence and impudence)”，同时官方也开始要求演员、歌谣的作者和演唱者，在他们的演出与创作中，将国王的警告传达到所有女人耳中。如果这还无法有效抑制歪风，国王将会要求这些女人的“父母、丈夫、亲友”，这些握有管教之责的人，付出罚金。④

① Rich, *My Ladies Looking Glasse*, p.20.

② John Williams, *A Sermon of Apparell, Preached before the Kings Maiestie and the Prince His Highnesse at Theobalds, the 22 of February, 1619* (London: Printed by Robert Barker and John Bill, 1620), $D3_{r\text{-}v}$.

③ John Chamberlain, “To Sir Dudley Carleton, London, January 25, 1620,” in *The Letters of John Chamberlain*, Vol.2, ed. Norman Egbert McClure (Philadelphia: The American Philosophical Society, 1939), p.287.

④ John Chamberlain, “To Sir Dudley Carleton, London, February 12, 1620,” in *The Letters of John Chamberlain*, Vol.2, p.289.

值得注意的是，詹姆士国王的命令，主要针对的是宫廷以外、伦敦地区的女性，他从未对宫廷中相同的现象，采用如此激烈的言词或手段，所以官方在维护服饰秩序的行动上，一如过去所颁布的各次服饰法，仍有明显的阶级考虑。只是，过去的服饰法所规范的，以拥有公共权力的男性为主，诉诸国家法律的限制；而女性的服饰问题，国王则诉诸私领域的权力，要求父母、丈夫执行管束之责。此命令推行成效如何，不得而知，但国王的命令却在出版市场得到热切的响应，开启了“阳刚女”、“阴柔男”的辩论。最先问世的《阳刚女》以夸大的口吻说：自开天辟地以来，从没见过现今这般“阳刚的”世界，“从母亲到女儿”、“从头到脚”、“从大胆的言词到放肆的举止”，一切皆阳刚，难道“所有的女人都要变成阳性的吗？”① 作者也形容女性穿男装的风潮像传染病一样，又如瘟疫般“袭击所有阶层、所有地区，和所有年龄的女人。”② 似乎所有英格兰女性，不分阶层，都难逃新时尚的网罗。

《阳刚女》的封面与内文，进一步为我们补充了男装女性的形貌。在封面标题下的图像（图 1），描绘着两名新时尚女性，左边那位穿着大布列夹衣，正等着理发师剪短她的头发；右边这位已理好短发，戴上插着羽翎的宽沿立帽，瞧着自己镜中的妆容。作者也在文中叙述了女性衣着与外貌的改变：

将秀丽的兜帽（Hood）、斗篷（Cowl）、头巾（Coif）……〔这些〕端庄的衣服，换成了浑浊凶恶的宽檐立帽及放荡的羽翎；将上半身端庄且遮盖身体的长袍，换成了淫荡且只有宽松包覆的法式大布列夹衣，全都开着扣来引诱……。那丰盈长发的荣耀，换成了凶恶短发的耻辱。那从侧

① *Hic Mulier: Or the Man-Woman: Being a Medicine to Cure the Coltish Disease of the Staggers in the Masculine-Feminines of Our Times* (London: Printed in I. T., 1620), $A4_{r\text{-}v}$.

② *Hic Mulier*, $B1_{v}$-2_{r}.

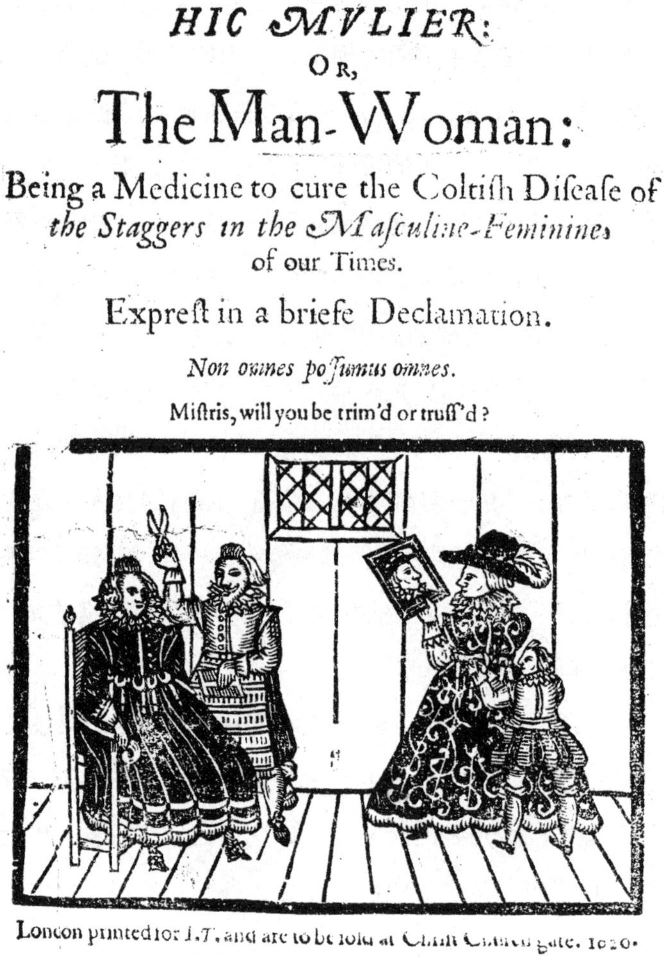
HIC MVLIER:

OR,

The Man-Woman:

Being a Medicine to cure the Coltiſh Diſeaſe of the Staggers in the Maſculine-Feminines of our Times.

Expreſt in a briefe Declamation.

Non omnes poſſumus omnes.

Miſtris, will you be trim'd or truſſ'd?

London printed for I.T. and are to be ſold at Chriſt Church gate. 1620.

图 1 《阳刚女，或男人婆》的封面

Hic Mulier: Or the Man-Woman: Being a Medicine to Cure the Coltish Disease of the Staggers in the Masculine-Feminines of Our Times (London: Printed in I. T., 1620), title page.

边、厚厚集结、紧紧护守的长裙，换成了短、轻、薄，宽松，每只手可轻易拉开的半长裙。①

《阳刚女》的图文，比前面所提过的文献，更加强调女性本身主动性

① *Hic Mulier*, A4$_{r\text{-}v}$.

的选择，以及动态的转化过程，似乎就在转换衣饰的过程中，女人转为阳刚的男子；也转为淫荡的妇人，这两种矛盾的特质，就像男装女性身上矛盾的衣裳一样，不相合却又混杂于一身。

从上述16世纪70年代的文献至1620年的《阳刚女》，我们除了可看到女性上半身混搭男装的时尚，在这段时期持续不坠之外，也可发现各种对女性时尚的响应，皆带有强烈的道德批判，或者将女性服饰问题完全的道德化。服装在欧洲近代早期，本就被视为道德的载体、内在心灵的反照，女性的服装更是如此。在时尚蓬勃发展的16世纪，女性与其穿戴的服饰，常常成为论册作家（pamphleteers）疾言批判的对象，如纳许（Thomas Nashe, c. 1567—c. 1601）指责英格兰女人喜好外国奇装异服，他对女人说："骄傲是你天生的罪恶！"① 又如蓝京斯（William Rankins, d. 1609），批评英格兰女性穿上各式各样虚华无益的服装，是在冒着丧失灵魂的危险；这些女人还在脸上浓妆艳抹，看起来一点都不像"英格兰的妇女"，反倒像"威尼斯的高级妓女"、"埃及的怪物"，或是用歌声诱惑人的女妖"赛伦"（Syrens）。②

在评论家眼中，男装女性所带来的社会混乱与道德危机，比奢华装扮的女性更严重。其原因有二：第一，在宗教上，《旧约圣经·申命记》规定："妇女不可穿戴男子所穿戴的，男子也不可穿妇女的衣服，因为这样都是耶和华—你上帝所憎恶的。"（《申命记》，22：5）③ 因此，服装被视为神所订立的性别区隔符号，不可混同。如克尔文（Jean Calvin, 1509—1564）在1556年讲道中所言：男人所穿的衣服，必须"显现上帝造他们

① Thomas Nashe, *Christ Teares over Ierusalem* (1593), in *The Works of Thomas Nashe*, Vol.2, ed. R. B. McKerrow (Oxford: Blackwell, 1958), pp.140—141.

② William Rankins, *The English Ape, the Italian Imitation, the Footesteppes of Fraunce* (London: Robert Robinson, 1588), $D1_{r-v}$.

③ 本文所用《圣经》中、英译文，皆采用"英皇钦定本／新标点和合本"（King James Version/Chinese Union Version）（台湾圣经公会，1961年）。

为男人”，而女人的穿着则必须“合于其性别的谦卑”；如果女人穿得像“战斗的男人”，这是一件“违反其类种的事”，应受人们憎恨。① 在克尔文的诠释中，服装不仅要表明性别属性，也要显现上帝所确立的男女尊卑关系，及彼此相应而合宜的行为。《申命记》的规范与诠释，频繁出现在16、17世纪其他评论中，如1582年英格兰作家苟森（Stephen Gosson, 1554—1624）说：“服饰被立为性别与性别区隔的符号，穿上那些明显代表另一性别符号的衣物，就是作假、伪造与奸淫，违反上帝话语明确的规范。”② 这时代的男装女性显然挑战了这条宗教与道德的界线。

第二，在欧洲近代早期的性别观当中，性别不完全由今日解剖学意义上的“生理”或“性”（sex）所决定，体液（humors）与温度的变化、脑中的想象、工作、劳动，以及服装，都可能转换个人的性别。拉科尔（Thomas Laqueur）的研究指出，在18世纪之前，欧洲人普遍接受“一性模式”（one sex model），而非现代所主张的“两性模式”（two sex model）。后者认为男女两性在生理形态有上固定而明显的区隔，唯有通过手术才可能变性，但前者看待男女两性的生理差异，只是同一形貌的对反，或谓之“异体同形”（homology）。③ “一性模式”深受古代医学家盖伦（Galen, c. 129—c. 200）体液理论的影响，主张男女生理器官形态一致，但男性因体质燥热，有足够的动能将器官外推，如阴茎；女性因体质

① John Calvin, *The Sermons of John Calvin upon the Fifteh Booke of Moses Called Deuteronomie*, trans. Arthur Golding (London: Henry Middleton for John Harrison, 1583), p.773.

② Stephen Gosson, *Playes Confuted in Fiue Actions Prouing that They Are Not To Be Suffred in A Christian Common Weale* (London, 1582), E3v.

③ Thomas Laqueur, *Making Sex: Body and Gender from the Greeks to Freud* (Cambridge, Mass.: Harvard University Press, 1990), pp.25—62; Stephen Greenblatt, "Fiction and Friction," in *Reconstructing Individualism: Autonomy, Individuality and the Self in Western Thought*, eds. Thomas C. Heller, Morton Sosna and David G. Wellberg (Stanford: Stanford University Press, 1986), pp.38—43.

湿冷，器官内隐，其阴道即是阴茎内隐的形式。男女冷热的差别，也显示男人比较完美，足以从事积极奋发、执政掌权的工作；女性则柔弱静默，宜于守候并照养家庭。不过，在一性模式下，性别如同冷热温度的变化，或有如光谱一样的连续体（continuum），可能因体质冷热的改变，而拥有另一性别的特征。① 如果女人像男人一样时常奔跑跳跃、从事粗重的工作，或者穿上男性的衣服，其所激发的热能及想象，有可能使女性器官外推，或开始长胡子、声音变粗等。这样的女性被视为“阴阳人”，需要医生和法院判定其主要性别。② 在近代早期的医学认知中，性器官并不是判断性别唯一的标准，其他如毛发、声音、体态、举止、个性，都是可考虑的要素。也因此，现代人所以为的“性别”（gender）或“文化”要素，在近代早期的性别判定上，与“性”或“自然”（nature）特征，扮演同样重要的角色。甚至，我们应该放弃现代性别观念中对“自然”与“文化”、“性”与“性别”的二分法，才能真实了解近代早期的性别观。③

然而，“一性模式”的存在，并不代表近代早期欧洲人对两性区隔抱持着弹性与宽容的态度。相反的，“阴阳人”仍被视为“怪物”或“奇观”（prodigies），④ 不在人们习以为常的认知与分类中，是异象、突变，也是混杂、纷乱与失序的表征，承载着道德上的不安与不确定性。所以，人们

① Fisher, *Materializing Gender*, p.7.

② 近代早期阴阳人的案例与相关讨论，见 Greenblatt, “Fiction and Friction,” pp.30—52; Ann Rosalind Jones and Peter Stallybrass, “Fetishizing Gender: Constructing the Hermaphrodite in Renaissance Europe,” in *Body Guards: The Cultural Politics of Gender Ambiguity*, eds. Julia Epstein and Kristina Straub (New York and London: Routledge, 1991), pp.80—111; Ruth Gilbert, *Early Modern Hermaphrodites: Sex and Other Stories* (Basingstoke: Palgrave, 2002); Kathleen P. Long, *Hermaphrodities in Renaissance Europe* (Aldershot: Ashgate, 2006)。

③ 近代早期的医学文献，通常都用 *sexe* 来谈那些我们认为应归类于 gender 的事物。参见 Long, *Hermaphrodites in Renaissance Europe*, pp.3—4。

④ Greenblatt, “Fiction and Friction”, pp.36—37.

在面对现实世界中阴阳人的案例时，多希望能有明确的裁断，并要求这些人在服装上明显表露其性别属性。例如 16 世纪著名案例之一——法国农村女玛希（Marie），她被医生检验判定为男性后，即由当地主教赐男性名改称热曼（Germain），并改换男装。① 不过，服装也可能正是使人改变性别的原因，如英格兰作家温利（Nathaniel Wanley, 1634—1680）记载了一位西班牙妇女，因时常受丈夫暴力对待，某夜穿上丈夫的衣服，扮为男性逃离家门，到外地工作。之后，“或因她男人装束〔所引发〕的幻想（conceit），或因自然在她身上奇妙的工作”，使她的身体产生了“明显的改变”，后来他（她）娶了一名女子，成为他人的丈夫。② 以上两个案例虽然不同，但服装在其中都是性别认定的要素，是人们建立“男性”或“女性”归属的符号。因此，16、17 世纪英格兰的男装女性，虽然不是为了变成男性，或掩饰真实性别而换装，但在时人眼中，他们仍然是意图改变性别、颠倒自然的“阴阳人”。

在上述宗教与性别观念的基础上，不难理解何以 16、17 世纪英格兰的男装女性，被评论家视为怪物或阴阳人。通过这两个面向，也可以发现，男女关系不仅是性别差异，也是一种上下尊卑的差异，而此差异正维系着传统家庭与社会秩序。加美吉（William Gamage）在 1613 年所写的讽刺短诗中，即扼要地描绘了男装女性对性别秩序的冲击：

① 此案例记载于 16 世纪医生帕黑（Ambroise Paré, c. 1510—1590）及人文学者蒙田（Michel de Montaigne, 1533—1592）的作品中：Ambroise Paré, *On Monsters and Marvels* (1573), trans. Janis L. Pallister (Chicago: University of Chicago Press, 1982), pp.31—32; Michel de Montaigne, “Travel Journal (1580),” in *The Complete Works: Essays, Travel Journal, Letters*, trans. Donald M. Frame (New York: Everyman’s Library, 2003), pp.1059—1060。根据他们的记载，15 岁的法国农村女子玛希，有一天在麦田中追赶猪只时，奋力一跃跨过壕沟，阴茎霍然突出。后经医生检验认定为男性，改男性名，也改穿男装，此后他还长出浓密的胡须。

② Nathaniel Wanley, *The Wonders of the Little World, or, a General History of Man in Six Books* (London: Printed for T. Basset, 1673), pp.52—53.

我常风闻，如今却才得见，

女人穿着阴囊袋；

在这些岛屿上，男人向女人鞠躬哈腰，

男人的名，给女人担了。①

阴囊袋并不是当时男装女性使用的配备，但加美吉以此为男性的象征，讽刺服饰与性别界限模糊、尊卑秩序颠倒。此种对服饰、性别与秩序的焦虑，将在1620年的“阳刚女／阴柔男争议”中更形扩大，而且“阳刚女”和“阴柔男”也成为更流行的名词。

三、1620年的辩论

本节将以1620年参与辩论的四篇作品为主，讨论男装女性的社会现象，如何引发时人思考服饰与性别的关系；这些作品又如何诠释男装女性的形象与行为。

（一）《阳刚女》与《阴柔男》

开启论战的《阳刚女》，大体上延续着16世纪70年代以来，文人对男装女性的批判路线：一是将这类女性视为野蛮且违反自然的怪物或魔鬼；二是凸显这些女性放荡无礼的特质。《阳刚女》的作者指出这类女性是“畸形”的产物，比“怪异本身更怪异”；她们是一种无以名之的混杂

① William Gamage, “On the Feminine Supremacie,” in *Linsi-Woolsi* (London, 1613), $D4_v$.

体，“不是半男半女、半鱼半兽、半牲畜半鬼怪，而是完全的龌龊、完全的魔鬼”。换句话说，男装女性无法在人类所理解的世界中找到分类的位置，也找不到合宜的名称，只能以魔鬼名之。而这些女性是自愿地将自己抛诸于人类正常世界之外，“舍弃了你们性别的装饰，披戴羞耻的衣裳（garments of Shame）”。这项大胆的举动，使得女性本质中原有的“羞怯”离去，招来“妓女的放肆”（impudence of Harlots），也“埋葬了静默，使诽谤重生”。①

《阳刚女》的作者在文中一再使用“放肆”（impudence）一词，来形容男装女性的行为。此字根据《牛津英文字典》，自中古后期以来即指伤风败俗、无耻（shamelessness）、不正经或不端庄（immodesty）之义。此字与“女阴”（pudendum）同源于拉丁文 *pudēre*，具有强烈的性指涉，此时代的作家在指责女性放肆时，即在指责她们放荡、好色而无耻。② 作者先批评那些下层的女子：

> 岂止是不花时间去工作、赚取面包，却花时间编织用来连结男裤的纽结。她还把名誉抵押，好得到一顶立帽，又卖了自己的衬衣去买一副羽翎。她把亲吻送出，好让自己的头发剪短；又把真诚让渡，使自己的上半身能套进一件法式大布列夹衣中。总而言之，她既出卖了身体，让自己的身体变得畸形，也将不惜出卖灵魂以满足自己的心思。③

在作者眼中，这样的女子实与妓女无异。

然而，这类无耻、大胆的女人，并不限于下层阶级。作者指出越富裕的人病得越重，越有能力维持尊贵门面的人，“就在畸形的外貌上投资更

① *Hic Mulier*, A4r.

② Woodbridge, *Women and the English Renaissance*, pp.179—181.

③ *Hic Mulier*, B2r.

多”。① 他批评那些穿男装的贵族妇女，自以为是在以特殊的服装时尚，与中下阶层女性有所区隔，事实上却是受内在“嫉妒”和“野心”的驱使，想如古罗马的凯撒一样，被人独一无二地崇拜着。② 在作者看来，贵族妇女、商人之妻或其他平民女子，混搭男装所犯的罪是没有差别的；她们的罪都是被野心所挑动，企图脱离男人的控制与权威，好让她们每一个“下流的欲望”都得到“无耻的自由”。③ 所以男装女性带给社会的破坏是双重的：一方面她们混淆性别的区隔，另一方面她们打乱了男女的上下秩序，使尊卑阶序动摇。也因此，她们的所作所为，不但是服装的僭越、行为的僭越，也是权力的僭越。④

为了拨乱反正，作者呼吁女性们谨记上帝造女人时所赋予的谦卑、温柔、静默本性，并遵从男性的统治。作者也要女性记得“你的创造者给我们最初的父母所做的衣裳；那不是一件衣裳，而是一件给男人、一件给女人……男人的衣裳适合他们劳动；女人的衣裳搭配她们的谦卑。”⑤ 接下来，他要女性重拾过去的装束与外貌，这项要求不仅是服装上的，还延伸到女人的头发、眼泪、面容和每一项行为举止。作者说：“长发是你性别的装饰”，而短发却是耻辱；又说有德之妇的武器不是刀剑，而是她的眼泪，那“能让每一个好男人怜惜、让每一个英勇的男子尊敬。”他要女人“在双颊上有羞怯、在眼神中有贞洁、在谈吐中有智慧、在话语中有甜美；让你的全身全体都有矜持的谦卑”。最后，作者最在乎的依然是女性的贞洁。凡挑逗人的眼睛、双唇与袒露的胸部与双臂，都应当密密隐藏，用合

① *Hic Mulier*, $B1_{v}$-2_{r}.

② *Hic Mulier*, $C1_{v}$.

③ *Hic Mulier*, $C2_{r}$.

④ *Hic Mulier*, $C3_{r}$.

⑤ *Hic Mulier*, $B2_{v}$-3_{r}. 此句话其实与《圣经·创世记》3：21 所言不同，经文是说：“耶和华神为亚当和他妻子用皮子作衣服给他们穿。”此处并没有提到上帝为男女设立不同的服装。

宜的服装紧紧包裹，好像最严格的政府所设的暗牢一样；又好像那坚不可摧的城墙一样，这样才能“恢复本貌”(by yourselves again)。①

然而，作者并没有将恢复本貌的工作完全寄托在女性身上，既然神定的秩序是由男性领导女性，在改革的道路上，男性更应该负起责任。作者认为，要矫正这些胆大妄为的女性，有赖于她们的“父亲、丈夫和供养人”，这些人必须不为女性的矫揉造作所惑；不提供金钱，不让任何扭曲自然、伤害礼仪的“新时尚”进入他们的家庭。继《阳刚女》之后出版的《阴柔男》，看似要和前书打擂台，事实上接续了《阳刚女》中对男性的要求，寄望男性先端正风气、放弃时尚的追求，因此也把男性问题拉进战场中。

《阴柔男》的封面上有一男一女（图2），女的好像是在《阳刚女》封面上整装完毕的女人，又走进了另一本书的封面。她已削了短发，头戴宽檐高帽，帽子上插着羽翎；颈部装饰着黄浆环领，身穿大布列夹衣、下着长裙，右手拿短枪、左手持长剑，鞋子上还配着马刺。这就是混搭男装的女子形貌。② 站立于旁的男子，并未混搭女装，但他右手拿着打毽板(battledore)、左手拿着毽子（shuttlecock），这两样东西代表的是当时女性之间盛行的娱乐活动，称为 battledore and shuttlecock，近似今日的羽毛球运动。③ 图像中的男人不但学起女人的游戏，裤子上还缀着蝴蝶结、鞋上系着花朵图案的装饰，这副婉约的模样，加上体型被缩小，与一旁看似勇武刚强的男装女性，形成强烈对比。

---

① *Hic Mulier*, $B3_v$-4_r.

② 封面图片中阳刚女的形貌，部分可参考文中所说，如短发、大布列夹衣、黄浆皱褶领等，但文字部分与图片也略有出入，文中提到此女坦露胸部，放荡如妓女（a naked, lascivious, bawdy Bosom），但图片中的阳刚女并未露胸。*Haec-Vir: Or the Womanish-Man: Being an Answere to a Late Booke Intituled Hic-Mulier* (London: I. T., 1620), $A3_r$.

③《阴柔男》文中提到，男人抢了女人用的打毽板和毽子，并且成为这项活动的能手。*Haec-Vir*, $C1_v$.

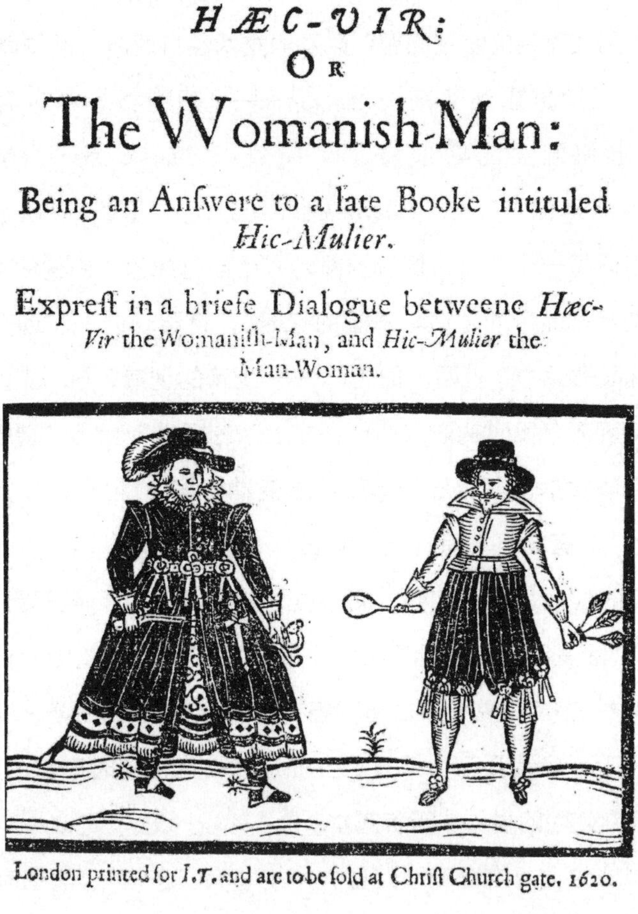

HÆC-VIR:
OR
The Womanish-Man:
Being an Anſwere to a late Booke intituled *Hic-Mulier*.
Expreſt in a briefe Dialogue betweene *Hæc-Vir* the Womaniſh-Man, and *Hic-Mulier* the Man-Woman.
London printed for *I.T.* and are to be ſold at Chriſt Church gate. 1620.

图 2 《阴柔男，或女人汉》的封面
Haec-Vir: Or the Womanish-Man: Being an Answere to a Late Booke Intituled Hic-Mulier (London: Printed in I. T., 1620), title page.

《阴柔男》一文的内容，由阳刚女和阴柔男的相遇而展开。一开始阴柔男将阳刚女错认为男人；阳刚女也将阴柔男错认为女人。厘清对方的性别后，彼此请教对方的名字，阴柔男说：“〔我是〕阴柔男，不论在宫廷、城市或乡间，都不是陌生人。”显示男性阴柔之风弥漫于各处。阳刚女则说：“这个世界称我为阳刚女。”阴柔男于是惊呼：原来眼前就是“有如夜半警钟，让整个王国拿起武器对抗的她。”接下来他们继续以对话的形式辩论，为要决断谁是“最伤害自然或最让好男人女性化的”怪物？① 这个问题带出了男女两性的服装问题，以及男女两性特质所遭遇的危机。

首先，阴柔男重述了前一部作品——《阳刚女》中对男装女性的批评，指出阳刚女的四项特质：“卑贱”（*Basenesse*）、“违反自然”（*Unnaturalnesse*）、“无耻”（*Shamelesnesse*）和“愚蠢”（*Foolishnesse*），因为她们追逐每一个新奇、低级的发明，让自己成为时尚的奴隶、外国人的禁脔；抛弃“上帝的创造与王国的习俗”，将灵魂搅入了动乱与疾病之中。② 在这段批评中，有两个关键句——“上帝的创造”与“王国的习俗”，成为阳刚女接下来反驳的重点。什么是上帝的创造？上帝创造世界的本质是什么？阳刚女指出，世界的本质乃是变动不居，“世界正是一间变动的商店或仓库”：有时冬、有时夏；有日、有夜；有时富足、有时贫困；有时康健，有时抱病；有时欢乐、刹时哀愁；今日尊荣、明日受贬。总而言之，〔世间〕除变动，别无他物。……自然赋予她所创造的每件事物，在变动中享有独特的喜悦，如香草、植栽、树木随时序枯萎、掉叶；又萌芽、长出新叶，接着开花、结果。小虫与爬虫物也随时序在洞穴中隐藏；又随时序来到外面的世界，吸吮露水。

阳刚女认为，万物在变动的世界中均享有“自由”：野兽有选择食物的自由、飞鸟有在天空翱翔的自由；而人则享有“按他的意愿与喜好去改变、形塑与造就所有事物”的自由。③ 同理，女人就该享有“选择的自由”，即随自己心意与享乐而改变的自由。④ 阳刚女大胆地说出：

---

① *Haec-Vir*, A4$_{r}$.

② *Haec-Vir*, A4$_{v}$.

③ *Haec-Vir*, B1$_{r.}$ 作者提到随时序变动及享乐之语，应出自《旧约圣经·传道书》，后文也引用《传道书》内容：“已有的事后必再有；以行之事后必再行。日光之下并无新事”（1：9）。见 *Haec-Vir*, B1$_{v}$。

④ *Haec-Vir*, A4$_{v}$.-B1$_{r}$.

我是造而自由、生而自由，亦自由的活着；又有什么可阻碍我在延续的时光中自由的死呢？

我们和男人一样生而自由，拥有相同自由的选择和自由的精神；我们由相似的成分组成，得以相似的自由增益我们的受造。①

这两段反驳极具有女性解放、男女平等，并同享自由的现代观点。选择男装听起来是女性享有的自然权利，也是上帝赋予的天性。

接着，阳刚女讨论“习俗”的问题。她指出男人之所以无法接受她们的服装，真正的原因并不在服装本身，而在于她们的穿着和行为违反一般所接受的习俗。然而，这世间没有任何事比习俗更荒谬、更愚蠢，因为习俗总是随时、随地而异，没有道理可循。阳刚女举出众多习俗分歧的例子，如英格兰人惯以黑衣哀悼逝去的亲人，但古罗马女人却以白衣服丧，既然颜色没有一定，人们何尝不能以绿色、蓝色、红色服丧呢？英格兰人惯以亲嘴对首次见面的人表达礼貌，但在他国人的眼中却被视为冒犯；英格兰男人多刮掉上嘴唇的胡子，但在他国人眼中却认为这有失男子气概。其他许多礼仪习俗也是如此，所以阳刚女认为，习俗并无“理智”可言，究其实：“习俗是个笨蛋！”②

《阴柔男》中一大段讨论习俗的文字，多数抄袭法国人文学者蒙田（Michel de Montaigne，1533—1592）在《随笔》（*Les Essais*，1580）中所写的《论古代习俗》，作者可能也参考了蒙田其他讨论习俗的作品。③

① *Haec-Vir*, $B1_v$.-$B2_r$, $B3_r$.

② *Haec-Vir*, $B2_v$.

③ 蒙田有多篇散文讨论习俗一事，可见于“Of Custom, and Not Easily Changing in Accepted Law”、“Of the Custom of Wearing Clothes”、“Of Ancient Customs”、“Apology for Raymond Sebond”诸篇，收于 Michel de Montaigne, *Essays, in The Complete Works of Montaigne*, trans. Donald M. Frame (New York: Everyman's Library, 2003), pp.93—109, 201—204, 262—265，532—539。

他指出习俗既无理性的成分，更非神定的自然，只是社会长久累积的惯例，被人们习以为常的视为天理，就如蒙田所说：“几乎所有人，其〔人生的〕目标与范围都受制于所出生之地的行事方式。”① 对于这样的人，阳刚女认为他们才真正是被“卑贱”、“愚蠢”套上铁链的奴隶。反过来说，那些不跟随社会习俗与惯例的人，并不是在破坏上帝的创造，只是展现人间变幻无常的本貌而已。

以辩论的修辞技巧来说，《阴柔男》作者从蒙田作品中所得的灵感，可以有效反击他人对阳刚女的批判，并在理论上为女性开拓一条自由大道，允许女性以不同的服装重塑女性特质。然而，《阴柔男》作者并没有延续这条辩论的路线，也未顺此打开女性解放的大门，而是在议论完“上帝的创造”与“王国的习俗”之后大幅转向。阳刚女于是不再畅谈男女平等，反而招认了她们穿男装真正的原因：是男人的女性化，迫使她们必须穿上男人的衣服，以继续维持男女之别。阳刚女进而质问阴柔男：为什么夺取了女人专属的东西？为什么花一大堆时间为发丝上卷、扑粉？为什么偷了我们的环领、耳环、胸片（Mamillionis）、羽扇、马甲、面具、头纱，还在脸上化了妆？男人也取走女人说话、行动、运动、娱乐的方式，这一切让男人看起来和女人几乎没有分别。② 原属于男人的马术、刀剑等武功，没有人再过问，男人现在都带着“女人的娇弱”去追求“最新的时尚”，好让自己成为众人眼中的“奇观”。③

阳刚女在批判男性女性化之后，继续说道：

据你自己所说，自然的法则、宗教的戒律、所有文雅之国的习俗，都认为男与女之间应有明确的区隔，在服装和行为举止上都是如此。但可怜

① De Montaigne, “Of Ancient Customs,” p.261.

② *Haec-Vir*, $C1_{r\text{-}v}$.

③ *Haec-Vir*, $C2_{r}$.

我们柔弱的女子（因太柔弱，无法用蛮力把你们从我们这边夺走的战利品取回），除了把你们傲慢地丢掉的衣服搜集起来，穿在我们的身体上、披在我们的心灵中，还能做什么？……因此，我们保存着你们丢弃的这些男性之物。若你们愿将当初我们穿上你们男人服装时的羞赧，再还给我们，那么无疑的，贞洁的心思与羞赧将会再回到我们身上。①

阳刚女用这段新的辩论方式，一方面把罪恶转移到男人身上，批评阴柔男才是这一切乱象的始作俑者；另一方面，也把改革的责任推到男性身上，他要男人丢弃女人的装饰与言行，做个真正的男人，那么“我们就会爱你、服侍你；听你的话并服从你”。如此，女人也会恢复她们原本温柔、甜美的特质。②

听闻此言之后，阴柔男感到万分惭愧，决定洗心革面，丢弃从前一切虚华，恢复男性旧有的坚毅与果断。所以，他（主动的一方）邀请阳刚女一同改换服装，从此：“我不再是阴柔男（*Haec Vir*），而是男子汉（*Hic Vir*）；你也不再是阳刚女（*Hic-Mulier*），而是美娇娘（*Haec Mulier*）。”最后他们共同决心要做“真正的男人和女人”，从今往后要以“像我们自己的样貌，高贵的活着”。③这个快乐的结局，把《阴柔男》中原具有的激进理念，带回传统道德框架与性别关系中。④《阳刚女》一文曾暗示，男装女性最可恶的罪恶，在于挑战男性权威、混乱尊卑关系，《阴柔男》的作者则以初看似背反的方式，将女性带回传统男性领导、女性服从的上下关

① *Haec-Vir*, $C2_{v.}$-$C3_{r.}$

② *Haec-Vir*, $C3_{v.}$

③ *Haec-Vir*, $C3_{v.}$-$C4_{r.}$

④ 若不单以结局而论，《阴柔男》一文包含着多元且不同于传统的声音，在性别理念上仍具有明显的进步性与突破性，可参见 Wright, “The Popular controversy over Woman” 及 Dollimore, *Sexual Dissidence*, pp.297—299 两文。但若就整体立场与主要论点而言，《阴柔男》一文的立场仍然传统。

系。此文也在最终固守男女两性原有的特质，男性坚毅、勇敢、刚强、果断；女性安静、温柔、慈爱、守贞，同时这些特质也必须外显于他们的服饰上。

整合来看，上述两作品，以及其他 16 世纪下半叶批判男装女性的相关作品，体现了一种共同的焦虑：担忧失去性别区隔的符号；而符号的混乱，又会进一步模糊符号与真实性别之间的指涉关系。如史塔普所说："服装是〔上帝〕赐给我们作为区隔的符号，为要分辨〔男〕性与〔女〕性。因此一个人若穿上另一性别的服装，就是加入了这个性别，背叛自己所属的真实性别。"① 维持区隔的焦虑在《阴柔男》中，甚至以间接而讽刺的方式，表现在女人为了要维持性别区隔，不得已而穿上男装的情节上。《阴柔男》的作者担忧混搭带来符号的错乱，也带来性别的欺瞒，就如阳刚女错认阴柔男是女性，而阴柔男错认阳刚女是男性，如此进一步混淆了男女尊卑关系，甚至是男女的性关系。不论是男性爱上另一个他以为是女性的男人，或女性爱上另一个她以为是男人的女人；又或者，男性受到像男人的女性所引诱，女性对柔媚的男子产生欲念，都是当时的评论者所不乐见的。

在维持符号区隔的同时，上述两部作品都赋予服装极为关键的地位，服装不但界定了性别，也具备转换性别外貌、举止与内在心性的能力，甚至维系着一个社会的性别关系、家庭秩序和社会安定。《阳刚女》中把服装转变性别的力量，说得最为生动：

她们浸泳在无度的虚华中，不仅从头到腰都变成像男的，而且是〔从头〕到脚、到每一方面都像男的：身体因衣服而变成男的、行为因粗鲁之举而变成男的、天性因易怒而变成男的、举动因寻仇报复而变成男的；因

① Stubbes, *The Anatomie of Abuses*, p.118.

佩带武器变成男的、因使用武器变成男的。简言之，在所有的事上她们都如此像男的，以至于她们非男也非女，一无是处。[1]

虽然混搭男装的女性，通常只有在上半身（腰部以上）混搭男装，但《阳刚女》的作者却认为，上半身的衣饰让女人从头到脚、由内至外，全都“变成男的”，或者“非男也非女”。显然，在作者眼中，决定性别的并不在下半身的生理特征，而在上半身的服装样貌。[2] 既然衣饰具备转变本体与心性的能力，这些阳刚女若能重拾过去的服装，就能重建女性应有的行为模式与内在道德。《阴柔男》一文也呼应这个原则，只要阴柔男能丢弃女性化的装饰和娱乐，戴上自己的盔甲（armours），就可以“在体型上成为男的、在外表上成为男的、在言语上成为男的、在行动上成为男的、在决策上成为男的、在典范上成为男的”，也就是真正的男性。[3] 此处对男性的定义依然是由上半身的装饰所决定，而不在他下半身的阳具。

另一方面，在以服装定义性别的同时，《阳刚女》和《阴柔男》的作者也以性别界定了服装的特质，只要是旧时女性所用的服饰，都被视为蕴含着正面的女性价值与道德，例如风帽、头巾、斗篷和连身长裙（gown）等，被视为“谦卑的”、“端庄的”、“优美的”；过去所用的白色皱褶领则是“纯洁无瑕的”。[4] 而那些原属于男性所用的高帽、羽翎、大布列夹衣，原以男性的英勇、尊贵为定义，但若用在女性身上，就成为女性的“羞耻”、“骄傲”与“放荡”。[5] 换言之，服饰本身并不具备固定的特质，而是

---

① *Hic Mulier*, $B2_r$.

② 琼斯与史达利布拉斯（Ann Rosalind Jones and Stallybrass），在其研究中，也提出类似的现象，他们指出：“1610 年代所出现的男人婆，主要是从头部的混搭而来，而非下半身的混搭（裙与裤）。”见其“Yellow Starch: Fabrications of the Jacobean Court”, p.79。

③ *Haec-Vir*, $C3_v$.

④ *Hic Mulier*, $A4_r$; *Haec-Vir*, $B4_v$.

⑤ *Hic Mulier*, $A4_v$.

由性别所决定的。如果混搭男装的女性，是试图以新的服装时尚重新定义女性特质，将女性往阳刚、进取、开放、大胆的方向移动，《阳刚女》和《阴柔男》的作者，则企图固守女性特质的旧定义与旧符号，维持传统性别关系。

（二）《酒囊》与《女人》

固守传统性别关系的主张，在《酒囊》中表现得更明显。此文在标题及正文第一页指出，它的目的是为了反驳一篇新近出版、批评阳刚女的“宣言”（Declamation），即《阳刚女》一文。① 但事实上，它和《阴柔男》一样，都间接呼应了《阳刚女》的立场，主张男人要先负起改革的角色，也主张男女要回归原有的权力关系。此文作者以阳刚女为第一人称的方式书写，宣称将此文献给好友“酒囊”。本文封面上所画的人物即为酒囊（图3），他的身上背着打扫烟囱的工具，抽着烟斗；头上戴着羽翎、颈上套着黄浆班德领和领巾。此外，酒囊的腰上佩剑、腿上绑着突出的环状袜带，鞋子上还系着花。作者说，酒囊为自己的头发上粉、化妆，又爱唱歌、跳舞，这一身“女性化的男子装扮”，和他所知道的“阴柔男”没有两样。②

进入正文后，作者以明为支持、暗为反讽的方式，批判阳刚女不顾父母与丈夫的教导，剪短头发，化上浓妆、裸露胸部，佩着短枪、小刀四处流连；访友、看戏、偷窃、逛窑子，无恶不作。可是，作者认为不能仅以“剪短发、穿法式大布列夹衣、裸露胸部，以及虚假的身体”，定义何谓

① 《阳刚女》的标题中表示，这篇论册是一“宣言”（“exprest in a briefe Declamation”），其内容也以演说的方式写成。《酒囊》的标题指出，此文辩论的对象是一“宣言”（“To the late Declamation against her”），内容也以演说方式写成。《阴柔男》的文体则与上述两者不同，以对话体写成。

② *Muld Sacke: Or the Apologie of Hic Mulier: To the Late Declamation against Her. Exprest in a Shorte Exclamation* (London: Printed for Richard Meighen, 1620), $A3_{r\text{-}v}$.

图 3 《酒囊》的封面

Muld Sacke: Or the Apologie of Hic Mulier: To the Late Declamation against Her. Exprest in a Shorte Exclamation (London: Printed for Richard Meighen, 1620), title page.

“阳刚女”。①他主张：“不论任何阶级的女人，凡违背她受造的目的，我就称她为阳刚女”。那么女性受造的目的是什么呢？父母与丈夫受造的目的又为何？作者回答：

① *Muld Sacke*, B1$_{V}$. 根据此段文字可见，一般对阳刚女的定义除了她们剪短头发、上半身穿着男用的大布列夹衣之外，还包含暴露原本就属于女体的胸部。显然裸露的胸部（open breasts），在当时的辩论中完全不被视为女性特质的表现，而是一种放荡、扭曲、被错置的男性特质。

> 女人受造是为了尊荣她的父母、服从她的丈夫。父亲，是为了以合法的权威管教他们的子女；丈夫是要带领与统治他们的妻子。当他将天生的权力转交给他的女儿或妻子，他就成为一个女性化的男人（effeminate man）。同样的，当她剥夺父母的权威、丈夫的至高权，或放弃其性别应有的谦卑，她就是一个男性化的女人（masculine woman）。即使她不化妆、不剪短头发、不穿上新奇时髦衣服来扭曲自己，只要她胆敢统治她丈夫……，就仍是“阳刚女”。①

以上这段话是《酒囊》这篇作品论述的转折点，也是与前两篇作品最不同之处，它扩大且重新定义了何谓“阳刚女”，或何谓“阴柔男”。它不再以服饰为单一的标准，也不完全以女人男性化的行为，或男人女性化的举止为标准，而是以男女两性的权力阶序，界定真正的男人和女人。换言之，男性统治女性的权力关系，才是唯一且至关紧要的准则。在此准则下，许多人都可被贴上“阳刚女”或“阴柔男”的标签，其范围甚至广及一切道德和宗教上不当的行为，例如女性清教徒、行天主教弥撒的女人，或如赌博、抽烟、喝酒的男人、男性天主教徒、清教徒、酒贩、裁缝、掮客、耗费家产的士绅、不怜悯救助农民的地主。②犯行严重者，如放高利贷的人，则既不是阳刚女，也不是阴柔男，而是“兽人”（*hoc vir*）。③

《酒囊》一文，将服饰问题扩大到整体社会、经济、信仰与道德改革的问题，但同时也稀释了服饰在这场辩论中原本具有的重要性，他似乎只是利用“阳刚女／阴柔男争议”的热潮，表达社会改革的要求。不

① *Muld Sacke*, $B1_v$-2_r.

② *Muld Sacke*, $B3_r$-$C3_v$.

③ *Muld Sacke*, $B3_v$. *Hoc* 是拉丁文用于动物或对象的指示代名词，作者用 *hoc vir*, 批评这类人有如“粗鲁、贪婪、无用的动物”（*crudele, insatiabile, & inutile animal*）。

过，他要求男人先负起改革责任的主张，依然明确。一切社会乱象该归咎的对象是阴柔男，而不是阳刚女，因此在此文最末，阳刚女说："我们是柔弱的器皿"，只因粗心的父母、女性化的丈夫，才让女子偏离正确的道路，只要男人愿意洗心革面，她们立刻就会丢弃一切扭曲作假的行头。①

《酒囊》一文从女性受造的目的，转折出新的论述方向，另一部参与此争议的作品——《女人》，也同样回到人类受造的问题，但它论证的主轴在证明女性的优越。就性别立场而言，《女人》一文才真正站在《阳刚女》《阴柔男》《酒囊》这三部作品的对立面。此文作者奥斯汀在一开始便揭示，男人或女人都是依上帝的形象所造，共享"人"（*homo*）的称呼；男女也拥有相同的心灵、智识与灵魂，且共以永生的救赎为人生目标。基本上，男女是完全相同的，只有细微的差异，而这些差异都只能证明女性较为优越。② 奥斯汀接着从六个面向探讨男女差异及女性杰出之处，此六点也分别构成此书的六章，分别是：时间、地点、物质、方式、形貌和名字。

就时间而言，奥斯汀指出，女人的创造晚于男性，是上帝最终、最完美之作。就地点而言，女人是在伊甸园中被创造，而伊甸园是世上至高极美之处。就物质而言，男人由尘土所造，女人却是由男人的肋骨所造，人的骨血高于尘土，且具备强韧的特质。就创造的方式而言，男人不过是上帝创造自然的一部分（a work of nature），女人却是上帝的恩典与奇迹（a work of miracle）。其他的生物都是由自然界基本物质所造（如水、土），唯有夏娃，出自活生生又有感知能力的亚当，所以女人之受造更具神圣性。就形貌而言，女人在身体、声音、心灵三方面都美于男人；她们

① *Muld Sacke*, $D3_v$.

② William Austin, *Haec Homo, wherein the Excellency of the Creation of Woman Is Described by Way of an Essaie* (London: Printed for R. Mabb, 1637), pp.4—7.

的美是属天的美丽，例如女人的脸，“是天堂的缩影，好似朝着天际的明镜，映照出完整的天堂。”最后，就名字而言，上帝创造的第一个女人有两个名字，一是集体性的名字——“女人”（*Isha*）、一是她个人的名字“夏娃”——（Eva）。*Isha* 来自希伯来文的“男人”（*Ish*），它的意思是“男人的”，也就是“妻子”，这表示女人是男人身侧最重要的“助手”，也是男人必须离开父母、与之合为一体的对象。第二个名字夏娃的原义是“生命”，或“活着的”，代表一切“生者之母”，而亚当名字的原义却只是可随风飘散的“尘土”，确立了女性的杰出与尊贵。①

奥斯汀的著作援引《圣经》、古代教父与古希腊罗马哲学家的作品、文艺复兴时代玄密学（occult philosophy）之作等，但他最重要的参考对象，是日耳曼人文学者兼玄密哲学家阿格瑞帕（Henricus Cornelius Agrippa，1486—1535）所写的：《论女人之尊贵与杰出》（*De nobilitate et praecellentia foeminei sexus*，1529）。阿格瑞帕是文艺复兴时代“女性问题论战”（*querelle des femmes*）中的代表人物，与高基欧（Bartolomeo Goggio）、卡培拉（Galeazzo Flavio Capella，1487—1537）、卡斯提理翁（Baldassare Castiglione，1478—1529）等人，共同主张女性与男性具备相同的理性和学习能力，甚至在信仰与道德上更优于男性。②阿格瑞帕也是启发英格兰女性问题论战最重要的人物之一，他本人曾在1510年出使英格兰，结识多位英格兰人文学者，他的作品亦是当地为女性辩护者的宝典，如英格兰第一部女性问题论战的作品——艾列特（Thomas Eloyt，1490—1546）的《为好女人辩护》（*The Defence of*

① Austin, *Haec Homo*, pp.14, 26；pp.35—36, 49—50, 100—105, 159—161, 181—184.

② 此论战可参见 Joan Kelly, “Early Feminist Theory and the *Querelle des Femmes*, 1400—1789,” *Sign* 8 (1982): 4—28; Jordan, *Renaissance Feminism*, pp.86—116; Pamela Joseph Benson, *The Invention of the Renaissance Woman: The Challenge of Female Independence in the Literature and Thought of Italy and England* (Pennsylvania: The Pennsylvania State University Press, 1992)。

Good Women, 1540)，即大量参考了阿格瑞帕对女性受造的解释。[①] 阿格瑞帕的作品在 1542 年由克拉芬（David Clapham, d. 1551）译为英文之后，影响更广，[②] 多位 16、17 世纪的英格兰作家，如摩尔（Edward More, c. 1537—1620）、皮瑞（C. Pyrrye）、希尔（William Heale, 1581—1628）等人，呼应他的主张，强调女性在创造的本质上与精神上都优于男性。[③]

奥斯汀在《女人》中曾 5 次提到阿格瑞帕，且长篇引用《论女人之尊贵与杰出》一书的文字；[④] 其所讨论的六个面向，如女人受造的时间、物质、女性之美、女人的名字等，基本上都不出阿格瑞帕的理论架构。[⑤]《女人》这部作品，可说让“阳刚女 / 阴柔男争议”与欧洲 15 世纪以来的“女性问题论战”汇流，将起因于女性混搭男装的社会争议，提升到性别问题中有关男女本质的议论。与之前的《阳刚女》《阴柔男》《酒囊》三文相较，其文字更加典雅，其所传承之文学与哲学传统也更加深厚，而且相对于《酒囊》散漫式的与各类社会、经济议题连结，《女人》一书的主题

① 林美香：《女性与政治：托马斯·艾列特的〈为好女人辩护〉与十六世纪人文学者的“女主宝鉴”》，《台大文史哲学报》2001 年第 55 期，第 131—164 页。阿格瑞帕的《论女人之尊贵与杰出》现代译本，见 Henricus Cornelius Agrippa, *Declamation on the Nobility and Preeminence of the Female Sex*, trans. and ed. Albert Rabil (Chicago and London: The University of Chicago Press, 1996)。

② 1542 年的英文译本书名为 *A Treatise of the Nobilitie and Excellency of Woman Kynde*。

③ 相关讨论及文集，见 Woodbridge, *Women and the English Renaissance*, chapters 3, 4; Jordan, *Renaissance Feminism*, pp.286—307; Katherine Usher Henderson and Barbara F. McManus eds., *Half Humankind: Contexts and Texts of the Controversy about Women in England, 1540—1640* (Urbana and Chicago: University of Illinois Press, 1985); O'Malley ed., *"Custome is an Idiot" Jacobean Pamphlet Literature on Women*。

④ Austin, *Haec Homo*, pp.129—130.

⑤ Henricus Cornelius Agrippa, *Declamation on the Nobility and Preeminence of the Female Sex*, trans. and ed. Albert Rabil (Chicago and London: The University of Chicago Press, 1996), pp.47—54.

明确、层层堆叠，坚实建构出女性本质上的优越性。

然而，此书也没有逾出文艺复兴时代此类作品的限制，它们多以《圣经》，或古代传说故事中的女性为典范，证明女性可以和男性一样，接受知识、拥有美德，但也借此要求女性活在属于女人的行为规范与道德框架之下。① 例如，奥斯汀通过女人受造的物质、她的身体及名字，不断提醒读者，女性最重要的角色是男人的“助手”、是孩子的“养育者”，更是家庭的照顾者；除此之外，女人没有其他的角色。② 他将女人比喻为大海中的一艘船，“因此好女人需要一位善良、诚实的向导，〔也就是〕一个关爱她的丈夫；他的远见要为她，也为自己，抵挡世间怒海中一切的风暴与危险。”③ 换言之，《女人》并没有真正否定另三篇作品对男女两性特质和社会角色的看法。

对本文而言，更值得注意的现象是：《女人》和《酒囊》一样，不但转折出新的论述方向，也稀释了服饰在“阳刚女／阴柔男争议”中的重要性。奥斯汀仅在一处提到女性的服饰，是他将女性比喻为船的时候，他说：“扬帆的船，是大海中最美的景色；合宜穿着的女子则是地上最令人愉悦的景象。”④ 这部作品若是在响应《阳刚女》和《阴柔男》，为什么只有这短短两句话提到服饰？本文认为，《女人》一书，一方面与更大的“女性问题论战”汇流，另一方面，也借此将男女服装的争议导回两性受造的议题，等于将男女服装、男女特质界定的问题，从“习俗”或“文化”领域，拉到神定“自然”秩序之下来看。确认男女彼此为“主导者”与“助手”的关系，并否定女性可通过服装重新定义性别特质的可能性，当然也同时否认了女性混搭男装的合理性。女性谦卑合宜的穿着，才是上

① Woodbridge, *Women and the English Renaissance*, pp.131—135.

② Austin, *Haec Homo*, pp.35—44; p.118; pp.120—121; pp.136, 161.

③ Austin, *Haec Homo*, p.70.

④ Austin, *Haec Homo*, p.69.

帝天定自然秩序最美丽的体现。

整体而言，写于1620年的《阳刚女》《阴柔男》《酒囊》和《女人》四部作品，其实不存在着真正的对立，它们共同的目标都在遏止女性改变男女传统关系的行为；它们也一致认为，女人谦卑守贞的穿着，才是女性赢得荣耀与赞赏的正道。迟至1637年才印刷出版的《女人》一书封面，放了一幅女性肖像（图4），她的穿着或许正是作者认为所有女性应效法的典范。画中人物是此书提献的对象——玛丽·格列弗斯（Mrs. Mary Griffith），她并未如《阳刚女》或《阴柔男》封面上的女子那样削短了头发，而且蒙着头巾，正如作者在文中所引保罗（St. Paul, c. 5—c. 67）的话："女人若不蒙了头，就该剪了头发；女人若以剪发、剃发为羞愧，就

图4 《女人：论女子受造之卓越性》封面

William Austin, *Haec Homo, wherein the Excellency of the Creation of Woman Is Described by Way of an Essaie* (London: Printed for R. Mabb, 1637), title page.

该蒙着头。……但女人有长头发，乃是她的荣耀，因为这头发是给她作盖头的。”(《哥林多前书》，11：5—6，15）[①] 此处的蒙头有尊敬男性之意，因为“男人是女人的头”(《哥林多前书》，11：3)，而头发为“盖头”则有受男性遮盖、保护之意。头部以下，格列弗斯女士在颈部紧系着简单朴实的高领，她的上身则绑着女用的马甲，再套上宽大且仅有蝴蝶结装饰的外衣。其整体穿着有如《阳刚女》作者所主张的：

用谦逊合宜的服装防护，如温暖而安全的〔衣服〕……让每一扇窗户都用结实的铰练紧闭，让每一个洞口都装上大炮抵御，好让好色的眼睛不能近身袭击；淫荡的舌头不能取得通道。[②]

这幅 1637 年《女人》一书印行时才问世的肖像，似乎也总结了 1620 年那段受人瞩目的争辩。

四、结论

1620 年之后，男装女性作为文学上辩论的议题，已渐渐失去热度，不过“阳刚女”与“阴柔男”的称呼，仍然出现在戏剧与其他类型的诗文中，如密多顿（Thomas Middleton, 1580—1627）与罗利（William Rowley, c. 1585—1626）的《宫廷化妆舞会》(*A Courtly Masque*, 1620)、泰勒（John Taylor, 1580—1653）的《骄傲之鞭》(*Superbiae Flagellum, Or*

① Austin, *Haec Homo*, pp.98—99.

② *Hic Mulier*, B4$_r$.

the Whip of Pride，1623）等。① 也仍有多部社会评论继续批判女性混搭的时尚，视此类女子放肆、无耻，有如妓女；或如卢斯（Francis Rous，1579—1659）认为，穿着男装的女人是“瘟疫来临的征兆”，她们“把滋养我们的土地（Earth）转成了舞台（Stage），上来表演男人的角色”②。痛恨英格兰戏剧演出的清教作家皮瑞（William Prynne，1600—1669），则将混搭男装的女人拉进他的巨著《反戏子》（*Histriomastix*，1633）中，指责男装女性和舞台上穿女装演出的男演员一样，都违反了“自然”与“习俗”。在他看来，这些英格兰女人“好像全部都打算变成彻头彻尾的男人，还想穿上裤子”；这种行为不但“污辱了她们的性别、国家，也是宗教上的大耻辱”③。

关于男装女性的讨论，在17世纪40年代与50年代的内战期间，沉寂了一段时间，至1662年，一部题名为《玛丽·伏瑞斯女士之生与死》的传记，④ 再度呈现17世纪英格兰男装女性的样貌（图5）。传记的女主角伏瑞斯来自伦敦底层社会，别名“女扒手茉尔”（Mal Cutpurse或Moll Cut-Purse），在17世纪10年代时已是家喻户晓的人物，据说她终日穿着男装，爱抽烟、喝酒、打斗，曾因行为不检而出入监狱数次，也曾在伦

① Thomas Middleton and William Rowley, *A Courtly Masque: The Device Called the World Tost at Tennis* (London: Printed by George Purslowe, 1620), $B4_{V}$; John Taylor, *Superbiae Flagellu, or the Whip of Pride* (London: Printed by G. Eld, 1621), $C6_{r}$.

② Francis Rous, *Oile of Scorpions: The Miseries of These Times Turned into Medicines and Curing Themselues* (London: Printed by W. Stansby, 1623), p.174.

③ William Pyrnne, *Histriomastix. The Players Scourge, or, the Actors Tragaedie* (London: Printed by E. A., Augustine Mathewes ..., 1633), pp.207, 201.

④ 此传记的标题为：*The Life and Death of Mrs. Mary Frith. Commonly Called Mal Cutpurse. Exactly Collected and now Published for the Delight and Recreation of all Merry Disposed Persons* (London, Printed for W. Gilbertson, 1662)。现代版本见Janet Todd and Elizabeth Spearing eds., *Counterfeit Ladies: The Life and Death of Mal Cutpurse, the Case of Mary Carleton* (New York: New York University Press, 1994)。

图 5 《玛丽·伏瑞斯女士之生与死》(*The Life and Death of Mrs. Mary Frith*, 1662) 封面
© National Portrait Gallery, London.

敦南岸的街头及剧院穿着男装表演歌曲。① 伏瑞斯传记的封面，描绘她上半身穿着男装的样貌：短发、头戴宽檐立帽、身穿以切缝 (slash) 装饰的衬衫、佩带短剑，外搭长版大布列夹衣。此传记的内文还提到，伏瑞斯通常上身穿大布列夹衣，下身着裙子，混搭男女的服装，成为“分裂和分隔的活文字与图像”(living Discription and Portraiture of a Schism and Separation)，将女性的机巧和男性的勇猛，全都搅和在一起。② 直到她过世前几年，一身病痛，才悔恨自己所犯的罪，也才脱下“住着魔鬼”的大

① 伏瑞斯生平参见 Gustave Ungerer, “Mary Frith, Alias Moll Cutpurse, in Life and Literature,” *Shakespeare Studies* 28 (2000): 46—52; Melissa M. Mowry, “Thieves, Bawds, and Counterrevolutionary Fantasies: The Life and Death of Mrs. Mary Frith,” *Journal of Early Modern Cultural Studies* 5.1 (2005): 26—48。

② Todd and Spearing eds., *Counterfeit Ladies*, pp.4, 17.

布列夹衣，改披一件毛毯忏悔。[①]

如伏瑞斯这样的下层女性，能负担这类衣着的人并不多。在17世纪中叶，混搭之风主要流行的层级，仍以中上阶层为多，皮普斯（Samuel Pepys, 1633—1703）在1666年6月的日记中，就提到他在中上阶层人士往来的“白厅”（White Hall），见到“古怪”又令人厌恶的景象：“尊贵的女士们”穿着骑马装，上身是男人用的大布列夹衣和外套，头戴着假发和立帽；“若不是因为男用外套下拖曳的长裙，没有人会以为她们是女人。”[②]皮普斯的记载再度说明了男性文人对女性混搭之风的厌恶，也显示混搭的时尚延续到17世纪60年代。在这段混搭风潮的时代中，女性本身并没有为自己留下任何论述，足以清楚说明她们的动机与目的，但从她们对男性文人或官方所造成的反应看来，她们成功挑战了传统两性特质的界线，也挑动了性别与服饰紧张的关系。即使这些女性不是为了变成真正的男人而混搭男装，而是为了时尚，或为了让自己看起来更有魅力，她们的行动仍具有高度象征性的意义，迫使男性重新思索性别与服饰的关系。就此点而言，混搭男装的女性，确实使英格兰的“性与性别体系处于压力之下”。[③]

男装女性的社会现象，除了带动此时期有关性别与服饰的讨论，也成为男性文人强化旧有性别关系与服饰秩序的着力点。对史塔普、哈理森及1620年参与辩论的各作者而言，女性挪用男装，意味着通过服装所建立的性别分隔是浮动的，甚至是人为的、可改变的，同时也意味着男女通过服装所展现的尊卑关系，也是可调整与挪动的。那么，服饰就变得有如装备，可以与性别分离，随时可取下或装上，即可重新塑造男性或女性。于是，他们要将这“可变的”导回“不变的”；将分离的性别与服饰重归于

① Todd and Spearing eds., *Counterfeit Ladies*, p.70.

② Samuel Pepys, *Diary of Samuel Pepys: A New and Complete Transcription*, Vol.7, eds. Robert Latham and William Matthews (London: Bell & Hyman, 1972), p.162.

③ Howard, “Crossdressing, the Theatre, and Gender Struggle in Early Modern England”, p.418.

一，使它们彼此界定、不可分割。如果“习俗”或一地的文化规范，无法说服读者，他们便重归《圣经》与“自然”的权威，将女装／男装、女性／男性、女性特质／男性特质的区别，视为神定的分隔，而且是人类最初受造的命定。

就现实面而言，女性混搭男装并未能成功撼动旧有的性别关系，反而更进一步巩固了传统两性之性别与服饰分隔的理念。此后服装潮流的发展，也走向相同的方向，特别是英王查理二世（Charles II, r. 1660—1685），在1666年为英格兰男性制定三件式套装（three-piece suit）之后，① 男女服饰的区隔又慢慢扩大。繁复、矫饰成为英格兰女装时尚的特色，男性则以衬衫、半长裤、长背心与外套为基本搭配，再以暗沉的黑色、朴实而简单的剪裁，强调男性内敛与坚毅的特质，及其统治能力与权力。1688年革命之后至18世纪末，这个现象更加明显，中上阶级男性刻意放弃华丽明亮的装饰，此潮流被称为“大弃绝”(the Great Male Renunciation）或“大分隔”(the Great Divide)，② 它更加强化了男女服装上与社会角色上的区分。在公共领域的男性有意识的脱离充满变化的“时尚”，让追逐时尚和热爱打扮这两件事，成为女人与其私领域专属的文化；同时也让女性成为被“男性观看”(male gaze）的对象。③ 此现象延续至19世纪末、20世纪初，女性裤装的出现，才带来服饰上新的性别革命。

---

① 三件式套装的出现与影响，见 David Kuchta, *The Three-Piece Suit and Modern Masculinity. England 1550—1850* (California: University of California Press, 2002)。

② “大弃绝”一词出现在1929年，由提倡男装改革的心理学家富鲁格（John Carl Flügel, 1884—1955）所创，参见 Joanna Bourke, “The Great Renunciation: Men’s Dress Reform in Inter-War Britain,” *Journal of Design History* 9.1 (1996): 23—32.“大分隔”一词则为荷兰德（Anne Hollander）所用，见 Hollander, *Sex and Suits*, p.63。

③ Malcolm Barnard, *Fashion as Communication* (2nd edition, London: Routledge, 2002), pp.119—121.

从经典到通俗：《天主降生言行纪略》及其清代改编本的流变*

宋刚（香港大学中文学院副教授）

一、前言

从16世纪末到18世纪末，天主教传教士堪称在华传教事业的中坚力量。其中不乏如利玛窦（Matteo Ricci, 1552—1610）、汤若望（Johann Adam Schall von Bell, 1591—1666）、南怀仁（Ferdinand Verbiest, 1623—1688）及郎世宁（Giuseppe Castiglione, 1688—1766）等一批出色的耶稣会士，在神学、伦理学、科技和艺术等领域介绍西学。但是在《圣经》汉译方面，包括耶稣会士在内的传教士们却进展缓慢，没有取得重大的建树。到19世纪初为止，只有少数几位传教士自发地从事译经活动。即使白日昇（Jean Basset, 1662—1707）、贺清泰

* 本文刊发于《天主教研究学报》2011年第2期，第208—260页。原刊的中英文摘要及附表不录。

（Louis de Poirot, 1735—1813）等人曾先后翻译了全部《新约》及部分《旧约》，其开拓性成果也大都停留在手稿阶段，未能正式刊行。① 相较同时期四书五经等中国经典被多次翻译成拉丁文以及其他欧洲文字的情形，汉译基督教经典的缺失成了鲜明的反衬。②

实际上，明清天主教在译经方面的迟滞牵涉到了诸多复杂的历史因素。其中较为重要的一个，按照钟鸣旦（Nicolas Standaert）的说法，可以归结为“一个错过的机遇”（a missed opportunity）：尽管明末入华耶稣会内部出现了译与不译的歧见，罗马教廷不但没有禁止，反而在龙华民（Niccolò Longobardo, 1559—1654）及金尼阁（Nicolas Trigault, 1577—1628）等人的请求下，于 1615 年批准圣礼仪式可以使用中文，同时也允许将《圣经》译为文言中文。③ 然而，在华耶稣会士们优先考虑的是译介教理问答、自然哲学及圣礼仪式方面的书籍，对此机会没有善加利用。1622 年教廷传信部（Sacra Congregatio de Propaganda Fide）成

① 近期学者对白日昇生平及译经工作的研究较多，兼及白的《新约》译本对 19 世纪马礼逊（Robert Morrison, 1782—1834）、马殊曼（Joshua Marshman, 1768—1837）等新教传教士译经的影响。参见本辑周永：《白日昇〈新约〉译本及其对“二马译本”的影响》；蔡锦图：《白日昇的中文圣经抄本及其对早期新教中文译经的影响》，《华神期刊》2008 年第 1 期（创刊号）；曾阳晴：《白日昇“四史攸编耶稣基利斯督福音之合编”之编辑原则研究》，《成大宗教与文化学报》2007 年第 11 期；内田庆市：《モリソンが元にした漢訳聖書——新しく發見されたジヤン・バセ訳新約聖書稿本》，载《アジア文化交流研究》2010 年第 5 号，第 219—230 页；包智光：“First Comprehensive Translation of the New Testament in Chinese: Fr Jean Basset (1662—1707) and the Scholar John Xu,” *Societas Verbi Divini: Verbum SVD* 49 (2008), pp.91—119。

② 赵晓阳：《传教士与中国国学的翻译——以〈四书〉〈五经〉为中心》，载《近代中国研究》2005 年 9 月 14 日，网址 http://jds.cass.cn/Article/20050914153742.asp。

③ 见 Bernward Willeke, O.F.M., “Das Werden der chinesischen katholischen Bibel,” in *Die Heilige Schrift in den katholischen Missionen*, ed., Johannes Beckmann S.M.B. with P. Walbert Buhlmann, O.F.M. and J. Specker S.M.B. (Schöneck-Beckenried: Neuen Zeitschrift für Missionswissenschaft, 1966), pp.124—125。

立，掌管海外宣教事务，在《圣经》的出版及翻译方面采取了渐趋严厉的政策，并于1655年禁止印制出版任何未经批准的经典书籍。这对有意通过翻译《圣经》以进一步推动中国教务的传教士而言，不啻一个巨大的障碍。例如在1670年，巴黎外方传道会（Missions Etrangères de Paris）提请将《圣经》、弥撒书及祈祷书译成中文，结果遭到教廷传信部的否决。① 这一历史语境的转变，也解释了后来白日昇、贺清泰所译的《圣经》稿本（或抄本）始终未能在中国正式刊行的原因。

在明清天主教的译经活动未能深入开展的情况下，意大利籍耶稣会士艾儒略（Giulio Aleni, 1582—1649）出版于1635年的《天主降生言行纪略》（以下简称《言行纪略》）值得特别的注意。首先，该书被视为一部耶稣传。② 其主体内容基本上依据《新约》四福音书，以合参的方式直译或转译，并融汇中西历史叙事传统，笔者称其为“以史证经”的传译方法，在下文将有详述。其次，该书与艾儒略的另外两部著作《天主降生出像经解》（又名《天主降生言行纪像》，以下简称《出像经解》）和《天主降生引义》（以下简称《降生引义》）前后呼应、互为辅助，成为令人瞩目的文本系列。《出像经解》出版于1637年，以当时在欧洲流行的纳达尔（Jerónimo Nadal, 1507—1580）的《图绘福音故事》（*Evangelicae Historiae Imagines*）为本，选取五十余幅图像翻制成中式木刻，将《言行纪略》所述耶稣生平的重要片段付诸形象。③《降生引义》出版于1640

① Standaert, Nicolas. “The Bible in Early Seventeenth-Century China,” in *Bible in Modern China: the Literary and Intellectual Impact*, eds., Irene Eber, Sze-kar Wan & Knut Walf, Sankt Augustin: Institut Monumenta Serica, 1999, pp.38—39、52—53.

② 徐宗泽：《明清间耶稣会士译著提要》，上海书店出版社2006年版，第28页；潘凤娟：《述而不译？艾儒略〈天主降生言行纪略〉的跨语言叙事初探》，《中国文哲研究集刊》2009年第34期，第111—112页。

③ 关于《图绘福音故事》与《出像经解》的比较研究著述甚多，如Paul Rheinbay, “Nadal's Religious Iconography Reinterpreted by Aleni for China,” in *“Scholar* （转下页）

年左右，旨在阐明天主降生救世的种种神学含义，并从辩教的立场答疑解惑。这三部著作将文字、图像和义理有机地结合在一起，在明清时期众多的天主教著作中显得格外突出，可谓是帮助中国信徒了解耶稣事迹的重要媒介。或许因其内容与福音书紧密相关，所以《言行纪略》被明末的中国信徒排在艾儒略中文著述的首位。①

此外，《言行纪略》的影响也可以从后来的多次改编和重印得到体现。以笔者目前所知，《言行纪略》在清代至少有两种改编本：《天主耶稣圣迹》（以下简称《圣迹》）和《耶稣言行纪略》（以下简称《纪略》）。② 在日本，有在东京出版的《天主降生一千八百八十年耶稣言行纪略》，似为艾

（接上页）*from the West": Giulio Aleni S.J. (1582—1649) and the Dialogue between Christianity and China*, MSMS XLII, ed. Tiziana Lippiello and Roman Malek. Sankt Augustin—Nettetal, 1997, pp.323—335; Gianni Criveller 柯毅霖, *Preaching Christ in Late Ming China: the Jesuits' Presentation of Christ from Matteo Ricci to Giulio Aleni*. Taipei: Taipei Ricci Institute, 1997, pp.233—253; Sun Yuming, "Cultural Translatability and the Presentation of Christ as Portrayed in Visual Images from Ricci to Aleni", in *The Chinese Faces of Jesus Christ*, volume II, ed. Roman Malek. Sankt Augustin: Institut Monumenta Serica and China-Zentrum, 2003, pp.476—498; Song Gang 宋刚, "*Learning from the other: Giulio Aleni, Kouduo richao, and late Ming dialogic hybridization.* PhD Diss., University of Southern California, 2006, pp.437—460。

① 韩霖、张赓的《圣教信证》（"耶稣会西来诸位先生姓氏"）和李嗣玄的《西海艾先生行略》虽然开列的艾儒略著述在顺序和数目上有所不同，但居首的都是《言行纪略》。

② 笔者所见两书的刻本，都出自罗马国家图书馆（Biblioteca Nazionale Centrale Vittorio Emanuele II, Rome）。《圣迹》的编号为 72.B.309，正文前有未署名的"天主耶稣圣迹小引"，且标明"泰西会士艾儒略译"，文末有"耶稣圣教后学万德望梓传"字样。万德望应该就是小引的作者，从语气上看似是中国信徒，笔者尚未查到与其身份相关的资料。另巴黎法国国家图书馆收藏一部手抄本《圣迹》，编号为 Chinois 6721，未记抄者姓名。文中有错字修改和漏字补写情况，比照罗马国家图书馆刻本，可以断定该手抄本晚于刻本，而不是刻本作为依据的稿本。该抄本的翻印版，见《法国国家图书馆明清天主教文献》，台北利氏学社 2009 年版，第 22 册，第 495—537 页。至于《耶稣言行纪略》，罗马国家图书馆的编号为 72.A.229，分四卷记述耶稣生平，但通篇未标明编者及年代。

儒略原作的日文改编本。[①] 至于《言行纪略》被重印（或与《出像经解》合印）的数目，从 17 世纪到 20 世纪有不下十次之多，包括下文论及的 1887 年《道原精萃》版《言行纪略》。[②] 如此频繁的改编、重印，在明清天主教著作当中并不多见。有记录显示，《言行纪略》曾出现于道光二十年（1840）在北京色拉村所查获的天主教经卷之中，这也从侧面表明该书在两个多世纪的时间里经历了持久的流传。[③]

本文以《言行纪略》及其后的多种版本为线索，探讨福音书中的耶稣事迹在明清中西宗教、文化交流中被策略性地传译的过程。回顾此前的相关研究，虽然有学者对《言行纪略》进行了深入的分析和考证，但是对其后续的改编本、重刊本关注不足。就笔者所知，目前尚未有对《言行纪略》与清代版本进行的综合比较研究。本文在钟鸣旦、潘凤娟、柯毅霖

① 该书又题为《耶稣言行纪略》，四卷，付印于 1880 年，编者为 Jean-Marie Marin (1842—1921) 和 Nakayama 中山。参见 Arimichi Ebisawa（海老沢有道），*Christianity in Japan: A Bibliography of Japanese and Chinese Sources*. Tokyo: Committee on Asian Cultural Studies, International Christian University, 1960, p.37。笔者未能亲见该书，不过，据 Van Hecken 的介绍，该书主体内容取自艾儒略原作，但标题及分四卷的结构则借鉴了中文改编本《耶稣言行纪略》。参见 J.L.Van Hecken, "Les Publications bibliques catholiques en Langue japonaise (1859—1959)," in *Die Heilige Schrift in den katholischen Missionen*, pp.98—99。至于 Jean-Marie Marin，曾入巴黎外方传道会，1866 年到日本传教，1881 年结束传教生涯，退出传道会，其后返回法国。有关其生平简介，参见 Gérard Moussay et Brigitte Appavou, *Répertoire des Membres de la Societé des Missions Etrangères, 1659—2004*. Paris: Archives des Missions Étrangères, 2004, p.169。笔者感谢包智光神父提供关于 Jean-Marie Marin 的信息。

② 据 CCT Database 之目录，《言行纪略》初版以后，很快就在福州（和山西?）有重印，其后重印的地点有北京、上海、献县、香港，最后一次是 1928 年在香港。不过，据柯毅霖考证，最后一次重印是在 1920 年上海的徐家汇土山湾。见前引柯氏著：*Preaching Christ in Late Ming China*，第 203 页。

③ 张先清传：《传教刊书：清代禁教期天主教经卷在民间社会的流传》，载张先清编：《史料与视界——中文文献与中国基督教史研究》，上海人民出版社 2007 年版，第 115 页。

（Gianni Criveller）等人的研究成果基础上，将首先重点分析艾儒略在《言行纪略》中采用的“以史证经”的传译方法，通过融汇中国史传写法和西方教会史料而生成一种新的混合型叙事体例。这一体例的出现，与艾儒略本人的传教策略和译经立场密切相关，也反映出17世纪在华天主教以调和耶、儒为核心的主流倾向。其次，通过详细比较《言行纪略》与三种清代的改编及重刊版本，本文将阐明耶稣传这样一个跨语言叙事如何逐渐脱离福音书原来的经典属性，体现出本土化和俗世化的特征。① 此外，艾儒略以图像展现耶稣生平，也导致了后来《言行纪略》与《出像经解》的合刊。这种图文并行的方式，表明《言行纪略》在清代禁教期间仍在民间社会广为流传，并在晚清发展成为图文一体的耶稣图传。相较于白日昇、贺清泰等人严格意义上的译经行为，《言行纪略》及其系列文本代表了一种独具特色的合参经史、图文结合的传译模式。只有深入挖掘这些以往未被关注的重要文献，并以综合、比较的视角考察不同传译模式之间的关系，才有可能全面认清明清之际包括福音书在内的基督教经典翻译、流播的发展脉络，并在早期天主教译经史的轨迹中发现更多与现代译经事业的关联。

二、调适策略与经典传译

艾儒略是继利玛窦之后入华耶稣会士的代表人物之一。他于1582年生在意大利北部的布雷西亚（Brescia），从1602年到1609年间接受耶

① 潘凤娟：《述而不译？艾儒略〈天主降生言行纪略〉的跨语言叙事初探》，第111页。

稣会的神学和人文学科教育。因向总会长申请赴远东传教获得批准，艾儒略被派往中国传教。1610 年抵澳门，其后十几年往返于南北各省传教，足迹遍及陕西、山西、河南、江苏和浙江等省。从 1625 年开始，艾儒略赴福建开教，直到他去世的 1649 年，主要在福州、莆田、兴化、泉州、建州、漳州等地开展传教活动。与利玛窦一样，艾儒略也精通中文，熟悉儒家经典，终其一生出版了多部神学、哲学、地理、数学等方面的著作，成为推动明末西学东渐的一个典范。①

艾儒略延续利玛窦所确立的上层路线传教原则，积极与明代高层官员和儒士交游。有“圣教三柱石”之称的徐光启、李之藻和杨廷筠都曾和他过从甚密。他尤其擅长与中国学者进行格物穷理式的对谈，其代表作之一《三山论学记》，就是他与当时致仕的叶向高（1559—1627）和曹学佺（1574—1646）讨论一系列哲学、伦理及神学话题的结果。在教义传播方面，艾儒略与利玛窦一样主张调适中西、耶儒合璧。不过他在入闽后的传教活动，不但维持早期与士大夫阶层的联络，而且还延伸到福建各地的中下层社会，可以视为耶稣会调适策略的进一步扩展。因学识广博、四处传道，艾儒略在福建信徒中赢得很高的声望，被尊称为“西来孔子”。②

① 有关艾儒略生平和传教的研究很多，包括 Louis Pfister, *Notices biographiques et bibliographiques sur les Jésuites de l'ancienne mission de chine (1552—1773)*. Shanghai: Imprimerie de la Mission catholique, 1932—1934 (Nendeln, Liechtenstein: Kraus Reprint, 1971), pp.126—137; Eugenio Menegon, "A Different Country, the Same Heaven: A Preliminary Biography of Giulio Alenis, S.J. (1582—1649)," *Sino-Western Cultural Relations Journal* 15 (1993): pp.27—51; Mario Colpo, "Giulio Aleni's Cultural and Religious Background," in *"Scholar from the West,"* pp.73—84; Erik Zürcher, trans. *Kouduo richao: Li Jiubiao's Diary of Oral Admonitions: a Late Ming Christian Journal*, MSMS LVI, Sankt Augustin: Nettetal, 2007, pp.54—74；林金水：《艾儒略与明末福州社会》，《海交史研究》1992 年第 2 期，第 55—66，99 页；潘凤娟：《西来孔子艾儒略——更新变化的宗教会遇》，台北基督教橄榄文化事业基金会圣经资源中心 2002 年版，第 41—86 页。

② 韩霖、张赓编：《耶稣会西来诸位先生姓氏》，见《天主教东传文献三编》，台北学生书局 1998 年版，第一册，第 311 页。

这一中西混合的名号，是他成功运用调适策略的有力证据。艾儒略也常以天儒合一的身份自居。据其中文传记记载，因战乱而滞留延平期间，他曾让信徒为他写一块匾额，题名“四忧堂”，就取自孔子的名言“德之不修，学之不讲，闻义不能徙，不善不能改，是吾忧也”。① 艾儒略以此表明对至圣先师的认同，在强调天主教信仰皈依的同时，还兼顾到儒家核心的修身理想。在福清教徒李九标等人编纂的《口铎日抄》中，艾儒略被尊称为“先生”，向福建各地士绅信徒广传天主教“铎音”，充分凸显出他兼具传教士与儒者的双重身份。② 这种一以贯之的调适策略，自然也会影响到艾儒略包括《言行纪略》在内的中文著作。

在译介天主教经典的问题上，尤其是《圣经》的翻译，艾儒略似乎持比较审慎的态度。《言行纪略》前有一篇相当于序言的《万日略经说》（拉丁文 *Evangelicae* 或意大利文 *Vangeli* 的音译），其结尾处讲到：

> 今将四圣所编，会撮要略，粗达言义。言之无文，理可长思。令人心会身体，以资神益。虽不致陨越经旨，然未敢云译经也。③

短短几句话，涵盖了两层意涵：第一，《言行纪略》虽以福音书为本，但既不是按《新约》的次序分译前四卷书，也不是逐字逐句的全文翻译，而是将四卷书“会撮要略”，合参为一个完整的文本，根据时间先后排列主题条目，对耶稣生平进行“不致陨越经旨”的介绍。可以说，艾儒略采用一种以退为进的方式应对当时天主教在华传教的特殊情形。不论是远在罗

① 李嗣玄：《西海艾先生行略》，见钟鸣旦、杜鼎克（Adrian Dudink）编：《耶稣会罗马档案馆明清天主教文献》，台北利氏学社 2002 年版，第 12 册，第 257 页。

② 李九标：《口铎日抄小引》，《口铎日抄》，见《耶稣会罗马档案馆明清天主教文献》，第 7 册，第 107 页。

③ 《言行纪略》序言《万日略经说》，见《耶稣会罗马档案馆明清天主教文献》，第 4 册，第 29 页。

马的教廷传信部，还是身在中国的耶稣会的决策者，都难以对这种非严格意义上的经典“翻译”行为采取否定或禁止的态度。更重要的是，艾儒略在闽十年的苦心经营已经开花结果，本地士绅信徒团体的形成和发展，单靠口头的方式宣讲福音已经无法适应新的需要。不论用何种方式，福音书的中文传译已被提上日程。《言行纪略》《出像经解》和《降生引义》三部著作之所以相继出版，很大程度上是针对当时闽中乃至其他地区传教的实际需求。

第二，艾儒略虽然明讲“未敢云译经”，但每卷正文前的署名处都有“西极耶稣会士艾儒略译述”字样。如果在内容上进行比照，也不难看出《言行纪略》与福音书关于耶稣的记载的紧密对应关系。[①] 可见他所言“未敢云译经”只是一句谦辞而已。《言行纪略》序言中提到由“圣人热罗尼莫”（Hieronymus，即 St. Jerome）翻译的拉丁文武加大《圣经》（Vulgate Bible），但其文本依据可能是德国神学家鲁道夫斯·撒索尼亚（Ludolphus de Saxonia，ca. 1295—1378）所作《耶稣基督生平》（*Vita Jesu Christi*）在 1474 年初版或后来的某个简化版本。[②] 不论其底本为何，艾儒略都刻意绕过了《言行纪略》是否为天主教经典翻译的敏感话题。因而他在本书的凡例中再次申明：“吾主耶稣事实，原系四圣所纪。彼详此略，有重纪，有独纪者。兹特编其要略，不复重纪详尽。若夫全译四圣所纪，翻经全功，尚有待也。”[③]

---

① 据潘凤娟对《言行纪略》与四福音书的比照，前者只有两处——贤王请耶稣及升天圣所条——没有出自福音书原文。见潘凤娟：《述而不译？艾儒略〈天主降生言行纪略〉的跨语言叙事初探》，第 143—160 页。

② Standaert, “The Bible in Early Seventeenth-Century China”, pp.40—41；潘凤娟：《述而不译？艾儒略〈天主降生言行纪略〉的跨语言叙事初探》，第 121—124 页。不过，两人所据的法译简本 *Vita Christi* 的出版年代都在 19 世纪，晚于艾儒略的著作，似需在逻辑论证上进一步说明。

③ 《言行纪略》“凡例”，见《耶稣会罗马档案馆明清天主教文献》，第 4 册，第 38 页。

笔者以为，艾儒略是借“会撮要略”之名，而行传译基督教经典之实。这种微妙的态度，可以通过比较他与利玛窦对同一典故的不同处理方式而显出蛛丝马迹。《口铎日抄》中记载，南安信徒陈克宽问道于艾儒略，曾“偶问译经之事”，而艾儒略回答以古昔阨入多国（即埃及）国王延请犹太国的七十二名士将《旧约》译成“本国文”（应是希腊文）的故事，然后评价说：“夫以七十二译士，居处既分，心手各别。乃一一符合，片言不爽，斯岂人力所能为者乎？神功默启，恢乎大矣！”[①] 这次谈话，也许促使艾儒略在数年后撰写《降生引义》时，刻意列出了“天主古经预译西文”一条：

天主古经，先圣所录，共二十有四部也。天主未降人世一百八十年，有日多国贤王多禄茂者，欲集万国经书，共成大院。知如德亚国有造物主圣经，为千古不刊之典。特遣使臣往请，并求译士数人。国主奉命，又选七十二名士通两国之文字者。赍经而往。贤王礼宾之，命译大西额济国之文字，以通天下。然虑和同附会，致失经旨，乃命诸译士，作七十二处，不令相通，逾年而告竣。王沐浴升朝，大臣咸列，命诸译士宣读之。字字符合，片言不爽。王大惊悦，知有全能默启，愈加钦崇焉。盖此盛事非偶，乃天主深意，俾大西诸国日后得闻造物主妙理，与夫降生真传者，自有印证预载，无可疑异。[②]

艾儒略运用七十二士译经这一典故，其立场明显不同于此前的利玛窦。面对访客在翻译《圣经》方面的兴趣和请求，利氏一再表示婉拒，其理由为汉译《圣经》乃是一项极为艰巨的大工程，一定要比照古时七十贤士译经

① 《口铎日抄》卷2，5a，见《耶稣会罗马档案馆明清天主教文献》，第7册，第107页。

② 《天主降生引义》，上卷，页7a—7b。本处引自耶稣会罗马档案馆所存的原件照片，文件编号为Jap.Sin.I.77。

的旧例，延揽众多人才，并耗费许多时间才可完成。[①] 反观艾儒略对同一事件的评价，全然不提译经的困难，而只强调七十二译本的文字若合符节，乃是“神功默启”的结果。言外之意，《圣经》既然曾经借助神启而被译为阨入多国（或额济国）文字，在大西诸国广为流传，当然也可能以同样方式将其译成中文。值得玩味的是，他并未就此明示自己在天主教经典汉译问题上的立场。但是有一点可以肯定，艾儒略的《言行纪略》，是以某种精心设计的“合法”方式所进行的经典传译。

三、“圣史”记录与中、西史结合

在《万日略经说》开篇，艾儒略不但解释了《圣经》旧约和新约的关系，而且概述了福音书的来由和主旨：

> 造物主圣教，有《古经》，有《新经》。《古经》乃天主未降生，启示先圣，令传溥世。即以将降生事旨豫详其中。《新经》乃天主降生后，宗徒与并时圣人纪录者。中云《万日略经》译言好报福音，即四圣纪吾主耶稣降生，在世三十三年，救世赎人，以至升天行事垂训之寔。诚开天路之宝信经也。[②]

艾儒略刻意强调这些“开天路之宝信经”，目的是要在中国语境下彰显天

① 《口铎日抄》卷2，5a，见《耶稣会罗马档案馆明清天主教文献》，第7册，第107页。

② 《言行纪略》序言《万日略经说》，见《耶稣会罗马档案馆明清天主教文献》，第4册，第23页。

主教的经典传统，以与中国文化的经典传统（尤其是儒家经典）相匹配。这种调适立场是当时在华耶稣会士的共识，艾儒略当然也不例外。① 例如，他在《口铎日抄》中就创造性地提出“天主五经”的说法，包括《信经》《十戒》《哀矜行诠》《七克》以及《撒格勒孟多》(*Sacramento*)，用以比附儒家传统中的五经。②

在《言行纪略》中，只出现过一次“圣经”的名词，而且并不是用来称呼后世所讲的全本《圣经》。③ 与艾儒略同时入华并曾在福建传教的阳玛诺（Manuel Dias, Jr., 1368—1644），在其《圣经直解》中对“圣经”一词作出了看似自相矛盾的解释。他先说“圣经原文谓之阨万日略”，但随后又将两者区分开来，说：“圣经，公名也。或天主亲口所谕，或天神代主所传，或先知圣人得天主默照所示，俱称圣经。惟吾主在世，躬诲圣言，躬行圣事，而命圣史纪载，以诏后世者，乃称阨万日略，而为圣经之一分。” ④ 可见他所谓的“圣经”有广义和狭义之分，前者是泛指与天主教教义和礼仪相关的著作，后者专指“阨万日略”，即四福音书。由于当时没有《圣经》中文全译本，“圣经”一词尚未与《圣经》形成固定的对应关系，因而常常指宽泛意义上的各类天主教经典。不过，艾儒略在这里作出《古经》《新经》和《万日略经》的分类，从范畴角度看比较明确，能与晚清逐渐规范化的基督教经典汉译中所使用的“旧约”、“新约”及“福音书”等名词一一对应。

《言行纪略》序言中另外一点值得注意的地方，是四福音书作者的身份和称号。艾儒略通篇使用“四圣”的称呼，不过在正文“耶稣历代之

① Standaert, “The Bible in Early Seventeenth-Century China”，第 46 页。

② 《口铎日抄》卷 6，27a—27b，见《耶稣会罗马档案馆明清天主教文献》，第 7 册，第 439—440 页。

③ 《言行纪略》，见《耶稣会罗马档案馆明清天主教文献》，第 4 册，第 180 页。

④ 阳玛诺：《圣经直解》，见《天主教东传文献三编》，台北学生书局 1998 年版，第 4 册，第 1558—1567 页。

祖”一条的按语中，他提到了“圣史玛窦”。[1]在《出像经解》的首幅图“天主降生圣像”中，艾儒略清楚地标识出“圣史”的名号。显然，他有意无意地将四者同时视为宗教意义上的圣人和世俗意义上的史家。一方面，“四圣”的记录体现了不同的“意旨”和“专属”：玛窦重在前代圣人预言耶稣为救世之主；玛尔谔重在耶稣所行神迹大能；路加重在耶稣医疗人心之疾病；若望重在耶稣人性与天主性的结合。[2]另一方面，他们的记录又遵循史家所重视的纪实、载道原则。艾儒略针对此原则所讲的一番话可圈可点：

然四圣所纪，更令古今一切人尊信者，言言质实，略无粉饰。其所本无，固毫不夸诩以炫俗。即其中有超绝事理，非人情所能遽信者，亦尽明书，不敢委脱以阿众。又或有不尊圣教，与夫门徒过差，似令人闻而摇其信者，亦据事直书，不敢隐讳，以避耳目。其所以然者，盖种种所纪，其中妙义，虽非一时俗眼所能尽明。然细绎其旨，皆砭世之金针，训人之大道也。[3]

此处评价福音书的记录“言言质实”、“尽明书”以及“据事直书”，可以说既合乎揭示真理的宗教目的，又合乎中国史家在修史过程中的核心理念和实践。汉代班固在谈到司马迁及《史记》的纪实风格时说：“迁有良史之才，服其善序事理，辨而不华，质而不俚，其文直，其事核，不虚美，故谓之实录。”（《汉书·司马迁传赞》）比照艾儒略和班固的评语，两者在

① 《言行纪略》，见《耶稣会罗马档案馆明清天主教文献》，第4册，第47页。
② 《言行纪略》序言《万日略经说》，见《耶稣会罗马档案馆明清天主教文献》，第4册，第27—28页。
③ 《言行纪略》序言《万日略经说》，见《耶稣会罗马档案馆明清天主教文献》，第4册，第25页。

表达上非常相近。而艾儒略进一步指出，“四圣”所记载的都是“砭世之金针，训人之大道”，这无疑又包含着中国史家所提倡的人文价值取向。只不过中国史家所关注的治乱兴衰之道，在这里被替换成了天主降世的神迹圣训。

除了强调四福音书作者的“圣史”身份外，艾儒略还将中史和西史两种纪年体系相互对应，以证实天主降世的时间。《言行纪略》的凡例有言：

> 天主降生之时，按中国长历，在汉哀帝元寿二年，岁次庚申。即平帝拟元始元年冬也。盖考之《汉史》，哀帝元寿二年六月崩，平帝以九月即位。而吾主耶稣降诞，实在是年长至后四日也。①

此处年份对应的用意，显然是借助中国史书的纪年，以佐证耶稣降诞的年份和日期。在《言行纪略》文末，刊行者也是并用中西纪年标明出版时间，即“天主降生救世后一千六百三十五年，崇祯八祀岁次乙亥孟秋晋江景教堂敬梓”。这样的混合纪年法在明清时期天主教著作中屡见不鲜，是一个不成文的惯例。可以说传教士和中国信徒在日常生活、个人灵修和礼仪崇拜方面，置身于数种时间体系之中：西式公元纪年、教会礼拜节期、中式帝王年号和民间历日。对这些记时方法的交错使用，也成了表达他们中西混合宗教、文化身份的一个重要方面。②

《言行纪略》在内容上“以史证经”的特色，更多表现在艾儒略合参中西史料上面。中国方面最值得留意的，是他利用西安新近出土的大秦景

① 《言行纪略》“凡例”，见《耶稣会罗马档案馆明清天主教文献》，第 4 册，第 37 页。

② Menegon, Eugenio, “The ‘Teachings of the Lord of Heaven’ in Fujian: Between Two Worlds and Two Times,” in *Time, Temporality, and Imperial Transition: East Asia from Ming to Qing*, ed., Lynn A. Struve (Honolulu: Association for Asian Studies and University of Hawaii Press, 2005), pp.181—243.

教碑的记载，作为天主教福音东传的一条重要史料证据。① 在凡例中，艾儒略三次提到碑文的内容，其侧重点各不相同：

若在极西诸国称为DEVS。音陡斯，译言天地真主在大秦国，考之唐景教碑，称为阿罗诃。碑序云：“粤若。常然真寂。先先而无元。窅然灵虚。后后而妙有。总玄枢而造化。妙众圣以元尊者。其唯我三一妙身。无元真主阿罗诃欤？”揔之宇宙，其惟一主。而各国奉之，自有本称也。……

天主降生之国，总名大秦，本名如德亚。与中华相连一大州，距长安而西，陆程约四万里。……大唐贞观九年，有大秦传道者，携天主经像来献。太宗见其教旨，洞彻天人，究极生死，原原立要，大益治修。于贞观十有二年，颁行天下。详见景教碑颂。

天主降生名号，……一曰弥施诃。按唐景教碑论天主降生曰：“景尊弥施诃。”戢隐真威。同人出代。神天宣庆。室女诞圣于大秦。②

三处引文，两处牵涉到天主的名号，一处是为彰显统治者对景教的支持。艾儒略在此刻意征引，不但达到了史料考证的目的，而且还试图将传教事业与皇权在历史记忆中重新连接。据《口铎日抄》的记载，三年前他就曾以景教碑的资料响应教徒对天主创世之后人类繁衍流布的疑惑。③ 而福建信徒中的翘楚张赓，在1638年也记录了近期在桃源和泉州相继发现的景教碑刻，被信徒移至当地的景教堂中瞻仰。④ 这对艾儒略来讲，自然是基

① 陕西出土的景教碑在明末传教士和信徒中间引起了广泛关注，而其碑文则先后收录于李之藻的《天学初涵》(1626年)以及阳玛诺的《景教碑颂正诠》(1644年)中。

② 《言行纪略》“凡例”，见《耶稣会罗马档案馆明清天主教文献》，第4册，第31—32、34—36页。

③ 《口铎日抄》，见《耶稣会罗马档案馆明清天主教文献》，第7册，第194—196页。

④ 《景教流行中国碑颂正诠》附图，1644年原版见《法国国家图书馆明清天主教文献》，台北利氏学社2009年版，第23册，第17—20页；1878年重刊本见《天主教东传文献续编》，台北学生书局1966/2000年版，第二册，第751—754页。

督教信仰在中国久已流传的最有力证据。

在西史方面，艾儒略引用的材料较中史为多。他将“西史”定义为福音书所未记载的“国史”，而后者对于前者主要体现“续补”的功用。[①]究其来源，“西史”似大多取自《耶稣基督生平》一类著作中所收录的有关耶稣生平的传说和记录。[②]例如，“耶稣避居阨日多国”一条，在描述耶稣一家因希律王的追捕而避居埃及的情节时，艾儒略在福音书原文后加入了几条“西史”数据：厄末玻里府（Heliopolis）树魔下拜、葩彼落（Babylon）水泉医病和阨日多（Egypt）魔像自坠于地。[③]又如在描述耶稣到约旦河接受约翰施浸时，艾儒略也引用“西史”加以解释，说约旦河因此而具有疗治百病的功效。[④]不难发现，这些所谓的“西史”，实际上是一系列在中世纪就开始流行的灵异传说，依附于福音书所记载的耶稣生平事迹，以佐证其为神圣全能、降世为人的天主。

《言行纪略》将四福音书合参，成为一个完整的叙事文本，有利于艾儒略在连贯的情节中自由加入各种灵异传说和圣物遗迹。其中有一段很特别的记述，是贤王亚加罢录（Abagarus）与耶稣的通信。亚加罢录致信耶稣，恳请他到已得撒（Edessa）为自己治病，但耶稣回信说只愿让一名弟子前去。无奈之下，亚加罢录派一名画工去绘制耶稣的圣像，画工因耶稣面上的神光而不能注视，结果耶稣自己取一个帕子蒙住面孔，将面容留在帕上，送给亚加罢录。这一段情节就是中世纪非常流行的耶稣圣容传说之一。[⑤]艾儒略在此不失时机加上了自己的亲身经历以资信实：“帕至今存在

① 《言行纪略》，见《耶稣会罗马档案馆明清天主教文献》，第4册，第40页。

② Standaert, “The Bible in Early Seventeenth-Century China”, p.42.

③ 《言行纪略》，见《耶稣会罗马档案馆明清天主教文献》，第4册，第65—67页。其原文出于《玛窦福音》二章13—23节。

④ 《言行纪略》，见《耶稣会罗马档案馆明清天主教文献》，第4册，第71页。

⑤ 这一传说在教会史上的传播起始于Eusebius of Caesarea (ca. 263—339) 的*Historia Ecclesiae*，到中世纪以后依然流行。在1522年拉丁版《耶稣基督生平》中（转下页）

极西罗玛都城，须眉毕具，恍如生也。儒略幸躬睹焉。”①与此齐名的圣容故事，是在耶稣背负十字架往骷髅地的途中，由“圣妇勿乐尼加”(Saint Veronica)递给他白帕以拭去脸上血汗而留下的。对此圣物，艾儒略给出的注释是：“今存罗玛圣伯铎罗大殿中，每年一次，请出示众。”②除了圣容之外，还有很多其他圣物，如在耶稣被钉的十字架的木板，被兵士强抢的长衣，以及兵士蘸醋给耶稣喝的竹竿，等等。甚至耶稣在“阿理袜”山(Mount of Olives)升天所踏的石头，都有“医疗百病”的神力，而上面留下的足迹，也浑全无损如初，成为信徒朝拜的圣迹。③这些灵异传说被艾儒略冠以“西史”之名，虽然都是“超绝事理，非人情所能遽信者”，但他像“四圣”一样本着纪实原则“尽明书，不敢委脱以阿众”。可以说，借助“以史证经”的方式，艾儒略将天主教圣物、圣像崇拜的传统策略性地展示在明代中国人面前。

四、中国史传写法的化用

《言行纪略》主要依据福音书的记载，但是因引入大量“史”的元素，其原本“经”的性质有所改变。艾儒略在内容上兼用中西史料，在写法和风格上则有意无意地向中国史传传统靠拢，结果产生了独具特色的第一部

(接上页)(Prima pars, capitu xxx, fo. lxxv)，提到了 Abagarus 的名字。但据潘凤娟的比照表，该传说并未见于其所据的《耶稣基督生平》法译简本，见潘凤娟：《述而不译？艾儒略〈天主降生言行纪略〉的跨语言叙事初探》，第 151 页。

① 《言行纪略》，见《耶稣会罗马档案馆明清天主教文献》，第 4 册，第 209—211 页。

② 《言行纪略》，见《耶稣会罗马档案馆明清天主教文献》，第 4 册，第 304 页。

③ 以上圣物、圣迹之例，分见《言行纪略》各条，见《耶稣会罗马档案馆明清天主教文献》，第 4 册，第 305、306、309 及 330 页。

中文耶稣传。

首先，在体例上，艾儒略常常在正文中或某个片段的结尾，加入中国史书中惯用的按语或论赞。这种兼具注释、评价和抒情功用的体例，因其预留了空间让作者充分表达个人的思想情感和价值评判，所以从司马迁开始就成为中国史传写作的一个重要模式。艾儒略将其转用在对福音书的传译上面，无疑是“以史证经”方法的创造性发挥。他不但引史入经，而且更进一步加入个人的评论，以帮助信徒理解耶稣生平中较为特别的片段的主旨，或进而对信徒的信仰和灵修提出说教性的劝勉。例如，在介绍耶稣降生于马槽一节之后，艾儒略加按语说：

按吾主降世，不择帝王之室、安华之地、温暖之时，而选茅屋、兽槽、冬寒，似非其宜。不知吾主降生，原非为享世福，实为受苦救人也。顾人世万尤之根，一在好财，一在好胜，一在好乐。因此三根太甚，狥欲背理，殆与不灵之物同类矣。是以吾主以天地之主宰而甘降极贫乏之地，破我贪也；以至尊之位，而欲降极微之处，砭我傲也；以全福之备，而取苦寒之日，又以药我耽逸，而示三罪拔根之表，且悯我人几变而为兽，则以兽类中拯我也。①

天主降生寒微之家，很多中国人（包括信徒在内）都对这个听起来全然不合天主尊贵身份的情节感到不可思议。《口铎日抄》中就记载了一位周姓孝廉，辩称天主降生为人似乎是对其全能创世主身份的亵渎。面对质疑，艾儒略的响应带有明显的逻辑性和策略性。他将天主降世救人比作皇帝御驾亲征平叛，认为两者都是自降身份，其目的也都是推行圣恩（或皇恩）、泽被万民。② 如此模拟，对方自然不好反驳，以免引起藐视皇权的嫌疑。

① 《言行纪略》，见《耶稣会罗马档案馆明清天主教文献》，第 4 册，第 56—57 页。
② 《口铎日抄》，见《耶稣会罗马档案馆明清天主教文献》，第 7 册，第 486 页。

而此处的按语，加入了抽象化的义理诠释，申明信徒应该从天主降生的事例中领悟到拔除好财、好胜和好乐三种罪根的属灵意涵。

另外，艾儒略也常以论赞的方式强调某些情节中所隐藏的特殊意旨。这方面可以用“五饼二鱼饷五千人”为例。在描述了耶稣如何施行此神迹之后，他发出慨叹说：

> 异哉！吾主全能也！圣奥斯定曰：“耶稣所行灵异诸迹，一一足醒人心。令人繇其所见之事，推思其所未见之主也。”盖天主本体，自非人目可见。惟因其控制天地万物之能，恍然见之。如数粒种之微，发生无量数。自非全能之功，曷克至此？……故每日发生五谷百果于田地者，即是日发无量数之粮于门徒手者也。造化之权，在吾主之手。其五饼者，犹种也。非种于地以生，乃造地者自命之倍多发也。美哉圣人之言！吾辈观兹，可不仰天主变化之全能，并感天主日用之需乎？①

此处艾儒略明显借鉴了奥古斯丁（St. Augustine, 354—430）的寓意解经法，不但重复奥古斯丁所提出的“所见之事”、“未见之主”的说法，而且还特别指出“种”是“饼”的寓意体：正如一粒种子由天主之命而生发出五谷百果，区区五张饼也借助天主之大能而倍增，成为供应五千人享用的食物。② 艾儒略将中国史传的论赞传统与天主教神学的经典诠释相结合，可以说是应用其调适策略而做出的独创之举。

中国史传写作的一大特色，是其字里行间所流露出的皇权正统观和人伦道德观，而这两方面都与儒家思想有密不可分的关系。对奉行耶儒合璧策略的艾儒略而言，以“史”（人文价值）证“经”（宗教属性）堪称一个

① 《言行纪略》，见《耶稣会罗马档案馆明清天主教文献》，第 4 册，第 145—146 页。

② 见奥古斯丁为《约翰福音》所写的布道文，英译原文见 Christian Classics Ethereal Library, http://www.ccel.org/ccel/schaff/npnf107.iii.xxv.html。

理想的选择。基于此，我们不难理解为什么他在向信徒讲道时，常常将天上的天主与人间的君王进行模拟。① 在记述耶稣生平的《言行纪略》中，也频频出现类似的比附。例如《万日略经说》提道："天主降诰于人，犹人主出令于民。古圣纪录其命，犹臣工书敕；教宗准定乃行，犹敕命需符玺也。"② 又如在"耶稣历代之祖"一条的尾注中，为了强调耶稣出身帝胄血统，艾儒略甚至不无牵强地用中国古圣尧将两个女儿许配给舜的典故解释圣母与若瑟的同族婚配。③ 此外，中国史家强调以史为鉴，目的是强化君臣父子的主从关系，维持以皇权为中心的等级秩序。这一心理定式被艾儒略投射到以天主为中心的整个宇宙等级秩序当中。他为耶稣在圣殿训诫众人一节作出的按语，充分显露出这样的意图：

按《圣经》，世人常生真福。一在识天地真主，钦崇无怠。一在知降生救赎之恩，深心感法。二者缺一则不得享真福，而必罹永殃。譬之臣子，不识敬其君父，则恩宠无繇而受，反必将蒙不忠之罚。故君责臣以忠，原非为己之荣，欲使臣子尽其分，受其福，理不容不然也。吾主耶稣，万民之大君父也，自证其为真主，无非欲以增人之福，而免众人之罪耳。呜呼，彼学士之傲且妒，不能识真主而恪奉之，其罪宁止不忠孝也哉！④

降世救赎的耶稣，被称为"万民之大君父"。这一比喻很巧妙地将中国史家所推崇的皇权正统观纳入天主教的神权体系之中。我们因此也不难理解为什么在艾儒略对耶稣的描述中，屡屡见到诸如"谕"、"诏"、"宠"等原

① 参见笔者在"Learning from the Other"中第 4 章第 1 节的分析。
② 《言行纪略》，见《耶稣会罗马档案馆明清天主教文献》，第 4 册，第 24 页。
③ 据司马迁的《史记·五帝本纪》，尧是黄帝的四世孙，舜是黄帝的八世孙。两者都是黄帝后裔，但分属不同支系。正如圣母与若瑟都是戴维后裔，也分属不同支系一样。
④ 《言行纪略》，见《耶稣会罗马档案馆明清天主教文献》，第 4 册，第 180 页。

本用于世俗君王身上的专用术语。

在人伦道德观方面，艾氏也试图做到天主教义与中国传统文化合拍，减少两者差异或冲突的地方。例如耶稣在讲道时，有人告诉他说他的父母兄弟在外面，要与他说话。耶稣反问说："谁是我的母亲？谁是我的兄弟？"又指着自己的门徒说："看！我的母亲，我的兄弟！不拘谁遵行我在天之父的意旨，他就是我的兄弟，姊妹和母亲。"[①] 对这种看似淡漠亲情的言辞，艾儒略特意加上了注释说明："耶稣此言，盖示以道德为神亲者，视以血肉为亲，更获主宠也。"[②] 很明显，他试图赋予道德以超出肉身血缘关系的属灵意义，从而弱化正文所示"神亲"与中国人所看重的世俗亲情之间的对立。又如，艾儒略在引述耶稣对门徒的一段教训时，也略去了其中容易使中国人误解的话，即《玛窦福音》10 章 34 节："你们不要以为我来，是为把平安带到地上；我来不是为带平安，而是带刀剑，因为我来，是为叫人脱离自己的父亲，女儿脱离自己的母亲，儿媳脱离自己的婆母；所以，人的仇敌，就是自己的家人。谁爱父亲或母亲超过我，不配是我的；谁爱儿子或女儿超过我，不配是我的。谁不背起自己的十字架跟随我，不配是我的。"[③] 这样的言辞虽然背后隐藏着信仰方面的正确性，但字面上却与敦促人伦和睦的中国传统背道而驰。如引译原文，不但可能会在信徒中间造成困惑，而且也为一直寻找机会攻击天主教的敌对者留下口实。

艾儒略的谨慎小心，甚至反映在细微的文字表达上面。如《约翰福音》记载变水为酒的神迹，其中耶稣对自己母亲的直白称呼，在《言行纪略》里的"婚筵示异"一条缺省，被改为"若是，尔我何与？"[④] 艾儒略没有保留拉丁文原词 mulier 的对译（即妇人），可能是因为这个词在称呼关系亲近

① 《玛窦福音》（思高本）12：46—50。
② 《言行纪略》，见《耶稣会罗马档案馆明清天主教文献》，第 4 册，第 132 页。
③ 《玛窦福音》（思高本）10：34—38。
④ 《言行纪略》，见《耶稣会罗马档案馆明清天主教文献》，第 4 册，第 77 页。

的女性（妻子、恋人、亲属等）时，常带有贬义色彩。[1] 如直译该词，在中文语境中同样会造成疏离效果，难免令人望文生义，产生耶稣不敬母的印象。相反，福音书中有关耶稣孝敬母亲的情节，艾儒略则刻意强调，甚至为迎合中国人预期而延伸解释经文原意。如《言行纪略》中的“十字架上七言”条，描述耶稣在十字架上将母亲玛利亚托付给宗徒若望一节：

> 时圣母携诸圣女与若望宗徒立架下。耶稣目若望语圣母曰“妇也，尔子在彼”。盖指若望能代为子也。然不称之母，不欲触其痛。称之以妇，明万民可共母也。复语若望曰“汝母在彼”。自是若望事圣母如母焉。[2]

在注解中，艾儒略对“妇”（拉丁原文仍为 mulier）这一称谓的直译，提出了他深思熟虑的两个理由。首先，之所以不称玛利亚为母，是“不欲触其痛”，在艾儒略眼里这是孝道的一种特殊表现。其次，“妇”的称谓被艾儒略给予中性化的解释，正因为玛利亚是“万民可共母”的妇人，方能凸显其圣母的崇高地位。寥寥数语，已经展示出艾儒略是如何将宗教神圣性与人伦孝亲价值迭加在一起，从而强化了经、史之间的契合。

五、《天主耶稣圣迹》：从史传到传奇

在《言行纪略》的改编本和重刊本中，《天主耶稣圣迹》值得特别关注。它实际上是《言行纪略》的简编本。原作共八卷，记录耶稣生平事迹

① Dickey, Eleanor. *Latin Forms of Address: From Plautus to Apuleius*. Oxford: Oxford University Press, 2002, pp.199—200.

② 《言行纪略》，见《耶稣会罗马档案馆明清天主教文献》，第 4 册，第 308 页。

165 条；而《圣迹》遴选、精简至 70 条，而且不分卷数。

编者在“小引”中引用了唐代景教碑末尾的颂文，其中有避康熙名讳及改动原文的情况。两处引文分别是“真主无元，湛寂常然。权舆匠化，起地立天。分身出代，救度无边。日升暗灭，咸证真元”和“道惟广兮应惟密，强名言兮演三一。旨诚奥兮迹可述，载书言兮颂元吉”。比照景教碑原文，“真元”原作“真玄”，“旨诚奥兮迹可述，载书言兮颂元吉”原本是“主能作兮臣能述。建丰碑兮颂元吉”。① 前者应为避康熙玄烨的名讳，而后者似因其主臣关系的说法过于切近世俗皇权观念，为消除疑虑而更换为中性的表达。据此笔者推断，《圣迹》的付印很可能在康熙年间。

在“小引”中，编者首先表明本书源自艾儒略的《言行纪略》，其后强调了本书作为一部选编本的特色：

> 泰西有四圣纪录真经及圣史等书，备载降生始末。艾先生东来，翻译《言行纪略》。书成八卷，经史并存，词理浩繁，而钦崇者皆欲得圣迹而称扬之。其书之全，或有因力难获。即有之，亦难骤觅其事。故于奉诵之余，一一简出，为人传奇。录兹一帙，切欲繇此易知之迹。②

这段话有几处耐人寻味的要点。首先，虽然在前面所引《言行纪略》序言中，艾儒略谦称“未敢云译经”，但在编者即小引作者的眼中，《言行纪略》就是一部译作。对艾儒略的其他著述，即便有些本于西方原作，但都没有人明确以“翻译”一词名之。其次，此处对艾氏原作有所谓“经史并存，词理浩繁”的评语，恰恰反映出《言行纪略》的内容体现出鲜明的“以史证经”的倾向。第三，《圣迹》标新立异之处，也是编辑本书的目

① 《天主耶稣圣迹》“小引”，页 1b。景教碑原文，参见拓本《唐大秦景教流行中国碑》，陕西人民出版社 2006 年版，第 43、49 页。
② 《天主耶稣圣迹》“小引”，页 1a。

的，在于选取那些与耶稣施行、显示神迹有关的章节以“为人传奇”，使崇信者得以“称扬之”。换句话说，福音书的耶稣事迹经过艾儒略合参转译之后，又被中国信徒从一个特定的角度重新进行解读和编辑。

除了为数不多的几处章节外，《圣迹》删去了原作频繁出现的注解和按语。① 而原作中地名加框线、人名加右划线的做法，《圣迹》也没有沿用。不过，《圣迹》所择取各章的标题，基本上与《言行纪略》保持一致。标题下的正文则按照是否记录有神迹的标准进行筛选、剪裁和拼贴。所有这些，都透露出《圣迹》作为一部选编本的特质。

《圣迹》以删剪《言行纪略》原文为主，仅有一处作了“增补”，即“论祷主”条中的主祷文。实际上在四福音书中，共有两处主祷文。字句较多且广为人知的一处在《玛窦福音》第六章，而另一处则见于《路加福音》第十一章，相对于前者较为简略。在《言行纪略》中，“山中垂训”条收录了《玛窦福音》的主祷文，而“论祷主”条则收录了《路加福音》的主祷文。有意思的是，第一段文字在《圣迹》里“山中垂训”条被收录，不过“赦”字被改成了“免”字。而第二段文字在《圣迹》里的“论祷主”条，则被“增补”还原成为第一段主祷文：

《言行纪略》 “山中垂训”①	《言行纪略》 “论祷主”②	《圣迹》“山中垂训” 及“论祷主”③
在天我等父者。 我等愿尔名见圣。 尔国临格。 尔旨承行于地， 如于天焉。	大父。 我愿尔名见圣。 尔国临格。	在天我等父者。 我等愿尔名见圣。 尔国临格。 尔旨承行于地， 如于天焉。

① 《圣迹》保留或略加修改的艾儒略原作中的注解和按语，见该书 3b（耶稣诞辰日）、4a（罗玛土神亚玻琭预言）、5a（耶稣之名）、30a（耶稣入都城人呼贺三纳）、33b（耶稣圣容存罗玛）、35b（耶稣圣容存都令府）及 39b（耶稣升天所踏石）。
① 《言行纪略》，见《耶稣会罗马档案馆明清天主教文献》，第 4 册，第 115 页。
② 《言行纪略》，见《耶稣会罗马档案馆明清天主教文献》，第 4 册，第 195 页。
③ 《天主耶稣圣迹》，页 24b。

（续表）

《言行纪略》“山中垂训”	《言行纪略》“论祷主”	《圣迹》“山中垂训”及“论祷主”
我等望尔今日与我。 我日用粮。 而赦我债， 如我亦赦负我债者。 又不我许蹈于诱惑。 乃救我于凶恶。 亚孟。	愿今日与我。 我日用粮。 而赦我罪， 如我亦赦凡负我者。 又不我许蹈于诱惑也。	我等望尔今日与我。 我日用粮。 而免我债， 如我亦免负我债者。 又不我许蹈于诱惑。 乃救我于凶恶。 亚孟。

编者在这里的改动，无意间折射出主祷文汉译的微妙演进过程。在明清之际天主教文献中，主祷文通常被称为《天主经》，频繁出现于基本教理和祈祷文的汇编著作。晚明耶稣会士所翻译的主祷文似尚未呈现标准化的特征。如利玛窦参与编写的《圣经约录》（约 1610 年），其中有“愿尔名成圣”的字样。[①] 而高一志的《教要解略》（1615 年），对同一句的翻译是“愿尔名丕显”。[②] 上引艾儒略《言行纪略》的翻译，则是“愿尔名见圣”。此外，艾儒略重复使用两个“赦”字，而《圣经约录》及《教要解略》作“免我债，如我亦赦负我债者”。这几个版本虽然差异不大，但进一步的标准化似乎是一个必要的选择。成书于清初的天主教文献，如《天主教要》和《圣教日课》等，其主祷文的字句完全相合，一字不差，多少透露出这种标准化汉译的趋势。[③] 由此，不知主祷文在福音书中有繁简之分的《圣迹》编者，有可能是依据当时标准化了的主祷文，对《言行纪略》“论祷主”条看似缺文的主祷文进行了“增补”。

《圣迹》最独特之处，正如标题所指，重在记录耶稣生平所行的神迹，

① 《圣经约录》，见《耶稣会罗马档案馆明清天主教文献》，第 1 册，第 89 页。
② 《教要解略》，见《耶稣会罗马档案馆明清天主教文献》，第 1 册，第 126 页。
③ 笔者所见《天主教要》有耶稣会罗马档案馆及巴黎国家图书馆两种藏本，其《天主经》文字完全一致。而所见的耶稣会罗马档案馆藏本《圣教日课》，其《天主经》文字亦相同。

以及他被钉十字架之后所显示的复活、升天等奇迹。从此意义上讲，不难理解为什么编者对有些章节，如“驱魔入豕”、“耶稣步海”、“瞻礼日救蛊者”和“叶礼阁开蒙”等，从标题到正文只字不改地全篇收录这些合乎标准的“圣迹”。然而对其他与神迹关系不大的条目及正文，编者则大加削减。尤其是《言行纪略》中记录耶稣训谕门徒和信众的段落，在《圣迹》中基本上没有被收录。下面从《言行纪略》原作中选出一条完整记录，对应《圣迹》的相应条目，以资例证：

葛发翁又圣迹　第二

耶稣山中讲道毕，旋往葛发翁城。途一癞者。国俗，凡染癞者，不许入城，恐其恶疾过人。故在道旁求恩。身无完肤。哀诉耶稣前曰：“吾主倘肯，则能洁我矣。”耶稣首肯曰：“允哉！洁矣！”乃舒手抚之，癞者即愈。复命之曰：“尔勿语人，惟诣主教铎德之前，遵行梅瑟之礼。”梅瑟礼，凡癞者特蒙主佑，必先诣铎德前，听其详察果瘳，乃诣圣殿献礼谢恩，始许入城，与众人交接。病者感恩，不能缄口，到处宣扬。

又城中一外方武官，为其爱仆病危，先因如德亚耆老以请。耆老为之恳求，且述其慈爱人民，亦曾创造一圣堂之功。次托亲友远迓。继乃躬迎道左。耶稣许往救。武官曰：“吾主，曷敢辱临敝庐？愿锡一言，吾仆愈矣！予卑微武夫，所领兵士，去来是听，况耶稣命乎？”耶稣乃顾从者称之曰：“我于如德亚，未尝逢如此信德者。吁！将来异地之人，必有得与古圣同享天国者。而独本国之子，将被驱于幽暗，受无穷殃也。”复顾武官曰：“尔归。因尔信，允尔求矣。”武官抵家，仆已愈。计其时，正耶稣所许之时也。①

① 《天主耶稣圣迹》，页 15b—16a。

从《言行纪略》到《圣迹》，可以说在叙事模式上出现了一个从史传到传奇的突变。艾儒略援引“西史”佐证经典，并兼用史传笔法改写福音书，都出自他的以史证经、经史结合的原则。而《圣迹》编者不但有意抛开了“史”的因素，而且还将经《言行纪略》所传译的耶稣事迹转化成带有“传奇”色彩的一个文本，结果导致了“经”的因素进一步弱化。

对艾儒略原作和《圣迹》的比较阅读，显示出明清之际早期天主教经典汉译活动的双向性。耶稣会士根据传教策略的需要，有选择地重组四福音书的内容，并作出不同于罗马天主教神学及教会史传统的中国化诠释。相对而言，中国信徒也没有一味被动地接受、复制传教士所传译的经文和教义。他们就像《圣迹》的编者一样，不时以某种新的角度对经典文本进行“改写”和再次诠释。

六、《耶稣言行纪略》：变雅言为俗言

除《圣迹》外，《言行纪略》在清代还有一部别具特色的改编本，名为《耶稣言行纪略》(以下简称“《纪略》”)。[1] 该本未标明编者及年代，不过其成书似应在清中叶以后。从避讳角度看，文中直书“弘”、“历”二

① 该刻本标题页有一印戳，读为“BIBL FONSEC. ARACAELIT”，应指罗马天坛圣母堂（Basilica di Santa Maria in Aracoeli）图书馆藏书，1733年由小兄弟会会长兼教皇驻葡萄牙特使 Giuseppe Maria Fonseca de Evora 所创建，其藏书于1883年并入罗马国家图书馆。笔者感谢罗马国家图书馆东方特藏部 Valentina Longo 女士提供了此条信息。

字，不避乾隆弘历的名讳，因此不太可能在此间刊刻。① 然而，原文中的“寧”字都被改写作“寕”。② 考虑到道光帝旻宁即位之初曾下诏制定类似的避讳规则（即“宁”字里面的“心”改为一横一撇），该刻本可能刊于道光年间（1821—1850）。③

《纪略》没有原作正文前的序言《万日略经说》，而取而代之的《弁言》，内容仅为原作“凡例”中若干段落的节选。其正文部分，则大体保留了原作的条目及内容，从篇幅上看并没有像上述《圣迹》那样精简过半。如计算条目总数，《言行纪略》共165条，而《纪略》共160条。后者所缺五条，包括全部删除原作原文的“耶稣历代之祖”、“贤王请耶稣”和“升天圣所”三条，及因装订失误而遗漏的“立十二宗徒”、“山中圣训”两条。④ 进一步比较，会发现原作中大部分注解、绝大部分“西史”数据，以及全部的按语论赞，在《纪略》中都不复存在。⑤ 如果说艾儒略的《言行纪略》体现了经史相参、随处落注的学究式写作风格，这种风格

① “弘”字见于《纪略》页3a,“历”字见于正文前“弁言”。关于乾隆帝避讳的诏令，参见李清志著:《古书版本鉴定研究》，台北文史哲出版社1986年版，第214—217页。

② “寧”和“寕”都是“宁”的异体字。前一个写法见于《言行纪略》(《耶稣会罗马档案馆明清天主教文献》，第4册，第111、116、192、198、220、239、299、302页；相应的后者写法，见《纪略》页26b、28b、60b、62b、72b、78a、104b、106a。关于“宁”的异体字写法，参见《异体字字典》网络版：http://dict.variants.moe.edu.tw/yitia/fra/fra01043.htm。

③ 关于道光帝避讳的诏令，参见李清志著:《古书版本鉴定研究》，第218—219页。不过，“寕”字写法从东汉时期开始就有先例，所以笔者尚不能完全判定此处改动是否专为避道光帝的名讳。

④ 上所谓遗漏的两条只是指条目标题的缺失。实际上从内容上看，遗漏的是“瞻礼日疗疾者”条的后半，“立十二宗徒”全条，以及“山中圣训”条的前半。笔者此处以罗马国家图书馆所藏刻本为依据，目前尚不清楚其他藏本是否也有此遗漏。

⑤ 据笔者统计，《纪略》仅保留原作三十余处注解，而其中只有一处是编者后加的（“天神谕散众圣”尾注言圣玛弟亚补十二宗徒中茹达斯所缺之位，见页117b）。“西史”则仅有两处标明（页107b、110a），而《言行纪略》原作十余处或长或短的按语、论赞，在改编本中无一保留。

在《纪略》中已无迹可寻。

《纪略》在结构上也与原作有所不同，将八卷调整为四卷，并按耶稣生平的时间顺序分别加上标题：第一卷“孩童”从“天主许生若翰”到“耶稣十二岁讲道”；第二卷“传教”内容较多，从“耶稣受洗”到“审判重哀矜”；第三卷“苦难”从“受难前夜行古礼”到“兵护耶稣之墓”；第四卷“复活”则从“耶稣复活”到末条“宗徒敷教万方”。这样的改动，不知是否为编者自发之举，还是另有所本。但其目的不外乎强调本书的传记性质，方便读者了解全书的结构和各部分间的前后联系。对信徒而言，如此四分也可以起到辅助记忆经文和默想灵修的效果。

《纪略》与原作之间最值得留意的区别，是文字上的修改和表达上的变雅为俗。比较而言，前述《圣迹》虽篇幅减半，但对收录的原作文字很少作出改动。《纪略》却恰恰相反，存在多不胜数的文字更改之处，包括标题、人名和地名、专有名称，甚至原作中出现的某些错误也被订正。一方面，这些修改以字词为主，仅在少数个别条目中出现整句或整段的改动。[1] 另一方面，修改后的文本从整体上改变了原作的典雅之风，转而显露出通俗化的取向。

就标题而言，《言行纪略》有超过半数条目的标题在《纪略》中被改动，且常倾向于简化或贴近日常俗语。例如，“天神降谕灵迹叠现”被改为“天神降报牧童”；“遵古礼定圣名”被改为“耶稣受割损礼”；“耶稣四十日大斋驱魔诱试”被改为“耶稣到旷野守斋”；“葛发翁又救淋者死者瞽者瘖者”被改为“耶稣又行多圣迹”；“瞻礼日伸偻者”被改为“正疙妇”；“伯大尼亚起死者于墓”被改为“复活辣杂球”；等等。

就人名和地名而言，《纪略》保留了原作中的一些译名，例如耶稣、玛

① 《纪略》中句子和段落被改动的条目，包括“胎瞽得明证主”、“论爱人”、“以宴喻天国”、“轻财忠事主”和“预言宗徒惊疑”。改动后的文字基本上更贴近《圣经》原文经节。

利亚、若翰、辣杂琭、达未、娑殚、阨日多、加理勒亚、纳婴，等等。但是，有数量更多的人、地译名，部分地甚至完全不同于原作。举例如下：

人名：

《天主降生言行纪略》	《耶稣言行纪略》	武加大版《圣经》拉丁文
契利斯督	基思督	Christi
嘉必尔	嘉庇额尔	Gabrihel
黑罗得	黑落忒	Herodis
发利塞俄	法利叟	Pharisaeus
补伯利葛诺	布彼加诺	Publicanus（路加福音 18 章之税吏）
玛尔诃	玛尔谷	Markus
伯铎罗	伯多禄	Petrus
茹答斯	如达斯	Judas
亚罢郎	亚巴郎	Abraham
梅瑟	每瑟	Moses
厄娃	厄袜	Hava

地名：

《天主降生言行纪略》	《耶稣言行纪略》	武加大版《圣经》拉丁文
如德亚	如达	Iudaea
协露撒棱	柔撒冷	Hierusalem
纳杂勒	纳匝肋	Nazareth
白棱	白零	Bethleem
葛发翁	加法翁	Capharnaum
叶利阁	日里阁	Hiericho
阿利物多山	阿里瓦山	Oliveti
厄貌斯	厄玛乌	Emmaus

就专有名称而言，《纪略》将艾儒略原作很多音译词转为意译词。如“天主费略”（Filio）被改为“天主子”；“罢德肋”（Pater）被改为“天主圣父”；“谙若”（angelus）被改为“天使”；“弥施亚”（Messias）被改为“救世主”；“玻罗弗大圣”（*propheta*）被改为“先知”；“勒未达”（*levita*）被改为“副祭”，等等。有趣的是，其中有两个植物学和药物学的

专有名词，一为“肥果”(*ficus*)，一为“弥辣”(拉丁文 *murram*，意大利语 *mirra*)。[①] 艾儒略在译述《言行纪略》时，并未意识到(或不确定)两者在中国有相应的译名，即“无花果”和“没药”，所以采取了音译的办法。[②]《纪略》则予以纠正，使用已有的中文译名。[③] 另外，少数名称的改动有些令人费解，例如“撒格辣孟多”(sacramento)被改译为日文名词“秘迹”、“哑已辣”(*aquila*，拉丁文的意思是鹰)被改译为中文名词“凤凰”。总体看来，这些名称以及上述人名、地名的改译显示出简化的特征。

除上述方面外，《纪略》在文字上对原作的细微改动比比皆是，而且大致上可以用变雅为俗来概括。这种表达风格上的改观，不像是由于不同版本间的辗转传抄而导致，而更像是有意而为之的结果。下表从原作和改编本摘取一小部分例子，以资比较：

《天主降生言行纪略》(200)	《耶稣言行纪略》
钦崇一天地之主而专祇之。(p.72)	钦崇一天地之主而专奉之。(10a)
日中身惫，憩于井旁。(p.82)	日中身倦，歇于井旁。(14b)
一瘫者以床舁来。(p.94)	一瘫者以床抬来。(19b)
我今命尔携衾具归。(p.98)	我今命尔携榻而归。(21b)
有人称贷尔物。(p.113)	有人求借尔物。(27b)
畴为吾母？(p.132)	谁为我母？(35b)
勿以钱贝寔尔橐。(p.140)	勿以钱贝满尔袋。(39a)
魔所欲……务诳诞。(p.182)	魔所欲……务欺哄人。(56b)

① 《言行纪略》，见《耶稣会罗马档案馆明清天主教文献》，第4册，第62、76、199、254页。

② 两者的早期译名，据笔者检索“中国基本古籍库”，没药在汉代文献中已出现，而无花果则至迟在宋代文献中已出现。实际上，明末耶稣会士对这两个词并没有一致采取音译的办法，如阳玛诺在其《圣经直解》中，就将拉丁文《圣经》中的 *ficus* 译为“无花果”，将 *murram* 译为“没药”。见《圣经直解》，载《天主教东传文献三编》，第4册，第1573页；第5册，第2455页。

③ 《纪略》页6a、11b、63b、85a。

（续表）

《天主降生言行纪略》(200)	《耶稣言行纪略》
尔年未艾……（p.183）	尔年未至五十。(57a)
孰为密尔者？(p.193)	谁人可爱的乎？(60b)
……卵翼之如鸟。(p.202)	……如鸡翼覆子于翅。(64b)
艴然不悦。(p.229)	忽然不悦。(75b)
后为大厦础。(p.259)	后为屋大角石。(87a)
宜出康庄之衢，任觅诸人充之。(p.260)	宜出街道，任觅诸人充之。(87b)
彼时人子，皇赫降来。(p.273)	彼时人子，威严降来。(93a)
耶稣俟其少苏。(p.287)	耶稣俟其少醒起。(100a)
挞其面而调之曰。(p.291)	掌其面而戏之曰。(101b)
降临灵薄地狱超拔古圣。(p.315)	降古圣所。(111a)
答曰：无鬻者。(p.325)	答曰：无鱼卖。(115a)

针对原作中出现的若干不精确乃至错误之处，《纪略》的编者也作出了相应的改动。例如，在原作的“若翰遣使询主”条中，耶稣说：“自古及今，凡生于父母者，未有逾若翰之圣者也。”① 此句中的“父母”在《纪略》中被改为“妇”，符合《圣经》原文用词。② 类似的例子还包括“赦人罪债”和“罪人可矜”等条目。③ 此外，《言行纪略》有两处人名发生混淆，在《纪略》中也得到了订正。一处是“贤女筵主得训”条中的“玛大勒纳”被改为“玛利亚”，另一处是“伯多禄三次不认主”条中的“若望”被改为“一徒”。④ 虽然这部改编本没有标明作者名字，但这几个例子足以表明，该编者应是一位教内人士，对《圣经》原文相当熟悉，否则不太可

① 《言行纪略》，见《耶稣会罗马档案馆明清天主教文献》，第 4 册，第 125 页。

② 《纪略》，页 32b。

③ 在“赦人罪债”条中，《纪略》将原作“直视为教外异端”被改成“直视为教外及税吏者”(页 51b)；在“罪人可矜”条中，《纪略》将原作“人有银钱十”被改成“女人有银钱十”(页 68a)。如果不以《圣经》原文为参照，很难做出这两处特别的改动。

④ 这两处改动，分别见于《言行纪略》，《耶稣会罗马档案馆明清天主教文献》，第 4 册，第 230、292 页；《纪略》，页 61a、102a。

能作出如此精细的修订。

《纪略》并非完美无缺，尤其是在排版方面远逊于原作《言行纪略》。不但有页码漏印和出错的情形，[①] 而且行字时有参差，少则 20 字，多则 24 字。至于版刻文字，其字体忽大忽小，或方或扁，视觉上的差距过于明显。相较原作而言，《纪略》的刻印不像是出自精工之手。然而，这些瑕疵无法否定《纪略》异于前述《圣迹》的独特之处。《圣迹》编者选取了一个特别的角度，重新诠释艾儒略基于福音书所传译的耶稣传，而《纪略》编者则选取了一种特别的方法，将原作文字的整体风格加以改观。

七、1887 年版《言行纪略》：图文一体的耶稣传

《言行纪略》不但在清代出现了传奇和近俗的两个转向，而且在晚清《道原精萃》收录的重刊本中体现了另一个转向，即从史传到图传的转向。该书由江南代牧区主教倪怀纶（Valentin Garnier, S.J. 1825—1898）编辑，于 1887 年由上海慈母堂镌刻出版，收录天主教文献七种。书首有倪主教所写的序，其中提到了艾儒略的三部著作《万物真原》《天主降生引义》《天主降生纪略》。他并未言及艾儒略关于耶稣生平事迹的第三部著作《出像经解》。这个看似故意的“遗漏”，可以在倪序后面由法国耶稣会士方殿华（Louis Gaillard, 1850—1900）所写的“像记”中找到蛛丝马迹。[②]

① 漏印情形，见上注第 74 页。颠倒、错排的情形，见《纪略》，第 71、72 页。

② 方殿华，字赓卿，1885 年来华，赴上海徐家汇传教，同时从事汉学研究。历史、宗教方面的著作有 *Nankin d'alors et d'aujourd'hui: aperçu historique et géographique* 和 *Croix et swastika en Chine* 等，并有两篇研究中国艺术的论文。见张弘星：《中国最早的西洋美术摇篮——上海土山湾孤儿工艺院的艺术事业》，《东南文化》1991 年第 5 期，第 129 页。

明神宗万历二十年，耶稣会司铎拿笪利始聘精画二人，绘耶稣事迹，计一百三十六章。参列圣经，公诸西海。事为教皇格肋孟所知，立降诏书，殊为嘉奖。崇祯八年，艾司铎儒略，传教中邦，撰《主像经解》，仿拿君原本，画五十六像，为时人所推许。无何，不胫而走，架上已空。阅如干岁，艾君撰《天主降生言行纪略》，付梓福州，流传甚广。无如世代迁移，枣梨散毁。自今求之，旧籍寥寥矣。咸丰三年，法司铎某，仿拿君稿，绘像百三十枚，镌于钢，缀图说，惟撰以法文，而裨于华人也鲜。去年江南主教倪大司牧，辑《道原精粹》一书。嘱刘修士必振率慈母堂小生，画像三百章，列于是书。其间百十一章，仿法司铎原著，余皆博采名家，描写成幅。①

此段文字指出《出像经解》被“遗漏”的两个主要原因：第一，该书雕版已遗失不存，难以重刻。第二，《道原精萃》以铅字排版重刊的《言行纪略》，与艾儒略原作最大的不同是图文合编。实际上，在1738年京都宣武门天主堂的重刊本中，《言行纪略》与《出像经解》已经合二为一，不过是按各自的原初版式重印。② 也许有鉴于此先例，到了1887年，在原来图版遗失的情况下，编者决定另选其他可用图像资源，将两者再次合编重刊。如此处理，自然没有再单独列出《出像经解》标题的必要了。

1887年重刊本《言行纪略》的图像所据底本，并非拿笪利（即前文纳达尔）的《图绘福音故事》原书，而可能是法国教士 Pierre Florentin Lambert Brispot 于1853年出版的《我等救主耶稣生平》中所仿制的拿

① 香港大学图书馆藏1887年四卷本《道原精萃》(特247.2.42)，“像记”，页1a—2a。这段引文中出现两个史实性的错误，一是《图绘福音故事》实际有图像153幅，而非136幅；二是《出像经解》成书要晚于而不是早于《言行纪略》。这两个错误表明当时重刊本的编者和绘图者并不熟悉《图绘福音故事》和《出像经解》的成书背景。

② 潘凤娟：《述而不译？艾儒略〈天主降生言行纪略〉的跨语言叙事初探》，第135页。

笪利原作的插画。[①] 据方殿华的介绍，中籍耶稣会修士刘必振（1843—1912）接受倪主教的委托，“率慈母堂小生，画像三百章”，分别列入《道原精萃》各卷书中。[②] 其中有 111 张取自 Brispot, 其他则“博采名家，描绘成幅”。[③] 实际上重刊本《言行纪略》有图像 146 幅（包括如德亚国和协露撒棱城地图），与正文 164 个条目数量相近。虽然图文不完全一一匹配，但将如此多的图像插入正文，而仍冠以《言行纪略》之名，不啻改变了该书的本来性质。换句话说，艾儒略的《言行纪略》从纯文本的耶稣传变成了图文相间的耶稣图传。在“像记”中，方殿华还特意强调了圣像有“记往事、悟道义、昭教礼”的功用，认为可以“一举而三善备”。[④] 据此原则，1887 年重刊本《言行纪略》在图像数目上大幅增加，无形中降低了原作《言行纪略》的文字作为记事明理载体的主导地位。

1887 年重刊本《言行纪略》中图像下面的释文，在条目排列和内容上不同于原版《出像经解》。[⑤] 艾儒略在原作每幅图像的释文后面都注明

① 据 Sun Yuming, 该书名为 *La vie de N. S. Jésus-Christ* (1853)。不过作者未提出针对两者关系的详细解说，或指明依据。潘凤娟在文中提供和该书的信息，也没有进行图像数目的比对。

② 刘必振，字德斋，常熟人，出身于天主教信徒世家，是徐家汇土山湾工艺院的重要画家。关于他生平和绘画，见张弘星:《中国最早的西洋美术摇篮——上海土山湾孤儿工艺院的艺术事业》，第 127—128 页。

③ 据香港大学图书馆藏本，笔者查证该书共有图像 241 幅。每幅图像背面绘有小图，多为象征式图案、天使及圣人小像、经书扉页或圣教礼仪等，且时有重复。如果仅按正面大图计算，实不足方殿华所谓三百章之数。至于是否的确有 111 幅图出自 Brispot 著作，因无法查阅 *La vie de N. S. Jésus-Christ*，目前只能暂付阙如。

④ 《道原精萃》“像记”，页 1a。

⑤ 据潘凤娟推测，因 Brispot 的插画并无释文，所以 1887 版《言行纪略》图像下的释文可能是重刊者自行加入的。见潘凤娟:《述而不译？艾儒略〈天主降生言行纪略〉的跨语言叙事初探》，第 135 页。又《出像经解》最后两幅图“圣母卒葬三日复活升天”及“圣母端冕居诸神圣之上”因其特定内容，前者释文后注明“见《圣母行实》”，而后者则未注明出处。

“见行纪X卷Y”的字样，如“圣神降临”图，就对应《言行纪略》第八卷第十三条的“圣神降临”的正文。究其本意，不外是将《出像经解》视为《言行纪略》的补充。这种主次关系在1738年的重刊本得到进一步的实化，《出像经解》的图像被分拆插入《言行纪略》正文中，成为真正意义上的插画。相较而言，1887年的重刊本虽然也是图文合编，但编者刻意强调图像的重要性，甚至具有比文字更便利的功用，即方殿华所言：“窃思愚鲁庸人，不解文字，观圣像则前人故事，如寓目中，较六书象形之义，尤加一等。彼文人学士，固能博览群经，然阅时稍久，回首茫然，惟睹圣像，则因物思人，愈于温故。”① 这种将圣像与六书并行的处理，无疑是要迎合更大范围的精英阶层及大众阶层读者的需要。就同一则“圣神降临”而言，重刊本直接在正文后面配以图像，不必如《出像经解》一样需另外附加标题及注明出处，的确更加方便，并能达到“一举而三善备”的效果。如此不难理解，为什么《言行纪略》以图文分刊开始，之后出现以图配文的合刊，最后发展成为图文一体的图传。事实上，“像记”所申明的图文结合的原则，适用于《道原精萃》所收录的全部七种著作。甚至以义理辩论为主的《万物真原》和《天主降生引义》，都被编者配以数目不等的画像。②

值得注意的是，此重刊本不仅加入大量的插图，而且因铅字重排的关系，也对《言行纪略》原文的内容作出了改动。编者似乎对艾儒略的“以史证经”的写作原则有所保留，因而删去了原作部分条目中涉及“西

① 《道原精萃》“像记”，页1a。

② 《道原精萃》重刊版《万物真原》有两幅圣像，而《降生引义》有十幅圣像。由于《降生引义》与《言行纪略》有密切关联，所以编者将两者的圣像放在一起排序。最后一幅图左下角数目标记为153，而不是实际图像总数156幅，经笔者查证，是因为其中三幅图像未被计在总序数之内，分别是《降生引义》的首图及《言行纪略》中“耶稣受茨冠苦辱”头像和“天主降生时如德亚国”地图。

史”的文字。其中“贤王请耶稣”条，标题与正文被全部删掉。其他条目虽标题按原样保留，但正文文字常被部分删减，包括“耶稣避居阨日多国”、“耶稣受洗示表”、“负十字架行”及“万物哀主”等条。删去的段落长短不一，很难说是无意间漏掉的，明显是有意而为。然而，编者对另外一些涉及“西史”的文字却有所保留，包括“负十字架行”条关于勿乐尼加以白帕留下耶稣圣容的故事、“钉十字架上”条关于加瓦略山（Mount Calvary）与人类元祖的记载、“殓葬”条关于四事（天主始生人类、亚当厄娃获罪天主、耶稣降孕及耶稣受难）同在一日的记载，以及“升天圣所”条关于耶稣升天所踏之石可疗百病的记载。至于前述《言行纪略》原作借用中国史传写法的按语和论赞，在重刊本中基本上被保留，只不过排版和个别文字有少许出入。潘凤娟认为重刊本编者以《圣经》经文为本，对不是从福音书撷取出来的记录多半予以删除或修改。① 不过，这种看法似乎不能完全解释为什么有些记录被删除，而有些记录仍被保留，其说服力有待商榷。

总体看来，1887 年版《言行纪略》在文字上对 1635 年原作《言行纪略》有少量的删减和改动，然而此版本最特别之处，是以图文合编的形式加入数量众多的图像，再一次改变了原作的体例和性质，将耶稣事迹从晚明的史传模式转向了晚清的图传模式。

结语

综合上述的分析与比较，可以发现福音书耶稣事迹在明清时期的传

① 潘凤娟：《述而不译？艾儒略〈天主降生言行纪略〉的跨语言叙事初探》，第 136 页。

译出现了两条线索的发展。《言行纪略》开启了明线的发展。在入华耶稣会的调适策略和罗马教廷限制译经的政策的交互影响下，艾儒略运用“以史证经”的方法，成功将福音书合参转译为第一部中文耶稣传。从性质上看，艾儒略的传译行为并不是严格意义上的原文汉译，然而却重现了福音书所记的耶稣从降世到受难、复活、升天的整幅图画，成为他在福建宣讲福音的有力辅助。当然，这样做虽如他自己所言“不至陨越经旨”，但也因此而改变了福音书原本的经典特质。从此《言行纪略》开启了耶稣传在中国社会广泛而持久的传播。清代出现的多种改编、合编及重刊版本，使得这一混合叙事文体在汉语语境下逐渐繁衍扩大，呈现出本土化和通俗化的发展趋势。在影响力方面，《言行纪略》及其系列著作远超明末和清中期其他天主教传教士的译经行为。这种从经典向世俗转化的明线发展，可以视为一种外散离心式的文本传译行为。

与明线相交叉的暗线发展，是个别传教士进行的对福音书乃至整本《圣经》的汉译尝试。上述白日昇和贺清泰是这个暗线发展的代表。他们因罗马教廷方面的阻力，未能将译稿正式出版。由此可见，在清中前期处于教廷禁译和清廷禁教双重压力下，天主教传教士的经典翻译活动进展缓慢，没能出现如 19 世纪新教传教士推动下的译经高潮。这一暗线的发展，可以视为内缩向心式的文本传译行为。

从明暗双线交叉的意义上讲，明清时期天主教的经典传译并非可以一笔带过或者忽略不计，而是呈现出一个与其传教事业相映衬的复杂而曲折的历程。如何从历时及共时的视角进一步探索基督教经典早期汉译的历史，将会成为学界关注的一个重要话题。

意大利文艺复兴对莎士比亚的意义*

周施廷（中国人民大学历史学院副教授）

作为英格兰文艺复兴时期的代表人物，莎士比亚从古罗马戏剧、意大利戏剧和小说等多方面获得素材和灵感，创造出了具有世界影响的戏剧作品。同时代的剧作家本·琼森（Ben Jonson）称他是“属于所有时代”的剧作家①。莎士比亚一生共撰写了13部具有意大利背景的戏剧②，

* 本文为国家社会科学基金重大项目“西方史学史谱系中文明史范式研究”（19ZDA236）的阶段性成果。

① Cf. Hugh Grady, “Shakespeare Criticism, 1600—1900,” in Margreta de Grazia and Stanley Wells (eds.), *The Cambridge Companion to Shakespeare*, Cambridge: Cambridge University Press, 2001, p.265.

② 莎士比亚以意大利为背景撰写的戏剧作品为《驯悍记》（帕多瓦）、《维洛那二绅士》（维罗纳和米兰）、《威尼斯商人》（威尼斯）、《无事生非》（墨西拿）、《终成眷属》（佛罗伦萨）、《圣诗复仇》（罗马）、《罗密欧与朱丽叶》（维罗纳和曼图亚）、《裘力斯·凯撒》（罗马）、《奥赛罗》（威尼斯）、《安东尼与克莉奥佩特拉》（罗马）、《科利奥兰纳斯》（罗马）、《辛白林》（罗马）和《冬天的故事》（西西里）。文中的莎士比亚戏剧译文，参考朱生豪的版本译出。参见《莎士比亚全集》，朱生豪译，人民文学出版社1994年版。

从故事到人物既弥漫着浓厚的市民世俗的审美情趣，又流露出高雅的古典色调，形成了一种“雅俗共赏”的新美学风格。如果说 15 世纪的意大利人率先接受了古代希腊、罗马戏剧的内容与理论框架，并且以意大利俗语写成的“博学剧”(Commedia Erudita)，那么 16 世纪的莎士比亚则是在此基础上创作出了更加符合时代精神和民族情感的英格兰戏剧。

莎士比亚与意大利文艺复兴的联系以往少有人研究，近二三十年来却逐渐成为欧美学界的一个热门话题。1997 年，意大利巴勒莫大学米歇尔·马拉波迪（Michele Marrapodi）教授在《莎士比亚的意大利：意大利地点在文艺复兴戏剧中的功能》中率先关注到意大利元素在莎士比亚剧作中的运用①。两年后，美国弗吉尼亚大学戈登·布拉登（Gordon Braden）教授发表《莎士比亚的彼特拉克主义》一文，追踪莎士比亚十四行诗的写作根源，认为它们大量借鉴了彼特拉克《歌集》的内容②。这种研究开拓了后续三十年的两大方向：一是从莎翁剧中挖掘与意大利相关的人物、情节和背景③；二是通过文本比较，印证或驳斥莎士比亚写作的原创性④。马拉

① Cf. Michele Marrapodi, *Shakespeare's Italy: Functions of Italian Locations in Renaissance Drama*, Manchester: Manchester University Press, 1997.

② Cf. Gordon Braden, "Shakespeare's Petrarchism", in James Schiffer (ed.), *Shakespeare's Sonnets: Critical Essays*, New York: Garland, 1999, pp.163—183.

③ Cf. Jack D'Amico, *Shakespeare and Italy: The City and the Stage*, Florida: Florida University Press, 2001; Graham Holderness, *Shakespeare and Venice*, New York: Routledge, 2016; Shaul Bassi, *Shakespeare's Italy and Italy's Shakespeare: Place, Race, Politics*, New York: Palgrave Macmillan, 2016; Richard Strier, *The Unrepentant Renaissance: From Petrarch to Shakespeare to Milton*, Chicago: The University of Chicago Press, 2011; William J. Kennedy, *Petrarchism at Work: Contextual Economies in the Age of Shakespeare*, Ithaca: Cornell University Press, 2016.

④ 2005 年，英国莎士比亚研究专家查尔斯·马丁戴尔（Charles Martindale）撰写了《莎士比亚和对古典的使用》，追溯其作品中的古典时代作家有奥维德、塞涅卡、普鲁塔克等；牛津大学教授乔纳森·贝特（Jonathan Bate）在 2019 年出版《古典如何造就莎士比亚》，指出莎士比亚对想象力的高度评价来自其对古典传统的推崇，（转下页）

波迪之后又编纂了《莎士比亚、意大利和互文性》(2004)[①]和《莎士比亚和文艺复兴文学理论》(2011)[②]两部论文集，进一步推动了意大利文学和英格兰戏剧传统之间相关性研究。

本文认为，莎士比亚戏剧创新的根源无疑来自英格兰市民文化和民族文化的滋养，但是古希腊戏剧理论、古罗马戏剧和意大利文艺复兴作品也产生了不容忽视的影响。假如能够从古代戏剧的源头出发研究莎士比亚的“青胜于蓝”，或许对理解莎士比亚戏剧的人文主义精神更有帮助。

一、意大利的文艺复兴人文戏剧

文艺复兴戏剧起源于意大利，并非偶然。彼特拉克、薄伽丘和萨卢塔蒂(Salutati)都是崇尚古典的人文主义者，他们主张跳过愚昧的中世纪，回到古典文化那里寻找复兴之源。他们推动了古罗马作品的考证和希腊语的学习，被人遗忘了的古典作品再度进入意大利人的视野。受其影响，意大利戏剧也走上了摹仿和再现古罗马经典的道路。这种近似返璞归真的做法，使古罗马的拉丁剧作家普劳图斯(Plautus)、泰伦斯(Terence)和塞涅卡(Seneca)的作品开始在意大利剧场中大量上演。无论是帕多瓦还

(接上页)也让他得以在清教运动兴起的困境下汲取力量，为诗歌和戏剧进行辩护。Cf. Charles Martindale, *Shakespeare and the Uses of Antiquity*, London: Routledge, 2005; Jonathan Bate, *How the Classics Made Shakespeare*, Princeton: Princeton University Press, 2019.

① Cf. Michele Marrapodi (ed.), *Shakespeare, Italy, and Intertextuality*, Manchester: Manchester University Press, 2004.

② Cf. Michele Marrapodi (ed.), *Shakespeare and Renaissance Literary Theories: Anglo-Italian Transactions*, Farnham: Ashgate Pub., 2011.

是佛罗伦萨，都兴起了一股上演古典戏剧之风①。与此同时，乔治·瓦拉（Giorgio Valla）把亚里士多德《诗学》从希腊文翻译成拉丁文②，极大地丰富了戏剧理论体系。在古希腊—罗马戏剧作品陆续复活、理论文本被热烈讨论的情况下，意大利诞生了一个特殊的剧种，即摹仿普劳图斯和泰伦斯作品写成的"博学剧"③。

古罗马戏剧的复兴得益于早期人文主义者对古籍的耐心搜罗、研究以及戏剧推演，其过程大致分为三个阶段：一是对古罗马戏剧手稿的再发现和整理，二是拉丁戏剧作品在学校作为教材使用和搬上舞台表演，三是戏剧从学校进入宫廷庆典。

寻找失传已久的古罗马戏剧家的剧作成为文艺复兴时期的重要事件。中世纪时古罗马戏剧几近灭绝。人们对古罗马戏剧的认识大多来自泰伦斯，但普劳图斯的作品在很长一段时间里无迹可寻④。直到 1429 年，库士的尼古拉斯（Nicholas）发现了一份 11 世纪德意志手稿⑤，里面有普劳图斯的 12 份戏剧抄本⑥。这一消息让人文主义者如获珍宝，纷纷表示希望能够读到作品。如洛伦佐·瓦拉（Lorenzo Valla）在 1442 年抱怨，自己还

---

① Cf. Will Durant, *The Renaissance: A History of Civilization in Italy from 1304—1576 A. D.*, New York: Simon and Schuster, 1953, pp.597—598.

② Cf. Daniel Javitch, "The assimilation of Aristotle's *Poetics* in sixteenth-century Italy", in Glyn P. Norton (ed.), *The Cambridge History of Literary Criticism: Volume 3, The Renaissance*, Cambridge: Cambridge University Press, 1999, p.54.

③ Cf. C. P. Brand, "The Renaissance of Comedy: The Achievement of Italian Commedia Erudita", *The Modern Language Review*, Vol.90, No.4 (October 1995): xxix.

④ Cf. Richard F. Hardin, "Encountering Plautus in the Renaissance: A Humanist Debate on Comedy", *Renaissance Quarterly*, Vol.60, No.3 (Fall 2007)：789.

⑤ Cf. L. D. Reynolds and N. G. Wilson, *Scribes and Scholars: A Guide to the Transmission of Greek and Latin Literature*, Oxford: Clarendon Press, 1991, p.139.

⑥ Cf. Richard F. Hardin, "Encountering Plautus in the Renaissance: A Humanist Debate on Comedy", *Renaissance Quarterly*, Vol.60, No.3 (Fall 2007)：789—790.

没有机会看到普劳图斯 1429 年的抄本；弗朗西斯科·费勒夫（Francesco Filefo）也曾经在 1452 年“乞求”过一份抄本[①]。虽然普劳图斯的作品已经被发现，但其印刷版直到 1472 年才在威尼斯出现；泰伦斯作品的印刷版，要到 1470 年才出现于斯特拉斯堡[②]。

在 15 世纪的意大利学校包括大学，普劳图斯和泰伦斯的戏剧作品主要作为拉丁语教材使用[③]。由于遣词优美和富有道德教化功能，加上戏剧表演也有助于培养公开演讲的能力和优雅的举止，它们逐渐成为人文教育的一部分[④]，在其滋养下诞生的戏剧作品被称为“人文主义戏剧”[⑤]，而此时的古罗马戏剧演出也大多是在人文主义者的指导下进行的。第一部在学校上演的作品是泰伦斯的《安德罗斯女子》(*Andria*)，1476 年在佛罗伦萨由乔治·韦斯普奇（Giorgio Vespucci）指导学生演出[⑥]。1488 年 5 月，一些神学院学生在保罗·孔帕里尼（Pablo Comparini）的指导下表演了普劳图斯的《孪生兄弟》(*Menaechmi*)[⑦]。15 世纪晚期至 16 世纪初期，古罗

① C. P. Brand, “The Renaissance of Comedy: The Achievement of Italian Commedia Erudita”, *The Modern Language Review*, Vol.90, No.4 (October 1995): xxx.

② Cf. Francesca Schironi, “The Reception of Ancient Drama in Renaissance Italy”, in Betine van Zyl Smit (ed.), *A Handbook to the Reception of Greek Drama*, Oxford: John Wiley & Sons, 2016, p.134.

③ Cf. Celine Candiard, “Roman Comedy in Early Modern Italy and France,” in Martin T. Dinter (ed.), *The Cambridge Companion to Roman Comedy*, Cambridge: Cambridge University Press, 2019, p.325.

④ Cf. Richard Andrews, *Scripts and Scenarios: The Performance of Comedy in Renaissance Italy*, Cambridge: Cambridge University Press, 1993, pp.31—32.

⑤ Cf. Gary Robert Grund (ed.), *Humanist Comedies*, Cambridge: Harvard University Press, 2005, pp.vii—xvi.

⑥ Cf. Celine Candiard, “Roman Comedy in Early Modern Italy and France,” in Martin T. Dinter (ed.), *The Cambridge Companion to Roman Comedy*, Cambridge: Cambridge University Press, 2019, p.326.

⑦ Cf. Bruce R. Smith, “Sir Amorous Knight and the Indecorous Romans; or, Plautus and Terence Play Court in the Renaissance”, *Renaissance Drama*, New Series, Vol.6 (1973): 12.

马拉丁作品开始被翻译成意大利语[①]，譬如人文主义者马基雅维利曾将《安德罗斯女子》翻译成佛罗伦萨语[②]，而意大利语版的《安德罗斯女子》上演于 1491 年[③]。

古罗马戏剧在学校演出后，深受欢迎，迅速传播到费拉拉、佛罗伦萨、罗马、曼图亚和威尼斯的宫廷。不久，普劳图斯的《布努卢斯》（*Poenulus*）更是在 1513 年 9 月 14 日作为重要的庆典节目在罗马的卡皮托利欧山剧场演出[④]。这场庆典是由刚当选为教宗的利奥十世（Pope Leo X），即美第奇家族的乔凡尼·德·美第奇（Giovanni de Medici）安排的，教宗要授予两位来自佛罗伦萨的表弟“罗马公民”的称号，期望通过佛罗伦萨与罗马的紧密联合，让美第奇家族进一步发展壮大。其中的一位朱利奥（Giulio）果然不负众望，在 1523 年成为教宗克莱门特七世（Pope Clement VII）[⑤]。古代戏剧能够在卡皮托利欧山庆典上表演，意味得到了最高权威的认可，极大提高了古罗马戏剧的地位。

不过，古罗马戏剧采用诗体写作，阅读时十分流畅，但是演出时的效果却欠理想：每个表演者的台词都必须是三句以上的完整句子[⑥]。因此，

① Cf. C. P. Brand, “The Renaissance of Comedy: The Achievement of Italian Commedia Erudita”, *The Modern Language Review*, Vol.90, No.4 (October 1995): xxx.

② Cf. Susan Meld Shell, “Machiavelli’s Discourse on Language”, in Vickie B. Sullivan (ed.), *The Comedy and Tragedy of Machiavelli*, New Haven: Yale University Press, 2000, p.91.

③ Cf. Bernard J. Muir, “Terence’s Comedies: Development, Transmission and Transformation,” in Andrew J. Turner and Giulia Torello-Hill (eds.), *Terence between Late Antiquity and the Age of Printing*, Leiden: Brill, 2015, p.2.

④ Cf. Anthony M. Cummings, *The Politicized Muse: Music for Medici Festivals, 1512—1537*, Princeton: Princeton University Press, 1992, pp.54—66.

⑤ Richard Andrews, *Scripts and Scenarios: The Performance of Comedy in Renaissance Italy*, Cambridge: Cambridge University Press, 1993, pp.31—32；Richard C. Beacham, *The Roman Theatre and Its Audience*, Cambridge: Harvard University Press, 1991, p.205.

⑥ Cf. Richard Andrews, *Scripts and Scenarios: The Performance of Comedy in Renaissance Italy*, Cambridge: Cambridge University Press, 1993, p.33.

在一份写于1502年的信件中，曼图亚的侯爵夫人伊莎贝拉·迪埃斯特（Isabella d'Este）就表示过普劳图斯《巴齐德斯姐妹》(*Bacchides*）的表演让人厌烦，演出时间过长，抱怨"已经看了超过四个半小时"①。除此之外，以诗体或拉丁语进行的演出对一般意大利观众而言也不太容易理解，而且文艺复兴时期观众的审美趣味已经不同于古罗马时期，他们对戏剧的鲜活性和娱乐性提出了更高的要求。显然，古罗马戏剧不再适应16世纪意大利的市民社会，必须在内容和风格上进行调整。有戏剧理论家指出，从16世纪开始，观剧不再是被动的活动，剧作家需要让观众的"眼睛得到愉悦，内心得到满足"，将思考、猜测和观赏合为一体才是成功的戏剧作品②。因此，当改编自古罗马剧目但用意大利散文体和俗语撰写的"博学剧"诞生后③，迅速受到意大利各界民众的追捧。

第一部"博学剧"被认为是1508年阿里奥斯托（Ariosto）的《小箱子》(*La Cassaria*)，该剧模仿《安德罗斯女子》写成④。加拿大卡尔顿大学唐纳德·比切尔（Donald Beecher）教授表示，"博学剧"的剧作家希望在剧中"用讽刺的手法描述人类愿望之虚空，或者反过来对人类的痛苦和渴望以更敏锐的触觉进行刻画，又或者把古代戏剧以更复杂的情节和更狂热的舞台动作重新演绎"⑤。所以，"博学剧"是在摹仿古罗马戏剧的

① Sydney Angelo, "Humanism and the Court Arts", in Anthony Goodman and Angus MacKay (eds.), *The Impact of Humanism on Western Europe*, New York: Routledge, 1990, p.90.

② Cf. Javier Berzal de Dios, *Visual Experiences in Cinquecento Theatrical Spaces*, Toronto: University of Toronto Press, 2019, p.116.

③ Cf. Charles Fantazzi, "Roman and Humanist Comedy on the Renaissance Stage", *International Journal of the Classical Tradition*, Vol.15, No.2 (June 2008): 289.

④ Cf. John Bernard, "Writing and the Paradox of the Self: Machiavelli's Literary Vocation", *Renaissance Quarterly*, Vol.59, No.1 (Spring 2006): 68.

⑤ Donald Beecher, "Introduction from Italy to England: The Sources, Conventions, and Influence of Erudite Comedy", in Donald Beecher (ed.), *Renaissance Comedy: The Italian Masters, Volume 2*, Toronto: University of Toronto Press, 2009, p.3.

基础上，既保留了原有的文体结构，将戏剧鲜明生动的角色和错综复杂的剧情主题再现于舞台，又同时采用意大利特有的诙谐幽默加以点缀①。“博学剧”的代表作之一，便是马基雅维利的《曼陀罗》(*La Mandragola*)②。不过，摹仿或重写拉丁经典的“博学剧”存在两个问题。第一，古罗马戏剧的五幕剧结构被意大利文艺复兴戏剧继承后，要想打破原来的结构以加入新内容变得相对困难，结果音乐和舞蹈成为主要的演出内容，导致叙事性大为减弱；第二，“博学剧”的作者需要把古罗马戏剧的诗体转换成意大利的俗语，也就是说，要改造用三行诗节（terza rima）或八行诗节（ottava rima）撰写对白的古典做法，因为这种段式要适应俗语对话并不容易，所以对“博学剧”是否继续保留诗体存在一定的疑问③。在这种情况下，彼特拉克和薄伽丘的作品成为语言风格的范本。薄伽丘的《十日谈》在15世纪晚期成为了作家写作素材的来源④，莎士比亚《辛白林》中打赌的场景便也是来自《十日谈》第二天第9节的内容⑤。

值得注意的是，普劳图斯和泰伦斯的作品从16世纪初期开始在英格兰的剧场上演。首先是在1510年至1511年，剑桥大学国王学堂把泰伦

① Cf. Francesca Schironi, “The Reception of Ancient Drama in Renaissance Italy”, in Betine van Zyl Smit (ed.), *A Handbook to the Reception of Greek Drama*, Oxford: John Wiley & Sons, 2016, p.147.

② 《曼陀罗》创作于1519年，采用经典的五幕剧（Five-act）结构，马基雅维利企图以隐喻的方式谈论来佛罗伦萨和洛伦佐·美第奇（Lorenzo Medici）的现实情况。Cf. Alfred A. Triolo, “Machiavelli’s Mandragola and the Sacred”, *Arte Lombarda*, Nuova Serie, No.110/111 (3—4): 173—179.

③ Cf. C. P. Brand, “The Renaissance of Comedy: The Achievement of Italian Commedia Erudita”, *The Modern Language Review*, Vol.90, No.4 (October 1995): xxxv.

④ Cf. Virgil I. Milani, “Boccaccio in Strozzi’s Commedia Erudita”, *Italica*, Vol.43, No.4 (December 1966)：369.

⑤ Cf. William Flint Thrall, “Cymbeline, Boccaccio, and the Wager Story in England”, *Studies in Philology*, Vol.28, No.4 (October 1931)：639. 薄伽丘：《十日谈》，王永年译，人民文学出版社2005年版，第112—120页。

斯的作品搬上舞台；随后是 1522 年，剑桥大学王后学院演出了普劳图斯的《吹牛的军人》(*Miles Gloriosus*)①。最早的古典戏剧英译本是泰伦斯的《安德罗斯女子》，在 1520 年以《英语版泰伦斯》(*Terens in englysh*)为名出版②。普劳图斯第一部译成英语的作品是《孪生兄弟》，由威廉·瓦尔纳（William Warner）翻译，1595 年在伦敦出版③。而作为英格兰首批广泛接触古代作品的剧作家，莎士比亚面临一个全新的时代机遇，他以敏锐的审美触觉，对古罗马戏剧以及意大利“博学剧”进行了创造性的借鉴和改造。譬如《错误的喜剧》被认为取材自普劳图斯的《孪生兄弟》④，莎士比亚沿用传统的五幕剧结构，但对演出形式做了适当调整。《孪生兄弟》68% 的对白是诗体唱词⑤，而《错误的喜剧》却没有一首歌。莎士比亚将时间、地点加以统一，去掉了背景音乐，让叙事和场景更好地融为一体⑥。此外，《错误的喜剧》的部分情节还借鉴了阿里奥斯托和马基雅维利

① Cf. Robert S. Miola, “Roman Comedy in Early Modern England”, in Martin T. Diner (ed.), *The Cambridge Companion to Roman Comedy*, Cambridge: Cambridge University Press, 2019, p.312.

② Cf. Bruce R. Smith, *Ancient Scripts and Modern Experience on the English Stage, 1500—1700*, Princeton: Princeton University Press, 1988, p.139.

③ 《孪生兄弟》1595 年英译本扫描版。Cf. Titus Maccius Platutus, *Menaecmi A pleasant and fine conceited comœdie, taken out of the most excellent wittie poet Plautus: chosen purposely from out the rest, as least harmefull, and yet most delightfull. Written in English, by VV.VV.*, https://search.proquest.com/docview/2240890234?&imgSeq=1.

④ 莎士比亚的《错误的喜剧》写于 1588 年至 1593 年间，在 1594 年的圣诞夜在伦敦的格雷法学院（Gray’s Inn）首演。虽然《孪生兄弟》英译本的出版时间较晚，但据学者猜测莎士比亚阅读的可能是拉丁文原版。Cf. J. Michael Walton, *Translating Classical Plays: Collected Papers*, Abingdon: Routledge, 2016, p.46；T. Macci Plauti, *Menaechmi*, Cambridge: Harvard University Press, 1980, p.14.

⑤ Cf. Timothy J. Moore, “Rogers and Hart’s The Boys from Syracuse: Shakespeare Made Plautine”, in S. Douglas Olson (ed.), *Ancient Comedy and Reception*, Berlin: Walter de Gruyter, 2012, p.773.

⑥ Cf. Bart van Es, *Shakespeare in Company*, Oxford: Oxford University Press, 2013, p.58.

的“博学剧”的内容[1]。1575年，意大利作家路易吉·帕斯夸利戈（Luigi Pasqualigo）撰写了“博学剧”《费德勒》(*Il Fedele*)，英格兰作家安东尼·蒙迪（Anthony Munday）在1584年把它改写成剧作《费德勒和福图尼奥》(*Fidele and Fortunio*)。之后，莎士比亚以这个作品为原型，在此基础上写成了他的第一部浪漫喜剧《维洛那二绅士》[2]。

二、古希腊戏剧理论的再生

早期古希腊作品的传播经历过一段特殊时期。虽然希腊文手稿在13世纪意大利南部地区被重新抄写，但是当时的人们大都不懂古希腊语，直接阅读原文存在困难。所以，古希腊戏剧主要在拜占庭上演[3]。直到1397年，拜占庭学者曼纽尔·克利索罗拉斯（Manuel Chrysoloras）在人文主义者萨卢塔蒂的邀请下，来到佛罗伦萨开授希腊语课程，情况才发生了变化[4]。1453年，拜占庭被土耳其人攻破，大批的拜占庭学者逃亡到意大利，他们不仅在意大利开始教授语言，而且还带去了大量希腊文抄本。至此，古希腊戏剧在意大利逐渐流行，意大利人才有机会抄写、阅读和研究

① Cf. Richard F. Hardin, “The Renaissance of Plautine Comedy and the Varieties of Luck in Shakespeare and Other Plotters”, *Mediterranean Studies*, Vol.16 (2007): 143.

② Cf. Michele Marrapodi, “Shakespeare’s Romantic Italy: Novelistic, Theatrical, and Cultural Transactions in the Comedies,” in Michele Marrapodi (ed.), *Italian Culture in the Drama of Shakespeare & his Contemporaries*, Hampshire: Ashgate, 2007, pp.51—52.

③ Cf. Francesca Schironi, “The Reception of Ancient Drama in Renaissance Italy”, in Betine van Zyl Smit (ed.) , *A Handbook to the Reception of Greek Drama*, Oxford: John Wiley & Sons, 2016, pp.133—134.

④ Cf. Federica Ciccolella, *Donati Graeci: Learning Greek in the Renaissance*, Leiden: Brill, 2008, p.100.

各种古典手稿[①]。

古希腊作品在文艺复兴时期被重新发现后，古典的戏剧理论也得以复活，其中最重要的是亚里士多德《尼各马可伦理学》和《诗学》中包含的戏剧理论。《尼各马可伦理学》从希腊文翻译成拉丁文的时间较早，在1264年前后，经院哲学家罗伯特·格罗塞泰斯特（Robert Grosseteste）将其完整译成拉丁文，现有21份抄本保留下来[②]，其正文和注疏分别收藏在剑桥大学彼得豪斯学院、佛罗伦萨老楞佐图书馆、那不勒斯国家图书馆和梵蒂冈图书馆等地[③]。从抄本的分布大致可以判断，《尼各马可伦理学》在意大利得到了一定程度的流传。后来意大利人文主义者莱昂纳多·布鲁尼（Leonardo Bruni）在15世纪重新翻译该著作，并加上自己写的前言和献词，这一拉丁文译本在15世纪下半叶传入英格兰，1479年在牛津出版[④]。在亨利八世统治前期，亚里士多德在英格兰得到了广泛的讨论[⑤]。至于《诗学》，它是由人文主义者乔治·瓦拉在1498年从希腊文翻译成拉丁文。随着《诗学》拉丁译本的出现，这部著作开始在佛罗伦萨和威尼斯流传。该版本也成为第一份印刷本的底稿，由阿尔都斯·马努蒂乌斯（Aldus Manutius）分别于1504年和1515年两度出版，希腊原文版在

① Cf. Francesca Schironi, "The Reception of Ancient Drama in Renaissance Italy", in Betine van Zyl Smit (ed.), *A Handbook to the Reception of Greek Drama*, Oxford: John Wiley & Sons, 2016, p.134.

② Cf. Jean Dunbabin, "Robert Grosseteste as Translator, Transmitter, and Commentator: The Nicomachean Ethics", *Traditio*, Vol.28 (1972): 461.

③ Cf. S. Harrison Thomson, *The Writing of Robert Grosseteste, Bishop of Lincoln 1235—1253*, Cambridge: Cambridge University Press, 2013, pp.10—21.

④ Cf. Daniel Wakelin, "Early Humanism in England", in Rita Copeland (ed.), *The Oxford History of Classical Reception in English Literature*, Oxford: Oxford University Press, 2016, p.492.

⑤ Cf. Micha Lazarus, "Aristotelian Criticism in Sixteenth-Century England", https://www.oxfordhandbooks.com/view/10.1093/oxfordhb/9780199935338.001.0001/oxfordhb-9780199935338-e-148.

1508 年面世[①]，第一份意大利语版则由贝纳多・塞尼（Bernardo Segni）译成，于 1549 年在佛罗伦萨出版[②]。亚里士多德《诗学》对戏剧本身有更深入的探讨，但可惜的是，《诗学》的一部分业已失传，只能从残存的部分中寻找亚里士多德的一些想法。

关于莎士比亚阅读亚里士多德《诗学》的情况，学者们有不同的观点，其中牛津大学学者莎拉・杜瓦-沃森（Sarah Dewar-Watson）综合此前的研究，做出三点推测：一是莎士比亚可能通过同时代的剧作家本・琼生（Ben Jonson）接触到《诗学》的拉丁、希腊双语对照本；二是他阅读的是《诗学》的意大利语译本，一些证据显示莎士比亚通晓意大利语；三是他从间接的方式了解到亚里士多德的理论，他阅读的应该是菲利普・锡德尼（Philip Sidney）《为诗辩护》（*Defence of Poetry*）的 1595 年版本。锡德尼在书中批判性地分析了《诗学》的内容，这本书也是伊丽莎白时代最具有影响力的文学批评著作[③]。基于上述几点，沃森表示，莎士比亚可以通过多个渠道了解到《诗学》的主要宗旨或文本内容[④]。

在《诗学》第一章中，亚里士多德指出戏剧的创作过程是摹仿[⑤]，摹仿者所摹仿的人物由于戏剧类型的差别会有所不同："喜剧是摹仿比现实

① Cf. E. N. Tigerstedt, "Observations on the Reception of the Aristotelian Poetics in the Latin West", *Studies in the Renaissance*, Vol.15 (1968): 15, 21.

② Cf. Marga Cottino-Jones, "Literary-critical developments in sixteenth- and seventeenth-century Italy," in George Alexander Kennedy (ed.), *The Cambridge History of Literary Criticism: Volume 3, The Renaissance*, Cambridge: Cambridge University Press, 1999, p.574.

③ Cf. Sarah Dewar-Watson, "Shakespeare and Aristotle", *Literature Compass*, Vol.1 (2004): 1—4.

④ Cf. Sarah Dewar-Watson, "Shakespeare and Aristotle", *Literature Compass*, Vol.1 (2004): 5.

⑤ Cf. Aristotle, *Poetics, Longinus on the Sublime, Demetrius on Style*, Cambridge: Harvard University Press, 1995, p.33.

中的人更坏的人，悲剧则是摹仿比现实中的人更好的人。”[①] 在第五章中，亚里士多德表示喜剧是对“鄙劣”人物的摹仿，但其中的“鄙劣”并不是指绝对的“恶”，而是指“丑陋”或者“滑稽”，一种不至于引起人类痛苦的“坏”[②]。这意味着，如果要完成摹仿的任务，必须对摹仿对象及其性情特点有较为深入的认识。可见，如何在舞台上细腻地塑造特征明显、个性突出的人物类型是剧作家必须思考的问题，而亚里士多德的戏剧理论恰恰是建立在对人性透彻的理解上的。

除戏剧摹仿论外，亚里士多德还提出了划分四种戏剧人物类型的构想，即“自贬者”“欺骗者”“小丑”和“乡巴佬”[③]。前三类来自古希腊的佚名作者，最后一类由亚里士多德本人发明。这四类人物每两位为一对：自贬者对欺骗者，小丑对乡巴佬。他们在舞台上披着仆人的外衣，通过人物之间的矛盾关系，营造出喜剧的结构与氛围，在嬉笑怒骂间或揭露事实的真相，或让年轻人的浪漫恋情变得更加微妙和有趣。这四类人物在推动剧情发展的同时，也陪衬出主角的情感经历与变化。文艺复兴时期舞台上“博学剧”人物，是严格按照古希腊戏剧理论中喜剧演员类型进行塑造的[④]，这一点能够从亚里士多德的戏剧理论中找到根源。此外，亚里士多德在《尼各马可伦理学》中还具体分析了人类的性格特征和行为方式。譬如，“愤怒”作为一种重要的情感表现，可分为三个层次，即“过度”“不及”和“中间”。“过度的叫做暴怒，不及的叫做迟钝”[⑤]，而“鲁莽和怯懦

① Aristotle, *Poetics, Longinus on the Sublime, Demetrius on Style*, p.35.

② Cf. Aristotle, *Poetics, Longinus on the Sublime, Demetrius on Style*, p.45.

③ Iuliana Tanase, “The Italian Commedia and the Fashioning of the Shakespearean Fool”, in Michele Marrapodi (ed.), *Shakespeare and the Italian Renaissance, Appropriation, Transformation, Opposition*, Farnham: Ashgate, 2014, p.216.

④ Iuliana Tanase, “The Italian Commedia and the Fashioning of the Shakespearean Fool”, in Michele Marrapodi (ed.), *Shakespeare and the Italian Renaissance, Appropriation, Transformation, Opposition*, Farnham: Ashgate, 2014, p.215.

⑤ Aristotle, *Nicomachean Ethics, Books II-IV*, Oxford: Oxford University Press, 2006, p.12.

是对恐惧的不足和过度，勇敢则取其中庸状态”[①]。亚里士多德对戏剧中开玩笑的尺度也作出限定，认为这在一定程度上反映出旧剧和新剧的差异：“前者通过使用粗鄙的言语引人发笑，后者则用讽刺的方式，更加优雅得体地取得诙谐幽默的效果。”[②]可见，由于戏剧是对现实活动的模仿，如何夸张并适度地再现，避免舞台效果因过度和不及而有所减损，这必须由剧作家对人性进行彻底分析以及对其情感进行恰当把握后才有可能做到。

应该说，莎士比亚对《尼各马可伦理学》也是熟悉的，一般的阅读以该著作的拉丁文版为主，但也可阅读 1547 年从意大利文版翻译过来的英文版[③]。莎士比亚在作品中多次向亚里士多德致敬。譬如《驯悍记》第一幕第一场，在佛罗伦萨接受过教育的路森修和仆人特拉尼奥围绕哲学有过一段对话。路森修在特拉尼奥面前发愿：“人们常因德性而获得的那种幸福，本人定以德性和与之相关的哲学学问来致力追求。”特拉尼奥则劝告他：“不要过于投入对亚里士多德的自我审视，等到肚子吃饱了再去研究数学和形而上学也不晚。”[④]莎士比亚还直接借用或改写过《尼各马可伦理学》的内容。譬如在《特洛伊罗斯与克瑞西达》的第一幕第三场，涅斯托尔说：“四肢是他的工具，在四肢的指挥下，要跟剑和弓一样工作。”[⑤]这正是借用了《尼各马可伦理学》中的说法，即“人类有常识和四肢进行理性活动”，所以“移动四肢是行动的工具，但采取行动与否则取决于他自己的决定”[⑥]。

对古典戏剧理论，莎士比亚采取的是接受和改进的态度。在他看来，亚里士多德的戏剧理论是重要的，但过于强调“摹仿”，过于将摹仿视为

① Aristotle, *Nicomachean Ethics, Books II-IV*, p.29.

② Aristotle, *Nicomachean Ethics, Books II-IV*, p.56.

③ Cf. W. R. Elton, “Aristotle’s Nicomachean Ethics and Shakespeare’s Troilus and Cressida”, *Journal of the History of Ideas*, Vol.58, No.2 (April 1997): 331.

④ Shakespeare, *The Taming of the Shrew*, New Haven: Yale University Press, 2005, pp.24—25.

⑤ Shakespeare, Troilus and Cressida, Cambridge: Cambridge University Press, 2009, p.28.

⑥ Aristotle, *Nicomachean Ethics, Books II-IV*, p.16.

金科玉律，则是不可行的。莎士比亚并没有遵循后来学者依照亚里士多德的戏剧理论总结出来的所谓的“三一律”原则[①]，他似乎感觉到时间和地点的统一会极大地限制了想象的空间，而更倾向于在广阔的背景下发展剧情。在人性问题上，莎士比亚也更倾向于自然地揭示人物的个性，即着意凸显人的自然属性在戏剧中的功能。莎士比亚重视人的生活，尽量按照人的处境安排戏剧的情节。这一切都表现出他与意大利古典戏剧家的不同。这也是莎士比亚尝试超越古典戏剧理论的地方。18世纪文学评论家塞缪尔·约翰逊（Samuel Johnson）在其主编的《莎士比亚集》“前言”中指出：“莎士比亚要比所有现代作家更加出色，他是自然的诗人，他向读者忠实地反映人们的举止和生活。”[②]可以说，莎士比亚一直在拒绝刻板规则的束缚，他所遵循的是更为根本的亚里士多德的摹仿论，那就是“艺术是对自然的摹仿”[③]。

三、古典学渊源与莎士比亚的戏剧互创新

莎士比亚接受过古典学的正规教育。斯特拉特福德拉丁文法学校的教

① 《诗学》的翻译和出版，在16世纪引发了戏剧理论研究的热潮，在意大利和英格兰出现一批文学批评家。例如洛多维科·卡斯特尔维屈罗（Lodovico Castelvetro）在1570年出版了《亚里士多德〈诗学〉俗语译本及注疏》，在亚里士多德的理论框架上总结出了戏剧的“三一律”原则，对同时代的戏剧结构产生广泛的影响。Cf. M. A. R. Habib, A History of Literary Criticism: From Plato to Present, Oxford: Wiley-Blackwell, 2005, pp.240—244.

② Samuel Johnson (ed.), *The Plays of William Shakespeare in Ten Volumes:* With Corrections and Illustrations of Various Commentators, London: C. Bathurst, 1778, p.4.

③ Thomas Kaminski, “Neoclassicism”, in Craig W. Kallendorf (ed.), *A Companion to the Classical Tradition*, Malden: Blackwell, 2007, p.65.

学记录显示，他于 1571 年开始就读于这所学校，持续了三年或四年。在此期间，学校前后聘用过数位毕业于牛津大学并拥有硕士学位的老师，譬如詹金斯（Jenkins）、亨特（Hunt）、科特姆（Cottom）等。在该校课程安排中，泰伦斯的作品是低年级的读本之一①。教授泰伦斯的时候，一般也会涉及普劳图斯的部分作品②，还包括了加图（Cato）、伊索和维吉尔等人的作品③。此外，还会要求学生进行拉丁文写作练习，主要是把圣经《旧约》中的篇章，如《诗篇》《箴言》《传道书》等，从英文翻译成拉丁文④。有研究指出，莎士比亚阅读的古典作品非常广泛。1904 年，柏林大学学者亨利·安德斯（Henry Anders）撰写了《莎士比亚的书》，将莎士比亚的阅读范围分为古典、现代文学、英格兰非戏剧文学、英格兰戏剧、流行文学、圣经文学和天地知识七类，其中涉及的古典作家包括凯撒、西塞罗、奥维德、维吉尔、普劳图斯、塞涅卡、李维、普林尼、卢卡、普鲁塔克、荷马、约瑟夫、海留多拉斯和马里亚努斯等。现代文学类中有薄伽丘、彼特拉克等意大利作家。莎士比亚阅读过的作家总数超过 60 位，还有超过 80 份民间作品和流行诗歌⑤。由此可见，莎士比亚与古典文化的联系，不仅来自他早年接受的古典教育，也来自其后期对新出版的戏剧作品和民间文学的持续关注。

莎士比亚对古典学的接受，还有一个需要注意的特点，即他是晚期文

---

① Cf. T. W. Baldwin, *William Shakespeare's Small Latine and Lesse Greeke, Volume 1—2*, Urbana: University of Illinois Press, 1944, p.641.

② Cf. Robert S. Miola, *Shakespeare and Classical Comedy*, Oxford: Clarendon Press, 1994, pp.3—4.

③ Cf. T. W. Baldwin, *William Shakespeare's Small Latine and Lesse Greeke, Volume 1—2*, p.642.

④ Cf. T. W. Baldwin, *William Shakespeare's Small Latine and Lesse Greeke, Volume 1—2*, pp.682—684.

⑤ Cf. H. R. D. Anders, *Shakespeare's Books: A Dissertation on Shakespeare's Reading and the immediate Sources of his Works*, Berlin: Georg Reimer, 1904.

艺复兴人物，其时无论是古典作品的翻译，还是古典戏剧的上演，都已经到了几近完善的程度。晚期人文主义者接受古典学的态度和意大利人文主义者明显不同，他们的主要工作不再是翻译和整理古籍，而是在前人提供的基础上进行创作。这一特征，在晚期人文主义者如莎士比亚、拉伯雷、托马斯·莫尔、塞万提斯那里，都是相通的。创作的使命要高于纯然的摹仿。正如艾略特（T. S. Eliot）所说，每一部天才的作品都是对传统的修改和添加①。不同于意大利剧作家的保守、盲目和因循的态度，莎士比亚不仅吸收了古代希腊、罗马的古典元素，还汲取了意大利博学剧和小说的优点，撰写出适合不同层次观众欣赏的英格兰戏剧。他在表现平民角色时就用接近于今天英语文法的散文式句子写作对话，而在写贵族对白时则使用彼特拉克《歌集》中十四行诗的五步抑扬格②，让台词充满节奏感，既分明又悦耳。马拉波迪指出，此时的英格兰戏剧大量吸收了意大利“博学剧”的特点，譬如完美绅士的行为举止和廷臣语言的优雅修辞。1561 年，托马斯·霍比（Thomas Hoby）把巴尔德萨·卡斯蒂利奥内（Baldassare Castiglione）的《廷臣论》（*Courtyer*）译成英文在英格兰出版，这本书为莎士比亚撰写贵族人物的严肃和讽刺性演说提供了宝贵的参考资料③。

莎士比亚崇尚古典，对古代希腊、罗马的故事情有独钟。首位研究莎士比亚资料来源的学者是杰拉德·兰贝恩（Gerard Langbaine），在 1691 年出版的《关于英格兰戏剧诗人》一书中指出，《皆大欢喜》来自薄伽

① Cf. T. S. Eliot, “Tradition and the Individual Talent”, in T. S. Eliot, *Complete Prose of T. S. Eliot, Volume 2: The Perfect Critic, 1919—1926*, Baltimore: Johns Hopkins University Press, 2014, pp.105—114.

② Cf. George T. Wright, *Shakespeare's Metrical Art*, Berkeley: University of California Press, 1988, p.259.

③ Cf. Michele Marrapodi, “Shakespeare's Romantic Italy: Novelistic, Theatrical, and Cultural Transactions in the Comedies,” in Michele Marrapodi (ed.), *Italian Culture in the Drama of Shakespeare & his Contemporaries*, p.52.

丘《十日谈》,《安东尼与克莉奥佩特拉》来自普鲁塔克《安东尼传》,《科利奥兰纳斯》来自李维、迪奥西尼（Dionysius）和普鲁塔克的作品①。而《威尼斯商人》中的那句著名台词“每个人都需要在这舞台上扮演一个角色”则来自维韦斯（Juan Luis Vives）②。在莎士比亚全部的戏剧作品中，有6部与古罗马历史戏剧有关，有6部具有古希腊的历史背景③。对莎士比亚来说，意大利文艺复兴戏剧有一种天赐之美，这些构成他创作新戏剧的基础。尽管他不满足对意大利戏剧的单纯模仿。

在创新的意义上，莎士比亚是一位具有现代思想意识的英格兰剧作家，即便是他创作的中世纪戏剧，也反映出他的现代情怀。有艺术史家指出：“我们看到多少文艺复兴作家在精神上属于两个世界：中世纪的骑士、女士和魔术，还有神奇的动物、奇怪的使命和不可思议的信仰；还有希腊罗马世界里的神话和艺术。例如，阿里奥斯托、拉伯雷和斯宾塞。但是莎士比亚像弥尔顿，却拒绝了中世纪的世界，几乎完全忽略了它的存在。甚至他的历史剧在语调上都是当代的，远比中世纪走得要远：谁能想到约翰·法斯塔夫爵士，莎士比亚剧本《亨利四世》中的角色应该是坎特伯雷朝圣者中的一位当代人？”④当然，莎士比亚还是一个地地道道的英格兰人，他的民族情怀使他创作了12部不列颠历史剧，内容大多涉及中世纪晚期和文艺复兴早期的王朝斗争⑤。他的剧本使用了近两万个词汇，极大

① Cf. Gerard Langbaine, *An Account of the English Dramatick Poets*, Oxford: George West, 1691, pp.453—468.

② Cf. T. W. Baldwin, *William Shakespeare's Small Latine and Lesse Greeke, Volume 1—2*, pp.688—689.

③ Cf. Gilbert Highet, *The Classical Tradition Greek and Roman Influences on Western Literature*, New York: Oxford University Press, 1976, p.194.

④ Gilbert Highet, *The Classical Tradition Greek and Roman Influences on Western Literature*, p.196.

⑤ Cf. Gilbert Highet, *The Classical Tradition Greek and Roman Influences on Western Literature*, p.194.

丰富了英语的表述。不过，仅就莎士比亚与意大利文艺复兴戏剧的联系而言，他从那里继承了戏剧格式、古代故事记述、专业演员和专门剧场，其时的英格兰所复活的古罗马戏剧被广为接受。莎士比亚还从“博学剧”中学到了设计情景喜剧的技巧，继承了其文本的丰富性和复杂性，至于“博学剧”的机械结构以及缺乏情感和心理的深度刻画，则为莎士比亚所抛弃。莎士比亚在他的浪漫喜剧中，通过充满现代意识的独白，展现角色的内心活动以及他们的独特个性①。应该说，古典文化的重生触及了人们的灵魂深处，使人的精神焕发活力。“这是一场思想革命，就像所有敏感和受过教育的人一样，莎士比亚激动地分享着这些，成为他伟大的思想经历之一。②

四、从互文性看《无事生非》的“当下”意识

在 16 世纪的伦敦，泰晤士河南岸是英国文艺复兴戏剧的演出中心。受过教育的精英和平民都聚集到剧院欣赏表演，其中由演员和剧作家共同修建的环球剧场，成为莎士比亚大部分作品的演出场所③。在伊丽莎白女王统治期间，英格兰许多热门剧院都不断地上演富有意大利色彩的戏剧④。据

---

① Cf. Louis George Clubb, “Looking Back on Shakespeare and Italian Theater”, Renaissance Drama, New Series, Vol.36/37 (2010): 12.

② Gilbert Highet, *The Classical Tradition Greek and Roman Influences on Western Literature*, p.218.

③ Cf. Joseph Quincy Adams, *Shakespeare Playhouses: A History of English Theatres from the Beginnings to the Restoration*, Boston: Houghton Mifflin Company, 1917, pp.234—266.

④ Cf. G. K. Hunter, “Italian Tragicomedy on the English Stage”, *Renaissance Drama*, New Series, Vol.6, Essays on Dramatic Antecedents (1973)：125.

统计，在 1650 年前，共有 563 部意大利戏剧在英格兰演出，大部分都是翻译或者摹仿普劳图斯或者泰伦斯的剧作[①]。莎士比亚的《无事生非》也是在意大利故事文本的基础上改编完成的一部戏剧。

《无事生非》写于 1598 年至 1599 年间[②]，距离莎士比亚的同类型剧作《错误的喜剧》已有十年之久，可以说是在《错误的喜剧》之后诞生的一部成熟作品。莎士比亚写作该剧的宗旨在于，不再刻意通过人物犯错来制造喜剧效果，而是从更深层次上挖掘出由于主观臆断而导致误会的普遍规律，并对传统中世纪爱情观念提出质疑。《无事生非》的整体框架主要来自意大利人文主义者马代奥・班戴洛（Matteo Bandello）的《故事集》（*Novelle*）第一部分《第 22 个故事》[③]，人物类型按照古希腊戏剧传统进行塑造，故事情节则部分吸收了泰伦斯的《阉奴》(*Eunuchus*)、普劳图斯的《普修多卢斯》(*Pseudolus*）和《吹牛的军人》的内容[④]。

莎士比亚阅读的是班戴洛《故事集》在 1559 年出版的法语译本[⑤]。《第 22 个故事》的内容梗概如下：蒂比奥是阿拉贡国王彼德罗身边的骑士，他爱上了出身高贵但贫穷的墨西拿少女费尼齐亚。在多次写信求爱不遂后，只好向费尼齐亚的父亲老利奥那塔提亲，老利奥那塔得知蒂比奥的

① Cf. Helen Kaufman, “The Influence of Italian Drama on Pre-Restoration English Comedy”, *Italica*, Vol.31, No.1 (March 1954): 10.

② Cf. William Baker, *Shakespeare*, New York: Bloomsbury, 2009, p.33.

③ Cf. Lucia Nigri, “Malcontented Agents: From the novellas to Much Ado about Nothing and The Duchess of Malfi”, *ANQ: A Quarterly Journal of Short Articles*, Notes and Reviews, Vol.31, No.2 (2018): 176.

④ 譬如主人翁向身边人倾诉烦恼遭到讽刺，以及由女性引导的偷听场景。参见 Cf. Terence, *The Woman of Andros, The Self-Tormentor, The Eunuch*, Cambridge: Harvard University Press, 2001, p.321; Plautus, *The Little Carthaginian, Pseudolus, The Rope*, Cambridge: Harvard University Press, 2012, p.157; Plautus, *The Merchant, The Braggart Soldier, The Ghost, The Persian*, Cambridge: Harvard University Press, 2011。

⑤ Cf. Stuart Gillespie, *Shakespeare's Books: A Dictionary of Shakespeare Sources*, London: The Athlone Press, 2001, pp.32—34.

身份后，欣然同意了这门婚事。另一位骑士吉罗多听说他们订婚后极为妒忌，便贿赂一个年轻人设下圈套，让蒂比奥误会费尼齐亚对他不忠。蒂比奥在目睹一个男人从窗口爬进费尼齐亚的卧室后，随即取消订婚并对费尼齐亚进行谴责。费尼齐亚在悲伤过度的情况下陷入昏迷。在她的假葬礼后，吉罗多受到良心的责备，终于向蒂比奥说明真相。一年后，费尼齐亚化名卢齐拉再度出现在蒂比奥面前，此时她的妹妹贝尔菲奥雷已经嫁给了吉罗多。最后，两对情侣一起幸福地在彼德罗面前举行婚礼①。

在莎士比亚的《无事生非》中，他挪用改写了《第 22 个故事》里蒂比奥和费尼齐亚的爱情故事，将他们的名字改为克劳狄奥和希罗：克劳狄奥是来自佛罗伦萨的贵族少年，在墨西拿遇见了年轻、可爱的希罗后产生爱意，便委托国王彼德罗向希罗的父亲里奥那托求婚。国王彼德罗的庶出弟弟约翰由于自己的出身而满腹怨气，决意阻扰克劳狄奥与希罗的婚事。他派出手下波拉契奥联手希罗的侍女，让侍女假装成希罗在窗口幽会，好让躲在一旁偷看的克劳狄奥误以为希罗不贞而取消了婚约。在希罗受辱假死后，波拉契奥在审问中说出了一切。不久，希罗戴着面罩出现在克劳狄奥面前，两人终于消除误会，重归于好②。

莎士比亚有意识地对原小说进行了互文改造。第一，对故事发生的背景作了删减。原作故事发生在 13 世纪外族统治之下的西西里。在 1282 年发生的“西西里晚祷”（Sicilian Vespers）事件之后，西西里人开始团结起来反抗法国安茹王朝的统治，来自利比里亚半岛的阿拉贡国王彼德罗，击败了法国国王腓力三世的儿子查理，成为西西里的统治者，并将他的宫廷迁到墨西拿③。作为阿拉贡国王身边的骑士和亲信，蒂比奥是一位炙手可热

① Cf. Matteo Bandello, *Novelle, Volume Primo*, Turino: Cugini Pomba, 1853, pp.236—259.

② Cf. William Shakespeare, *Much Ado About Nothing*, Cambridge: Cambridge University Press, 2003.

③ Cf. Matteo Bandello, *Novelle, Volume Primo*, p.236.

的新贵人物。一开始他只看上了费尼齐亚的外貌，并没有打算娶她为妻。在费尼齐亚拒绝他的私下求爱后，考虑到她“古老和高贵的血统”正是他需要的“联盟”，蒂比奥才做出结婚的决定。莎士比亚只提到阿拉贡的彼德罗来到墨西拿，他十分看重年轻的佛罗伦萨人克劳狄奥，对彼德罗是墨西拿的外来统治者的身份没有介绍，对他与克劳狄奥之间的渊源关系也没有明确说明，这样一来，彼德罗就被简化为一个多事的贵人，只是出于乐于助人，促成年轻人的婚姻大事。

第二，故事主旨发生了变化，凸显爱情是婚姻的基础成为了该剧的一个新主题。剧本增添了原作中没有的人物，加入了克劳狄奥和希罗的好友培尼狄克和贝特丽丝以及仆人波拉契奥和玛格莱特等。培尼狄克和贝特丽丝，两人聪慧而尖锐，都对婚姻持怀疑态度，每次见面皆针锋相对，是一对欢喜冤家。国王彼德罗了解情况后，便与希罗合谋设下圈套，让他们误以为对方爱上自己。不久两人在花园中互表衷情。剧终时，两对情侣一起在国王彼德罗的见证下结为眷属。原作的故事主线被莎士比亚置于次要位置，新增加的培尼狄克和贝特丽丝反倒经过缜密安排，发展成该剧的核心剧情。莎士比亚将两对情侣对待婚姻的态度进行了对比，凸显出前者的保守和腐朽，后者的开明和进步。

第三，故事主线的改造与拆分。剧本对克劳狄奥和希罗的恋爱过程做了特殊处理。将这段关系的悲剧性底色包裹在“圆满”的外衣之下，以至于人们忽略了直到第四幕第一场之前，两人没有对谈过这一情况。他们的交往，由始至终是通过朋友的转述进行的。更为讽刺的是，克劳狄奥在第二幕第一场曾说过：“友谊在别的事情上都是可靠的，在恋爱的事情上却不是如此，恋人们应该用自己的嘴巴倾诉爱情。”① 由于感情基础非常薄弱，所以一个简单的小圈套便可让克劳狄奥将希罗全盘否定。反倒培尼狄

① William Shakespeare, *Much Ado About Nothing*, p.84.

克和贝特丽丝在第一幕第一场、第二幕第一场和第三场，第四幕第一场、第五幕第二场和第四场有过多次交谈，他们的婚姻桥梁虽由谎言架成，但背后却是两人的真心实意。通过颠覆性的处理，莎士比亚带给了观众迥异于源文本的审美体验，原先的核心内容被拆分成零散的故事线索，散布在各种细节当中。

第四，配角的数量和分量发生了变化。原作的配角数量较少，也几乎没有分量。莎士比亚则按照古希腊戏剧理论，塑造出成对的喜剧人物，譬如彼德罗国王和他的弟弟约翰。彼德罗兄弟由于出身不同，弟弟约翰因为庶出的身份决定做一个“光明正大的坏人”；彼德罗则出于善意的目的，设计圈套欺骗希罗、培尼狄克和贝特丽丝，以帮助情侣们发展恋情。彼德罗和约翰分别呼应了亚里士多德《诗学》中“欺骗者”和“自贬者”的人物类型。同时，莎士比亚还引入多位仆人的角色，如波拉契奥、马格莱特和欧苏拉，让他们起到烘托喜剧氛围和推动剧情发展的作用。

经过莎士比亚改造的改造，《无事生非》与班戴洛原作具有了很大差异。出生于意大利、后流亡法国的班戴洛，笔下的小说取材自真实的历史事件，借此来述说意大利文艺复兴晚期政治动荡造成的不安与无奈。莎士比亚的剧本则创作于英格兰的鼎盛时期，通过弱化贵族身份和门第观念，歌颂新时代的爱情，更充分表达出 16 世纪英格兰的市民精神。他把剧作安放在中世纪意大利的背景下，旨在通过对源文本的解构，揭示中世纪婚姻的不平等和荒诞。戏剧的形式消解了小说拖沓的叙事，古典戏剧理论赋予莎士比亚统摄全场剧情的能力，人物的情感和精神在他的安排下展现得淋漓尽致。

可以看出，文艺复兴时期被重新发现的古典作品和戏剧理论成为班戴洛和莎士比亚创作的共同土壤，他们在古典基础上建构出的新文本，在不同的文本空间中挖掘出现实的残酷与真实。但是，莎士比亚在重述意大利文艺复兴作品时，求异胜于求同，充分表现出“当下性”和“现代性”。

琼森说过，莎士比亚之所以伟大，在于他能深刻看到其所处时代面临的问题①，而莎士比亚本人也假借哈姆雷特之口，对戏剧提出了以下定义："自有戏剧以来，其目的是要反映自然，让美德显现本相，让轻蔑暴露面貌，让所有人看见时代的形式与力量。"②

结语

从摹仿到创新，一条清晰可见的线索构成了文艺复兴戏剧向现代发展的历史进程。对古罗马戏剧的刻意摹仿原本可能带来限制创新的弊端，然而，当古典复兴的影响抵达英伦时，莎士比亚却对其进行了近乎完美的融合和再造。为了使剧本情节更加贴近16世纪的英格兰市民社会，更好地表达人文主义的思想，莎士比亚努力挣脱古典原文的束缚，自由剪裁、拼合和拣选情节与人物，同时还插入了对各种细节的精彩描写，比如苏格兰的五步舞③，下半身套着灯笼裤的德国人④等，这一切使观众在他邀请下不知不觉中便进入了戏剧的"真实世界"，各种不同元素的文化在他的杂糅下产生出别具趣味的效果。应该说，经过莎士比亚改造了的意大利作品呈现出文艺复兴经典人文戏剧的特征。莎士比亚成功解决了意大利戏剧家尚未触及的问题，在再现与表现、命运与能力、诗歌朗诵与叙事对白、拉丁文与民族语言、贵族与平民、自然与文化、古典传统与现代民众需求等方

① Cf. James Shapiro, *1599: A Year in the Life of William Shakespeare*, New York: Harper Collins, 2009, p.vi.

② William Shakespeare, *Hamlet*, Cambridge: Cambridge University Press, 2009, p.65.

③ 参见《莎士比亚全集》一，第472页。

④ 参见《莎士比亚全集》一，第501页。

面找到了新的平衡点，实现了内容与形式之间的有机结合。莎士比亚的戏剧充满人文情怀，凸显了具有人类共通性的情感和境遇。

通过互文性分析，我们既可以从纵向看到莎士比亚的创作与古代希腊、罗马文化的关系，也可以从横向挖掘他与意大利文艺复兴以及英格兰市民文化之间的联系。他的剧作以一种独特的方式在舞台上再现了新兴市民阶级的生活理想和价值观，构建出莎士比亚的新美学风格。莎士比亚对意大利文艺复兴时期古典戏剧传统的接受与互文，揭示出晚期人文主义者是如何通过征用传统文化财富，为新时代塑造出新的审美情趣和文化需求的。这亦使得在此后的几百年里，莎士比亚作品具有了无可撼动的经典地位。

法图藏耶稣会士高一志（Alfonso Vagnoni）四份政治伦理抄本的初步研究*

谢明光（北京外国语大学国际中国文化研究院讲师）

前言

法国国家图书馆（Bibliothèque nationale de France，以下简称“法图”）藏有四份中文手抄本，按照现有的图书编号，依次为：《王宜温和》《王政须臣》《治政源本》

* 本论文初稿曾于2016年在澳门理工大学举行的“大航海时代的澳门与世界”国际学术讨论会（9月18—21日）上进行宣读，并在此基础上对内容进行修订。本文在撰写期间，得到北京外国语大学国际中国文化研究院张西平教授、中国社会科学院世界历史研究所已故研究员许明龙先生的帮助，特此致谢。同时，在此也感谢内子唐中黎在写作过程中的鼓励和陪伴。本文为国家社科一般项目“罗明坚《中国传教史》西文手稿的转写和翻译”（编号：17BZJ029）和北京外国语大学“2017年新入职教师科研启动基金项目”（编号：2017QD012）的阶段性成果。

《治民西学・卷之上》。[①] 如今，这几份文献都被收录在由钟鸣旦（Nicolas Standaert）、杜鼎克（Ad Dudink）和蒙曦合（Nathalie Monnet）编辑的《法国国家图书馆明清天主教文献》中。由于它们没有留下相关的版本信息，所以钟鸣旦等人就以“无名氏”指之。[②]

本文试图通过对藏在欧洲各图书馆的原始档案（尤其是各类在华耶稣会士的著作目录）和这几份文本本身的分析，考证它们的作者、成稿时间、文字使用特征和流传情况。同时，通过对这四份文献的初步研究，本文试图揭示它们与在华耶稣会的“著书传教”策略之间的关系，及其内部的“知识分类”。

作者、书名、卷目和顺序

法图所藏的这四份文件，在一些研究中通常被默认为是高一志的著作。比如比利时鲁汶天主教大学（Katholieke Universiteit Leuven）的“中国基督教文献数据库”（Chinese Christian Texts Database）就将它们归于高一志。[③] 的确，这些文本为高一志所作。但迄今为止，并没有相关的文章对此进行论证和说明。是故，本部分将对此进行说明，并讨论它们的原有卷目、顺序和书名。

① 它们在法图的编号，分别是：Chinois 3457, Chinios 3458, Chinois 3459, Chinois 3460，参见钟鸣旦、杜鼎克、蒙曦合主编：《法国国家图书馆明清天主教文献》，台北利氏学社 2009 年版，第一册。

② 参见钟鸣旦、杜鼎克、蒙曦合主编：《法国国家图书馆明清天主教文献》，台北利氏学社 2009 年版，第一册。

③ 参见 http://heron-net.be/pa_cct/index.php/Categories/Categories（鲁汶天主教大学 Chinese Christian Texts Database 数据库，2019 年 3 月 30 日登录）。

法图所藏的这四册手稿，其作者是高一志。在《治民西学·卷之上》中有“余已析详于《童幼教育》之卷耳”一语。① 这里提到的《童幼教育》，便是高一志在山西传教时的作品，大约完成于 1630 年。②

高一志（Alfonso Vagnoni），又名王丰肃、王一元，字则圣，1566 年出生在意大利都灵特罗法雷洛（Trofarello）的一个贵族家庭。1584 年，高一志加入耶稣会，成为初修会士。随后，他前往米兰，在布雷拉（Brera）耶稣会神学院学习人文和修辞课程。之后，他留在该院教授哲学和人文课程，共计五年。③1603 年，他被派往东方。次年，他抵达澳门，随后进入韶州，后北上至江西，最后到达南京。由于他的勤奋和热忱，当时的在华耶稣会会长利玛窦（Matteo Ricci, 1552—1610）神父于 1606 年 10 月 15 日致信给罗马耶稣会总会长克劳迪奥·阿夸维瓦（Claudio Acquaviva, 1543—1615）神父，希望能够正式接纳高一志和另一位耶稣会士龙华民（Nicolò Longboardo, 1559—1654）为耶稣会士。④ 在此期间，高一志基

① 《治民西学》, BnF, Chinois 3460, f.14a。

② 韩霖在《童幼教育·序》中写道：“西儒高则圣先生居东雍八年，所著天学之书以十数。其厄弟加之学，译言修齐治平者，为斐禄所费亚之第五支。童幼教育又齐家中之一支也”，由是可知，《童幼教育》完成于高一志在山西传教之时。又由于参加《童幼教育》审查的人，即有德国耶稣会神父邓玉函（Johann Schreck），其在 1630 年 5 月 11 日病逝，所以，《童幼教育》的成稿，必定要在邓玉函逝世之前，请参见《童幼教育》, BnF, Chinois 3389。

③ 有关高一志的早期经历，请参见 *Menologio di pie memorie d'alcuni religiosi della compagnia di Gesu, raccolte dal padre Giuseppe Antonio patrignani della medesima compagnia, e distribuite per quei giorni dell'anno, ne'quali morirono, dall'anno 1538, fino all'anno 1728*, Tomo Secondo, in Venezia, 1730, p.88；金文兵：《高一志与明末西学东传研究》，厦门大学出版社 2015 年版，第 7—11 页；据“会审王丰肃等犯一案”，知高一志“幼读夷书，繇文考、理考、道考，得中多耳笃，即中国进士也”（自幼读洋人之书，经人文考试、自然科学考试和神学考试，最后获博士学位），请参见夏瑰琦编：《圣朝破邪集》，香港建道神学院 1996 年版，第 74 页。

④ “Matteo Ricci al P. Claudio Acquaviva Prep.Gen.S.I. a Roma” (Pechino, 15 agosto 1606), in *Opere Storiche del P. Matteo Ricci*, edite a cura del Comitato per le onoranze （转下页）

本上都在一边学习中文，一边进行传教，包括福音传播和教堂修建。① 在宣教过程中，高一志并没有完全遵从利玛窦所强调的小心谨慎的传教态度，而是直接到民众中，以此吸引了一批普通的中国民众。然而，这种方式也引起了一些文人和士大夫的不满、警惕，乃至反感。②1616 年，在南京礼部侍郎沈漼的攻讦下，高一志和同在南京的葡萄牙籍耶稣会士曾德昭（Álvaro Semedo, 1585/1586—1658）被捕入狱，之后被押送至广东，再从那里被驱逐到澳门。③ 在澳门期间，高一志除教授神学之外，亦开始编纂和著述。④1623 年，南京教案的主要发动者沈漼去世，耶稣会在中国所面临的政治形势有所缓和。在此背景下，高一志于次年重返中国内地。然而，在华耶稣会出于谨慎的考虑，以及在山西天主教徒韩云的邀请下，高一志被派往山西。1624 年 12 月底，高一志抵达山西绛州，接替早已在那里传教的比利时籍耶稣会士金尼阁（Nicolas Trigault, 1577—1628）。后者则在另一位中国天主教徒王征的邀请下，前往陕西泾阳。

高一志在山西传教时，其足迹遍布三晋大地。在当地天主教文人和信

（接上页）nazionale con prolegomeni note e tavole dal P. Pietro Tacchi Venturi S. J., Macerata, 1913, Vol.II, p.302.

① Louis Pfister, *Notices biographiques et bibliographiques sur les jesuites de l'ancienne mission de Chine, 1552—1773*, Changhai, 1932—1934, p.85, p.86.

② 高一志与信徒之间的关系，可参见 *Menologio di pie memorie d'alcuni religiosi della compagnia di Gesu, raccolte dal padre Giuseppe Antonio patrignani della medesima compagnia, e distribuite per quei giorni dell'anno, ne'quali morirono, dall'anno 1538, fino all'anno 1728*, Tomo Secondo, in Venezia, 1730, p.88。

③ 南京教案与高一志之间的关系，请参见夏瑰琦编：《圣朝破邪集》，香港建道神学院 1996 年版，以及 L. Pfister, *Notices biographiques et bibliographiques sur les jesuites de l'ancienne mission de Chine, 1552—1773*, Changhai, 1932—1934, pp.86—88。另外，张铠先生认为高一志是在 1616 年 12 月 28 日被遣送回澳门，请参见张铠：《庞迪我与中国：耶稣会"适应"策略研究》，北京图书馆出版社 1997 年版，第 458 页。

④ L. Pfister, *Notices biographiques et bibliographiques sur les jesuites de l'ancienne mission de Chine, 1552—1773*, Changhai, 1932—1934, p.89.

徒的帮助下，他巩固和扩大了金尼阁在山西所开创的天主教事业。1634年，山西发生大饥荒，出现人争相食的现象，为此，高一志、法国耶稣会士方德望（Étienne le Fèvre, 1598—1659）和来自澳门的一位中国籍同修会士艾曼努埃尔・戈麦斯（Emmanuel Gomez, 1602—1644）[①]，在当地天主教徒段衮等人的协助下，展开一系列救助活动，如设立育婴堂收留孤儿弃婴，并为濒死的弃儿领洗等。他们通过与当地绅士和民众合作的方式，积极参与到地方事务之中，扩大了天主教在中国的影响。1640年4月19日，高一志因劳成疾，在绛州逝世，享年七十五岁。[②]

由上所述，我们可以知道，《治民西学・卷之上》正是高一志在山西传教时的作品。[③]高一志还著有“卷之下”的部分。徐宗泽（1886—1947）在其所著的《明清间耶稣会士译著提要》中提到《民治西学》一书。他说该书为抄本，“书内分上下二卷”。[④]比较其所抄写目录可知，徐宗泽所说的《民治西学》(卷上）即为法图所藏的《治民西学・卷之上》。两者的差别就在于书名中的“民治”和“治民”。

造成这一差异的原因，或许是由于徐宗泽所据版本为北京西什库教堂于1935年刻印出版《民治西学》(以下简称为“西什库本”)。该书共一

---

① 关于艾曼努埃尔・戈麦斯的生平事迹，请参见L. Pfister, *Notices biographiques et bibliographiques sur les jesuites de l'ancienne mission de Chine, 1552—1773*, Changhai, 1932—1934, p.197。

② 高一志逝世的日期，请参见*Menologio di pie memorie d'alcuni religiosi della compagnia di Gesu, raccolte dal padre Giuseppe An tonio patrignani della medesima compagnia, e distribuite per quei giorni dell'anno, ne'quali morirono, dall'anno 1538, fino all'anno 1728*, Venezia, 1730, tomo secondo, p.88。

③ 根据金文兵先生的研究，从1631年至1640年，高一志在山西著述或刻书共有13部，内容包罗万象，包括文学、哲学和神学，请参见金文兵：《高一志与明末西学东传研究》，厦门大学出版社2015年版，第56—58页。但本文所提到的这四份文件，实际上并未正式刊行。

④ 徐宗泽：《明清间耶稣会士译著提要》，上海书店1946/2010年版，第216页。

册，分上下两卷，封面上印有“天主降生后一千九百三十五年印，北平主教满准”。①“北平主教满”即为法国遣使会（*Congregatio Missionis*）会士满德贻（Paul Leon Cornelius Montaigne, 1883—1962），其时是北京代牧区宗座代牧。通过对目录和内容的比较，我们发现，“西什库本”《民治西学》“卷上”即为法图所藏《治民西学》“卷之上”。两者稍有区别：一是法图本中出现的俗字，在“西什库本”中均为正体字所代替；二是法图本中出现的“治民”二字，在“西什库本”中均写作“民治”。或正是该原因，徐宗泽和方豪均将《治民西学》错写为《民治西学》。②而“西什库本”《民治西学》（卷下），则应该就是法图所缺失的《治民西学·卷之下》。至于法图为何缺失该部分，则有待将来文献的进一步发现。

除《治民西学》之外，《王宜温和》《王政须臣》《治政源本》也都是由高一志在山西传教时所完成。徐宗泽在《明清间耶稣会士译著提要》中提到，上海徐家汇耶稣会图书馆藏有《西学治平》一书。他说，此书为“耶稣会士高一志著。此书为继《修身西学》《西学齐家》而作，系抄本，无序及年月，共十一章”，并列出目录内容。③但是根据徐宗泽所抄目录，该书实际上是法图所藏的《治政源本》。

《治政源本》中提到“民治”一词，即“此论之义，后详于《民治》之后三卷”一语。④但何谓“民治”？费赖之（Louis Pfister, 1833—1891）曾在《在华耶稣会士列传及书目》（以下简称“《书目》”）中列出

① 现藏于中国国家图书馆，其索书号为：137497/古籍馆普通古籍阅览室，原藏书号为“字第67480号”；另请参见 http://heron-net.be/pa_cct/index.php/Detail/objects/10111（鲁汶天主教大学 Chinese Christian Texts Database 数据库，2019年3月31日登录）。

② 请参见徐宗泽：《明清间耶稣会士译著提要》，上海书店1946/2010年版，第216页；方豪：《中国天主教人物传》，宗教文化出版社2007年版，第109—110页。

③ 请参见徐宗泽：《明清间耶稣会士译著提要》，上海书店1946/2010年版，第214—215页。

④ 《治政源本》，BnF, Chinois 3459, f.14a。

高一志所作的中文著述，但并没有以“民治”为名的著作。[1]《民治》也不会指徐宗泽和方豪所提到的《民治西学》，因为后者（也即《治民西学》）有“卷上”和“卷下”两部分，与高一志所谓的“《民治》之后三卷”明显不符。

那么，如何理解“《民治》之后三卷”？在《治政源本》首句，高一志曾写道：“修齐之学已析，次应以治之学继之，乃义礼之学庶备全矣。夫修齐治三功，固统一理，而惟以多寡公私之殊辨耳。修者独自之谓；齐者一室之云；治者，乃众民之谓。”[2] 可知高一志在“治之学”之前，已完成“修齐之学”。而“修齐之学”所对应的，即为《西学修身》与《西学齐家》两书。它们与“治之学”构成了高一志所谓的“义礼之学”。高一志在《齐家西学》中，把这一学说概括为“厄第加”，即拉丁文“伦理学”（*ethica*）的音译。[3] 高一志在《修身西学》中对此作过解释。他写道：“所贵义礼之学者三：曰身，曰家，曰国。人生非止为己生也，兼为家国，然后必为己，而后可以为家国也。则身之先修焉，必也。盖诸实学，由内及外，由近及远。修身者，剖诸义礼，诸德之源也，正邪善恶之界，各识所当趋所当避焉；进而齐家，有居室生殖畜养之事，各识所当取与弃焉；进而治国，有王公、群臣、兆民之宜，各明所当从与戒焉。而修身为本矣。是学之序也”。[4]

从修身到齐家，再到治国，层层递进，形成一套所谓的“义礼之学”。而“治国”则又被分为三部分：王公、群臣、兆民。虽然高一志对它们的内容并未展开具体的叙述，但与法图所藏的《王宜温和》《王政须臣》《治

① L. Pfister, *Notices biographiques et bibliographiques sur les jesuites de l'ancienne mission de Chine, 1552—1773*, Changhai, 1932—1934, pp.91—95.

② 《治政源本》, BnF, Chinois 3459, f.1a。

③ 《齐家西学》, BnF, Chinois 3398, f.17a。

④ 《修身西学卷之一·义礼之序》(古绛景教堂藏板), BnF, Chinois 3396, ff.2a-b；对于义礼之学的定义，亦可参见《齐家西学·卷之三》, BnF, Chinois 3398, f.17a。

民西学》无不一一对应，也即“《民治》之后三卷”。由于《治政源本》在“治国”中居首，起“导言”作用。由此，高一志才说：“后详于《民治》之后三卷。”

综上所述，该四份手稿可以被确定属于高一志所谓“义礼之学”的一部分，是继“修身”、“齐家”之后又一部以西方“义礼之学”来讨论治国的著作，其书名即为《治国西学》。① 其内容，按顺序应包括：《治政源本》《王宜温和》《王政须臣》《治民西学》（卷上和卷下），与法图现在的顺序不同。

关于这四份手稿的抄写者，到目前为止，我们没有发现任何的信息。它们的笔迹一致，应由一个人完成。虽然无法确定他的社会身份，但很有可能的是，他是一位天主教徒，或天主教的同情者，和 1722 年随法国籍耶稣会神父傅圣泽（Jean-François Foucquet, 1663—1739/ 1740）前往欧洲的中国教徒胡若望一样，“识得中文字，能够写一手工整的笔迹，对于古典的文章形式和成语也有所掌握”，但他们没有通过科举考试中的任何一级，故也远称不上文人。②

成稿时间

基于前文的研究，我们也可以推断出《治国西学》之成稿的大致时

① 请参见：罗马耶稣会档案馆（Archivum Romanum Societatis Iesu, ARSI），Jap.Sin.187, 13b。

② 有关胡若望的研究，请参见史景迁：《胡若望的疑问》，广西师范大学出版社 2014 年版，第 16 页，以及第 40 页注释 5。另一位天主教徒黄嘉略（1679—1716），几乎是与胡若望同时代来到法国，他也不是一位传统意义上的中国文人，请参见许明龙：《黄嘉略与早期法国汉学》，中华书局 2004 年版，第 301—313 页。

间。它们应晚于《修身西学》和《齐家西学》。段衮在《天主圣教四末论序》中提道："先生著书甚伙，如性理、义理、修齐诸书。"落款日期为"崇祯丙子年"，也即 1636 年。[①] 段氏所指的"先生"即为高一志，"修齐"是指《修身西学》和《齐家西学》两书，它们至少在 1636 年之前都已完成。在《齐家西学》的扉页上，还刻有"值会傅汎际准"等字。[②]"值会"是指当时在华耶稣会的会长。傅汎际（Francisco Furtado, 1587—1653）是葡萄牙籍的耶稣会士，1620 年到达澳门，并从 1635 年到 1641 年但任在华耶稣会会长。那么，《齐家西学》在 1635 年与 1636 年之间便已经完成。又《齐家西学》卷首云："《修身西学》备矣，次以《齐家》"，[③] 则知"修身"完成在先，"齐家"在后。又据前文所引《治政源本》首句："修齐之学已析，次应以治之学继之"，[④] 可知《治国西学》当为最后出。

因此，我们可以知道，"义礼之学"的成书顺序应依次为：《修身西学》《齐家西学》和《治国西学》。其中，《治国西学》的开始纂写和成稿时期至少应该是在 1635 年，或之后。

文字特征

法国国家图书馆所藏的这四份抄本，它们最主要的文字特征，便是

① 请参见段衮：《四末论序》，《天主圣教四末论》，BnF, Chinois 6857, f.6a。

② 《齐家西学・卷之 2》，BnF, Chinois 3398；此外，在法图所藏的这一版本中，卷二与卷三的内容与法图所藏的高一志的《童幼教育》（BnF, Chinois 3389）一致，所以该部分大约完成于 1630 年，或之前。

③ 《齐家西学・卷之一》，BnF, Chinois 3398, f.1a。

④ 《治政源本》，BnF, Chinois 3459, f.1a。

使用了不少在当时被称为“俗字”的汉字，比如：“盖”、“于”、“势”、“执”、“国”、“迁”、“爱”、“惧”、“仇”、“变”、“趋”、“权”、“尔”、“难”、“体”、“碍”、“乱”、“荣”、“劳”、“弥”、“属”、“尸”、“携”、“听”、“痴”、“污”、“却”、“献”、“穷”、“尽”、“机”、“断”、“朴”、“仆”、“当”、“实”、“犹”、“会”、“无”、“礼”、“宝”、“称”、“过”、“医”、“圣”、“壮”、“尝”、“宠”、“升”、“独”、“劝”、[1]“以”、“将”、“乐”、“学”、“谦”、“归”、“属”、“凶”、“命”、“宁”、“恶”、“圣”、“尸”、“议”、“楼”等。

在中国文字史上，俗字一般被视为是“下里巴人”的文字，不为正统文学所重视，经常用于籍账、文书、地契、药方、宗教抄本和口耳相传的地方戏剧和歌谣等与市井生活紧密相关的文本中。[2]比较著名者，有敦煌文书和明清之际的世俗文学。[3]尽管颜元孙通融地认为，俗字可以与正字互通，但传统士大夫对于俗字多持不友好的态度。[4]至明末清初，随着市民社会的兴起，这一情况似有所改变。在该时期出现的几部大型辞书，如《字汇》《正字通》《字汇补》，均介绍或收录了不少的俗字。[5]因而，俗文字在高一志的这些抄本中的出现，也反映出它们的世俗文学的色彩。

---

① 以上诸字来自黄兴涛、王国荣的统计，请参见《治平西学》，载黄兴涛、王国荣编：《明清之际西学文本》第二册，中华书局2013年版，第579页，注释1。

② 唐人颜元孙（？—732）在《干禄字书》中写道：“所谓俗者，例皆浅近，唯籍账文案、券契药方，非涉雅言，用亦无爽；倘能改革，善不可加。”转引自蒋礼鸿：《中国俗文字学研究导言》，《杭州大学学报》1959年第3期，第129—140页，尤其是第129页。

③ 有关明清之际的俗文学，请参见大木康：《从俗文学看明清的城市与乡村、中央与地方》，载《成大历史学报》2009年第36号，第1—16页。

④ 有关俗字与正字的关系，亦请参见张涌泉：《汉语俗字研究》，岳麓书社1995年版，第3页。

⑤ 同时，也请参见张涌泉：《汉语俗字研究》，岳麓书社1995年版，第273—310页。

这一现象的出现，可能与入华耶稣会的传教策略的调整有关。自利玛窦入华以来，为在中国传播天主教义，他采取了“自上而下”的传教策略。他通过与中国社会的中上层阶级往来，获得他们对在华耶稣会传教事业的支持。① 然而，1610 年龙华民成为在华耶稣会会长之后，他采取一种与来自更边缘省份的士大夫接触的传教方式，特别是在 1616 年南京教案的影响之下，中国的传教事业开始从传统的中国政治和经济的中心，比如北京、南京和杭州，逐渐向周边的边远省份扩散，比如河南、山西和陕西。一个明显的例子，便是从 1623 年到 1626 年，出于谨慎，前文提到的耶稣会神父金尼阁被派到河南、山西和陕西进行传教。于是，在他的周围形成了一个以关中、晋南和豫北的乡绅为主体的地方天主教群体。金尼阁便是借助于这一群体以及形成的天主教徒的社会网络，与当地的中下层民众往来，宣传天主教义。②

高一志也是龙华民这一传教策略的实践者。当他在山西接替金尼阁的传教事业时，围绕在他周围的中国文人，也多活跃于社会的中下层。以高一志在山西所编辑的《修身西学》《斐录答汇》《齐家西学》《寰宇始末》《励学古言》《则圣十篇》为例，参与编辑的中国人有北直隶广平的卢恢胤；山西绛州的卫斗枢、段衮、韩霖、韩云、陈所性、杨文章；汉中的王琓；山东的耿章光、李烨然、毕拱辰；天津的倪光荐；关中的王征；河中的韩埏、韩奎、韩垍、韩埴；上海云间的陈于阶、孙元化；武昌古鄂的

① 有关利玛窦所交游之中国人姓名、籍贯、官职、交游时间与地点，请参见林金水：《利玛窦交游人物表》，载《中外关系史论丛》第一辑，世界知识出版社 1985 年版，第 123—149 页。

② 参见 Xie Mingguang, *Chinese Collaborators and the Making of the Xi Ru Er Mu Zi (1626)*, in Vincenzo Lavenia, Sabina Pavone, ed., *Missioni, saperi e adattamento tra Europa e imperi non cristiani*, Macerata, Edizione Università di Macerata, 2015, pp.99—128；谢明光：《天主教徒王征和〈西儒耳目资〉：从关学到天学》，载《唐都学刊》2018 年第 5 期，第 69—76 页。

杨之华；江西婺源的程廷瑞；河南虞城的杨天精。他们当中不乏进士、举人、贡生，以及在地方任职的官员，但这些人的影响力通常仅限于地方，极少有像利玛窦在北京所结交的那些具有全国影响力的文化名流和政治权威。

这些远离中国传统的政治中心和经济中心的在华传教士，尽管在政治上仍旧需要地方高级大员为他们提供安全保证，但在实际的传教事务中，他们则更多依靠这批活跃于社会中、下层的中国文人和民众。在“著书传教”策略的指导下，通力合作，编纂出这种介于俗与非俗之间的文学作品。① 而且，这些文本也常常就是以普通民众作为直接的对象，发挥其重要的道德说教功能（和蕴含其中的基督教化）。比如崇祯八年（1635）绛州知州雷翀（字翔宇，陕西合阳人，生卒年不详）所颁布的“天辟邪事”告示，劝告民众要弃邪教（无为教、金蝉教等），归于正道；或又如韩霖受命于绛州知州孙顺而编纂的《铎书》(1641)。②

该手稿的另一个文字特征，便是在手稿的某些地方，仍旧存在着一些修改的痕迹，比如添加某一字，或是删改某一字。③ 显然，法图所藏的这些手抄本也不是定稿，仍处于修改之中，尽管这些修改并没有改变原手稿的本意。

① 学界对这一时期的传教士作品似乎给予了过高的评价，请参见郑海娟：《文白变迁：从〈圣经直解〉到〈古新圣经〉》，载《华文文学》2015 年第 4 期，第 46—55 页。

② 雷翀在这份告示中所提到的“西儒高先生”，便是高一志无疑，请参见：“天辟邪事：绛州正堂雷为尊天辟邪事告示”，载郑安德编辑：《明末清初耶稣会思想文献汇编》（第二十四册），北京大学宗教研究所，2000 年，第 27 页。

③ 增加或插入的汉字，见《王宜温和》，BnF, Chinois 3457, f.6a, 7b, 8a, 9a, 13a, 13b, 17b, 29a, 33a；《王政须臣》，BnF, Chinois 3458, f.3a, 10a；《治政源本》，BnF, Chinois 3459, f.13a, 15a, 16a, 17b, 25a, 30a, 31b, 32b, 33b；《治民西学》，BnF, Chinois 3460, f.9b, 18b, 33a；修改或被替换的字，则参见《王政须臣》，BnF, Chinois 3458, f.25b；《治政源本》，BnF, Chinois 3459, f.1b, 11a, 20a, 20b, 26a, 26b, 30b, 32a。需要指出的是，这些修改的地方并没有改变文本的本义。

流传

作为手抄本，这四份手稿在进入法国国家图书馆之前，可能没有在社会上广泛流传过。唯一的例外，则是一个叫“陈子佐”的人。这个人的名字出现在法图所藏的《王政须臣》封面上的一枚红色印章中。该印章为长方形，从上至下刻写着“子佐陈记”四字。① 显然，它在《王政须臣》被收入法图之前就已经存在。有关陈子佐的资料不详，但他可能对事天之学感兴趣，碰触过至少包括《王政须臣》在内的一类手稿。但他是否完整地收藏过包括《王政须臣》在内的所有四份手稿，以及是否因此而产生过某种的知识传播，则由于史料的缺乏，有待于将来的进一步考证。

在这四份文献被收入法国国家图书馆之后，经历过至少两次编目，留下了两组不同的编号。根据第一次整理所留下的编号，我们知道，法图的这四份文献最初并没有被当作一个整体，而是被分散到图书馆的各个角落。② 而法图在对它们进行第二次整理时，尽管把它们置于一处，但它们的顺序并不是根据文本的内容而得出。显然，在很长一段时间内，《治国西学》并没有引起过读者的关注，或被充分地研究过。以至于费赖之把《治国西学》(即他所提到的《西学治平》)收录进他的《书目》时，却将这部书的内容描述成是“详细考察在中国所众知的

① 《王政须臣》, BnF, Chinois 3458。

② 这四份文献的第一次编号为:《王宜温和》(n.3359),《王政须臣》(n.3362),《治政源本》(n.2387),《治民西学 · 卷之上》(n.3153)。

五伦”。①

然而，值得注意的是，在早期中国天主教徒或在华耶稣会士所编纂的几份书目中，却都收有《治国西学》一书。中国天主教徒韩霖和张赓就曾把这部讨论“治国”的著作，以《西学治平》为名，收录进他们所编辑的《圣教信证》中。但编者没有标出该书的卷数，亦未标明该书是否曾被刻印过。法国耶稣会传教士柏应理（Philippe Couplet, 1623—1693）后来根据《圣教信证》将高一志的这部著作的题目翻译成拉丁文（“*De recta gubernatione Regnis juxta europaeos*”），并且增加了卷数（四卷），与《西学修身》(“*De recta sui ipsius inititutione juxta doctrinam europaeorum*”）和《西学齐家》(“*De recta familiae institutione juxta europaeos*”）一并收录在他本人所编写的《耶稣会神父著述考》(*Catalogus Patrum Societatis Jesu*)(1686）中。② 柏应理显然对高一志的这些著述有

① 费赖之对《西学治平》的书名翻译和介绍为：*De la manière de bien gouverner le royaume, selon les Européens, 4 Vol.Il passe en revue les cinq relations si connues en Chine: du roi à l'égard de ses sujets, du mari vis-à-vis de sa femme, du père envers ses enfants, des amis entre eux et des vieillards avec les jeunes gens*, 请参见 L. Pfister, *Notices biographiques et bibliographiques sur les jesuites de l'ancienne mission de Chine, 1552—1773*, Changhai, 1932—1934, p.93。费赖之的编目与 Augustin 和 Backer 的介绍几近一致，后者将该书名译为：*De optima regni administratione, accommodata quinque generibus officiorum inter Sinenses. I. Rgis erga subditos. II. Mariti erga uxorem, III. Patris erga filios. IV. Amici erga amicum. V. Senum erga juvenes* (《论善政，与中国人的五伦一致：君臣、夫妇、父子、朋友、长幼》)，并补充道：“受重视的作品”(“Ouvrage estimé”)，请参见 Augustin et Alois de Backer, *Bibliothéque des écrivains de la Compagnie de Jésus*, quatrième série, Liége, 1858, p.708。费赖之可能受到这两位之著作的影响。

② 韩霖、张赓：《圣教信证》(韩霖顺治丁亥叙)，BnF, Chinois 6903, f.66；柏应理的书名翻译，请参见 Filippe Couplet, *Catalogus Patrum Societatis Jesu*, 1686, p.12。

需指出的是，在《圣教信证》(BnF, Chinois 6903, f.6b)、梵蒂冈图书馆（Biblioteca Apostolica Vaticana, 以下简称 BAV）藏 *Catalogus librorum Sinicorum à P.P. Soc. Jesv. editorum*（BAV, raccolta generale-oriente stragrandi. 13a）和《天主圣教书目》(BAV, raccolta generale-oriente stragrandi. 13b)(请参见张西平、马西尼、任大援、(转下页)

一定的了解。

而中国天主教徒胡璜（身份待考）曾编纂《道学家传》一书，论述了天主教以及天主教在中国的简史，并根据另一个版本的《圣教信证》，介绍来华的耶稣会士以及著作，其中高一志的《西学治平》也被收录在内。[①]除此之外，法国国家图书馆所藏的"北京刊行天主圣教书板目"和"历法格物穷理板目"两份书目。两者笔迹一致，应是同一个人所写，是一份总书单的两种类别。《治平西学》出现在"历法格物穷理板目"中，这似乎暗示着这部书曾在北京刊行。[②]然而这两份目录所收书目与法图本所藏的《圣教信证》几乎相同，由此可以推断，前者乃根据后者编写而成。而法图本《圣教信证》所列各种著述，也非曾都真正刻印出版。[③]所以，《治国西学》是否有过刊行，尚持阙疑态度。

罗马梵蒂冈图书馆也藏有两份书目手稿，它们是根据另一个版本的

（接上页）裴佐宁主编：《梵蒂冈图书馆藏明清中西文化交流史文献丛刊》(第一辑)，大象出版社 2014 年版，第一卷，第 8 页和第 20 页），以及法图藏《北京刊行天主圣教书板目》(BnF, Chinois 7046, f.33a) 中，书名都写作《西学修身》《西学齐家》和《西学治平》；但法图（BnF, Chinois 3396/ Chinois 3398）、上海徐家汇图书馆（FT049R）和梵蒂冈图书馆（raccolta generale-oriente-III, 217/raccolta generale-oriente-III, 219.10）所藏本，均作《修身西学》和《齐家西学》。以此推知，"治之学"的书名也应为《治平西学》。

① 胡璜：《道学家传》，载钟鸣旦、杜鼎克主编：《徐家汇藏书楼明清天主教文献》第三册，台北方济出版社 1996 年版，第 1160 页；黄一农先生认为《圣教信证》有递修本，此论不谬，请参见黄一农：《两头蛇：明末清初的第一代天主教徒》，上海古籍出版社 2006 年版，第 244—245 页；但更确切的是，《圣教信证》存在两个不同的版本，二者所收书目有所不同。这一不同版本的《圣教信证》，曾被天主教徒胡璜大量引用，请参见胡璜：《道学家传》，载钟鸣旦、杜鼎克主编：《徐家汇藏书楼明清天主教文献》第三册，台北方济出版社 1996 年版，第 1025—1224 页。

② "历法格物穷理板目"，BnF, Chinois 7046, f.33a。

③ 如郭居静的《性灵诣主》、阳玛诺的《避罪指南》、柏应理的《周岁圣人行略》、恩理格的《文字考》，书名下方均标出"未刻"，参见《圣教信证》(韩霖顺治丁亥叙)，BnF, Chinois 6903, f.3b, f.8a, f.28a, f.32b。

《圣教信证》编纂而成，其所收的大部分书目都可以在胡璜的《道学家传》中找到。① 和法图所藏的那份书目一样，这两种目录也把在华传教士的作品分为两类："天主圣教书目"（"*Catalogus librorum sacrorum*"）与"历法格物穷理书目"（"*Catalogus librorum mathematicorum et philosophicorum*"）。《西学治平》被归于"历法格物穷理书目"之列。在《耶稣会士所著中文书籍・引》中，编者对"天主圣教书目"和"历法格物穷理书目"之间的关系作过一番论述：

夫天主圣教为至真至实，宜信宜从。其确据有二：一在外；一在内。在内者，则本教诸修士著述各端极合正理之确论。其所论之事，虽有彼此相距甚远者，如天地、神人、灵魂、形体、现世后世、生死等项，然各依本性自然之明，穷究其理，总归于一，道之定向，始终至理通贯，并无先后矛盾之处。更有本教翻译诸书百余部，一一可考，无非发明昭事上帝尽性命之道，语语切要，不涉虚幻。其在外之确，据以本教之功行踪迹，目所易见者，则与吾人讲求归复大事，永远固福辟邪指正而已。至若诸修士所著天学格物致知乾象历法等书，亦有百十余部，久行于世，皆足征天主圣教真实之理。愿同志诸君子归斯正道而共昭事焉。②

① 这两份藏于罗马梵蒂冈图书馆的书目，其编目分别为：BAV, raccolta generale-oriente stragrandi. 13a; BAV, raccolta generale-oriente stragrandi. 13b，现收录于张西平、马西尼、任大援、裴佐宁主编：《梵蒂冈图书馆藏明清中西文化交流史文献丛刊》（第一辑），大象出版社 2014 年版，第一卷，第 2—21 页；胡璜：《道学家传》，载钟鸣旦、杜鼎克主编：《徐家汇藏书楼明清天主教文献》，台北方济出版社 1996 年版，第三册，第 1025—1224 页。

② 《耶稣会士所著中文书籍》（BAV, raccolta generale-oriente stragrandi. 13a），现收录于张西平、马西尼、任大援、裴佐宁主编：《梵蒂冈图书馆藏明清中西文化交流史文献丛刊》（第一辑），大象出版社 2014 年版，第一卷，第 6—7 页。

正如我们在前文所提及的，高一志视“治之学”为“义礼之学”的一部分，而“义礼之学”又为哲学的一端，“性理之学”为其另一端。高一志写道：

造物主之灵人以知也，畀之以载知之形，昂首竖身，五官百骸之异于飞走也；畀之以司知之神，自立灵明，含悟爱欲之超于生觉也。顾初人之性，坏于邪诱，欲迷理昏，形器徒具，神明或蔽焉。造物主悯之，既牖往哲，观瞩推察，近致远，显测微，启格物穷理之学；复生后圣，积法愈精；于是万事万物各因其然，推及其所以然，更因各所以然，推及一总所以然；辨别指归，学于是成；而人知补性之偏，致知之全矣。西庠所谓费罗所非亚是也。学分二派：一曰性理之学，一曰义礼之学。性理者，指物之内蕴而穷其妙者也。义礼者，指身之极诣而征其妙者也。性理言知，义理兼言行。余尝云：性理之学，照人心，了然喜；义理之学照人心，独善兼善，喜未可言喻也。①

对于高一志和其他耶稣会士而言，他们对被介绍到中国的西方知识体系有着基本一致的理解。这种思想的延续，也体现在对书籍和知识的分类上。更为重要的是，我们从前面两段文字可以发现耶稣会士在中国推行“著书传教”策略时，在认知学上包含的一个逻辑便是，通过“历法格物穷理”之类的著述可以达到证明“天主圣教真实之理”的目的。② 由此，在华耶稣会士以著书立说的方式，建构起一套在中国传播“天学”的理论和实践路线。

既然《治国西学》被归之于“历法格物穷理”之类，那么，高一志

① 《修身西学·义理西学大旨》(古绛景教堂藏板)，BnF, Chinois 3396, ff.7a—b。
② 这一思想，也可见之于高一志：《齐家西学第三卷》，BnF, Chinois 3398, ff.15b—18b。

通过它也能证明“天主圣教真实之理”，并最终使中文读者信服天主教义。显然，这也是《治国西学》本应承担的现实价值。然而，由于《治国西学》极为有限的流传范围，当它们从“陈子佐”(/们)手中转入到法国国家图书馆之后，也便彻底失去了在社会上继续流传的可能性，而归于寂静。

小结

从《圣教信证》和柏应理的《耶稣会神父著述考》，再到各种书目，《治国西学》作为高一志众多作品中的一种，被收录其中，从而造成了它的一种历史存在。同时，在“著书传教”之策略的影响下，它作为“历法格物穷理数目”之一种，也被耶稣会和天主教人士赋予了一种特殊的历史使命。然而，随着1644年明朝的灭亡和满清入主中原，中国社会秩序的重建，以及山西和陕西的第一代天主教徒逐渐退出历史的舞台，这些文本也就此失去了彼时创作它们的社会基础。因此，在更有利的史料被发现之前，我们不可贸然高估这些文献对中国社会，尤其是明末思想家的影响。①

① 已故南京大学许苏民教授的一系列文章，固然开拓了我们研究高一志的政治文本与中国政治思想之关联的视野，但关于这些文本对后者的影响，则有待商榷，请参见许苏民:《正义即和谐：晚明西方政治哲学的东渐——以“西学治平四书”为主要文献依据的考察》,《中山大学学报》(社会科学版)2012年第6期，第52卷，第142—155页；许苏民:《晚明西学东渐对王夫之政治哲学之影响》,《船山学刊》2012年第4期，第1—10页；许苏民:《晚明西学东渐与顾炎武政治哲学之突破》,《社会科学战线》2013年第6期，第1—9页。

近代早期异域药用植物在英国的本土化

张缪斯（香港中文大学（深圳）人文社科学院助理教授）

1724年，英国约克郡的汉娜·谢泼德（Hannah Sheppard）收到当地药剂师约瑟夫·佩恩（Joseph Payne）的一封信，信中回复了她之前关于治疗常见儿童疾病的问题。佩恩在信中提出了几种治疗方法，其中包括对消化系统进行净化的方法，“取大黄4两，当归1两，菝葜1两，土茯苓半两，鹿舌叶半片。全部放入三夸脱水中煮沸，加入半品脱里斯本白葡萄酒，然后盖上盖子直至冷却。”另一种是治疗婴儿肠胀气的方法，“取大黄和酒石盐，各2克；白兰地4盎司；或茴香精；混合后放置一段时间，然后过滤。这是治疗婴儿肠胀气的极好酊剂。”① 药方中罗列的药物显示出非常多样化的来源。有些本土成分可以在自己的花园里种植和收集；一些异域草药，无论是干燥处理过的药物、粉末、酊剂还是复方药物，都可以

① Wellcome Library, MS 6956, English Recipe Book, 18th century.

从当地的医生和药剂师处购买。由于东印度群岛贸易路线的发展，17、18世纪英国药品不论是从进口数量还是种类都有逐渐扩大的趋势。[①] 由于日益频繁的贸易交换，专业的医师和业余的医药从业者都可以更加容易在他们的医疗实践中使用像大黄、人参，土茯苓，樟脑等具有药用价值的异域植物。

药用植物或异域药物的全球贸易和流通近年来引起了学术界的广泛关注。异域药物进入欧洲后，医药从业者和消费者对此有什么反应，他们是如何接受这些新药的，或者为什么拒绝接受，这些问题成为众多学者的研究的焦点。这些研究表明，17、18 世纪，当药物在地理和文化空间中流动的时候，贸易活动和科学探索起着同样重要的推动作用。[②] 以 18 世纪中国和英国之间的贸易活动为例。这一时期，英国从中国进口的药用植物主要来源于英国东印度公司的贸易。翻阅 1687 年以来的东印度公司的档案，大黄、土茯苓、人参、茶叶、樟脑、决明子等药材在公司的来往信件和贸易记录中频繁出现。尽管植物商品只占英国与广州贸易的一小部分，但它不仅利润丰厚，同时还促进了中英之间的博物学和医药学知识的相遇。

可以这么说，中国本土植物和药材让英国人产生如此浓厚的兴趣，不仅是作为货物和商品，更吸引了英国学界对整个中国的自然史，植物学，医药学等知识体系进行探索与认识。与此同时，受到伦敦皇家学会的植

① Elaine Leong, “Making Medicines in the Early Modern Household,” *Bulletin of the History of Medicine*, Vol.82, 2008, pp.145—168. For early-modern British drug trade, see Patrick Wallis, “Exotic Drugs and English Medicine: England’s Drug Trade, c. 1550—c. 1800,” *Social History of Medicine*, Volume 25, Issue 1, February 2012, pp.20—46.

② Pratik Chakrabarti, *Materials and Medicine: Trade, Conquest and Therapeutics in the Eighteenth Century* (Manchester: Manchester University Press 2010). Anne Gerritsen and Giorgio Riello (eds.), *The Global Lives of Things: The Material Culture of Connections in the Early Modern World* (London and New York: Routledge 2016).

物学家和医生的嘱托，东印度公司员工和船员还常常将活体植物、种子和植物标本带回伦敦。① 这样的合作不仅体现出这一时期大英帝国在海外殖民贸易扩张中的多重目的，更展现了 18 世纪科学知识发展传播的多样性，以及科学与贸易，文化，政治，外交等多个领域的重叠。更令我们意识到，科学知识的传播并不是仅仅依赖于少数专业者，如植物学家、园艺师、医生、同样重要的还有商人、官员、船员等。

一、中英贸易中的药用植物

17、18 世纪，广州是通往东南亚、南亚、西亚、非洲、欧洲海上丝绸之路必经之处。早在 17 世纪初，荷兰人和葡萄牙人就已经涉足与中国的贸易。荷兰人曾于 1604 年和 1607 年派船前往广州，但每次都徒劳而返。另一方面，葡萄牙人被允许从他们在澳门的定居点与广州进行非常有限的商业活动。直到 1635 年，英国人利用荷兰人和葡萄牙人之间的冲突：从苏拉特 Surat 出发的伦敦号终于到达澳门，并于 1636 年再次到达。

查理一世在位期间，英国东印度公司的约翰・威德尔船长（Captain John Weddell）带领柯亭舰队（The Courteen fleet）前往果阿、马六甲和澳门。这次贸易远征可以被视为英国与中国建立商业联系的早期尝试之一。1637 年，约翰・威德尔船长指挥的四艘船抵达澳门和广州。英国商人彼得・蒙迪（Peter Mundy）的日记中记录了这段英国、澳门和中国早期接触的片度。他的日记后来以《彼得・蒙迪游记》(*The Travels of Peter*

① Fa-ti Fan, *British naturalists in Qing China.* (Cambridge, Massachusetts: Harvard University Press, 2004).

Mundy）为题出版。[①] 威德尔的船队于 1637 年 1 月 7 日离开果阿，在东印度群岛建立了几处转运点，之后经马六甲航行到澳门附近的珠江。葡萄牙总督担心英国商人会破坏他们对该地区贸易的垄断，试图采取一切可用的手段来阻止这些英国闯入者获得任何与当地人进行贸易的机会。与此同时，威德尔一行人还遭遇了中国当地官员的质问。最终，三名英国商人被允许前往广州，在那里他们可以安排货物的买卖。当年年底，船队成功带回了在广州购买的少量货物。

直到 18 世纪初，东印度公司才在舟山、广州和厦门获得临时的据点。而乾隆二十二年（1757）开始，清政府撤销了浙海、闽海、江海口岸，实行粤海关一口通商，禁止欧洲人前往周山、宁波或厦门贸易，将所有对外贸易限制在广州。1762 年，清廷终于许可英国东印度公司在广州建立正式的工厂，此后，东印度公司与中国贸易急剧增长，其中茶叶占英国从中国总进口值的一半以上。[②] 一直到鸦片战争前，葡萄牙、荷兰、英国等欧洲诸国均以广州为基础，试图与清政府建立稳定的长期外交和贸易关系。

虽然中英贸易日益频繁，但一口通商将所有对外贸易正式限制在广州，清政府命令行商全权负责与外国商人的所有商业活动。根据保罗·范戴克的说法，这些行商“是唯一获得许可能够直接与外国人进行贸易的人”。[③] 广州成为了欧洲各国从东南亚地区进口药材和香料的重要中转站。从 1749 年到 1838 年进入广州港的外国商船有 5390 艘，其中英国商船数

① *The Travels of Peter Mundy in Europe and Asia, 1608—1667*. Vol.III (In Two Parts). *Travels in England, India, China, etc., 1634—1638*. Edited by Lt.-Col. Sir Richard Carnac Temple, published by the Hakluyt Society, 1919.

② William Foster, *England's Quest of Eastern Trade*, in Patrick Tuck, *The East India Company 1600—1858*, Vol.1 (London, New York: Routledge, 1998), pp.324—333.

③ Paul Van Dyke, *Merchants of Canton and Macao: Politics and Strategies in Eighteenth-century Chinese Trade* (Hong Kong University Press, 2011), p.9.

量最多。仅 1764 年一年，广州流通的香料货物每担中国樟脑和大黄各 30 两（银）、丁香 70 两、没药 4 两、马拉巴尔胡椒 12 两、藤黄 30—32 两、帝汶檀香木 12 两，麝香每斤 22 两，还有各等级樟脑冰片、乳香、高良姜、木香等兼具香料及药用价值的植物。①

18 世纪的广州不仅仅是跨国贸易活动的场所。正如范发迪所指出的，广州也是“中国和西方的文化接触区（contact zone）”。每年都有成千上万的外国人来到广州，这座城市体现出的是“既本土化又国际化”风貌。②中国人和外国人每天都会在各个不同的层面相遇。③ 比如中国人和英国人的日常交际主要是基于贸易、外交使团还有植物采集活动，而这些交际是由不同类型的代理人进行的，包括商人、外科医生、园丁、博物学家。而这些不同层面的邂逅，背后的推动力则是对大黄、茶叶、土茯苓、樟脑和其他香料的科学和商业兴趣。

17 世纪到 18 世纪初，随着海外贸易网络的发展，英国东印度公司从东印度群岛运回的商品种类繁多，其中包括干燥的药材和具有药用价值的植物标本。这些贸易交流不仅获得了巨大的商业利润，也带回了丰富的异域博物学和植物学知识，满足了欧洲学者们对中国植物的研究热情。④ 从 17 世纪中叶开始，随着英国国内对异域药物的需求增加，具有特定药用价值的大黄、良姜和土茯苓等干燥的植物根茎成为东印度公司进口货物中常见的商品。在 1588 年，英国国内消费的药物中只有 14% 来自欧洲以外的地区。然而，到了 1621 年，这个数字已经上升到 48%，到 1669 年甚

① Paul Van Dyke, *Merchants of Canton and Macao: Politics and Strategies in Eighteenth-century Chinese Trade* (Hong Kong University Press, 2011), p.9.

② Fa-ti Fan, *British naturalists in Qing China.* (Cambridge, Massachusetts: Harvard University Press, 2004), 16—17.

③ Fa-ti Fan, *British naturalists in Qing China,* pp.4—5.

④ Anna Winterbottom and Alan Lester, *The East India Company and the Natural World* (Springer, 2014), pp.99—100.

至达到了 70%，其中大部分来自印度和东印度群岛。这些进口药品的价值从 1567 年的 600 英镑上升到 1669 年的 6000 英镑。① 这些进口药品中约 90% 从伦敦港口进入到国内市场。由东印度公司的商人将它们销售给伦敦各大药房的药剂师，同时由批发商分销给各地的药剂师和医师。最终，这些药物进入普通家庭的药箱。

近代早期欧洲人来华有各种不同的诉求，其中最主要的是贸易、殖民扩张，传播宗教和文化习俗。这一时期游历过中国的欧洲传教士和探险家，尤其是耶稣会士，通过游记、书信、报告等形式将关于这个在欧洲人眼中视为神秘帝国的中国的各个方面，包括政治、历史、文化、宗教、地理都传达给欧洲的读者，这些著作中不乏对于中国植物学，医药学的关注。而到了 18 世纪到 19 世纪初，英国东印度公司雇员在运输药用植物的过程中起到了十分重要的作用。他们其中的一些人同时受雇于英国皇家学会，成为当时一些博物学家，植物学家的收集助手。尤其是当时英国皇家学会的主席约瑟夫班克斯（Joseph Banks，1743—1820）本人就是一位博物学家和探险家，他一手促成了 18 世纪末马戛尔尼使团访华，他本人也对中国的自然历史，尤其是各种植物有着浓厚的研究兴趣。隶属于他的收集助手随着大英帝国的殖民贸易扩张脚步遍布世界各地。他们与班克斯的通信成为了解这一时期科学知识传播的重要史料。②

随着从东印度公司从广州贸易中的获利不断增加，中国的药用植物开始在英国本土越来越广泛的使用。比如大黄和茶叶等药用植物的价值在 18 世纪的英国早已得到认可。然而，英国人试图将这些药物本土化的过程却

① William Foster, *England's Quest of Eastern Trade*, in Patrick Tuck, *The East India Company 1600—1858*, Vol.1 (London, New York: Routledge, 1998), pp.324—333.

② David Mackay, "Agents of empire: the Banksian collectors and evaluation of new lands," in Miller, David Philip and Peter Hanns Reill, ed., *Visions of Empire: Voyages, Botany, and Representations of Nature*, Cambridge University Press, 2011.

面临着极大的挑战。这些异域药物在英国的本土化需要多方不断地付出努力：植物学家需要来找到正确的品种，商人要找到能将利润最大化的植物品种，医生需要正确了解这些植物的药理学知识，接下来还需要找出可以在英国本土成功培育这些植物的方法。在这些使异域药物商品化，本土化的过程中，业余的医药从业者在传播药物相关知识和规范其医疗使用等方面起到了至关重要的作用。尤其是这些从业者保留下来的药方，给我们提供了一种自下而上的视角，有助于了解异域草药知识传播的途径。他们对收集和配制各种药物的热情不仅反映了近代早期医学知识与日常生活的紧密联系，并且，通过追溯他们所使用药物的来源，也显示了这一时期常用医学知识结构的多样性。①

正如 Patrick Wallis 所指出的，长期贸易路线的发展极大地影响了 17 世纪输入英国的药物种类的变化。国内需求和东印度公司对异域药物利润的追求导致 17 世纪初至 18 世纪末英国药物进口量的增加。17 世纪药物进口大幅增加；进口量达到 25774 磅，几乎是 16 世纪末平均进口量的十倍。18 世纪的药物进口增长总体上虽然缓慢，但部分异域药物，包括番泻叶、土茯苓、大黄和菝葜却被大量进口。同时，由于这一时期关税大幅增加，一些高价药品，如人参，多是通过私人贸易和走私少量进口。②

这一时期，从中国大量进口的药物中，主要包括大黄、土茯苓、茶叶、樟脑、人参等。大黄作为药用植物一直为欧洲医生所熟知，在近代早期到达中国的探险家和商人的笔下，它经常被描绘成一种非常有价值的灵

① Patrick Wallis, "Apothecaries and the Consumption and Retailing of Medicines in Early Modern London," in *From Physick to Pharmacology: Five Hundred Years of British Drug Retailing*, ed. Louis Hill Curth (Aldershot: Ashgate, 2006), pp.13—28, on pp.15—16. Elaine Leong, "Making Medicines in the Early Modern Household," *Bulletin of the History of Medicine*, Volume 82, Number 1, Spring 2008, pp.145—168.

② Patrick Wallis, "Exotic Drugs and English Medicine: England's Drug Trade, c. 1550—c. 1800," *Social History of Medicine*, Volume 25, Issue 1, February 2012, pp.20—46.

丹妙药。1700 年后，东印度公司开始从事大黄贸易并大量带回伦敦。土茯苓，常被称为中国根 *Radix China* or China root，最早将土茯苓作为治疗梅毒的特效药运回欧洲的是葡萄牙人。16 世纪初葡萄牙人抵达印度的果阿的时候接触到了这种药物。之后葡萄牙人在澳门设立贸易点后，土茯苓立即成为热门商品。自 17 世纪中叶以来，英国商人就注意到了此药的价值。1672 年，伦敦东印度公司董事从台湾采购了 53000 磅的土茯苓。此药物也频繁出现在东印度公司广州与印度马德拉斯的贸易中。1717 年，Marlbro 号船载有 33000 磅土茯苓在马德拉斯出售。1733 年，Prince Augustus 号满载着 13300 磅的土茯苓从广州运往马德拉斯。①

17 世纪末至 18 世纪初，英国东印度公司与中国的贸易稳步增长。1698 年至 1713 年间，大约有 43 艘英国商船在舟山、宁波、厦门和广州等中国港口停留。公司的货物记录中出现的来自中国的药物的较早的纪录之一是在 1637 年，当时威德尔船长驾驶的凯瑟琳号装载着从广州和澳门获得的商品，其中包括超过 13000 磅的土茯苓。1687 年，伦敦号和伍斯特号从孟买开往厦门。公司的商品记录显示，船上装载的商品包括 300 磅的樟脑。1704 年，肯特号从广州启航返回伦敦，船上装载的货物包括 2933 磅的大黄。安森号 *Anson* 1750 年前往广州附近的黄埔口岸的航海日志中，船长乔纳森·拉姆齐（Jonathan Ramsay）记录了通过他的特权吨位运回国的 13 箱大黄。东印度公司对公司所属船只的船长和货监等有一定比例的优待吨位，也就是所谓的私人贸易。通常会用来运送价值较高的货品，如丝绸、香料、药品等。比如 1764 年间私人贸易被用来运送大黄等药材：诺森伯兰号船长约翰·米特福德（John Mitford），六箱大黄；莱瑟姆号船长詹姆斯·莫法特（James Moffatt），八箱大黄；诺福克号船

① IOR/G/12/37, Diary and Consultations of the Council in China, Jan. 1734—Apr. 1735, ff. 129. 24.

长约翰·桑迪斯（Captain John Sandys），七箱大黄；理查德·霍尔船长（Captain Richard Hall）伍斯特号的船运了十箱大黄和十八箱藤黄果，而荷兰勋爵号的法勒姆·奈恩船长则运回了九箱大黄和十三箱藤黄果。①

17 到 18 世纪，全球贸易网络日渐成为植物学和医药学知识传播背后的重要动力。新发现的异域药物不仅带来了可观的经济利润，对于那些熟悉和未知的疾病也带来了治愈的希望。这一时期，中英两国之间的贸易活动和科学探索共同推动了药物和医药知识在不同文化之间的流动。一些中医的药物，如大黄和土茯苓，通过英国东印度公司的对华贸易进入了英国本土市场。异域药物如何融入不同的医药知识体系，如何让医药从业者和普通人接受这些异域的药物，是值得进一步探讨的问题。异域药物的商品化和本土化不仅涉及将这些药物作为商品输送到英国国内市场，还涉及对本土传统医药知识的挑战和对新药物性质和使用方法的重新解释。这个过程中还涉及一系列作为知识传播媒介的人，包括植物学家、商人、专业和业余医生等。比如，越来越多的历史学家认为，家庭内部医药知识的创造和传播，尤其是日常生活中的医疗实践，在这个过程中发挥了不可或缺的作用。②

二、近代早期中西方医药知识的交流

17 世纪末 18 世纪初，英国与中国的贸易活动中涉及了品种多样的中

① Hosea Ballou Morse, *The chronicles of the East India Company, trading to China 1635—1834*. Oxford: Clarendon Press, 1962, Vol.1, p.26, 63, 144, 284.

② Elaine Leong, “Making Medicines in the Early Modern Household.” *Bulletin of the History of Medicine*, Vol.82, No.1, 2008, pp.145—168.

医常见的药物，包括大黄、土茯苓、人参、樟脑、决明子等等。当这些药物在进入英国本土市场之后，我们还需继续追问，它们是如何被不同社会阶层的消费者所熟悉的，人们对这些新药物的使用和态度是什么样的。如果不知道如何利用这些药物，那么这些商品对此时的英国人来说仍然是无形的。以大黄的传播为例。大黄作为一种有效的泻药，自古以来就被中国医生广泛使用。与大黄有关的医学知识也于 17 世纪初通过耶稣会传教士的著作和翻译传入欧洲。18 世纪的英国医生对于大黄的药用价值已经很熟悉了。整个 18 世纪英国关于大黄的主要争论集中在如何识别不同品种的大黄以及如何能成功地在英国本土种植这种植物。

在讨论异域药物的跨文化流通和 18 世纪英国对大黄的本土化之前，首先概述一下大黄在中国的医疗使用历史。中国古代很早就使用大黄来治疗疾患。《神农本草经》中记载了大黄的性味和用法："气味苦、寒，无毒。主下淤血、血闭，寒热，破症瘕积聚、留饮宿食，荡涤肠胃，推陈致新，通利水谷，调中化食，安和五脏。"① 大黄作为一种常用药，最为人们所熟知的是它的泻下作用。此外，大黄还有促进消化，增进食欲，调和五脏的功效。从 5 世纪末到 18 世纪，中医各派逐渐意识到不同产地的大黄在药材性状上有很大差异，并对于大黄的名称、起源和药用功效众说纷纭。但是在这些争论中逐渐形成了一种主流的观点，即是否具有中医强调的泻下功能。这一观点很大程度上决定了大黄在全球流通过程中的"基本形象"。②

在西方，大黄也很早就进入了医药知识的范畴。早在古希腊罗马时期，大黄的药用价值就被欧洲的医生和博物学家所了解，并在西医体系中也占据了重要的位置。公元 1 世纪的古希腊植物学家迪奥斯科里德斯

① 黄奭：《神农本草经》，中医古籍出版社 1982 年版，第 267 页。
② 林日杖：《何为大黄？——全球流动、历史演进与形象变迁》，《福建师范大学学报》2020 年第 1 期。

Dioscorides 在他开创性的著作《药物论》(*De Materia Medica*)中提到，“*Rha*，有人称之为 *Rheon*，生长在博斯普鲁斯海峡西岸地区。”“内服，可治疗胃肠道胀气、胃弱、一切疼痛、腱衰、脾肝肾病、腹痛、膀胱和胸部疼痛、神经抽痛、子宫疾病、坐骨神经痛、咳血、哮喘、打嗝、肠溃疡、腹泻、周期性发烧、蛇咬伤等。”① 古罗马的博物学家普林尼也对一种名为 *Rhacoma* 的植物做出了类似的描述，正是在普林尼的描述中，大黄成为了包治百病的灵丹妙药。到了 16 世纪，第一本英文的药典 *The Grete Herball*（1526 年出版）中有关于大黄的记载。其中对大黄治疗发热症状有详细的描述，此外，对于体液失衡引起的肝脏炎症和脾脏阻塞，可以将大黄用温水送服。虽然医药典籍中有这样的记载存在，但是一直要到近代早期，大黄作为一种有效的外来药物才在欧洲医生中占据了至高无上的地位。对于大黄的消费也才进入了一个较为稳定的阶段。

17 世纪早期，通过耶稣会士的书信介绍，欧洲人获得了关于大黄更为详细的信息，尤其是关于大黄的产地，分类，属性等等。17 世纪中叶，波兰来华耶稣会士卜弥格（Michal Boym, 1612—1659）对中国的自然历史，医学，药物做了深入广泛的研究。1645 年，卜弥格的《中国植物志》*Flora Sinensis* 在维也纳出版，该著作是第一部专门向西方世界介绍中国动植物的著作。在这部著作里，卜弥格介绍了大黄的产地，形态，以及药性，还附上了插图。比如他提道：大黄“最常见于四川、陕西省和肃州”。还详细描述了大黄的根茎部分。② 此外，德国耶稣会学者基歇尔（Athanasius Kircher, 1602—1680）的《中国图说》(*China Illustrata*）和法国耶稣会士杜赫德（Jean Baptiste du Halde, 1674—1743）所编著

① 转引自：林日杖：《何为大黄？——全球流动、历史演进与形象变迁》，第 162 页。

② 卜弥格：《卜弥格文集：中西文化交流与中医西传》，[波] 爱德华・卡伊丹斯基波兰文翻译，张振辉、张西平中文翻译，华东师范大学出版社 2013 年版，第 190、299 页。

的《中华帝国全志》(*Description of the empire of China and Chinese Tartarie*)都收录了关于大黄的插图和介绍。

18 世纪初期，耶稣会士已经选择性地将一些中国古代的药典翻译并收录到他们的著作中。他们所选择和翻译的内容反映了他们对中医和中国博物学的理解。从耶稣会士所翻译的这些中国医药知识中可以识别出不同时期的不同作者。杜赫德《中华帝国全志》第 3 卷收录的中国药学著作，即明代医学家李时珍（1518—1593）所著的《本草纲目》。杜赫德不仅详细介绍了本书，还选译了其中的部分内容。

除了其医疗作用外，杜赫德还注意到，大黄贸易还具有特殊的政治意义。当汉人建立政权的时候，中央政府会利用大黄贸易来操纵与非汉人的关系。① 其原因是，大黄的主产地之一是河西（甘肃），这个北方边陲地球自 11 世纪以来一直被西夏、蒙古、吐蕃等族群占领。根据古代药典记载，北方族群大量食用肉类，内脏慢慢积聚湿热。与汉人以大黄作为治疗药物不同，大黄是北方边陲族群日常养生的必需品。大黄成为了汉人区别于北方非汉族“野蛮人”的重要文化概念。有趣的是，大黄的这种文化属性将继续影响 18 世纪末 19 世纪初清政府与英国东印度公司之间的贸易。

在近代早期的欧洲，大黄不仅被医生广泛用作温和且相对安全的泻药，它也是家庭主妇保健药单上的首选。18 世纪的医学家认为，通过泻药、利尿剂或催吐剂清洁身体或消化道是保持健康、治疗疾病的最有效方法。这一时期，医生普遍推荐例如放血、温和泻药、催吐、排尿和排汗，这样的治疗方法。最常用的净化剂是常见的自家花园里的酸性水果，如接骨木果、无花果、樱桃、覆盆子，并辅以葡萄酒。除了水果之外，大黄也被医生广泛用作有效且安全的泻药。Herman Boerhaave 是 18 世纪初欧洲最著名的植物学家和医生，他热衷于通过药用植物对人体进行净化。在

① Jean-Baptiste du Halde, *A Description of the Empire of China*, Vol.3, pp.34—35.

他三十多年的临床实践中，Herman Boerhaave 一直将大黄作为他的常用药使用。他用大黄治疗许多儿童和孕妇的疾病，并声称即使是新生婴儿也能从大黄中受益。①

不只是西欧国家对大黄感兴趣。早在 17 世纪 30 年代末开始，中亚的布哈拉商人开始将中国和中亚的商品带到西伯利亚的俄国人的定居点。植物类的商品中，最受欢迎的是大黄，八角，肉桂。到 17 世纪下半叶，俄国商队贸易开始将大量干燥的大黄根通过陆路带到欧洲国家，大黄的贸易和消费数量显著增加。从 18 世纪开始，俄国通过圣彼得堡经波罗的海这条通道主宰了欧洲的大黄贸易。由于有效地控制了大黄的出口，俄国也从而控制了大黄的价格，甚至禁止直接出口大黄的种子，以防止其他地区种植大黄威胁到他们对大黄贸易的垄断。叶卡捷琳娜大帝本人对大黄的种植和销售非常感兴趣，将此贸易视为她军事行动的重要资金来源。

18 世纪初，英国东印度公司开始介入大黄贸易。1704 年 12 月 16 日，由罗伯特·哈德森（Robert Hudson）船长率领的忠诚幸福号（Loyal Bliss）的货监（supercargoes）在出发前往广州之前接到公司的指示："尽可能多地获取品相良好的大黄。"②"经过精心处理和保存的大黄在伦敦的市场能买到很好的价钱。你应当事先和当地的药商说好，只收那些新上市，品相良好，经过精心处理过的大黄，如果你出的价格合理，他们会允许你这样做。要选择外表看起来完整的，切开后带有粉色纹路的根茎。颜色暗沉，被虫蛀食过的根茎一文不值。将其包装好以防止其与空气接触，最好将其放在衬衫之间并在箱子内侧用棉花覆盖。"③

这段关于如何选择上乘大黄的说明反映了公司对该药物的极大兴趣。

① Clifford M. Ford, *Rhubarb: The Wondrous Drug* (Princeton University Press, 2014), pp.136—140.

② Clifford M. Ford, *Rhubarb: The Wondrous Drug*, p.146.

③ IOR, E/3/95: 325—27.

在17世纪末18世纪初的这些年里，东印度公司的官员和货监被允许进行“私人贸易”的众多商品之一就包括大黄。该公司希望官员和货监在选择大黄能够时能够严格的保证质量。事实上，整个18世纪，医生和植物学家不断试图将大黄根与其他类似的药用植物根茎区分开来，并将所谓的“真正的大黄”与一些较小的品种区分开来。药商通常被认为是鉴别“真正的大黄”的亲身实践者，他们认为，为保证商业利润为目的鉴别可以有效提高货品的质量。①

从1704年到1707年这四年，大黄进口数量急剧增加了差不多十倍；从1704年之前六年的平均每年进口300磅到1704年至1707年每年4000镑。②该产品的大量传播和消费在18世纪下半叶开始达到高点。在1720年到1730年间，东印度公司每年进口大黄的数量在1万磅左右，而到了18世纪下半叶，仅1768年一年就进口了大约67764磅的大黄。③从1740年开始，东印度公司接管了欧洲所有大黄进口总量的80%以上。这一时期英国国内，乃至整个欧洲市场对于进口药用植物的需求都有着显著的增长，不仅因为它们的药用价值，也反映了植物学和园艺学方面对各种进口药用植物药的兴趣，大黄无疑是最受关注的植物商品。整个18世纪下半叶，对于大黄的狂热令欧洲人对异域药物的看法发生了改变。

随着大黄的进口数量不断增加，对于大黄的植物特性，药用价值和用途又有了进一步的认识。从18世纪中叶开始，英国乃至整个欧洲对大黄的需求飙升，如此庞大的进口数量必然需要投入大量的资金，如果可以在

① John Bell, *Travels from St. Petersburg in Russia to divers parts of Asia*, 2 vols., Glasgow: Robert and Andrew Foulis, 1763, Vol.1, p.281.

② Clifford M. Ford, *Rhubarb: The Wondrous Drug*, p.81.

③ Erika Monahan, “Locating Rhubarb: Early Modernity’s relevant obscurity,” in Paula Findlen ed., *Early Modern Things: Objects and their histories, 1500—1800* (London, New York: Routledge), pp.227—251.

英国或欧洲大陆种植这种异域植物可能会带来深远的影响和巨大的商业利润。人们开始考虑如何在英国本土种植该植物。1760 年，皇家艺术、制造、商业学会农业委员会的负责人 Robert Dossie 提出，应该考虑在英国本土及殖民地推广大黄培育和种植。其目的显然是为了鼓励这种药用植物的在殖民地的广泛种植，并以此降低该商品的市场价格，从而减少因为大量进口而造成的经济损失。

17 世纪早期，英国植物学家就开始尝试在本土种植大黄。伦敦的药剂师约翰帕金森（John Parkinson）在自己的花园里成功培育出几株大黄，并声称这个品种是“真正的大黄”（True and Veritable Rhubarb）。这一时期，很多植物学家和药剂师都声称自己培育出了“真正的大黄”。帕金森在自己身上做了试验，结果证明这些大黄可作为轻度泻药使用。他最后得出的结论是，“这些植株虽然在外观上与大黄相似，但是相比于从东印度群岛或中国进口的大黄缺少了收敛的作用，而且从味道上来说也不那么苦”。同一时期很多学者都承认，这一种大黄 rhapontic，被帕金森称为英国大黄，在疗效上不如从中国或印度等地进口的大黄品种。尽管如此，到了 17 世纪后半叶，欧洲大部分重要的药用植物园中都开始培育“英国大黄”（rhapontic）。而“真正的大黄”（True Rhubarb）属于非常罕见的品种。

除了尝试通过植物学分类来鉴别“真正的”药用大黄；植物学家们也在探索如何在英国本土以药用和商业为目的来种植大黄。这一时期，欧洲的医药从业者和植物学家普遍热衷于在国内培育异域植物。约翰·霍普（John Hope，1725—1786）是爱丁堡的一位医生和植物学教授，也是该市新建立的皇家植物园负责人，他试图在爱丁堡引进并种植中国大黄。1760 年代，苏格兰医生约翰·贝尔回国，他曾在 1718 年跟随俄国使团去到中国。贝尔观察并记录了蒙古人种植大黄的方法以及大黄的药用价值。他还证实“除了圣彼得堡药用植物园中的种植了少量的大黄外，在欧洲本土还没有任何地方成功培育出真正的大黄”。[①] 他开始积极参与到霍普的计划中，并与俄国科学院的德国植物学家彼得·西蒙·帕拉斯（Peter Simon Pallas）教授取得联系。事实证明，中国的大黄是否能移植到欧洲本土，帕拉斯本人也不是很确定，他建议霍普和贝尔尝试另一个品种，也就是西伯利亚大黄，它“在颜色、硬度和品质上与中国大黄非常相似，如果是以药用为目的，很可能可以作为中国大黄的代替品”。[②] 虽然霍普在爱丁堡成功地培育出了这个品种的大黄，但尚未有人证明该品种的药用价值。

关于将大黄移植到英国本土栽培的兴趣日益浓厚，且不仅限于植物学家和医生。该植物还引起了历史学家和旅行家威廉·考克斯（William Coxe, 1748—1828）的注意，他在其著作《俄罗斯在亚洲和美洲之间的发现》中专门用了一章介绍了该植物，该书于 1780 年首次在伦敦出版，提供了对大黄的植物学分析。在书中，考克斯根据林奈分类学为读者介绍了五种大黄，希望人们能以此作为识别该植物的标准。他确认了英国市场上销售的两种最常见的两个品种：掌叶大黄（也称为中国大黄 *Rheum palmatum* or Chinese rhubarb）和大黄（*R. rhaponticum*）。考克斯还证明，中国大黄（*Rheum palmatum*）的药效在所有品种中最为优越。考克斯对于到底什么是真正的大黄进行了科学的辨别，他的尝试也反映了当时学界试图将该植物移植到英国的普遍兴趣。他希望学者们能够更多地从植物学的角度来进一步探索这种植物。

威廉·考克斯关于在英国本土种植大黄的呼吁得到了苏格兰医生、英国皇家学会会员威廉·福代斯（William Fordyce, 1724—1792）的支持。1792 年，福代斯发表了一篇论文，解释了在英国种植大黄的必要性和可

① John Bell, *Travels from St. Petersburg in Russia to divers parts of Asia*, 2 Vols., Glasgow: Robert and Andrew Foulis, 1763, Vol.1, p.281.

② Romaniello, Matthew P. “True Rhubarb? Trading Eurasian Botanical and Medical Knowledge in the Eighteenth Century.” Journal of Global History 11, No.1 (2016): 3—23.

行的方法。在这篇题为《英国以药用为目的种植和保存大黄的重要性和正确方法》的论文中，福代斯首先列举了这种植物对英国人的重要性。他认为，“这是医学上的当务之急，因为英国人患有‘最痛苦和最危险的疾病，这些疾病是由胃和肠道的虚弱和紊乱引起的’”。而大黄正是最适合治疗这些疾病的药物。接下来，福代斯继续强调，在英国本土种植大黄将有利于促进整个帝国贸易的发展。福代斯认为，由于英国植物园中已经成功地培育了几种不同的大黄品种，协会应进一步鼓励英国农民将种植大黄商业化，这样“在没有外国进口的情况下也能充分供应国内市场的需求，同时可以起到降低进口商品高价格的作用”。福代斯进一步指出，“我听说，现在我们每年至少要为进口到这个国家的大黄支付 20 万英镑的费用：而且随着现代奢侈品的日渐增多，如果我们不想办法自行推广的话，到时候价格可能会更高。”①

在论文的最后，福代斯对那些为大黄本土种植作出贡献的学者表达了感谢。英国医生约翰·贝尔和詹姆斯·蒙西从俄国带回了第一批大黄的种子；还有苏格兰医生亚历山大·迪克爵士（1703—1785）和约翰·霍普，因为他们的不懈努力使这种作物得以在英国本土成功种植。尽管对大黄的植物特性争论不断，大黄仍然是近代早期英国医生最喜欢的温和泻药。针对大黄进行更广泛、更复杂的临床试验要到 1780 年以后才在英国和整个欧洲得以更为系统的进行。

家庭内部的医药知识实践者以及本土草药和医学著作的出版，进一步促进包括大黄在内的外来药物知识的传播并让这些知识为普通人所熟知。由于民间草药和食疗处方的出版，普通人有更多的渠道了解草药的基本疗法，并运用于日常疾患的治疗中。

---

① William Fordyce, *The Great Importance and Proper Method of Cultivating and Curing Rhubarb in Britain, for Medicinal Uses, with an appendix,* London, 1792.

三、异域药用植物在英国的本土化

如果要了解 17 世纪和 18 世纪英国国内对异域药物的消费情况，针对这些药物的宣传和销售可以给我们提供一个视角。在进入英国国内市场之后，与这些药物相关的知识得到了极为有效的传播。它们通常被冠以“万灵药”的称谓，而英国社会中的上层精英往往成为第一批消费者和受益者；在他们惊叹于这些异域药物效果的同时，也进一步促进了这些药物相关知识的传播。与这些药物相关的医疗实践也在英国学术界引发新的医学争论。随着时间的推移，医学争论和逐渐扩大消费人群使得这些药用植物的异域属性慢慢被淡化，它们逐步被英国国内市场消费者所接受，最终在医药社会文化层面被本土化。

在这个本土化的过程中，家庭内部的医药知识实践者以及日渐丰富的本土草药学著作成为促进相关异域药物知识传播的重要途径。17 和 18 世纪英国，一般家庭内部的日常医疗实践主要是基于较为普及和容易接触的草药知识。就像文章开头的汉娜・谢泼德一样，这一时期许多业余医药知识实践者会通过多种渠道来获取基本的药物和日常医学知识。他们会收集医生和药剂师的草药处方，相互交流治疗的效果和实践经验，通过他们之间的知识网络将相关的信息传播给更多的实践者。由于他们中的许多人会通过采集或种植药草来获取治疗日常疾患的药物，准确辨别药用植物的知识对于业余的医疗实践者来说至关重要。① 而民间草药书籍和更为实用的

① Elizabeth Lane Furdell, *Publishing and Medicine in Early Modern England* (New York: University of Rochester Press, 2002), pp.155—158.

食疗建议的出版，使得普通人可以越来越容易地接触到基本的医药知识。

17 世纪开始，英国的一些学者开始致力于将专业的医药学知识传播给普通民众，很多以普及医药知识为目的的小册子和读本得以出版。以普及知识为目的的草药读本在很大程度是普通人认识异域植物的主要渠道，这些读本对植物进行了准确的描述同也告知了可能存在的危险。正是由于近代早期的草药学家和出版商们，一些非专业的读者能够获取关于草药和日常疾患的知识。尼古拉斯·卡尔佩珀（Nicholas Culpeper, 1616—1654）是 17 世纪英国最有影响力的草药学家和医师。1652 年，他编写了草药学著作《英国医生》，受到读者的广泛欢迎。编写这部著作的最初目的是为了让普通民众能够用成本较低的药用植物来治疗日常的疾患，其中介绍的药用植物几乎都可以在野外或自家的花园里找到。此外，他还将《伦敦药典》（*Pharmacopoeia Londinensis*）翻译成英文，让那些原本是拉丁文、只有受过教育的学者才能理解的药典，现在业余的医药实践者也可以使用。

约翰·帕金森（John Parkinson）是 17 世纪英国伦敦的药剂师和园丁，一直致力于探索异域植物对当地医学和植物学知识的影响。1640 年，编撰了一本有用的药物集，题为 *Theatrum Botanicum: The Theatre of Plants*。其中包括“用于治疗常见疾病的药用植物”和“来自世界各地的数百种新奇稀有的植物”。在本书中他对大黄对种类进行了研究，他认为医疗从业者应该多用异域药用植物来探索治疗日常疾患的可能性。

许多医药史的学者注意到，家庭内部是近代早期医药学知识发生和传播的重要空间。Andrew Wear 指出，家庭内部的医疗实践有一个显著的特点，就是能够将自我诊断和治疗与商业化医疗资源（药物或者医疗服务）相结合。[1]Elaine Leong 则认为，近代早期的医学更多的是由家庭内部的

① Andrew Wear, *Knowledge and Practice in English Medicine, 1550—1680* (Cambridge University Press, 2000), pp.49—53.

女性掌握的实用知识，而不再是完全由男性主导的知识和实践。女性在家庭中既要负担起维护家人健康的责任，还同时成为了民间医疗知识交换网络的纽带，而女性亲友、仆人、药剂师都是这个网络中的重要交叉点。①

近代早期欧洲普通百姓的健康情况主要依赖家庭和其他类型的业余医疗服务。与医学相关的出版物，包括各种草药、实践手册和烹饪书，提供了大量治疗从感冒到瘟疫等疾病的药方和食谱。其中，食疗建议是普通人最容易接触到的和医疗相关的知识。这种日常医疗方法可以追溯到希波克拉底和盖伦的时代。人体体液的平衡可以通过改变生活条件和习惯，包括饮食和饮酒来实现。鉴于食物和饮品可能会影响人体产生的体液，因此医生经常开出饮食疗法来恢复或维持体液平衡。

近代早期欧洲的医生依然倾向于依靠饮食建议而不是药物来预防和治疗疾病。17 世纪的医生乔治·切恩（George Cheyne）在他的饮食专著《养生随笔》中声称，“只有饮食，在数量、质量和顺序上维持适当且特定的饮食，才能保持体内体液的充分平衡，使你身体的机能维持正常，这是唯一的万能良药”。②

切恩赞同通过泻药、利尿剂或催吐剂来清洁身体或消化道，他认为这种方法可以长期使用，至少每月一次，但最好每周或两周一次。与所有其他的泻药相比，他常常使用大黄，将大黄制成液体制剂：“取上好的大黄粉两盎司半；艾草盐 1 克；橙皮半盎司；磨碎的肉豆蔻 2.6 克；胭脂红 1 克。在温暖的炉边注入一夸脱亚力酒浸制 48 小时。将液体沥出并放入密封良好的瓶中保存使用。一次二至三勺，一周两到三次，长期服用为佳。”切恩对于大黄的药用价值深信不疑，甚至将大黄用于治疗一些他认为难以

① Elaine Leong, *Recipes and Everyday Knowledge: Medicine, Science, and the Household in Early Modern England* (The University of Chicago Press, 2018).

② George Cheyne, *An Essay of Health and Long Life*, London: George Strahan and J. Leake, 1724. Reprinted by Doddington Press (Kent) in 1977, pp.36—37.

治愈的疾病，比如癌症、性病、痛风等。[1]

在 17 世纪末的英国，普通人已成为药物流通的重要交叉点，人们越来越多地通过当地的药剂师和药店获得异域药物，无论是干燥的根部、粉末、精油还是酊剂。从简单的草药到异域药物，各种各样的药物都可以通过以上的渠道获得。例如，在 17 世纪末的食谱集里可以找到为家庭购买的药品所做的记录。其中一份家庭药品记录列出来 48 种药物，其中大约一半是由药剂师准备的。[2] 最受欢迎的物品包括：生姜、茴香、大黄、香菜、杏仁油和玫瑰糖浆。也包括治疗胃痛、发烧、咳嗽等符合药物采购的记录。尽管异域药物的消费在 17 世纪后期经历了急剧增加，但大黄等药物对于普通家庭来说仍然是昂贵的，而且通常购买量不到一盎司。

在 17 世纪，大黄作为泻药已经被广泛的运用，它具有药效快、温和、收敛等特点，而这些特点也让当时的医生想进一步了解这种药用植物。尽管近代早期的医生警告说，给患者开处方或服用泻药时应非常小心，但他们普遍认为大黄是一种相对安全且温和的家庭常备药品，并推荐将其用于制成粉剂、糖浆和丸剂的各种有净化作用的复合药物中。此外，作为一种安全且易于使用的家庭疗法，大黄被广泛用于治疗痛风、黄疸、浮肿、便秘，精神障碍等药方中。17 世纪英国流传着这样的说法，“清晨在牛奶中混合一点大黄粉末喝下去是极好的保健方法”。[3] 尼古拉斯・卡尔佩珀（Nicholas Culpeper）在给病人用药时极为谨慎。他认为如果药性较弱的药能起到作用，那就要应避免使用药性强的药。尤其是在使用泻药的时候要格外小心。但卡尔佩珀对大黄极为青睐。他认为大黄特质属干热，能够

① Cheyne, *An Essay of Health and Long Life*, p.38.

② Wellcome Library, MS 1730, Recipe book manuscripts.

③ Poynter, Frederick N. L., and W. J. Bishop, *A Seventeenth-Century Country Doctor and his Patients: John Symcotts, 1592?—1662* (Streatley: Bedfordshire Historical Record Society, 1951), pp.19—20, p.57.

克服和排出寒湿体液。而当时的医生们也普遍认识到大黄具有独特的药效，因为它同时具有泻下和收敛的作用。大黄所含的酸类物质有收敛作用而能止泻和止血。而小剂量的大黄对孩子，甚至是孕期的女性来说也是安全可靠的。正是因为大黄具有温和的药性，它也成为了一种家庭常用药。

18 世纪的通俗期刊是普及医药知识的另一途径。这类刊物有较强的流动性，也拥有更广泛的受众。作者与读者之间形成一种自由开放的信息交流。迎合了受过教育的人对实用知识的渴望。由于写作风格通常较为宽松，非正式，业余医药写作者通常以匿名的形式提供相关知识，所以不用担心受到专业性的质疑。刊登出的医药相关的文章以自我诊疗和医疗保健为主，也有家庭药方，包含品种繁多的本土和异域植物类的药材。这些药方和治疗方法可以对当时业余医疗从业者的用药选择有一定的了解。创办于 18 世纪中叶的《环球杂志》(*The Universal Magazine of Knowledge and Pleasure*) 在 1778 年 9 月 20 日刊登了一位读者寄来的治疗儿童黄疸的药方，“磨碎的姜 2 克，上等大黄磨成的粉 4 克，与一大茶匙的薄荷水混合，每晚睡前服用。”治疗黄疸的药方：“取一个柠檬，挑出籽，再用藏红花填满，放在一个瓷碟上，用火烤，然后切成碎片并将其放入一夸脱白葡萄酒，早晚各服用 5 或 6 勺。取一磅酢浆草和三磅上好的糖块，在研钵里将它们捣成泥状。”①

创办于 18 世纪初的《绅士杂志》(*The Gentleman's Magazine*)，最初是给受过教育的公众提供政治，经济和宗教方面的咨询。但后来逐渐形成了自己的特色，开始提供生活各方面的咨询。同时形成了一个以读者为中心的信息交流论坛。②1751 年，有读者提议在杂志上开辟一个专门讨论

---

① *The Universal Magazine of Knowledge and Pleasure*, September 20, 1778.

② Roy Porter, “Laymen, doctors and medical knowledge in the eighteenth century: The evidence of the Gentleman's Magazine,” *Patients and Practitioners: Lay Perceptions of Medicine in Pre-industrial Society* (Cambridge University Press, 2003), pp.283—314, 291—292.

医药话题的专栏。一位读者寄来了一份治疗痛风的药方：半盎司芦荟桂皮粉和八粒胭脂红磨成细粉，将两种粉末放入一品脱最好的红波特酒。让它静置 24 小时，摇匀服用。另一份是治疗水肿的药方：取 16 个大肉豆蔻，在烤箱中干燥的扫帚灰 11 勺，一盎司半芥菜籽磨碎，一把辣根同样磨碎；全部混合后，倒入一加仑烈性酒，静置三四天：然后每天早上空腹饮用半品脱，之后禁食一到两小时。①

在另一个案例中，一位医生讲述了他如何治疗患有慢性咳嗽的儿童。"取上好的大黄 2/1 一盎司，茴香或木粉 2 克，白糖 2 盎司。混合并制成粉末，剂量为 1 克，最好与某种水剂一起，早晚服用，持续一个月。配合少许茴香精服用，效果更佳。"② 在另一个例子中，则是记录了对天花儿童患者的治疗。通常天花病人在患病期间极为虚弱，不宜使用泻药。但是在这个案例中，医生在患儿发病第九天开始（长出水痘之后）持续使用小剂量的大黄，甚至在患儿退烧开始搭配使用其他的泻药，如番泻叶。最后收到了良好的治疗效果。这些家庭药方反映了人们对于用异域药物来治疗日常生活中常见疾病越来越广泛的接受和更为频繁的使用。

某些药用植物，如大黄、人参和土茯苓，受到英国植物学家和医生的特别关注。17 世纪末，英国的医生和植物学家试图围绕着人参建立起相关的医疗知识体系，并试图从美洲殖民地寻找不同品种的人参，而到了 18 世纪 50 年代英国、美洲殖民地和中国之间成功建立起人参贸易网络。1748 年，法国耶稣会士皮埃尔・尼古拉斯・丹卡维尔 Pierre Nicolas d'Incarville 从北京给当时的英国皇家学会秘书克伦威尔・莫蒂默 Cromwell Mortimer 寄去了一份带有注释的中国植物目录。除了目录之外，莫蒂默还发现了几包种子，上面贴着植物的中文名称。莫蒂默立即将种子

---

① *Gentleman's Magazine*, xx (1751), p.326.

② Wellcome Library, MS 6956, English Recipe Book, 18th century.

送到牛津、爱丁堡和切尔西的植物园，并要求那里的同事马上培育这些种子，并写下有关这些植物栽培的日记。这些种子中就包含了来自中国的人参种子。人参最初在耶稣会士的著作中被称为“长生不老的药物”。而到了 18 世纪，耶稣会士所记载的关于人参的知识被专业的医生，植物学家进一步的验证。

17 世纪中叶，英国的医生已经对人参的药用价值有了初步的了解，而他们获取相关知识的途径主要是耶稣会的通信。1666 年，伦敦皇家学会出版的《哲学汇刊》(*Philosophical Transactions*）第一卷中，有一则关于法国实验家 Melchisédech Thévenot 关于人参的介绍，很快引起了医学界的关注：“中国的医生十分推崇人参的治疗效果，认为它能极好帮助病人恢复体力，可以在较短的时间内让病人康复。”1679 年，英国学者托马斯・布朗爵士（Sir Thomas Browne，1605—1682）给他的儿子、当时的内科医学院院士爱德华・布朗博士（Dr. Edward Browne）写了一封信，布朗爵士本人对植物学颇有研究，而且对来自东印度的药用植物有浓厚的研究兴趣。他注意到伦敦市面上可以见到很多来自东方的药物，“这些药物显然会给英国带来更多的经济利益”。而他想知道，他的儿子，爱德华・布朗博士，是否亲自体验过其中一些药物的疗效，比如说人参。①

与此同时，英国皇家学会的学者们开始对包括人参在内的中国植物标本进行科学观察和实验。时任英国皇家学会副主席的安德鲁・克伦奇博士（Andrew Clench）对中国人参非常感兴趣。1679 年 6 月 26 日，克兰奇博士向英国皇家学会介绍并展示了“一种最近从中国带回来的植物的根茎，被称为人参。这种药材在中国备受推崇，因为它可以让肺痨患者和长期病弱的人恢复到患病前到健康状态。在中国，人参的价值高过白银。它

① *Sir Thomas Browne's Works, Including His Life and Correspondence: Memoirs of Sir Thomas Browne. Domestic correspondence, journals. Miscellaneous correspondence*, Vol.1, pp.236—238.

味道苦涩，味道类似龙胆。对于脾胃疾病也很有功效。”①他甚至还引用了中国古代的本草著作，很可能是《神农本草经》，“这种植物用于恢复微弱的脉搏、驱散疲劳、增强精力。最重要的是，它被视为抗衰老、延年益寿的滋补品。”克兰奇博士的实验是欧洲人第一次尝试从科学的角度来了解人参的药物疗效。②

医生们开始通过他们遇到的病例来引起公众对人参功效的关注。约克郡医生罗伯特・维蒂（Robert Wittie, 1613—1684）于1680年写了一篇关于人参治疗功效的论文。他引用了几个案例，证明人参酊剂对于患有某些疾病的人来说是一种安全的药物，并且适用于不同年龄段的患者。其中一个病例是关于17世纪末诗人兼政治家安德鲁・马维尔先生（Andrew Marvell）的。马维尔先生当时看起来“非常憔悴，由于长期患有热病和肺病，他几乎瘦成了一具骷髅，看起来就像是一袋骨头；在他的家人和朋友都几近绝望的时候，我决定尝试一下人参酊剂的作用。”维蒂医生给了病人一些人参酊剂，并要求他每天早上将其与热牛奶一起服用。过了一段时间以后，医生惊异的发现，病人“失去的食欲恢复了，脸颊恢复了自然的红润肤色，家人和朋友也都很惊讶，把他称为耶稣门徒拉撒路第二”。维蒂医生认为这是世界上最好的药物之一，在许多情况下，它比任何其他药物都能更好地治疗肺病。在论文的最后，他提到了罗伯特・博伊尔（Robert Boyle），他曾经说过，这种药物是“上天赐予的”灵丹妙药，可以拯救成千上万人的生命。③

---

① Thomas Birch, *The History of the Royal Society of London, for Improving of Natural Knowledge* (London, 1737), Vol.3, p.490.

② John H. Appleby, "Ginseng and the Royal Society," *Notes and Records of the Royal Society of London*, Vol.37, No.2 (Mar., 1983), pp.121—145.

③ Robert Wittie, *Some observations made upon the root called nean, or ninsing: imported from the East-Indies. Shewing its ... virtue, in curing consumptions, ptissicks, shortness of breath, distillation of rhume*. 1680.

英国皇家学会的刊物《哲学汇刊》在向公众传播与人参相关的知识方面发挥了重要作用。1713 年，该杂志发表了法国耶稣会士皮埃尔・雅图（Pierre Jartoux）关于人参的文章，皮埃尔・雅图成为康熙皇帝的宫廷数学家，并奉皇帝之命编纂了一本帝国地图集。雅图提供了有关该植物生长的完整报告以及其医学应用的第一手资料。他详细记录了中国人如何用其根茎和叶子来煎药。雅图的叙述让英国的医生和植物学家对人参疗效有了更多的了解，他还声称，在世界其他地方也能找到人参，从而引发了人们对这种植物的更多好奇。他的结论是，如果欧洲医生能获得足够量的人参来“通过化学方法研究它的性质，并根据其性质恰当的应用”，那么人参将被证明是一种非常有效的药物。①

与大黄不同，英国东印度公司从 18 世纪初开始参与大黄贸易后，大黄进口数量急剧增加。尽管英国的医生和植物学家都一致认为，人参具有极好的医疗功效，但英国东印度公司始终无法从中国大量进口人参。这种药物在中国极其稀有且昂贵，只有通过公司的私人贸易，才将有限数量的人参作为一种奢侈药物带回到伦敦，也使得它的价格居高不下。东印度公司一直试图从其他地区找到相似的人参品种以解决货源和价格的问题。1715 年，法国耶稣会士约瑟夫・弗朗索瓦・拉菲托（Joseph François Lafitau）声称，他在前往魁北克传教时，在新法兰西地区发现了一种类似的植物，根据之前雅图的描述和主张，这种植物就是人参。这一发现引发了伦敦皇家学会和巴黎科学院之间长达数十年的讨论。

① Jartoux Pierre XXV. *The description of a tartarian plant, call'd gin-seng; with an account of its virtues. In a letter from Father Jartoux, to the Procurator General of the Missions of India and China*. Taken from the tenth volume of letters of the Missionary Jesuits, printed in Paris in octavo, 171328Phil. Trans. R. Soc.

结论

17 到 18 世纪，全球贸易网络中的流通的异域药物不仅仅是作为商品被交换。它们的生产、流通和消费重塑了这一时期的物质生活和文化生活。在欧洲的医药体系里，大黄作为一种温和的泻药一直占有重要的地位，但是将大黄作为普通大众消费的药物却一直要到 17 世纪末才开始。在此期间，人们一直致力于将这种植物本土化。试图在英国本土培育大黄，或者为了更好地了解这种植物进行大量植物学和医学研究。到了 19 世纪，大黄逐渐从一种“温和安全的泻药”转变为一种在英国国内受到普遍喜爱的食材。大黄用途的转变离不开欧洲（尤其是英国）对药用大黄的尝试和推广。尽管英国植物学家和园丁们不断努力，试图在英国培育出“真正的大黄”，但他们自始至终都未能培育出能够获取最佳药用疗效的植株。与此同时，植物学家和药剂师抱怨说，那些所谓进口的“真正大黄”中掺入了质量低劣的品种。鉴别和培育“真正大黄”的努力结果是徒劳的；这一时期在英国植物园中发现的大多数大黄植株的品种仍不清楚，伦敦市场上开始出现大量新的杂交品种。英国本土植物园中产出的不同品种的“英国大黄”最终作为一种食材被消费者广泛接受。大黄最初作为一种异域药物进入英国市场，最终融入不同文化环境并获得了特殊的意义。近代早期的商人、植物学家和医生热衷于寻找和收集异域药用植物，这些药物的名称频繁的出现在他们的交易记录、医药论著和物品清单中，并进一步激发了消费者的好奇心。与大黄不同，英国东印度公司始终无法从中国大量进口人参。18 世纪 20 年代，有关在北美殖民地的许多其他地区（例如弗吉尼亚州和宾夕法尼亚州）发现人参的报道传到了伦敦。1728 年，北美殖民地弗吉尼亚的种植园主、英国皇家学会会员威廉·伯德（William Byrd）在执行解决弗吉尼亚州和北卡罗来纳州边界争端的任务期间，证实了美洲北部大陆生长着人参，并且这些品种与中国人参有着相似的优点。18 世纪 30 年代，英国的植物学家和商人们开始将北美殖民地的人参销往中国。作为异域药物，大黄和人参在 17 到 18 世纪的英国都引起了极大的关注和研究兴趣。贸易活动和科学探索是它们作为异域药物在地理和文化空间中流动的重要推动力。

钦天监与清初天主教徒群体

肖清和（北京大学哲学系长聘副教授）

引言

1703年，耶稣会传教士卫方济（François Noël, 1651—1729）在给耶稣会总会长的报告中指出："在辽阔的帝国内，成为基督徒的往往都是平民百姓。至于宫廷成员，我们在中国的体会和其他地方一样，得宠的人和有权有势的人是很难进入天国的，尤其他们是不信教的。然而，除了商人、士兵、工匠、农夫和渔夫经常走进我们教堂外，我们还有些业士和博士，甚至还有一些政府官员，尽管人数不多，且集中在北京钦天监里。"① 卫方济的报告反映了清初天主教徒的来源与社会地位。清初天主教徒的主体是平民百姓，主要来自商人、士兵、工匠、农夫和渔夫。同时，还有一些士大夫以及官员信徒，而官员信徒主

① 杜赫德：《耶稣会士中国书简集》上卷，大象出版社2005年版，第235页。

要集中在北京钦天监。

1629年，在徐光启的推动与主持之下，崇祯皇帝批准徐光启组建历局。历局由徐光启督领，李之藻协助；历局使用“西法”，龙华民（Nicolas Longobardi, 1559—1654）、邓玉函（Jean Terrenz, 1576—1630）等传教士“任其事”。组建的历局由西方传教士修改历法，解决了传教士长期留在中国的“合法性”。早在1616年，受到南京教案的影响，徐光启希望推荐传教士担任钦天监官员，以解决外国传教士在中国的“居留权”。而随着《崇祯历书》的撰修，以及汤若望（Adam Schall von Bell, 1591—1666）等传教士在修铸火炮等方面的成绩，传教士在晚明中国获得了较高的地位。进入清初，汤若望将《崇祯历书》改头换面，题为《时宪历》进献给新王朝，满足了刚刚入住中原的大清“敬授人时”之需要。清廷投桃报李，“着汤若望掌管钦天监印信”。虽然汤若望力辞不就，但实际上是由汤若望掌管着钦天监。自此以后，钦天监一直由传教士担任监正。传教士在钦天监除了修历之外，还承担一些官方任务，并向钦天监内的中国人传教，在汤若望、南怀仁等身边聚集了一批天主教徒群体及友教士大夫。虽然汤若望等局限于北京，不能直接外出传教，但不可否认的是通过钦天监这个平台，汤若望等传教士成功地将钦天监官员变成天主教徒。而这些官员信徒就成为卫方济报告中所指出的那样，虽然“人数不多”，但是“政府官员”，对清初天主教的发展起到了重要作用，如刘蕴德，曾任钦天监官员，后来成为耶稣会士，并主持南京地区的教会生活。

与晚明相比，清初天主教徒群体下移，缺乏类似于明末“三柱石”的地位较高的士大夫信徒。为数不多的士大夫官员基本上来自天主教家庭，如许缵曾、孙致弥等等。钦天监里的士大夫信徒就成为清初地位较高的信徒代表。钦天监里的天主教徒群体是清初天主教徒的重要组成部分，但现有成果要么集中关注汤若望、南怀仁（Ferdinand Verbiest, 1623—1688）等传教士，要么关注钦天监本身，而对于钦天监里的天主教徒群体的研究则非常少，① 冀本文为明清天主教研究略献刍荛。

一、徐光启与晚明历局

明初设太史监，后改监为院。洪武元年（1368）改太史院为司天监，三年（1370）改为钦天监，有天文科、漏刻科、回回科、历科等四科。钦天监官员不得改迁他官，子孙世业。明代使用的历法为《大统历》，但在晚明纰漏甚多。1629 年，礼部业已意识到钦天监推算日食等时刻错误，题请改历。同年，徐光启上疏提出四条措施：议选人员、议博访取、议用钱粮、议考成绩。徐光启虽然最终只提交了四条修历建议，但在草拟奏疏的过程中，徐光启曾列了五条建议，其中有一条为“议用西历”，即效仿回回历而推荐使用西方传教士来修改历法，“万历间归化陪臣利玛窦等数辈，观光入觐，所携历法等书尤为精密，其所预推交食，时刻分秒，无不悉验。故四十等年议历，有监正周子愚呈部，乞令陪臣庞迪我（Didace de Pantoja, 1571—1618）、熊三拔（Sabbathin de Ursis, 1575—1620）翻译本书，令与中历会通归一。今二陪臣虽故，尚有同事龙华民、邓若翰偕其徒侣，现居赐寺梵修，合无仍依子愚之请，令与钦命诸臣对译成书。”② 徐光启认为此条建议的目的性过于明显，因此在最终的奏章中予以删除。徐光启一开始就希望通过改历而赋予传教士以滞留中国的合法性。徐光启不仅想让

① 相关研究成果主要集中在汤若望、南怀仁等著名传教士以及中国礼仪之争等重大事件，对于钦天监的研究则主要集中在此机构的人物、事件等研究，目前未见对于钦天监天主教徒群体的专门研究成果。相关成果可以参见 Ad Dudink、Nicolas Standeart 主持的 CCT 数据库。

② 徐光启：《礼部为奉旨修改历法开列事宜乞裁疏》，《徐光启全集》第九册，上海古籍出版社 2010 年版，第 151 页。

传教士充任修历官员，而且还网罗对西法颇为熟悉的士大夫来京协助修历。在“议博访取”条中，徐光启建议“不拘官吏生儒、草泽布衣，但有通晓历法者，具文前来”。但此处的“通晓历法”是指通晓西洋历法，而在晚明对西法较为熟悉的士大夫往往是与传教士往来密切的信徒或友教士大夫。由此可见，徐光启修历一方面是为了改正历法之谬，另一方面则通过官方名义，为传教士以及友教士大夫、信徒提供了庇护场所。此是形成北京钦天监天主教徒群体之肇始。按照徐光启的建议，历局访举儒士不超过 10 人，天文生 15 人。如果加上传教士，历局将集中近 30 位天主教徒。①

徐光启上疏后，崇祯下旨四条措施“俱依议”，并由徐光启督领，李之藻“速与起补，蚤来供事。”② 同一年，徐光启又上《条议历法修正岁差疏》，再次明确使用西法修历，并力荐龙华民、邓玉函任其事。③1630 年四月初二，邓玉函病故，徐光启推荐汤若望、罗雅谷（Jacques Rho, 1593—1638）继任：“不意本年四月初二日臣邓玉函患病身故。此臣历学专门，精深博洽，臣等深所倚仗，忽兹倾逝，向后绪业甚长，止藉华民一臣，又有本等道业，深惧无以早完报命。臣等访得诸臣同学尚有汤若望、罗雅谷二臣者，其术业与玉涵相埒，而年力正强，堪以效用。”又推荐陆若汉“共襄盛典”。④ 崇祯下旨：“汤若望等既可访用，着地方官资给前来。”同年七月，罗雅谷“到局供事”。汤若望五个月之后即同年十二月抵达京师，赴鸿胪寺报名见朝、随令到局。⑤ 但陆若汉未曾入历局供事。

自 1629 年以后，钦天监里就形成了一个明显的天主教徒群体，其中

① 根据徐光启的奏疏，实际情况要低于此数。

② 徐光启：《礼部为奉旨修改历法开列事宜乞裁疏》，《徐光启全集》第九册，第 157 页。

③ 徐光启：《修议历法修正岁差疏》，《徐光启全集》第九册，第 161—162 页。

④ 徐光启：《修改历法请访用汤若望、罗雅谷疏》，《徐光启全集》第九册，第 170 页。

⑤ 徐光启：《因病再申前请以完大典疏》，《徐光启全集》第九册，第 188 页。

以龙华民、邓玉函、汤若望、罗雅谷等西方传教士为中心，传教士周边有徐光启、陈于阶、李次霦、邬明著、程廷瑞等信徒，以及李天经等友教士大夫。他们有自己的空间，即将首善书院改成的历局，有自己的合法身份与职位，并领取朝廷俸禄。入历局的天文生应为天主教徒，“入学院（即历局——引者注）之中国学员自然俱系基督教徒，在传教士指导之下从事于天算表格与对数表迻译之工作。”①

1630 年，徐光启在奏疏中表示，传教士及中国信徒业已完成修历所需的部分著作与仪器。其中，徐光启与龙华民、邓玉函完成《测天约说》等著作；邓玉函与中国信徒完成《测圜》等著作；罗雅谷与徐光启、李之藻完成《历指》等著作；邓玉函与信徒陈于阶完成七政象限等仪器。②

1631—1632 年，在徐光启的奏疏中出现了周胤、刘有庆、刘承志、周士昌、薛文燦、贾良琦、刘崇儒、朱国寿、朱光燦以及罗雅谷、汤若望等人，共同推测日食、月食。③其中，周胤曾经入教，但在历狱案中供称“脱教”，原因是迷信以及纳妾。④

1633 年，徐光启在去世之前推荐山东巡抚朱大典、山东参政李天经、山东道御史金声等接替其主持历局。但因朱大典有“冲蓄重寄”、金声患病，最终只有李天经到任。但徐光启所推荐者均对西学西教颇为友善，如金声即“敬服西儒，嗜其实学”。⑤徐光启推荐的王应遴亦是一位友教士大夫。而费赖之、魏特、方豪均认为李天经为天主教徒，洗名为伯多禄（Petrus）。⑥

---

① 魏特：《汤若望传》第一册，知识产权出版社 2015 年版，第 108 页。
② 徐光启：《修历因事暂辍略陈事绪疏》，《徐光启全集》第九册，第 171 页。
③ 徐光启：《日食用仪器测验疏》《月食回奏疏》《月食疏》，《徐光启全集》第九册，第 214、216、223 页。
④ 安双成编译：《清初西洋传教士满文档案译本》，大象出版社 2015 年版，第 22 页。
⑤ 金声：《上徐玄扈相公书》，载《徐光启全集》第九册，第 244 页。
⑥ 但目前尚无确证，参见方豪：《中国天主教史人物传》，宗教文化出版社 2007 年版，第 243 页；魏特：《汤若望传》第一册，第 108 页。

1633年10月，因为修历已成，徐光启上疏奖励修历有功人士。其中，罗雅谷、汤若望“功应首叙”。又提及应奖励知历生员邬明著、访举儒士陈于阶，知历生员程廷瑞、孙嗣烈、孟履吉，监生李次霦，访举儒士杨之华、祝懋元、张寀臣、黄宏宪、董思定、李遇春、赵承恩等。[①] 又提到非钦天监的官员王应遴、陈应登、魏邦纶，以及钦天监其他人员，如监副戈承科，秋官正周胤，天文生朱国寿，五官保章正刘有庆，中官正贾良栋，候缺保章正贾良琦，博士朱光显，天文生朱光燦、朱光大等等。对于这些人物，徐光启予以区别对待：传教士居于首功，跟随传教士、辅助译述的中国信徒如邬明著等人为次；再次为修历提供协助的其他官员。而原先是钦天监官员，但不是信徒，虽然“勤学可佳”，但“俟学习完日另叙”。

1633年，毕方济（François Sambiasi，1582—1649）在上崇祯皇帝的《奏疏》中提出四条建议，第一即为“明历法以昭大统”，提出“至于七政推历、交蚀不爽，必取明习天文西士数人，会同钦天监测算，尤足光示四裔，垂则千秋”。[②] 毕方济进一步强调由传教士担任修历的重要性。当然，就时局而言，当时的朝廷确实需要“明历”、“识矿”、“善铳”等人才；但对于传教士而言，这些时局“所需”则为进入、滞留中国提供了合理性。

但是钦天监对于天主教徒为主导进行修历充满疑虑。李天经曾经在奏疏中称：“说者动以异域视之，不知皇上君临万邦，覆载之下，莫非王臣；法取合天，何分中外？”[③] 此亦表明朝中对汤若望仍持有戒心，对于新法亦有异议。徐光启、李天经因为历书修成，上疏朝廷，对于有功之臣予以奖赏。其中有历局効劳儒士蔡孚一，屡次上疏求赏，但在徐光启、李天经奏疏中并无此人。蔡孚一因为求赏不成，上疏诬告邬明著、程廷瑞，以及孟

---

① 徐光启等：《治历疏稿初集》，徐家汇藏书楼藏，第99—100页。

② 毕方济：《奏折》，徐家汇藏书楼藏，第4页。

③ 李天经：《李天经奏为书器告成谨照原题查叙在事诸臣疏》，《治历疏稿初集》，第168页。

履吉、李次霖、陈于阶贪赃。后蔡孚一拟徒，邬明著等冤得雪。[①] 李天经又称“操异议者，遂分门角技，借势倾排，无所不至”，目的是“挠臣局已成之法，并欲驱臣局任事之人。”可见，汤若望使用新法撰修历书，在钦天监内仍有不少阻力。[②]

此外，钦天监内新法、旧法（大统、回回）等不同派系之间斗争颇为激烈。[③] 钦天监官员魏文魁，与汤若望之间亦有纷争。崇祯十年（1637）十二月日食，其子魏象乾曾在观测时向礼部官员投送揭帖。[④] 同年，反对新法者上疏弹劾汤若望，言汤若望所讲天主教道理，大悖尧舜孔子之道，请禁止传习。事未成，崇祯着传旨申饬。[⑤] 崇祯十一年（1638）正月十二日，李天经上疏建议“该监诸臣以后照依新法推算通行”。[⑥] 后李天经推荐在钦天监设立“新法科”。但直到清初，钦天监才废除回回科，完全采用西洋新法撰修历书。

二、汤若望与钦天监奉教群体

崇祯、顺治时期钦天监奉教群体的形成与汤若望的关系颇为密切。在

① 黄士俊：《黄士俊等题为书器告成谨照原题查叙在事诸臣疏》，《治历疏稿初集》，第222—223页。

② 李天经：《李天经题为交食届期乞令各法同日报进以定疏密疏》，《治历疏稿初集》，第279—280页。

③ 魏特：《汤若望传》第一册，第110—112页。

④ 周胤：《周胤奏为奉旨据实奏明疏》，《治历疏稿初集》，第291—292页。

⑤ 黄伯禄：《正教奉褒》，《中国天主教史籍汇编》，台北辅仁大学出版社2003年版，第478—479页。

⑥ 李天经：《李天经题为各法疏密未见钦遵再恳明断早定历法疏》，《治历疏稿初集》，第300页。

《崇祯历书》与顺治时期题为《西洋新法历书》，以及汤若望的奏疏中，我们可以看到不少钦天监官员均为汤若望的“门人”或“受法者”。

崇祯四年（1631）正月二十八日，汤若望第一次进呈历书，其中有《升度表》七卷。而据现存《西洋新法历书》所收《正球升度表二》有如下署名：“邓玉函撰，汤若望订，门人杨之华、李祖白、祝懋元、陈于阶、魏邦纶、掌乘受法。”①

崇祯四年八月初一日，汤若望第二次进呈历书，其中有《恒星历指》三卷。《恒星历指》第三卷有如下署名：“汤若望撰，罗雅谷订，门人李遇春、李祖白、陈应登、杨之华、邬明著、掌乘受法。”② 其他两卷的“受法”者为李遇春、宋可成、陈应登、董思定、陈于阶、朱光显、魏邦纶、祝懋元、朱廷枢等。同年又进呈《比例规解》一卷，其中“受法门人”有李祖白，以及张寀臣、掌乘、周胤、孙嗣烈、宋可成等人。③ 同年又进呈《测量全义》十卷。第三卷“受法门人”有李祖白及卫斗枢、董思定、宋可成、孙嗣烈、焦应旭。④

崇祯五年（1632）四月初四日，汤若望第三次进呈历书，其中包括《交食历指》四卷，其署名如下：“汤若望撰、罗雅谷订，门人祝懋元、掌有篆、朱国寿、左允和、李祖白、武之彦受法。”⑤ 在相关奏疏中，祝懋元、朱国寿出现颇为频繁。在同一著作中，受法门人还有黄宏宪、李华、贾良栋、焦应旭、掌乘、宋可立、潘国祥、刘有庆、朱光大、周士昌、陈应登、邬明著等人。⑥ 同年进呈的历书还有《月离历指》四卷。其第一卷“受法

① 徐光启等修辑：《西洋新法历书》第三册，《故宫珍本丛刊》第385册，海南出版社2000年版，第86页。
② 徐光启等修辑：《西洋新法历书》第二册，《故宫珍本丛刊》第384册，第325页。
③ 徐光启等修辑：《西洋新法历书》第五册，《故宫珍本丛刊》第387册，第11页。
④ 徐光启等修辑：《西洋新法历书》第五册，《故宫珍本丛刊》第387册，第157页。
⑤ 徐光启等修辑：《西洋新法历书》第一册，《故宫珍本丛刊》第383册，第374页。
⑥ 徐光启等修辑：《西洋新法历书》第一册，第391页；第二册，《故宫珍本丛刊》第384册，第1、19页。

门人”名单中有李祖白，及程廷瑞、陆昌蕤、宋发、朱光大、掌乘等。①

崇祯七年（1634）七月十九日汤若望第四次进呈历书，其中有《交食表》四卷。其署名有“汤若望撰，罗雅谷订，门人朱光大、周士昌、程廷瑞、掌乘、李祖白、宋可立受法。”②同一著作的其他“受法门人”还有程廷瑞、陈应登、宋发、董思定、李华、陈于阶、焦应旭、张寀臣、周士泰、杨之华、祝懋元、朱光大、左允和、邬明著、刘蕴德、鲍英齐等。③《交食表》第七卷，同样出现了李祖白的名字，“汤若望撰，罗雅谷订，门人朱光灿、掌有篆、杨之华、周士萃、李祖白、武之彦受法。”④

崇祯七年（1634）十一月二十四日，汤若望第五次进呈历书，其中有《五纬历指》八卷。而第七卷署名如下，“罗雅谷撰，汤若望订，门人刘有庆、李祖白、朱廷枢、朱光大、程廷瑞、宋发受法。”⑤同年进呈的《五纬表》首卷署名为“罗雅谷撰，汤若望订，门人祝懋元、刘有庆、邬明著、李祖白、朱廷枢、贾良琦受法。”⑥此书第八卷的署名，“罗雅谷撰，汤若望订，门人祝懋元、掌乘、朱廷枢、李祖白、杨之华、宋可成受法。”⑦此书第九卷“受法门人”名单中有李祖白、朱光大、掌乘、朱廷枢、宋发、焦应旭等人。⑧

崇祯七年，知历生员邬明著、访举儒士陈于阶受钦天监差派，赴山海关、登州等地测验。同年，李天经在奏疏中列举访取生儒“廪给”，其中

① 徐光启等修辑：《西洋新法历书》第五册，《故宫珍本丛刊》第387册，第118页。
② 徐光启等修辑：《西洋新法历书》第二册，《故宫珍本丛刊》第384册，第64页。
③ 徐光启等修辑：《西洋新法历书》第二册，《故宫珍本丛刊》第384册，第88、108、128、157页。
④ 徐光启等修辑：《西洋新法历书》第二册，《故宫珍本丛刊》第384册，第184页。
⑤ 徐光启等修辑：《西洋新法历书》第三册，《故宫珍本丛刊》第385册，第186页。
⑥ 徐光启等修辑：《西洋新法历书》第三册，《故宫珍本丛刊》第385册，第237页。
⑦ 徐光启等修辑：《西洋新法历书》第三册，《故宫珍本丛刊》第385册，第370页。
⑧ 徐光启等修辑：《西洋新法历书》第四册，《故宫珍本丛刊》第386册，第1页。

包括儒士及生员。其中，儒士有陈于阶、张寀臣、祝懋元、董思定、杨之华、李遇春、黄国泰、黄宏宪等；生员有邬明著、程廷瑞、孟履吉等。①

崇祯八年（1635），邬明著授钦天监正九品及五官司历职衔；生员程廷瑞、孟履吉、监生李次霦、儒士杨之华、祝懋元、张寀臣、黄宏宪，天文生朱国寿授钦天监从九品及漏刻科职衔。②

崇祯九年（1636），汤若望撰《浑天仪说》。顺治时期，此书被汤若望收入《西洋新法历书》。《浑天仪说》卷首有李天经《浑仪用法序》。第一卷的"受法门人"有李祖白、李次霦、掌乘、邬明著、朱廷枢、宋可成等。③

邬明著于崇祯十年（1637）辞去历局工作，返回湖北武昌传播天主教。崇祯十一年（1638），杨之华、黄宏宪量带光禄寺事职衔，仍管钦天监博士事；朱国寿、祝懋元量带鸿胪寺署臣职衔，仍管钦天监博士事；而王应遴加大理寺右寺正职衔；张寀臣加升钦天监五官司历；朱光大、朱光灿、周士昌、朱廷枢、王观晓量授钦天监博士。④崇祯十二年（1639），杨之华、黄宏宪与汤若望翻译《坤舆格致》。同年七月，进呈御览。⑤崇祯十三年（1640）杨之华、朱国寿于任上去世。

崇祯十四年（1641）十一月初八日，朱光大加通政使司经历职衔；宋发加钦天监博士职衔，仍管历法事。崇祯十六年（1643）七月二十六日，"汤若望及本局供事官黄宏宪、朱光大、王观晓、宋发、朱光显、朱廷枢，生儒掌乘、宋可成、李祖白、焦应旭前赴观象台。"⑥崇祯十六年八月十七

① 徐光启等：《治历疏稿初集》，第160—163页。

② 徐光启等：《治历疏稿初集》，第223—224页。

③ 徐光启等修辑：《西洋新法历书》第五册，《故宫珍本丛刊》第387册，第35页。

④ 徐光启等：《治历疏稿初集》，第324—325页。

⑤ 徐光启等：《治历疏稿初集》，第351页。

⑥ 汤若望等：《新法算书》，载《景印文渊阁四库全书》子部第788册，台北商务印书馆2008年版，第141页。

日，李天经的奏疏中再次提及七月二十六日测验事，以及李祖白等人。在此次测验中，礼部尚书林欲楫亦一同参与。① 而林欲楫则赠诗于艾儒略。

顺治元年（1644）五月，以汤若望领衔的钦天监转仕新朝。五月二十三日，汤若望向清王朝开列钦天监官生名单，包括钦天监加通政使司经历在局仍管历法事朱光大，钦天监博士在局仍管历法事宋发、朱廷枢，历局供事生员宋可成、李祖白，儒士掌乘、焦应旭、掌有篆、宋可立、徐彦开、孙有本、李华。② 同年七月，摄政王命名新法为《时宪历》。

汤若望在顺治元年八月的奏章中提及中国籍门生 11 人，“他若推算之官，旧制列名历尾。今铺注神煞者，该监止须二人填写两日即毕。而例得列名者十一员，乃本局推算者勤劳两月，列名仅有朱光大、宋发二员。如顺天生员宋可成、副榜监生李祖白，儒士掌乘、焦应旭，此四人者，文理优通，有志历学，访举在局，效力多年，只以未蒙授职，不便附列其名。”当时历局中除了李祖白等外，还有掌有篆、徐瑍、孙有本、张中鹄、鲍英齐、殷铠、武之彦、李华、宋可立、刘蕴德（1628—1707）等十人。他们的身份是“供事诸生”。其中，刘蕴德 1684 年加入耶稣会，1688 年由罗文藻祝圣为司铎，曾序李九功《慎思录》及《文行粹抄》。

同年八月二十五日，宋可成、李祖白、掌乘、焦应旭四人“量带钦天监博士职衔”，应同朱光大等附名历尾；儒士掌有篆等十人“照天文生例食粮办事。”③

同年十月二十九日，因为进献《时宪历》有功，叔父摄政王让汤若望开列名单予以嘉奖。十一月初四日，汤若望开列名单如下：“历局供事加通政使司经历加俸一级朱光大，加光禄寺大官署署正加俸一级黄宏宪，加钦天监博士加俸一级宋发，加钦天监博士加俸一级朱廷枢，加钦天监博士

① 徐光启等：《治历疏稿初集》，第 405—406 页。
② 汤若望：《治历疏稿二集》，第 5 页。
③ 汤若望：《治历疏稿二集》，第 38 页。

李祖白。”汤若望还特意注明，“以上五员允宜首叙，前四员在局最久，推测劳深。后一员授职方新，効劳已久，所当并列者也。”[①] 此是指李祖白虽然刚刚授职为钦天监博士，但是在局効劳已久，因此应该首先嘉奖。在李祖白之后，汤若望还开列有朱光显、刘有庆、贾良琦、宋可成等十六人名单。

同年十一月二十五日，圣旨令汤若望掌钦天监印信，“凡该监官员俱为若望所属，一切进历、占候、选择等项悉听掌印官举行，不许紊越。”[②] 十二月初一日，汤若望上疏欲辞，不准。顺治二年（1645）二月拟裁汰回回科秋官正、五官挈壶、博士等八人。由此引发了回回科与汤若望之间的冲突。顺治十四年（1657）九月十日，回回科已被革职的吴明炫因为“以善推天象，自任欺奏皇上”拟绞，秋后处决。[③] 顺治十六年（1659），汤若望推荐苏纳、白乃心赴钦天监修历。[④]

康熙三年（1664）礼吏两部会审，“拟钦天监监正汤若望、刻漏科杜如预、五官挈壶正杨弘量、历科李祖白、春官正宋可成、秋官正宋发、冬官正朱光显、中官正刘有泰等、皆凌迟处死。已故刘有庆子刘必远、贾良琦子贾文郁、宋可成子宋哲、李祖白子李实、汤若望义子潘尽孝、俱斩立决。”[⑤] 康熙八年（1669），“以原任夏官正李祖白、春官正宋可成、中官正刘有泰、秋官正宋发、冬官正朱光显等、死非其罪、各照原品级、给祭银。”[⑥]

在钦天监汤若望的“门生”群体中，据现有材料确切可知为天主教徒的有陈于阶、李次霦、邬明著、李祖白、刘蕴德、鲍英齐等。而汤若望最

① 汤若望：《治历疏稿二集》，第 55 页。
② 汤若望：《治历疏稿二集》，第 72 页。
③ 汤若望：《治历疏稿三集》，第 41 页。
④ 南怀仁：《熙朝定案》，韩琦、吴旻校注，中华书局 2006 年版，第 88 页。
⑤ 《清实录》第四册《圣祖仁皇帝实录（一）》卷 14，中华书局 1985 年版，第 230 页。
⑥ 《清实录》第四册《圣祖仁皇帝实录（一）》卷 31，第 418 页。

为推重的朱光大、黄宏宪、宋发、朱廷枢极有可能亦为天主教徒。钦天监成为汤若望传教的重要平台，“因为汤若望原来的志愿，是要使钦天监尽量化为一个奉教的机关”。①

三、南怀仁与钦天监奉教群体

历狱案结束后，南怀仁继汤若望之后成为钦天监天主教徒群体的重要核心。康熙八年（1669）二月，吏部拟任南怀仁为钦天监监副。康熙下旨“依议”。南怀仁曾上二疏予以推辞，但被康熙拒绝。② 实际上，虽然此时钦天监的监正为马祜，但钦天监的事务开始由南怀仁管理。康熙九年（1670），南怀仁即在奏疏中自称“钦天监治理历法臣”。康熙十一年（1672），恩理格（Christian Herdtricht, 1624—1684）、闵明我（Philippe-Marie Grimaldi, 1639—1712）、徐日昇（Thomas Pereira, 1645—1708）赴钦天监协助修历。同年，在南怀仁的奏疏中，李光显为钦天监左监副，刘蕴德为右监副。③

康熙十三年（1674），南怀仁纂修完成《新制灵台仪象志》共十四卷（图录两卷），参与编制共有 31 人。卷一至卷五由右监副刘蕴德笔受，春官正孙有本、秋官正徐瑚详受；卷六由博士孙有容、历科供事鲍英齐、博士焦秉贞同受；卷七由博士鲍英华、秋官正张问明、博士宁完璧同受；卷八由博士鲍选、主簿殷铠、博士张登科同受；卷九由天文生朱世贵、博士刘应昌、天文生薛宗胤同受；卷十由天文生萧尽礼、博士李文蔚、天文生

① 魏特：《汤若望传》第二册，第 155 页。
② 南怀仁：《熙朝定案》，第 56 页。
③ 南怀仁：《熙朝定案》，第 101 页。

冯方庆同受；卷十一由天文生席以恭、博士李颖谦、天文生张文臣同受；卷十二由右监副刘蕴德笔受，春官正孙有本、秋官正徐瑚详受；卷十三由天文生张士魁、博士林昇胥、天文生李式、天文生刘昌胤同受；卷十四由天文生封承荫、天文生萧尽性、博士魏起凤、天文生冯迈、天文生掌镇同受。

同年，因为编修《新制灵台仪象志》有功，南怀仁加太常寺卿；与南怀仁同时被恩叙的有左监副加一级李光显，右监副刘蕴德，春官正孙有本，秋官正徐瑚，博士宁完璧，博士加一级孙有容，博士焦秉贞，钦天监办事鲍英齐，秋官正张问明，灵台郎加一级李光大，灵台郎邵泰衢，主簿殷铠，博士加二级刘应昌，博士加一级鲍英华，博士张登科，天文生薛宗胤、萧尽礼、冯方庆、朱世贵、张文臣、席以恭等。[①] 其中，刘蕴德、鲍英齐均为天主教徒。

康熙十七年（1678），南怀仁加通政使司通政使，鲍英齐升为右监副。同年，南怀仁撰成《康熙永年历法》。其中《日躔表》督修者为钦天监监正加一级宜嗒喇，立法者为钦天监治理历法加太常寺卿南怀仁，订正者为闵明我，校对者为左监副邵泰衢、监副查尔大、右监副鲍英齐，受法者为博士李式，博士张问达，五官正屯主祜、冬官正何君锡，博士焦秉贞，天文生常安。[②] 其中，鲍英齐、李式、焦秉贞为天主教徒。李式应为李祖白之子。[③]《金星表》受法者为天文生爱山、博士鲍英华、博士左有庆、博士张登科、天文生禅布。[④] 其中，鲍英华应为鲍英齐之兄弟。《水星表》受法

① 南怀仁：《熙朝定案》，第 111 页。

② 南怀仁：《康熙永年历法》，收入《徐家汇藏书楼明清天主教文献续编》，第 5 册，台北利氏学社 2013 年版，第 208 页。

③ 见康熙十年（1671）李式为李祖白所立碑文拓片，题为“男式立”。拓片藏徐家汇藏书楼。感谢藏书楼徐锦华主任惠赐拓片资料。另参肖清和：《“大道由来天下公”：清初儒家基督徒李祖白新考》，*Sino-Christian Studies*, volume 23 (July, 2017), pp.135—176。

④ 南怀仁：《康熙永年历法》，第 339 页。

者为天文生海度、博士赵应鹗、博士鲍选、博士何雒图、博士常额、天文生章保柱。①

康熙二十一年（1682），南怀仁加工部右侍郎。二十七年（1688），南怀仁病逝，洪若、李明、刘应、白晋、张诚等进京，康熙下旨“留白晋、张诚在京备用”，并令闵明我“顶补南怀仁治理历法”，同时徐日昇、安多亦在钦天监协助。②

钦天监里的传教士也卷入了礼仪之争。康熙三十九年（1700），钦天监传教士闵明我、徐日昇、安多、张诚向康熙皇帝就中国礼仪问题上疏。疏内依据耶稣会的“适应策略”将祭祖敬孔理解为世俗的礼仪行为，并将“敬天”理解为“祭天地万物根源主宰”。康熙御批：“这所写甚好，有合大道，敬天及事君亲敬师长者系天下通义，这就是无可改处。”③

钦天监传教士安多（Antoine Thomas，1644—1709）于康熙四十年（1701）就任耶稣会中华省副会长。此时，中国礼仪之争已经进入了第三个阶段。1645 年 9 月 12 日，教宗发布敕令禁止中国礼仪；然而 1656 年 3 月 23 日又取消了禁令。1693 年 3 月 26 日，巴黎外方传教会的颜珰（Charles Maigrot，1681—1730）主教在其教令中谴责中国礼仪；并于 1697 年提交给罗马圣座。与此同时，欧洲尤其在巴黎有关中国礼仪的争论日益升温。作为对颜珰的回应，安多采取措施以捍卫自己的立场。从 1701 年到 1704 年期间，安多收集了众多有关中国礼仪的证词、誓状，包括康熙本人的御批，以及非信徒士大夫的证词。康熙四十一年（1702），安多派人收集了约 60 件证词，这些证词共有 430 多位签名。这些证词主要来自耶稣会传教区：北京地区有 50 位签名；江南地区的南京有 20 位，松江和嘉定有 33 位，苏州 32 位，上海 13 位，常熟 50 位，太仓 56 位；江

① 南怀仁：《康熙永年历法》，第 425 页。
② 南怀仁：《熙朝定案》，第 169 页。
③ 南怀仁：《熙朝定案》，第 363 页。

西的赣州 10 位，南昌 15 位；湖广的黄安及其他地区共 27 位，湘潭和其他地区共 28 位，汉川及其他地区共 27 位。其中有来自钦天监的证词。①

康熙四十一年（1702）七月十七日的《北京教中公同誓状》署名为：钦天监左监副鲍味多、拜塔拉布勒哈番高类思、步军校高儒略、原任钦天监五官正焦保禄、钦天监中官正席物罗、秋官正鲍巴尔多禄茂、钦天监春官正方弥额尔、原任钦天监五官监候朱老楞佐、骁骑校姜伯多禄、都察院笔帖式佟嘉禄、火器营随印笔帖式朝老楞佐、吏部笔帖式任方济各、正蓝旗随印笔帖式李若翰、钦天监博士鲍历山、钦天监博士冯多默、钦天监博士张良、钦天监博士孙若瑟、钦天监博士林弥额尔、候补州同黄若瑟、教谕王若瑟、举人陆若翰、举人郁若瑟、监生胡若翰、监生路若亚敬、监生任若瑟、监生任类思、监生赵斯德望、生员关若翰、天文生王嘉禄、梁德望、王伯多禄、孙斐理伯、陈若瑟、鲍雅进多、侯保禄、鲍玛弟亚、候补天文生方葛思默、国玛弟亚、吴若翰、李若瑟、宗玛窦、上官意纳爵、任伯多禄、李若瑟、赵巴辣济多、杨方济各、王历山、苏安当、佟雅歌伯、朱若瑟。② 其中，钦天监奉教官员与天文生等多达 33 人。

根据相关材料，我们还可以还原这些签名的天主教徒姓名，如鲍味多为鲍英齐，焦保禄为焦秉贞，③ 席物罗为席以恭，鲍巴尔多禄茂为鲍可成，方弥额尔为方亮，朱老楞佐为朱世贵，鲍历山为鲍选或鲍英华，冯多默为冯承荫或冯方庆或冯迈，张良为张问明或张登科或张士魁或张文臣，孙若瑟为孙有本或孙有容或孙尔蕙，李若瑟可能为李式。从这份誓状来看，钦天监里的官员、博士、天文生、监生成为天主教徒的数量颇为可观。钦天

① Nicolas Standaert, *Chinese Voices in the Rites Controversy: Travelling Books, Community Networks, Intercultural Arguments*（Roma: Institutum Historicum Societatis Iesu, 2012）, p.26.

② Nicolas Standaert, *Chinese Voices in the Rites Controversy: Travelling Books, Community Networks, Intercultural Arguments*, pp.141—144.

③ 关于焦秉贞，参见周林生编著：《清代绘画》，河北教育出版社 2004 年版，第 150 页。

监官员天主教徒不少是来自同一个家族，或为父子，或为兄弟，如鲍英齐、鲍英华；孙有本、孙有容等等。

因此，在清初的官府当中，钦天监集中了全国最多的天主教徒。根据记载，顺治时期钦天监设有监正、监副、五官正、灵台郎、保章正、挈壶正、司书、监候、司晨、博士、主簿等官，天文生 66 人；康熙时期，增设满洲官员，天文生达 94 人。康熙八年（1669）规定汉籍监正改用西洋人，名曰监修。雍正、乾隆及至道光均有传教士担任钦天监监正与监副。①钦天监不仅成为传教士接受固定职位的衙门，而且人数众多的官员、天文生为传教士传教提供了对象。

钦天监的天主教徒群体对于清初天主教的发展来说起到了重要作用：不仅是因为钦天监是比较重要的官府衙门，而且更为重要的是传教士以钦天监为平台或载体进行传教。在历狱期间，钦天监里的天主教徒为了捍卫自己的信仰而甘愿付出自己的生命，如李祖白。李祖白在跟随传教士修历之时，还撰写著作传播天主教。同时，钦天监的天主教徒在致仕之后，往往回到自己的家乡传播天主教，如邬明著回到湖北传播天主教；而刘蕴德则成为华籍耶稣会士，后来主要负责江宁府的天主教事务。

由于天主教注重家庭传播，那些在钦天监成为天主教徒的官员的后代往往都是天主教徒，在禁教时期，虽然朝廷明令禁止钦天监中国籍官员信仰天主教，但仍然有钦天监天主教徒官员的后代“奉习天主教，不愿改悔”。有些钦天监官员或天文生虽然按照禁令“烧毁经卷，奉公守法”，但仍有可能秘密信仰天主教。②

闵明我之后，纪理安（Bernard-Kilian Stumpf, 1655—1720）、戴

① 屈春海：《清代钦天监暨时宪科职官年表》，《中国科技史》1997 年第 3 期，第 45—71 页。

② 张先清：《职场与宗教：清前期天主教的行业人际网络》，《宗教学研究》2008 年第 3 期，第 94—99 页。

进贤（Ignace Kögler, 1680—1746）、刘松龄（Augustin de Hallerstein, 1703—1774）、鲍友管（Antoine Gogeisl, 1701—1771）、傅作霖（Félix da Rocha, 1713—1781）、高慎思（Joseph d'Espinha, 1722—1788）、安国宁（Anoré Rodrigues, 1729—1796）、索德超（Joseph-Bernard d'Almeida, 1728—1805）等相继在钦天监服务。耶稣会解散后，钦天监改由遣使会传教士掌管，汤士选（Alexander de Gouvéa, 1751—1808）、福文高（Domingos-Joaquim Ferreira, 1740—1824）、李拱辰（José Reberio-Nunes, 1767—1826）、毕学源（Gaetano Pirès Pereira, 1763—1838）、高守谦（Verissimo Monteiro de Serra, ?—1852）先后接任。道光十七年（1837），高守谦辞职回西洋，钦天监从此不再起用西洋人。[①]

四、结语

关于钦天监以及修历对清初天主教的重要作用，南怀仁有着比较完整的论述："正是由于汤若望神父和他所领导的钦天监的威望，我们的神父们才能分散地居住在不同的省份，开办教堂；并且一次又一次地将新来的传教士们带入中国内地。确实是这样的，在我到达中国那一年，我们一行14名，甚至更多的传教士，就是以天文学的借口同时进入中国的。也正是这一批传教士，支撑着整个中国的福传事业。"[②] 由此可见，由利玛窦尤其是徐光启所开创和推动的"科学传教"在晚明清初天主教传播过程中确实

① 薄树人：《清钦天监人事年表》，载《科技史文集》第1辑，上海科学技术出版社1978年版，第86—101页。

② 南怀仁：《欧洲天文学》，高华士英译，余三乐中译，大象出版社2016年版，第10页。

起到了积极影响。汤若望、南怀仁、徐日昇等传教士是对“科学传教”路线的坚定执行者。直到清中晚期，钦天监均是由传教士掌管。南怀仁甚至提醒后来的传教士们，“天文学成为保持我们宗教在整个中国生存最为重要的根。”① 南怀仁并撰写《欧洲天文学》向西方世界解释为什么天文学如此重要。

为什么钦天监及天文学被南怀仁认为关系到天主教在中国存亡的关键？此是因为其涉及天主教在中国的合法性。对于中国士大夫、官府以及朝廷来说，外来的天主教之所以被允许在中国传播、传教士之所以被允许进入中国并自由传教的根本原因在于：传教士服务于钦天监，对大清有用，甚至有功。晚明时期，徐光启提出了“补儒易佛”的口号，比较好地解决了天主教在中国的合法性；但是在清初，尤其在康熙时期，随着朱子理学成为官方意识形态，社会稳定、国泰民安，补儒易佛、补益王化等之类的论述不再合适；而为大清尤其是康熙皇帝本人提供服务，则是成为天主教在华传播的唯一“借口”。南怀仁本人以及同时期的其他耶稣会传教士也是深谙此道。南怀仁不仅服务于钦天监，为大清修历、传授天文学知识，而且还修铸火炮、修建水渠、运送巨石等等。其他传教士还充当翻译、测绘舆图，甚至成为康熙的使臣出访欧洲。传教士通过自己的“效忠”与“事功”，获得了皇帝本人的信任与宠爱，由此为天主教获得了在华的合法性及庇护。在张伯行、张鹏翮等反教案件中，传教士也确实利用康熙皇帝本人的恩宠而化解危机。甚至在 1692 年，天主教在华自由传教还获得康熙本人的确认，史称《容教令》：“西洋人并无违法之事，反行禁止，似属不宜，相应将各处天主堂俱照旧存留，凡进香供奉之人仍许照常行走，不必禁止。”②

① 南怀仁：《欧洲天文学》，第 11 页。

② 南怀仁：《熙朝定案》，第 359 页。

南怀仁相信通过天文学可以引导中国皇帝像朝拜耶稣的东方三王那样，“去认识统领星辰的天主，进而去信奉他”。南怀仁希望“得到一个有利的机会，在向皇帝讲解数学时，就理所当然地要插进去很多关于我们宗教的故事”。“如果没有这样的有利条件，我就永远没有可能向这些皇族们介绍和解释上述这些事情。”[①] 但是康熙以及之后的雍正、乾隆，并非如传教士所愿那样对西方宗教感兴趣，也没有进一步加入天主教。康熙优容天主教也并非因为“掌管天文的缪斯女神”启示了皇帝的内心，而是将传教士笼络在身边加以控制与利用，进而控制天主教。清初士大夫有意区分西学中的宗教与科学，由于康熙本人的推动，不少士大夫对西方科学有着浓厚的兴趣。但随着“西学中源”说的兴起，皇帝以及士大夫对西方科学的兴趣不断下降。西方天主教通过科学传教的梦想最终破灭。洋务运动之后，天主教根据时局需要又大量翻译、介绍西方科学，如李问渔、马相伯等等。

明末清初西方传教士从历局供事，到充当钦天监监正，实现了徐光启一开始的设想：以钦天监作为外来传教士居留中国的据点，以修历、服务朝廷作为其获取合法性的来源。钦天监就成为明末清初天主教发展的重要机构。首先，钦天监任职的传教士为全国各地的传教士提供了保护。诸如汤若望等著名传教士掌管钦天监“印信”，而为身陷囹圄的安文思、利类思提供了保护而免其难。其次，由传教士主持历法的钦天监变成了外来天主教在华存在的合法性象征。传教士通过修历、翻译、测绘、铸炮等效忠活动，为其在华活动获取王权支持，从而有利于传教士在华自由传教。而部分官员的反教活动正因为遭到皇帝本人的反对而得以停止。再次，钦天监及修历活动为西方传教士进入中国提供了契机，无论是耶稣会士还是之后的遣使会传教士，均以修历等名义进入中国，并为朝廷所用。第四，传

① 南怀仁：《欧洲天文学》，第 12 页。

教士以钦天监官员、天文生甚至皇帝本人作为传教对象，钦天监成为清初数量最多的官员信徒的官府衙门，并在这些官员信徒周边聚集了地位较高的友教士大夫，如许之渐、王铎、胡世安、龚鼎孳、韩菼等等。钦天监里的官员信徒致仕后又返回家乡传教，甚至有官员信徒变成华籍耶稣会士，如刘蕴德。第五，钦天监成为明末清初传教士尤其是耶稣会科学传教的重要载体。传教士通过当时社会中最高科学机构来传播西方科学，间接地传播西方天主教，吸引了不少士大夫受洗入教，并对明清中国社会及思想发展产生了积极影响。如康熙时期衡山知县李长祚曾随传教士学习历法而入教，方以智、熊明遇、梅文鼎等明清思想家深受西方天文学影响。

但钦天监对于明清天主教发展来说也有一些消极影响。首先，传教士如汤若望、南怀仁长期困于北京，无法外出自由传教；而汤若望、南怀仁等接受朝廷职位与领取俸禄，与耶稣会的誓愿之间有冲突，引发了传教士内部的争议；其次，钦天监里的传教士长期将时间用于修历、传授天文知识以及铸炮等事务，用于传教的时间不多，即使如汤若望撰述中文著作用于传教，但数量较少，影响有限；再次，通过历法等方式获得皇帝本人的保护，以获取天主教在华的合法性的来源单一。天主教在华的命运取决于皇帝本人的好恶；第四，虽然传教士在钦天监里发展了一些官员信徒，但数量仍有限。虽然部分士大夫对西学颇有好感，但随着时局变迁，修历等科学行为也不能为天主教在华传教提供保护。但从客观上来说，传教士充任钦天监官员、传授天文学知识，对于促进明末清初中国天文学的发展以及中西科学交流均有积极作用。①

① 最新成果参见韩琦：《通天之学：耶稣会士和天文学在中国的传播》，生活·读书·新知三联书店2018年版。

被遗忘的领导者：19世纪80年代至20世纪40年代长江地区的中国回民商人*

陈斌（香港理工大学中国历史及文化学系助理教授）

导言

近年来，对中国回民的研究已从一个被相对忽视的问题转变为一个蓬勃发展的领域。① 现有的学术研究极大地扩展了我们对回民的了解，尤其是穆斯林知识分子和军阀在19世纪至20世纪初中国从帝国向民族国家转型过程中所扮演的复杂角色。回民军阀通过巧妙地参与晚清和民

* 本文由作者本人从以下已发表文章翻译而来：Bin Chen, "Forgotten Leaders: Chinese Hui Muslim Merchants in the Yangzi River Region, 1880s—1940s," *International Journal of Asian Studies* 20, No.2 (2023): 439—457。

① 本文重点论述那些传统上生活在中国内地并自称为"回民"或"回"的穆斯林。不过，在晚清与民国时期，"回"也可以是中国所有穆斯林的统称。同时，在本文中，我会避免使用"回族"一词，因为自1949年以来，"回族"才被归入官方指定的民族类别。

国时期的国家政治，设法保持了对中国西北的控制。① 另一方面，回民知识分子积极参与中国的民族主义言论，强烈主张回民的宗教觉醒将为中国的民族觉醒提供支持，因此回民知识分子在现代中国的内政外交中扮演着重要角色。② 同时，不少回民知识分子与地方势力关系密切。回民知识分子和地方势力在许多现代化项目中合作，以推进他们关心议程。③

相比之下，对于回民商人在同一过渡时期所扮演的角色，学术界的研究还不够深入。这也许是因为回民商人的活动没有那么引人注目，因为他们没有指挥大规模的军队，没有提出创新的理论，也没有与知识分子或军阀密切合作。然而，回民商人在塑造回民社区和现代中国社会方面的作用并不小。值得注意的是，19 世纪末至 20 世纪初，来自长江下游地区（尤

① Jonathan Lipman, "Ethnicity and Politics in Republican China: The Ma Family Warlords of Gansu," *Modern China* 10, No.3 (July 1984): 285—316; Jonathan Lipman, *Familiar Strangers: A History of Muslims in Northwest China* (Seattle: University of Washington Press, 1997); Uradyn E. Bulag, *The Mongols at China's Edge: History and the Politics of National Unity* (Lanham, Md.: Rowman & Littlefield, 2002), pp.29—62.

② Zvi Ben-Dor Benite, "From 'Literati' to 'Ulama': The Origins of Chinese Muslim Nationalist Historiography," *Nationalism and Ethnic Politics* 9, No.4 (2004): 83—109; Yufeng Mao, "A Muslim Vision for the Chinese Nation: Chinese Pilgrimage Missions to Mecca during World War II," *The Journal of Asian Studies* 70, No.2 (2011): 373—395; Wlodzimierz Cieciura, "Ethnicity or Religion? Republican-Era Chinese Debates on Islam and Muslims," in *Islamic Thought in China: Sino-Muslim Intellectual Evolution from the 17th to the 21st Century*, ed. Jonathan Lipman (Edinburgh: Edinburgh University Press, 2016), 107—146; Masumi Matsumoto, "Secularisation and Modernisation of Islam in China: Educational Reform, Japanese Occupation and the Disappearance of Persian Learning," in *Islamic Thought in China: Sino-Muslim Intellectual Evolution from the 17th to the 21st Century*, ed. Jonathan Lipman (Edinburgh: Edinburgh University Press, 2016), pp.171—232; Z. Hale Eroglu Sager, "A Place under the Sun: Chinese Muslim (Hui) Identity and the Constitutional Movement in Republican China," *Modern China* 47, No.6 (2021): 825—858.

③ Bin Chen, "The Chengda Teachers School and Modern China's Frontier Politics: Ethnicity and Religion in the Implementation of Republican Law, 1925—1949," *The Journal of Asian Studies* 81, No.2 (2022): 323—340.

其是南京）的回民商人在中国南方创建了一个新的商业网络。通过这一商业网络，这些回民商人获得了经济实力。

同样，在清朝时期，长江下游地区的回民教育网络造就了一批回民学者，如王岱舆和刘智。[①] 他们通过用汉语编写伊斯兰教典籍即汉克塔布，创造了一个中国文化与伊斯兰教传统重叠的空间，并为自己争取到了一个中国精英（文人）身份。[②] 相比之下，与他们的前辈不同，这些20世纪长江下游地区回民商人的精英地位并不仅仅存在于想象的空间，而是得到了汉族群体的充分认可。

如果说在清代，回民学者通过学术成果在维护长江下游地区回民社区的伊斯兰传统方面发挥了主导作用，那么在20世纪，回民商人则接过了这一主导作用，并取得了更大的成就。因此，如果今天研究回民的学者继续忽视商人，我们只会过度高估回民知识分子和军阀在20世纪中国的作用，因为这两个回民群体的影响力具有很强的地域和职业界限。本文通过关注中国从帝国向民族国家过渡时期的回民商人，填补了这一学术空白。

对回民商人的关注也为近代中国城市精英行动主义的研究带来了新的视角。中国学者对城市精英行动主义的研究，曾一度引发关于哈贝马斯的资产阶级公共领域在中国是否存在的激烈争论。[③] 自20世纪90年代以来，

① 伍贻业：《南京回族　伊斯兰教史稿》，南京市伊斯兰教协会1999年版，第128—137页。

② Zvi Ben-Dor Benite, *The Dao of Muhammad: A Cultural History of Muslims in Late Imperial China* (Cambridge, MA.; London: The Harvard University Asia Center, 2005), pp.5—17.

③ William T. Rowe, *Hankow: Commerce and Society in a Chinese City, 1796—1889* (Stanford, Calif.: Stanford University Press, 1984); Mary Rankin, *Elite Activism and Political Transformation in China: Zhejiang Province, 1865—1911* (Stanford, Calif.: Stanford University Press, 1986); Frederic Wakeman, "The Civil Society and Public Sphere Debate: Western Reflections on Chinese Political Culture," *Modern China* 19, No.2 (1993): 108—138; Philip C. Huang, "'Public Sphere' / 'Civil Society' in China?: The Third Realm between State and Society," *Modern China* 19, No.2 (1993): 216—240.

这一争论逐渐平息。然而，对城市精英的研究不应平息。晚清和民国时期中国精英影响力的扩大和制度化是难以否认的。因此，近年来学者们倾向于在近代中国特定的历史条件下研究中国的精英活动，而不再关注哈贝马斯理论的适用性。① 在前人研究的基础上，本文呼吁在研究城市精英活动时，关注民族、宗教身份认同对近代精英的历史影响。如果不了解回民商人的穆斯林身份，我们就无法充分理解他们在现代中国的行动。

陈经畲是 20 世纪中国南京回民商人的缩影。陈经畲出身于南京一个普通的回民纺织世家，在回民同胞的帮助下，他在长江地区的工商业界崭露头角。到 1938 年，陈经畲甚至计划用德国进口的机器更新他的手工肥皂厂，使其成为当时中国设备最先进的肥皂厂之一。② 对陈经畲的研究，呼应了近年来中国工业化研究的一个趋势：重新审视农民和手工业等看似非常规和不寻常的因素在中国近代工业化中的影响。③

陈经畲的成功类似于被 Eugenia Lean 称为乡土实业家（Vernacular Industrialists）的陈蝶仙的成就。乡土实业家以非正式、地方性和本土化的方式实现工业化。他们在 20 世纪利用很少的资源和国家支持就建立了中国轻工业的基础。④ 当然，陈经畲与陈蝶仙有多处不同。陈蝶仙的创业

① 例如 Xiaoqun Xu, *Chinese Professionals and the Republican State: The Rise of Professional Associations in Shanghai, 1912—1937* (Cambridge; New York: Cambridge University Press, 2001); Eugenia Lean, *Public Passions: The Trial of Shi Jianqiao and the Rise of Popular Sympathy in Republican China* (Berkeley: University of California Press, 2007)。

② 南京市伊斯兰教协会：《南京回族人物史料》，《回族社会历史调查资料》，民族出版社 2009 年版，第 101 页。

③ 例如 Jacob Karl Eyferth, *Eating Rice from Bamboo Roots: The Social History of a Community of Handicraft Papermakers in Rural Sichuan, 1920—2000* (Cambridge, Mass.: Harvard University Asia Center: Distributed by Harvard University Press, 2009); Eugenia Lean, *Vernacular Industrialism in China: Local Innovation and Translated Technologies in the Making of a Cosmetics Empire, 1900—1940* (New York: Columbia University Press, 2020)。

④ Lean, *Vernacular Industrialism in China*, pp.2—8.

成功依赖于他的文学技能，包括翻译和编辑。① 而陈经畲的成功则依赖于长江中下游地区的回民商业网络。因此，陈经畲的案例可以将民族、宗教因素纳入工业化研究，从而扩展乡土工业化的概念。

与此同时，陈经畲的影响力也超越了工商业领域。在获得一定财力后，陈经畲开始重建清真寺并资助慈善事业。从陈经畲的社会活动中受益的不仅仅是回民。1933 年，汉口总商会选举陈为会长，以表彰他对地方现代化建设和公共利益的贡献。1949 年后，陈经畲甚至成为湖北省副省长。陈经畲的案例揭示了在回民商业网络的支持下，回民商人如何在回民社区和整个当地华人社会中发挥领导作用。

被边缘化的南京回民

南京是长江下游地区或江南地区的大都市，至少在南宋时期（1127—1279）就是中国的经济中心。② 商业机会以及其他政治和社会因素吸引回民来到江南地区。据民间传说，早在宋朝（960—1279）南京就建有清真寺。③ 在元朝，回民往往是蒙古人的盟友。因此，随着蒙古人征服江南，更多的回民迁入南京。④ 到了明初，南京已经有了一个相当规模的回民社区。⑤

① Lean, pp.201—203.

② Joseph P. McDermott and Shiba Yoshinobu, "Economic Change in China, 960—1279," in *The Cambridge History of China: Volume 5, Part Two: Sung China, 1912—1949*, ed. John W. Chaffee and Denis Twitchett (Cambridge: Cambridge University Press, 2015), pp.321—436.

③ 米寿江：《南京回族地域性历史文化特征》，《回族研究》1996 年第 1 期，第 32 页。

④ 伍贻业：《南京回族 伊斯兰教史稿》，第 78—79 页。

⑤ Ben-Dor Benite, *The Dao of Muhammad*, p.22.

一些学者认为，明初朝廷对南京回民的政策相对温和。事实上，与西北和西南地区经常与朝廷发生冲突的回民相比，南京回民的处境是要好一些。[①] 然而，南京回民仍然受到明朝朝廷某些歧视性政策的影响。明初朝廷禁止回民内部通婚，旨在迫使他们融入社会，同时禁止他们使用外国发型、姓名和服饰，这些政策也适用于南京回民。[②] 朝廷甚至强迫许多南京回民迁往中国西北和西南地区。[③] 清朝时期，回民的法律地位并没有多大改善，他们经常要面对地方官员的歧视。[④] 因此明清时期，许多江南回民生活在社会边缘。

在这样的背景下，1880 年，陈经畬出生在南京回民社区一个不起眼的“机户”，即纺织家庭。当时的江南纺织业十分繁荣。其时虽然也有一些大型的手工业工厂，但江南的纺织品大多还是由家庭小作坊生产的。许多回民家庭以经营这类作坊为生，但他们大多从事的是行业的边缘工作。陈经畬家就是其中之一。他们从官府纺织局领取生丝织缎，然后只赚取微薄的加工费。[⑤] 更糟糕的是，陈经畬出生时，长江下游地区的传统纺织业正面临着新的挑战。第一次鸦片战争（1840—1842）后，西方现代纺织厂的产品开始涌入中国，国内的小作坊不得不与之竞争。[⑥]

① Ben-Dor Benite, pp.23—24; Morris Rossabi, “Muslim and Central Asian Revolts,” in *From Ming to Ch’ing: Conquest, Region, and Continuity in Seventeenth-Century China*, ed. Jonathan D. Spence and John E. Wills, Jr. (New Haven and London: Yale University Press, 1979), pp.179—194.

② 伍贻业：《南京回族　伊斯兰教史稿》，第 96—97 页。

③ 伍贻业：《南京回族　伊斯兰教史稿》，第 39—40 页。

④ Jonathan Lipman, “‘A Fierce and Brutal People’: On Islam and Muslims in Qing Law,” in *Empire at the Margins: Culture, Ethnicity, and Frontier in Early Modern China*, ed. Pamela Kyle Crossley and Helen F. Siu (Berkeley: University of California Press, 2006), pp.83—110.

⑤ 南京市地方志编纂委员会编：《南京民族宗教志》，南京出版社 2009 年版，第 40—41 页；南京市伊斯兰教协会：《南京回族人物史料》，第 99 页。

⑥ 郑勉之：《陈经畬》，宁夏人民出版社 1989 年版，第 2 页。

陈经畲的家庭在新的环境下艰难度日。陈经畲的父母有四个儿子，陈经畲最小。[①] 陈经畲的兄弟们在他们还小的时候都不得不在家庭作坊中工作。[②] 尽管如此，他们的生活还是很艰难。即便如此，陈母还是下定决心，不能让所有的儿子都在没有教育的环境中长大。因此，在陈经畲八岁时（19 世纪 80 年代末），她不顾家庭的沉重负担和陈经畲父亲陈秋潭的强烈反对，将他送到附近的一所传统家庭学校接受教育。在传统家塾中，《三字经》《百家姓》《大学》等儒家经典是主要的学习材料。[③]

陈经畲没有接受过正规的伊斯兰教育。尽管如此，陈经畲对伊斯兰教并非一无所知。生活在南京，陈经畲可以通过许多非正式的途径接触伊斯兰知识。例如，陈经畲小时候，父亲经常带他去清真寺。[④] 我们不知道陈经畲和他的父亲在清真寺做了些什么。不过，陈经畲的回民同胞、童年好友、同学和长期商业伙伴杨叔平的经历或许能给我们提供一些线索。[⑤]

杨叔平曾回忆说，他年轻时从一位阿訇那里学到了一些伊斯兰知识。[⑥] 杨叔平没有说明他是在哪里以及如何从阿訇那里学到的。考虑到杨叔平和陈经畲有着相似的卑微出身，陈经畲也很有可能从阿訇那里非正式地学到了一些知识，也许是在一些宗教庆典上。尽管如此，陈经畲和杨叔平年少时汲取的宗教知识还是产生了长期的影响。多年后，他们仍会回想起这些知识，并支持那些仍生活在社会边缘的回民同胞，下文将对此进行解释。

① 根据南京市伊斯兰教协会 1985 年的一项调查，陈经畲在兄弟中排行最小。但据郑勉之说，陈经畲排行老三。由于南京伊斯兰教协会的调查比较详细，列出了陈经畲兄弟的所有名字，因此本文采用南京伊斯兰教协会的描述。参见：南京市伊斯兰教协会：《一组南京回族人物史料》，1985 年，第 1—2 页；南京市伊斯兰教协会：《南京回族人物史料》；郑勉之：《陈经畲》，第 2 页。

② 南京市伊斯兰教协会：《南京回族人物史料》，第 99 页。

③ 郑勉之：《陈经畲》，第 4—5 页。

④ 郑勉之：《陈经畲》，第 19 页。

⑤ 关于陈经畲与杨叔平的关系，见《我的父亲杨叔平》，1985 年。

⑥ 杨叔平：《办理孤儿院之经过》，《私立南京孤儿院第一届报告》，1934 年，第 9 页。

从边缘到中心：汉口新世界

陈经畲在19世纪90年代末结束了正规教育。那时，他已能写会算，并很快在南京一家回民钱庄找到了工作。陈父非常高兴，因为他终于有一个儿子可以不靠艰辛而边缘化的纺织业赚钱养家了。在回民钱庄，由于规模较小，陈经畲很快就熟悉了业务。事实上，钱庄只是为附近的商铺和居民兑换钱币，靠赚取微薄的中间差价维持生计。但陈经畲并不满足于此。通过市场调查，陈经畲发现贷款和存款业务的利润更高。然而，他所在的钱庄却不敢从事这种风险相对较高的业务。①

当时的南京回民商人与其他回民一样，长期生活在社会的边缘。他们可能只做保守的经济投资，因为他们抵御风险的能力很差。但陈经畲当时应该并不完全了解这些商人的处境。他觉得自己被闷在钱庄里非常可怕，并将此归咎于钱庄主人缺乏远见。据说陈曾祈祷过："主啊，我什么时候才能冲出这个樊笼？"②

19世纪末，长江中下游地区出现了回民商业网络，机会很快就来了。一天，陈经畲去看望父母，偶遇在汉口做生意的表兄金润生。汉口是构成现代武汉市的三个城镇之一，它长期以来都是华中地区的商业中心。③ 19世纪下半叶，汉口发展成为世界上最大的城市之一，还成为通商口岸，提

---

① 郑勉之：《陈经畲》，第4—5页。

② 郑勉之：《陈经畲》，第5—6页。

③ Stephen MacKinnon, "Wuhan's Search for Identity in the Republican Period," in *Remaking the Chinese City: Modernity and National Identity, 1900—1950*, ed. Joseph Esherick (Honolulu: University of Hawai'i Press, 2000), p.162.

升了其作为华中地区国内外贸易枢纽的地位。①

因此，从 19 世纪末开始，受汉口繁荣经济的吸引，南京的许多回民商人溯长江而上，到汉口经商。他们甚至有一个绰号：汉口帮。② 金润生就是“汉口帮”中的一员。金润生在得知陈经畬工作环境恶劣后，邀请陈经畬到他与汉口其他回民商人共同创办的杂货店工作。③

与汉口相比，当时的南京城对于陈经畬来说，就像钱庄一样是个“樊笼”，因为太平天国运动（1851—1864）使南京城满目疮痍。太平天国以南京为首都。1864 年年中，清朝重新占领南京时，这座城市已成为一片废墟，据说在城内人步行一英里，却看不到一幢房屋或另外一个人。④ 即使到了 1927 年，南京仍未从太平天国运动造成的混乱中恢复过来。事实上，国民党会认为南京是建设国家首都的理想地点，是因为他们可以利用城市的大量空地建设现代化基础设施。⑤ 总之，对于像陈经畬这样的有志青年来说，19 世纪末的南京没有什么可提供的。因此，陈经畬接受了金润生的邀请，于 1900 年在汉口开始了新的冒险。⑥ 通过这种方式，陈经畬首次与长江沿岸日益壮大的回民商业网络建立了直接联系。

在汉口，陈经畬的工作热情很快引起了另一位南京回民同乡、金润生

---

① Rowe, *Hankow*, 1; MacKinnon, “Wuhan’s Search for Identity in the Republican Period”, p.162.

② 南京市伊斯兰教协会：《南京回族人物史料》，第 99 页。

③ 郑勉之：《陈经畬》，第 6 页；南京市伊斯兰教协会：《南京回族人物史料》，第 99 页。

④ 毛祥麟：《墨玉录》，第 17—19 页，转引自 Chuck Wooldridge, *City of Virtues: Nanjing in an Age of Utopian Visions* (Seattle and London: University of Washington Press, 2015), p.123。

⑤ Charles D. Musgrove, “Building a Dream: Constructing a National Capital in Nanjing, 1927—1937,” in *Remaking the Chinese City: Modernity and National Identity, 1900—1950*, ed. Joseph Esherick (Honolulu: University of Hawai’i Press, 2000), p.140.

⑥ 南京市伊斯兰教协会：《南京回族人物史料》，第 99 页。

店铺的主要股东马棣臣的注意。几年后，马将金的店改组为“义顺成广货店”，任命陈经畬为经理。当时，陈经畬只有 25 岁。① 为了发展新的义顺成广货店，陈经畬决定引进更多的西式商品。当时，这些商品在汉口还很少见，但在上海却很丰富。② 陈经畬本可通过中间人从上海采购洋货，但他选择了派朋友杨叔平于 1907 年在上海设立采购部门——“申庄”。这样，义顺成就不需要与第三方分享利润，而且可以迅速购买汉口流行的任何产品。③

杨叔平是义顺成上海采购部的最佳人选。他是在陈经畬担任义顺成公司经理时加入汉口公司的。④ 作为陈经畬的发小，他深得陈经畬的信任。最重要的是，作为南京回民，杨可以利用南京回民在上海的商业网络。如上所述，从 19 世纪末开始，许多南京回民商人沿长江而上，寻找商机。与此同时，也有许多人顺着长江前往上海。20 世纪初，一些南京回民商人已经在上海站稳了脚跟，马乙棠（1869—1930）就是其中的代表人物。⑤

马乙棠在上海主要经营丝绸和折扇生意。1907 年，杨叔平到上海时，马乙棠与商界同仁一起成立了上海当时规模最大的客商组织——“旅沪商帮协会”，并担任会长。⑥ 事实证明，马乙棠对杨叔平的帮助是巨大的。他首先帮助杨叔平在上海安顿下来。随后，他的旅沪商帮协会成为杨叔平了解市场、洽谈生意的地方。因此，义顺成商店的货架上总是摆放着各式各样的洋货：从汗衫、床上用品、蜡烛、肥皂、香水、口红到时髦的呢绒服装。这些时尚的商品吸引了一波又一波的顾客来到义顺成。因此，陈经畬

① 南京市伊斯兰教协会：《南京回族人物史料》，第 99 页。

② 郑勉之：《陈经畬》，第 10—11 页。

③ 南京市伊斯兰教协会：《南京回族人物史料》，第 105 页。

④ 《我的父亲杨叔平》，第 1—2 页。

⑤ 吴德厚编：《江宁历史文化大观》，南京出版社 2008 年版，第 572 页。

⑥ 吴德厚编：《江宁历史文化大观》，第 572 页。

的生意蒸蒸日上。①

1911年10月10日，辛亥革命在武汉爆发，开启了中国的新纪元。革命党人与清军的战事毁坏了这座城市的许多地方。② 义顺成商店所在的建筑也被摧毁。不过，陈经畬很快就从损失中恢复过来。在辛亥革命期间，义顺成在上海的采购部仍然完好无损。它不断将产品运往长江上游的义顺成。武汉局势平静后，所有这些商品都受到消费者的热捧。③

不久，陈经畬为他的百货商店新建了一栋三层楼高的大楼，并将其升级为“义顺成百货商店”。当时，武汉的上层男女经常光顾这家新百货店。为了进一步拓展业务，陈经畬在武汉的一座清真寺内设立了批发部，其客户大概包括许多回民杂货店。由于上海采购部门能够不断为其提供充足且价格低廉的商品，批发部很快就开始赚取丰厚的利润。④

因此，陈经畬的生意很快复苏，变得更加兴旺。陈经畬个人的远见和才干是成功的关键因素。然而，考虑到陈经畬的商业伙伴大多是回民，而且陈经畬在上海的采购部门在很大程度上依赖于其他回民商人，回民的商业网络也是陈经畬在零售和批发业务上取得成功的直接原因。

销售业务的成功并没有阻止陈经畬寻找新的机会。1914年，第一次世界大战爆发，西方国家的经济被打乱。由于战争，外国产品在中国的销路越来越少。例如，英国肥皂通常在义顺成卖得很好。但1914年后，这些产品就很难买到了，义顺成不得不用质量较差的国产肥皂来代替。于是，国产肥皂的销量开始上升。大约在这个时候，陈经畬酝酿投资肥皂制造业的计划。⑤

① 郑勉之：《陈经畬》，第12页。
② 南京市伊斯兰教协会：《南京回族人物史料》，第100页。
③ 郑勉之：《陈经畬》，第13页。
④ 郑勉之：《陈经畬》，第14页。
⑤ 郑勉之：《陈经畬》，第14页。

如果陈经畬纯粹从商业角度考虑，他就不必进入肥皂制造行业，因为质量较差的国产肥皂在义顺成依然畅销。然而，从 19 世纪末开始，特别是清朝在甲午战争（1894—1895）中战败后，中国精英阶层中出现了实业救国的思想。中国早期的改革者张謇认为，工业是西方国家和日本强大的基础。因此，只有发展工业，中国才能克服积贫积弱。中国革命领袖孙中山也非常重视发展工业。此外，张謇和孙中山都将工业置于商业之上。在他们看来，工业是商业财富的基础。① 在这种情况下，参与近代工业成为维持精英地位的一种手段，因为企业家是拯救国家的人。

实业救国的思想很可能影响了陈经畬的决策过程，他对救国事业深表同情。有一次，尽管街对面的一家百货商店继续销售外国商品赚取暴利，但陈经畬为了支持国货，主动停止在他的商店里销售外国商品。② 虽然这件事发生的时间较晚，但仍然可以看出陈经畬是一个在商业决策时会考虑国家利益的人。更何况，根据实业救国的思想，投资肥皂业将会为陈经畬和中国国家创造双赢的局面。陈经畬在零售业上已经取得了成功，但通过从事肥皂业，他可以在更坚实的基础上建立自己的商业帝国，提高自己的社会地位，同时也有利于救国事业。

与此同时，回民的商业网络再次从实践层面影响了陈经畬的决策过程。南京回民余叔瞻是陈经畬在义顺成的同事，他有用土法制作肥皂的经验。③ 陈经畬显然希望借鉴这位回民同乡的经验，因此后来余叔瞻成为陈经畬肥皂厂的副经理。因此，在第一次世界大战、实业救国思想和回民商业网络的共同作用下，陈经畬决定建厂。随后，陈经畬说服义顺成的股东（其中大部分是回民）同意他的想法，并从义顺成店中提取了数万两白银，

① 马敏：《孙中山与张謇实业思想比较研究》，《历史研究》2012 年第 5 期，第 91—93 页。

② 南京市伊斯兰教协会：《南京回族人物史料》，第 103 页。

③ 南京市伊斯兰教协会：《南京回族人物史料》，第 101 页。

创办了汉昌烛皂厂。[①]

在义顺成的资助和回民同胞的支持下，汉昌蜡烛肥皂厂的筹备工作顺利进行。到 1916 年，汉昌烛皂厂正式投产。然而，新厂生产的肥皂在质量控制和包装方面存在问题，导致销售不畅。[②] 尽管如此，陈经畲并没有灰心丧气。为了提高销量，陈组织了一支约 20 人的销售队伍。销售人员从早到晚在街头推销肥皂，陈经畲则负责产品质量控制。[③] 当时，与乡土实业家陈蝶仙一样，陈经畲对产品质量的精益求精，大概也是经常在生产工艺和材料上"修修补补"，因为他无法得到外界更多的支持。[④] 然而，汉昌厂仍在盈利的道路上挣扎。主要原因是，到 1916 年，武汉的肥皂市场竞争激烈。1914 年后至 1916 年前，武汉商人至少新建了四家肥皂厂，如太平洋肥皂厂和祥泰肥皂厂。[⑤] 太平洋肥皂厂的老板曾在武汉一家生产高级肥皂的日本工厂工作。因此，他在制作优质肥皂方面经验丰富。[⑥] 祥泰厂也非常注重产品质量。与此同时，祥泰利用中国的民族主义情绪来推销自己，该厂使用"警钟"一词作为其肥皂的品牌。[⑦] 太平洋和祥泰的产品都颇受欢迎。尽管努力工作，汉昌厂在武汉只占据了很小的市场份额。[⑧]

陈经畲意识到，武汉市场太拥挤了。为了生存，他必须在其他地区销

① 郑勉之：《陈经畲》，第 15 页；南京市伊斯兰教协会：《南京回族人物史料》，第 101 页。

② 郑勉之：《陈经畲》，第 15—16 页。

③ 刘睿：《陈经畲与汉昌肥皂厂》，《武汉文史资料》1995 年第 1 期，第 80—81 页。

④ Lean, *Vernacular Industrialism in China*, pp.16—32.

⑤ 湖北省地方志编纂委员会编：《湖北省志　工业志稿·轻工业》，中国轻工业出版社 1994 年版，第 287 页。

⑥ 薛子仁：《薛坤明与太平洋肥皂厂》，《武汉文史资料选辑》1982 年第 8 辑，第 133—138 页。

⑦ 曹美成：《从祥泰肥皂厂到武汉酒精厂——忆堂弟曹实生》，《武昌区文史资料》1986 年第 1 辑，第 26 页。

⑧ 郑勉之：《陈经畲》，第 16 页。

售汉昌肥皂。陈经畬在拓展业务时利用了两个“网络”。第一个是汉口便利的水运网络，它为汉昌肥皂提供了低成本的运输选择。第二个“网络”——回民商业网——在汉昌的商业扩张中发挥了更大的决定性作用。每当汉昌的销售人员到达一个新的地方，他们首先会寻找回民经营的零售店。这些商店并不难找，因为许多回民靠做生意养活自己。这些回民零售店很愿意与汉昌做生意，因为汉昌是回民开的，而且汉昌的肥皂不使用猪油。就这样，汉昌肥皂打入了邻近省份的市场，并开始在中国肥皂行业站稳脚跟。①

1918 年一战结束后，外国肥皂重返汉口，一度减少了国产肥皂的销量。② 然而，它们并没有使国产肥皂厂倒闭。尤其是汉昌与回民零售店网络的关系难以破坏，因为这些零售店更愿意销售汉昌的无猪油产品。③ 不难想象，尽管受到洋品牌回归的影响，但汉昌仍然会有可观的收入。与此同时，外资肥皂重返武汉市场也促使汉昌继续在产品质量、包装和营销策略上进行投资。外资品牌没有预料到国产肥皂的激烈竞争，最终在武汉的销量出现了下滑。④

相比之下，陈经畬的汉昌公司和义顺成公司则不断发展壮大，最终发展成为武汉市各自领域的顶级企业。1927 年，商界同仁推举陈经畬担任汉口两个同业公会的会长：汉口百货业同业公会和汉口化工业同业公会。⑤据说，陈经畬之所以担任两个同业公会的会长，是因为他的企业竞争太激烈，利润太高，陈经畬的商界同仁希望他担任同业公会会长后，能与他人分享市场。⑥ 因此，陈的当选一方面是对其商业成就的认可。另一方面，

---

① 郑勉之：《陈经畬》，第 16—17 页。

② 刘睿：《陈经畬与汉昌肥皂厂》，第 81 页。

③ 江宝宁、赵玉婷：《我的外公——纪念陈经畬先生逝世四十周年》，《回族研究》2008 年第 1 期，第 121 页。

④ 刘睿：《陈经畬与汉昌肥皂厂》，第 81 页。

⑤ 郑勉之：《陈经畬》，第 17 页。

⑥ 南京市伊斯兰教协会：《南京回族人物史料》，第 100 页。

鉴于回民商业网络对陈的重要性，它也显示了回民商业网络的力量。

慈善与爱国：作为中国社会改革者与领导者的陈经畬

由于生意上的成功，陈经畬积累了巨额个人财富。后来，陈经畬甚至能够在庐山为自己购买一栋别墅。[①] 在庐山，陈经畬可以与中国政界、军界和经济界的顶级精英比邻而居，因为他们都喜欢在山上拥有别墅。[②] 陈经畬从南京回民区的简陋生活起步，走过了漫长的道路。但陈经畬并不沉溺于物质享受。他热衷于为回民同胞和当地社会承担社会责任，参与慈善活动。

正是陈经畬的慈善活动最终确定了他作为中国社会改革者和回民社区领袖的角色。事实上，从20世纪20年代末开始，随着陈经畬在商业上越来越成功，他就越来越多地参与到有组织的慈善活动中。陈经畬的父亲对陈经畬的慈善态度影响很大。即使在陈经畬还是个孩子、家境还很贫穷的时候，陈父就会提醒儿子，外面还有不幸的回民需要帮助，他经常把钱送给在清真寺外乞讨的回民。[③]

不过，那时陈经畬父亲能捐出的东西实在有限。当陈经畬在回民商业网络的帮助下成为一名日益成功的商人时，他有能力也有意愿帮助更多的人。1931年6月至8月间，中国几条主要河流发生洪灾，数千万人流离失所，40多万人在汹涌的洪水中丧生。[④] 仅武汉一地，洪水就造成60多

① 郑勉之：《陈经畬》，第38页；南京市伊斯兰教协会：《南京回族人物史料》，第105页。

② 中国精英与庐山别墅之间的故事，请参见：张雷、贺伟：《会讲故事的庐山别墅》，江西美术出版社2003年版。

③ 郑勉之：《陈经畬》，第19页。

④ 李文海：《中国近代十大灾荒》，上海人民出版社1994年版，第202—203页。

万人受灾。[①] 湖北水灾善后会作为一个政府组织，[②] 为妇女和儿童设立了几个临时救济中心。善后会逐步将这些中心的灾民送回原籍。到 1932 年年中，仍有约 340 名孤儿无家可归。善后会希望汉口慈善会能接手照顾这些孤儿，因为该会曾计划开办一所孤儿院，尽管没有成功。[③]

汉口慈善会成立于 1910 年，是汉口商人的一个组织。[④] 陈经畬参与了慈善会的工作。湖北水灾善后会的愿望不是汉口商人可以轻易拒绝的。很快，由一名政府官员和七名当地商界精英组成的汉口孤儿院筹备委员会成立了。陈经畬不仅是筹委会七位商界精英之一，还是筹委会主任。陈经畬在筹委会中的地位证实了他已成为汉口商界的翘楚，因为筹委会中包括汉口商会会长和汉口交通银行行长等人物。[⑤] 然而，陈经畬所承担的任务是艰巨的，甚至是冒险的。汉口慈善会办孤儿院失败过，也可能再次失败。

虽然其中有少数回民，但 340 名孤儿中绝大多数是汉族人。[⑥] 陈经畬没有辜负自己的责任。开办孤儿院需要巨额资金。湖北省政府部分机构将 1931 年水灾赈灾余款拨给孤儿院筹委会，但远远不能满足需要。[⑦] 于是，陈经畬带头捐款，并向汉口富商募捐。[⑧]1932 年底，汉口孤儿院正式开业。[⑨] 陈经畬对孤儿院的投入不仅限于筹款。他担任了孤儿院院长，并任

① 涂文学编：《武汉通史 · 中华民国卷》卷 1，武汉出版社 2006 年版，第 213 页。

② 关于湖北水灾善后会是一个政府组织的证据，见孙语圣：《1931 · 救灾社会化》，安徽大学出版社 2008 年版，第 292 页。

③ 陈经畬、李嘉禾编：《汉口孤儿院筹备之经过》，1932 年，第 1 页。

④ 湖北省地方志编纂委员会：《湖北省志 · 人物志稿》卷 2，光明日报出版社 1989 年版，第 703 页。

⑤ 有关筹备委员会成员的信息，请参见陈经畬、李嘉禾编：《汉口孤儿院筹备委员表》，《汉口孤儿院筹备之经过》，1932 年。

⑥ 郑勉之：《陈经畬》，第 20 页。

⑦ 陈经畬、李嘉禾编：《汉口孤儿院筹备之经过》，第 1 页。

⑧ 郑勉之：《陈经畬》，第 20 页。

⑨ 陈经畬、李嘉禾编：《汉口孤儿院筹备之经过》，第 25 页。

命自己子女的家庭教师李嘉禾为院务主任。[1] 李嘉禾的任命意味着陈经畬对孤儿们投入了感情，因为他把孤儿们交给了一个他信任的人，而这个人不久前还受托教育陈自己的孩子。

尽管陈经畬深度参与了汉口孤儿院的工作，但该机构却没有伊斯兰教的痕迹。相比之下，1934 年，当杨叔平与陈经畬共同创办私立南京孤儿院时，杨叔平至少提到，他在童年时期接受的伊斯兰教和儒家教义激发了他的慈善行动。据杨叔平说，他小时候从一位阿訇那里了解到，《古兰经》和《圣训》多次强调回民应该照顾孤儿。[2] 鉴于陈和杨的相似背景，伊斯兰教义很可能也启发了陈致力于慈善事业。

然而，陈经畬并无透露伊斯兰教对汉口孤儿院的项目有何影响。相反，他非常强调民族主义和现代化的象征与思想。在一本记录汉口孤儿院筹备过程的书中，孙中山的照片、遗嘱被放在了每本书内容的最前面，仅次于封面和目录。将政治领袖的头像放在这个位置是一种敬意，同时也有助于营造一种印象，即汉口孤儿院的创建是在民族主义者的注视下进行的。[3]

此外，当孤儿们正式加入孤儿院时，他们需要宣誓。第一个誓词就是“我愿遵行总理遗教”。在孤儿院的校园里，有一个总理纪念堂。孙中山的画像醒目地挂在教室门口。此外，每周一孤儿们都要聚在一起缅怀孙中山。[4] 汉口孤儿院以何种方式接受孙中山的象征，并不是迫于外界压力，而是陈经畬自己的选择。

尽管至少从 1927 年起，国民党就在学校中大力普及孙中山尊崇，但

① 郑勉之：《陈经畬》，第 20 页。

② 杨叔平：《办理孤儿院之经过》，第 9 页；陈经畬：《本院创设之始末纪实》，《私立南京孤儿院第一届报告》，1934 年，第 1—2 页。

③ 陈经畬、李嘉禾编：《前言》，《汉口孤儿院筹备之经过》。

④ 陈经畬、李嘉禾编：《汉口孤儿院筹备之经过》。

实际执行情况却大相径庭。[①] 杨叔平的南京孤儿院与汉口孤儿院成立于同一时期，由于位于国民党政权的首都，因此，杨叔平接受孙中山尊崇的压力似乎应该更大。然而，恰恰相反，南京孤儿院中的孙中山符号要少得多。此外，南京孤儿院校园内也没有总理纪念堂。[②] 这并不是说南京孤儿院无视孙中山尊崇，因为它确实举办过总理纪念周等活动。[③] 显然，这两种方式都为国民党所接受，因为两所孤儿院都成功地在政府注册，并持续了几十年。[④]

通过陈经畬自己的选择，汉口孤儿院比南京孤儿院更彻底地实践了孙中山崇拜的仪式，而没有留下伊斯兰教的痕迹。要理解陈经畬为何在建立汉口孤儿院时做出这样的选择，我们需要了解陈经畬的行为策略。这种策略体现在他如何处理与汉人的宴会活动上。不难想象，作为一个雄心勃勃的成功商人，陈经畬需要参加大量的宴会，与其他商人和官员进行社交活动，而且这些宴会通常在汉族人占据多数的环境中举行的。在这种情况下，只要有素菜，陈经畬还是会坐下来与其他与会者一起用餐。[⑤]

素食并不等同于清真食品。然而，在陈的心目中，他必须做出一些妥协，才能进入以汉族人为主的上层社会。[⑥] 由于受到佛教的影响，许多汉族人至少熟悉素食。此外，在 20 世纪初，许多城市精英，如商人、政府官员、银行家、医生、律师和法官，都转向佛教。他们还组织了世界佛教

① 陈蕴茜：《崇拜与记忆——孙中山崇拜的建构与传播》，南京大学出版社 2009 年版，第 382—389 页。

② 《私立南京孤儿院第一届报告书》，1934 年，第 85 页。

③ 《私立南京孤儿院第一届报告书》，第 123 页。

④ 关于两所孤儿院的登记问题和存在时间，见陈经畬、李嘉禾编：《汉口孤儿院筹备之经过》，第 19 页；《私立南京孤儿院第一届报告书》，第 64—65 页；江宝宁、赵玉婷：《我的外公——纪念陈经畬先生逝世四十周年》，第 118 页；南京市伊斯兰教协会：《南京回族人物史料》，第 106—107 页。

⑤ 南京市伊斯兰教协会：《南京回族人物史料》，第 102 页。

⑥ 南京市伊斯兰教协会：《南京回族人物史料》，第 102—103 页。

居士林等新的佛教组织，以自己的方式更好地践行佛教。[①] 居士林提倡并美化素食。[②] 换句话说，对于当时的许多城市精英来说，不吃肉是一种令人钦佩的做法。

因此，在宴会上，陈经畬的行为举止在他看来是汉族主人和其他客人所期望的、可以接受的，甚至是值得钦佩的。在建立汉口孤儿院的过程中，项目是由省政府发起的，筹备委员会的大多数成员都是汉族商人，而且大多数孤儿都是汉族人。在陈经畬看来，作为孤儿院院长，他所做的一切都是理所应当的，其中最重要的是，他迎合了民族主义的议程。

20 世纪 30 年代，南京国民党政权正在巩固其政权。该政权最初的势力范围仅限于长江下游地区。但在 20 世纪 30 年代，它击败了大多数公然挑战其统治的地方军阀，对中国社会拥有了更多的控制权。[③] 与此同时，民族主义政权将其领导权视为中国现代化的必要条件。

因此，在这一时期，采用国民党的言论对任何现代化项目都是有益的。更具体地说，汉口孤儿院最初是湖北地方政府分配给汉口商人的一项任务。政府显然希望看到孤儿院尽职尽责地遵循其意识形态和言论。汉口商界也希望看到政府的议程得到满足。汉口孤儿院如何与民族主义言论产生联系，如何以现代机构的形象示人，这取决于筹备委员会主任陈经畬。最终，在陈经畬的领导下，孤儿院彻底接受了民族主义思想，尤其是上文提到的对孙中山的崇拜。

除了民族主义言论和意识形态，陈经畬还在孤儿院的建设和组织中融

① J. Brooks Jessup, “Buddhist Activism, Urban Space, and Ambivalent Modernity in 1920s Shanghai,” in *Recovering Buddhism in Modern China*, ed. Jan Kiely and J. Brooks Jessup (New York: Columbia University Press, 2016), pp.37—42.

② 涂九衢：《素食问题》,《世界佛教居士林林刊》1927 年第 17 期，第 7—10 页。

③ Lloyd E. Eastman, “Nationalist China during the Nanking Decade 1927—1937,” in *The Cambridge History of China: Volume 13, Republican China, 1912—1949*, ed. John King Fairbank and Albert Feuerwerker (Cambridge: Cambridge University Press, 1986), pp.116—360.

入了许多现代化元素。其中最显著的是在孤儿的养育过程中“教养”相结合。中国有组织的孤儿救助传统由来已久。[①]然而，从清朝末年开始，中国具有改革意识的精英们开始采用一种新的方法来救济贫困（包括救济孤儿）。这些精英日益将穷人视为国家落后的原因本身，传统的救济做法只注重穷人的温饱，使他们进一步依赖他人的劳动；然而，工业培训可以将穷人转化为促进国家复兴的生产力。[②]在这种情况下，中国的救济组织开办工厂成为一种时尚。

例如，天津的广仁堂（1878—1948）是为安置寡妇和孤儿而建立的，最初允许其受养人将大部分时间花在“非生产性”的事情上（缝纫、清洁、洗衣、聊天、做饭、吃饭、阅读道德书籍）。但1900年后，会堂注意到一种新的扶贫方式正在兴起。于是，它建立了一家妇女工厂，要求眷属在工厂工作，为国家发展“扫除懒惰”。会馆甚至减少了道德教育的时间，让女工更专注于工厂工作。[③]

陈经畲知道这种新的扶贫方式。汉口孤儿院从一开始就强调“教养结合”。筹委会在会议上提出，孤儿院在收留孤儿的同时，要教给他们常识和产业技能，使他们日后能自立于社会。《汉口孤儿院章程》中还有一条规定，孤儿院的宗旨是抚养与教育相结合。后来，孤儿院确实建立了一家工厂。孤儿们可以在那里学习印刷、针织和缝纫等技能。[④]

汉口孤儿院接受国民党的民族主义言论和新的扶贫方式给观察家们留下了深刻印象。一位记者在参观完孤儿院后称赞道：“（被收养的孤儿们）或许已有了相当幸福，因为他们有慈善家的爱护，聘有良师教诲，他们知

① 梁其姿：《施善与教化：明清的慈善组织》，河北教育出版社2001年版。

② Janet Y. Chen, *Guilty of Indigence: The Urban Poor in China, 1900—1953* (Princeton, N.J.: Princeton University Press, 2012), pp.13—85.

③ Vivienne Shue, “The Quality of Mercy: Confucian Charity and the Mixed Metaphors of Modernity in Tianjin,” *Modern China* 32, No.4 (October 2006): 428—430.

④ 陈经畲、李嘉禾编：《汉口孤儿院筹备之经过》，第19、26、27页。

道有自己，他们也知道有国家，他们更知道现在应怎么去锻炼并修养自己，而备将来去复兴民族及振兴国家。”记者甚至感叹，由于孤儿院的财力有限，无法接收中国所有的孤儿，将他们培养成对社会有用的人。① 总之，陈经畬显然成功地将汉口孤儿院建设成了一个爱国的现代化机构。

被遗忘的遗产：陈经畬在回民社区的领导作用

虽然陈经畬在汉口孤儿院没有留下任何明显的伊斯兰教痕迹，但他不隐瞒自己的回民身份。即使周围都是汉人，陈经畬也会与在他看来可能会损害其回民身份的事情划清界限。例如，在前面提到的宴会行为策略中，陈会吃素食，但不会吃猪肉。陈不想让自己与回民社区脱节。

事实上，在回民商业网络的帮助下，陈经畬成为一名成功的商人后，他在支持回民和长江中下游地区伊斯兰教发展方面发挥了主导作用。例如，1922 年，陈经畬与其他几位回民商人一起捐款，在他成长的南京街区重建了一座在太平天国起义中被毁的清真寺。② 陈经畬还长期向一些清真寺及其阿訇提供直接经济援助，包括南京和平门清真寺和汉口清真里清真寺。③

陈经畬还从事有组织的回民慈善活动。20 世纪 20 年代末，陈经畬的父亲陈秋潭年满 60 岁，陈经畬起初打算为父亲举办一个盛大的生日宴会。陈父则希望把寿宴的钱分给贫困的回民。④ 陈经畬不仅尊重了父亲的决定，

① 舒少南：《汉口孤儿院》，《时代》1937 年第 116 期，第 28 页。

② 伍贻业：《南京回族 伊斯兰教史稿》，第 237 页。

③ 南京市伊斯兰教协会：《南京回族人物史料》，第 102 页。

④ 郑勉之：《陈经畬》，第 19 页。

而且更进一步。陈经畬用生日宴会的钱在汉口市闹市区购买了门面房，然后用租金收入成立了秋潭助学基金会。基金会委托南京一位汉族中学校长管理。基金会于 1933 年正式开始运作，直到 1953 年仍在向回民和汉族学生提供援助。不过，大部分受助者是回民学生。基金会资助一些学生一直读到大学毕业。① 目前尚不清楚基金会对男女学生的资助程度是否相同。在陈经畬的影响下，陈经畬的商业伙伴杨叔平成立了以其父亲名字命名的乐泉助学金。杨叔平的基金会从 1939 年持续到 1948 年。该基金会对男女学生都资助，其中大部分是回民。②

与此同时，1931 年的洪灾也在南京造成了大量孤儿。由于南京回民人口较多，许多孤儿是回民。③ 但南京政府和回民无法为这些儿童提供足够的救济。尽管当时陈经畬正在汉口筹办孤儿院，但他和他的伙伴杨叔平仍计划在南京建立另一所孤儿院，这就是上文提到的私立南京孤儿院。④

陈经畬任南京孤儿院院长，杨叔平任总务主任。陈经畬需要留在汉口处理事务和其他工作。但杨叔平辞去了上海的职务，全职为孤儿院工作。因此杨对南京孤儿院的控制权更大。不过，陈在为孤儿院筹款方面仍发挥着重要作用。⑤ 南京孤儿院还采用了新的“教养结合”的方法来救助孤儿，努力将他们培养成对社会有用的人。⑥

随着两所孤儿院的建立，陈经畬作为中国社会的改革者和回民社区的领袖，其影响力与日俱增。汉口商界承认他对中国改革事业的贡献，并于 1933 年选举他为汉口商会会长。⑦ 大约在这一时期，陈经畬还担任了汉口

① 伍贻业：《南京回族 伊斯兰教史稿》，第 306—307 页。
② 伍贻业：《南京回族 伊斯兰教史稿》，第 307 页。
③ 郑勉之：《陈经畬》，第 20—21 页。
④ 《私立南京孤儿院第一届报告书》，第 1 页。
⑤ 陈经畬：《本院创设之始末纪实》，第 1—2 页。
⑥ 《我的父亲杨叔平》，第 12—13 页。
⑦ 王祥：《武汉闻人》，《壮报》1933 年 10 月 17 日，第 3 页。

江苏旅汉同乡会会长。[①] 这两个协会都极具影响力。

汉口商会于1906年左右在政府支持下成立，对地方经济和政治事务有深度参与。[②] 汉口江苏旅汉同乡会是一个同乡社团。传统上，同乡会在旅居者的生活中发挥着重要作用。[③] 汉口江苏旅汉同乡会没有留下多少资料，但我们可以判断这是一个有影响力的组织，因为陈经畲经常以同乡会会长的身份参与公共活动。[④] 总之，作为汉口孤儿院、汉口商会和汉口江苏旅汉同乡会的会长，陈经畲在汉口是一股不可忽视的力量。他之所以能取得这样的地位，是因为他在商业上的成功，也因为他对公共事业的参与以及他对慈善事业的现代化改革。与此同时，随着陈经畲地位的提高，他越来越成为回民的代表。特别是在陈经畲担任汉口商会会长后，他的汉族同仁不断向他询问有关伊斯兰教义的问题。这也证明，陈的回民身份对认识他的人来说并不是秘密。陈经畲声称，他因无法向他们提供满意的答案而感到不安。最终，他重印了数千册清代回民学者刘智撰写的《天方典礼》。由于陈经畲的社会地位，他得以将这些印刷品作为礼物送给政府部门、军事机构、大学、图书馆、商会甚至基督教青年会。[⑤] 通过陈经畲，刘智的作品得到了更广泛的传播。

陈经畲对《天方典礼》的传播引起了《月华》(1929—1948)的关注，这是一份主要由华北回民知识分子出版的杂志。据称，《月华》是民

---

① 郑勉之：《陈经畲》，第21页。

② 《汉口商务总会成立》，《北洋官报》1906年第908期，第5页；刘杰：《商人组织与地方市场秩序——抗战前汉口商会与区域市场的治理》，《湖北大学学报（哲学社会科学版）》2019年第1期，第104—111页。

③ Bryna Goodman, *Native Place, City, and Nation: Regional Networks and Identities in Shanghai, 1853—1937* (Berkeley: University of California Press, 1995).

④ 江宝宁、赵玉婷：《我的外公——纪念陈经畲先生逝世四十周年》，第119—120页。

⑤ 陈经畲：《汉口市总商会主席陈经畲先生来函》，《人道月刊》1935年第11、12期，第19—20页。

国时期中国回民社会“影响最大、持续时间最长的期刊”。①《月华》称赞陈经畬的刊物印刷精良，校对严谨，显示了陈帮助非回民精英了解伊斯兰教的诚意。②然而，这是《月华》在其漫长的历史中唯一一次提到陈经畬的地方。《月华》除了因《天方典礼》而提及陈经畬之外，对他并不感兴趣。考虑到陈经畬在武汉和南京回民及非回民社区的广泛影响，这表明《月华》杂志的关注范围相当狭窄。它主要是一份面向华北回民知识分子的期刊，并没有反映所有回民群体的声音。

看似民国时期最重要的回民期刊的不重视，并没有影响陈经畬的影响力。1937 年 5 月，陈经畬完成了他作为汉口孤儿院院长的第一个五年任期。孤儿院董事会一致同意陈经畬连任。③大家都希望汉口孤儿院再有五年的美好时光。陈经畬或许也曾对孤儿院有过雄心勃勃的计划。然而，谁也没有料到，1937 年对于陈经畬、他的事业、他的慈善机构以及中国来说，是一个漫长动荡时期的开始。

1937 年 7 月 7 日，陈经畬就任汉口孤儿院第二任院长不到两个月，日本侵华战争全面爆发。当年年底，日军攻占南京，威胁武汉。由于大量难民涌入汉口，而国民政府又无力解决这一问题，这就使得陈经畬比以往任何时候都更加忙碌。作为一个有影响力的地方领导人和成功的商人，陈经畬自筹资金建立了七个难民服务中心。截至 1938 年 1 月底，这些中心共接收了八千多名难民。④陈的难民中心中至少有一个设在清真寺内，专

① Masumi Matsumoto, “Rationalizing Patriotism among Muslim Chinese: The Impact of the Middle East on the Yuehua Journal,” in *Intellectuals in the Modern Islamic World: Transmission, Transformation, Communication*, ed. Stéphane A. Dudoignon, Hisao Komatsu, and Yasushi Kosugi (London and New York: Routledge, 2006), p.118.

② 《陈经畬广赠天方典礼》,《月华》1935 年第 7 期，第 30 页。

③ 《汉口孤儿院》,《武汉日报》1937 年 5 月 24 日，第 11 页。

④ 朱庆澜:《振务委员会咨内政部》1938 年 3 月 30 日，国民政府档案 12：12432，中国第二历史档案馆藏。

供回民难民使用。[1]

后来，国民政府行政院公开表扬了陈经畬在汉口的难民救济工作。[2]在国难时刻，陈经畬在回民社区乃至整个中国社会中发挥了更为重要的作用。然而，随着抗战的进一步发展，尤其是1938年10月武汉沦陷，陈经畬的商业帝国开始遭受巨大损失。抗战前，由于汉昌肥皂厂仍以手工生产为主，陈经畬斥巨资从德国引进了一些先进设备，以对汉昌肥皂厂进行升级改造。如果一切顺利，汉昌肥皂厂就能批量生产当时中国质量最好的肥皂之一。但全面抗战爆发时，新设备刚刚运抵上海，并滞留在那里，陈经畬因此无法收回投资。[3]这只是陈经畬不得不面对的一系列灾难的开始。

武汉沦陷前夕，陈经畬设法将汉昌厂的一些旧设备、原材料和工人从汉口转移到重庆。陈打算继续在重庆经营他的肥皂生意。然而，战时的重庆与汉口完全不同。在汉口，一个充满活力的回民商业网络支持着陈经畬。而战时的重庆则官僚云集。他们主导着经济，对陈经畬这样的私营商人几乎没有任何支持。虽然陈经畬成功地在重庆重开了汉昌工厂，但由于没有原有回民商人的大力支持，他很难将产品销售出去。一些回民军阀活跃在战时的重庆，尤其是白崇禧，因为他能直接与国民党最高领导人蒋介石合作。[4]白崇禧经常慷慨资助回民知识分子创办的学校。[5]然而，没有证据表明白崇禧为陈经畬的战时生意帮过任何忙。更糟糕的是，后来在重

① 《教胞动态》,《回教大众》1938年第7期，第7页。

② 孔祥熙：《行政院训令　渝字第三八〇〇号》，1938年5月20日，国民政府档案12：12432，中国第二历史档案馆藏。

③ 南京市伊斯兰教协会：《南京回族人物史料》，第101页；《汉昌肥皂厂工作一览》，《汉口商业月刊》1935年第10期，第6页。

④ 白先勇：《父亲与民国——白崇禧将军身影集》卷1，台北时报文化2012年版，第176—179页。

⑤ Yufeng Mao, “Muslim Educational Reform in 20th-Century China: The Case of the Chengda Teachers Academy,” *Extrême-Orient Extrême-Occident*, No.33 (2011): 164—165.

庆，日本飞机将陈经畲的工厂炸成了废墟。[①] 此时，陈经畲已经无力重建工厂。

1945 年，第二次世界大战结束，陈经畲的商业雄心再次燃起。他搬回汉口，说服汉昌工厂的前股东们一起投资肥皂业。但不久，中国又陷入了内战。接连不断的战争破坏了中国的经济。陈经畲和他的生意伙伴们无法像 1937 年前那样从汉昌工厂中获利。[②]

不过，陈经畲在汉口的社会地位与战前相当。这主要归功于陈经畲之前建立的社会关系以及他对慈善活动的持续投入。尽管经济拮据，陈经畲还是在 1946 年重新开办了汉口孤儿院，并通过向汉口各界人士募捐来维持孤儿院的运转。在陈经畲的艰苦努力下，汉口孤儿院在极其困难的内战时期，克服重重困难，增加了新的教室，招收了更多的学生。[③] 陈经畲也没有因为经济问题而影响他对回民社区公益活动的参与。在抗战胜利后的汉口，他曾以汉口伊斯兰教协会会长的名义创办了一所回民进修学校。[④] 因此，尽管面临着严重的经济问题，陈经畲利用自己原有的社会关系，坚持从事公益事业，仍是汉口一位有影响力的人物。

1949 年初，解放军逼近武汉，国民党的失败已成定局。在解放军进入武汉之前，国民党先撤离了武汉。在这一权力真空期间，陈经畲和武汉地方精英再次密切合作，维护城市的公共秩序。[⑤] 后来，武汉当地学者认为这座城市的解放模式独一无二，非常顺利。[⑥] 陈经畲等地方精英为 1949 年武汉的顺利解放做出了重要贡献。

---

① 南京市伊斯兰教协会：《南京回族人物史料》，第 102 页。

② 郑勉之：《陈经畲》，第 23、33—39 页。

③ 王鹤林编：《感恩——原私立汉口孤儿院师生回忆录》，2009 年，第 3 页。

④ 高文德编：《中国少数民族史大辞典》，吉林教育出版社 1995 年版，第 1259 页。

⑤ 张云冕：《武汉解放前一段工作的回忆》，《湖北文史资料》1989 年第 1 辑，第 47—48 页。

⑥ 《武汉解放模式独一无二》，《湖北日报》2021 年 3 月 31 日，第 4 页。

中共新政权承认并奖励了陈经畬的贡献，他迅速获得各种职务，包括武汉市副市长、武汉市工商联主任委员、中南民族事务委员会副主任、中国伊斯兰教协会副会长、中华全国工商业联合会副主任委员、湖北省副省长等。①

除陈经畬之外，还有许多回民商人在近代中国取得了一定的社会地位。② 限于篇幅，本文无法对他们一一论述。不过，值得注意的是，陈的商业伙伴杨叔平在 1949 年后也享受到了政府的类似待遇，他成为了华东军政委员会民委委员和上海伊斯兰教协会副主任。③ 陈、杨二人在专门负责民族事务、宗教事务和工业问题的机构中任职，这证明回民商人即使在新政权下，也再次成为回民社区主要领导者。

结论

陈经畬的故事揭示了 19 世纪末至 20 世纪初，长江中下游地区出现了一个回民商业网络。通过这一商业网络，南京商人，如陈经畬和杨叔平，获得了经济实力。如果没有回民商业网络，陈经畬就很难离开南京的“樊笼”，到汉口开始新的事业。此外，他的肥皂厂也很难在激烈的市场竞争中生存下来，更不用说发展成为机械化的现代工厂了。创业成功后，陈、杨二人将其经济实力用于支持回民社区乃至整个中国社会的发展。通过这一过程，他们成为了中国社会的主要改革者和回民社区的领导者。

① 范宇豪：《我所知道的陈经畬》，《武汉文史资料》1995 年第 1 期，第 77 页。

② 葛壮：《近代上海回商群体的特征与文化贡献》，《回族研究》2008 年第 4 期，第 32—41 页。

③ 南京市伊斯兰教协会：《南京回族人物史料》，第 108 页。

清代南京的回民学者——陈经畲等商人的前辈——通过撰写汉克塔布，将自己定位为中国社会的精英文人和回民社区的领袖。然而，这些回民学者的文人地位并未得到同时代其他儒家学者的认可。相比之下，回民商人的领导地位在民国时期，甚至在新中国时期都得到了充分的承认。然而，陈经畲在 1949 年后所扮演的领导角色却截然不同。由于中国共产党致力于将中国社会主义化，曾经支撑陈经畲生意的回民商业网络不复存在。陈经畲参与社会活动的方式也发生了巨大变化，他将自己的企业和汉口孤儿院交给了国家，主要以国家干部的身份活动。①

1967 年，陈经畲因病去世。临终前，他放弃了葬在武汉革命公墓的机会而选择了回民公墓，其墓碑上刻着这几个字："回民陈经畲之墓"。自 20 世纪 80 年代以来，汉口孤儿院的前学生不时举行聚会。虽然他们大多是汉族人，但仍会去回民公墓为陈经畲扫墓，以纪念这位回民领导者的恩德，而陈经畲也可以说是他们的领导者。②

民国时期回民商人的成功并未引起学术界的足够重视。长江中下游地区的回民商人与回民知识分子和军阀一样，是民国时期中国回民社区的领导者。此外，他们对社会发挥着重要作用，而同时代的回民知识分子和军阀却对他们不够重视。然而，回民商人为中国的工业化做出了贡献，并获得了崇高的社会地位。他们是 20 世纪初支持中国伊斯兰教发展的另一根支柱。

---

① 聂天德：《追忆近代爱国实业家陈经畲先生》，《武汉文史资料》2011 年第 Z1 期，第 122 页。

② 王鹤林编：《感恩——原私立汉口孤儿院师生回忆录》。

宋君荣书信集所见
雍正朝耶稣会士的处境

刘相宜（宾州州立大学历史系博士生）

引言

自明末耶稣会士进入中国以来，接近并与中国皇帝建立友好的关系便是他们不断尝试的目标。1601 年，利玛窦受万历皇帝邀请进入紫禁城，开启了传教士与明清宫廷之间的往来与交流。耶稣会传教士以自身的才学和人品，不仅赢得了历代皇帝的尊重，也为他们在宫廷中争取到了一席之地，更好地辅助他们的传教活动。在此思路下，努力得到皇帝的赏识成为了耶稣会士传教的技巧和目标之一。如程方毅在“Pleasing the Emperor: Revisiting the Figured Chinese Manuscript of Matteo Ricci’s Maps”一文中所指出的，耶稣会制图学家呈给万历皇帝的利玛窦所绘中国地图复制版，首要目的便是取悦万历皇帝，而非以耶稣会所掌握的科学知识惊艳文武百官[①]。明清易代之后，在明朝宫廷如鱼得水的耶稣会士同样与清朝早期几位皇帝包括顺治和康熙保持了紧密的联系和友好关系。康熙皇帝对西方科学和技术的浓厚兴趣更使得康熙朝成为中西文化交流史上的黄金时期。对于康熙时期的中西方之间的知识流动，詹嘉玲（Catherine Jami）和韩琦等学者已有不少研究，推动了我们对于耶稣会士在科学交流中的角色以及康熙皇帝和当时的士大夫对于西方科学文化态度的理解[②]。Laura Hostetler 也在"A Mirror for the Monarch: A Literary Portrait of China in Eighteenth-Century France"一文中点明，由于同一时期法国皇帝路易十四与康熙对于世界共同的关注和野心，从 17 世纪中期到 18 世纪前期，中国和法国之间文化交流十分活跃[③]。这些影响深远的互动及流传下来的丰富材料都使得康熙时期成为中法交流史中被学者们广泛关注的重点。尽管清代皇帝自康熙之后都未展现出对西方科学同等的关注和尊重，乾隆时期却有另一

① Fangyi Cheng, "Pleasing the Emperor: Revisiting the Figured Chinese Manuscript of Matteo Ricci's Maps," in *Journal of Jesuit Studies* 6 (2019), pp.31—32.

② See Qi Han, "Emperor, Prince and Literati: Role of the Princes in the Organization of Scientific Activities in Early Qing Period," in *Current Perspectives in the History of Science in East Asia*, Yung Sik Kim and Francesca Bray eds., Seoul: Seoul National University (1999), pp.209—216; "The Role of the Directorate of Astronomy in the Catholic Mission during the Qing Period," in *The Christian Mission in China in the Verbiest Era: Some Aspects of the Missionary Approach*, Noël Golvers ed., Leuven: Leuven University Press (1999), pp.85—95; "Chinese Literati's Attitudes towards Western Science: Transition from the Late Kangxi Period to the Mid-Qianlong Period," in *Historia Scientiarum*, Vol.24—2 (2015), pp.76—87; Catherine Jami, *The Emperor's New Mathematics: Western Learning and Imperial Authority During the Kangxi Reign (1662—1722)*, New York: Oxford University Press (2012); Catherine Jami and Han Qi, "The Reconstruction of Imperial Mathematics in China during the Kangxi Reign (1662—1722)," in *Early Science and Medicine*, 2003, Vol.8, No.2, Science and State Patronage in Early Modern East Asia (2003), pp.88—110.

③ Laura Hostetler, "A Mirror for the Monarch: A Literary Portrait of China in Eighteenth-Century France," in *Asia Major*, 2006, third series, Vol.19, No.1/2, *China at the Crossroads: A Festschrift in Honor of Victor H. Mair (2006)*, pp.349—376.

批耶稣会画师活跃在宫廷中，如郎世宁（Giuseppe Castiglione），王致诚（Jean-Denis Attiret），艾启蒙（Ignatius Sichelbart），潘廷章（Giuseppe Panzi）和贺清泰（Louis Antoine de Poirot）等。Alexander Statman 在“A Forgotten Friendship: How a French Missionary and a Manchu Prince Studied Electricity and Ballooning in Late Eighteenth Century Beijing”一文中，梳理了法国耶稣会画师 Amiot 和弘昨贝子共同研究电学与热气球的相关事件，强调了科学交流在乾隆时期的延续性[①]。

康熙与乾隆之间的雍正时期，在中西交流史上似乎并没有得到学者们充分的重视，除少数几位学者在文章中略有侧面提及之外，耶稣会士与雍正皇帝之间的关系还未有足够研究。例如韩琦指出，雍正皇帝将大部分传教士遣散至澳门，但仅剩的几位留在北京的耶稣会天文学家和画家仍然出入宫廷并与清朝皇室保持着紧密的联系[②]。David Mungello 关于 Joseph de Prémare 的专著，则详细介绍了这位雍正时期传教士的生平，讲述了他在雍正即位后被驱逐的来龙去脉，但 Prémare 此前一直在广西地区传教，未曾有机会接触雍正皇帝[③]。在北京生活近四十年并经历整个雍正朝的法国来华耶稣会士宋君荣（Antoine Gaubil, 1689—1759，1722 年抵达中国，1759 年病逝于北京），无疑是少数几位与雍正有过直接交流的传教士之一，他的书信也为我们了解雍正时期耶稣会的传教情况提供了重要的资料。本文将重点关注宋君荣书信集中对于雍正的描绘，对雍正和耶稣会士关系的叙述，以及对耶稣会士在雍正朝其他人际关系的记载，力图还原雍

① Alexander Statman, “A Forgotten Friendship: How a French Missionary and a Manchu Prince Studied Electricity and Ballooning in Late Eighteenth Century Beijing,” in *East Asian Science, Technology, and Medicine*, No.46 (2017), pp.89—118.

② Qi Han, “The Role of the Directorate of Astronomy in the Catholic Mission during the Qing Period,” p.94.

③ David E. Mungello, *The Silencing of Jesuit Figurist Joseph de Prémare in Eighteenth-Century China*, Lanham, Maryland: Lexington Books (2019).

正时期在华耶稣会士的真实生活环境，及耶稣会士视角中雍正对基督教和传教士的态度。

一、理想与现实的落差：宋君荣笔下的在华耶稣会现状

17 世纪末期，在法国国王路易十四和法国皇家科学院的召集下，八位名为“国王数学家”的法国耶稣会士到达中国，收集与中国艺术和科学相关的信息，也将康熙朝的政治、经济与社会环境呈报给路易十四。其中李明（Louis Le Comte）的 *Nouveaux Memoires sur l'État Présent de la Chine* 与白晋（Joachim Bouvet）的 *Nouveaux Memoires sur l'État Présent de la Chine*, 都表达了耶稣会视角中对于中国皇帝的期望。李明在书中详细地描写了康熙皇帝对耶稣会士的友善和关心，自他们到达北京，康熙便专门派大臣来到耶稣会士的住所，询问他们的信息并转达皇帝对他们到来的重视①。所有与康熙有过直接接触的耶稣会士都对他展现出来的友好和尊重印象深刻。

但在康熙时期的黄金时代之后，传教士及所有外国人在清朝的处境都急转直下。宋君荣 1722 年抵达中国后，便在信中描述了基督教在中国较为惨淡的现状，表达出自己的失望与难过。宋君荣写道：“教堂被毁，基督教徒被遣散，传教士被驱逐且被限制在广东境内活动”，而就在不久之前，这里还是个充满希望的地方②。宋君荣在北京生活了三年之后，基督教在中国的情况仍未见好转，他写道，“基督教在这个国家近乎

① Louis Le Comte, *Nouveaux Memoires sur l'État Présent de la Chine*, p.74.

② Le P. Antoine Gaubil S.J., *Correspondance de Pékin (1722—1759)*, ed. Renée Simon (Genève: Librairie Droz, 1970), No.4, p.28.

毁灭……我们就像生活在监狱里，被监视着，也没有任何途径可以接近宫廷”①。

宋君荣的描述大体符合实际，各种记载表明，雍正对宗教事务和外国传教士漠不关心，耶稣会传教工作的环境急剧恶化。但实际情况却比“漠不关心”要更为复杂。1725 年，就在宋君荣写下这封带着绝望情绪的信之后三个月，他第一次有机会见到雍正皇帝，并在这之后得到了更多与皇帝会面的机会。此后，包括宋君荣在内的耶稣会士与宫廷中的不同人物都有所交集，并与雍正在宗教问题上有过观点交锋。

二、耶稣会士在雍正朝廷中的人际交往

根据宋君荣信中的描述，他与雍正初次见面的经历并不愉快，因为雍正首次召见在京耶稣会士，便当着这些传教士的面将基督教与其他邪教教派混为一谈，同时非常自信地强调自己和父亲康熙皇帝对于基督教有同等的了解，他对基督教下的这些结论都是建立在充分了解的基础上的②。宋君荣当然也敏锐地捕捉到了雍正皇帝对耶稣会士的态度并不友善，也如实汇报给了远在欧洲的上级和同僚，不过他也在信里写道，他们还是时不时能够得到皇帝一些特殊的优待。例如，雍正会请这些传教士到宫中会面，并以茶果等好吃好喝地招待他们。宋君荣第一次吃到哈密瓜这种在当时较为稀有和珍贵的水果，就是在雍正皇帝的筵席上③。在 1727 年 1 月雍正皇帝与耶稣会士的那一次会面中，皇帝专门给了他们一些奖赏，包括每人两个

① Gaubil, *Correspondance de Pékin*, No.14, p.67.

② Gaubil, *Correspondance de Pékin*, No.21, p.92.

③ Gaubil, *Correspondance de Pékin*, No.21, p.92; No.51, p.184; No.90, p.267.

钱袋和两件貂皮，还给三个耶稣会教堂各赏赐了一桌水果[①]。

1730年，北京发生了一次地震。震后雍正召见了当时在北京的耶稣会士，询问他们对于此次地震成因的理解，以及他们所掌握的欧洲地震的数据和信息。宋君荣的同僚、同为法国耶稣会士的巴多明神父作为代表，简短地回应了雍正所提出的关于地震的问题，其他几位传教士也依次发言。不过在宋君荣看来，雍正似乎对这些问题并不真的关心，他对耶稣会士所说的内容既没有兴趣，也没有耐心，他只是想把他们叫到眼前，向他们展示一下自己好意关心的面孔，不过十几分钟便匆匆把他们赶走了。尽管如此，雍正的好意倒是展示到位了，他给了耶稣会一千两银子作为震后重建的支持，让他们分发给其他的教堂，同时用于修缮受损的房屋[②]。在宋君荣1728年写给自己兄弟的一封信里，他这样描述传教士与雍正的关系说，现在这位皇帝，目前不想对京城里的传教士赶尽杀绝，也就让这座大城市里的基督徒可以暂时喘口气，能够比较自在地做他们自己的事情[③]。雍正时期耶稣会传教士与皇帝的关系大致便是如此，既没有多么亲近友好，但也不总是剑拔弩张，在雍正惯常对宗教事务的漠不关心中，又掺杂了一些对传教士偶尔的特殊优待。

在这种让人有些摸不着头脑的关系中，耶稣会士对于他们能够时不时受到一点优待的原因倒是心知肚明的。总体上，雍正和之前几位清代皇帝一样，仍然需要耶稣会士所掌握的西方科学技术，需要他们从欧洲带来的测算仪器，也依赖他们出众的多语言能力在与俄国的事务上交际和斡旋[④]。同时，宋君荣还特别注意到了雍正对传教士的态度与他在外交事务上的技巧之间的关联。宋君荣提道："看起来，如果他（雍正）把我们从

① Gaubil, *Correspondance de Pékin*, No.51, p.184.

② Gaubil, *Correspondance de Pékin*, No.90, p.267.

③ Gaubil, *Correspondance de Pékin*, No.61, pp.202—203.

④ Gaubil, *Correspondance de Pékin*, No.34, p.128.

这里（北京）和广州彻底驱逐的话，外国商人便不会再来到广州了；这是他允许我们在这两个城市暂时居留，并且时不时给我们一些恩典与赏赐的原因。”①

对于 1727 年 1 月雍正的那一次接见，宋君荣也表达了自己的看法。那次接见对于当时在北京的耶稣会士来说是一个意外之喜，自雍正即位以来传教士还从未得这位新皇帝青睐，设宴招待更是闻所未闻。宋君荣甚至在写给欧洲同僚的信中打趣道，这对我们这些快要饿死在这里的欧洲人来说，简直是一顿太丰盛的美味佳肴了②。他也同时写道，这可能是雍正做给其他的外国大使们看的。那时俄国大使正在宫中，雍正希望他看到自己对传教士的优待，以免他回到俄国后发表不利于大清的言论，说欧洲人哪怕为清廷服务也无法在北京得到很好的待遇③。另一方面，葡萄牙大使麦德乐（M. Metello de Menesés）那时已经抵达广州，但他对于自己可能被中国皇帝看作朝贡者的担心使得他一再推迟进京的行程，表示自己宁可直接返回欧洲，也不愿来到别国天子的脚下卑躬屈膝。雍正为请来这位使臣，一再保证他的担心都是多余的，下达各种命令以保证麦德乐一行得到最好的待遇。也是在这种情况下，雍正第一次宴请了在京耶稣会士，希望以此表明自己对欧洲国王所遣使臣到来的欢迎④。

这些错综复杂的外交原因和各国使臣的到来，极大推动了雍正皇帝对来华传教士给予优待。而这些耶稣会士们也非常清楚这一点，明白皇帝对他们的态度是其外交策略不可分割的延伸，与此同时，他们也充分利用了这个机会，尽力地在雍正皇帝面前将自己与那些欧洲使臣拉近关系，以便最大程度地体现他们的重要性。

① Gaubil, *Correspondance de Pékin,* No.34, p.128.

② Gaubil, *Correspondance de Pékin*, No.51, p.184.

③ Gaubil, *Correspondance de Pékin*, No.51, p.185.

④ Gaubil, *Correspondance de Pékin*, No.51, p.186.

除了皇帝之外，耶稣会士也和其他的皇室成员保持着密切的关系，特别是雍正的两个兄弟，十三弟怡亲王允祥和十六弟庄亲王允禄。怡亲王与雍正关系密切，深得雍正赏识，雍正元年便受命总理户部，也曾任第一任首席军机大臣[①]。在耶稣会士的眼里，他掌管着帝国的大小事务，是一位权势人物[②]。接见传教士也是雍正分派给他的任务之一，耶稣会士们因此有机会和怡亲王有过几次融洽的谈话，都被宋君荣记录了下来。在他们1728年的一次交谈中，怡亲王向几位耶稣会士咨询了许多问题，包括由耶稣会士绘制的地图中对中俄边境处理的细节，大清帝国周边诸国的政治和外交关系等。宋君荣注意到，怡亲王对于俄国与欧洲其他国家之间的关系尤为好奇，他们一起探讨，从俄国古代的历史讨论到欧洲人试图经由北冰洋到达中国和日本的努力，还有俄国人逐步扩张到日本北部海域的方法。谈话中，怡亲王还对伊斯兰世界表现出了浓厚的兴趣，表示自己想要更多地了解伊斯兰教的历史和伊斯兰国家的地理情况，希望传教士们多给他讲讲穆斯林统治西班牙、维也纳之围（1529年）、法兰克人对抗穆斯林的战争（732年图尔战役）等历史事件[③]。从宋君荣的书信里可以看出，怡亲王对世界有较多了解并保持好奇心，能够虚心向传教士学习请教。

在另一次对话中，怡亲王和庄亲王与巴多明和宋君荣两位神父畅谈五个多小时，谈话涉及了许多在宋君荣看来非常关键的问题，例如两位亲王希望了解传教士视角中的中国历史，并询问他们西方历史与中国历史是否存在重合的事件。他们讨论伏羲与尧舜，也讨论大洪水和创世纪，又从天文聊到地理[④]。1730年怡亲王去世时，宋君荣在多封书信中都提到这是一个让在华耶稣会士感到难过的消息，因为随着他的离世，宋君荣那好不容

① 参见《清史稿》列传七；《雍正实录》卷82。

② Gaubil, *Correspondance de Pékin*, No.77, p.235.

③ Gaubil, *Correspondance de Pékin*, No.77, pp.235—237.

④ Gaubil, *Correspondance de Pékin*, No.81, pp.244—246.

易燃起的在中国重建基督教辉煌的希望，又一次在雍正统治下日渐糟糕的环境中破灭了[①]。

除了和皇室成员搞好关系之外，耶稣会士也和宫里的太监有过交谈。1730 年地震之后的那一次入宫，虽然几位传教士只和雍正进行了非常简短且仓促的会面，但是送他们出宫的那位公公却让他们打开了话匣子。他特地向传教士们询问他们在雍正面前提到但没能展开介绍的几次发生在欧洲的地震，例如那不勒斯和西西里岛地下构造和那里地震的细节。他还请传教士把西西里岛和巴勒莫（西西里首府）的名字，以及欧洲发生地震的年份都写下来。几位传教士也非常乐意地将那位公公问到的信息用中文写给了他，还继续和他聊了聊天[②]。

总的来说，雍正时期在华的传教士与雍正之间保持了一种不近不远的微妙关系，既算不上有多么亲近友善，也不至于势不两立。尽管有时也要面临来自各方包括雍正皇帝本人的敌意，他们也尽力在朝廷里建立自己的人际关系。在华耶稣会士十分清楚自己的地位和处境，以及他们在清朝外交事务中的价值，他们努力在当时的环境中生存下去的同时，也有意识地利用自己的身份来最大化传教事业的收益。

三、雍正时期耶稣会士在钦天监任职的情况

自德国来华耶稣会士汤若望（1591—1666）在顺治朝担任钦天监监正（1645—1664 年间任职）以来，耶稣会士在钦天监任职便形成了传统，

① Gaubil, *Correspondance de Pékin*, No.87, p.260; No.92, p.272.

② Gaubil, *Correspondance de Pékin*, No.90, p.268.

至宋君荣来华前，南怀仁、徐日升、安多、闵明我、纪理安等耶稣会士接连执掌钦天监已 75 年。尽管雍正对于基督教的态度总体上是抵触和排斥的，但他对于耶稣会士所掌握的天文数算知识还是认可的，也继续任用耶稣会士担任钦天监监正。宋君荣抵达北京时，担任该职位的是德国耶稣会士戴进贤（1720—1746 年间任职）。耶稣会士自然也知道，天文学知识和那些从欧洲带来的测算仪器是他们当时能够留在北京和广州的砝码，更是他们能通往宫廷和更高职位的通行证。这和天文学对于中国统治者的重要性是息息相关的。耶稣会士对此了然于心，宋君荣曾在信中写过，天文学在中国是一个国家事务，几个世纪以来都是朝廷格外关注的基本点，因为中国人相信天象是上天传递给统治者如何统治人民的信号①。

尽管身居要职，耶稣会士能够通过天文知识在朝堂上产生的影响力却是极为有限的。耶稣会士虽然掌管天象观测和天文相关的数据计算，但他们并不能负责解读天意。1725 年的一次观测更让宋君荣等人明白了这一点。那一年出现了一个比较罕见的天象，木星、火星、金星和水星彼此之间非常靠近，时任钦天监监正戴进贤作为代表，向雍正报告了这件事情，不过他只能简单地讲解一下测算，至于如何理解星象便全部是由钦天监里的中国官员来解释。那些中国官员向雍正解释道，行星相合是一种祥兆，象征着本朝统治繁荣昌盛，他们还选取了三四个中国历史上统治期间曾出现过类似天象的明君，来佐证自己的观点。据宋君荣书信所写，那些耶稣会士听到这样的说法，也都小心谨慎地不去提及同样的天象也曾在几位暴君统治期间出现过。雍正显然对于这一天象的出现和那些象征含义的解读都非常满意，将这一新闻在全京城甚至全国范围内通告宣传。在宋君荣看来，那阵仗就像他们在欧洲宣布一位王子的降生或者一次战争的胜利那样。也有几位中国官员来向耶稣会士咨询他们的计算工作和结果，耶稣会

① Gaubil, *Correspondance de Pékin*, No.20, pp.89—90.

士也趁机表达了他们的理解，表明行星相合的现象只是说明这四个行星之间的距离近了一些，并不象征任何含义，既不是祥兆也不是凶兆，仅仅是一个自然现象而已。不难想象，他们的解释都是徒劳，皇上已经决定了这个事情的走向，没有人愿意去忤逆圣意①。耶稣会士的想法和理解并没有被更多人听到，只在宋君荣的书信里留下了记载。

尽管通过天文测算所能获得的影响力有限，但对于耶稣会士来说，钦天监始终是他们的重要阵地，能够在朝廷获得更高的职位依然是对他们的传教事业非常有帮助的。1725年，雍正曾表示要给时任钦天监监正戴进贤神父授予一个荣誉头衔，官居二品。宋君荣在写给欧洲同僚报告这一新闻的信中同时写道，在华的其他耶稣会士包括他自己都认为，戴进贤神父应该接受这一头衔，这将对基督教在华的发展有极大的助力②。耶稣会士深知天文知识在中国政治中承载着皇帝与上天之间的沟通功能，也将自己在天文方面的长处，以及由此获得的在钦天监中的职位，看作是能够在清代的宫廷与社会中产生些许影响力的工具之一。由此带来的高官厚禄，乃至朝堂上下的尊重和礼遇，也成为了耶稣会士所能掌握的为数不多的潜在政治资源，和他们的传教事业在清帝国能够继续维持的重要筹码。

四、耶稣会士与雍正皇帝在宗教观点上的讨论

面对雍正对于基督教和传教活动的反感，宋君荣等耶稣会士并没有放弃希望，反而是在每一次能够和雍正谈论宗教事务与相关话题的时候，都

① Gaubil, *Correspondance de Pékin*, No.20, pp.90—91.

② Gaubil, *Correspondance de Pékin*, No,14, p.71.

抓住机会尽力申说。宋君荣记录下了几次不同的对话里雍正对于基督教的态度以及他对于宗教的整体看法。宋君荣写道，这位皇帝对于基督教和宗教总体有一定程度的了解，在他看来自己对于传教士的反感并不是毫无来由的。1727 年葡萄牙大使麦德乐访问离开后，几位耶稣会士被请到圆明园来答谢雍正对于麦德乐大使的款待，雍正表达了他对于麦德乐访华时一些言行的看法。雍正跟巴多明神父说，如果你和麦德乐大使解释清楚了我的动机和理由，他就不应该那样和我说话，让我允许教堂宣扬他们的教法，让他们像在我父亲康熙皇帝时候那样为所欲为。你们在场各位都应该听清楚，你们最好是好好地告诫那些在这里和广州的欧洲人。如果以后其他的使臣来，你们要提前告诉他们最好不要像麦德乐那样说话。雍正阐明自己的立场道，如果你们了解了我的理由的话，你们也会同意我的想法的，即便是教皇或者是你们的国王亲自来见我，我也会拒绝麦德乐提出的那些要求的，因为那些根本就是无理的，你们合理的请求我早在你们提出的时候就答应了。你们可不要把你们欧洲那些国王牵扯到这些（宗教的）事情里来。我让你们在北京和广州居留，是为了这两地之间以及和欧洲之间的通信，这已经足够了，我可有提出过什么针对你们的指控吗？我了解你们，你们是好人，任何一个比我学识差的帝王都会直接把你们驱逐出境的。雍正又借机继续解释了自己对于传教活动的观点，表明自己并非不分青红皂白，只是不希望自己的国家有传教士而已，并且认为没有任何一个统治者会愿意自己的国家有传教士的，如果他派遣佛教僧侣去欧洲国家，那些国王同样不会同意的。雍正还将汉明帝和唐太宗作为两个反例，认为他们一个请来了印度和尚，一个请来了西藏喇嘛，如此举动和宗教政策使得他们在国内百姓中引起颇多不满，还有他的父亲康熙皇帝为传教士修建教堂的行为，也是该被批评的①。在宋君荣写给欧洲的报告中可以看到，传

① Gaubil, *Correspondance de Pékin*, No.42, pp.141—142.

教士作为外国人的特定身份，和他们宣扬传播另一种外来宗教的职能，是雍正皇帝最难以接受的部分，是对国家统治的威胁。

在同一天的对话里，雍正还表达了自己对于基督教教义的观点，认为基督教将一个凡人看作是神、是上帝，这是非常荒谬的，在此基础上探讨永恒的痛苦和快乐更是毫无根据。为了证明他的观点，雍正用佛教中的“佛”与基督教中的“天主”作比较，认为佛教中的佛像只是通过纪念他的方式来表达对他的尊敬，但我们既不崇拜“佛”这个人，也不崇拜那些木雕像。雍正认为“佛”可以对应基督教中耶稣道成肉身的概念，并且认为欧洲人中能够充分理解他们自己宗教中这一点的也寥寥无几。雍正随后问传教士，大多数欧洲人都谈论“天主”的永恒、无限和公正，也探讨天堂和地狱之类的概念，但谁见过那些呢？谁又意识到这只是用来欺骗普通民众的呢？① 雍正甚至向耶稣会士发出邀请，让他们定期到宫里来会面以便他指导他们，认为自己对基督教的理解比传教士更清晰。在同一时期的另一封信中，宋君荣写道当巴多明神父向雍正解释基督教义时，这位皇帝向耶稣会士保证他相信且尊重那些像他们一样的文化人和写作者，但如果他们神化了那个名为“佛”的人的形象，那就大错特错了。②

雍正提出的另一个观点是，满洲人应该遵循清朝的礼制和他们自己的文化，因此不能信仰基督教。在皈依基督教的满洲贵族苏努（Sounou，因家世和军功被封为贝勒）及其家人遭受迫害之后，皇帝对耶稣会士说，这世界上每个人都敬天，清朝人也不例外，他们也有敬天和祭天的庙宇。但是作为满洲人，他们有自己特定的敬天仪式。雍正澄清说，他并没有说苏努和他的家人不能敬天，但作为满洲人，他们理应遵循自己传统的仪式。他们皈依并且按照基督教的方式敬天，便是放弃了自己的律法而去接受欧

① Gaubil, *Correspondance de Pékin*, No.42, pp.142—143.

② Gaubil, *Correspondance de Pékin*, No.51, p.184.

洲人的律法。雍正问传教士，难道对苏努来说有两个不一样的天吗？他肯定地说，这世界上只有一个天，在这个国家里也只有一个统治者[①]。

通过宋君荣关于雍正与耶稣会士之间关于宗教话题的对话，以及雍正对基督教和宗教总体态度的记录，可见在耶稣会士眼中雍正是一个对于基督教有一定的了解，同时较为自信和固执的君主。面对这样的情况，耶稣会士的态度主要还是坚持不懈地向雍正展现基督教的思想和教义，并且积极促成关于宗教话题的讨论。当他们察觉到气氛不对的时候，他们也不会以激进的态度去和雍正解说教义，宋君荣说他们会等待另一个更好的时机，再向雍正呈上一份关于基督教的论文[②]。而当他们有机会在皇帝面前发言时，耶稣会士则着重强调了基督教义与中国传统之间的相似之处，例如他们对祖先以及父母长辈的尊重。

五、耶稣会士在达官显贵中的传教努力

即使在雍正朝这样恶劣的环境中，在北京的耶稣会士从未放弃过试图接近那些清廷中有影响力的人物、并且促成他们皈依基督教的努力，因为他们清楚地看到了这些重要人物能够产生的影响和对传教事业的重要性。前文提及的满洲贵族苏努一家便是皈依了基督教的重要人物之一。1723年底，苏努一家皈依了基督教并进行了公开的入教仪式，虽然家族首领、其时担任鞑靼大将军和总督的苏努本人还未皈依基督教就去世了，但在他去世之后，他的两位妻子皈依了基督教，他的六个儿子和大多数女儿在他

① Gaubil, *Correspondance de Pékin,* No.43, pp.152—153.

② Gaubil, *Correspondance de Pékin*, No.42, p.144.

去世之前受了洗。在他们信仰的影响下，苏努儿子们的家庭也都成了基督教家庭，他儿子们的妻子和孩子也都成为了基督徒[①]。苏努的三儿子苏尔金，于 1721 年受洗，更是当时赫赫有名的虔诚基督徒之一[②]。他们的良好榜样还带动了另一个家族的两位王子以及他们的姐妹和女儿皈依[③]。一个有影响力的重要人物的皈依，对于传教事业整体的影响和收益显而易见。

一贯禁教的雍正皇帝自然不会容忍这些皈依了基督教的叛徒。他不仅罢免了苏努的王室职位，还将他们全家流放到了沙漠中，让他们在饥寒交迫中绝望地死去[④]。在苏努惨遭迫害之前，耶稣会士已经与他们一家密切交往了超过二十年的时间，尽心尽力地皈依并教导他的儿子们，也成功地让基督教在这个显赫的家族里生根发芽[⑤]。尽管这场迫害对耶稣会士及其传教事业来说是十分痛心的，宋君荣也同时指出了这一事件带来的几种意想不到的好处。首先，有人因信仰而死，如此坚定不移的态度和榜样作用不只影响了他们家族中的基督教徒，也会对他们家中以及身边本不信教的人产生强烈的刺激，促使基督教在清帝国中蓬勃发展。其次，皈依的基督教徒也能够更勇敢地表明自己的宗教身份。一位名叫马修的中国医生便在朝堂上承认了自己基督教徒的身份，并反复向皇帝保证基督教只行善事，还向他解释起基督教的主要道德观点。宫中的太监都为马修医生捏了把汗，但雍正反而对他颇为满意，甚至还给他升了官。此外，莫斯科的大使听说了这些迫害的故事，对中国信徒的虔诚信仰印象深刻，称他将在俄国宣扬这些伟大的事迹。跟随他的德国路德教徒也说了相似的话，葡萄牙大使麦德乐也同样听说了这些事情。宋君荣在他的信中写道，他希望这些伟大的榜

① Gaubil, *Correspondance de Pékin*, No.14, p.67.

② Arthur W. Hummel ed., Eminent Chinese of the Ch'ing Period, 1644—1912, Vol.2, Global Oriental (2010), p.694.

③ Gaubil, *Correspondance de Pékin*, No.14, p.67.

④ Gaubil, *Correspondance de Pékin,* No.14, p.67.

⑤ Gaubil, *Correspondance de Pékin*, No.43, p.160.

样能够在莫斯科和其他更多地方被发扬光大①。

六、结论

宋君荣书信集中的这些记录和报告为我们了解耶稣会在雍正时期的传教活动提供了不可替代的信息。尽管这些书信中所展示的雍正的形象，并没有完全推翻他对于基督教和耶稣会传教士反感和抗拒的态度，但至少揭示了他对于基督教并非完全无知和冷漠。与此同时，在华耶稣会士仍然与雍正皇帝、清朝贵族以及宫廷中的官员、太监都保持着联系。雍正皇帝对于耶稣会士所掌握的西方科学特别是天文知识始终是非常重视的，也保留了耶稣会士在钦天监中的职位。虽然这未必是雍正的主观意愿，但中国与西方之间的科学文化交流客观上并未停滞，两种不同的宗教框架和思想观点也在不断发生着碰撞。

与此同时，从宋君荣的书信中我们还可以看到，在华耶稣会士对于清朝的政治体制有着清晰的了解。他们清楚地认识到，想要在一个像清代中国这样制度发展完备且皇权高度集中的国家发展传教事业，在朝廷中获取更高的官职和地位，并努力使得那些有影响力的大人物皈依，都是必不可少的辅助手段。很多例子都向传教士们充分展示了政治资源的重要性，因为当皇帝不喜欢基督教和传教士的时候，官员自然而然会避开他们，普通百姓更是如此。对耶稣会士来说，获取政治权力和资源并不是目的，取悦皇帝也并不能保证更多人皈依基督教，但花费一些精力以获得皇帝的尊重是一种必要的权衡，至少能够改善他们的处境，也能帮助传教事业延续下来。

① Gaubil, *Correspondance de Pékin*, No.46, p.166.

夏伯嘉：
历史确定性的毕生寻觅

朱孝远（北京大学历史系教授）

阅读史学家的著作，有两种情况最容易让人动容。一是富有哲理性的作品，它确保历史的真实性，让人因为信服而感叹。另一种有亲和力的感性作品，字里行间里，往往是在最不起眼处，会透出作者的真情。这两种品质都完备的作品很难找到，然而，在夏伯嘉（R.Po-chia Hsia）的书里，却能看到这两种元素在相互辉映。

把史学当作职业来写作的人，往往也会形成两种风格。一种是专门为解决问题而来的。不管是写什么题材，也不管是涉及哪个领域，都总是离不开那入木三分的睿智。持有这种风格的人，抱着解决问题的目的而来，也抱着已把问题解决了的欣喜而去。另外一种风格是平平静静地写文章，敏感、和平，文字非常典雅干净，却不愿显山露水，宁愿留些意境给读者。这样的作品其实是非常好的，因为作者写的，不过是他心里真想说的。夏伯嘉的风格，我想，是属于后一种的。

夏伯嘉是在美国任教的、非常著名的华裔历史学家，他的作品很难归类。我读过他的三本书，一本是谈德国人民和宗教改革的；一本是谈1540年到1770年间天主教会的；还有一本是谈利玛窦（Matteo Ricci，1552—1610）的。夏伯嘉还写过许多书，如谈明斯特城（Munster）社会和宗教的，如谈德国宗教改革时期犹太人的仪式和奇迹的，可惜我都没有读过。

喜欢夏伯嘉的作品是从喜欢他的文字开始的。他的文笔很亲切。这种风格，在他所有的作品里都是一致的。夏伯嘉能够把故事讲得很细致，很完整，很准确。他从不堆砌史料。他一定是把史料研究透了，消化了，理解了，然后就把理解了的事情写出来。其实，他写的每一句话，都是有史料作依据的。这样的写法有一个好处，能够把自己的喜怒哀乐写出来，甚至以此为纽带，来串联相关的事件。在《利玛窦：紫禁城里的耶稣会士》（上海古籍出版社2012年版）这本书里，他写得非常细致。他说："我们有利玛窦于1605年写的八封信，证明他乐观的情绪。"又如："在1604年的圣诞节，耶稣会士用古钢琴和竖琴庆祝了三至四个弥撒，一些基督徒甚至参与了守夜。有些教徒因为勤奋学习拉丁祷文而让利玛窦印象深刻，比如李应试的妻子可以背诵认罪祷告文，另一些人用他们的真诚悔悟打动了利玛窦，这包括自虐、急于告解和接受圣体。"不过，这样的笔触也可以用来描述大事件的，在同一本书里，他谈到了明朝的灭亡、义和拳，甚至还谈到了中国经济改革后第一次实施了"经济特区"。

不过，透过像诗一般透明的文字，我们却感觉到，寻觅历史的确定性，才是夏伯嘉的毕生追求。他和历史学结缘，也出于此。

那还是很早以前的事了，夏伯嘉在香港的中学课堂里听讲。讲授中国历史的老师说香港之所以被英国殖民统治是由于英国贩卖鸦片、强迫通商，而清朝政府懦怯外强。刚上完中国历史一堂课，接着就是西洋史的课。那西洋史用的是英文教科书，也分析中外冲突。可是突然“鸦片战争”这名词不见了。在道光年间爆发的是中英第一次战争、中英第二次战争。西洋史教材在解释原因时，说两国交兵是因为中西文化长期冲突不合之故。各国自由贸易是近代历史发展自然的现象，但中国闭关自守、管制通商，导致了中英冲突。夏伯嘉听了这样的课后，“心中满不是味儿。这样解释殖民地，不算太强词夺理吗?”为了弄清楚这个事实，夏伯嘉与历史学结缘，因为他要破解历史的“谜密性”，看看对于旧事到底是谁讲得对。

夏伯嘉的专业方向是近古欧洲史和德国史。这个选择也与确定性有关，因为夏伯嘉认为不能去研究距自己很近的史学，那会妨碍立论的客观性。研究德国史就很好，德国的文化与英美的很不同，也与法国很不一样。但是德国史是很难学的，要学好它，除非你去四处漂泊，外邦求学。

年轻人去欧美游学，其实有点像流沙入海。漂泊之中却也无法回避确定性：一是要确定专业方向，一是要确定就读的学校和选择的导师。夏伯嘉先是去了英国西南的一个小镇，但那里的人们的自傲让夏伯嘉感到不很愉快。他转而来到了美国，在最顶尖的文理学院之一的斯沃斯摩尔学院（Swarthmore College）读了几年，毕业论文写的是太平天国运动与16世纪德国农民战争的比较。他转而又去哈佛大学读硕士，专修欧洲近古史，拿到硕士学位后，又去了耶鲁大学念博士，读的也是欧洲近古史。毕业后，夏伯嘉去了几所大学任教，分别是哥伦比亚大学、康奈尔大学、马萨诸塞州大学和纽约大学。世纪之交时，他决定接受宾夕法尼亚州立大学的邀请，去担任历史学讲座教授。

为了获得确定性，详尽掌握史料是个先决条件。而要掌握好史料，又先得学好外语。夏伯嘉觉得既然这是绕不过去的事情，那就只得刻苦研读。夏伯嘉的英文是过硬的，我看他的英文论著，常有其文笔比许多美国人要好得多的感触。他的德文也好，他的那部论明斯特城社会与宗教的书，就是先英文出版，然后又出了德文版的。他的法文能用，他的荷兰文能看得懂，他的拉丁文能用来唬人。这些，奠定了他的语文功底。

夏伯嘉是很看重史料的。当年他写博士论文，题目就是德国北部一个城市的宗教、政治的历史，即明斯特城的再洗礼王国。他后来写道："自路德挺身而出，抨击罗马教皇的权威，异议天主教义与行略，欧洲就分成了新旧两派。而新教革新中，又有其他比路德更激烈的宗教改革者。有些人从宗教改革到社会革命，德国农民战争与再洗礼教王国皆是那个时代社会大动荡的现象，结果都遭到镇压。明斯特的再洗礼教王国的小天堂（1534—1535）就是在新旧两派的共同夹击下被歼灭的。"夏伯嘉要研究的正是这个宗教革命的后果及其在社会、文化上的意义。为了研究这个题目，夏伯嘉去了明斯特，在那里的市档案馆奋战了十个月，找到了大量的第一手资料：房产税收表、教区领洗表、新市民登记表、民刑档案资料、市政府会议记录、官方文书等。他还发现了一篇未被前人注意的短文献，记载的是 1535 年再洗礼教派被歼灭后新市政府选举人的名单。夏伯嘉抄录了大量文件，收集了几种名单，包括市政人员、手工匠工会会员、耶稣会的支持者等。他对这些人的背景进行分析，进而从社会史的角度解释了再洗礼教失败后八十年间明斯特的政治、宗教冲突。艰苦的工作反而让夏伯嘉感到很充实，"倒是档案馆闭门后才感到孤独"。在明斯特，他领略了德国人的苦干精神，自己也在寂寞的苦干中完成了博士论文。十年后，他以教授的身份再返明斯特城，在市政堂第一次用德文发表了演说，受到当地人的表扬。夏伯嘉却感到自己由学生变成了教授，旧地重游，不胜感怀。

夏伯嘉后来研究中西交流史，研究利玛窦，完成了让整个学术界非常吃惊的重大转身。为什么会这样呢？还是为了寻找文化归属感中的确定性。2000 年，夏伯嘉在一篇文章中写道："十年前我刚到纽约大学接任时，接到香港家里的电话：父亲逝世了。离家几千里，在海外辗转十八年，未能在他的身边侍候，我心情很悲痛。慢慢地，不自觉地，我的心思回到中国文化与历史。有好几年的时光我想研究明清欧洲天主教在中国的传教史。父亲的去世使我下定了决心。自 1992 年开始，我的研究旅途转向归路。想来这个新动向有两个原因。我小时候家里经常去澳门度假。那时代的澳门，除了一间赌场外，很清静，生活节奏比香港的紧张匆忙轻松得多。葡萄牙式的教堂与建筑物令人怀古思旧。葡萄牙语与民族的习俗又与英国截然不同。很早我就对这个中西交通史的另一个模式深感兴趣。这是第一个原因。第二个原因大概是自己生途的一个反省。一个中国人远洋学习西方文化，海外十数载不归留在异邦，不是与西方天主教传教士远洋赴华、一生居留在东方有点相像吗？……离开家乡，永别亲朋，身逝异邦，这样不近人情的行为，不正是利玛窦称自己为‘畸人’的原因吗？正是在自己思亲情重之际，选上的新的思考问题。”

在夏伯嘉笔下，利玛窦是个很特殊的人物。夏伯嘉告诉我们：利玛窦是意大利传教士，出生在马切拉塔，在一个因新教改革而支离破碎的年代。他离开了与罗马教会的敌人——异教徒和异端者——无休止的斗争的欧洲，来到中国。他在中国度过了二十八个春秋，是首位在中国获得宫廷葬礼殊荣的平民外国人。在中国，凭着其智慧、魅力和坚持，成功地进入中华文明的核心层面。他的足迹遍布罗马、葡萄牙、澳门、肇庆、南昌、南京和北京，热衷于吸收中国文化，并且把西方的科学、文化、宗教传播到了中国。他在中国被誉为一位德高、正直、博学的非凡之人。最后是被安葬于北京西门之外。

然而，在文化的归属感方面，利玛窦又是谁呢？他是欧洲人，意大利人，中国人，抑或是“畸人”？当然，利玛窦会讲汉文，深谙儒学，很尊重中国的民风、民俗，常年还穿着中国的服饰与中国高官们斡旋，甚至还成功地探索了中国大院的内部构造。但是，这些能说明什么？是在说他因为深受中国文化的影响、已经成了中国人，或者已经不完全是一位西方人了吗？那也不是。利玛窦信的是天主教，他见到中国的事情，也每每会与意大利比较。1587 年，南昌的地方志记载拥有 76705 户 167098 人口，利玛窦就想到，这是肇庆的四倍，是“佛罗伦萨的两倍”。夏伯嘉又发现了利玛窦独有的稀有品质，他能够超越文化差异而去寻找文化的共通之处，这使他很容易与中国人相处。夏伯嘉指出：“利玛窦也奉承了中国人，因为人与人之间，以及文化之间的友谊都包括了‘我’与镜中的另一个自我，虽是两个身体，确是同一个头脑。在儒学经典《中庸》里，友谊被定义为五个基本的人类关系的一种，其他的关系为君臣、父子、兄弟和夫妻。这与利玛窦对西方友谊的描述类似。”实际上，儒学的一些格言，常常被利玛窦用作工具，借此奠定他与中国杰出的儒家学者间的友谊基础。

夏伯嘉的书写得很大器，也很好看。20 世纪 80 年代我在美国念书的时候，我的指导教授布雷迪（Thomas A. Brady, Jr.）就说过“夏伯嘉是我们这个研究领域里唯一被国际学术界认可的中国学者”的话。布雷迪要我去看夏伯嘉主编的《德国人民和宗教改革》。作为这本书的主编，夏伯嘉很谦虚。全书十二篇文章的篇幅，选定的都是布雷迪、弗格勒（Gunther Vogler）、斯克里布纳（Robert W. Scribner）、希林（Heinz Schilling）等名家的文章，夏伯嘉自己仅保留一篇“明斯特与再洗礼教”的小文章，其人品由此可见。其实，当主编是一件很出力不讨好的事情，尤其是那些名家极难对付。举例来说，《德国人民和宗教改革》这个书名就是值得推敲的。其时，有学者提出要研究“人民的宗教改革”，又有学者提出“激进的宗教改革”是个大课题，结果却在学术界引发很大争论。为避免歧义，夏伯嘉把书名定为《德国人民和宗教改革》，他对文字的敬畏，由此又可一见。现在，夏伯嘉的文章是写得愈发好了：哪里经他动过手的，哪里的历史脉络就清晰，哪里的历史就可信。我想，他写作用的那个房间一定是很整洁的：他有把无秩序的事物排列成审美对象的能力。在我的心目中，夏伯嘉学问有成，堪称大家。

夏伯嘉是教育部 2011 年度评选的长江学者讲座教授，常要去复旦大学讲学。2013 年，蒙他厚意，在去上海的途中先来北京小住，分别为北京大学、中国人民大学、首都师范大学的师生们连续做了好几个讲座。我因为太忙，竟无暇陪他一赏北国风光，心里歉意着呢。最近他有信来，说还愿来北京相聚，这使我感到非常高兴。我总觉得，夏伯嘉是一个充满活力的学人，他的寻觅确定性的脚步，至今没有停下。

历史研究问学录：记一次与夏伯嘉老师的聊天①

问学时间：2018 年 4 月 20 日。地点：宾夕法尼亚州立大学历史系办公室。

研究生郭建斌、刘雅萌、姚星②向夏伯嘉老师请教一些学习问题。

整理者：郭建斌（西南民族大学讲师）

整理者按：由于我们三人当时旁听夏老师的课，所以此次问学从课程内容开始聊起。

① 此标题为整理者后期增补。由于此次问学采用漫谈形式，无一个明确的主题，特此说明。

② 郭建斌当时为北京大学哲学系博士研究生，现为西南民族大学哲学学院教师。刘雅萌当时为南京大学文学院博士研究生，现为南京大学文学院教师。姚星当时为南开大学历史学院博士研究生，现为印第安纳大学博士研究生。

夏老师：你们觉得怎么样？（对课程内容有什么感受呢？）

研究生：还挺好的。因为您这个课我之前一点都没接触过。我具体是做魏晋到初唐中国经学的研究，基督教的研究于我而言是完全陌生的领域。

夏老师：我觉得基督教与经学传统的相似之处是两边都有经典（四书五经、圣经）。经学是门更加专门的学问，一方面，一套经典或一套书，这个书里面的内容没有变化。另一方面，不同的历史朝代，不同的所谓的读经、传经的人，他们对这个经书是如何解释？

中国方面你可能比较清楚，从魏晋南北朝，到宋代，然后一直到康有为，基本上对经书的解释一直有争论，对四书五经有不同的看法，特别是对《易经》的看法。

那么基督教就是对于《圣经》内容不同的诠释。最重要的当然是在宗教改革中，新教与天主教的冲突。这方面你可以说是社会文化史“变”的部分。而不变的部分就是文本本身。其实文本本身也有变动，有时候需要你对文本进行考证。考证好像这个事情很简单。在罗马帝国天主教时期，大家都根本不会看用希伯来文或是希腊文写的圣经，都是拉丁文的译本。后来还原过来以后，一般的信徒也是不能够看的，就是需要把它翻译过来。我们中国经学的传统不一样，《尚书》内容很难懂，《礼记》内容大部分讲气明气聚，大家根本不知道是什么东西，可能在《说文解字》里面出现了一两次，大家也不知道是什么东西，除非你通过考古挖掘，所以这是两个不同传统的东西。

研究生：我们知道利玛窦来中国之后，利用一些科学技术和中国文化交流。尤其是他讲的历法，与天道的关系，包括西方的十二星座的理论，跟中国讲黄道夹角的阴阳五行的配比，是完全不一样的结构。所以我看利玛窦来华之后，面对他所讲述的东西，中国人的态度是，我承认你的技术，但是我其实并不会接受你为了设置天主神权而设计的天道。

夏老师：我们讲到知识的传统，其实应该把它讲成思想传统里面不同的部分。一个文化既是一个整体性的大体系，也由多个相互关联但相对独立的子体系组成，各有其特定的议题。所以利玛窦可以跟中国的儒家对话，谈到道德方面或者是社会道德观念方面，他们可以沟通。有一些中国文化的个别体系，是可以跟西方带进来的某一些体系有互动，另外的一些就无法互动。在数学方面，中国在代数方面可能比较进步，但几何方面相对比较落后。直到梅文鼎能够承认西方数学带来的一些问题与改变。

我觉得有时候我们谈中西文化的交流时，最大的问题是都在想非常大的问题。我们其实应该从小的题目，小的问题出发。明年（2019）就是五四运动100周年，我觉得有意思的是应讲好我们中国的学术传统，经学、数学、哲学、音乐等某一个思想部分，怎么样跟外来的思想的互动，这个才比较有意义。

研究生：夏老师，您如何看待一些目前在西方很流行的史学或史学研究的理论？感觉中国学界比较紧跟西方史学理论。

夏老师：西方理论从提出到翻译为中文，要时隔几年。在此期间西方史学理论可能又有变化。你看特别是在美国（欧洲没有那么多的花样），是比较活泼的一个学术境地。有时候你得看什么学科，通常在理论方面是史学、文学，产生一些新的理论。在美国产生的新理论，其实它们的本源就是法国的理论，比如福柯的理论，后现代理论等，这些理论是从那边一直发展而出。你目前接触过些什么理论？

研究生：比如我们一开始最早接触的是兰克史学，然后是年鉴学派，再到后现代的一些史学理论。包括我们较为经常接触的是柯林伍德和海登·怀特他们的研究理论。现在我们做经典诠释方面，比较推崇西方的一些文本理论，如新文化史理论。您怎么看待这些理论呢？

夏老师：虽然我读过很多关于历史研究理论的内容，但我自己比较不喜欢理论。有时候大家都谈理论，感觉你不谈理论，好像很落后。后来我觉得有些理论有用，有些没有用。在我 50 岁以后，我觉得还是踏实一点多学个语言，多学另外一种文学传统，从比较的角度来启发一些新的问题。

我觉得理论稍微知道些也好，可是问题在于我们在国内所了解的理论都是通过翻译过来的一些书。有时候我觉得理论本身，在被翻译的过程中，它的含义已经经过一定程度的变化。好像你从法国的理论翻译为英文，本身就会出现偏差的问题，何况现在译得也不好。所以我觉得研究理论还是大概知道就可以。大致就是说，我要套这个人的理论用在我自己的研究内容上面。有时，你问的问题里面可能会引用理论，也可以引用不同的理论，但是我觉得主要的学问功夫，还是要靠自己的实力、能力、文本等。

研究生：我记得之前和您聊的时候，您也说过理论仅仅是增加你一种看问题的视角，但不一定非得使用理论。理论会让你看文本的时候增加一些想法，可能会刺激你看问题的方式和方法。

夏老师：特别是在社会科学领域，学者比较喜欢应用理论。西方的理论都有它的一种历史渊源，有时候很多人在使用的时候都不知道这个理论是如何提出。理论是经过几代学者的研究变化，要弄明白这个变化，依然是很复杂的过程，需要在整个文化思想史方面下功夫才行。

研究生：现在我们用理论，许多情况下是那种拿来主义的用。就像是从书架上拿一本书，但是并不知道它本来在书架上的那个位置。

夏老师：这个讲得很对。

研究生：我可能觉得如果研究中过于强调理论，这已经脱离了你原初研究的主要目标。比如说基督教史学的研究，我们的研究基本是以史料为主，就是有一份史料说一分话，把相关主题的史料尽可能收集清楚，然后把它罗列清楚或者梳理清楚。但有时候你要用一个理论来阐释史料，就像我们刚才所说的拿来主义。如果你简单地把理论套上去，感觉就是两张皮，有时会非常生硬。如果把相关理论，按照老师您说的方法，把它的来龙去脉，它的变化过程，几代人的研究变化全部搞清楚之后，感觉会不会偏离以史料为中心的研究议题？

夏老师：你可以花 10% 的时间去了解理论。当遇到一个理论，不一定要去研究。你先看看这个理论有没有意思？你觉得其实这个理论针对我的研究可能提出诸多启发性的问题。我觉得不要一开始做研究就去抓一个理论。你可以把自己的读书阅读分成两个部分。第一个就是在理论上面下一点工夫，看看那一个人写的东西比较有趣。看看福柯的东西、后现代的东西、还是什么解构主义的东西你先看看，看看这些东西有没有意思。时间的分配我觉得很重要，不要把太多时间放在理论方面，还是把大部分的精力放在自己，踏实地做点东西。

夏老师：你的论文写什么？

研究生：主要研究魏晋至初唐时期《周易》注疏。

夏老师：西方文学界有一个接受文学理论，你是否关注到读者对这些文本的接受或反应？这样可以把你的材料进行一个扩充。

研究生：其实我现在的想法是不单讲一种接受，而是讲一种生成，我不知道这个想法是否成立。因为前面东西真的都丢掉了，就好比本来是很多的小溪汇成了大海，但现在我要通过这个大海去回溯当时那个溪流的走向。（夏老师：这个有些困难）其实如果想做一个还原的工作是基本不可能的，就是还原不出。其实我想做的就是，看到那个溪流汇成大海的时候大海的样子，然后大海为什么会出现这样的样子，它是怎么去把那些溪流汇进来的。

夏老师：反正你写一些可能做到的东西，不能够做到的东西，你提出问题。

研究生：我现在只能是这样了。

夏老师：说不定将来考古挖掘出一些新的材料。

研究生：其实我的研究跟他们做明清时期有很大不一样，就是我们没有充足的文献。文献的网络不足以支撑我们去还原当时的情况。

夏老师：你也不像秦汉，秦汉还可以挖很多竹简。你的研究，这个中间是刚好比较空白的时间段。

研究生：是的。很多文献里面能找到一些蛛丝马迹，但是这个蛛丝马迹追过去又发现是一片虚无，就没有什么特别的材料。

夏老师：玄之又玄。你看南北朝时的史书，资料和内容都很简单，一些大家族，一些南朝的皇帝，只有简单几页的记录，所以南北朝史很难做。相对而言北朝史的研究，可以挖出一些材料，大家可以探讨这是北魏的材料，北方游牧民族迁徙的材料，佛教的材料等。对南朝的研究相对比较难，特别是南朝思想史的研究，只出了几个学者。

在西方相关的研究传统中，特别是到了基督教的时代，文本在基督教的系统中如何被诠释？在新柏拉图主义的影响下，如何形成自己的宇宙观、哲学观？在非基督教系统中发展出来的思想，在基督教时代如何被吸收和发展，或者排除在系统之外。比如英国时代的一些思想家，他们所看的文本是以前所谓古代社会后期的一些文本，可以去看一下。另外就是，在犹太人传统里面，他们也有一些研究形而上学的传统。

研究生：在您的书里面讲到《畸人十篇》，里面有利玛窦和一个商人的对话。那个商人根据算命得知自己50岁寿终，利玛窦劝他不要去相信这些。我感觉方术的传统，在中国人思想里面非常根深蒂固。从汉代、魏晋南北朝建立下来的那些传统，已经从原本是上层用来去讲天道变化，去干涉统治者的传统，慢慢下降到民间传统，且根深蒂固，感觉数千年以来都没有根本地改变过。

夏老师：你看道家、道教与儒者、儒术，有很密切的关系。从民间发展出来的算命、医疗，到现在依旧存在。这两个传统，一个你可以说是有文本的传统，读书人的传统，另外一个是民间的传统，到某一个时代是分开的。在道教的传统里，文本传统和民间传统有很密切的关系。有些学者觉得儒家的兴起，就是要给自己树立另外一种权威，把诠释的这种功夫来作为抬高自己一个学术团体地位的方法，就是把这上层的知识的理论跟下层的生活实践方面进行第二次诠释。宗教方面，佛教、基督教等的一些理论功夫，基本上都会涉及生活方面的实践。

研究生：夏老师，您之前主要是研究欧洲史（德国史），现在转向了中西文化交流史。

夏老师：我一直对传教史感兴趣。你们去过澳门吗？我觉得澳门的教堂等，很有趣。

研究生：我也曾关注过澳门在中西文化交流史中的重要地位。在历史时期，当中西文化冲突比较激烈的时候，其实澳门是作为一个文化冲突的缓冲地带，它一定程度上是减缓了文化间较为直面的冲突。比如在明代南京教案、清代康熙禁教等，传教士被驱赶到澳门，这对传教士是变相的一个隐性保护，避免引起更大规模的中西冲突。

夏老师：现在澳门大学大力发展中国澳门学研究。这也表明澳门在中国历史方面，起码从明代以后有一个很特殊的作用。

研究生：有一个我比较感兴趣的问题，在《清末教案》《教务教案档》等很多档案都提及当时官绅以及普通民众对传教士的误解，而由此产生谣言。其中有一条谣言是说传教士挖眼睛，挖心脏，尤其是挖小孩的眼睛心脏，然后用来炼制金银。我想知道这种谣言的起源在哪？为什么会有这样的一种谣言的出现？这个谣言为什么是在清末教案时，大量地出现和传播？然后我在看一些书的时候，其中谈及在基督教的历史时期，对圣体论，变体说，已经有过一些相关的讨论，有的教派因此被定义为异端。所以在欧洲历史上，比如在仪式祝圣之后，食物变体，变为耶稣的血与肉等观念传到中国之后，是不是会让中国人产生一个疑惑，会让当时中国人以为传教士会用人的身体去做某些事情?

夏老师：这个可能就是说当时中国人已经接受了西方宗教教育里的部分内容，才会出现了这样的误解。

研究生：但是我目前没有找到相关的文本。

夏老师：对于挖眼睛这个谣言。我们现在都比较清楚，中国的传统医学里，并不注重眼科，中国医学里不管是把脉，还是别的治疗方式，都是以气或阴阳为主，以药物治疗为主，物理治疗为辅，不注重外科手术，包括眼睛上面。在 19 世纪时，有一些西方的传教士，以眼科为其专长，为当时中国人治疗眼疾，以此来吸引教徒。这个领域你应该很容易做一些研究。

研究生：这个问题我也请教过其他老师，和您的观点相似。西方的外科手术传入中国之后，外科做手术会有一些切割，取出一些身体组织，可能会有这样的影响。圣体说是否可能也有一些影响?

夏老师：在西方反犹太运动里面，曾经受基督教的影响。他们说犹太人要拐带基督教的小孩儿，把他们折磨而死。这其实也是他们对圣体研究的理解，就是怎么样从面包变成身体的一个误解，然后把它推到犹太人身上。我也曾写过相关的文章，你可以参考一下。

研究生：在晚清这些谣言中，把挖小孩儿的眼睛、心脏与炼制金银联系在一起，是不是体现出当时人们对西方炼金术的一种痴迷呢？在利玛窦入华不久，曾有人听闻传言，传教士会炼金术而去拜访他。

夏老师：有这方面的影响。我想你还要看看中国传统里面是不是也有这样的观点？在中国的民间信仰传承里面是否有这样的观点？

研究生：应该有。《叫魂》这本书里面里大概写了很多这方面的内容。比如用人的头发等。

夏老师：另一个方面，我们知道在天津教案里，有很多弃婴被育婴堂或修女收养，婴儿因各种原因死亡后，被埋葬在教堂或者育婴堂附近，随后被野狼或者野狗挖出来。当时的人看到此种情形，也会产生一些疑问。同时当时的人觉得，传教士等人并没有工作，但挺有钱。也会产生一些疑惑。总体是各种因素所造成的结果。

研究生：夏老师，我想请教一个大一些的问题，您觉得历史学研究的归宿是什么？它最后的目的是为了什么？

夏老师：我觉得每个人都不一样，最后还是要认识自己。我觉得所有的学科最后都是要认识自己，你来自何处，去往了什么地方。

研究生：我现在看一些后现代史学理论的书，它会说历史是一种叙事，抛开了历史的一些真实性，并认为去追溯那些真实是不可能做到的事情，也会讲历史都是后人不断地对它的一种建构。

夏老师：围绕后现代的理论，可能你不能百分之百地还原本来的真实，可是绝对有些东西是假的。你起码的功夫要指出什么东西是假的，对吧？你可能不知道一个事情的真相的百分之一百，你起码知道对这个事件的叙事有一些根本是假的，或者讲述错误，你可以把它排除掉。

研究生：那这样的话就需要有多重的史料进行一个佐证，孤证的话可能不行。

夏老师：这其实是一个具有科学性的方法。什么叫科学的真实性？真实性就是说你做一千次实验，都有同样的结果出来，但将来一万次实验之后，也可能会有变化。起码这一千次都是这样，这是某一种暂时性的正确性。除非出现了一些能够推翻这个结论的东西，我们可以改变我们的看法。这就是基本的一个科学性问题。你可以指出，别的方法无法得出这样的结果，好像是不能解释以前的事情，这是一个不对的或者假的，或是一个错误的诠释方法。但这不表明我的办法就是百分之百对，但起码这个方法我们大概还可以做，根据将来新的史料还可以再变。

研究生：我想请教一下夏老师，我们现在还是学生，在做历史研究或者别的研究，学校要求我们发文章。我来这边之后，发现两边的博士生教育有很大差别。我们的导师鼓励我们应该多看书、学语言、学技能，但学校对毕业有硬性规定，要发文章。

夏老师：我们希望学生能够发文章，但现在是比较困难的。国内就是比较硬性规定两篇文章。

研究生：感觉我们阅读量比起这边的同学还是差很多，阅读量不够，基本都是拘泥在自己的专业小范围内，比如，做中国史研究，但对整个世界历史的阅读和了解不够。

夏老师：从考试的角度来说，好像做中国近代史研究，不需要考中国古代史的内容。这边的学生，阅读不仅要精，还要广。

研究生：有时学院会按照中国朝代来划分教研室，各个教研室可能更多只是关注自己的一点东西。

夏老师：当然这个有好处也有坏处。好处就是你很快就可以精，可是坏处是，有时候你在这个传统下看不到新的东西，提不出新的问题。你还要跟着这个传统的去做研究，跟着前辈、老师、师姐、师兄研究的内容，就感觉很难让自己有一种创新。另外在整个学科里面，他们谈的是什么问题？有些学者的研究很精，会谈及一些重要的思想家，以及大家没注意到的故事。但研究方法不是很新颖，把材料整理并排列出来。就是说没有一些别的学科给你一种冲击。好像研究中国史经常提及的问题，都是殖民主义、现代主义、帝国主义这样的内容。可是你要是能够看一个别的国家，像土耳其、奥斯曼帝国，怎么样从一个帝国变成一个共和国。这与中国非常像，他们也有语言的改革，也把旧的语言变成了新的语言。当你通过一种比较研究，你会觉得：他们会问这样的问题，我们在这个领域里面根本没有人这么提问。我觉得美国学生的训练，阅读量广，这是一个好处，短处就是对史料的训练不够。

通常这边历史系的研究生，几乎没有做过一手材料的研究，语言训练不够，也没去过档案馆，顶多就是从一些出版的文献来做研究。可他们的长处就是看书比较多，有时候看书的理论都可以把它引进来。但看书太多，他们考试的时候也有些吃力，很难把读书内容全部吸收。

研究生：这边研究生所选论文题目与他们之后的找工作直接相关吗？在历史学方面，有哪些比较热门的研究方向，或者哪些研究方向比较容易找到工作？

夏老师：当然有很大关系。论文选题不能太窄。在历史学方面，可能研究全球史、世界文化比较研究、文化之间的关系以及性别史等相对比较热门。研究传统思想史，比较难找工作。

研究生：老师，您会鼓励学生花很多时间再学一门语言吗？（除英语之外）

夏老师：应该再学一门语言。我觉得学语言，第一是对你研究有用，第二是我自己喜欢学语言。也要根据你的学科而定，如果对你的学科研究帮助不大，也没必要花太多时间在语言学习上面。反正我觉得多学习语言也没有什么坏事。

研究生：我觉得自己在语言上没有天赋，英语学这么多年都学不好，再学一门别的语言会更困难。

夏老师：因为出国学习语言的机会比较少。我觉得国内英语教育大概主要是以做作业为主，不是讲英语，不是活的应用。阅读可能不是很难，但听、讲、写作等活的应用等会涉及比较少。我觉得大部分亚洲人学英语都有这样的困难，而且国内授课也主要中文为主。对于美国人而言，学习其他西方语言相对比较容易。

研究生：我之前曾向您请教关于语言学习的方法等，您当时的答复是：你先学精通一门外语，然后慢慢就可以触类旁通了。您学语言有什么窍门吗？

夏老师：你觉得学习进程慢的时候，你就要暂时放弃。我也放弃过，我曾放弃过对希伯来文的学习。因为我想看圣经。后来一没时间，二是我也觉得很难，就放弃了。古希腊语，我是十几年前买了一本书，看了一下，觉得很难，就放回书架。5 年前我感觉这个不行，还是要看，现在我可以看啦。总之要强迫自己。

研究生：我坚持学了一段时间拉丁语，后来实在坚持不下去。

夏老师：坚持不下去时，你就放书架上。你隔一段时间再看一下。有时候没办法，要做好持久战的准备，反正你不放弃就行了。

图书在版编目(CIP)数据

E考据与东西文明互鉴研究 ：夏伯嘉教授七秩纪念文集 / 肖清和，彭睿主编. -- 上海 ：上海人民出版社，2025. -- ISBN 978-7-208-19314-7

Ⅰ. K0-53

中国国家版本馆CIP数据核字第2025ZP5573号

责任编辑 周 珍
装帧设计 许 菲

E考据与东西文明互鉴研究：夏伯嘉教授七秩纪念文集
肖清和 彭 睿 主编

出　　版 上海人民出版社
（201101 上海市闵行区号景路159弄C座）
发　　行 上海人民出版社发行中心
印　　刷 苏州工业园区美柯乐制版印务有限责任公司
开　　本 720×1000 1/16
印　　张 33.75
插　　页 5
字　　数 444,000
版　　次 2025年4月第1版
印　　次 2025年4月第1次印刷
ISBN 978-7-208-19314-7/K·3451
定　　价 168.00元